ACCOUNTING
PRINCIPLE

K-IFRS 제1118호 반영판

IFRS 회계원리

International Financial Reporting Standards

Prologue
이 책의 머리말

완간(完刊)...

회계원리부터 중급회계, 고급회계, 객관식재무회계, 재무회계연습과 회계사와 세무사 기출문제집까지 재무회계와 관련된 모든 책의 출간을 이제야 완료하였다. 2002년 삼일회계법인을 퇴사하고, 강의를 처음 시작했다. 그 때는 다른 분이 저술한 책으로 강의를 하면서 나도 내가 직접 저술한 책으로 재무회계관련 모든 강의를 할 수 있는 날이 올 수 있을까라는 막연한 생각만을 가지고 있었다. 2005년 '기업회계기준해설'부터 그 막연한 꿈이 조금씩 현실화 되었고, 이제 2014년 'IFRS 회계원리'를 통해 마침표를 찍게 되었다. 뿌듯한 마음만큼이나 부담감과 책임감도 많아졌음을 잘 알고 있다.

이 책의 특징은 다음과 같다.

1. 이해가능한 회계의 방법론 제시

회계는 암기과목이 아니다. 따라서 회계의 기본원리를 이해하고 재무회계를 학습하는 것이 무엇보다도 중요하다. 이 책에서는 복식부기에 근거한 기업의 회계처리에 대해서 기계적인 접근법을 사용하지 않고, 왜 그렇게 회계처리 해야만 하는지에 대한 논리적인 배경을 함께 설명함으로써 학생들 스스로가 회계의 원리를 자연스럽게 이해할 수 있도록 설명하였다.

2. 한국채택 국제회계기준의 완벽한 반영

한국에서 일반적으로 인정된 회계원칙은 상장기업을 위한 한국채택국제회계기준과 비상장기업을 위한 일반기업회계기준의 두 가지가 있다. 하지만 회계학을 수험목적으로 공부하기 위해서는 상장기업용 회계기준에 대한 이해가 선행되어야 하므로, 이 책은 한국채택국제회계기준에 근거하여 회계의 원리를 설명하고 있다. 이 책은 현재까지 공표된 한국채택국제회계기준을 모두 반영하였지만, 회계원리 수준에서 너무 어렵거나 복잡한 내용은 회계에 대한 흥미를 상실할 수 있으므로 과감히 본 저자의 중급회계와 고급회계 과정으로 미루었다.

3. 다양한 그림을 통한 시각적 효과의 극대화

반복적인 회계처리를 단순 나열한 암기위주의 서술형 교재에서 탈피하여, 책을 처음 접하는 수험생들도 한 눈에 보다 많은 원리를 쉽게 이해할 수 있도록 노력하였다. 이는 회계학의 학습원리인 나무가 아닌 숲을 볼 수 있는 자세를 가지게 할 것이며, 그림을 통한 자연스러운 학습효과를 기대할 수 있을 것이다.

4. 재무상태표 계정과목과 포괄손익계산서 계정과목의 구분

재무회계에서 수험생들이 가장 어려워하는 부분은 무엇일까? 그 중의 하나가 수많은 계정과목의 특징을 파악하여 완벽하게 회계처리를 수행하는 것이다. 이를 위하여 본서에서는 재무상태표 계정과목과 포괄손익계산서 계정과목을 구분하여 회계처리를 수행하였다. 재무상태표 계정과목은 '**검은색**'을 사용하였으며, 포괄손익계산서의 계정과목 중 당기손익계정은 '회색'을 사용하였고, 기타포괄손익계정은 '**파란색**'을 사용하였다. 이는 기존의 재무회계책에서는 어디에서도 시도하지 않았던 방법으로 독자들이 시각적으로 계정과목의 차이를 구분할 수 있도록 배려하였다.

5. 회계처리의 순서제시

재무회계를 공부하면서 수험생들이 가장 어려워하는 것 중의 또 하나는 복식부기하의 회계처리이다. 복식부기의 회계처리를 위해서는 회계상의 거래로 인해 변동한 자산과 부채, 그리고 자본의 영향을 파악할 수 있어야 하며, 이를 차변과 대변으로 다시 구분해서 분개할 줄 알아야 하기에 처음 재무회계를 공부하는 학습자들에게는 당연히 어려울 수밖에 없다. 회계는 기업의 언어라고 한다. 우리가 처음 영어를 학습하면서 우리말과 다른 어순 때문에 혼란스러워 하는 것처럼, 기업의 언어인 회계를 처음 접하면서도 회계처리의 순서 때문에 혼란스러울 수밖에 없다. 이를 위하여 본서에서는 회계처리의 순서를 번호로 제시하였다. 학습자들이 책을 보면서 회계처리를 수행할 때, 제시한 대로 ① ➡ ② ➡ ③ ➡ ④ 의 순서를 따라 하다보면 자연스럽게 회계처리의 어려움을 해결할 수 있을 것이라고 본다. 이것 또한 기존의 재무회계 교재 어디에서도 시도하지 않았던 독창적인 설명방법이다.

본 교재가 출간되기까지 많은 분들의 도움을 받았다. 보기 좋은 책이 되도록 편집디자인 작업을 비롯하여 물심양면으로 지원을 아끼지 않은 ㈜샘앤북스 이낙규 사장님과 직원 여러분들께 감사를 드린다. 이 책을 통하여 우리나라의 회계 분야에 작은 도움이라도 되길 바라며, 더 좋은 책이 될 수 있도록 지속적으로 수정 및 보완하여 나갈 것을 약속드린다.

2025년 12월

저자　김기동, 임태종

Contents

이 책의 차례

제 8 장 유형자산과 무형자산

제 9 장 부채와 현재가치개념

제10장 자 본

제11장 투자금융자산

제12장 현금흐름표

제13장 재무제표분석

부 록 화폐의 시간가치 계수표

CHAPTER 01

재무회계의 환경

ACCOUNTING PRINCIPLE

제 1 절 회계의 의의

1 회계의 기원

회계는 경제적 실체에서 발생하는 사건을 기록하는 수단이다. 따라서 회계(accounting)의 역사는 문명의 역사와 함께 한다고 볼 수 있다. 문명의 발생지라고 알려져 있는 고대 슈메르와 이집트의 유적에서 조세의 징수나 간단한 거래에 관한 기록이 발굴되었다는 사실을 보아도, 회계는 경제 및 상업문화의 지적유산의 하나임을 알 수 있다. 이것은 회계의 역사가 문명의 역사와 동일할 정도로 역사가 깊다는 뜻이다. 하지만 근대적 의미의 회계라고 볼 수 있는 복식부기방식(double entry book-keeping system)에 의한 회계는 14세기경부터 이탈리아의 베니스에서 생성되었다. 1494년에 루카 파치올리(Lucas Pacioli, 1445년~1514년)가 그의 저서인 '산술·기하·비 및 비례총론'에서 소개한 '베니스식 부기법'은 근대적 의미의 회계의 효시이다.

2 산업혁명과 회계학

18세기 후반에 유럽에서 산업혁명이 일어나면서 이로 인한 경제규모의 발전은 회계학에 두 가지 영향을 주게 되었다.

(1) 학문으로서의 회계학

산업혁명에 의하여 기술혁신이 진행되면서, 산업의 중심이 경공업에서 중공업으로 급속히 전환되었다. 따라서 회계도 중공업혁명에 의한 산업화의 과정에서 발생한 여러 가지 경제적 사건들을 설명해야 할 필요가 생겼다. 주식회사(corporation)라는 새로운 기업의 형태가 탄생하였고, 기업은 주식회사 제도를 통해 외부에서 대량의 자금을 조달받아 기업의 자본이 증대하였다. 이를 통하여 대규모의 생산설비 등을 기업이 보유하게 되었다. 여기서 생산설비를 포함한 유형자산에 대한 감가상각과 보유 중인 자산의 평가 등 복잡한 회계적 문제에 부딪히게 되었다. 이러한 복잡한 문제를 회계적으로 처리하기 위하여 필요한 이론의 연구가 산업혁명 이후 학자들 사이에서 논의되기 시작했다.

(2) 성과평가수단으로서의 회계학

회계는 단순히 경제적 사건을 기록하는 수단으로 출발하였다. 하지만 산업혁명에 의하여 기술혁신이 진행되면서, 산업의 중심이 경공업에서 중공업으로 급속히 전환되었다. 기업의 규모가 커짐에 따라 기업은 대량 자본을 필요로 하게 되었고, 주식회사의 출현과 함께 소유와 경영의 분리 현상이 일반화 되었다. 따라서 기업의 이해관계자들은 이전보다 더욱 많아지게 되고 이들의 요구를 공통적으로 만족시켜 줄 수 있는 기업에 대한 회계보고서가 요구되었다. 따라서 회계는 단순한 경제적 사건의 기록수단에서 소유자가 경영자의 성과를 평가하는 보고수단으로서의 가치를 가지게 되었다.

[성과평가수단으로서의 회계]

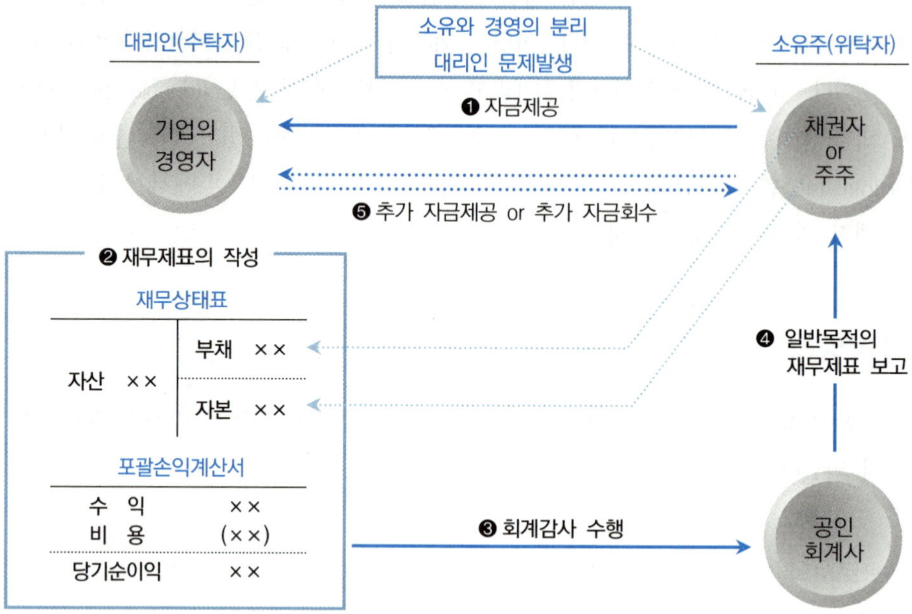

3 회계의 정의

과거에는 회계(accounting)를 단지 거래나 사건들을 일정한 방법으로 기록하고 요약하는 기술적인 것으로 정의하였다. 그러나 오늘날에는 회계를 회계정보이용자(예 투자자, 대여자 등)가 의사결정을 하는데 필요로 하는 정보를 생산하여 제공하는 일련의 정보시스템으로 여긴다. 회계는 다음과 같이 정의할 수 있다.

회계는 회계정보이용자가 합리적인 의사결정을 할 수 있도록 기업실체에 관한 유용한 정보를 식별하고 측정하여 전달하는 정보시스템이다.

(1) 회계정보이용자가

회계정보이용자(information user)란 그들이 직면한 의사결정을 위하여 기업과 관련된 정보를 필요로 하는 기업의 이해관계자를 말한다. 회계정보이용자에는 투자자, 대여자, 종업원, 공급자와 그 밖의 거래 채권자, 고객, 정부와 유관기관, 일반대중 등이 있다. 다양한 회계정보이용자는 본인들의 이해에 따라 다양한 정보를 필요로 하며, 이를 제공하는 시스템이 회계이다.

(2) 합리적인 의사결정을 위해

회계정보이용자가 직면하고 있는 경제적 의사결정(economic decision)을 합리적으로 수행할 수 있도록 그들이 필요로 하는 정보를 제공하는 시스템이 회계이다. 회계정보이용자별로 필요로 하는 정보(정보수요)는 다음과 같다.

[다양한 회계정보이용자]

정보이용자	정 보 수 요
투 자 자	투자에 내재된 위험과 투자수익에 대한 정보 (주식의 매수 · 보유 · 매도 의사결정 및 배당능력 평가에 필요한 정보)
대 여 자	대여금과 이에 대한 이자가 지급기일에 지급될 수 있는지 결정하는 데 필요한 정보
종 업 원	고용주인 기업의 안정성과 수익성에 대한 정보 (기업의 보수, 퇴직급여 및 고용기회 제공능력 평가에 필요한 정보)
공급자와 그 밖의 거래 채권자	기업의 지급기일내 지급능력을 결정하기 위한 정보 (일반적으로 당해 기업에 대해 대여자보다는 단기적인 관심을 가질 가능성이 높음)
고 객	장기간 거래관계를 유지하고 있거나 의존도가 높은 경우에 기업의 존속가능성에 대한 정보
정부와 유관기관	기업 활동을 규제하고 조세정책을 결정하며 국민 소득이나 이와 유사한 통계자료의 근거로 사용하기 위해 필요한 정보
일반대중	기업의 성장과 활동범위에 관한 추세와 현황에 대한 정보

(3) 기업실체에 관한

회계의 대상은 기업, 정부, 개인 등으로 다양하지만 그 중에서 가장 많은 경제적 정보를 생산하고, 이를 이용하고자 하는 정보이용자가 많은 기업이 회계의 주된 대상이다. 따라서 특정 기업실체(business entity)를 그 소유주나 다른 기업실체와는 독립적으로 존재하는 회계단위로 간주하여 특정 기업실체에 대한 정보를 제공하는 시스템을 회계라고 정의한다. 즉, 회계는 기업의 소유주에 대한 정보를 제공하는 것이 아니라 소유주와 독립된 기업실체에 대한 정보를 제공하는 것이다.

(4) 유용한 정보를

회계정보이용자의 의사결정에 유용한 정보(useful information)를 제공하는 시스템이 회계이다. 유용한 정보란 의사결정에 도움이 되는 정보를 말하며, 화폐단위로 측정할 수 있는 것뿐만 아니라 화폐단위로 측정할 수 없는 것도 포함된다. 회계정보는 재무제표(financial statements)를 통하여 제공되는 것이 일반적이므로 화폐단위로 측정할 수 있는 정보가 주를 이룬다. 그러나 경제환경이 급변하고 복잡해짐에 따라 정보이용자들이 요구하는 정보가 더 다양해지고 그 양도 많아지게 되어서 최근에는 화폐단위로 측정할 수 없는 정보도 주석을 통하여 많이 제공된다.

(5) 식별·측정·전달하는 정보시스템

회계는 단순히 회계정보를 생산하는 과정만을 의미하는 것이 아니라 회계정보를 해석하고 전달(communication)하는 과정까지를 포함하는 하나의 정보시스템(information system)이다. 오늘날에는 재무회계의 목적을 '정보이용자의 의사결정에 유용한 정보를 제공하는 것'이라고 규정하는 것이 일반적인데 이는 회계가 단순히 정보를 생산하는 것이 아니라 해석과 전달과정을 포함하는 하나의 정보시스템이라는 것을 의미한다.

참고 부 기

회계를 잘 알지 못하는 사람들은 부기가 곧 회계인 것으로 오해한다. 부기(簿記 book-keeping)는 기업에 발생하는 거래들을 장부에 기입한다는 '장부기입(帳簿記入)'의 준말이다. 따라서 부기는 거래를 기록하고, (자산, 부채, 수익, 비용 등으로) 분류하고, (재무제표로) 요약하는 기능만을 수행한다. 즉, 부기에는 어떤 거래를, 왜, 누구를 위해, 어떻게 기록해야 하는가에 대한 논리적 탐구과정이 없다. 오로지 복식부기 원리라는 정해진 규칙에 따라 장부에 기록하고 최종적으로 요약하는 기계적 과정의 반복만 있다. 이러한 점에서 부기는 기술(技術)이며, 의사결정을 위한 유용한 정보의 제공이라는 회계의 기본 기능을 효과적으로 수행하기 위해 활용되는 기본적 도구에 불과하다.

4 회계의 분류

회계의 목적은 회계정보이용자의 의사결정에 유용한 정보를 제공하는 것이다. 회계는 누구를 위하여 어떤 정보가 제공되느냐에 따라 다음과 같이 분류할 수 있다.

[회계의 분류]

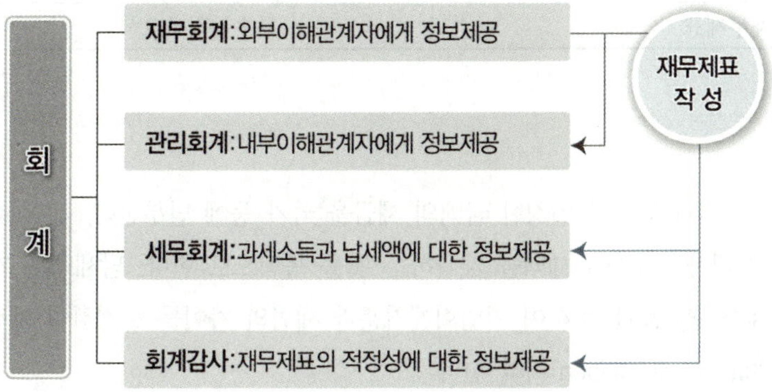

(1) 재무회계

기업의 외부이해관계자(external users)인 주주나 채권자의 합리적인 의사결정을 위하여 유용한 정보를 제공하는 것을 목적으로 하는 회계를 재무회계(financial accounting)라 한다. 그런데 외부정보이용자가 요구하는 정보는 매우 다양하므로 모든 정보욕구를 충족시키는 것은 현실적으로 불가능하다. 따라서 재무회계에서는 일반적으로 인정된 회계원칙(GAAP : generally accepted accounting principles)에 따라 일반목적의 재무제표(general purpose financial statements)를 작성하여 회계정보이용자가 필요로 하는 공통적인 정보를 정기적으로 제공한다.

(2) 관리회계

기업의 내부이해관계자(internal users)인 경영자가 계획을 수립하고 합리적인 의사결정을 할 수 있도록 유용한 정보를 제공하는 것을 목적으로 하는 회계를 관리회계(managerial accounting)라 한다. 관리회계는 경영자의 의사결정에 필요한 정보를 제공하는 것이 목적이므로 일정한 기준이나 양식에 제약을 받지 않고 필요할 때에 수시로 정보를 제공한다.

[재무회계와 관리회계의 비교]

구 분	재 무 회 계	관 리 회 계
정보이용자	외부정보이용자(투자자, 대여자 등)	내부정보이용자(경영자)
준거기준	일반적으로 인정된 회계원칙	일반적인 준거기준이 없음
정보성격	과거 지향적	미래 지향적
정보기간	일반적으로 1년	특별한 기간 제한 없음
보고수단	재무제표	특수목적보고서

(3) 세무회계

기업은 경영활동의 결과에 따라 일정한 금액의 세금을 국가 등에 납부한다. 세무회계(tax accounting)는 세법에 근거하여 과세소득과 납세액을 계산하는 것을 목적으로 한다. 납세액은 기업회계기준에 의해 작성된 재무회계자료를 토대로 하여 기업회계기준과 세법의 차이를 조정하여 계산되며, 이러한 조정과정을 세무조정(tax reconciliation)이라 한다.

(4) 회계감사

회계정보는 경영자에 의해 생산되어 재무제표를 통해 외부에 제공된다. 외부정보이용자는 재무제표의 작성을 직접 관찰할 수 없다. 따라서 경영자에 의해 작성된 재무제표가 일반적으로 인정된 회계원칙에 따라 적정하게 작성된 것인지를 독립적인 제3자가 검증하는데 이를 회계감사(auditing)라 한다. 회계감사를 통하여 재무제표의 신뢰성이 증대된다.

[회계정보의 제공과정]

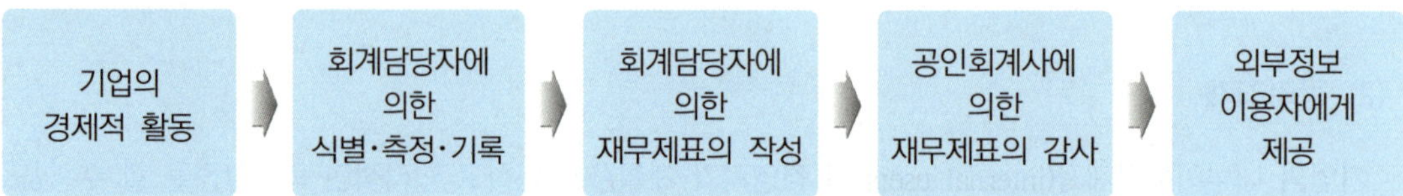

5 공인회계사의 역할

공인회계사(certified public account)는 공인회계사법에 의해 국가로부터 공인된 자격을 취득하고, 회계에 대한 전문지식과 윤리강령에 의거하여 기업이 준비한 재무제표가 일반적으로 인정된 회계원칙에 따라 작성되었는지에 대한 전문가적 의견을 제시하는 공인된 전문가를 말한다. 회계환경에서 공인회계사의 기본적인 역할은 기업이 제공하는 재무정보에 대한 신뢰성을 부여하는 것이다. 한편, 공인회계사는 기업의 내부에서는 해당 기업의 재무관리능력과 대외경쟁력을 증가시키는 역할을 하고, 기업의 외부에서는 특정기업의 부실회계를 가려내는 감시자의 역할을 수행하기에 '자본주의의 파수꾼'이라 불린다. 전문직업인으로서 공인회계사의 주된 업무영역은 크게 회계감사, 세무업무 그리고 기업평가를 포함한 기타의 용역업무로 크게 세 영역으로 나눌 수 있다. 최근 들어 회계사의 본연업무인 회계감사보다 세무업무와 기업평가 등 기타업무의 중요성이 강조되고 있다.

제 2 절 재무회계

1 재무회계의 환경

재무회계는 기업의 외부이해관계자인 현재 및 잠재적인 주주와 채권자의 경제적 의사결정에 유용한 정보를 제공하는 것을 목적으로 한다. 회계정보도 생산자와 수요자가 있는 경제적 재화이다. 재무회계정보의 생산자는 기업의 경영자이며, 재무회계정보의 수요자는 외부이해관계자인 주주와 채권자이다.

[재무회계의 환경]

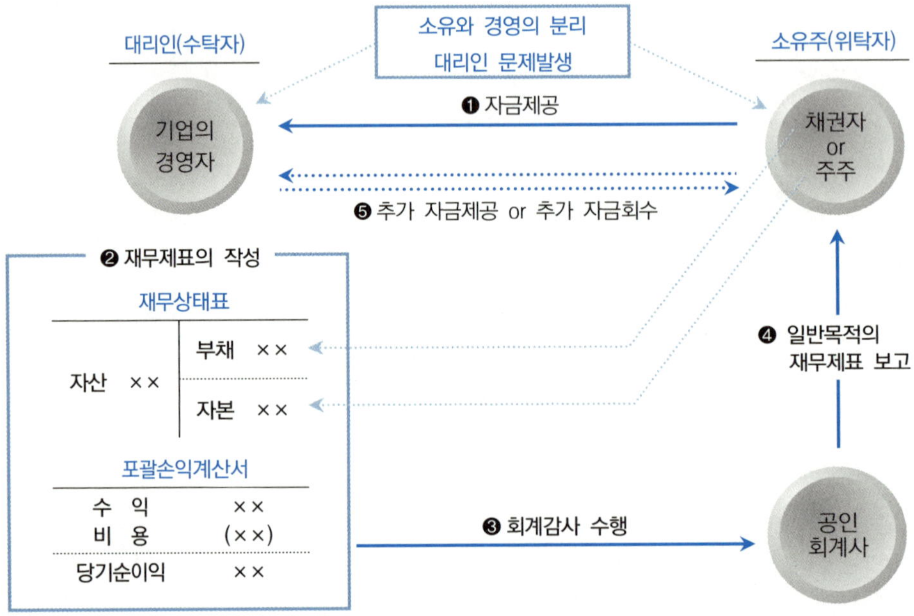

(1) 정보의 생산자 : 기업의 경영자

회계기준에 따라 재무제표를 작성하여 보고할 책임은 그 기업의 경영자에게 있다. 따라서 재무회계의 환경에서 기업의 경영자는 정보의 생산자 역할을 한다. 기업은 외부보고 목적이 아니라도, 내부통제나 경영자의 합리적인 의사결정을 위해서 일정기간 동안 발생하는 모든 거래를 분석하고 기록한다. 따라서 기업의 외부에서 제3자가 기업에 관한 재무제표를 만드는 것보다는 기업의 내부에서 경영자가 해당 기업에 관한 재무제표를 만드는 것이 훨씬 더 효율적이다. 그렇기 때문에 기업의 경영자에게 재무제표의 작성책임을 맡겨 놓은 것이다. 하지만, 현대 기업의 가장 큰 특징 중 하나는 소유와 경영이 분리되어 있다는 것이다. 일반적으로 기업의 소유주인 주주와 채권자의 경영능력이 뛰어나지 않기 때문에, 소유주는 전문 경영자를 고용하여 기업의 경영을 위탁한다. 이 때 기업의 경영자는 기업의 소유주로부터 일정한 대가를 받고 기업을 경영하는 대리인 역할을 하게 되는 것이다. 경영자의 임무는 기업의 경영책임을 맡아 자신의 이익이 아닌 소유주의 이익을 극대화하는 것이지만, 때로는 자신의 이익을 위해서 소유주의 이익을 훼손시키는 경우가 발생할 수 있다. 이를 대리인문제(agency problem)라 한다. 따라서 소유주인 주주와 채권자는 경영자에게서 제공받은 재무회계정보를 근거로 경영자에 대한 성과평가를 주기적으로 수행하게 된다.

(2) 정보의 검증자 : 공인회계사

주주와 채권자는 재무제표를 통해 경영자의 성과를 평가한다. 하지만 성과평가의 당사자인 경영자가 재무제표를 작성하므로 재무회계 정보는 경영자에게 유리한 방식으로 왜곡되거나 변형될 위험이 항상 존재한다. 재무회계의 환경에서 공인회계사의 역할은 정보의 감시자 역할을 하는 것이다. 공인회계사는 특정 기업이 제시한 재무제표에 대하여 외부감사를 실시한 후 전문가로서의 견해를 감사보고서라는 형식을 통해 기업의 경영자와 소유주에게 제공한다. 기업의 재무제표가 일반적으로 인정된 회계원칙에 의해 제대로 작성되었다면 적정의견(unqualified opinion)을 제시하고, 일부항목에 대해 위반사항이 있을 때는 한정의견(qualified opinion)을 제시하며, 다수 항목에 대해 심각한 위반사항이 있으면 부적정의견(adverse opinion)을 제시한다. 한편 기업의 경영상황이 너무 심각하여 존속가능성이 의심스러울 때는 의견거절(disclaimer of opinion)을 하기도 한다. 회계환경에서 공인회계사의 역할이 필요한 주된 이유는 기업이 제시한 재무제표의 신뢰성을 높이기 위해서이다.

(3) 정보의 수요자 : 주주와 채권자

주주와 채권자는 재무제표를 통해 경영자의 성과를 평가한다. 따라서 재무회계의 환경에서 주주와 채권자의 역할은 정보의 수요자이다. 하지만 주주와 채권자는 투자한 기업의 정보에 대해 가장 중요하고 즉각적인 수요가 있음에도 불구하고, 다수가 그 정보를 그들에게 직접 제공하도록 기업에 요구할 수 없다. 따라서 재무제표가 주주와 채권자가 기업의 상황에 대해서 알 수 있는 유일한 수단이다. 한편, 기업의 경영자는 자신의 책임 하에 작성되었고, 공인회계사에 의해 감사받은 후의 재무제표를 주주와 채권자에게 개별적으로 제공해주는 것은 아니다. 정보통신의 발달로 인하여 최근에는 일정한 규모를 넘는 기업의 경우에는 금융감독원의 책임 하에 재무제표가 전산매체를 통해서 제공된다.

[금융감독원의 전자공시시스템 dart.fss.or.kr]

(4) 정보의 감독기관 : 금융위원회

우리나라를 포함하여 미국, 일본 등 대부분의 국가에서는 금융시장에서 회계정보의 공급과 수요가 원활히 이루어지도록 하는 책임이 정부기관인 금융위원회(financial services commission)에 있다. 금융위원회는 주식이나 회사채와 같은 유가증권의 신규발행과 유통이 원활하게 이루어지도록 하는 것을 포함하여, 우리나라 금융의 건전성을 감독할 책임을 지고 있는 정부기관이다. 따라서 금융위원회는 기업의 재무회계정보가 충분히 공시되어 유가증권의 신규발행과 유통이 원활하게 이루어질 수 있도록 감독하는 역할을 하고 있다.

2 재무회계의 사회적 기능

회계가 정보이용자들에게 재무제표를 통하여 기업실체에 대한 정보를 제공함으로써 사회에 기여하는 역할을 회계의 사회적 기능이라 한다. 회계의 사회적 기능은 다음과 같이 세 가지로 설명할 수 있다.

(1) 수탁책임에 관한 보고수단

오늘날에는 대규모의 자금조달과 복잡한 경영활동으로 인하여 소유와 경영이 분리된 경우가 많다. 수탁책임이란 대리인이 소유주로부터 수탁받은 경제적 자산을 효율적으로 운용하고 관리할 책임을 말하며, 대리인이란 주로 전문경영인을 말한다. 전문경영인은 수탁책임을 보고하는 수단으로 회계정보를 활용하여, 도덕적 해이와 역선택 등의 대리인문제를 해결한다. 즉, 전문경영인은 재무제표를 통하여 수탁책임을 보고한다.

(2) 사회적 자원의 효율적 배분

투자자나 대여자는 생산성이 높으며, 이익을 많이 창출하는 기업에 자신이 보유하고 있는 자금을 투자하거나 대여한다. 이를 위하여 기업과 관련된 회계정보가 요구된다. 즉, 기업실체에 대한 회계정보는 사회적으로 희소한 자원이 생산성이 높은 기업에 효율적으로 배분되도록 돕는다.

(3) 기타 사회적 통제기능

회계정보는 국가의 주요정책 의사결정에 도움을 준다. 즉, 회계정보는 대규모 기업에 대한 규제, 세율 결정 등의 사회적 통제기능을 수행하는데 활용된다. 또한 환경운동, 부패 방지운동 등 각종 사회조직에 이용된다. 예를 들어 환경운동단체는 기업활동이 환경에 미치는 영향을 평가하고 감시하는데 회계정보를 활용한다.

이 해 **회계의 사회적 기능**

회계의 사회적 기능은 정보이용자와 재무제표의 관계를 생각하면 이해하기 쉽다. 경영자는 재무제표 작성과 공시를 통하여 수탁책임을 보고하며, 공시된 재무제표를 보고 투자자와 대여자는 자원을 가장 효율적으로 사용하는 기업에 투자 및 신용제공을 한다. 그 결과 사회적으로 자원의 효율적배분이 이루어진다. 또한 정부와 기타 단체는 공시된 회계정보를 기업과 관련된 국가정책을 합리적으로 시행하는 데 활용하거나 사회적 통제기능을 수행하는 데 활용한다.

제 3 절 재무보고와 회계원칙

1 재무보고

(1) 재무보고의 의의

재무보고(financial reporting)란 기업의 다양한 외부이해관계자의 경제적 의사결정을 위해 경영자가 기업실체의 재무상태, 경영성과, 현금흐름, 자본변동 등에 관한 재무정보를 제공하는 것을 말한다. 재무보고의 가장 주된 수단은 재무제표(financial statements)이다.

(2) 일반목적 재무보고와 일반목적 재무제표

회계정보이용자가 요구하는 정보는 매우 다양하나 그들이 원하는 모든 정보를 제공하는 것은 현실적으로 불가능하다. 따라서 기업은 외부정보이용자가 공통적으로 요구하는 정보를 산출하여 제공하는데 이를 일반목적 재무보고라 하며, 일반목적 재무보고의 핵심적 수단이 일반목적의 재무제표이다. 또한 일반목적 재무제표의 작성을 위해 필요한 회계기준을 일반적으로 인정된 회계원칙(generally accepted accounting principles)이라 한다.

[재무보고의 종류]

투자, 신용제공 및 기타의사결정에 유용한 정보			
재 무 보 고			기타정보
일반목적 재무제표 : GAAP의 영향권		기타재무보고 수단	
기본 재무제표	재무제표에 대한 주석		
재무상태표 포괄손익계산서 자본변동표 현금흐름표	회사의 개요 채택한 회계정책 계정별 상세내역 특수관계자와의 거래 등	유가증권신고서 사업보고서 영업보고서	재무분석보고서 신용분석보고서 경제통계정보

2 일반적으로 인정된 회계원칙

(1) 일반적으로 인정된 회계원칙의 의의

일반목적 재무보고를 위해 필요한 회계기준을 일반적으로 인정된 회계원칙(GAAP : generally accepted accounting principles)이라 한다. '일반적으로 인정된'이란 용어는 특정 회계사항에 관하여 회계원칙 제정권을 가진 기관이 회계원칙을 정하거나, 오랜 기간에 걸쳐 행해진 회계처리관습이 실무에서 광범위한 지지를 받아 사용된 결과 이제는 하나의 원칙으로 형성되어 있다는 것을 의미한다.

[일반적으로 인정된 회계원칙]

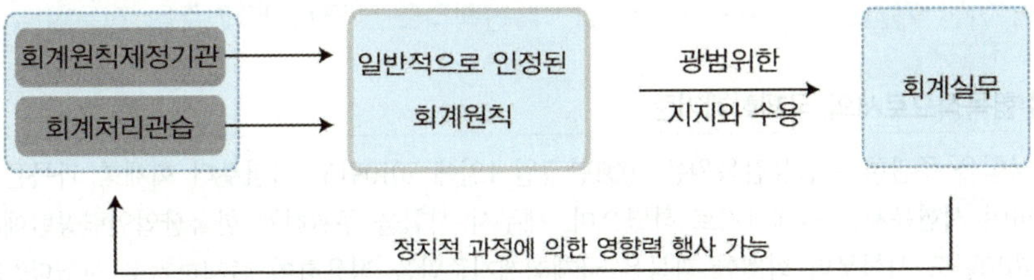

(2) 일반적으로 인정된 회계원칙의 필요성

기업실체와 관련된 회계정보를 정보제공자가 특정한 기준이 없이 임의적인 방법으로 작성하여 공시한다면 동일한 경제적인 사건에 대하여 서로 다른 정보가 제공될 수 있다. 반면, 일반적으로 인정된 회계원칙에 따라 재무제표를 작성하여 공시하게 되면 통일된 기준에 의하여 재무제표가 작성되었으므로 재무제표의 비교가능성이 증진되고, 동일한 용어와 형식을 사용하므로 이해가능성이 높아지며, 재무제표의 신뢰성이 높아진다.

[일반목적의 재무제표와 일반적으로 인정된 회계원칙]

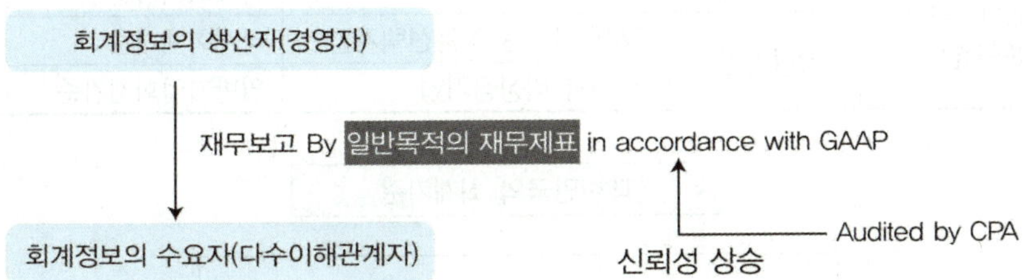

3 대한민국에서 일반적으로 인정된 회계원칙

대한민국은 국제적인 회계기준과의 정합성을 높이고, 회계정보의 투명성을 높이기 위하여 2011년부터 국제회계기준을 전면 도입하였다. 국제회계기준을 도입한 후부터 대한민국에서 일반적으로 인정된 회계원칙인 회계기준은 크게 국제회계기준과 일반기업회계기준으로 분류된다.

(1) 국제회계기준

국제회계기준은 '주식회사의 외부감사에 관한 법률'의 적용대상기업 중 '자본시장과 금융투자업에 관한 법률'에 따른 주권상장기업이 재무제표를 작성할 때 의무적으로 적용해야 하는 회계기준이다. 또한 상장기업이 아닌 기업도 재무제표를 작성할 때 선택적으로 국제회계기준을 적용할 수 있다.

참 고 **수험목적으로서의 국제회계기준**

공인회계사 시험을 주관하는 금융감독원은 2008년 7월 1일에 2010년도 시험부터 회계학 과목은 국제회계기준만을 적용하여 시험문제를 출제하기로 하였으며, 세무사 시험을 주관하는 한국산업인력공단에서도 2009년 2월 26일에 2010년도 시험부터 회계학 과목은 국제회계기준만을 적용하여 출제하기로 하였다. 따라서 일반기업회계기준은 공인회계사 시험과 세무사 시험의 출제범위에서 제외되므로 수험생 입장에서는 학습할 필요가 없다.

(2) 일반기업회계기준

일반기업회계기준은 '주식회사의 외부감사에 관한 법률'의 적용대상기업 중 국제회계기준에 따라 재무제표를 작성하지 않는 비상장기업이 적용해야 하는 회계기준이다.

[대한민국에서 일반적으로 인정된 회계원칙]

<table>
<tr><th colspan="3">구 분</th><th>일반목적의 재무제표 작성기준</th></tr>
<tr><td rowspan="3">주식회사의 외부감사에 관한 법률 적용기업</td><td colspan="2">주권상장기업</td><td>국제회계기준</td></tr>
<tr><td rowspan="2">비상장기업</td><td>국제회계기준 적용선택기업</td><td>국제회계기준</td></tr>
<tr><td>그 외의 비상장기업</td><td>일반기업회계기준</td></tr>
</table>

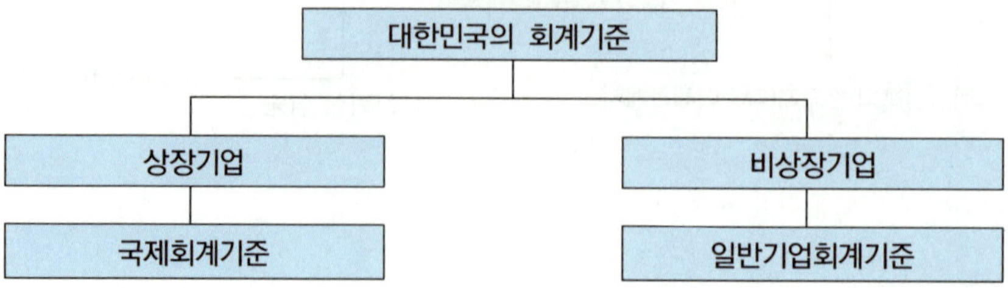

4 우리나라의 회계원칙 제정

우리나라의 회계기준은 '주식회사외부감사에 관한 법률'에 따라 공적규제기관인 금융위원회가 증권선물위원회[1]의 심의를 거쳐 제정 · 공표할 권한을 가지고 있다.

(1) 일반기업회계기준의 제정

금융위원회는 '주식회사외부감사에 관한 법률'의 규정에 따라 회계기준의 제정권한을 사적규제기관인 한국회계기준원(Korea Accounting Institute)에 위탁[2]하고 있으며, 한국회계기준원은 회계기준 제정업무를 한국회계기준위원회(Korea Accounting Standards Board)의 심의 · 의결절차를 거쳐 수행하고 있다. 한국회계기준위원회에서 심의 · 의결한 회계기준을 금융위원회가 최종적으로 승인 · 공표하면, 대한민국의 회계기준으로서 법률적인 효력을 가지게 되는 것이다. 한편, 금융위원회는 회계기준 공표시에 이해관계인의 보호와 국제적 회계기준과의 일치성 등을 위해 필요하다고 판단하는 경우에는 한국회계기준위원회에 회계기준에 대한 수정요구권을 행사할 수 있다. 이 경우 한국회계기준 위원회는 정당한 사유가 없으면 금융위원회의 요구사항을 수용해야 한다. 따라서 우리나라는 사적부문이 주도하는 규제기관접근법에 의하여 회계원칙을 제정하고 있다고 할 수 있다.

(2) 한국채택국제회계기준의 제정

한국채택국제회계기준의 경우 국제회계기준위원회재단과 체결한 저작권계약에 의해 국제회계기준위원회에서 제정한 국제회계기준(IFRS, International Financial Reporting Standards)의 원문에 근거하여 한국회계기준원이 기준서 초안을 작성한다. 이 기초안을 한국회계기준위원회가 심의 · 의결한 후, 금융위원회의 승인절차를 거치게 되면 한국채택국제회계기준으로 확정되어 공표되게 된다.

---

1) 증권 · 선물시장(자본시장)의 불공정거래 조사와 금융위원회가 수행하는 주요 사항을 사전에 심의하기 위해 금융위원회에 설치된 기구를 말하며, 위원장 1인을 포함한 5인의 위원으로 구성되어 있다. 위원장은 금융위원회 부위원장이 겸임한다.

2) 주식회사 외부감사에 관한 법률 제13조 [회계처리의 기준]

① 금융위원회는 증권선물위원회의 심의를 거쳐 다음 각 호와 같이 구분하여 회사의 회계처리기준을 정한다. 이 경우 제1호의 회계처리기준을 적용하여야 하는 회사의 범위와 회계처리기준의 적용 방법은 대통령령으로 정한다.

1. 국제회계기준위원회의 국제회계기준을 채택하여 정한 회계처리기준
2. 그밖에 이 법에 따라 정한 회계처리기준

④ 금융위원회는 제1항에 따른 업무를 대통령령으로 정하는 바에 따라 전문성을 갖춘 민간법인이나 단체(한국회계기준원)에 위탁할 수 있다.

⑤ 금융위원회는 이해관계인의 보호, 국제적 회계처리기준과의 합치 등을 위하여 필요하다고 인정되면 증권선물위원회의 심의를 거쳐 제4항에 따라 업무를 위탁받은 민간법인 또는 단체(한국회계기준원)에 대하여 회계처리기준의 내용을 수정할 것을 요구할 수 있다. 이 경우 한국회계기준원은 정당한 사유가 없으면 이에 따라야 한다.

이해 **한국채택국제회계기준 (K-IFRS)**

한국채택국제회계기준은 한국에서 상장된 기업이 준수하여야 하는 회계처리 기준으로서 국내 법체계상 효력을 갖추기 위해 법적 권위 있는 기관이 공식적인 정규절차를 거쳐 한국에서 적용되는 회계기준으로 채택한 국제회계기준을 의미한다. 이는 국제회계기준의 전면도입 취지를 살릴 수 있도록 그 명칭을 '한국채택국제회계기준'으로 하고 있으며, 영문표시 명칭도 'K-IFRS (Korean International Financial Reporting Standards)'로 하고 있다. 따라서 개별 기준서에서는 당해 K-IFRS를 준수하면 대응되는 IFRS를 준수하는 것이라고 명시하고 있다.

[우리나라의 회계기준 제정절차]

구 분	내 용
기준의 제정실무	한국회계기준원에서 제정하여 한국회계기준위원회의 심의하고 의결함
기준의 제정권한	증권선물위원회의 심의를 거쳐 금융위원회가 승인 및 공표
제정된 회계기준	한국채택국제회계기준과 일반기업회계기준

[한국회계기준위원회 www.kasb.or.kr]

객관식 연습문제

01 회계를 다음과 같이 정의할 때 괄호(ⓐ ~ ⓒ)에 들어갈 적당한 말을 순서(ⓐ ~ ⓒ)대로 나타낸 것은?

> 회계는 (ⓐ)가 (ⓑ)을 할 수 있도록 기업실체에 관한 (ⓒ)를 식별하고 측정하여 전달하는 정보시스템이다.

① 경영자 - 자금조달 및 운영에 대한 의사결정 - 재무 정보
② 주주 및 채권자 - 배당 및 투자 의사결정 - 유용한 정보
③ 회계정보이용자 - 투자 의사결정 - 다양한 정보
④ 회계정보이용자 - 합리적인 의사결정 - 유용한 정보
⑤ 이해관계자 - 경제적 의사결정 - 다양한 정보

02 회계에 대한 다음 설명 중 옳지 않은 것을 2개 선택하면?

> a. 관리회계에 비하여 재무회계는 과거 지향적이다.
> b. 세무회계는 과세소득과 납세액에 대한 정보를 제공한다.
> c. 관리회계는 재무제표가 잘 관리되고 적정한 지에 대한 정보를 제공한다.
> d. 재무회계는 내부이해관계자에게 정보를 제공하는 것을 목적으로 하는 회계분야이다.

① a, b ② a, c ③ a, d ④ b, d ⑤ c, d

03 다음은 재무회계와 관리회계를 비교하는 표이다. 이 표에서 a ~ e에 들어갈 것으로 옳지 않은 것은?

구 분	재무회계	관리회계
정보이용자	외부정보이용자	내부정보이용자
준거기준	a	?
정보성격	?	b
정보기간	c	?
d	e	특수목적보고서

① a - 일반적으로 인정된 회계원칙
② b - 미래 지향적
③ c - 일반적으로 1년
④ d - 보고수단
⑤ e - 사업보고서

04 재무회계환경에서 각 관련자의 역할에 대한 다음 내용 중 옳은 것은 몇 개?

a. 기업의 경영자는 정보의 수요자이다.
b. 공인회계사는 정보의 생산자이다.
c. 금융위원회는 정보의 검증자이다.
d. 주주와 채권자는 정보의 공급자이다.
e. 공인회계사는 정보의 감독기관이다.

① 없음 ② 1개 ③ 2개 ④ 3개 ⑤ 4개

05 다음 표에서 재무회계의 사회적 기능에 해당하는 것을 2개 선택하면?

a. 경제적 정의 실현
b. 수탁책임의 보고
c. 대리인 문제 발생
d. 사회적 자원의 효율적 배분

① a, b ② a, d ③ b, c ④ b, d ⑤ c, d

06 다음 내용 중 옳지 않은 것을 2개 선택하면?

a. 재무보고의 가장 주된 수단은 영업보고서이다.
b. 재무제표를 작성할 때 따라야 할 기준을 GAAP라 한다.
c. 일반적으로 인정된 회계원칙을 제정하는 과정에 정치적 영향력이 미친다.
d. 우리나라의 모든 주식회사는 K-IFRS에 따라 재무제표를 작성해야 한다.

① a, c ② a, d ③ b, c ④ b, d ⑤ c, d

07 다음 중 일반적으로 인정된 회계원칙의 필요성에 해당하지 않는 것을 2개 선택하면?

a. 신뢰성 증진 b. 독립성 증진 c. 이해가능성 증진
d. 배당가능성 증진 e. 비교가능성 증진

① a, b ② a, e ③ b, d ④ c, d ⑤ d, e

08 다음 중 회계정보의 기능에 대한 설명으로 타당하지 않은 것은?

① 회계정보는 자본시장에서 정보비대칭으로 인해 존재하는 역선택의 문제를 완화하여 자본이 투자자로부터 기업에게로 원활히 공급될 수 있도록 하는 데 도움을 준다.
② 회계정보는 경제실체간 자원의 이동에 관한 의사결정에는 직접적인 경제적 영향을 미치지는 못하지만 경제실체 내에서의 자원의 이동에 관한 의사결정에는 도움을 준다.
③ 회계정보는 자본시장에서 발생할 수 있는 대리인의 기회주의적인 행위인 도덕적 해이라는 문제를 해결하는 데 도움을 준다.
④ 회계정보는 자본주의 시장경제체제에서 희소한 경제적 자원이 자본시장을 통해 효율적으로 배분되도록 하는 데 도움을 준다.
⑤ 회계정보는 정부가 효율적이고 적절한 자원배분을 위한 정책을 수립하는 데 도움을 준다.

객관식 연습문제 해답 및 해설

01. ④	02. ⑤	03. ⑤	04. ①	05. ④	06. ②	07. ③	08. ②		

01 ④

회계는 회계정보이용자가 합리적인 의사결정을 할 수 있도록 기업실체에 관한 유용한 정보를 식별하고 측정하여 전달하는 정보시스템이라고 정의할 수 있다.

02 ⑤

- 재무회계는 외부이해관계자에게 정보를 제공하는 것을 목적으로 하는 회계분야이다.
- 관리회계는 내부이해관계자에게 정보를 제공하는 것을 목적으로 하는 회계분야이다.
- 회계감사는 재무제표의 적정성에 대한 정보를 제공하는 회계분야이다.

03 ⑤

재무회계의 가장 주된 보고수단은 재무제표이다.

04 ①

- 기업의 경영자는 정보의 생산자이고, 주주와 채권자는 정보의 수요자이다.
- 공인회계사는 정보의 검증자이고, 금융위원회는 정보의 감독기관이다.

05 ④

재무회계의 사회적 기능(역할)에는 수탁책임의 보고 기능, 사회적 자원의 효율적 배분, 기타 사회적 통제 기능이 있다.

06 ②

a. 재무보고의 가장 주된 수단은 재무제표이다.
d. 비상장주식회사는 '일반기업회계기준'에 따라 재무제표를 작성할 수 있고, 기업의 선택에 따라 K-IFRS를 적용할 수도 있다.

07 ③

일반적으로 인정된 회계원칙(GAAP)에 따라 재무제표를 작성하면 비교가능성, 이해가능성, 신뢰성이 높아진다.

08 ②

회계정보는 수탁책임의 보고수단이라는 사회적 기능을 통해 경제적 실체간의 자원 이동에 관한 의사결정에 직접적인 영향을 준다.

주관식 연습문제

회계의 정의

01 회계는 다음과 같이 정의할 수 있다.

> 회계는 회계정보이용자가 합리적인 의사결정을 할 수 있도록 기업실체에 관한 유용한 정보를 식별하고 측정하여 전달하는 정보시스템이다.

회계의 정의와 관련하여 다음 물음에 간략히 답하시오.

요구사항

(1) 회계정보이용자에는 어떤 종류가 있는가?
(2) 회계정보이용자가 필요로 하는 정보에는 어떤 것이 있는지 예를 3가지 들어보시오.
(3) 회계정보를 전달(보고)하는 주된 수단은 무엇이며, 어떤 종류가 있는가?

회계의 사회적 역할

02 다음은 분식회계와 관련하여 최근 언론에 보도된 기사 제목 중 일부이다.

> - '000조선 분식회계' 역대 최대 집단소송 돌입 … 피해자 2만여명(2023. 11. 1)
> - '1438억 분식회계' 00산업개발 … 7일 첫 재판(2023. 11. 5)
> - '원점 재검토' 000, '분식회계 의혹' 택시 수수료부터 손 본다(2023. 11. 14).

분식회계 문제가 사회적으로 공론화됨에 따라 회계의 사회적 책임에 대한 논의가 활발히 진행되고 있다. 다음 물음에 간략히 답하시오.

요구사항

(1) '분식회계'란 무엇인가?
(2) 경영자의 '수탁책임'과 '수탁책임의 보고'란 무엇인가?
(3) '재무회계의 사회적 역할'이란 무엇인가?

주관식 연습문제 해답 및 해설

01 해답

(1) 회계정보이용자에는 투자자, 대여자, 종업원, 공급자, 고객, 정부 등이 있다.

(2) 회계정보이용자별 정보수요는 다음과 같다.

- 투자자 : 투자에 내재된 위험과 투자수익 등을 평가할 수 있는 정보
- 대여자 : 대여금과 관련 이자를 지급기일에 받을 수 있는지 평가할 수 있는 정보
- 종업원 : 기업의 안정성과 수익성 및 급여 지급 능력을 평가할 수 있는 정보

(3) 재무보고의 주된 수단은 재무재표이다. 재무제표에는 재무상태표, 포괄손익계산서, 현금흐름표, 자본변동표가 있으며, 주석을 포함한다.

02 해답

(1) 분식회계란 기업이 고의적으로 자산과 수익은 부풀려 기록하고, 부채와 비용은 축소하여 기록하여 기업의 재무상태와 경영성과를 실제보다 좋게 보이도록 조작하는 회계를 말한다.

(2) 경영자는 주주나 채권자 등이 위탁한 자산을 수탁 받아서 잘 관리하고 운용할 책임이 있는데 이를 '수탁책임'이라 한다. 또한 경영자는 자신이 이행한 수탁책임에 대해 회계정보이용자에게 보고해야 하는데 이를 '수탁책임의 보고'라 한다.

(3) 재무회계가 수행하는 사회적 기능을 재무회계의 사회적 역할이라 한다. 경영자는 재무회계를 통해 수탁책임을 보고하고, 이렇게 제공된 재무정보는 한정된 사회적 자원이 효율적으로 배분되도록 하며, 각종 정책과 규제에 반영되어 사회적 통제 기능을 한다.

CHAPTER

02

기업거래의 측정과 기록

ACCOUNTING PRINCIPLE

제 1 절 복식부기의 원리

재무회계의 주요 분석대상은 기업이다. 자본주의사회에서 기업은 이윤추구를 목적으로 하는 경제의 단위를 말한다. 기업은 생산의 주체로서 경영자의 책임하에 고객들이 원하는 재화나 서비스를 제공하고 이윤을 창출한다. 이것이 경제주체 중 소비의 주체인 가계(household)나 사회자원의 재분배 주체인 정부(government)와 다른 점이며, 재무회계를 기업회계(corporate accounting)라 부르는 이유이다.

1 회계상 거래의 구분

기업의 목표는 이익창출이다. 이를 위해 경영자는 재화를 판매하거나 용역을 제공하면서 여러 가지 영리활동을 수행한다. 이러한 활동 중에서 기업의 재무상태에 영향을 미치는 경제적 사건들이 회계장부에 반영되고, 궁극적으로 재무제표에 반영된다. 여기서 주의할 점은 기업에서 발생하는 모든 사건이 재무제표에 반영되는 것은 아니라는 것이다. 재무회계의 목적은 외부정보이용자인 주주와 채권자의 의사결정에 유용한 정보를 일반목적의 재무제표를 통하여 제공하는 것이다. 이 목적을 달성하기 위하여 기업이 가장 먼저 수행해야 할 일은 기업 활동의 결과 발생하는 많은 사건들이 재무제표에 반영되어야 할 경제적인 사건인지 아닌지를 판단하는 것이다. 일상적으로 발생하는 거래 중에서 회계적인 거래가 아니기 때문에 재무제표에 반영할 수 없는 거래가 있을 수 있으며, 반면에 일상적으로 발생하지 않는 거래 중에도 회계적인 거래로 볼 수 있는 거래가 있을 수 있다. 여기서 회계적 거래(accounting transaction)는 기업의 재무상태와 경영성과에 영향을 줄 뿐만 아니라, 그 영향이 화폐단위로 측정이 가능하여, 재무제표에 공식적으로 기록될 수 있는 거래를 말한다. 이에 대하여는 아래의 사례를 통하여 설명할 것이다.

거래 (1) : A회사를 주주들이 현금 ₩1,000,000을 출자하여 설립하였다.
거래 (2) : A회사에 20×1년에 화재가 발생하여 ₩300,000에 구입한 재고자산이 소실되었다.
거래 (3) : A회사의 대표이사가 교통사고로 인하여 더 이상 경영에 참여할 수 없게 되어, 이사회의 결의로 임시대표이사를 선임하였다.

위의 예에서 거래 (1)은 A회사와 주주와의 거래를 통하여 현금이 ₩1,000,000 증가하였으며, 이로 인하여 자본금이 ₩1,000,000 증가하였다. 결과적으로 기업의 재무상태가 변동하였고, 변동금액을 화폐단위로 측정할 수 있으므로, 이는 일반적인 거래이면서 동시에 회계적인 거래가 된다. 거래 (2)의 경우 거래 (1)과 달리 거래상대방은 없지만, 화재로 인하여 재고자산이 ₩300,000 감소하여 기업의 재무상태가 변동하였고, 변동금액을 화폐단위로 측정할 수 있으므로, 일반적인 거래라 볼 수는 없지만 회계적인 거래가 된다. 거래 (3)의 경우 대표이사가 교통사고로 인하여 경영에 참여할 수 없게 되어 A회사의 재무상태는 큰 손실이 예상 되겠지만, 이 손실금액을 화폐단위로 측정하는 것은 불가능하므로, 일반적인 거래로 볼 수 없으며, 회계적인 거래로도 볼 수 없다. 회계적인 거래의 판단기준은 다음과 같다.

(1) 거래로 인한 재무상태의 변동 여부
(2) 재무상태의 변동에 대한 화폐단위의 측정가능성 여부

[일반적인 거래와 회계적인 거래의 구분사례]

구 분	사 례
일반적인 의미의 거래는 아니지만 회계적인 거래인 경우	① 건물의 화재로 인한 재해손실 ② 건물의 사용에 따른 건물 장부금액의 감소 ③ 건물의 회수가능가액의 하락
일반적인 의미의 거래이지만 회계적인 거래가 아닌 경우	① 건물 구입계약의 체결 ② 건물 임차계약의 체결 ③ 차입금에 대한 건물의 담보제공

2 회계상 거래의 기록방법

회계상의 거래를 기록하는 방법으로는 단식부기법과 복식부기법의 두 가지 방법이 있다. 단식부기(single-entry bookkeeping)는 개인의 거래에서 많이 이용하는 장부기입법으로, 단순히 현금을 중심으로 수입과 지출만을 기록하는 부기법을 말한다. 반면에 복식부기(double-entry bookkeeping)는 기업의 거래에서 이용하는 장부기입법으로 기업의 재산상태에 영향을 주는 사건을 이중으로 분석하여 재산의 변동결과와 이에 대한 변동원인을 동시에 기록하는 부기법을 말한다. 예를 들어 현금으로 건물을 ₩100,000에 구입한 경우에 단식부기와 복식부기에 의한 회계기록은 각각 다음과 같다.

[단식부기에 의한 회계기록]

구 분	금 액	적 요
현금의 지출	(-)₩100,000	건물을 구입하기 위해 현금을 지출함

[복식부기에 의한 회계기록]

결 과 계 정	금 액	원 인 계 정	금 액
건 물	(+)₩100,000	현 금	(-)₩100,000

단식부기에서는 현금지출만을 기록하기 때문에 위와 같이 현금지출의 사유를 적요나 메모기록을 통해 별도로 관리하지 않을 경우, 일정기간이 경과한 후에는 현금지출의 사유를 파악할 수 없다는 단점이 있다. 반면에 복식부기에서는 현금이 감소한 원인으로 건물이 증가하였다는 결과를 함께 보여주기 때문에 기업의 재산관리를 더욱 효율적이고 효과적으로 할 수 있게 해주며, 재산이 변동한 원인을 일정기간 후에도 쉽게 파악할 수 있다는 장점이 있다. 이것이 복식부기 시스템이 가진 매력이다.

참고 **복식부기의 기원**

복식부기(複式簿記)는 자산·부채의 변동과 이로 인한 자본의 변동을 명백히 할 목적으로, 거래가 발생할 때마다 어느 한 계정의 차변(借邊)과 다른 계정의 대변(貸邊)에 같은 금액을 계상하는 이중적 부기법을 말한다. 복식부기는 13세기경 이탈리아 상업도시 베니스, 피렌체와 제노아 등에서 금전 대차 및 물자공급 관리 수단으로 사용하던 장부 기록 방법에 그 기원이 있다고 전해지고 있으며, 1494년 이탈리아의 수학자인 루카 파치올리가 저술한 '산술 기하 비 및 비율 총람'에서 최초로 문헌으로 소개되었다. 한편, 우리나라는 이보다 앞서 12세기경에 개성 상인들이 창안한 '사개송도치부법'이라는 복식부기법이 문헌으로 확인되었으며, '사개송도치부법'이 유럽으로 전파되어 이탈리아의 상인들이 이용하게 되었다는 주장도 있다.

3 복식부기의 개념

복식부기에 따른 장부기입은 의외로 단순하다. 회계상의 거래가 발생하면 기업의 재산인 자산과 부채는 변동한다. 자산은 기업이 통제하고 있는 경제적 자원으로 생각하면 되고, 부채는 기업이 부담하고 있는 빚이라고 생각하면 된다.

(1) 자산과 부채, 자본의 정의

자산은 과거사건의 결과로 기업이 현재 통제하는 미래 경제적효익을 창출할 잠재력을 지닌 권리(경제적자원)이다[1]. 여기서 '과거사건의 결과'는 자산은 미래에 발생할 것으로 기대되는 거래가 아닌, 이미 발생한 거래로 인한 권리이어야 한다는 의미이다. '통제'는 해당 기업만이 자산의 효익을 획득해야 한다는 의미이며, '경제적효익을 창출할 잠재력'은 자산을 이용하여 미래에 현금유입을 증가시키거나, 현금유출을 감소시킬 수 있는 능력이 있어야 한다는 의미이다.

부채는 과거사건의 결과로 기업이 경제적자원을 이전해야 하는 현재의무이다[2]. '과거사건의 결과'는 미래에 발생할 것으로 기대되는 거래가 아닌, 이미 발생한 거래로 인한 의무이어야 한다는 의미이다. '경제적자원을 이전해야 하는 의무'는 약정에 의해 일정금액의 현금을 지급되거나, 현금이 아닌 재화나 용역을 이전함으로써 의무를 이행한다는 의미이다.

자본은 기업의 자산에서 모든 부채를 차감한 후의 잔여지분을 말한다[3]. 잔여지분이란 배당이나 청산시 주주의 권리가 채권자의 권리보다 후순위임을 의미한다.

[재무제표 요소의 정의]

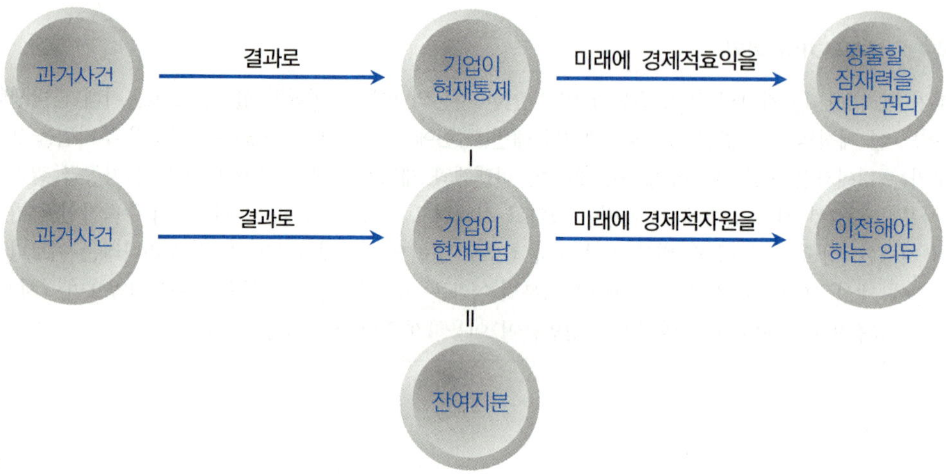

1) Asset is a present economic resource controlled by the entity as a result of past events. An economic resource is a right that has the potential to produce economic benefits.

2) Liability is a present obligation of the entity to transfer an economic resource as a result of past events.

3) Equity is the residual interest in the assets of the entity after deducting all its liabilities.

(2) 복식부기의 회계등식

기업의 자산에서 부채를 차감한 순자산을 자본이라 한다. 따라서 자산, 부채와 자본의 관계를 이용하면 아래와 같은 회계등식(accounting equation)이 만들어지며, 기업의 모든 회계적 거래를 아래의 회계등식을 만족하게 하면서 이중으로 기록하는 것을 복식부기라 한다.

(1) 회계등식 ➡ 자 산 − 부 채 = 자 본
(2) 회계등식 ➡ 자 산 = 부 채 + 자 본

위의 (1) 회계등식에서 부채를 등식의 우변으로 이항하여 (+)의 부호로 표시한 것이 (2) 회계등식이다.

[복식부기에 의한 재무제표의 작성]

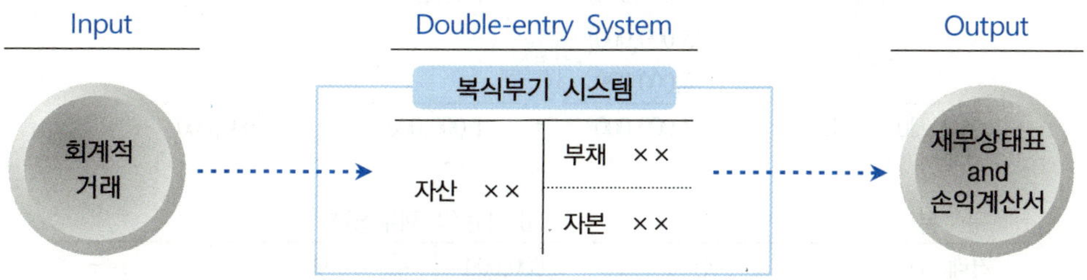

(3) 회계등식을 이용한 거래의 기록 : 단일의 자본계정 이용

복식부기의 원리는 회계등식(1)보다는 회계등식(2)로 접근하여 분석하는 것이 이해하기 쉬우므로 이를 공통사례를 통해 설명할 것이다.

공통사례

(1) 20×1년 1월 1일 : 주주로부터 ₩2,000,000을 현금출자 받아 ㈜대여를 설립하였다.
(2) 20×1년 1월 1일 : 은행으로부터 ₩1,000,000을 연 이자율 10%의 조건으로 현금 차입하였다.
(3) 20×1년 1월 1일 : ㈜차입에게 현금 ₩3,000,000을 연 이자율 15%의 조건으로 현금 대여하였다.
(4) 20×1년 12월 31일 : ㈜차입으로부터 ₩450,000의 이자를 현금 수령하였다.
(5) 20×1년 12월 31일 : 은행에 ₩100,000의 이자를 현금 지급하였다.

20×1년 1월 1일에 발생한 거래(1)로 인하여 기업은 자산(현금)이 ₩2,000,000이 증가하며, 이로 인하여 자본(자본금)도 ₩2,000,000 증가한다. 이 경우 등식의 좌변과 우변이 각각 ₩2,000,000씩 증가하므로 등식은 유지된다. 한편, 거래(2)에서 기업은 자산(현금)이 ₩1,000,000이 증가하였는데, 이는 나중에 상환해야 할 빚이므로 부채도 ₩1,000,000만큼 증가하게 되지만, 자산과 부채가 동시에 증가하는 거래이므로, 자본에는 영향이 없으며, 등식은 계속 유지된다. 거래(3)에서는 현금을 대여하여 자산(현금)이 ₩3,000,000이 감소하지만, 동시에 자산(대여금)이 ₩3,000,000이 증가하기 때문에 등식은 계속 유지된다.

[설립일의 재무상태]

구 분		자 산		부 채		자 본
거래 (1)	→	2,000,000	=			2,000,000
거래 (2)	→	1,000,000	=	1,000,000		
거래 (3)	→	(3,000,000) 3,000,000	=			
20×1. 1. 1		3,000,000	=	1,000,000	+	2,000,000

구 분		20×1년의 재무상태				
거래 (1)	→	자 산	2,000,000	부 채	-
				자 본	2,000,000
거래 (2)	→	자 산	1,000,000	부 채	1,000,000
거래 (3)	→	자 산	(3,000,000)		
		자 산	3,000,000		
20×1. 1. 1		자 산	3,000,000	부 채	1,000,000
				자 본	2,000,000

한편, 기업은 설립 후 영업활동을 수행한다. 거래(4)에서 대여금에 대한 이자를 수령하여 좌변에 자산(현금) ₩450,000이 증가하며, 동시에 우변에 경영성과로 인한 자본 ₩450,000이 증가하게 되므로, 등식은 계속 유지된다. 거래(5)에서는 채권자에게 이자를 지급하여 좌변에 자산(현금) ₩100,000이 감소하지만, 동시에 우변에 경영성과로 인한 자본 ₩100,000이 감소하게 되어, 등식은 유지된다.

[설립일 이후 재무상태의 변화]

구 분		자 산		부 채		자 본
20×1. 1. 1	➡	3,000,000	=	1,000,000	+	2,000,000
거래 (4)	➡	450,000	=			450,000
거래 (5)	➡	(100,000)	=			(100,000)
20×1.12.31		3,350,000	=	1,000,000	+	2,350,000

구 분		20×1년의 재무상태					
20×1. 1. 1	➡	자	산	3,000,000	부	채	1,000,000
					자	본	2,000,000
거래 (4)	➡	자	산	450,000	자	본	450,000
거래 (5)	➡	자	산	(100,000)	자	본	(100,000)
20×1.12.31		자	산	3,350,000	부	채	1,000,000
					자	본	2,350,000

결과적으로, 20×1년 12월 31일 ㈜대여의 자산은 ₩3,350,000이며, 여기에서 부채 ₩1,000,000을 차감한 ₩2,350,000이 자본으로 기록된다. 이렇게 복식부기에 의한 장부기록은 기업에서 발생하는 모든 거래를 자산거래와 부채거래, 자본거래로 구분한 후 이중으로 분석하므로, 특정시점에 회사의 재무상태는 항상 회계등식을 만족하게 된다.

(4) 회계등식을 이용한 거래의 기록 : 납입자본과 손익자본으로의 분할

위의 사례에서는 20×1년 1월 1일부터 20×1년 12월 31일까지 발생한 5가지 거래를 단일의 자본항목을 이용하여 기록하였다. 하지만 20×1년 12월 31일의 자본 ₩2,350,000 중 ₩2,000,000은 20×1년 1월 1일에 주주가 납입한 자본(paid-in-capital)이지만, ₩350,000은 20×1년 중에 경영성과로 증가한 손익자본(income)이므로 이를 각각 구분하여 표시한다면, 정보가 더욱 유용해질 수 있다. 여기서 주주가 납입한 자본을 자본금(capital stock)이라하며, 경영성과로 증가한 손익자본을 이익잉여금(retained earning)이라 한다. 자본을 자본금과 이익잉여금으로 구분하여 장부를 기록하면 다음과 같다.

[설립일 이후 재무상태의 변화]

구 분		자 산		부 채		자 본 금		이익잉여금
20×1. 1. 1	➡	3,000,000	=	1,000,000	+	2,000,000		
거래 (4)	➡	450,000	=					450,000
거래 (5)	➡	(100,000)	=					(100,000)
20×1.12.31		3,350,000	=	1,000,000	+	2,000,000	+	350,000

구 분		20×1년의 재무상태			
20×1. 1. 1	➡	자 산	3,000,000	부 채	1,000,000
				자 본 금	2,000,000
거래 (4)	➡	자 산	450,000	이익잉여금	450,000
거래 (5)	➡	자 산	(100,000)	이익잉여금	(100,000)
20×1.12.31		자 산	3,350,000	부 채	1,000,000
				자 본 금	2,000,000
				이익잉여금	350,000

(5) 회계등식을 이용한 거래의 기록 : 수익과 비용으로의 분할

위의 사례에서는 20×1년 1월 1일부터 20×2년 1월 2일까지 발생한 5가지 거래를 자본금 항목과 이익잉여금 항목으로 분할하여 기록하였다. 하지만 손익자본인 이익잉여금을 하나의 항목으로 기록하는 것보다는 다시 수익항목과 비용항목으로 각각 구분해서 기록한다면, 정보가 더욱 유용해 질 수 있다. 여기서 수익은 자본의 증가를 가져오는 자산의 증가나 부채의 감소로서, 자본청구권 보유자의 출자와 관련된 것은 제외한 것을 말한다[4]. 이를 간단히 설명하면 수익은 재화를 판매하거나 용역을 제공하면서 발생한 이익잉여금의 증가금액이라 할 수 있다. 비용은 자산의 감소 또는 부채의 증가로서 자본의 감소를 가져오며, 자본청구권 보유자에 대한 분배와 관련된 것을 제외한 것을 말한다[5]. 이를 간단히 설명하면 비용은 수익을 창출하는 과정에서 발생한 이익잉여금의 감소금액이라 할 수 있다.

[20×1년 말까지의 재무상태 변화]

구 분		자 산		부 채	자 본 금		수 익		비 용
거래 (1)	➡	2,000,000	=		2,000,000				
거래 (2)	➡	1,000,000	=	1,000,000					
거래 (3)	➡	(3,000,000) 3,000,000	=						
거래 (4)	➡	450,000	=			+	450,000		
거래 (5)	➡	(100,000)	=					−	100,000
20×1.12.31		3,350,000	=	1,000,000	2,000,000	+	450,000	−	100,000

4) Income is increases in assets, or decreases in liabilities, that result in increases in equity, other than those relating to contributions from holders of equity claims.

5) Expenses is decreases in assets, or increases in liabilities, that result in decreases in equity, other than those relating to distributions to holders of equity claims.

구 분	20×1년의 재무상태			
20×1. 1. 1 →	자 산	3,000,000	부 채	1,000,000
			자 본 금	2,000,000
거래 (4) →	자 산	450,000	수 익	450,000
거래 (5) →	자 산	(100,000)	비 용	(100,000)
20×1.12.31	자 산	3,350,000	부 채	1,000,000
			자 본 금	2,000,000
			이익잉여금	350,000

여기서 유의할 점은 수익과 비용은 이익잉여금의 증가와 감소를 개별적으로 파악하기 위한 임시항목이라는 것이다. 기업이 보고기간 말의 재무상태를 표시하는 경우에는 수익과 비용을 다시 이익잉여금 항목으로 대체해야 한다.

[복식부기에 의한 회계등식 : 1차년도]

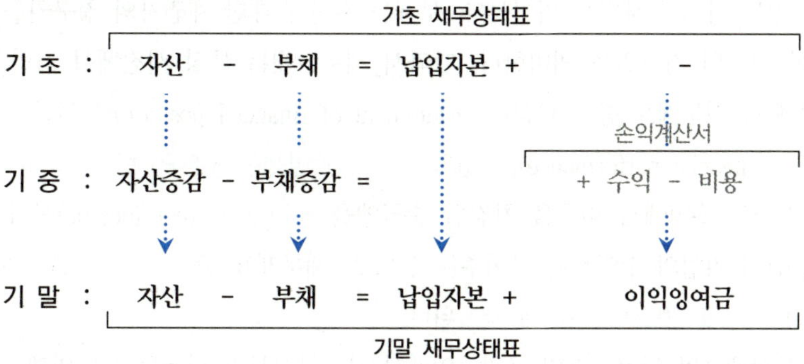

제 2 절 재무상태 및 경영성과의 측정과 보고

재무회계는 주주와 채권자 등 외부정보이용자의 의사결정에 유용한 정보를 제공하는 시스템이다. 회계정보는 재무제표(financial statements)를 통하여 제공되며, 복식부기를 통하여 일반목적의 재무제표를 작성하는 것이 재무회계의 목표이다.

1 재무상태 및 경영성과의 측정과 보고 : 1차년도

재무상태(financial position)는 특정 시점에서 기업의 자산, 부채 및 자본의 현황을 말한다. 자산은 기업이 통제하고 있는 경제적 자원을 의미한다. 부채는 자산에 대한 채권자의 청구권을 의미하며, 자본은 자산에 대한 주주의 청구권을 의미한다. 따라서 재무상태는 특정 시점에서 기업의 재무구조상태를 보여주는 것으로 재무제표 중 재무상태표(statement of financial position)를 통해 정보이용자에게 제공된다. 경영성과(financial performance)는 일정기간 동안 발생한 자본의 변동 중 수익과 비용의 가감액을 말하는 것으로, 수익에서 비용을 차감한 순금액을 당기순이익(net income)이라 한다. 경영성과는 일정기간 동안의 기업의 수익성을 보여주는 것으로, 재무제표 중 포괄손익계산서(comprehensive income statement)를 통해 정보이용자에게 제공된다.

특정시점의 재무상태표와 일정기간의 포괄손익계산서는 복식부기 회계등식에 의해서 도출된다. 공통사례를 이용하여, 재무상태표와 포괄손익계산서의 작성과정을 설명하고자 한다. 20×1년 말 회계등식은 다음과 같다.

[20×1년 말의 재무상태]

구 분		자 산		부 채		자 본 금		수 익		비 용
20×1.12.31	:	3,350,000	=	1,000,000	+	2,000,000	+	450,000	−	100,000

20×1년 말의 재무상태

자 산	3,350,000	부 채	1,000,000
		자 본 금	2,000,000
		수 익	450,000
		비 용	(100,000)
	3,350,000		3,350,000

위의 회계등식에서 자본항목 중 비용의 경우 자본의 감소를 우변이 아니라 편의상 좌변에 위치시키면 아래와 같이 다시 표시할 수 있다.

[20×1년 말의 재무상태]

구 분		자 산		비 용		부 채		자 본 금		수 익
20×1.12.31	:	3,350,000	+	100,000	=	1,000,000	+	2,000,000	+	450,000

20×1년 말의 시산표

자 산	3,350,000	부 채	1,000,000
		자 본 금	2,000,000
		수 익	450,000
비 용	100,000		
	3,450,000		3,450,000

20×1년 말의 재무상태를 보면 좌변에는 자산과 비용을 기재하고, 우변에는 부채와 자본 및 수익을 기재하고 있다. 좌변의 합계가 ₩3,450,000이며, 우변의 합계도 ₩3,450,000으로 서로 일치하므로 회계등식이 유지되고 있음을 파악할 수 있다. 또한 일련의 복식부기 회계기록에 오류가 없음을 판단할 수 있다. 위의 양식을 회계에서는 시산표(trial balance)라 한다. 시산표는 복식부기에서 회계등식에 따른 장부기록의 오류를 검증하고, 결산재무제표의 작성을 원활하게 하기 위한 수학적 검산표이다. 시산표에서 윗부분은 자산과 부채와 자본항목을 표시하며, 아랫부분은 당기손익을 표시한다. 시산표를 이용하여 일반목적의 재무제표인 재무상태표와 포괄손익계산서가 다음과 같이 작성된다.

[시산표를 이용한 재무상태표와 포괄손익계산서의 작성]

20×1년의 시산표

자 산	3,350,000	부 채	1,000,000
		자 본 금	2,000,000
		수 익	450,000
비 용	100,000		
	3,450,000		3,450,000

20×1년 말의 재무상태표

자 산	3,350,000	부 채	1,000,000
		자 본 금	2,000,000
		이익잉여금	350,000
	3,350,000		3,350,000

20×1년의 포괄손익계산서

비 용	100,000	수 익	450,000
당기순이익	350,000		
	450,000		450,000

[재무상태표와 포괄손익계산서의 작성과정]

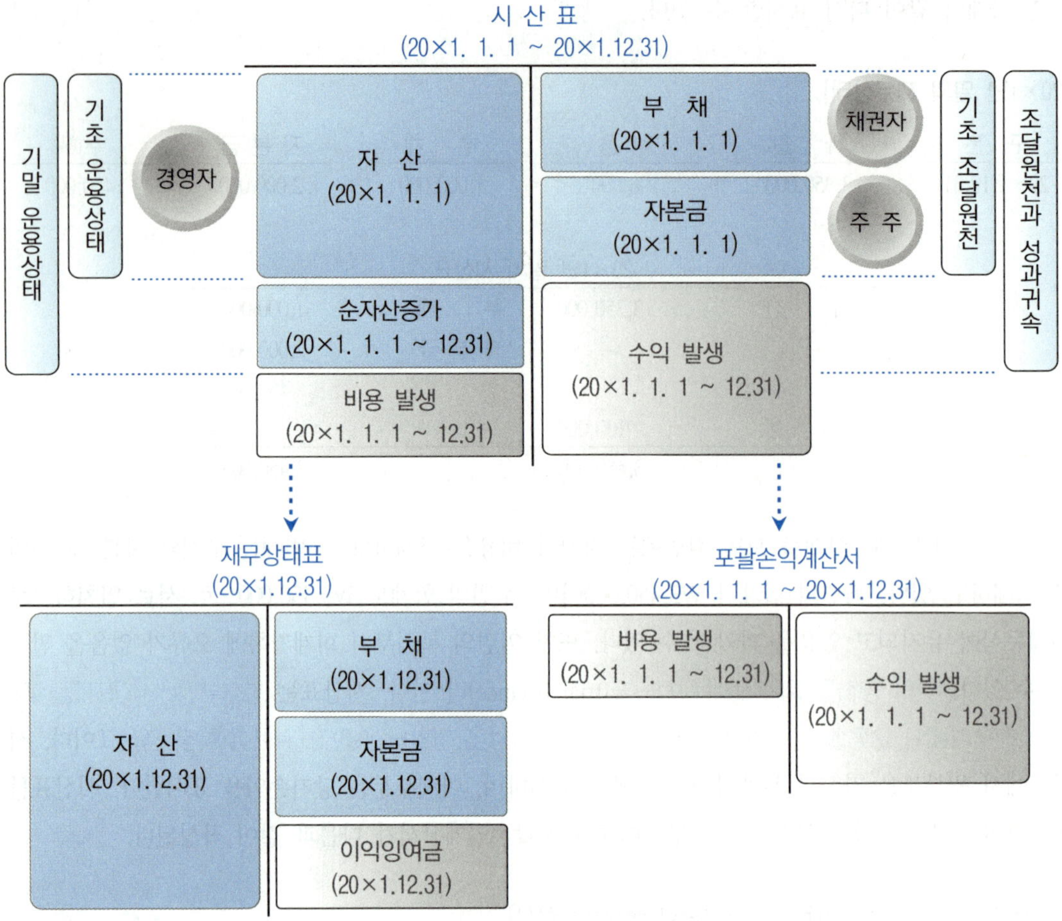

2 주주에 대한 배당금의 지급

위의 사례에서는 기업의 이해관계자 중 하나인 채권자에게 자금제공에 대한 대가로 이자를 지급하는 것을 비용으로 인식하여 장부를 기입을 수행하였다. 하지만, 회계적으로 주주에게 자금제공에 대한 대가로 배당을 지급하는 것은 비용으로 인식하지 않고, 이익잉여금의 처분으로 인식한다. 이에 대하여는 1절에서 제시한 공통사례를 좀 더 확장하여 설명할 것이다.

공통사례

(1) 20×1년 1월 1일 : 주주로부터 ₩2,000,000을 현금출자 받아 ㈜대여를 설립하였다.
(2) 20×1년 1월 1일 : 은행으로부터 ₩1,000,000을 연 이자율 10%의 조건으로 현금 차입하였다.
(3) 20×1년 1월 1일 : ㈜차입에게 현금 ₩3,000,000을 연 이자율 15%의 조건으로 현금 대여하였다.
(4) 20×1년 12월 31일 : ㈜차입으로부터 이자로 ₩450,000을 현금 수령하였다.
(5) 20×1년 12월 31일 : 은행에 ₩100,000의 이자를 현금 지급하였다.
(6) 20×2년 1월 2일 : ㈜대여의 주주에게 ₩250,000의 배당을 현금으로 지급하였다.

거래(6)에서는 주주에게 배당을 지급하여 좌변에 자산(현금) ₩250,000이 감소하지만, 동시에 우변에 배당으로 인해 자본(이익잉여금) ₩250,000이 감소하게 되어, 등식은 아래와 같이 유지된다.

[20×2년 배당지급으로 인한 재무상태 변화]

구 분		자 산		부 채		자 본 금		이익잉여금
20×2. 1. 1		3,350,000	=	1,000,000	+	2,000,000	+	350,000
거래 (6)	→	(250,000)	=					(250,000)
20×2. 1. 2		3,100,000	=	1,000,000	+	2,000,000	+	100,000

구 분		20×2년의 재무상태			
20×2. 1. 1		자 산	3,350,000	부 채	1,000,000
				자 본 금	2,000,000
				이익잉여금	350,000
거래 (6)	→	자 산	(250,000)	이익잉여금	(250,000)
20×2. 1. 2		자 산	3,100,000	부 채	1,000,000
				자 본 금	2,000,000
				이익잉여금	100,000

3 재무상태 및 경영성과의 측정과 보고 : 2차년도

설립 후 2차년도인 20×2년에 추가적으로 다음과 같은 거래가 발생한 경우 2차년도의 재무상태 및 경영성과의 측정과 보고에 대하여 알아보자.

공통사례

(1) 20×1년 1월 1일 : 주주로부터 ₩2,000,000을 현금출자 받아 ㈜대여를 설립하였다.
(2) 20×1년 1월 1일 : 은행으로부터 ₩1,000,000을 연 이자율 10%의 조건으로 현금 차입하였다.
(3) 20×1년 1월 1일 : ㈜차입에게 현금 ₩3,000,000을 연 이자율 15%의 조건으로 현금 대여하였다.
(4) 20×1년 12월 31일 : ㈜차입으로부터 이자로 ₩450,000을 현금 수령하였다.
(5) 20×1년 12월 31일 : 은행에 ₩100,000의 이자를 현금 지급하였다.
(6) 20×2년 1월 2일 : ㈜대여의 주주에게 ₩250,000의 배당을 현금으로 지급하였다.
(7) 20×2년 12월 31일 : ㈜차입으로부터 이자로 ₩450,000을 현금 수령하였다.
(8) 20×2년 12월 31일 : 은행에 ₩100,000의 이자를 현금 지급하였다.

[설립일 이후 재무상태의 변화]

구 분		자 산		부 채		자 본 금		이익잉여금		수 익		비 용
20×2. 1. 1		3,350,000	=	1,000,000	+	2,000,000	+	350,000				
거래 (6)	→	(250,000)	=					(250,000)				
거래 (7)	→	450,000	=						+	450,000		
거래 (8)	→	(100,000)	=								−	100,000
20×2.12.31		3,450,000	=	1,000,000	+	2,000,000	+	100,000	+	450,000	−	100,000

[시산표를 이용한 재무상태표와 포괄손익계산서의 작성]

20×2년의 시산표

차변		대변	
자 산	3,450,000	부 채	1,000,000
		자 본 금	2,000,000
		이익잉여금	100,000
		수 익	450,000
비 용	100,000		
	3,550,000		3,550,000

20×2년 말의 재무상태표

차변		대변	
자 산	3,450,000	부 채	1,000,000
		자 본 금	2,000,000
		이익잉여금	450,000
	3,450,000		3,450,000

20×2년의 포괄손익계산서

차변		대변	
비 용	100,000	수 익	450,000
당기순이익	350,000		
	450,000		450,000

[복식부기에 의한 회계등식 : 2차년도]

	기초 재무상태표								
기 초 :	자산	-	부채	=	납입자본	+	이익잉여금		
							손익계산서		
기 중 :	자산증감	-	부채증감	=	유상증자	+	수익 - 비용	-	현금배당
					자본변동표				
기 말 :	자산	-	부채	=	납입자본	+	이익잉여금		
	기말 재무상태표								

예제 1 복식부기에 의한 회계기록

20×1년 1월 1일 광고기획자인 A씨는 광고기획사인 ㈜B기획을 현금 ₩3,000,000을 출자하여 설립하였다. 아래의 거래는 ㈜B기획에서 20×1년 동안 발생한 것이다.

(1) 20×1년 1월 1일 : A씨가 ₩3,000,000의 현금을 출자하여 회사를 설립하였다.
(2) 20×1년 1월 2일 : 은행으로부터 ₩2,000,000을 이자율 10%조건으로 차입하였다.
(3) 20×1년 1월 3일 : 사무실로 사용할 건물을 임차하였으며, 임차조건은 매년 12월 30일에 ₩540,000을 지급하는 조건이다.
(4) 20×1년 2월 1일 : 광고용역을 제공하고, ₩1,500,000을 현금으로 수령하였다.
(5) 20×1년 2월 15일 : 사무실 전기요금으로 ₩380,000을 현금으로 지급하였다.
(6) 20×1년 3월 10일 : 광고용역 ₩2,000,000을 외상으로 제공하고, 대금을 추후에 수령하기로 하였다.
(7) 20×1년 4월 1일 : 사무용비품 ₩900,000을 외상으로 구입하였다.
(8) 20×1년 4월 30일 : 사무용비품의 외상대금 중 ₩600,000을 현금으로 지급하였다.
(9) 20×1년 6월 30일 : A씨가 추가로 현금 ₩1,200,000을 추가로 출자하였다.
(10) 20×1년 9월 30일 : 3월 10일의 광고용역대금 중 ₩1,000,000을 현금으로 수령하였다.
(11) 20×1년 12월 1일 : 종업원급여 ₩260,000을 지급하였다.
(12) 20×1년 12월 30일 : 건물 임차료 ₩540,000을 지급하였다.

물음

위의 거래를 회계등식에 의하여 분석하고, T-계정형식의 20×1년 시산표를 작성한 후 20×1년 12월 31일의 재무상태표와 20×1년의 포괄손익계산서를 작성하시오.

구 분	자 산		부 채		자 본 금		이익잉여금		수 익		비 용
20×1. 1. 1	×××	=	×××	+	×××	+	×××	+	×××	－	×××

해 답

1. 회계등식에 의한 분석

구 분	자 산		부 채		자 본 금		이익잉여금		수 익		비 용
20×1. 1. 1	3,000,000	=		+	3,000,000						
20×1. 1. 2	2,000,000	=	2,000,000								
20×1. 1. 3					회계적인 거래가 아님						
20×1. 2. 1	1,500,000	=						+	1,500,000		
20×1. 2.15	(380,000)	=								－	380,000
20×1. 3.10	2,000,000	=						+	2,000,000		
20×1. 4. 1	900,000	=	900,000								
20×1. 4.30	(600,000)	=	(600,000)								
20×1. 6.30	1,200,000	=		+	1,200,000						
20×1. 9.30	(1,000,000)	=									
	1,000,000	=									
20×1.12. 1	(260,000)	=								－	260,000
20×1.12.30	(540,000)	=								－	540,000
20×1.12.31	8,820,000	=	2,300,000	+	4,200,000	+		+	3,500,000	－	1,180,000

2. 시산표

20×1년의 시산표

자 산	8,820,000	부 채	2,300,000
		자 본 금	4,200,000
		수 익	3,500,000
비 용	1,180,000		
	10,000,000		10,000,000

20×1년 말의 재무상태표

자 산	8,820,000	부 채	2,300,000
		자 본 금	4,200,000
		이익잉여금	2,320,000
	8,820,000		8,820,000

20×1년의 포괄손익계산서

비 용	1,180,000	수 익	3,500,000
당기순이익	2,320,000		
	3,500,000		3,500,000

제 3 절 계정과 분개

제2장 '기업거래의 측정과 기록'에서는 1년 동안 ㈜대여에서 발생한 회계상 거래를 자산, 부채, 자본, 수익과 비용의 다섯 가지 항목을 이용하여 시산표를 작성하고, 시산표를 두 부분으로 분할하여 재무상태표와 포괄손익계산서를 작성하는 것을 학습하였다.

[시산표를 이용한 재무상태표와 포괄손익계산서의 작성]

20×1년의 시산표

자 산	3,350,000	부 채	1,000,000
		자 본 금	2,000,000
		수 익	450,000
비 용	100,000		
	3,450,000		3,450,000

20×1년 말의 재무상태표

자 산	3,350,000	부 채	1,000,000
		자 본 금	2,000,000
		이익잉여금	350,000
	3,350,000		3,350,000

20×1년의 포괄손익계산서

비 용	100,000	수 익	450,000
당기순이익	350,000		
	450,000		450,000

하지만, 자산, 부채, 자본, 수익과 비용은 합계항목의 개념이다. 따라서 위와 같이 5개의 합계항목만 가지고 재무상태표와 포괄손익계산서를 작성하는 경우에는 특정시점에 ㈜대여의 자산과 부채, 수익과 비용항목에 어떠한 세부적인 내용이 포함되어 있는지 파악할 수 없다. 즉, ㈜대여의 20×1년 12월 31일의 자산이 ₩3,350,000인데, 이는 자산의 합계일 뿐 세부적으로는 어떠한 자산항목이 각각 얼마의 금액인지를 파악할 수 없다는 것이다.

1 계정의 의의

회계상 거래의 결과로 자산, 부채, 자본, 수익과 비용은 변동한다. 하지만 이러한 거래의 결과를 담아주는 항목이 세분화 되어 있지 않다면, 정보이용자는 해당 거래의 결과에 대하여 합리적인 판단을 할 수 없게 된다. 따라서 정보이용자는 거래를 담는 더 작은 항목을 요구하게 되었고, 이 필요에 따라 생겨난 것이 '계정'이라는 개념이다. 계정(account)은 기업회계에 있어서 기업 자산, 부채, 자본, 수익과 비용의 모든 변동을 기록·계산 및 분류하기 위한 기술적 단위이며, 이러한 계정의 명칭을 계정과목(title of account)이라 한다. 아래에 제시한 계정과목의 사례들은 회계의 모든 계정과목을 나열한 것은 아니며, 회계원리 수준에서 알고 있어야 할 대표적인 계정과목들만 제시한 것이다. 앞으로 재무회계를 공부하면서 많은 익숙하지 않은 계정과목과 만나게 될 것이다. 결론부터 먼저 말하면, 계정과목의 명칭은 암기할 필요는 없으며, 계속 학습하면서 해당 계정과목의 명칭에 익숙해지기만 하면 된다.

[계정과목의 사례]

구 분		계정과목
재무상태표 계정과목	자산 계정	현금, 매출채권, 미수금, 대여금, 상품, 토지, 건물, 비품, 차량운반구 등
	부채 계정	매입채무, 미지급금, 미지급비용, 차입금 등
	자본 계정	자본금, 자본잉여금, 이익잉여금 등
포괄손익계산서 계정과목	수익 계정	매출, 임대료수익, 이자수익, 유형자산처분이익 등
	비용 계정	매출원가, 급여, 보험료, 임차료비용, 유형자산처분손실, 법인세비용 등

공통사례

(1) 20×1년 1월 1일 : 주주로부터 ₩2,000,000을 현금출자 받아 ㈜대여를 설립하였다.
(2) 20×1년 1월 1일 : 은행으로부터 ₩1,000,000을 연 이자율 10%의 조건으로 현금 차입하였다.
(3) 20×1년 1월 1일 : ㈜차입에게 현금 ₩3,000,000을 연 이자율 15%의 조건으로 현금 대여하였다.
(4) 20×1년 12월 31일 : ㈜차입으로부터 ₩450,000의 이자를 현금 수령하였다.
(5) 20×1년 12월 31일 : 은행에 ₩100,000의 이자를 현금 지급하였다.

[계정과목을 이용한 재무상태표와 포괄손익계산서의 작성]

구 분	자 산		부 채	자 본 금		수 익		비 용
거래 (1)	현 금 2,000,000	=		자본금 2,000,000				
거래 (2)	현 금 1,000,000	=	차입금 1,000,000					
거래 (3)	현 금 (3,000,000) 대여금 3,000,000	=						
거래 (4)	현 금 450,000	=			+	이자수익 450,000		
거래 (5)	현 금 (100,000)	=					−	이자비용 100,000
20×1.12.31	3,350,000	=	1,000,000	2,000,000	+	450,000	−	100,000

20×1년의 시산표

차변	금액	대변	금액
현 금	350,000	차 입 금	1,000,000
대 여 금	3,000,000	자 본 금	2,000,000
		이자수익	450,000
이자비용	100,000		
	3,450,000		3,450,000

20×1년 말의 재무상태표

차변	금액	대변	금액
현 금	350,000	차 입 금	1,000,000
대 여 금	3,000,000	자 본 금	2,000,000
		이익잉여금	350,000
	3,350,000		3,350,000

20×1년의 포괄손익계산서

차변	금액	대변	금액
이자비용	100,000	이자수익	450,000
당기순이익	350,000		
	450,000		450,000

[재무제표의 작성과정]

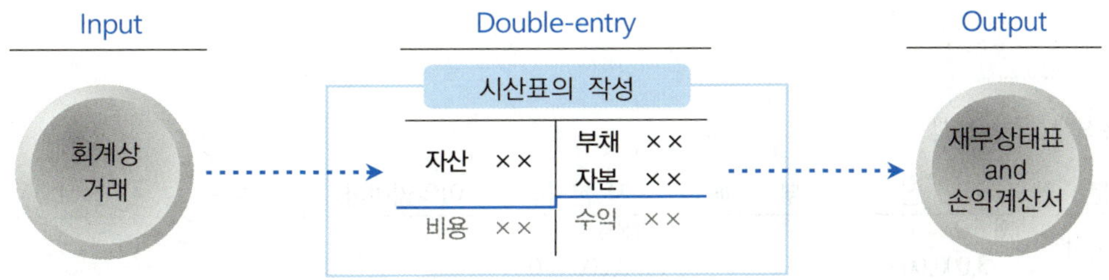

예제 2 복식부기에 의한 회계기록

20×1년 1월 1일 광고기획자인 A씨는 광고기획사인 ㈜B기획을 현금 ₩3,000,000을 출자하여 설립하였다. 아래의 거래는 ㈜B기획에서 20×1년 동안 발생한 것이다.

(1) 20×1년 1월 1일 : A씨가 ₩3,000,000의 현금을 출자하여 회사를 설립하였다.
(2) 20×1년 1월 2일 : 은행으로부터 ₩2,000,000을 이자율 10%조건으로 차입하였다.
(3) 20×1년 1월 3일 : 사무실로 사용할 건물을 임차하였으며, 임차조건은 매년 12월 30일에 ₩540,000을 지급하는 조건이다.
(4) 20×1년 2월 1일 : 광고용역을 제공하고, ₩1,500,000을 현금으로 수령하였다.
(5) 20×1년 2월 15일 : 사무실 전기요금으로 ₩380,000을 현금으로 지급하였다.
(6) 20×1년 3월 10일 : 광고용역 ₩2,000,000을 외상으로 제공하고, 대금을 추후에 수령하기로 하였다.
(7) 20×1년 4월 1일 : 사무용비품 ₩900,000을 외상으로 구입하였다.

(8) 20×1년 4월 30일 : 사무용비품의 외상대금 중 ₩600,000을 현금으로 지급하였다.
(9) 20×1년 6월 30일 : A씨가 추가로 현금 ₩1,200,000을 추가로 출자하였다.
(10) 20×1년 9월 30일 : 3월 10일의 광고용역대금 중 ₩1,000,000을 현금으로 수령하였다.
(11) 20×1년 12월 1일 : 종업원급여 ₩260,000을 지급하였다.
(12) 20×1년 12월 30일 : 건물 임차료 ₩540,000을 지급하였다.

물음

위의 거래를 계정과목을 이용하여 아래와 같이 분석하고, T-계정형식의 20×1년 시산표를 작성한 후 20×1년 12월 31일의 재무상태표와 20×1년의 포괄손익계산서를 작성하시오.

구 분	자 산		부 채		자 본 금		이익잉여금		수 익		비 용
20×1. 1. 1	×××	=	×××	+	×××	+	×××	+	×××	−	×××

해답

1. 회계등식에 의한 분석

구 분	자 산		부 채		자 본 금		이익잉여금		수 익		비 용
20×1. 1. 1	현 금 3,000,000	=		+	자본금 3,000,000						
20×1. 1. 2	현 금 2,000,000	=	차입금 2,000,000								
20×1. 2. 1	현 금 1,500,000	=						+	용역매출 1,500,000		
20×1. 2.15	현 금 (380,000)	=								−	전기료 380,000
20×1. 3.10	매출채권 2,000,000	=						+	용역매출 2,000,000		
20×1. 4. 1	비 품 900,000	=	미지급금 900,000								
20×1. 4.30	현 금 (600,000)	=	미지급금 (600,000)								
20×1. 6.30	현 금 1,200,000	=		+	자본금 1,200,000						
20×1. 9.30	매출채권 (1,000,000) 현 금 1,000,000	= =									
20×1.12. 1	현 금 (260,000)	=									급 여 260,000
20×1.12.30	현 금 (540,000)	=									임차료 540,000
20×1.12.31	8,820,000	=	2,300,000	+	4,200,000	+		+	3,500,000	−	1,180,000

2. 시산표를 이용한 재무상태표와 포괄손익계산서의 작성

20×1년의 시산표

차변	금액	대변	금액
현 금	6,920,000	차 입 금	2,000,000
매출채권	1,000,000	미지급금	300,000
비 품	900,000	자 본 금	4,200,000
		용역매출	3,500,000
전 기 료	380,000		
급 여	260,000		
임 차 료	540,000		
	10,000,000		10,000,000

20×1년 말의 재무상태표

차변	금액	대변	금액
현 금	6,920,000	차 입 금	2,000,000
매출채권	1,000,000	미지급금	300,000
비 품	900,000	자 본 금	4,200,000
		이익잉여금	2,320,000
	8,820,000		8,820,000

20×1년의 포괄손익계산서

차변	금액	대변	금액
전 기 료	380,000	용역매출	3,500,000
급 여	260,000		
임 차 료	540,000		
당기순이익	2,320,000		
	3,500,000		3,500,000

2 분개와 계정별원장

재무상태표와 포괄손익계산서는 많은 계정과목으로 이루어져 있다. 따라서 앞에서 공부한 공통사례와 같이 거래의 결과를 시산표에 직접 옮겨 적으면 수많은 계정과목으로 인해 시산표의 작성과정에서 발생하는 오류에 대한 검증이 훨씬 더 어려워진다. 물론 거래가 발생할 때마다 시산표에 거래의 결과를 해당 계정에 직접 옮겨 놓는 과정을 통해 재무상태표와 포괄손익계산서를 작성할 수는 있다. 따라서 거래를 분석하고 이를 이용하여 시산표를 작성하는 과정 사이에 일정한 회계적 통제절차가 필요하다.

(1) 분개

분개(journalizing)는 기업에서 발생하는 추상적 거래상황에 계정과목과 금액을 부여하여 구체적인 회계언어로 변환(translation)해주는 과정이다. 회계상의 거래가 발생하면 기업은 이로 인하여 해당 기업의 자산, 부채, 자본 및 수익, 비용에 어떠한 변화를 가져오는가를 회계적인 측면에서 분석한다. 이 거래를 계정에 기입하기 전에 복식부기의 논리에 따라 차변요소와 대변요소를 구분하고, 차변과 대변에 기입할 금액을 결정하는 일련의 과정을 분개라 한다. 또한, 분개의 내용을 순서대로 기록하는 장부를 분개장(book of journal entries)이라 한다. 분개장은 이후에 설명할 계정별원장과 함께 복식부기상의 주요 장부를 구성한다. 분개장이 만들어지는 목적도 계정별원장에 좀 더 쉽게 오류 없이 옮기기 위함이다.

참고 **회계등식의 차변과 대변**

차변(debit)과 대변(credit)은 복식부기회계에서 양변을 말하는 것이다. 회계등식의 좌변을 차변(借邊)이라 하고, 회계등식의 우변을 대변(貸邊)이라 한다. 차변과 대변의 합계금액은 항등식이므로 항상 일치해야 하는데, 이를 대차평균의 원리라 한다. 재무상태표(statement of financial position)를 다른 이름으로 대차대조표(balance sheet)라 부르는 이유도 여기서 비롯된 표현이다. 회계등식의 차변에는 자산계정과 비용계정이 위치하고 있으며, 대변에는 부채계정, 자본계정과 수익계정이 위치하고 있다.

분개는 재무제표의 작성 과정 중 시작 단계이며 가장 중요한 기본적인 절차이다. 분개는 회계등식에 의하여 항상 차변과 대변이 일치하도록 수행되어야 한다. 기업에서 발생하는 모든 거래를 분개라는 과정을 통하여 계정에 기입하면, 일정한 회계기간 동안 기업에서 발생한 재무적 거래의 흐름을 일목요연하게 파악할 수 있으며, 회계기록상의 오류나 누락 등을 추적할 수 있고, 거래를 재분류 분석하는데 기초자료가 될 수 있다는 장점이 있다. 공통사례를 이용하여 분개의 방법을 설명하고자 한다.

공통사례

(1) 20×1년 1월 1일 : 주주로부터 ₩2,000,000을 현금출자 받아 ㈜대여를 설립하였다.
(2) 20×1년 1월 1일 : 은행으로부터 ₩1,000,000을 연 이자율 10%의 조건으로 현금 차입하였다.
(3) 20×1년 1월 1일 : ㈜차입에게 현금 ₩3,000,000을 연 이자율 15%의 조건으로 현금 대여하였다.
(4) 20×1년 12월 31일 : ㈜차입으로부터 ₩450,000의 이자를 현금 수령하였다.
(5) 20×1년 12월 31일 : 은행에 ₩100,000의 이자를 현금 지급하였다.

(1) 현금출자

거래 (1)	(차) 현 금	2,000,000 ①	(대) 자 본 금	2,000,000 ②

거래(1)은 현금출자로 인해 현금자산이 증가하는 거래이다. 현금은 자산항목이므로 시산표상 차변계정이며, 자본금은 납입자본항목이므로 시산표상 대변계정이다. 따라서 위의 분개는 시산표상 차변의 현금을 ₩2,000,000만큼 증가시키고, 대변의 자본금을 ₩2,000,000만큼 증가시키는 것을 의미한다.

(2) 현금차입

거래 (2)	(차) 현 금	1,000,000 ③	(대) 차 입 금	1,000,000 ④

거래(2)는 현금차입으로 인해 현금자산이 증가하는 거래이다. 현금은 자산항목이므로 시산표상 차변계정이며, 차입금은 부채항목이므로 시산표상 대변계정이다. 따라서 위의 분개는 시산표상 차변의 현금을 ₩1,000,000만큼 증가시키고, 대변의 차입금을 ₩1,000,000만큼 증가시키는 것을 의미한다.

(3) 현금대여

거래 (3)	(차) 대 여 금	3,000,000 ⑥	(대) 현 금	3,000,000 ⑤

거래(3)은 대여로 인해 현금자산이 감소하고 대여금자산이 증가하는 거래이다. 현금은 자산항목이므로 시산표상 차변계정이며, 대여금도 자산항목이므로 시산표상 차변계정이다. 따라서 위의 분개는 대변에 현금을 기입해서 시산표상의 차변의 현금을 ₩3,000,000만큼 감소시키고, 다시 차변의 대여금을 ₩3,000,000만큼 증가시키는 것을 의미한다. 물론 다음과 같이 해당 계정과목에서 차감하는 회계처리를 할 수도 있으나, 분개를 수행할 때에는 (-)의 금액을 쓰지 않는 것이 계정관리목적으로 유용하다.

거래 (3)	(차) 현 금	(3,000,000) ⑤
	(차) 대 여 금	3,000,000 ⑥

(4) 이자의 수령

거래 (4)	(차) 현 금	450,000 ⑦	(대) 이자수익	450,000 ⑧

거래(4)는 이자의 수령으로 현금자산이 증가하는 거래이다. 현금은 자산항목이므로 시산표상 차변계정이며, 이자수익은 손익자본항목의 (+)금액이므로 시산표상 대변계정이다. 따라서 위의 분개는 시산표상 차변의 현금을 ₩450,000만큼 증가시키고, 대변의 이자수익을 ₩450,000만큼 증가시키는 것을 의미한다.

(5) 이자의 지급

거래 (5)	(차) 이자비용	100,000 ⑩	(대) 현 금	100,000 ⑨

거래(5)는 이자의 지급으로 인해 현금자산이 감소하는 거래이다. 현금은 자산항목이므로 시산표상 차변계정이며, 이자비용은 손익자본항목의 (-)금액이므로 시산표상 차변계정이다. 따라서 위의 분개는 대변에 현금을 기입해서 시산표상 차변의 현금을 ₩100,000만큼 감소시키고, 다시 차변의 이자비용을 ₩100,000만큼 증가시키는 것을 의미한다. 물론 다음과 같이 해당 계정과목에서 차감하는 회계처리를 할 수도 있으나, 분개를 수행할 때에는 (-)의 금액을 쓰지 않는 것이 계정관리목적으로 유용하다.

거래 (5)	(차) 현 금	(100,000) ⑨
	(차) 이자비용	100,000 ⑩

[회계등식에 의한 분개의 유형]

(1) 자산과 비용의 증가와 부채, 자본 및 수익의 증가

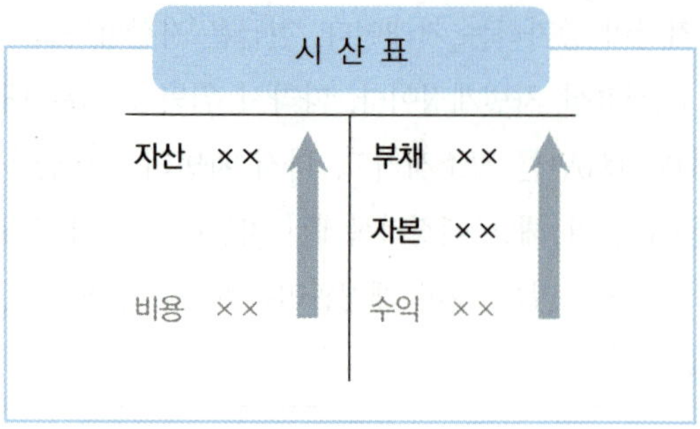

(2) 자산과 비용의 감소와 부채, 자본 및 수익의 감소

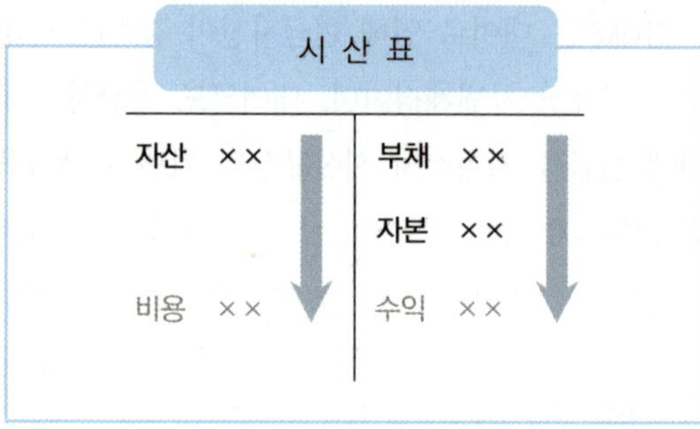

(3) 자산의 감소와 비용의 증가

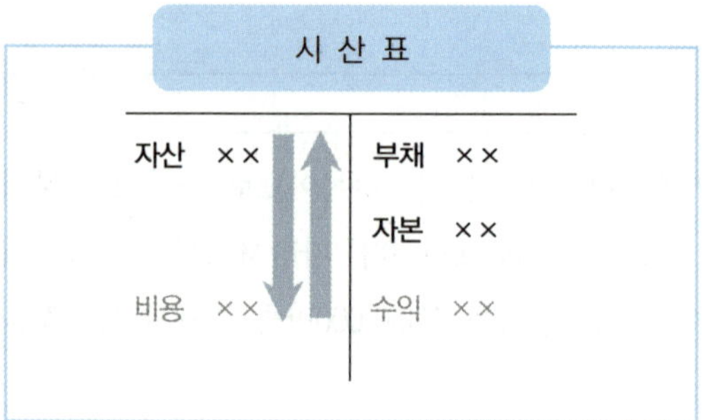

(4) 부채와 자본의 감소와 수익의 증가

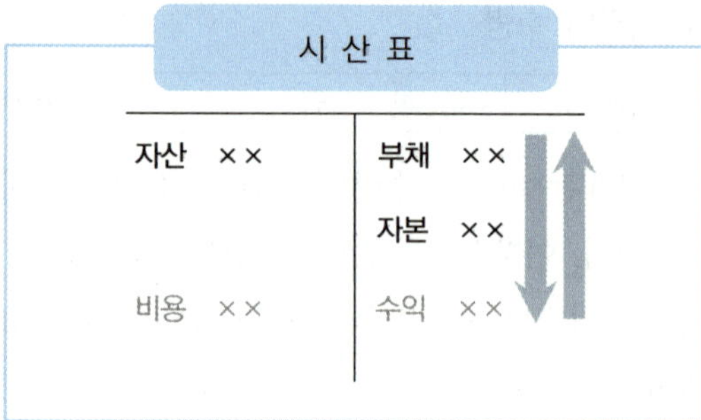

[분개의 유형별 사례와 거래의 8요소]

구 분		사 례
유 형 (1)	자산과 부채의 증가	현금의 차입, 토지의 외상취득, 매출선수금의 수령 등
	자산과 자본의 증가	현금의 출자 등
	자산과 수익의 증가	이자의 수령, 매출의 발생 등
	비용과 부채의 증가	발생한 급여의 미지급, 발생한 임차료의 미지급 등
유 형 (2)	부채와 자산의 감소	차입금의 현금상환, 매입채무의 현금지급 등
	자본과 자산의 감소	현금배당의 지급 등
유 형 (3)	자산감소와 비용증가	재고자산의 판매, 건물의 감가상각 등
유 형 (4)	부채감소와 수익증가	임대료 선수령금액의 수익대체, 선수금의 매출전환 등

예제 3 분개의 수행

20×1년 1월 1일 광고기획자인 A씨는 광고기획사인 ㈜B기획을 현금 ₩3,000,000을 출자하여 설립하였다. 아래의 거래는 ㈜B기획에서 20×1년 동안 발생한 것이다.

(1) 20×1년 1월 1일 : A씨가 ₩3,000,000의 현금을 출자하여 회사를 설립하였다.
(2) 20×1년 1월 2일 : 은행으로부터 ₩2,000,000을 이자율 10%조건으로 차입하였다.
(3) 20×1년 1월 3일 : 사무실로 사용할 건물을 임차하였으며, 임차조건은 매년 12월 30일에 ₩540,000을 지급하는 조건이다.
(4) 20×1년 2월 1일 : 광고용역을 제공하고, ₩1,500,000을 현금으로 수령하였다.
(5) 20×1년 2월 15일 : 사무실 전기요금으로 ₩380,000을 현금으로 지급하였다.
(6) 20×1년 3월 10일 : 광고용역 ₩2,000,000을 외상으로 제공하고, 대금을 추후에 수령하기로 하였다.
(7) 20×1년 4월 1일 : 사무용비품 ₩900,000을 외상으로 구입하였다.
(8) 20×1년 4월 30일 : 사무용비품의 외상대금 중 ₩600,000을 현금으로 지급하였다.
(9) 20×1년 6월 30일 : A씨가 추가로 현금 ₩1,200,000을 추가로 출자하였다.
(10) 20×1년 9월 30일 : 3월 10일의 광고용역대금 중 ₩1,000,000을 현금으로 수령하였다.
(11) 20×1년 12월 1일 : 종업원급여 ₩260,000을 지급하였다.
(12) 20×1년 12월 30일 : 건물 임차료 ₩540,000을 지급하였다.

물음

위의 거래를 계정과목을 이용하여 일자별로 분개를 수행하고, 분개를 이용하여 시산표 작성후 재무상태표와 포괄손익계산서를 작성하시오.

해답

1. 분개의 수행

20×1. 1. 1	(차) 현 금	3,000,000 ①	(대) 자 본 금	3,000,000 ②
20×1. 1. 2	(차) 현 금	2,000,000 ①	(대) 차 입 금	2,000,000 ②
20×1. 1. 3	회계처리 없음			
20×1. 2. 1	(차) 현 금	1,500,000 ①	(대) 용역매출	1,500,000 ②
20×1. 2.15	(차) 전 기 료	380,000 ②	(대) 현 금	380,000 ①
20×1. 3.10	(차) 매출채권	2,000,000 ①	(대) 용역매출	2,000,000 ②
20×1. 4. 1	(차) 비 품	900,000 ①	(대) 미지급금	900,000 ②
20×1. 4.30	(차) 미지급금	600,000 ②	(대) 현 금	600,000 ①
20×1. 6.30	(차) 현 금	1,200,000 ①	(대) 자 본 금	1,200,000 ②

20×1. 9.30	(차) 현　　금	1,000,000 ②	(대) 매출채권	1,000,000 ①
20×1.12. 1	(차) 급　　여	260,000 ②	(대) 현　　금	260,000 ①
20×1. 12.30	(차) 임 차 료	540,000 ②	(대) 현　　금	540,000 ①

2. 시산표를 이용한 재무상태표와 포괄손익계산서의 작성

20×1년의 시산표

현　　금	6,920,000	차 입 금	2,000,000
매출채권	1,000,000	미지급금	300,000
비　　품	900,000	자 본 금	4,200,000
		용역매출	3,500,000
전 기 료	380,000		
급　　여	260,000		
임 차 료	540,000		
	10,000,000		10,000,000

20×1년 말의 재무상태표

현　　금	6,920,000	차 입 금	2,000,000
매출채권	1,000,000	미지급금	300,000
비　　품	900,000	자 본 금	4,200,000
		이익잉여금	2,320,000
	8,820,000		8,820,000

20×1년의 포괄손익계산서

전 기 료	380,000	용역매출	3,500,000
급　　여	260,000		
임 차 료	540,000		
당기순이익	2,320,000		
	3,500,000		3,500,000

(2) 계정별원장

기업은 재무제표의 작성을 위해 재무상태에 영향을 주는 회계기간 동안의 거래에 대하여 분개를 수행하고, 이 결과를 시산표에서 직접 반영한다. 또한 회계기간 말에 시산표를 이용하여 재무상태표와 포괄손익계산서를 작성한다.

[분개를 통한 재무제표의 작성과정]

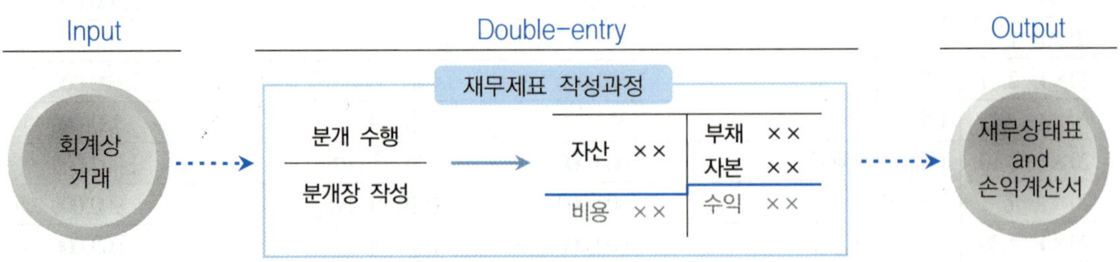

회계기간 동안 발생한 거래가 많아지면, 기업의 모든 거래를 시산표라는 하나의 장부로 관리하기에는 장부작성의 효율성 측면에서 적합하지 않을 수 있다. 따라서 시산표를 더욱 효율적으로 완성하기 위해, 복식부기의 창시자들은 시산표를 계정별로 찢어서 부분화 하는 아이디어를 내었으며, 이 계정별 부분완성품을 계정별원장(general ledger)이라 한다. 복식부기하에서 계정별원장은 분개장의 원시기록으로부터 시산표라는 최종결론을 수월하게 도출하기 위한 중간 통제절차에 만들어지는 회계장부이다. 분개장의 기록을 계정별원장에 다시 기록하는 회계행위를 전기(posting)라 한다. 분개장의 내용을 계정별원장에 전기하는 원칙은 다음과 같다.

[계정별원장 전기의 원칙]

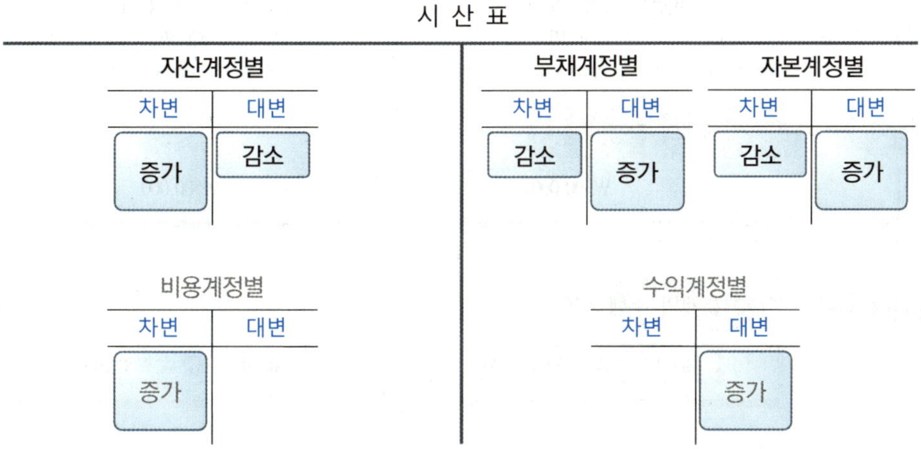

복식부기의 원리에 따라 재무제표를 작성하는 경우 거래가 발생한 후 분개를 수행하고, 시산표까지의 작성절차를 순서대로 나열하고, 표로 정리하면 다음과 같다.

> ⑴ 발생한 거래가 회계상의 거래인지 여부를 판단한다.
> ⑵ 거래를 분석한 후 자산, 부채, 자본, 수익 및 비용 중 어느 계정에 기입할 것인가를 결정한다.
> ⑶ 결정된 계정의 증감여부를 분석하여 차변분개인지 혹은 대변분개인지를 결정한다.
> ⑷ 계정에 기입할 금액을 결정한 후 분개를 수행한다.
> ⑸ 수행된 모든 분개를 그 분개 내용에 따라 각각의 계정별원장에 전기한다.

예를 들어, 20×1년 5월 1일에 A회사가 비품 ₩500,000을 구입하고 현금으로 ₩500,000을 지급한 경우 해당 거래를 위의 절차대로 제시하면 다음과 같다.

발생 — 거래의 발생

₩500,000의 비품을 구입, ₩500,000의 현금지급

Step 1 — 회계거래여부의 판단

(1) 거래로 인한 재무상태의 변동 여부
(2) 재무상태의 변동에 대한 화폐단위의 측정가능성 여부

Step 2 — 계정과 차변·대변의 결정

비품의 증가 (자산의 증가) 차 변	현금의 감소 (자산의 감소) 대 변

Step 3 — 금액의 결정

₩500,000	₩500,000

Step 4 — 분개의 수행

(차) 비　품　₩500,000	(대) 현　금　₩500,000

Step 5 — 계정별원장에 전기

비 품

차변	대변
₩500,000	

현 금

차변	대변
	₩500,000

[재무제표의 작성과정]

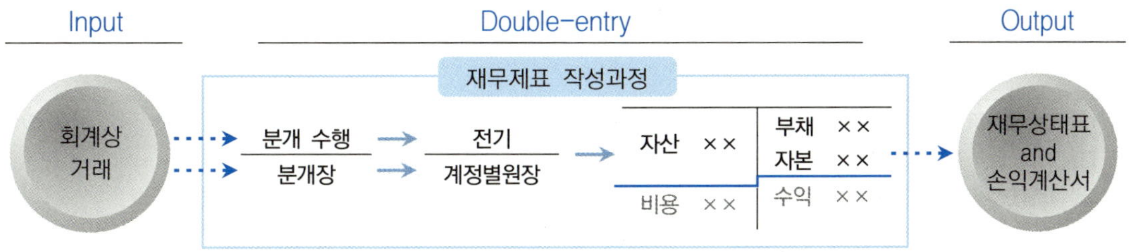

공통사례

(1) 20×1년 1월 1일 : 주주로부터 ₩2,000,000을 현금출자 받아 ㈜대여를 설립하였다.
(2) 20×1년 1월 1일 : 은행으로부터 ₩1,000,000을 연 이자율 10%의 조건으로 현금 차입하였다.
(3) 20×1년 1월 1일 : ㈜차입에게 현금 ₩3,000,000을 연 이자율 15%의 조건으로 현금 대여하였다.
(4) 20×1년 12월 31일 : ㈜차입으로부터 ₩450,000의 이자를 현금 수령하였다.
(5) 20×1년 12월 31일 : 은행에 ₩100,000의 이자를 현금 지급하였다.

(1) 현금출자

20×1. 1. 1	(차) 현 금	2,000,000	(대) 자 본 금	2,000,000

현 금

차변	대변
1월 1일 *자본금* 2,000,000	

자 본 금

차변	대변
	1월 1일 *현 금* 2,000,000

(2) 현금차입

20×1. 1. 1	(차) 현 금	1,000,000	(대) 차 입 금	1,000,000

현 금

차변	대변
1월 1일 *자본금* 2,000,000	
1월 1일 *차입금* 1,000,000	

차 입 금

차변	대변
	1월 1일 *현 금* 1,000,000

(3) 현금대여

20×1. 1. 1	(차) 대 여 금	3,000,000	(대) 현 금	3,000,000

현 금

차변	대변
1월 1일 *자본금* 2,000,000	1월 1일 *대여금* 3,000,000
1월 1일 *차입금* 1,000,000	

대 여 금

차변	대변
1월 1일 *현 금* 3,000,000	

(4) 이자의 수령

20×1.12.31	(차) 현 금	450,000	(대) 이자수익	450,000

현 금

1월 1일	*자본금*	2,000,000	1월 1일	*대여금*	3,000,000
1월 1일	*차입금*	1,000,000			
12월 31일	*이자수익*	450,000			

이자수익

			12월 31일	*현 금*	450,000

(5) 이자의 지급

20×1.12.31	(차) 이자비용	100,000	(대) 현 금	100,000

현 금

1월 1일	*자본금*	2,000,000	1월 1일	*대여금*	3,000,000
1월 1일	*차입금*	1,000,000	12월 31일	*이자비용*	100,000
12월 31일	*이자수익*	450,000			

이자비용

12월 31일	*현 금*	100,000			

예제 4 계정별원장의 작성

20×1년 1월 1일 광고기획자인 A씨는 광고기획사인 ㈜B기획을 현금 ₩3,000,000을 출자하여 설립하였다. 아래의 거래는 ㈜B기획에서 20×1년 동안 발생한 것이다.

(1) 20×1년 1월 1일 : A씨가 ₩3,000,000의 현금을 출자하여 회사를 설립하였다.
(2) 20×1년 1월 2일 : 은행으로부터 ₩2,000,000을 이자율 10%조건으로 차입하였다.
(3) 20×1년 1월 3일 : 사무실로 사용할 건물을 임차하였으며, 임차조건은 매년 12월 30일에 ₩540,000을 지급하는 조건이다.
(4) 20×1년 2월 1일 : 광고용역을 제공하고, ₩1,500,000을 현금으로 수령하였다.
(5) 20×1년 2월 15일 : 사무실 전기요금으로 ₩380,000을 현금으로 지급하였다.
(6) 20×1년 3월 10일 : 광고용역 ₩2,000,000을 외상으로 제공하고, 대금을 추후에 수령하기로 하였다.
(7) 20×1년 4월 1일 : 사무용비품 ₩900,000을 외상으로 구입하였다.
(8) 20×1년 4월 30일 : 사무용비품의 외상대금 중 ₩600,000을 현금으로 지급하였다.
(9) 20×1년 6월 30일 : A씨가 추가로 현금 ₩1,200,000을 추가로 출자하였다.
(10) 20×1년 9월 30일 : 3월 10일의 광고용역대금 중 ₩1,000,000을 현금으로 수령하였다.
(11) 20×1년 12월 1일 : 종업원급여 ₩260,000을 지급하였다.
(12) 20×1년 12월 30일 : 건물 임차료 ₩540,000을 지급하였다.

물음

1. 위의 거래를 계정과목을 이용하여 일자별로 분개를 수행하시오.
2. 분개를 계정별원장에 전기한 후 시산표를 작성하시오.
3. 재무상태표와 포괄손익계산서를 작성하시오.

해답

1. 분개의 수행

20×1. 1. 1	(차) 현　　금	3,000,000 ①	(대) 자 본 금	3,000,000 ②
20×1. 1. 2	(차) 현　　금	2,000,000 ①	(대) 차 입 금	2,000,000 ②
20×1. 1. 3	회계처리 없음			
20×1. 2. 1	(차) 현　　금	1,500,000 ①	(대) 용역매출	1,500,000 ②
20×1. 2.15	(차) 전 기 료	380,000 ②	(대) 현　　금	380,000 ①
20×1. 3.10	(차) 매출채권	2,000,000 ①	(대) 용역매출	2,000,000 ②
20×1. 4. 1	(차) 비　　품	900,000 ①	(대) 미지급금	900,000 ②
20×1. 4.30	(차) 미지급금	600,000 ②	(대) 현　　금	600,000 ①
20×1. 6.30	(차) 현　　금	1,200,000 ①	(대) 자 본 금	1,200,000 ②
20×1. 9.30	(차) 현　　금	1,000,000 ②	(대) 매출채권	1,000,000 ①
20×1.12. 1	(차) 급　　여	260,000 ②	(대) 현　　금	260,000 ①
20×1. 12.30	(차) 임 차 료	540,000 ②	(대) 현　　금	540,000 ①

2. 계정별원장의 작성

현　　금

차변			대변		
1월 1일	*자본금*	3,000,000	2월 15일	*전기료*	380,000
1월 2일	*차입금*	2,000,000	4월 30일	*미지급금*	600,000
2월 1일	*용역매출*	1,500,000	12월 1일	*급 여*	260,000
6월 30일	*자본금*	1,200,000	12월 30일	*임차료*	540,000
9월 30일	*매출채권*	1,000,000			
잔 액		**6,920,000**			

차 입 금

차변			대변		
			1월 2일	*현 금*	2,000,000
			잔 액		**2,000,000**

매출채권

차변			대변		
3월10일	*용역매출*	2,000,000	9월 30일	*현 금*	1,000,000
잔 액		**1,000,000**			

미지급금

차변			대변		
4월 30일	*현 금*	600,000	4월 1일	*비 품*	900,000
			잔 액		**300,000**

비 품			
4월 1일	*미지급금*	900,000	
잔 액		**900,000**	

자 본 금			
	1월 1일	*현 금*	3,000,000
	6월 30일	*현 금*	1,200,000
	잔 액		4,200,000

전 기 료			
2월 15일	*현 금*	380,000	
잔 액		380,000	

용역매출			
	2월 1일	*현 금*	1,500,000
	3월 10일	*매출채권*	2,000,000
	잔 액		3,500,000

급 여			
12월 1일	*현 금*	260,000	
잔 액		260,000	

임 차 료			
12월30일	*현 금*	540,000	
잔 액		540,000	

3. 시산표의 작성

20×1년의 시산표

차변		대변	
현 금	6,920,000	차 입 금	2,000,000
매출채권	1,000,000	미지급금	300,000
비 품	900,000	자 본 금	4,200,000
		용역매출	3,500,000
전 기 료	380,000		
급 여	260,000		
임 차 료	540,000		
	10,000,000		10,000,000

20×1년 말의 재무상태표

차변		대변	
현 금	6,920,000	차 입 금	2,000,000
매출채권	1,000,000	미지급금	300,000
비 품	900,000	자 본 금	4,200,000
		이익잉여금	2,320,000
	8,820,000		8,820,000

20×1년의 포괄손익계산서

차변		대변	
전 기 료	380,000	용역매출	3,500,000
급 여	260,000		
임 차 료	540,000		
당기순이익	2,320,000		
	3,500,000		3,500,000

보론 시산표

시산표(trial balance)는 회계기간 말에 계정별원장에서 관리되고 있는 계정별 잔액을 합산한 후 회계등식에 따른 장부기록의 오류를 검증하고, 결산재무제표의 작성을 원활하게 하기 위한 수학적 검산표이다. 시산표에서 윗부분은 자산과 부채와 자본항목을 표시하며, 아랫부분은 당기손익을 표시한다. 시산표를 이용하여 일반목적의 재무제표인 재무상태표와 포괄손익계산서가 작성되므로 시산표는 회계적으로 중요한 회계장부이다. 시산표의 양식에는 잔액시산표, 합계시산표와 합계잔액시산표가 있으며, 재무제표 작성만을 위해서는 잔액시산표만이 필요하지만, 합계잔액시산표가 계정별 잔액의 증감내용까지 제시하기 때문에 실무에서 제일 많이 사용하는 시산표의 양식이다.

(1) 잔액시산표

잔액시산표는 회계기간 말 계정별원장의 잔액만을 집계하여 작성하는 시산표이다. 본문에서는 아래의 잔액시산표의 양식을 T-계정을 이용하여 작성한 것이다. 잔액시산표의 단점은 일정기간 동안 각 계정별로 증가와 감소의 내역을 확인할 수 없다는 점이다. 따라서 계정별 잔액의 증감내용을 알고 싶은 경우에는 다시 계정별원장 모두를 확인해야 한다는 불편함이 있다.

잔액시산표

차 변	계 정 과 목	대 변
6,920,000	현 금	
1,000,000	매출채권	
900,000	비 품	
	차 입 금	2,000,000
	미지급금	300,000
	자 본 금	4,200,000
	용역매출	3,500,000
380,000	전 기 료	
260,000	급 여	
540,000	임 차 료	
10,000,000	합 계	10,000,000

(2) 합계시산표

합계시산표는 회계기간 말 계정별원장의 합계만을 집계하여 작성하는 시산표이다. 이는 각 계정별원장의 차변합계와 대변합계만을 이용해서 작성하는 시산표이다. 합계시산표의 장점은 일정기간 동안 각 계정별로 증가와 감소의 내역을 확인할 수는 있지만, 계정잔액을 알고 싶은 경우 합계시산표의 차변과 대변을 가감해야 한다는 단점이 있다.

합계시산표

차 변	계 정 과 목	대 변
8,700,000	현 금	1,780,000
2,000,000	매출채권	1,000,000
900,000	비 품	
	차 입 금	2,000,000
600,000	미지급금	900,000
	자 본 금	4,200,000
	용역매출	3,500,000
380,000	전 기 료	
260,000	급 여	
540,000	임 차 료	
13,380,000	합 계	13,380,000

(3) 합계잔액시산표

합계잔액시산표는 회계기간 말 계정별원장의 합계와 잔액을 모두 이용하여 작성하는 시산표이다. 합계잔액시산표는 각 계정의 합계와 잔액을 모두 보여주기 때문에 실무적으로 가장 많이 사용하는 시산표이다.

합계잔액시산표

차변잔액	차변합계	계 정 과 목	대변합계	대변잔액
6,920,000	8,700,000	현 금	1,780,000	
1,000,000	2,000,000	매출채권	1,000,000	
900,000	900,000	비 품		
		차 입 금	2,000,000	2,000,000
	600,000	미지급금	900,000	300,000
		자 본 금	4,200,000	4,200,000
		용역매출	3,500,000	3,500,000
380,000	380,000	전 기 료		
260,000	260,000	급 여		
540,000	540,000	임 차 료		
10,000,000	13,380,000	합 계	13,380,000	10,000,000

객관식 연습문제

01 다음 중 회계상 거래에 해당하지 않는 것은? 단, 필요한 경우 금액을 신뢰성 있게 측정할 수 있다고 가정한다.

① 화재로 인해 상품이 소실되었다.
② 진열장에 진열된 상품을 도난당하였다.
③ 임시주주총회에서 대표이사를 선임하였다.
④ 장마로 인해 건물이 침수되어 일부 파손되었다.
⑤ 원료공급회사와 구매 계약을 체결하고 계약금을 지급하였다.

02 다음 중 회계상 거래에 해당하는 것은 모두 몇 개인가?

(1) 은행으로부터 현금 ₩300,000을 차입하였다.
(2) 은행차입금에 대한 담보로 ₩400,000짜리 토지를 제공하였다.
(3) 화재가 발생하여 ₩500,000의 건물이 전부 소멸하였다.
(4) 월 급여 ₩20,000을 주기로 하고 직원을 고용하였다.
(5) 현금 ₩8,000을 분실하였다.
(6) 건물에 대하여 당월분 월세 ₩50,000을 지급하였다.
(7) 거래처와 3년간 ₩1,000,000의 제품을 공급하기로 계약을 체결하였다.

① 1개 ② 2개 ③ 3개 ④ 4개 ⑤ 5개

03 다음 중 거래결합관계가 서로 결합될 수 없는 것은?

① (차) 자산의 증가 (대) 수익의 발생
② (차) 자본의 감소 (대) 자산의 감소
③ (차) 부채의 감소 (대) 자산의 감소
④ (차) 자본의 감소 (대) 자본의 증가
⑤ (차) 부채의 감소 (대) 비용의 발생

04 다음 항목 중 자산에 해당하는 것은 모두 몇 개인가?

• 임대료	• 미지급금	• 미수금	• 비 품	• 선수금
• 대여금	• 매출채권	• 매 출	• 임차료	• 자본금

① 2개 ② 3개 ③ 4개 ④ 5개 ⑤ 6개

05 다음 거래 중 '부채 증가'를 포함하고 있는 거래는 모두 몇 개인가?

a. 은행으로부터 현금 차입
b. 토지를 외상으로 구입
c. 매입채무를 현금으로 상환
d. 임차료가 발생하였으나 미지급
e. 임대료가 발생하였으나 미수
f. 차입금에 대한 이자를 현금으로 지급

① 1개 ② 2개 ③ 3개 ④ 4개 ⑤ 5개

06 이자수익이 발생하였는데 아직 현금을 받지 못하였다. 이 거래는 거래요소에 어떤 변동을 가져오는가?

① 자산의 증가와 수익의 발생
② 자산의 감소와 비용의 감소
③ 자산의 증가와 비용의 감소
④ 부채의 감소와 수익의 발생
⑤ 자산의 증가와 비용의 발생

07 종업원급여가 발생하였는데 현금을 지급하지 못하였다. 이 거래는 거래요소에 어떤 변동을 가져오는가?

① 자산의 감소와 비용의 발생
② 부채의 증가와 비용의 발생
③ 부채의 감소와 자산의 감소
④ 부채의 증가와 수익의 발생
⑤ 자산의 감소와 수익의 발생

08 다음 중 차변에 기록할 거래는?

① 대여금의 감소
② 미지급비용의 증가
③ 차입금의 감소
④ 매출채권의 감소
⑤ 자본금의 증가

09 다음 중 대변에 기록할 거래는?

① 선수금의 감소
② 매출의 발생
③ 미지급금의 감소
④ 임차료의 발생
⑤ 미수금의 증가

10 다음 중 차변에 기록할 거래는 모두 몇 개인가?

a. 차입금 증가	b. 선수금 증가	c. 미수수익 증가	d. 매입채무 감소
e. 자본금 증가	f. 용역매출 발생	g. 임대료 발생	h. 미수금의 감소

① 2개 ② 3개 ③ 4개 ④ 5개 ⑤ 6개

11 자산과 비용에 모두 영향을 미치는 거래는?

① 임차료가 발생하였으나 미지급하였다.
② 비품을 외상으로 구입하였다.
③ 임대료가 발생하여 현금을 받았다.
④ 매입채무를 현금으로 지급하였다.
⑤ 종업원급여가 발생하여 현금으로 지급하였다.

12 다음 중 비용이 발생하고 부채가 증가하는 거래는?

① 전기에 토지를 처분하고 받지 못한 대금을 현금수취하였다.
② 화재로 인하여 자사 컴퓨터가 소실되었다.
③ 당해 연도 발생한 임차료를 지급하지 않았다.
④ 이자수익이 발생하였는데 현금을 받지 못했다.
⑤ 전기에 지급하지 못한 종업원 급여에 대해 현금 지급하였다.

13 다음은 ㈜한국의 각 회계연도별 재무상태표항목의 합계이다.

	자 산	부 채	자 본
20×1.12.31	350,000	200,000	a
20×2.12.31	500,000	b	240,000
20×3.12.31	c	180,000	290,000

다음 설명 중에 옳지 않는 것은? 단, 자본거래는 없었다.

① a는 ₩150,000이다.
② b는 ₩260,000이다.
③ c는 ₩470,000이다.
④ 20×2년의 당기순이익은 ₩110,000이다.
⑤ 20×3년의 당기순이익은 ₩50,000이다.

14 신입사원이 거래에 대해 다음과 같이 분개하였다. 잘못 분개한 것을 모두 선택한 것은?

a. 현금 배당 ₩20,000을 선언하고 즉시 지급하였다.

(차) 배당비용	20,000	(대) 현 금	20,000

b. 외상으로 구입한 비품 대금 중 ₩60,000을 현금으로 지급하였다.

(차) 매입채무	60,000	(대) 현 금	60,000

c. 토지를 외상으로 판매하고 못 받은 대금 중 ₩30,000을 현금으로 회수하였다.

(차) 현 금	30,000	(대) 매출채권	30,000

① b　② c　③ a, c　④ b, c　⑤ a, b, c

15 다음 분개를 보고 거래내역을 추정한 것으로 옳은 것은?

20×1. 7. 31	(차) 미지급금	5,000	(대) 비　품	5,000

① 비품을 ₩5,000 지급하고 취득했다.
② 비품을 ₩5,000에 취득하고 대금은 다음에 지급하기로 했다.
③ 외상으로 취득한 ₩5,000짜리 비품을 반환하였다.
④ 비품을 ₩5,000에 판매하고 대금을 받지 못했다.
⑤ 외상으로 판매한 ₩5,000짜리 비품을 반품받았다.

16 다음 오류 중에서 시산표를 통해서 발견할 수 없는 오류는 몇 개인가?

- 원장의 잔액을 계산할 때 발생하는 계산상의 오류
- 분개장의 차변기입을 원장의 대변에 전기하는 경우의 오류
- 시산표의 합계를 계산할 때 발생하는 계산상의 오류
- 특정 거래 기록의 완전한 누락

① 없음　② 1개　③ 2개　④ 3개　⑤ 4개

객관식 연습문제 해답 및 해설

01. ③	02. ④	03. ⑤	04. ③	05. ③	06. ①	07. ②	08. ③	09. ②	10. ①
11. ⑤	12. ③	13. ④	14. ⑤	15. ③	16. ②				

01 ③

- 회계상 거래에 해당하려면 자산, 부채, 자본, 수익, 비용에 영향을 미치는 사건이며, 그 영향을 화폐 금액으로 신뢰성 있게 측정할 수 있어야 한다.
- 대표이사를 선임한 것은 회사에 중요한 사건이지만 회계상 거래에 해당하지 않는다.
- 계약자체는 회계상 거래에 해당하지 않지만 계약과 관련하여 계약금을 지급하는 것은 자산의 구성항목에 변화를 가져오므로 회계상 거래에 해당한다.

02 ④

(1) 차입을 통하여 자산(현금)과 부채(차입금)가 증가하였으므로 거래이다.
(2) 담보 제공은 자산, 부채, 자본의 변동을 가져오지 못하므로 거래가 아니다. 다만, 저당권이 실행되어 담보 제공한 자산의 소유권이 이전되는 것은 거래에 해당한다.
(3) 화재발생으로 건물이라는 자산이 감소하였으므로 거래이다.
(4) 고용 자체가 자산, 부채, 자본의 변동을 가져오지 못하므로 거래가 아니다.
(5) 현금 분실로 인하여 자산이 감소하였으므로 거래이다.
(6) 월세를 지급하면 자산이 감소하므로 거래이다.
(7) 계약 자체는 자산, 부채, 자본의 변동을 가져오지 못하므로 거래가 아니다.

03 ⑤

- 자산, 부채, 자본, 수익, 비용은 자리(차변 또는 대변)가 정해져 있고, 증가하면 원래 자리에 감소하면 반대 자리에 기록한다.
- 자산, 비용의 원래 자리는 차변이고, 부채, 자본, 수익의 원래 자리는 대변이다.
- 비용의 발생은 차변에 기록한다.

04 ③

- 자산 : 미수금, 비품, 대여금, 매출채권
- 부채 : 미지급금, 선수금
- 자본 : 자본금
- 수익 : 임대료, 매출
- 비용 : 임차료

05 ③

a. 자산 증가 / 부채 증가
b. 자산 증가 / 부채 증가
c. 부채 감소 / 자산 감소
d. 비용 발생 / 부채 증가
e. 자산 증가 / 수익 발생
f. 비용 발생 / 자산 감소

06 ①

이자수익이 발생하였는데 현금을 받지 못하였으므로 미수수익이라는 자산이 증가한다. 만약 현금을 받았다면 현금이라는 자산이 증가한다.

07 ②

종업원급여의 발생은 비용의 발생에 해당하고, 현금을 지급하지 못한 것은 부채의 증가에 해당한다. 만약 현금을 지급하였다면 자산의 감소이다.

08 ③

차변	대변
자산, 비용	부채, 자본, 수익

- 대여금은 자산이므로 자산의 감소는 대변이다.
- 미지급비용은 부채이므로 부채의 증가는 대변이다.
- 차입금은 부채이므로 부채의 감소는 차변이다.
- 매출채권은 자산이므로 자산의 감소는 대변이다.
- 자본금은 자본이므로 자본의 증가는 대변이다.

09 ②

차변	대변
자산, 비용	부채, 자본, 수익

- 선수금은 부채이므로 부채의 감소는 차변이다.
- 매출은 수익이므로 수익의 발생은 대변이다.
- 미지급금은 부채이므로 부채의 감소는 차변이다.
- 임차료는 비용이므로 비용의 발생은 차변이다.
- 미수금은 자산이므로 자산의 증가는 차변이다.

10 ①

차변	대변
자산, 비용	부채, 자본, 수익

- 미수수익은 자산이므로 자산의 증가는 차변이다.
- 매입채무는 부채이므로 부채의 감소는 차변이다.

11 ⑤

① 비용 발생 / 부채 증가
② 자산 증가 / 부채 증가
③ 자산 증가 / 수익 발생
④ 부채 감소 / 자산 감소
⑤ 비용 발생 / 자산 감소

12 ③

① 자산 증가 / 자산 감소
② 비용 발생 / 자산 감소
③ 비용 발생 / 부채 증가
④ 자산 증가 / 수익 발생
⑤ 부채 감소 / 자산 감소

13 ④

	자 산	=	부 채	+	자 본
20×1.12.31	350,000		200,000		150,000
20×2.12.31	500,000		260,000		240,000
20×3.12.31	470,000		180,000		290,000

20×2년 당기순이익 : 240,000(기말자본) - 150,000(기초자본) = ₩90,000

20×3년 당기순이익 : 290,000(기말자본) - 240,000(기초자본) = ₩50,000

14 ⑤

올바른 분개는 다음과 같다.

a. 현금 배당 ₩20,000을 선언하고 즉시 지급하였다.

(차) 이익잉여금 20,000 (대) 현 금 20,000

b. 외상으로 구입한 비품 대금 중 ₩60,000을 현금으로 지급하였다.

(차) 미지급금 60,000 (대) 현 금 60,000

c. 토지를 외상으로 판매하고 못 받은 대금 중 ₩30,000을 현금으로 회수하였다.

(차) 현 금 30,000 (대) 미 수 금 30,000

15 ③

제시된 분개에 의하면 미지급금이라는 부채가 감소하고 비품이라는 자산이 감소하였다. 따라서 외상으로 취득한 비품을 반환하여 비품이라는 자산이 감소하고 미지급금이라는 부채가 감소한 것으로 추정할 수 있다.

16 ②

거래의 누락, 이중기입 등은 차변과 대변의 합계액이 일치되므로 시산표에서 발견할 수 없는 오류이다.

주관식 연습문제

거래의 분석

01 다음은 12월말 법인인 ㈜서울의 거래와 관련된 자료이다.

(1) 은행으로부터 현금 ₩500,000을 차입하였다.
(2) 대여금 ₩200,000을 이자 ₩10,000과 함께 현금으로 회수하였다.
(3) 거래처에 지급할 외상대금 ₩200,000을 면제받았다.
(4) 상품 ₩200,000을 매입하고 50%는 현금 지급하고 잔액은 외상으로 하였다.
(5) 상품 외상대금 ₩100,000을 지급하기 위하여 어음을 발행하였다.
(6) 은행 차입금 ₩500,000을 발생이자 ₩20,000과 함께 상환하였다.

요구사항

위의 각 거래에 대해서 아래 예시한 바와 같이 거래요소의 결합관계를 표시하시오.

거래요소의 결합관계

(문제) 현금 ₩1,000,000을 출자하여 영업을 개시하였다.
(해답) 자산의 증가 / 자본의 증가

거래의 영향

02 이번 달 A회사의 거래는 다음과 같다. 각 거래가 재무상태표의 주요 요소에 미친 영향을 증가는 (+), 감소는 (−)로 각각 표시하시오. 단 아래와 같은 표를 사용하시오.

문제번호	자 산	부 채	자 본

(1) 매출채권의 회수
(2) 주주의 추가출자
(3) 비품의 외상매입
(4) 부채의 상환
(5) 토지의 취득, 10%의 대금은 현금으로 지급, 나머지는 미지급
(6) 설비의 현금취득
(7) 배당을 선언하고 즉시 지급
(8) 용역을 제공하고 현금을 받음
(9) 용역을 제공하고 용역대금을 청구
(10) 이번 달에 사용한 전력요금에 대한 청구서 수취
(11) (3)의 매입한 비품을 반품함. 대금은 이 날까지 지급되지 않음.

분 개

03 A회사의 거래와 관련된 자료이다. 단, 회사는 상품매매 회사로 매출과 매출원가를 별도로 인식하여야 하지만 이를 구분하지 않고 상품매출이익으로 인식하고 있다고 가정한다.

(1) 현금 ₩1,000,000을 출자하여 영업을 개시하였다.
(2) 은행으로부터 현금 ₩500,000을 차입하였다.
(3) 현금 ₩100,000을 지급하고 비품을 구입하였다.
(4) 상품 ₩200,000을 외상으로 매입하였다.
(5) 상품 외상대금 중 ₩100,000을 현금으로 지급하였다.
(6) 운반비 ₩5,000이 발생하였는데 미지급하였다.
(7) 보유하고 있던 원가 ₩100,000의 상품을 ₩150,000에 외상매출하였다.
(8) 매출채권 ₩150,000을 현금으로 회수하였다.
(9) 차입금 ₩500,000을 상환하며 발생이자 ₩10,000도 별도로 지급하였다.

요구사항

상기 각 거래의 분개를 제시하시오.

거래의 분개와 전기

04 다음은 12월말 법인인 ㈜서울의 거래와 관련된 자료이다. 단, 회사는 상품매매 회사로 매출과 매출원가를 별도로 인식하여야 하지만 이를 구분하지 않고 상품매출이익으로 인식하고 있다고 가정한다.

(1) 20×1. 1. 1 : 현금 ₩100,000을 출자하여 영업을 시작하였다.
(2) 20×1. 1. 2 : 은행으로부터 현금 ₩50,000을 차입하였다.
(3) 20×1. 1. 3 : 비품 ₩20,000을 현금으로 구입하였다.
(4) 20×1. 1. 5 : 상품 ₩20,000을 외상으로 매입하였다.
(5) 20×1. 1.10 : 원가 ₩5,000의 상품을 ₩7,000에 현금으로 매출하였다.
(6) 20×1. 1.10 : 운반비 ₩1,000을 현금으로 지급하였다.
(7) 20×1. 1.15 : 외상대금 ₩20,000을 현금으로 지급하였다.
(8) 20×1. 1.25 : 원가 ₩10,000의 상품을 ₩14,000에 매출하고 대금의 50%는 현금으로 받고 나머지는 외상으로 하였다.
(9) 20×1. 1.31 : 경리직원 급여 ₩5,000을 현금으로 지급하였다.

요구사항

위의 거래를 분개하고 약식 T자 계정에 전기 하시오.

회계등식

05 회계등식을 이용하여 다음의 독립된 사례의 ①~⑫에 들어갈 금액을 계산하시오.

	총수익	기말자산	총비용	기말부채	순이익 (순손실)	기초자본	기말자본
A	10,000	15,000	8,000	9,000	①	②	③
B	④	11,000	6,000	⑤	1,000	6,400	⑥
C	6,500	⑦	⑧	4,000	1,200	⑨	5,100
D	⑩	⑪	8,200	7,300	(1,100)	8,800	⑫

거래의 추정(1)

06 다음은 12월말 법인인 ㈜서울의 거래와 관련된 자료이다. 이 회사는 상품매매 회사로 매출과 매출원가를 별도로 인식하여야 하지만 이를 구분하지 않고 상품매출이익으로 인식하고 있다고 가정한다.

(1)	(차) 매입채무	50,000	(대) 현 금	50,000
(2)	(차) 상 품	30,000	(대) 매입채무	30,000
(3)	(차) 현 금	15,000	(대) 상 품	25,000
	매출채권	15,000	상품매출이익	5,000
(4)	(차) 차 입 금	20,000	(대) 현 금	22,000
	이자비용	2,000		
(5)	(차) 상 품	20,000	(대) 현 금	10,000
			매입채무	10,000

요구사항

위의 자료를 근거로 각 거래의 내용을 추정하시오.

거래의 추정(2)

07 다음은 12월말 법인인 ㈜서울의 거래와 관련된 자료이다. 이 회사는 상품매매 회사로 매출과 매출원가를 별도로 인식하여야 하지만 이를 구분하지 않고 상품매출이익으로 인식하고 있다고 가정한다.

현 금

①	500,000	⑤	30,000
②	100,000	⑦	10,000
④	30,000		
⑥	10,000		

매출채권

⑥	30,000		

상 품

③	50,000	④	20,000
		⑥	25,000

매입채무

⑤	30,000	③	50,000

차 입 금	
	② 100,000

자 본 금	
	① 500,000

상품매출이익	
	④ 10,000
	⑥ 15,000

급 여	
⑦ 10,000	

요구사항

위의 자료를 근거로 각 거래의 내용을 추정하고 분개를 제시하시오.

시산표

08 다음은 ㈜서울의 20×1년 12월 말의 현재 계정별원장에 대한 자료이다.

현 금	
400,000	200,000

매출채권	
600,000	250,000

상 품	
950,000	550,000

매입채무	
800,000	950,000

단기차입금	
	200,000

자본금	
	500,000

상품매출이익	
	300,000

급 여	
150,000	

운반비	
50,000	

요구사항

1. 위 자료에 기초하여 잔액시산표를 작성하시오.
2. 위 자료에 기초하여 합계시산표를 작성하시오.
3. 위 자료에 기초하여 합계잔액시산표를 작성하시오.

주관식 연습문제 해답 및 해설

01 해답

(1) 자산의 증가 / 부채의 증가
(2) 자산의 증가 / 자산의 감소, 수익의 발생
(3) 부채의 감소 / 수익의 발생
(4) 자산의 증가 / 자산의 감소, 부채의 증가
(5) 부채의 감소 / 부채의 증가
(6) 부채의 감소, 비용의 발생 / 자산의 감소

02 해답

문제번호	자 산	부 채	자 본
(1)	없음	없음	없음
(2)	(+)	없음	(+)
(3)	(+)	(+)	없음
(4)	(-)	(-)	없음
(5)	(+)	(+)	없음
(6)	없음	없음	없음
(7)	(-)	없음	(-)
(8)	(+)	없음	(+)
(9)	(+)	없음	(+)
(10)	없음	(+)	(-)
(11)	(-)	(-)	없음

해설

(1) 매출채권을 회수하면 현금(자산) 증가하고, 매출채권(자산) 감소하므로 자산에 영향이 없다.
(5) 토지의 증가분보다 현금의 감소분이 더 적으므로 자산은 증가한다.
(7) 배당금을 지급하면 현금이 감소하고 이익잉여금도 감소한다. 현금은 자산계정이고 이익잉여금은 자본계정이다.

(8) 용역을 제공하고 현금을 받으면 자산이 증가하며 상대계정은 용역수익이다. 수익이 발생하면 이익이 증가하므로 이는 자본의 증가이다.

(10) 전력요금에 대한 청구서를 수취하면 요금을 지급할 의무가 발생하므로 이는 부채의 증가이다. 상대계정은 전력비이다. 비용의 발생은 이익을 감소시키므로 이는 자본의 감소이다.

03 해답

(1)	(차) 현　　금	1,000,000	(대) 자 본 금	1,000,000
(2)	(차) 현　　금	500,000	(대) 차 입 금	500,000
(3)	(차) 비　　품	100,000	(대) 현　　금	100,000
(4)	(차) 상　　품	200,000	(대) 매입채무	200,000
(5)	(차) 매입채무	100,000	(대) 현　　금	100,000
(6)	(차) 운 반 비	5,000	(대) 미지급비용	5,000
(7)	(차) 매출채권	150,000	(대) 상　　품	100,000
			상품매출이익	50,000
(8)	(차) 현　　금	150,000	(대) 매출채권	150,000
(9)	(차) 차 입 금	500,000	(대) 현　　금	510,000
	이자비용	10,000		

04 해답

1. 분개

(1)	20×1. 1. 1	(차) 현　　금	100,000	(대) 자 본 금	100,000
(2)	20×1. 1. 2	(차) 현　　금	50,000	(대) 차 입 금	50,000
(3)	20×1. 1. 3	(차) 비　　품	20,000	(대) 현　　금	20,000
(4)	20×1. 1. 5	(차) 상　　품	20,000	(대) 매입채무	20,000
(5)	20×1. 1.10	(차) 현　　금	7,000	(대) 상　　품	5,000
				상품매출이익	2,000
(6)	20×1. 1.10	(차) 운 반 비	1,000	(대) 현　　금	1,000
(7)	20×1. 1.15	(차) 매입채무	20,000	(대) 현　　금	20,000
(8)	20×1. 1.25	(차) 현　　금	7,000	(대) 상　　품	10,000
		매출채권	7,000	상품매출이익	4,000
(9)	20×1. 1.31	(차) 급　　여	5,000	(대) 현　　금	5,000

2. 전기

현　금

날짜	계정	금액	날짜	계정	금액
1. 1	자본금	100,000	1. 3	비　품	20,000
1. 2	차입금	50,000	1.10	운반비	1,000
1.10	제　좌	7,000	1.15	외매입	20,000
1.25	제　좌	7,000	1.31	급　여	5,000

매출채권

날짜	계정	금액	날짜	계정	금액
1.25	제　좌	7,000			

상　품

날짜	계정	금액	날짜	계정	금액
1. 5	외상매입	20,000	1.10	현　금	5,000
			1.25	제　좌	10,000

비　품

날짜	계정	금액	날짜	계정	금액
1. 3	현　금	20,000			

매입채무

날짜	계정	금액	날짜	계정	금액
1.15	현　금	20,000	1. 5	상　품	20,000

차 입 금

날짜	계정	금액	날짜	계정	금액
			1. 2	현　금	50,000

자 본 금

날짜	계정	금액	날짜	계정	금액
			1. 1	현　금	100,000

상품매출이익

날짜	계정	금액	날짜	계정	금액
			1.10	현　금	2,000
			1.25	제　좌	4,000

운 반 비

날짜	계정	금액	날짜	계정	금액
1.10	현　금	1,000			

급　여

날짜	계정	금액	날짜	계정	금액
1.31	현　금	5,000			

* 지면이 제한되어 매입채무는 외매입으로 표현하고 상대계정이 둘 이상이면 제좌라고 표현하였다.

05 해답

	총수익	기말자산	총비용	기말부채	순이익(순손실)	기초자본	기말자본
A	10,000	15,000	8,000	9,000	① 2,000	② 4,000	③ 6,000
B	④ 7,000	11,000	6,000	⑤ 3,600	1,000	6,400	⑥ 7,400
C	6,500	⑦ 9,100	⑧ 5,300	4,000	1,200	⑨ 3,900	5,100
D	⑩ 7,100	⑪ 15,000	8,200	7,300	(1,100)	8,800	⑫ 7,700

해설

다음 산식에 대입하여 모르는 부분을 역산하면 된다.

자산 - 부채 = 자본 ➡ 총수익 - 총비용 = 순이익(순손실)

➡ 기말자본 - 기초자본 = 순이익(순손실)

06 해답

⑴ 외상대금 ₩50,000을 현금으로 지급하였다.
⑵ 상품 ₩30,000을 외상 매입하였다.
⑶ 원가 ₩25,000의 상품을 ₩30,000에 매출하고 ₩15,000은 현금으로 받고 나머지 ₩15,000은 외상으로 하였다.
⑷ 차입금 ₩20,000을 상환하고 발생이자 ₩2,000도 함께 지급하였다.
⑸ 상품 ₩20,000을 매입하고 ₩10,000은 현금으로 지급하고 ₩10,000은 외상으로 하였다.

07 해답

① 현금 ₩500,000을 출자하였다.

(차) 현　금	500,000	(대) 자본금	500,000

② 현금 ₩100,000을 차입하였다.

(차) 현　금	100,000	(대) 차입금	100,000

③ 상품 ₩50,000을 외상으로 매입하였다.

(차) 상　품	50,000	(대) 매입채무	50,000

④ 원가 ₩20,000의 상품을 ₩30,000에 현금으로 매출하였다.

(차) 현　금	30,000	(대) 상　품	20,000
		상품매출이익	10,000

⑤ 외상대금 ₩50,000 중 ₩30,000을 현금으로 상환하였다.

(차) 매입채무	30,000	(대) 현　금	30,000

⑥ 원가 ₩25,000의 상품을 ₩40,000에 매출하고 ₩10,000은 현금으로 회수하고 나머지 ₩30,000은 외상으로 하였다.

(차) 현　금	10,000	(대) 상　품	25,000
매출채권	30,000	상품매출이익	15,000

⑦ 직원 급여 ₩10,000을 현금으로 지급하였다.

(차) 급　여	10,000	(대) 현　금	10,000

08 해답

1. 잔액시산표

차 변	계정과목	대 변
200,000	현 금	
350,000	매 출 채 권	
400,000	상 품	
	매 입 채 무	150,000
	단 기 차 입 금	200,000
	자 본 금	500,000
	상품매출이익	300,000
150,000	급 여	
50,000	운 반 비	
1,150,000		1,150,000

2. 합계시산표

차 변	계정과목	대 변
400,000	현 금	₩200,000
600,000	매 출 채 권	250,000
950,000	상 품	550,000
800,000	매 입 채 무	950,000
	단 기 차 입 금	200,000
	자 본 금	500,000
	상품매출이익	300,000
150,000	급 여	
50,000	운 반 비	
2,950,000		2,950,000

3. 합계잔액시산표

차 변		계정과목	대 변	
잔 액	합 계		합 계	잔 액
200,000	400,000	현 금	200,000	
350,000	600,000	매 출 채 권	250,000	
400,000	950,000	상 품	550,000	
	800,000	매 입 채 무	950,000	150,000
		단 기 차 입 금	200,000	200,000
		자 본 금	500,000	500,000
		상품매출이익	300,000	300,000
150,000	150,000	급 여		
50,000	50,000	운 반 비		
1,150,000	2,950,000		2,950,000	₩1,150,000

CHAPTER 03

회계의 순환과정

ACCOUNTING PRINCIPLE

제 1 절 수정전시산표의 작성

제2장 '기업거래의 측정과 기록'에서 회계상의 거래를 복식부기의 원칙 아래 분개하고, 계정별원장에 전기한 후 시산표를 작성하는 방법을 설명하였다. 또한 시산표를 통해 재무상태표와 포괄손익계산서가 도출되는 과정도 설명하였다.

1 회계의 순환과정

회계순환과정(accounting cycle)은 회계상의 거래로부터 출발하여 재무제표가 작성되는 일련의 과정을 의미하는 것이다. 여기서 유의할 점은, 계정별원장의 잔액을 단순히 집계한 시산표인 수정전 시산표만을 이용해서 일반목적의 재무제표가 도출되는 것은 아니라는 점이다. 수정전시산표에 지금부터 설명할 결산수정분개(adjusting entry)를 수행하여 수정후시산표(adjusted trial balance)를 작성하고, 수정후시산표에 결산마감분개(closing entry)를 수행해야만 일반목적의 재무상태표와 포괄손익계산서가 도출된다.

[회계의 순환과정]

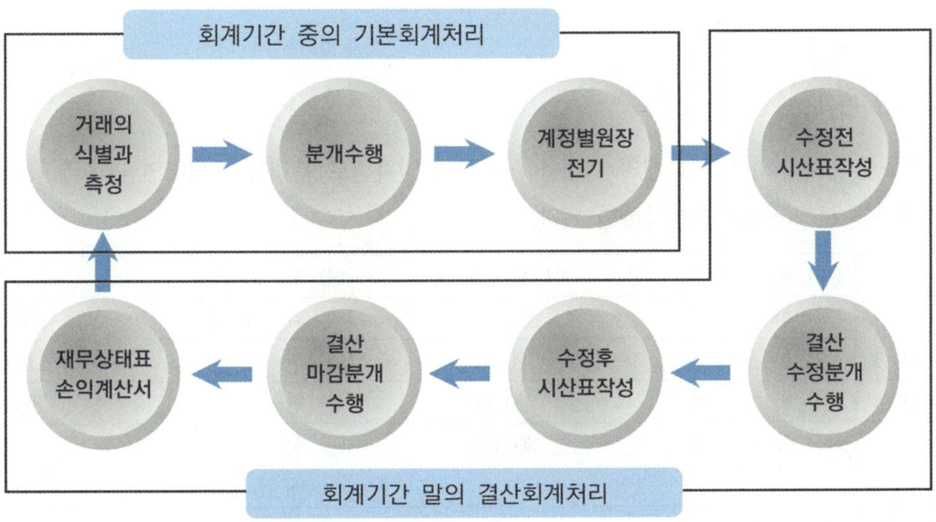

2 수정전시산표의 작성

아래에 제시되는 상품매매거래 기업의 자료를 이용하여 수정전시산표의 작성과정에 대하여 알아보고자 한다. 단, 상품을 외부에 처분하는 경우에는 상품의 판매가격과 취득원가와의 차이를 상품처분이익이라는 계정을 이용하여 회계처리 할 것이다.

공통사례

(1) 11월 1일 : 현금 ₩1,000,000을 출자하여 A회사를 설립하였다.
(2) 11월 2일 : 은행에서 ₩500,000을 현금으로 차입하였다.
(3) 11월 3일 : 사무실을 임차하면서 1년치 임차료를 ₩120,000을 현금으로 선지급하였다.
(4) 11월 4일 : 비품 ₩200,000을 취득한 후 전액을 현금으로 지급하였다.
(5) 11월 5일 : 상품 ₩300,000을 매입하고, ₩100,000은 현금으로 지급하고, 나머지는 외상으로 하였다.
(6) 11월 23일 : 광고선전목적으로 ₩50,000을 현금 지급하였다.
(7) 11월 29일 : 매입채무 ₩130,000을 현금 지급하였다.
(8) 11월 30일 : 11월 급여 ₩60,000을 현금 지급하였다.
(9) 12월 2일 : 11월분 이자비용 ₩5,000을 현금 지급하였다.
(10) 12월 8일 : 원가 ₩300,000의 상품을 ₩580,000에 외상으로 처분하였다.
(11) 12월 10일 : 매출채권 ₩250,000을 현금으로 회수하였다.
(12) 12월 15일 : 상품 ₩200,000을 매입하고, 전액 현금으로 지급하였다.
(13) 12월 29일 : 원가 ₩150,000의 상품을 ₩220,000에 외상으로 처분하였다.
(14) 12월 30일 : 광고선전목적으로 ₩80,000을 현금 지급하였다.

(1) 일자별 분개

공통사례에 제시되어 있는 14개의 거래를 이용하여 일자별로 분개를 수행하면 다음과 같다. 아래의 분개양식을 분개장이라고 생각하면 된다.

20×1.11. 1	(차) 현금	1,000,000 ①	(대) 자본금	1,000,000 ②
20×1.11. 2	(차) 현금	500,000 ①	(대) 차입금	500,000 ②
20×1.11. 3	(차) 선급비용	120,000 ②	(대) 현금	120,000 ①
20×1.11. 4	(차) 비품	200,000 ②	(대) 현금	200,000 ①
20×1.11. 5	(차) 상품	300,000 ①	(대) 현금	100,000 ②
			매입채무	200,000 ③
20×1.11.23	(차) 광고선전비	50,000 ②	(대) 현금	50,000 ①

20×1.11.29	(차) 매 입 채 무	130,000 ①	(대) 현 금	130,000 ②
20×1.11.30	(차) 급 여	60,000 ②	(대) 현 금	60,000 ①
20×1.12. 2	(차) 이 자 비 용	5,000 ②	(대) 현 금	5,000 ①
20×1.12. 8	(차) 매 출 채 권	580,000 ②	(대) 상 품	300,000 ①
			상품처분이익	280,000 ③
20×1.12.10	(차) 현 금	250,000 ②	(대) 매 출 채 권	250,000 ①
20×1.12.15	(차) 상 품	200,000 ①	(대) 현 금	200,000 ②
20×1.12.29	(차) 매 출 채 권	220,000 ②	(대) 상 품	150,000 ①
			상품처분이익	70,000 ③
20×1.12.30	(차) 광고선전비	80,000 ②	(대) 현 금	80,000 ①

(2) 계정별원장

위의 분개장의 내용을 각 계정별원장에 전기하면 다음과 같다. 여기서 유의할 점은 계정별원장에 전기하는 시점은 회계기간 동안의 모든 분개를 수행한 후에 일괄적으로 전기하는 것이 아니라, 일자별 분개를 수행할 때마다 계속적으로 계정별원장에 전기하는 절차를 수행한다는 것이다.

현 금

11월 1일	*자본금*	1,000,000	11월 3일	*선급비용*	120,000
11월 2일	*차입금*	500,000	11월 4일	*비 품*	200,000
12월 10일	*매출채권*	250,000	11월 5일	*상 품*	100,000
			11월 23일	*광고비*	50,000
			11월 29일	*매입채무*	130,000
			11월 30일	*급 여*	60,000
			12월 2일	*이자비용*	5,000
			12월 15일	*상 품*	200,000
			12월 30일	*광고비*	80,000
잔 액		805,000			

자 본 금

			11월 1일	*현 금*	1,000,000
			잔 액		1,000,000

차 입 금

			11월 2일	*현 금*	500,000
			잔 액		500,000

선급비용

11월 3일	*현 금*	120,000			
잔 액		120,000			

비 품

11월 4일	*현 금*	200,000			
잔 액		200,000			

상 품

11월 5일	*현금등*	300,000	12월 8일	*매출채권*	300,000
12월 15일	*현 금*	200,000	12월 29일	*매출채권*	150,000
잔 액		50,000			

광고선전비

11월 23일	*현 금*	50,000			
12월 30일	*현 금*	80,000			
잔 액		130,000			

매입채무

차변			대변		
11월 29일	*현 금*	130,000	11월 5일	*상 품*	200,000
			잔 액		**70,000**

급 여

차변			대변
11월 30일	*현 금*	60,000	
잔 액		**60,000**	

이자비용

차변			대변
12월 2일	*현 금*	5,000	
잔 액		**5,000**	

상품처분이익

차변	대변		
	12월 8일	*매출채권*	280,000
	12월 29일	*매출채권*	70,000
	잔 액		**350,000**

매출채권

차변			대변		
12월 8일	*상품등*	580,000	12월 10일	*현 금*	250,000
12월 29일	*상품등*	220,000			
잔 액		**550,000**			

(3) 잔액시산표

계정별원장에 전기된 각 계정의 기말잔액을 집계한 시산표를 수정전 시산표라 한다. 한편 수정전 시산표를 이용해서 재무상태표와 포괄손익계산서를 작성하면 다음과 같다.

20×1년의 시산표

차변		대변	
현 금	805,000	매입채무	70,000
매출채권	550,000	차 입 금	500,000
선급비용	120,000	자 본 금	1,000,000
상 품	50,000		
비 품	200,000		
		상품처분이익	350,000
급 여	60,000		
광고선전비	130,000		
이자비용	5,000		
	1,920,000		1,920,000

20×1년 말의 재무상태표

차변		대변	
현 금	805,000	매입채무	70,000
매출채권	550,000	차 입 금	500,000
선급비용	120,000	자 본 금	1,000,000
상 품	50,000	이익잉여금	155,000
비 품	200,000		
	1,725,000		1,725,000

20×1년의 포괄손익계산서

차변		대변	
급 여	60,000	상품처분이익	350,000
광고선전비	130,000		
이자비용	5,000		
당기순이익	155,000		
	350,000		350,000

제 2 절 결산 수정분개

수정전시산표의 각 계정과목별 잔액은 자산, 부채와 자본의 기말 잔액과 수익과 비용의 기중 발생액을 정확히 표시하고 있다고 볼 수 없다. 공통사례에서 제시한 A회사의 시산표를 확인해보면 11월 초에 선지급한 임차료와 취득한 비품에 대한 11월과 12월의 관련 비용의 인식이 누락되어 있으며, A회사의 차입금에 대한 12월의 이자비용과 12월의 종업원급여도 인식이 누락되어 있다. 따라서 A회사가 20×1년 말에 보고한 당기순이익 ₩155,000이 정확한 순이익의 측정치라고는 할 수 없다. 이와 관련된 부분을 이해하기 위해서는 우선 현금주의와 발생주의에 대한 개념을 이해해야 한다.

1 현금주의와 발생주의

회계상 거래의 인식은 해당 거래를 재무제표에 반영하는 시기(timing)에 따라 현금주의에 의한 인식법과 발생주의에 의한 인식법으로 구분할 수 있다. 현금주의(cash basis accounting)는 현금의 수수여부에 따라 회계상의 거래를 인식하는 기준이다. 즉, 현금주의 회계에서는 재화와 용역을 제공했더라도 현금을 수취하지 않으면 수익을 인식하지 않고, 재화와 용역을 제공받았더라도 현금을 지급하지 않으면 비용을 인식하지 않는다. 반면에 발생주의(accrual basis accounting)는 현금의 수수여부와 관계없이 회계상의 거래가 발생된 시점에 해당 거래를 인식하는 기준이다. 기업회계에서는 발생주의회계를 사용하여 재무제표를 작성한다.

참 고 발생주의회계와 성과평가

오늘날에는 대규모의 자금조달과 복잡한 경영활동으로 인하여 기업의 소유와 경영이 분리된 경우가 많다. 경영자는 기업의 대리인으로서 주주와 채권자로부터 수탁 받은 기업의 경제적 자산을 효율적으로 운용하고 관리할 책임을 맡고 있다. 따라서 기업회계정보는 경영자의 수탁책임을 보고하는 수단으로 활용되어 경영자의 도덕적 해이와 역선택 등의 대리인문제를 해결할 수 있는 사회적 기능을 제공해준다. 경영자의 책임성과를 평가하는 데 있어서는, 발생주의 정보가 현금주의 정보보다 더 나은 근거를 제공하기 때문에 기업회계는 발생주의회계를 원칙으로 하고 있는 것이다.

예를 들어, 20×1년 12월 1일 거래처에 ₩100,000의 용역을 외상으로 제공하고, 대금은 20×2년 2월 1일에 수령하기로 한 경우 현금주의와 발생주의에 의한 회계처리는 각각 다음과 같다. 결론적으로 매출로 인식하는 금액은 두 방법 모두 ₩100,000이지만, 매출로 인식하는 시기만이 차이가 있다는 것이다.

[현금주의 회계처리]

20×1.12. 1	회계처리 없음			
20×2. 2. 1	(차) 현　　금	100,000 ①	(대) 용역매출(20×2)	100,000 ②

[발생주의 회계처리]

20×1.12. 1	(차) 매출채권	100,000 ①	(대) 용역매출(20×1)	100,000 ②
20×2. 2. 1	(차) 현　　금	100,000 ④	(대) 매출채권	100,000 ③

[현금주의와 발생주의의 비교]

계정과목	20×1년	20×2년	합　계
현금주의 용역매출	-	100,000	100,000
발생주의 용역매출	100,000	-	100,000

2 결산수정분개의 필요성

기업결산(settlement of account)은 계정별원장의 기록을 정리해서 시산표를 작성한 후, 이를 이용하여 발생주의에 의한 재무상태와 포괄손익을 확정하는 과정을 말한다. 여기서 유의할 점은, 회계 실무적으로 회계기간 중에 발생한 모든 거래를 발생주의에 따라 계정별원장에 전기하는 것은 아니라는 점이다. 결산업무의 효율성을 위해서 몇몇 항목의 거래에 대해서는 회계기간 중에는 현금주의로 회계처리하고, 회계기간 말에 발생주의로 수정하는 항목이 있다. 이때 수행하는 수정회계처리를 결산수정분개라 한다. 결산수정분개는 현금주의에 따라 수행한 기중 회계기록을 다시 발생주의에 의한 회계기록으로 수정하는 절차로 회계기간 말의 기업의 재산상태와 포괄손익의 왜곡을 방지하기 위해 꼭 필요한 과정이다.

3 결산수정분개의 유형

결산수정분개의 유형은 거래의 발생시기와 현금유출입의 시기에 따라 크게 발생거래와 이연거래에 대한 수정분개로 구분할 수 있다. 발생(accruals)은 경제적인 거래나 사건은 현재 발생하였으나 현금의 유출이나 유입이 없는 경우에 수익이나 비용 등을 현재 인식하면서 동시에 관련 자산이나 부채를 함께 인식하는 것을 말한다. 이연(deferrals)은 현금의 유출이나 유입은 있으나 경제적인 거래나 사건이 발생하지 않은 경우에 미래로 수익이나 비용의 인식을 이연하는 것과 동시에 관련 부채나 자산을 인식하는 것을 말한다.

[발생거래와 이연거래로 인한 자산과 부채]

구 분	현금의 수령이나 지급의 시기	
	후불조건의 현금거래	선불조건의 현금거래
수익발생거래	미수수익(자산)	선수수익(부채)
비용발생거래	미지급비용(부채)	선급비용(자산)

(1) 수익의 발생 : 미수수익에 대한 수정분개

미수수익(accrued revenue)은 이자수익이나 임대료수익처럼 수익이 발생하였으나 현금은 수령하지 않은 경우, 발생주의에 따라 기간경과분에 해당하는 수익을 당기에 인식할 때 사용하는 자산계정이다. 예를 들어 20×1년 4월 1일에 다른 회사에 현금 ₩1,000,000을 연이자율 12% 조건으로 대여한 후 후불조건으로 20×2년 3월 31일에 이자 ₩120,000을 수령하는 경우 이자와 관련된 회계처리는 다음과 같다.

[발생개념에 의한 회계처리와 전기 : 미수수익]

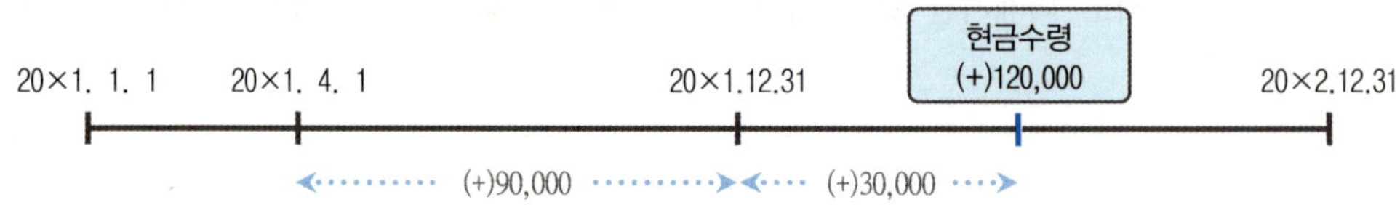

20×1.12.31	(차) 미수수익	90,000	(대) 이자수익(20×1)	90,000
20×2. 3.31	(차) 현 금	120,000	(대) 미수수익	90,000
			이자수익(20×2)	30,000

미수수익 20×1.12.31

차변	대변
12월 31일 *이자수익* 90,000	
잔 액 90,000	

이자수익 20×1.12.31

차변	대변
	12월 31일 *미수수익* 90,000
	잔 액 90,000

수정후시산표 20×1년

⋮	⋮	⋮	⋮
미수수익	90,000	이자수익	90,000
⋮	⋮	⋮	⋮

(2) 비용의 발생 : 미지급비용에 대한 수정분개

미지급비용(accrued expense)은 이자비용이나 임차료비용처럼 비용이 발생하였으나 현금은 지급하지 않은 경우, 발생주의에 따라 기간경과분에 해당하는 비용을 당기에 인식할 때 사용하는 부채계정이다. 예를 들어 20×1년 4월 1일에 다른 회사에서 현금 ₩1,000,000을 연이자율 12% 조건으로 차입한 후 후불조건으로 20×2년 3월 31일에 이자 ₩120,000을 지급하는 경우 이자와 관련된 회계처리는 다음과 같다.

[발생개념에 의한 회계처리와 전기 : 미지급비용]

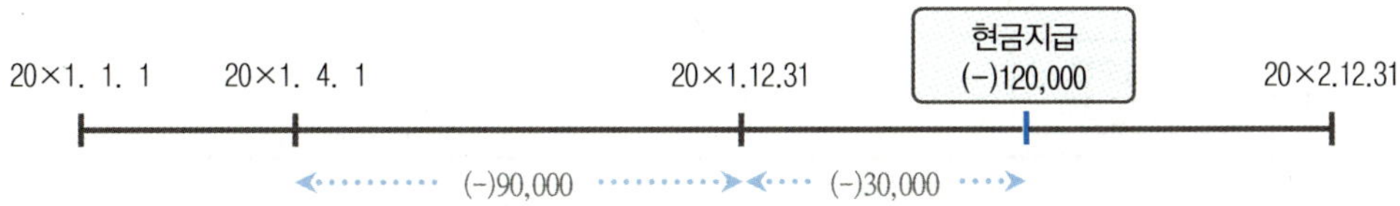

20×1.12.31	(차) 이자비용(20×1)	90,000	(대) 미지급비용	90,000
20×2. 3.31	(차) 미지급비용	90,000	(대) 현 금	120,000
	이자비용(20×2)	30,000		

이자비용 20×1.12.31

12월 31일 *미지급비용* 90,000	
잔 액 90,000	

미지급비용 20×1.12.31

	12월 31일 *이자비용* 90,000
	잔 액 90,000

수정후시산표 20×1년

⋮	⋮	⋮	⋮
이자비용	90,000	미지급비용	90,000
⋮	⋮	⋮	⋮

(3) 수익의 이연 : 선수수익에 대한 수정분개

선수수익(unearned revenue)은 이자수익이나 임대료수익처럼 수익은 발생하지 않았으나 현금을 미리 수령한 경우, 발생주의에 따라 기간 미경과분에 해당하는 수익을 차기로 이연하기 위해 사용하는 부채계정이다. 예를 들어 20×1년 4월 1일에 다른 회사에 ₩1,000,000을 연이자율 12% 조건으로 대여한 후 이자 ₩120,000을 선불조건으로 20×1년 4월 1일에 수령하는 경우 이자와 관련된 회계처리는 다음과 같다.

[이연개념에 의한 회계처리와 전기 : 선수수익]

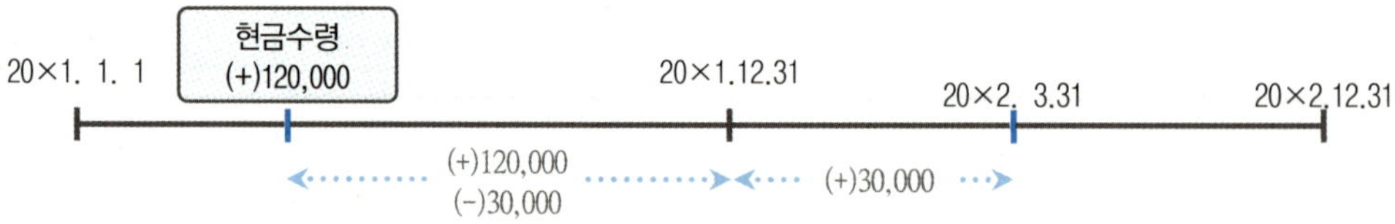

날짜	차변	금액	대변	금액
20×1. 4. 1	(차) 현 금	120,000	(대) 이자수익(20×1)	120,000
20×1.12.31	(차) 이자수익(20×1)	30,000	(대) 선수수익	30,000
20×2. 3.31	(차) 선수수익	30,000	(대) 이자수익(20×2)	30,000

이자수익 20×1.12.31

차변			대변		
12월 31일	*선수수익*	30,000	4월 1일	*현 금*	120,000
			잔 액		90,000

선수수익 20×1.12.31

차변			대변		
			12월 31일	*이자수익*	30,000
			잔 액		30,000

수정후시산표 20×1년

차변	금액	대변	금액
현 금	120,000	선수수익	30,000
		이자수익	90,000
⋮	⋮	⋮	⋮

(4) 비용의 이연 : 선급비용에 대한 수정분개

선급비용(unearned expense)은 이자비용이나 임차료비용처럼 비용은 발생하지 않았으나 현금을 미리 지급한 경우, 발생주의에 따라 기간 미경과분에 해당하는 비용을 차기로 이연하기 위해 사용하는 자산계정이다. 예를 들어 20×1년 4월 1일에 다른 회사에서 현금 ₩1,000,000을 연이자율 12% 조건으로 차입한 후 이자 ₩120,000을 선불조건으로 20×1년 4월 1일에 지급하는 경우 이자와 관련된 회계처리는 다음과 같다.

[이연개념에 의한 회계처리와 전기 : 선급비용]

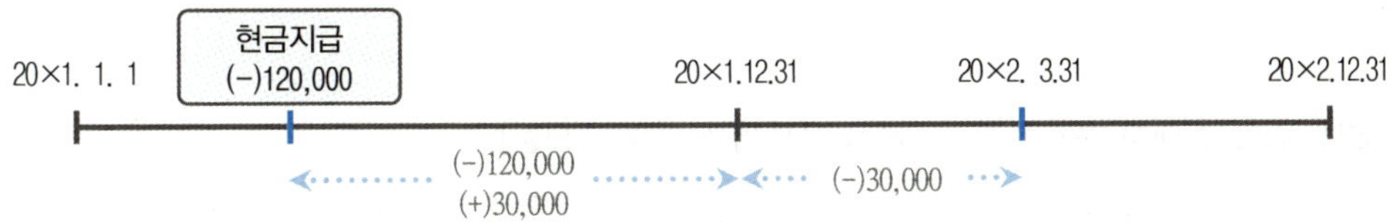

20×1. 4. 1	(차) 이자비용(20×1)	120,000	(대) 현 금	120,000
20×1.12.31	(차) 선급비용	30,000	(대) 이자비용(20×1)	30,000
20×2. 3.31	(차) 이자비용(20×2)	30,000	(대) 선급비용	30,000

이자비용 20×1.12.31

4월 1일 *현 금*	120,000	12월 31일 *선급비용*	30,000
잔 액	90,000		

선급비용 20×1.12.31

12월 31일 *이자비용*	30,000		
잔 액	30,000		

수정후시산표 20×1년

선급비용	30,000	현 금	120,000
이자비용	90,000		
⋮	⋮	⋮	⋮

(5) 비용의 이연 : 소모품에 대한 수정분개

소모품(supplies)은 한번 사용하면 소모되어 없어지거나 못쓰게 되는 사무용품, 청소용품과 포장용지 등의 물품을 말하며, 유동자산 중 재고자산으로 분류하는 항목이다. 소모품은 선급비용과 유사한 결산수정분개를 수행한다. 소모품도 구입을 위해 현금을 지급한 경우 일단 자산으로 인식한다. 발생주의에 따라 사용분에 해당하는 금액을 소모품비의 계정으로 당기비용으로 인식하고, 사용하지 않은 부분은 소모품의 계정으로 자산으로 인식하여 비용의 인식시기를 이연한다. 예를 들어, 업무에 사용할 소모품을 구입하기 위하여 20×1년 4월 1일에 ₩120,000을 현금으로 지급하고 이 중 20×1년 12월 31일까지 ₩90,000의 소모품을 사용하고, ₩30,000의 소모품이 남아 있는 경우 관련된 회계처리는 다음과 같다.

[이연개념에 의한 회계처리와 전기 : 지급시 자산인식법의 소모품]

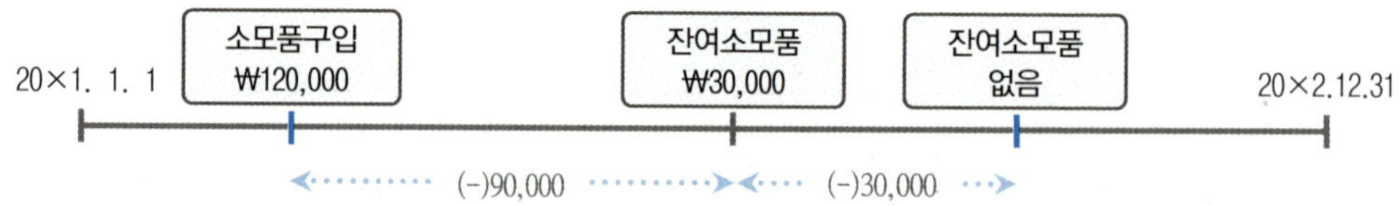

20×1. 4. 1	(차) 소 모 품	120,000	(대) 현 금	120,000
20×1.12.31	(차) 소모품비(20×1)	90,000	(대) 소 모 품	90,000
20×2. 3.31	(차) 소모품비(20×2)	30,000	(대) 소 모 품	30,000

소 모 품 (20×1.12.31)

4월 1일 *현 금*	120,000	12월 31일 *소모품비*	90,000
잔 액	30,000		

소모품비 (20×1.12.31)

12월 31일 *소모품*	90,000		
잔 액	90,000		

수정후시산표 (20×1년)

소 모 품	30,000	현 금	120,000
소모품비	90,000		
⋮	⋮	⋮	⋮

대체적인 방법으로, 실무적인 편의를 위해 소모품을 구입한 시점에 즉시 비용으로 인식하는 방법이 있다. 이 경우에는 결산일에 사용하지 않은 소모품에 대하여 소모품비를 취소하면서 자산으로 인식하는 결산수정분개가 필요하다. 여기서 유의할 점은, 소모품을 구입하는 시점에 전액 자산으로 인식하는 경우와 전액 비용으로 인식하는 경우에 상관없이 결산일의 수정후시산표 효과는 모두 동일하다라는 것이다.

[이연개념에 의한 회계처리와 전기 : 지급시 비용인식법의 소모품]

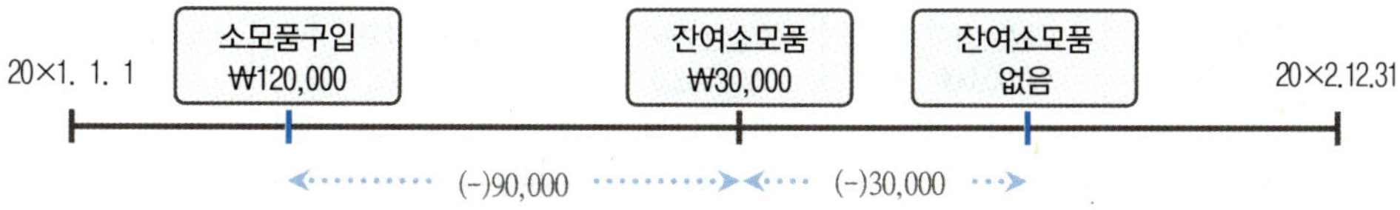

20×1. 4. 1	(차) 소모품비(20×1)	120,000	(대) 현 금	120,000
20×1.12.31	(차) 소 모 품	30,000	(대) 소모품비(20×1)	30,000
20×2. 3.31	(차) 소모품비(20×2)	30,000	(대) 소 모 품	30,000

소 모 품 (20×1.12.31)

차변		대변	
12월 31일 *소모품비*	30,000		
잔 액	30,000		

소모품비 (20×1.12.31)

차변		대변	
4월 1일 *현 금*	120,000	12월 31일 *소모품*	30,000
잔 액	90,000		

수정후시산표 (20×1년)

소 모 품	30,000	현 금	120,000
소모품비	90,000		
⋮	⋮	⋮	⋮

(6) 비용의 이연 : 유형자산의 감가상각에 대한 수정분개

유형자산(property, plant and equipments)은 재화나 용역의 생산이나 제공, 타인에 대한 임대 또는 관리활동에 사용할 목적으로 보유하는 물리적 형태가 있는 자산으로서 한 회계기간(one accounting period)을 초과하여 사용할 것이 예상되는 자산인 토지, 건물, 기계장치, 차량운반구, 집기와 사무용 비품 등을 말한다. 소모품은 단기간동안 사용하고 사용을 통해 실물이 소멸되지만, 유형자산은 장기간동안 사용하고 사용을 통해 실물이 소멸되지 않는다는 점에서 차이가 있다. 유형자산도 소모품과 유사한 결산수정분개를 수행한다. 유형자산의 구입을 위해 현금을 지급한 경우 일단 자산으로 인식하며, 발생주의에 따라 사용분에 해당하는 금액을 감가상각비의 계정으로 당기비용으로 인식하고, 사용하지 않은 부분은 유형자산의 계정으로 자산으로 인식하여 비용의 인식시기를 이연한다. 예를 들어, 20×1년 초에 4년간 사용할 목적으로 차량운반구(잔존가액 없으며, 감가상각방법은 정액법)를 ₩1,000,000에 현금으로 취득한 경우 관련된 회계처리는 다음과 같다. 단, 감가상각비의 인식은 감가상각누계액이라는 자산의 차감계정으로 인식하지만, 여기에서는 감가상각의 개념만을 설명하기 위해 해당 유형자산에서 직접차감하는 것으로 회계처리 하였다. 감가상각과 관련한 자세한 논리와 정확한 회계처리는 제8장 '유형자산과 무형자산'에서 설명하고자 한다.

[이연개념에 의한 회계처리와 전기 : 지급시 자산인식법]

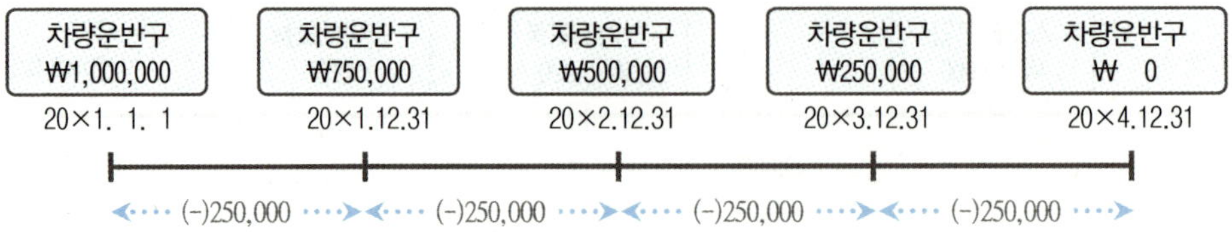

20×1. 1. 1	(차) 차량운반구	1,000,000	(대) 현　　금	1,000,000
20×1.12.31	(차) 감가상각비(20×1)	250,000	(대) 차량운반구	250,000
20×2.12.31	(차) 감가상각비(20×2)	250,000	(대) 차량운반구	250,000
20×3.12.31	(차) 감가상각비(20×3)	250,000	(대) 차량운반구	250,000
20×4.12.31	(차) 감가상각비(20×4)	250,000	(대) 차량운반구	250,000

수정후시산표　　　　　　　　　20×1년

차량운반구	750,000	현　　금	1,000,000
감가상각비	250,000		
⋮	⋮	⋮	⋮

4 결산수정분개의 수행과 수정후시산표의 작성

아래에 제시된 결산수정분개의 내용을 추가하여 분개를 수행하고 수정후시산표를 작성하면 다음과 같다.

공통사례

(1) 12월 31일 : 선급비용(임차료)에 대하여 인식할 임차료비용은 11월과 12월에 각각 ₩10,000이다.
(2) 12월 31일 : 11월 4일 취득한 비품에 대하여 인식할 11월과 12월의 감가상각비는 각각 ₩1,000이다.
(3) 12월 31일 : 12월분 종업원급여 ₩60,000이 미지급된 상태이다.
(4) 12월 31일 : 12월분 이자비용 ₩5,000이 미지급된 상태이다.

(1) 결산수정분개의 수행

공통사례에 제시되어 있는 결산수정사항 4개의 거래를 이용하여 수정분개를 수행하면 다음과 같다. 아래의 분개양식을 결산수정분개장이라고 생각하면 된다.

20×1.12.31	(차) 임차료비용	20,000 ②	(대) 선급비용	20,000 ①
20×1.12.31	(차) 감가상각비	2,000 ④	(대) 비　　품	2,000 ③
20×1.12.31	(차) 급　　여	60,000 ⑤	(대) 미지급비용	60,000 ⑥
20×1.12.31	(차) 이자비용	5,000 ⑦	(대) 미지급비용	5,000 ⑧

(2) 수정후 계정별원장의 작성

위의 수정분개장의 내용을 각 계정별원장에 전기하면 다음과 같다.

현　　금

차변			대변		
11월 1일	*자본금*	1,000,000	11월 3일	*선급비용*	120,000
11월 2일	*차입금*	500,000	11월 4일	*비 품*	200,000
12월 10일	*매출채권*	250,000	11월 5일	*상 품*	100,000
			11월 23일	*광고비*	50,000
			11월 29일	*매입채무*	130,000
			11월 30일	*급 여*	60,000
			12월 2일	*이자비용*	5,000
			12월 15일	*상 품*	200,000
			12월 30일	*광고비*	80,000
잔　액		**805,000**			

자 본 금

차변			대변		
			11월 1일	*현 금*	1,000,000
			잔　액		**1,000,000**

차 입 금

차변			대변		
			11월 2일	*현 금*	500,000
			잔　액		**500,000**

선급비용

차변			대변		
11월 3일	*현 금*	120,000	12월 31일	*임차료비용*	20,000
잔　액		**100,000**			

비　　품

차변			대변		
11월 4일	*현 금*	200,000	12월 31일	*감가상각비*	2,000
잔　액		**198,000**			

상　　품

차변			대변		
11월 5일	*현금등*	300,000	12월 8일	*매출채권*	300,000
12월 15일	*현 금*	200,000	12월 29일	*매출채권*	150,000
잔　액		**50,000**			

광고선전비

차변			대변		
11월 23일	*현 금*	50,000			
12월 30일	*현 금*	80,000			
잔　액		**130,000**			

매입채무

차변			대변		
11월 29일	*현 금*	130,000	11월 5일	*상 품*	200,000
			잔　액		**70,000**

급　　여

차변			대변		
11월 30일	*현 금*	60,000			
12월 31일	*미지급비용*	60,000			
잔　액		**120,000**			

이자비용

차변			대변		
12월 2일	*현 금*	5,000			
12월 31일	*미지급비용*	5,000			
잔 액		**10,000**			

상품처분이익

차변			대변		
			12월 8일	*매출채권*	280,000
			12월 29일	*매출채권*	70,000
			잔 액		**350,000**

매출채권

차변			대변		
12월 8일	*상품등*	580,000	12월 10일	*현 금*	250,000
12월 29일	*상품등*	220,000			
잔 액		**350,000**			

임차료비용

차변			대변		
12월 31일	*선급비용*	20,000			
잔 액		**20,000**			

감가상각비

차변			대변		
12월 31일	*비 품*	2,000			
잔 액		**2,000**			

미지급비용

차변			대변		
			12월 31일	*급 여*	60,000
			12월 31일	*이자비용*	5,000
			잔 액		**65,000**

(3) 수정후시산표의 작성

결산수정분개를 반영한 각 계정별원장의 기말잔액을 집계한 시산표를 수정후시산표라 한다. 공통사례를 이용하여 수정후시산표를 작성하면 다음과 같다.

수정후시산표 20×1.12.31

차변 계정	금액	대변 계정	금액
현 금	805,000	매 입 채 무	70,000
매 출 채 권	550,000	차 입 금	500,000
선 급 비 용	100,000	미지급비용	65,000
상 품	50,000	자 본 금	1,000,000
비 품	198,000	상품처분이익	350,000
급 여	120,000		
광고선전비	130,000		
이 자 비 용	10,000		
임차료비용	20,000		
감가상각비	2,000		
합 계	1,985,000	합 계	1,985,000

5 정산표의 작성

수정전시산표에 결산수정분개를 반영하고, 이를 이용하여 수정후시산표가 나오는 과정을 표로 정리하면 다음과 같다. 아래의 양식을 정산표(worksheet)라 한다.

계정과목	수정전시산표		결산수정분개		수정후시산표	
	차 변	대 변	차 변	대 변	차 변	대 변
현 금	805,000	-	-	-	805,000	-
매 출 채 권	550,000	-	-	-	550,000	-
선 급 비 용	120,000	-	-	20,000	100,000	-
상 품	50,000	-	-	-	50,000	-
비 품	200,000	-	-	2,000	198,000	-
매 입 채 무	-	70,000	-	-	-	70,000
차 입 금	-	500,000	-	-	-	500,000
미 지 급 비 용	-	-	-	65,000	-	65,000
자 본 금	-	1,000,000	-	-	-	1,000,000
상품처분이익	-	350,000	-	-	-	350,000
급 여	60,000	-	60,000	-	120,000	-
광 고 선 전 비	130,000	-	-	-	130,000	-
이 자 비 용	5,000	-	5,000	-	10,000	-
임 차 료 비 용	-	-	20,000	-	20,000	-
감 가 상 각 비	-	-	2,000	-	2,000	-
합 계	1,920,000	1,920,000	87,000	87,000	1,985,000	1,985,000

제 3 절 결산 마감분개

지금까지는 회계기간 말의 시산표를 단순히 분할하여 재무상태표와 포괄손익계산서를 작성하는 것이라고 설명하였다. 하지만 시산표를 분할하여 재무제표를 도출하는 과정에 결산마감분개가 필요하다. 결산마감분개(closing entry)는 당기 회계연도의 계정별원장의 기말잔액을 마감하여 차기 회계연도의 계정별원장의 기초잔액으로 이월시켜주는 절차를 말한다.

1 손익계산서계정의 마감

제2장 '기업거래의 측정과 기록'에서 설명한 것처럼, 수익과 비용의 원래 계정은 이익잉여금이다. 하지만 소유와 경영이 분리되어 있는 현대기업의 구조에서 대리인인 경영자의 정확한 성과평가를 위해서 이익잉여금 계정을 수익과 비용계정으로 분할하여 장부를 기록하였다. 즉, 재화를 판매하거나 용역을 제공하면서 발생한 이익잉여금의 증가금액을 수익으로 인식하였으며, 수익을 창출하는 과정에서 발생한 이익잉여금의 감소금액을 비용으로 인식하였다. 또한, 이를 이용하여 해당 회계기간의 포괄손익계산서를 작성하였다. 수익과 비용은 당기 회계연도의 포괄손익계산서 작성만을 위한 임시계정(temporary account)이므로, 차기 회계연도의 경영성과에 영향을 주어서는 안된다. 따라서 당기손익계정은 회계기간 말에 결산을 수행하면서 모두 이익잉여금 계정으로 대체하여야 한다. 아래의 수정후시산표에 대한 마감분개는 다음과 같다.

수정후시산표 20×1.12.31

현금	805,000	매입채무	70,000
매출채권	550,000	차입금	500,000
선급비용	100,000	미지급비용	65,000
상품	50,000	자본금	1,000,000
비품	198,000	상품처분이익	350,000
급여	120,000		
광고선전비	130,000		
이자비용	10,000		
임차료비용	20,000		
감가상각비	2,000		
합계	1,985,000	합계	1,985,000

[결산마감분개 : 이익잉여금 계정을 직접이용]

20×1.12.31	(차) 상품처분이익	350,000 ①	(대) 급　　여	120,000 ②
			광고선전비	130,000 ③
			이자비용	10,000 ④
			임차료비용	20,000 ⑤
			감가상각비	2,000 ⑥
			이익잉여금	68,000 ⑦

[손익계정별원장 : 이익잉여금 계정을 직접이용]

상품처분이익	
	12월 8일 *매출채권* 280,000
12월 31일 *이익잉여금* 350,000	12월 29일 *매출채권* 70,000
	잔　액 -

급　　여	
11월 30일 *현　금* 60,000	
12월 31일 *미지급비용* 60,000	12월 31일 *이익잉여금* 120,000
잔　액 -	

광고선전비	
11월 23일 *현　금* 50,000	
12월 30일 *현　금* 80,000	12월 31일 *이익잉여금* 130,000
잔　액 -	

이자비용	
12월 2일 *현　금* 5,000	
12월 31일 *미지급비용* 5,000	12월 31일 *이익잉여금* 10,000
잔　액 -	

임차료비용	
12월 31일 *선급비용* 20,000	12월 31일 *이익잉여금* 20,000
잔　액 -	

감가상각비	
12월 31일 *비　품* 2,000	12월 31일 *이익잉여금* 2,000
잔　액 -	

이익잉여금	
12월 31일 *급　여* 120,000	12월 31일 *상품처분이익* 350,000
12월 31일 *광고선전비* 130,000	
12월 31일 *이자비용* 10,000	
12월 31일 *임차료비용* 20,000	
12월 31일 *감가상각비* 2,000	
	잔　액 68,000

수정후시산표에 위의 결산마감분개를 반영하면 다음과 같이 포괄손익계산서와 재무상태표가 분리되어 도출된다. 한편 재무제표를 공시하는 방식은 T-계정식이 있고, 보고식이 있다. 한국채택국제회계기준에는 별도의 규정이 없으나, 일반적으로 재무상태표는 T-계정식과 보고식이 모두 인정되고, 포괄손익계산서는 다음의 보고식만을 인정한다.

재무상태표

20×1년 12월 31일

현　　금	805,000	매입채무	70,000
매출채권	550,000	차 입 금	500,000
선급비용	100,000	미지급비용	65,000
상　　품	50,000	자 본 금	1,000,000
비　　품	198,000	이익잉여금	68,000
자산 총계	1,703,000	부채 및 자본 총계	1,703,000

포괄손익계산서

20×1년 1월 1일부터 20×1년 12월 31일까지

상품처분이익	350,000
급　　여	(120,000)
광고선전비	(130,000)
이자비용	(10,000)
임차료비용	(20,000)
감가상각비	(2,000)
당기순이익	68,000

한편, 실무적으로는 손익계산서계정을 마감할 때 이익잉여금 계정을 직접이용하지 않는다. 관리목적의 계정인 집합손익(income summary)을 이용하여 마감한 후 이를 다시 이익잉여금 계정으로 대체하는 것이 일반적이기는 하지만, 이 경우에도 이익잉여금 계정을 직접 이용한 것과 결과는 동일하다.

[결산마감분개 : 집합손익 계정을 이용]

20×1.12.31	(차) 상품처분이익	350,000 ①	(대) 집합손익	350,000 ②
	(차) 집합손익	282,000 ⑧	(대) 급　　여	120,000 ③
			광고선전비	130,000 ④
			이자비용	10,000 ⑤
			임차료비용	20,000 ⑥
			감가상각비	2,000 ⑦
	(차) 집합손익	68,000 ⑨	이익잉여금	68,000 ⑩

[손익계정별원장 : 집합손익 계정을 이용]

상품처분이익

차변		대변	
		12월 8일 *매출채권*	280,000
12월 31일 *집합손익*	350,000	12월 29일 *매출채권*	70,000
		잔 액	-

급 여

차변		대변	
11월 30일 *현 금*	60,000		
12월 31일 *미지급비용*	60,000	12월 31일 *집합손익*	120,000
잔 액	-		

광고선전비

차변		대변	
11월 23일 *현 금*	50,000		
12월 30일 *현 금*	80,000	12월 31일 *집합손익*	130,000
잔 액	-		

이자비용

차변		대변	
12월 2일 *현 금*	5,000		
12월 31일 *미지급비용*	5,000	12월 31일 *집합손익*	10,000
잔 액	-		

임차료비용

차변		대변	
12월 31일 *선급비용*	20,000	12월 31일 *집합손익*	20,000
잔 액	-		

감가상각비

차변		대변	
12월 31일 *비 품*	2,000	12월 31일 *집합손익*	2,000
잔 액	-		

집합손익

차변		대변	
12월 31일 *급 여*	120,000	12월 31일 *상품처분이익*	350,000
12월 31일 *광고선전비*	130,000		
12월 31일 *이자비용*	10,000		
12월 31일 *임차료비용*	20,000		
12월 31일 *감가상각비*	2,000		
12월 31일 *이익잉여금*	68,000		
		잔 액	-

이익잉여금

차변		대변	
		12월 31일 *집합손익*	68,000
		잔 액	68,000

수정전시산표에서 재무상태표와 포괄손익계산서가 도출되기까지의 일련의 과정을 정산표로 작성하면 다음과 같다. 금액 단위는 천원으로 작성하였다.

계정과목	수정전시산표		결산수정분개		수정후시산표		포괄손익계산서		재무상태표	
	차 변	대 변	차 변	대 변	차 변	대 변	차 변	대 변	차 변	대 변
현 금	805	-	-	-	805	-			805	
매 출 채 권	550	-	-	-	550	-			550	
선 급 비 용	120	-	-	20	100	-			100	
상 품	50	-	-	-	50	-			50	
비 품	200	-	-	2	198	-			198	
매 입 채 무	-	70	-	-	-	70				70
차 입 금	-	500	-	-	-	500				500
미 지 급 비 용	-	-	-	65	-	65				65
자 본 금	-	1,000	-	-	-	1,000				1,000
이 익 잉 여 금	-	-	-	-	-	-				68
상품처분이익	-	350	-	-	-	350		350		
급 여	60	-	60	-	120	-	120			
광 고 선 전 비	130	-	-	-	130	-	130			
이 자 비 용	5	-	5	-	10	-	10			
임 차 료 비 용	-	-	20	-	20	-	20			
감 가 상 각 비	-	-	2	-	2	-	2			
당 기 순 이 익	-	-	-	-	-	-	68			
합 계	1,920	1,920	87	87	1,985	1,985	350	350	1,703	1,703

2 재무상태표계정의 마감

포괄손익계산서계정을 마감한 후에는 재무상태표계정도 마감해야 한다. 하지만, 재무상태표의 구성요소인 자산, 부채 및 자본계정은 포괄손익계산서 계정인 수익, 비용과는 계정의 성격이 다르다. 포괄손익계산서계정은 다음 회계기간으로 이월되지 않는 임시계정(temporary account)이지만, 재무상태표계정은 다음 회계기간으로 이월되는 영구계정(permanent account)이다. 따라서 재무상태표계정의 마감은 별도의 회계처리가 필요하지 않으며, 단지 당기 계정별원장의 기말잔액에 차기이월로 표시하고, 차기 계정별원장의 기초잔액에 전기이월로 표시만 하면 된다.

[재무상태표계정의 마감]

현 금

차변			대변		
11월 1일	*자본금*	1,000,000	11월 3일	*선급비용*	120,000
11월 2일	*차입금*	500,000	11월 4일	*비 품*	200,000
12월 10일	*매출채권*	250,000	11월 5일	*상 품*	100,000
			11월 23일	*광고비*	50,000
			11월 29일	*매입채무*	130,000
			11월 30일	*급 여*	60,000
			12월 2일	*이자비용*	5,000
			12월 15일	*상 품*	200,000
			12월 30일	*광고비*	80,000
			차기이월		805,000
전기이월		805,000			

자 본 금

차변		대변		
		11월 1일	*현 금*	1,000,000
차기이월	1,000,000			
		전기이월		1,000,000

차 입 금

차변		대변		
		11월 2일	*현 금*	500,000
차기이월	500,000			
		전기이월		500,000

선급비용

차변			대변		
11월 3일	*현 금*	120,000	12월 31일	*임차료비용*	20,000
			차기이월		100,000
전기이월		100,000			

비 품

차변			대변		
11월 4일	*현 금*	200,000	12월 31일	*감가상각비*	2,000
			차기이월		198,000
전기이월		198,000			

상 품

차변			대변		
11월 5일	*현금등*	300,000	12월 8일	*매출채권*	300,000
12월 15일	*현 금*	200,000	12월 29일	*매출채권*	150,000
			차기이월		50,000
전기이월		50,000			

매입채무

차변			대변		
11월 29일	*현 금*	130,000	11월 5일	*상 품*	200,000
차기이월		70,000			
			전기이월		70,000

매출채권

차변			대변		
12월 8일	*상품등*	580,000	12월 10일	*현 금*	250,000
12월 29일	*상품등*	220,000	차기이월		550,000
전기이월		550,000			

미지급비용

차변		대변		
		12월 31일	*급 여*	60,000
차기이월	65,000	12월 31일	*이자비용*	5,000
		전기이월		65,000

객관식 연습문제

01 다음 결산절차 중에서 순서가 가장 먼저인 것과 가장 나중인 것을 올바르게 짝지은 것은?

a. 수정전시산표 작성	b. 재무상태표 작성	c. 수정분개
d. 손익계산서 작성	e. 수정후시산표 작성	

① a, b ② a, d ③ e, d ④ c, b ⑤ c, e

02 다음 중 영구계정에 해당하지 않은 것은?

① 미지급비용
② 대여금
③ 미수임대료
④ 급여
⑤ 미수금

03 다음 중 임시계정에 해당하는 것은 모두 몇 개인가?

a. 미수수익	b. 미지급비용	c. 매출원가	d. 대여금
e. 보험료	f. 용역매출	g. 감가상각비	h. 임차료

① 2개 ② 3개 ③ 4개 ④ 5개 ⑤ 6개

04 다음 중 집합손익 계정에 집합되는 계정이 아닌 것은?

① 매출
② 미지급임차료
③ 급여
④ 감가상각비
⑤ 이자수익

05 12월 말 결산법인인 ㈜서울은 20×1년 10월 1일에 은행에서 ₩1,000,000을 차입하였다. 이자율은 연 12%이고 이자와 원금은 20×2년 9월 30일에 일시에 지급하기로 하였다. 20×1년 12월 31일에 행할 분개로 올바른 것은?

① (차) 이자비용 30,000 (대) 미지급비용 30,000
② (차) 미지급비용 30,000 (대) 이자비용 30,000
③ (차) 미수수익 30,000 (대) 이자수익 30,000
④ (차) 이자비용 90,000 (대) 미지급비용 90,000
⑤ (차) 미지급비용 90,000 (대) 이자비용 90,000

06 12월 결산법인인 ㈜서울은 20×1년 4월 1일에 1년 만기 정기예금에 가입하면서 ₩1,000,000을 은행에 예치하였다. 이자율은 연 12%이고 이자와 원금은 20×2년 3월 31일에 일시에 수령하기로 하였다. 20×1년 12월 31일에 행할 분개로 올바른 것은?

① (차) 이자비용 30,000 (대) 미지급비용 30,000
② (차) 미수수익 30,000 (대) 이자수익 30,000
③ (차) 미수수익 90,000 (대) 이자수익 90,000
④ (차) 이자수익 90,000 (대) 미수수익 90,000
⑤ (차) 이자수익 30,000 (대) 미수수익 30,000

07 기중 소모품 ₩500,000을 현금 구매하고 자산 계정으로 처리 후 결산시 사용분을 조사하니 ₩90,000이었다. 기말 수정분개는?

① (차) 소모품비 90,000 (대) 소 모 품 90,000
② (차) 선급비용 90,000 (대) 소 모 품 90,000
③ (차) 소모품비 410,000 (대) 소 모 품 410,000
④ (차) 소 모 품 410,000 (대) 소모품비 410,000
⑤ (차) 소 모 품 410,000 (대) 현 금 410,000

08 12월 결산법인인 ㈜서울은 20×1년 1월 1일에 기계장치를 현금 ₩150,000에 구입하였다. 동 기계장치는 3년간 사용가능하며 3년 후의 잔존가치는 전혀 없다. 따라서 3년간 매년 ₩50,000씩을 비용으로 처리하고자 한다. 20×1년 12월 31일에 행할 분개로 올바른 것은?

① (차)	감가상각비	50,000	(대) 현　　금	50,000
② (차)	감가상각비	100,000	(대) 기계장치	100,000
③ (차)	감가상각누계액	50,000	(대) 감가상각비	50,000
④ (차)	감가상각비	50,000	(대) 감가상각누계액	50,000
⑤ (차)	감가상각누계액	50,000	(대) 감가상각비	50,000

09 12월 말 결산법인인 ㈜서울은 20×1년 4월 1일에 건물을 임대하고 1년분 임대료 ₩120,000을 현금으로 수령하면서 전액을 수익으로 처리하였다. 20×1년 12월 31일에 행할 분개로 올바른 것은?

① (차)	임대료수익	90,000	(대) 선수수익	90,000
② (차)	임대료수익	30,000	(대) 선수수익	30,000
③ (차)	선수수익	90,000	(대) 임대료수익	90,000
④ (차)	선수수익	30,000	(대) 임대료수익	30,000
⑤ (차)	현　　금	120,000	(대) 임대료수익	120,000

10 12월 말 결산법인인 ㈜서울은 20×1년 4월 1일에 건물을 임대하고 1년분 임대료 ₩120,000을 현금으로 수령하면서 전액을 부채로 처리하였다. 20×1년 12월 31일에 행할 분개로 올바른 것은?

① (차)	임대료수익	90,000	(대) 선수수익	90,000
② (차)	임대료수익	30,000	(대) 선수수익	30,000
③ (차)	선수수익	90,000	(대) 임대료수익	90,000
④ (차)	선수수익	30,000	(대) 임대료수익	30,000
⑤ (차)	현　　금	120,000	(대) 선수수익	120,000

11 12월 말 결산법인인 ㈜한국은 20×1년 4월 1일에 1년분 보험료 ₩36,000(월 ₩3,000)을 지급하면서 지급시에 전액 자산으로 처리하였다. 20×1년 12월 31일에 행할 분개로 올바른 것은?

①	(차) 선급비용	9,000	(대) 보험료	9,000
②	(차) 선급비용	27,000	(대) 보험료	27,000
③	(차) 보험료	9,000	(대) 선수수익	9,000
④	(차) 보험료	9,000	(대) 선급비용	9,000
⑤	(차) 보험료	27,000	(대) 선급비용	27,000

12 ㈜한국은 20×1년 10월 1일부터 1년간 상가를 임대하면서 동 일자에 향후 1년분 임대료 ₩6,000을 현금 수령하고 전액 수익으로 회계처리 하였다. 수정분개를 하지 않았을 경우, ㈜한국의 20×1년 재무제표에 미치는 영향은? 단, 임대료는 월할계산한다.

① 기말부채 ₩1,500 과대계상　② 기말부채 ₩4,500 과대계상
③ 당기순이익 ₩1,500 과대계상　④ 당기순이익 ₩6,000 과대계상
⑤ 당기순이익 ₩4,500 과대계상

13 ㈜한국은 20×1년 4월 1일에 사무실을 임대하고, 1년분 임대료로 ₩1,200(1개월 ₩100)을 현금 수취하여 이를 전액 수익으로 처리하였다. 20×1년 기말 수정분개가 정상적으로 처리되었을 때, 동 사무실 임대와 관련하여 수익에 대한 마감분개로 옳은 것은?

①	(차) 임대료	900	(대) 집합손익	900
②	(차) 임대료	300	(대) 선수수익	300
③	(차) 차기이월	300	(대) 선수수익	300
④	(차) 집합손익	900	(대) 임대료	900
⑤	(차) 선수수익	900	(대) 임대료	900

14 ㈜서울의 기초와 기말 재무상태표상 계상되어 있는 선급임차료는 각각 ₩12,000과 ₩16,000이며, 당기 손익계산서에 계상되어 있는 임차료는 ₩80,000이다. 당기에 임차료로 지급한 금액은 얼마인가?

① ₩76,000　② ₩80,000　③ ₩84,000　④ ₩92,000　⑤ ₩96,000

객관식 연습문제 해답 및 해설

01. ①	02. ④	03. ④	04. ②	05. ①	06. ③	07. ①	08. ④	09. ②	10. ③
11. ⑤	12. ⑤	13. ①	14. ③						

01 ①

결산절차는 수정전시산표 작성, 수정분개, 수정후시산표 작성, 재무제표 작성(손익계산서, 재무상태표), 그리고 계정의 마감이다.

02 ④

급여는 비용항목이므로 임시계정이다.

03 ④

영구계정(재무상태표 계정) : 미수수익, 미지급비용, 대여금

임시계정(손익계산서 계정) : 매출원가, 보험료, 용역매출, 감가상각비, 임차료

04 ②

미지급임차료는 부채항목이므로 집합손익 계정에 집합되지 않는다.

05 ①

당기분 이자비용 : 1,000,000 × 12% × 3/12 = ₩30,000

20×1. 10. 1	(차) 현　　금	1,000,000	(대) 단기차입금	1,000,000
20×1. 12.31	(차) 이자비용	30,000	(대) 미지급비용	30,000

이자비용으로 인식할 금액 ₩30,000을 기중에 전혀 인식하지 않았으므로 기말에 ₩30,000을 비용으로 인식한다.

06 ③

당기분 이자수익 : 1,000,000 × 12% × 9/12 = ₩90,000

20×1. 12.31	(차) 미수수익	90,000	(대) 이자수익	90,000

이자수익으로 인식할 금액 ₩90,000을 기중에 전혀 인식하지 않았으므로 기말에 ₩90,000을 수익으로 인식한다.

07 ①

당기에 소모품비로 처리할 금액은 사용분 ₩90,000이다.

기중분개	(차) 소 모 품	500,000	(대) 현 금	500,000
수정분개	(차) 소모품비	90,000	(대) 소 모 품	90,000

08 ④

당기분 감가상각비 : 150,000 × 1/3 = 50,000

20×1. 1. 1	(차) 기계장치	150,000	(대) 현 금	150,000
20×1.12.31	(차) 감가상각비	50,000	(대) 감가상각누계액	50,000

09 ②

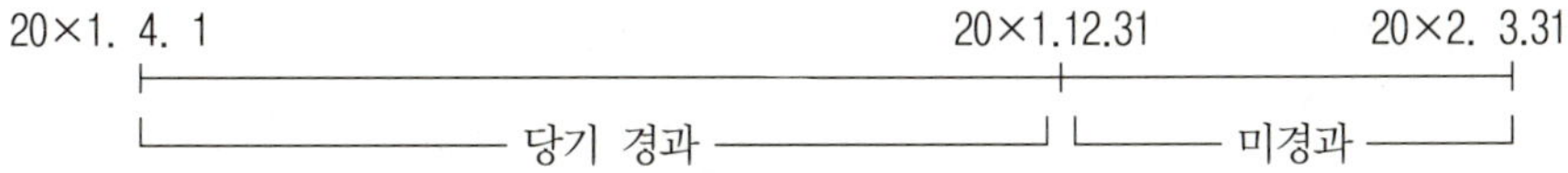

당기분 임대료수익 : 120,000 × 9/12 = 90,000

20×1. 4. 1	(차) 현 금	120,000	(대) 임 대 료	120,000
20×1.12.31	(차) 임 대 료	30,000	(대) 선수수익	30,000

기말수정분개를 통하여 결과적으로 임대료 수익은 ₩90,000 (= 120,000 − 30,000)이 된다.

10 ③

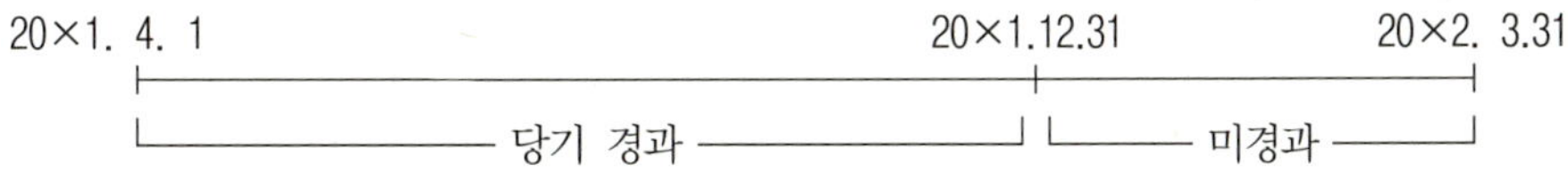

당기분 임대료수익 : 120,000 × 9/12 = 90,000

20×1. 4. 1	(차) 현 금	120,000	(대) 선수수익	120,000
20×1.12.31	(차) 선수수익	90,000	(대) 임 대 료	90,000

기말수정분개를 통하여 결과적으로 임대료 수익은 ₩90,000이 된다.

11 ⑤

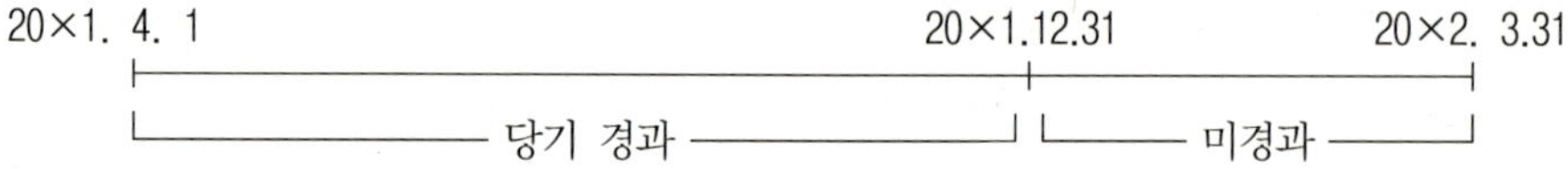

당기분 보험료 : 36,000×9/12＝27,000

20×1. 4. 1	(차) 선급비용	36,000	(대) 현　　금	36,000
20×1.12.31	(차) 보험료	27,000	(대) 선급비용	27,000

12 ⑤

- 20×1. 10. 1 분개시 수익 : ₩6,000
- 20×1. 올바른 수익 : ₩6,000×3/12=₩1,500
- 수정분개 하지 않으면 당기순이익 ₩4,500(=6,000-1,500) 과대계상 됨.

13 ①

- 관련 분개를 모두 제시하면 다음과 같다.

4/1 분개 :	(차) 현　　금	1,200	(대) 임대료	1,200
수정분개 :	(차) 임 대 료	300	(대) 선수수익	300
마감분개 :	(차) 임 대 료	900	(대) 집합손익	900

- 기말수정분개를 통하여 임대료 수익이 ₩900(=1,200-300)으로 수정되었으므로 마감분개시 집합손익으로 대체될 임대료는 ₩900이다.

14 ③

선급임차료계정을 분석하여야 한다.

선급임차료

기초잔액	12,000	임 차 료	80,000
현　　금	84,000	기말잔액	16,000
	96,000		96,000

선급임차료는 자산이므로 차변에 기초잔액이 기록된다. 임차료를 지급할 때와 임차료가 발생할 때의 분개는 각각 다음과 같으며 이를 선급임차료계정에 전기하면 위와 같이 된다.

임차료 지급시	(차) 선급임차료	×××	(대) 현　　금	×××
임차료 발생시	(차) 임 차 료	×××	(대) 선급임차료	×××

주관식 연습문제

보험료 수정분개

01 ㈜서울은 20×1년 4월 1일에 1년분 보험료 ₩120,000을 현금으로 지급하였다.

요구사항

다음 각각의 경우에 20×1년 4월 1일과 12월 31일에 행할 분개를 제시하시오.

1. 지급시에 전액을 비용으로 처리한 경우
2. 지급시에 전액을 자산으로 처리한 경우

소모품 수정분개

02 ㈜서울은 20×1년 10월 1일에 사무용 소모품을 구입하면서 현금 ₩120,000을 지급하였다. 결산일인 12월 31일 현재 미사용한 소모품은 ₩20,000이다.

요구사항

다음 각각의 경우에 20×1년 12월 31일에 행할 분개를 제시하시오.

1. 소모품을 구입하는 시점에서 전액을 비용으로 처리한 경우
2. 소모품을 구입하는 시점에서 전액을 자산으로 처리한 경우

수정분개(1)

03 다음 각 사항에 대하여 20×1년 12월 31일의 수정분개를 하시오.

> (1) 기말 장부상 소모품계정잔액은 ₩3,725,000이나 실제 소모품 재고액은 ₩1,340,000이다.
> (2) 이번 기의 급여 발생액은 ₩2,710,000이다. 이는 기말 현재까지 지급되지 않았다.
> (3) ㈜서울은 20×1년 11월 1일에 ₩7,200,000의 현금을 수취하였는데 이는 20×1년 11월 1일부터 20×2년 4월 30일까지의 6개월분 임대료에 대한 것이다. 이 금액은 선수임대료로 기록되었다.
> (4) 설비에 대한 감가상각비는 이번 기에 ₩2,750,000이다.
> (5) ㈜서울은 20×1년 11월 1일 ₩1,800,000의 현금을 지불하였는데 이는 20×1년 11월, 12월, 20×2년의 1월분 광고비에 대한 것이다. 이 금액은 선급비용으로 차변에 기입되었다.

수정분개(2)

04 다음의 계정들은 ㈜서울의 20×1년 12월 31일의 수정분개전 금액들을 보여 주고 있다.

	차 변	대 변
선급보험료	900,000	
소 모 품	1,865,000	
선수용역수익		165,000

다음의 추가적인 정보를 이용하여 20×1년 12월 31일에 필요한 수정분개를 하시오.

> (1) 회사는 20×1년 10월 1일에 1년치 보험료를 선급하였다.
> (2) 20×1년 12월 31일 소모품 재고액은 ₩790,000이다.
> (3) 12월 1일에 수취한 금액 ₩165,000은 이후 3개월 동안에 걸쳐 제공될 용역에 대한 것이다.

결산(1)

05 다음은 12월 말 법인인 ㈜서울의 20×1년 자료이다. 이 회사는 상품매매 회사로 매출과 매출원가를 별도로 인식하여야 하지만 이를 구분하지 않고 상품매출이익으로 인식하고 있다고 가정한다.

> (1) 20×1. 1. 1 : 현금 ₩50,000을 출자하여 영업을 개시하다(액면발행).
> (2) 20×1. 1.25 : 건물을 임차하고 임차보증금 ₩20,000을 지급하다.
> (3) 20×1. 2. 8 : 은행으로부터 ₩10,000을 단기로 차입하다.
> (4) 20×1. 2.12 : 현금 ₩10,000을 지급하고 비품을 구입하다.
> (5) 20×1. 3.15 : 거래처로부터 상품 ₩20,000을 현금으로 매입하다.
> (6) 20×1. 4.30 : 거래처에 원가 ₩10,000의 상품을 ₩15,000에 외상 판매하다.
> (7) 20×1. 5.21 : 거래처로부터 상품 ₩15,000을 외상으로 매입하다.
> (8) 20×1. 6.24 : 거래처에 원가 ₩10,000의 상품을 ₩13,000에 현금 판매하다.
> (9) 20×1. 8.23 : 매출채권 ₩10,000을 현금으로 회수하다.
> (10) 20×1. 9.13 : 광고선전비 ₩1,000을 현금으로 지급하다.
> (11) 20×1.11. 5 : 매입채무 중 ₩5,000을 현금으로 지급하다.
> (12) 20×1.12.10 : 직원급여 ₩4,500과 차입금에 대한 발생이자 ₩100을 현금 지급하다.

요구사항

1. 각 시점의 거래와 기말 계정마감에 대한 분개를 제시하시오.
2. 기중 거래와 기말 계정마감을 모두 나타내는 각 계정별원장을 제시하시오.
3. 재무상태표(계정식)와 손익계산서(보고식)를 제시하시오.

결산(2)

06 ㈜대한은 20×1년 초에 설립되어 청소용역을 제공하는 회사이며, 20×1년 1월 동안의 거래는 다음과 같다.

> 20×1. 1. 2 : ₩3,000을 출자하여 회사를 설립하였다.
> 20×1. 1. 3 : 건물을 ₩600에 현금으로 구입하였다.
> 20×1. 1. 5 : ₩40의 소모품을 현금으로 구입하고 전액 비용으로 처리하였다.
> 20×1. 1.10 : 3개월간의 광고비 ₩90을 선급하고 전액을 자산으로 처리하였다.
> 20×1. 1.18 : 용역수익 ₩130이 발생하여 현금으로 수취하였다.
> 20×1. 1.30 : 급여 ₩20이 발생하여 현금으로 지급하였다.

요구사항

1. 1월 중의 거래를 분개하고 T계정에 전기하시오.
2. 다음 추가 자료를 이용하여 수정분개를 하고 이를 T계정에 전기하시오.

   〈추가자료〉

   1월 31일 현재 소모품 재고액은 ₩24이다.

   1월 동안 건물의 감가상각비는 ₩15이다.

   광고비 중 1월에 비용으로 처리할 금액은 ₩10이다.
3. 10위식 정산표를 작성하시오.

재무제표작성

07 다음은 20×1년에 영업을 개시한 12월 말 법인인 ㈜서울의 20×1년 12월 말 현재 계정별원장에 대한 자료이다.

현 금		매출채권		상 품	
400,000	200,000	600,000	250,000	950,000	550,000
매입채무		**단기차입금**		**자 본 금**	
800,000	950,000		200,000		500,000
매 출		**관리직급여**		**판매운임**	
	500,000	150,000		50,000	
매출원가					
200,000					

요구사항

1. 포괄손익계산서계정을 마감하고 관련 회계처리를 제시하시오.
2. 재무상태표계정을 마감하시오.
3. 재무상태표(계정식)와 포괄손익계산서(보고식)를 작성하시오.

시산표를 이용한 수정분개의 추정

08 20×1년 12월 21일 현재 마포상사의 수정전시산표와 수정후시산표는 아래와 같다.

	수정전시산표		수정후시산표	
	차 변	대 변	차 변	대 변
현 금				
매출채권	3,200		3,200	
소 모 품	18,000		17,900	
선급보험료	150		1,275	
선급임차료	4,200		1,050	
비 품	52,000		52,000	
감가상각누계액		6,000		10,000
토 지	14,000		14,000	
미지급전기료		10,000		10,100
미지급급여		2,000		2,900
선수용역수익		5,000		3,000
자 본 금		20,000		20,000
이익잉여금		37,450		37,450
용역수익		33,400		35,400
급 여	19,200		20,100	
소모품비			100	
보 험 료	2,700		1,575	
임 차 료			3,150	
감가상각비			4,000	
전 기 료	400		500	
합 계	113,850	113,850	118,850	118,850

요구사항

위에서 제시한 두 개의 시산표를 비교하여 필요한 수정분개를 하고 각 분개를 간단히 설명하시오.

정산표의 완성

09 다음은 ㈜서울의 시산표에 있는 계정들과 이에 대한 잔액을 순서 없이 나열한 것이다.

매입채무	30	사무설비	60
매출채권	50	선급보험료	20
감가상각누계액	10	용역수익	200
현 금	40	소 모 품	40
자 본 금	60	선수수익	30
급 여	100	전 력 비	20

요구사항

1. 10위식 정산표의 형식을 만들고 그 정산표에 위의 계정과목과 잔액들을 이용하여 수정전시산표를 완성하시오.
2. 아래의 수정사항을 반영하여 정산표의 나머지 부분을 완성하시오.
   ① 선급보험료 중 경과된 보험료 10
   ② 선수수익 중 가득된 수익 20
   ③ 사무설비에 대한 감가상각비 10
   ④ 미지급된 급여 10
   ⑤ 미사용된 소모품 10
   ⑥ 발생되었으나 미지급된 법인세비용 10

주관식 연습문제 해답 및 해설

01 해답

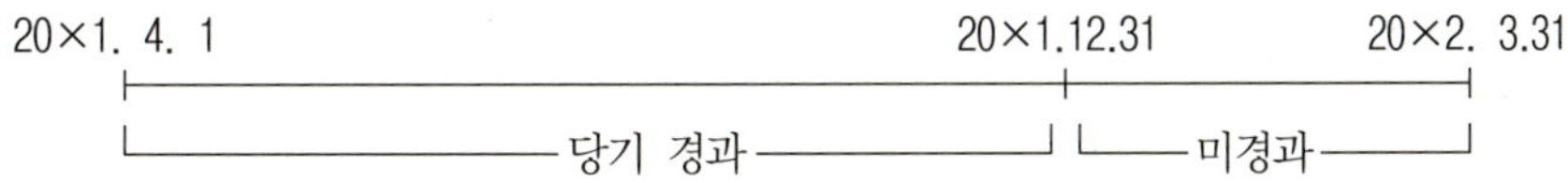

당기분 보험료 : 120,000×9/12 = ₩90,000

1. 지급시 전액을 비용으로 처리한 경우

20×1. 4. 1	(차) 보 험 료	120,000	(대) 현　　금	120,000
20×1.12.31	(차) 선급보험료	30,000	(대) 보 험 료	30,000

기말수정분개를 통하여 결과적으로 보험료는 ₩90,000(120,000 - 30,000)이 된다.

2. 지급시 전액을 자산으로 처리한 경우

20×1. 4. 1	(차) 선급보험료	120,000	(대) 현　　금	120,000
20×1.12.31	(차) 보 험 료	90,000	(대) 선급보험료	90,000

기말수정분개를 통하여 결과적으로 보험료는 ₩90,000이 된다.

해설

지급시(4/1)에 어떻게 회계처리 했느냐에 따라 기말수정분개는 달라진다. 그러나 기말수정분개 후에는 다음과 같은 동일한 결과가 나타나야 한다. 즉, 기간 경과분은 비용으로 처리하고 기간 미경과분은 자산(선급보험료)으로 처리한다.

(차) 보 험 료	90,000	(대) 현　　금	120,000
선급보험료	30,000		

02 해답

당기 사용분 ₩100,000은 소모품비라는 비용으로 처리하고 미사용분 ₩20,000은 소모품이라는 자산으로 처리하여야 한다.

1. 구입시 전액을 비용으로 처리한 경우

20×1.10. 1	(차) 소모품비	120,000	(대) 현 금	120,000
20×1.12.31	(차) 소 모 품	20,000	(대) 소모품비	20,000

기말수정분개를 통하여 결과적으로 소모품비는 ₩100,000(120,000 - 20,000)이 된다.

2. 구입시 전액을 자산으로 처리한 경우

20×1.10. 1	(차) 소 모 품	120,000	(대) 현 금	120,000
20×1.12.31	(차) 소모품비	100,000	(대) 소 모 품	100,000

기말수정분개를 통하여 결과적으로 소모품비는 ₩100,000이 된다.

해설

구입시(20×1.10. 1)에 어떻게 회계처리 했느냐에 따라 기말수정분개는 달라진다. 그러나 기말수정분개 후에는 다음과 같은 동일한 결과가 나타나야 한다.

(차) 소 모 품	20,000	(대) 현 금	120,000
소모품비	100,000		

03 해답

(1)	(차) 소모품비	2,385,000*	(대) 소 모 품	2,385,000
	* 3,725,000 - 1,340,000 = 2,385,000			
(2)	(차) 급 여	2,710,000	(대) 미지급급여	2,710,000
(3)	(차) 선수임대료	2,400,000*	(대) 임 대 료	2,400,000
	* $7,200,000 \times \frac{2}{6} = 2,400,000$			
(4)	(차) 감가상각비	2,750,000	(대) 감가상각누계액	2,750,000
(5)	(차) 광 고 비	1,200,000*	(대) 선급광고비	1,200,000
	* $1,800,000 \times \frac{2}{3} = 1,200,000$			

04 해답

(1) (차) 보 험 료 225,000* (대) 선급보험료 225,000

* $900,000 \times \frac{3}{12} = 225,000$

(2) (차) 소모품비 1,075,000* (대) 소 모 품 1,075,000

* 1,865,000 − 790,000 = 1,075,000

(3) (차) 선수용역수익 55,000* (대) 용역수익 55,000

* $165,000 \times \frac{1}{3} = 55,000$

05 해답

1. 분개

(1) 기중 분개

일자	차변	금액	대변	금액
20×1. 1. 1	(차) 현 금	50,000	(대) 자 본 금	50,000
20×1. 1.25	(차) 임차보증금	20,000	(대) 현 금	20,000
20×1. 2. 8	(차) 현 금	10,000	(대) 단기차입금	10,000
20×1. 2.12	(차) 비 품	10,000	(대) 현 금	10,000
20×1. 3.15	(차) 상 품	20,000	(대) 현 금	20,000
20×1. 4.30	(차) 매출채권	15,000	(대) 상 품	10,000
			상품매출이익	5,000
20×1. 5.21	(차) 상 품	15,000	(대) 매입채무	15,000
20×1. 6.24	(차) 현 금	13,000	(대) 상 품	10,000
			상품매출이익	3,000
20×1. 8.23	(차) 현 금	10,000	매출채권	10,000
20×1. 9.13	(차) 광고선전비	1,000	(대) 현 금	1,000
20×1.11. 5	(차) 매입채무	5,000	(대) 현 금	5,000
20×1.12.10	(차) 급 여	4,500	(대) 현 금	4,600
	이자비용	100		

(2) 마감 분개

일자	차변	금액	대변	금액
20×1.12.31	(차) 상품매출이익	8,000	(대) 집합손익	8,000
	(차) 집합손익	5,600	(대) 광고선전비	1,000
			급 여	4,500
			이자비용	100
	(차) 집합손익	2,400	(대) 이익잉여금	2,400

2. 계정별원장

현 금

차변	금액	대변	금액
1. 1 자본금	50,000	1.25 보증금	20,000
2. 8 차입금	10,000	2.12 비 품	10,000
6.24 제 좌	13,000	3.15 상 품	20,000
8.23 외매출	10,000	9.13 광고비	1,000
		11. 5 외매입	5,000
		12.10 제 좌	4,600
		차기이월	22,400
	83,000		83,000

매출채권

차변	금액	대변	금액
4.30 제 좌	15,000	8.23 현 금	10,000
		차기이월	5,000
	15,000		15,000

임차보증금

차변	금액	대변	금액
1.25 현 금	20,000		
		차기이월	20,000
	20,000		20,000

상 품

차변	금액	대변	금액
3.15 현 금	20,000	4.30 외매출	10,000
5.21 외매입	15,000	6.24 현 금	10,000
		차기이월	15,000
	35,000		35,000

비 품

차변	금액	대변	금액
2.12 현 금	10,000		
		차기이월	10,000
	10,000		10,000

매입채무

차변	금액	대변	금액
11.5 현 금	5,000	5.21 상 품	15,000
차기이월	10,000		
	15,000		15,000

단기차입금

차변	금액	대변	금액
		2. 8 현 금	10,000
차기이월	10,000		
	10,000		10,000

자 본 금

차변	금액	대변	금액
		1. 1 현 금	50,000
차기이월	50,000		
	50,000		50,000

이익잉여금

차변	금액	대변	금액
		집합손익	2,400
차기이월	2,400		
	2,400		2,400

상품매출이익

차변	금액	대변	금액
		4.30 외매출	5,000
집합손익	8,000	6.24 현 금	3,000
	8,000		8,000

급 여

차변	금액	대변	금액
12.10 현 금	4,500		
		집합손익	4,500
	4,500		4,500

광고선전비

9.13 현 금	1,000			
		집합손익		1,000
	1,000			1,000

이자비용

12.10 현 금	100			
		집합손익		100
	100			100

집합손익

12.31 급 여	4,500	12.31 매출익	8,000
12.31 광고비	1,000		
12.31 이 자	100		
이익잉여금	2,400		
	8,000		8,000

* 지면이 부족하여 다음과 같이 약어를 사용했다.
  외매입 = 매입채무, 외매출 = 매출채권, 광고비 = 광고선전비, 매출익 = 상품매출이익

3. 약식 재무상태표와 손익계산서

재무상태표

자 산		부 채	
현 금	22,400	매입채무	10,000
매출채권	5,000	단기차입금	10,000
상 품	15,000	자 본	
비 품	10,000	자본금	50,000
임차보증금	20,000	이익잉여금	2,400
자산총계	72,400	부채와 자본총계	72,400

손익계산서

상품매출이익	8,000
광고선전비	1,000
급 여	4,500
이자비용	100
당기순이익	2,400

06 해답

1. 분개와 전기

(1) 분개

일자	차변	금액	대변	금액
20×1. 1. 2	(차) 현 금	3,000	(대) 자 본 금	3,000
20×1. 1. 3	(차) 건 물	600	(대) 현 금	600
20×1. 1. 5	(차) 소모품비	40	(대) 현 금	40
20×1. 1.10	(차) 선급광고비	90	(대) 현 금	90
20×1. 1.18	(차) 현 금	130	(대) 용역수익	130
20×1. 1.30	(차) 급 여	20	(대) 현 금	20

(2) 전기

현 금

1. 2	3,000	1. 3	600
1.18	130	1. 5	40
		1.10	90
		1.30	20

자 본 금

		1. 2	3,000

건 물

1. 3	600		

소모품비

1. 5	40	①	24

선급광고비

1.10	90	③	10

용역수익

		1.18	130

급 여

1.30	20		

소 모 품

①	24		

광 고 비

③	10		

감가상각비

②	15		

감가상각누계액

		②	15

2. 수정분개와 전기

(1) 수정분개

	차변	금액	대변	금액
①	(차) 소 모 품	24	(대) 소모품비	24
②	(차) 감가상각비	15	(대) 감가상각누계액	15
③	(차) 광 고 비	10	(대) 선급광고비	10

(2) 전기

물음1에 대한 해답에서 ①~③으로 표시된 부분은 수정분개 사항을 계정별원장에 전기한 것이다.

3. **[10위식 정산표]**

계 정	시산표		수정사항		시산표		손익계산서		재무상태표	
	차변	대변	차변	대변	차변	대변	차변	대변	차변	대변
현 금	2,380				2,380				2,380	
건 물	600				600				600	
선급광고비	90			③10	80				80	
자 본 금		3,000				3,000				3,000
용역수익		130				130		130		
소모품비	40			①24	16		16			
급 여	20				20		20			
계	3,130	3,130								
소 모 품			①24		24				24	
감가상각비			②15		15		15			
감가누계액				②15		15				15
광 고 비			③10		10		10			
소 계							61	130		
당기순이익							69			69
합 계			49	49	3,145	3,145	130	130	3,084	3,084

07 해답

1. 손익계산서계정 마감

매 출

		발 생	500,000
집합손익	500,000		
	500,000		500,000

매출원가

발 생	200,000		
		집합손익	200,000
	200,000		200,000

판매운임

발 생	50,000		
		집합손익	50,000
	50,000		50,000

관리직급여

발 생	150,000		
		집합손익	150,000
	150,000		150,000

집합손익

차변		대변	
급 여	150,000	매 출	500,000
매출원가	200,000		
판매운임	50,000		
이익잉여금	100,000		
	500,000		500,000

① 수익계정의 마감

(차) 매 출	500,000	(대) 집합손익	500,000

② 비용계정의 마감

(차) 집합손익	400,000	(대) 매출원가	200,000
		급 여	150,000
		판매운임	50,000

③ 집합손익계정 마감

(차) 집합손익	100,000	(대) 이익잉여금	100,000

2. 재무상태표계정 마감

현 금

차변		대변	
증 가	400,000	감 소	200,000
		차기이월	200,000
	400,000		400,000

매출채권

차변		대변	
증 가	600,000	감 소	250,000
		차기이월	350,000
	600,000		600,000

상 품

차변		대변	
증 가	950,000	감 소	550,000
		차기이월	400,000
	950,000		950,000

매입채무

차변		대변	
감 소	800,000	증 가	950,000
차기이월	150,000		
	950,000		950,000

단기차입금

차변		대변	
		증 가	200,000
차기이월	200,000		
	200,000		200,000

자 본 금

차변		대변	
		증 가	500,000
차기이월	500,000		
	500,000		500,000

단기차입금

		증 가	200,000
차기이월	200,000		
	200,000		200,000

자 본 금

		증 가	500,000
차기이월	500,000		
	500,000		500,000

이익잉여금

		집합손익	100,000
차기이월	100,000		
	100,000		100,000

3. 재무상태표와 손익계산서

재무상태표

자 산		부 채	
현 금	200,000	매입채무	150,000
매출채권	350,000	단기차입금	200,000
상 품	400,000	자 본	
		자 본 금	500,000
		이익잉여금	100,000
자산총계	950,000	부채와 자본총계	950,000

손익계산서

매 출	500,000
매출원가	200,000
매출총이익	300,000
판 매 비	50,000
관 리 비	150,000
당기순이익	100,000

08 해답

① (차) 소모품비 100 (대) 소모품 100
(소모품의 감소액 ₩100을 소모품비로 처리)

② (차) 선급보험료 1,125 (대) 보 험 료 1,125
(보험료 중 ₩1,125은 선급보험료로 처리)

③ (차) 임 차 료 3,150 (대) 선급임차료 3,150
(선급임차료 중 ₩3,150은 임차료로 인식)

④ (차) 감가상각비 4,000 (대) 감가상각누계액 4,000
(감가상각비 ₩4,000을 인식)

⑤ (차) 전 기 료 100 (대) 미지급전기료 100
(미지급된 전기료 ₩100을 인식)

⑥ (차) 급 여 900 (대) 미지급급여 900
(미지급된 급여 ₩900을 인식)

⑦ (차) 선수용역수익 2,000 (대) 용역수익 2,000
(선수용역수익 중 ₩2,000을 수익으로 인식)

09 해답

정 산 표

㈜서울

계정과목	수정전시산표		수정분개		수정후시산표		손익계산서		재무상태표	
	차변	대변	차변	대변	차변	대변	차변	대변	차변	대변
현 금	40				40				40	
매 출 채 권	50				50				50	
선 급 보 험 료	20			①10	10				10	
소 모 품	40			⑤30	10				10	
사 무 설 비	60				60				60	
감가상각누계액		10		③10		20				20
매 입 채 무		30				30				30
선 수 수 익		30	②20			10				10
자 본 금		60				60				60
용 역 수 익		200		②20		220		220		
급 여	100		④10		110		110			
전 력 비	20				20		20			
계	330	330								
보 험 료			①10		10		10			
감 가 상 각 비			③10		10		10			
미 지 급 급 여				④10		10				10
소 모 품 비			⑤30		30		30			
법 인 세 비 용			⑥10		10		10			
당기법인세부채				⑥10		10				10
계			90	90	360	360				
당 기 순 이 익							30			30
계							220	220	170	170

[수정분개]

①	(차) 보 험 료	10	(대) 선급보험료	10
②	(차) 선수수익	20	(대) 용역수익	20
③	(차) 감가상각비	10	(대) 감가상각누계액	10
④	(차) 급 여	10	(대) 미지급급여	10
⑤	(차) 소모품비	30*	(대) 소 모 품	30
	* 40 - 10 = 30			
⑥	(차) 법인세비용	10	(대) 당기법인세부채	10

CHAPTER 04

상품매매기업의 회계처리

ACCOUNTING PRINCIPLE

제 1 절 상품매매기업의 회계순환과정

제2장 '기업거래의 측정과 기록'에서 회계상의 거래를 복식부기의 원칙 아래 분개하고, 계정별원장에 전기한 후 시산표를 작성하는 방법을 설명하였다. 또한 시산표를 통해 재무상태표와 포괄손익계산서가 도출되는 과정도 설명하였다. 제3장 '회계의 순환과정'에서는 기업회계의 발생주의 개념에 대하여 설명하고, 결산수정분개와 결산마감분개를 포함한 회계의 순환과정에 대하여 전반적으로 설명하였다. 여기에서는 재무회계의 주요 분석대상인 상품매매거래기업을 대상으로 하여 다시 한 번 회계순환과정에 대해서 설명하려고 한다. 여기서 상품(goods)은 정상적인 영업활동과정에서 판매를 목적으로 매입한 재고자산[1)]을 말한다.

참고 영업활동에 따른 기업의 구분

(1) 용역제공기업(service company) : 금융용역, 의료 및 컨설팅 등의 인적용역의 제공을 주된 영업으로 수행하는 기업
(2) 상품매매기업(merchandise company) : 이미 완성된 재화를 구매하여, 해당 재화를 판매하는 거래를 주된 영업으로 수행하는 기업으로 보유중인 재고자산은 상품이다.
(3) 제조기업(manufacturing company) : 원재료를 가공하여 제품을 제조하고, 해당 재화를 판매하는 거래를 주된 영업으로 수행하는 기업으로 보유중인 재고자산은 제품, 재공품과 원재료이다.

1 상품매매거래의 기록

상품매매기업은 이미 완성된 재화를 구매하여, 해당 재화를 판매하는 거래를 주된 영업으로 수행하는 기업을 말한다. 여기서 구매한 재화의 원가와 판매한 재화의 판매가를 기록하는 방식은 순액기록법과 총액기록법의 두 가지 방법이 존재한다.

1) 재고자산(inventory)은 기업이 정상적인 영업과정에서 판매를 목적으로 보유한 상품이나 제품, 생산에 사용하기 위해 보유중인 원재료, 생산과정에 이미 투입되어 있는 자산인 재공품을 말한다.

(1) 순액기록법

순액법은 구매한 재화의 원가와 판매한 재화의 판매가의 차이인 거래이익을 순액으로 표시하는 방법이다. 예를 들어 ₩800에 현금으로 매입한 재화를 ₩1,000에 현금으로 판매한 경우의 순액법에 의한 회계처리는 다음과 같다.

[자산처분손익의 회계처리 : 순액법]

구 입 시	(차) 상 품	800 ②	(대) 현 금	800 ①
판 매 시	(차) 현 금	1,000 ④	(대) 상 품	800 ③
			상품처분이익	200 ⑤

(2) 총액기록법

총액법은 구매한 재화의 원가와 판매한 재화의 판매가를 각각 총액으로 표시하는 방법이다. 예를 들어 ₩800에 현금으로 매입한 재화를 ₩1,000에 현금으로 판매한 경우의 총액법에 의한 회계처리는 다음과 같다. 아래의 분개에서 매출(sales revenue)은 수익계정으로 판매를 통해 유입된 현금 등 순자산의 금액을 말하며, 매출원가(cost of sales)는 비용계정으로 판매를 통해 유출된 재고자산의 금액을 말한다.

[자산처분손익의 회계처리 : 총액법]

구 입 시	(차) 상 품	800 ②	(대) 현 금	800 ①
판 매 시	(차) 현 금	1,000 ③	(대) 매 출	1,000 ④
	매출원가	800 ⑥	상 품	800 ⑤

[포괄손익계산서효과]

순액법의 손익계산서	
상품처분이익	200
⋮	⋮

총액법의 손익계산서	
매 출	1,000
매출원가	(800)
⋮	⋮

(3) 재고자산의 매매거래

일반적으로 인정된 회계원칙에서는 매매하는 재화의 종류에 따라 관련 손익의 인식을 순액법과 총액법으로 구분하여 회계처리한다. 재고자산 매매거래의 경우에는 총액법을 적용하며, 재고자산 이외의 매매거래에는 순액법을 적용한다. 예를 들어, A회사가 매입원가 ₩800의 상품재고를 ₩1,000에 판매하였으며, B회사는 매입원가 ₩9,800의 상품재고를 ₩10,000에 판매하는 경우에 각각의 회계처리에 따른 포괄손익계산서는 다음과 같다.

[자산처분손익의 회계처리 : 순액법]

A회사	(차) 현 금	1,000 ②	(대) 상 품	800 ①
			상품처분이익	200 ③
B회사	(차) 현 금	10,000 ②	(대) 상 품	9,800 ①
			상품처분이익	200 ③

[자산처분손익의 회계처리 : 총액법]

A회사	(차) 현 금	1,000 ①	(대) 매 출	1,000 ②
	매출원가	800 ④	상 품	800 ③
B회사	(차) 현 금	10,000 ①	(대) 매 출	10,000 ②
	매출원가	9,800 ④	상 품	9,800 ③

[포괄손익계산서효과]

순 액 법				총 액 법			
A회사		B회사		A회사		B회사	
상품처분이익	200	상품처분이익	200	매 출	1,000	매 출	10,000
				매출원가	(800)	매출원가	(9,800)
				매출총이익	200	매출총이익	200

재고자산의 매매거래는 상품매매거래기업의 주된 영업활동이다. 따라서, 매매거래손익을 총액법으로 회계처리하여 정보이용자에게 제공하는 것이 순액법보다 유용한 정보를 제공할 수 있다. 위의 사례의 경우 A회사와 B회사 모두 동일한 상품매매거래이익 ₩200을 보고하였지만, 동일한 매매거래이익을 보고하였다고 해서 두 회사의 성과가 동일하다고 볼 수는 없다. A회사의 경우 매출액 대비 20%[2)]의 이익을 보고하고 있지만, B회사의 경우에는 매출액 대비 2%[3)]의 이익을 보고하고 있으므로, 상대적으로 A회사가 더 높은 이익을 창출하는 기업으로 판단해야 한다. 따라서 총액법 회계처리가

2) 이익 ₩200 ÷ 매출액 ₩1,000 = 20%

3) 이익 ₩200 ÷ 매출액 ₩10,000 = 2%

재고자산 매매거래에 있어서는 더 유용한 정보를 제공한다고 볼 수 있기에, 일반적으로 인정된 회계원칙에서는 재고자산 매매거래의 경우에는 총액법 회계처리를 원칙으로 하고 있다. 한편, 매출에서 매출원가를 차감한 이익을 매출총이익(gross profit)이라 한다.

(4) 유형자산 등의 매매거래

재고자산 매매거래의 경우에는 총액법을 적용하지만, 재고자산 이외의 자산인 유형자산, 투자부동산, 무형자산과 금융자산의 매매거래에서는 순액법을 적용하여 회계처리 한다. 예를 들어, B회사가 구입원가 ₩800인 토지를 ₩1,000에 매각한 경우의 회계처리와 포괄손익계산서는 다음과 같다.

[유형자산처분손익의 회계처리]

매 각 시	(차) 현 금	1,000 ②	(대) 토 지	800 ①
			유형자산처분이익	200 ③

B회사

매 출	10,000
매출원가	(9,800)
매출총이익	200
⋮	⋮
유형자산처분이익	200
⋮	⋮

유형자산, 투자부동산, 무형자산과 금융자산의 매매거래는 재고자산의 매매거래와는 달리 상품매매거래기업의 주된 영업활동이 아니며, 발생빈도도 낮고, 그 중요성도 낮으므로, 굳이 총액으로 수익과 비용을 보고할 필요가 없다. 따라서, 일반적으로 인정된 회계원칙에서는 재고자산 이외의 매매거래의 경우에는 순액법 회계처리를 원칙으로 하고 있다.

2 상품매매거래의 기록방법

기업의 주된 영업활동인 재고자산의 매매거래서 발생하는 이익인 매출총이익은 매출과 매출원가 계정을 이용하여 총액으로 인식한다. 매출의 경우 재고자산을 판매하면서 거래처로부터 수령하거나 수령할 대가를 수익금액으로 인식하며, 매출원가의 경우 판매된 재고자산의 매입원가를 비용금액으로 인식하면 된다. 여기서 유의할 점은, 매출원가가 매입한 재고자산의 원가(cost of goods purchased)가 아니라 판매한 재고자산의 원가(cost of goods sold)라는 것이다. 따라서 매입한 재고자산 중에 판매가 된 재고자산의 원가는 매출원가의 계정으로 포괄손익계산서에 비용으로 인식되지만, 기말 현재 판매되지 않아 기업이 보유 중인 재고자산의 원가는 상품계정으로 재무상태표에 인식된다. 한편, 전기 말에 판매하지 않고 이월된 재고를 기초재고자산(beginning inventory)이라 하며, 당기에 판매를 위해 매입한 재고를 당기매입재고자산(purchased inventory)이라 한다. 여기서 기초재고자산과 당기매입재고자산의 합계를 판매가능재고자산이라 하며, 판매가능재고자산의 원가를 매출원가와 기말재고자산원가(ending inventory)로 배분하는 과정을 원가배분이라 한다.

판매가능재고자산의 원가			원가배분의 과정	
기초재고자산원가 + 당기매입재고원가		=	매출원가 + 기말재고자산원가	

[재고자산의 원가배분과정]

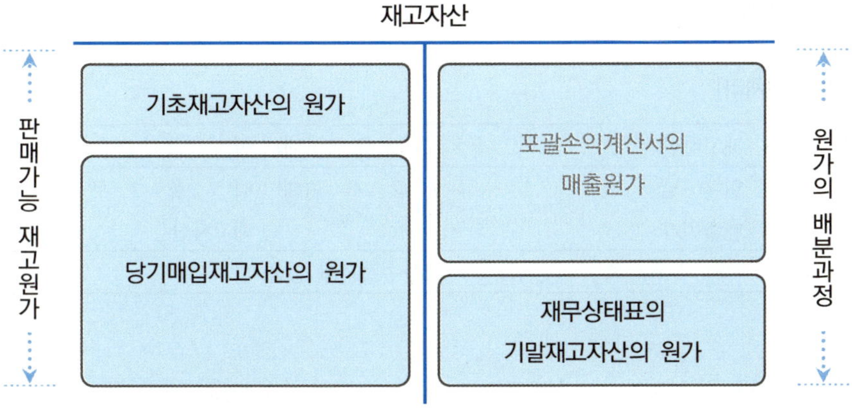

판매가능재고의 원가를 매출원가와 기말재고원가로 배분하고, 이에 대한 회계기록을 유지하는 방법은 이론적으로 계속기록법과 실지재고조사법의 두 가지 방법이 있다. 한국채택국제회계기준에서는 두 가지 방법을 모두 인정하고 있으며, 기업이 실무적으로 적용가능한 방법을 선택하여 계속적으로 적용하면 된다. 여기서 유의할 점은, 어느 방법을 사용하더라도 포괄손익계산서의 매출원가와 재무상태표의 기말재고원가는 동일한 금액이 보고된다는 것이다.

(1) 계속기록법

계속기록법(perpetual inventory system)은 재고자산 계정을 이용하여 해당 자산의 증가와 감소를 계속하여 기록하는 방법이다. 이 방법에서는 재고자산을 매입할 때 재고자산 계정을 이용하여 자산의 증가로 기록하며, 재고자산이 판매를 통하여 감소할 때는 해당시점에 재고자산 계정을 감소시키고, 이 금액을 매출원가의 계정으로 비용으로 인식한다.

판매가능재고자산의 원가				계속기록		차액기록
기초재고자산원가	+	당기매입재고원가	−	매출원가	=	기말재고자산원가

계속기록법에서는 별도의 결산수정분개는 필요없으며, 재고자산 계정별원장상의 잔액이 그대로 결산일의 재무상태표에 기말재고자산으로 보고된다.

[계속기록법의 회계처리]

매 입 시	(차)	재고자산	××× ②	(대)	현 금	××× ①
매 출 시	(차)	현 금	××× ③	(대)	매 출	××× ④
		매출원가	××× ⑥		재고자산	××× ⑤
결 산 시	결산수정분개 없음					

(2) 실지재고조사법

실지재고조사법(periodic inventory system)은 재고자산 계정의 증가는 거래발생일마다 기록하지만, 재고자산 계정의 감소는 일정한 기간마다 보유재고실사를 통해 일괄적으로 기록하는 방법이다. 이 방법의 특징은 재고자산을 매입할 때 재고자산 계정이 아닌 매입 계정을 이용하여 자산의 증가를 기록하고, 재고자산이 판매를 통하여 감소할 때는 해당시점에 재고자산 계정을 감소시키지 않는다는 것이다. 실지재고조사법에서는 결산일에 수정분개를 통해서 재고자산의 감소와 매출원가의 인식을 동시에 수행하며, 매출원가가가 기중에 인식되지 않고 결산일에 일괄적으로 인식된다. 이것이 계속기록법과 다른 점이다.

판매가능재고자산의 원가				실사기록		차액기록
기초재고자산원가	+	당기매입재고원가	−	기말재고자산원가	=	매출원가

실지재고조사법에서는 계정잔액의 관리목적으로 기초의 재고자산과 당기에 매입한 재고자산을 구분하여 회계처리를 수행한다. 따라서 수정전시산표 상 재고자산의 계정잔액은 전기에서 이월된 재고의 금액을 의미하며, 매입의 계정잔액이 당기에 추가로 구입한 재고의 금액을 의미한다.

[실지재고조사법의 회계처리]

매 입 시	(차) 매 입	××× ②	(대) 현 금	××× ①
매 출 시	(차) 현 금	××× ③	(대) 매 출	××× ④
결 산 시	(차) 매출원가	××× ⑥	(대) 재고자산(기초)	××× ⑤
	매출원가	××× ⑧	매 입	××× ⑦
	재고자산(기말)	××× ⑨	매출원가	××× ⑩

예제 1 계속기록법과 실지재고조사법에 의한 장부기록

다음은 A회사가 20×1년에 거래한 상품에 대한 회계기록이다. 아래에 제시되는 상황별로 제시된 물음에 답하시오. 단, 모든 거래는 현금거래이다.

구 분	구 입		판 매		매출액	매출원가	기말재고액
	수 량	단위당	수 량	단위당			
상황 1	10개	₩1,000	10개	₩1,500	15,000	10,000	-
상황 2	8개	₩1,000	6개	₩1,500	9,000	6,000	2,000

물음

1. [상황1]의 거래를 계속기록법에 따라 회계처리 하고, 재무상태표에 계상될 기말 재고자산과 포괄손익계산서에 계상될 매출원가를 구하시오.
2. [상황1]의 거래를 실지재고조사법에 따라 회계처리 하고, 재무상태표에 계상될 기말 재고자산과 포괄손익계산서에 계상될 매출원가를 구하시오.
3. [상황2]의 거래를 계속기록법에 따라 회계처리 하고, 재무상태표에 계상될 기말 재고자산과 포괄손익계산서에 계상될 매출원가를 구하시오.
4. [상황2]의 거래를 실지재고조사법에 따라 회계처리 하고, 재무상태표에 계상될 기말 재고자산과 포괄손익계산서에 계상될 매출원가를 구하시오.

해답

1. 계속기록법

(1) 회계처리

매 입 시	(차) 상　　품	10,000 ②	(대) 현　　금	10,000 ①
매 출 시	(차) 현　　금	15,000 ③	(대) 매　　출	15,000 ④
	매출원가	10,000 ⑥	상　　품	10,000 ⑤
결 산 시	결산수정분개 없음			

20×1년의 수정전시산표 = 20×1년의 수정후시산표

상　　품	-	매　　출	15,000
매출원가	10,000		

(2) 재무제표 효과

20×1년 말의 재무상태표

상　　품	-	

20×1년의 포괄손익계산서

매　　출	15,000
매출원가	(10,000)
매출총이익	5,000

2. 실지재고조사법

(1) 회계처리

매 입 시	(차) 매　　입	10,000 ②	(대) 현　　금	10,000 ①
매 출 시	(차) 현　　금	15,000 ③	(대) 매　　출	15,000 ④

20×1년의 수정전시산표

매　　입	10,000	매　　출	15,000
매출원가	-		

결 산 시	(차) 매출원가	10,000 ⑥	(대) 매　　입	10,000 ⑤

20×1년의 수정후시산표

상　　품	-	매　　출	15,000
매출원가	10,000		

(2) 재무제표 효과

20×1년 말의 재무상태표

상　　품　　　-	

20×1년의 포괄손익계산서

매　　출	15,000
매출원가	(10,000)
매출총이익	5,000

3. 계속기록법

(1) 회계처리

매 입 시	(차) 상　　품	8,000 ②	(대) 현　　금	8,000 ①
매 출 시	(차) 현　　금	9,000 ③	(대) 매　　출	9,000 ④
	매출원가	6,000 ⑥	상　　품	6,000 ⑤
결 산 시	결산수정분개 없음			

20×1년의 수정전시산표 = 20×1년의 수정후시산표

상　　품	2,000	매　　출	9,000
매출원가	6,000		

(2) 재무제표 효과

20×1년 말의 재무상태표

상　　품　　2,000	

20×1년의 포괄손익계산서

매　　출	9,000
매출원가	(6,000)
매출총이익	3,000

4. 실지재고조사법

(1) 회계처리

매 입 시	(차) 매　　입	8,000 ②	(대) 현　　금	8,000 ①
매 출 시	(차) 현　　금	9,000 ③	(대) 매　　출	9,000 ④

수정전시산표　　　　20×1년

매　　입	8,000	매　　출	9,000
매출원가	-		

결 산 시	(차) 매출원가	8,000 ⑥	(대) 매　　입	8,000 ⑤
	상　　품	2,000 ⑦	매출원가	2,000 ⑧

20×1년의 수정후시산표

상　품	2,000	매　출	9,000
매출원가	6,000		

(2) 재무제표 효과

20×1년 말의 재무상태표

상　품	2,000	

20×1년의 포괄손익계산서

매　출	9,000
매출원가	(6,000)
매출총이익	3,000

예제 2 기초재고가 있는 경우의 장부기록

다음은 A회사가 20×1년에 거래한 상품에 대한 회계기록이다. 아래에 제시된 물음에 답하시오. 단, 모든 거래는 현금거래이다.

기초		구입		판매		매출액	매출원가	기말재고액
수 량	단위당	수 량	단위당	수 량	단위당			
2개	₩1,000	8개	₩1,000	6개	₩1,500	9,000	6,000	4,000

물음

1. 계속기록법에 따라 회계처리 하고, 재무상태표에 계상될 기말 재고자산과 포괄손익계산서에 계상될 매출원가를 구하시오.
2. 실지재고조사법에 따라 회계처리 하고, 재무상태표에 계상될 기말 재고자산과 포괄손익계산서에 계상될 매출원가를 구하시오.

해 답

1. 계속기록법

(1) 회계처리

매 입 시	(차) 상 품	8,000 ②	(대) 현 금	8,000 ①
매 출 시	(차) 현 금	9,000 ③	(대) 매 출	9,000 ④
	매출원가	6,000 ⑥	상 품	6,000 ⑤
결 산 시	결산수정분개 없음			

20×1년의 수정전시산표 = 20×1년의 수정후시산표

상 품	4,000	매 출	9,000
매출원가	6,000		

(2) 재무제표 효과

20×1년 말의 재무상태표

상 품	4,000	

20×1년의 포괄손익계산서

매 출	9,000
매출원가	(6,000)
매출총이익	3,000

2. 실지재고조사법

(1) 회계처리

매 입 시	(차) 매 입	8,000 ②	(대) 현 금	8,000 ①
매 출 시	(차) 현 금	9,000 ③	(대) 매 출	9,000 ④

20×1년의 수정전시산표

상 품	2,000	매 출	9,000
매 입	8,000		
매출원가	-		

결 산 시	(차) 매출원가	2,000 ⑥	(대) 상 품	2,000 ⑤
	매출원가	8,000 ⑧	매 입	8,000 ⑦
	상 품	4,000 ⑨	매출원가	4,000 ⑩

20×1년의 수정후시산표

상 품	4,000	매 출	9,000
매출원가	6,000		

(2) 재무제표 효과

20×1년 말의 재무상태표

상 품	4,000	

20×1년의 포괄손익계산서

매 출	9,000
매출원가	(6,000)
매출총이익	3,000

3 상품매매기업의 회계순환과정

상품매매거래 기업의 공통사례를 이용하여, 발생한 거래의 회계처리부터 결산일의 재무제표의 작성까지를 다시 한 번 연습하고자 한다. 단, 재고자산 관련 원가의 배분방법은 실지재고조사법에 의하여 회계처리 할 것이다.

공통사례

(1) 11월 1일 : 현금 ₩1,000,000을 출자하여 A회사를 설립하였다.
(2) 11월 2일 : 은행에서 ₩500,000을 현금으로 차입하였다.
(3) 11월 3일 : 사무실을 임차하면서 1년치 임차료를 ₩120,000을 현금으로 선지급하였다.
(4) 11월 4일 : 비품 ₩200,000을 취득한 후 전액을 현금으로 지급하였다.
(5) 11월 5일 : 상품 ₩300,000을 매입하고, ₩100,000은 현금으로 지급하고, 나머지는 외상으로 하였다.
(6) 11월 23일 : 광고선전목적으로 ₩50,000을 현금 지급하였다.
(7) 11월 29일 : 매입채무 ₩130,000을 현금 지급하였다.
(8) 11월 30일 : 11월 급여 ₩60,000을 현금 지급하였다.
(9) 12월 2일 : 11월분 이자비용 ₩5,000을 현금 지급하였다.
(10) 12월 8일 : 상품 중의 일부를 ₩580,000에 외상으로 매출하였다.
(11) 12월 10일 : 매출채권 ₩250,000을 현금으로 회수하였다.
(12) 12월 15일 : 상품 ₩200,000을 매입하고, 전액 현금으로 지급하였다.
(13) 12월 29일 : 상품 중의 일부를 ₩220,000에 외상으로 매출하였다.
(14) 12월 30일 : 광고선전목적으로 ₩80,000을 현금 지급하였다.
(15) 12월 31일 : 기말 재고자산을 실사한 결과 상품원가 ₩50,000의 재고가 창고에 보관 중이다.
(16) 12월 31일 : 선급비용(임차료)에 대하여 인식할 임차료비용은 11월과 12월에 각각 ₩10,000이다.
(17) 12월 31일 : 11월 4일 취득한 비품에 대하여 인식할 11월과 12월의 감가상각비는 각각 ₩1,000이다.
(18) 12월 31일 : 12월분 종업원급여 ₩60,000이 미지급된 상태이다.
(19) 12월 31일 : 12월분 이자비용 ₩5,000이 미지급된 상태이다.

(1) 일자별 회계처리

공통사례에 제시되어 있는 거래를 이용하여 일자별로 분개를 수행하면 다음과 같다. 아래의 분개 양식을 분개장이라고 생각하면 된다.

일자	차변	금액	대변	금액
20×1.11. 1	(차) 현 금	1,000,000 ①	(대) 자 본 금	1,000,000 ②
20×1.11. 2	(차) 현 금	500,000 ①	(대) 차 입 금	500,000 ②
20×1.11. 3	(차) 선급비용	120,000 ②	(대) 현 금	120,000 ①
20×1.11. 4	(차) 비 품	200,000 ②	(대) 현 금	200,000 ①
20×1.11. 5	(차) 매 입	300,000 ③	(대) 현 금	100,000 ①
			매입채무	200,000 ②
20×1.11.23	(차) 광고선전비	50,000 ②	(대) 현 금	50,000 ①
20×1.11.29	(차) 매입채무	130,000 ①	(대) 현 금	130,000 ②
20×1.11.30	(차) 급 여	60,000 ②	(대) 현 금	60,000 ①
20×1.12. 2	(차) 이자비용	5,000 ②	(대) 현 금	5,000 ①
20×1.12. 8	(차) 매출채권	580,000 ①	(대) 매 출	580,000 ②
20×1.12.10	(차) 현 금	250,000 ②	(대) 매출채권	250,000 ①
20×1.12.15	(차) 매 입	200,000 ②	(대) 현 금	200,000 ①
20×1.12.29	(차) 매출채권	220,000 ①	(대) 매 출	220,000 ②
20×1.12.30	(차) 광고선전비	80,000 ②	(대) 현 금	80,000 ①

(2) 계정별원장

위의 분개장의 내용을 각 계정별원장에 전기하면 다음과 같다. 여기서 유의할 점은 계정별원장에 전기하는 시점은 회계기간 동안의 모든 분개를 수행한 후에 일괄적으로 전기하는 것이 아니라, 일자별 분개를 수행할 때마다 계속적으로 계정별원장에 전기하는 절차를 수행한다는 것이다.

현 금

차변			대변		
11월 1일	*자본금*	1,000,000	11월 3일	*선급비용*	120,000
11월 2일	*차입금*	500,000	11월 4일	*비 품*	200,000
12월 10일	*매출채권*	250,000	11월 5일	*매 입*	100,000
			11월 23일	*광고비*	50,000
			11월 29일	*매입채무*	130,000
			11월 30일	*급 여*	60,000
			12월 2일	*이자비용*	5,000
			12월 15일	*매 입*	200,000
			12월 30일	*광고비*	80,000
잔 액		805,000			

자 본 금

차변			대변		
			11월 1일	*현 금*	1,000,000
			잔 액		**1,000,000**

차 입 금

차변			대변		
			11월 2일	*현 금*	500,000
			잔 액		**500,000**

선급비용

11월 3일	*현 금*	120,000			
잔 액		**120,000**			

매 입

11월 5일	*현금등*	300,000			
12월 15일	*현 금*	200,000			
잔 액		**500,000**			

매입채무

11월 29일	*현 금*	130,000	11월 5일	*매 입*	200,000
			잔 액		**70,000**

이자비용

12월 2일	*현 금*	5,000			
잔 액		**5,000**			

매출채권

12월 8일	*매 출*	580,000	12월 10일	*현 금*	250,000
12월 29일	*매 출*	220,000			
잔 액		**550,000**			

비 품

11월 4일	*현 금*	200,000			
잔 액		**200,000**			

광고선전비

11월 23일	*현 금*	50,000			
12월 30일	*현 금*	80,000			
잔 액		**130,000**			

급 여

11월 30일	*현 금*	60,000			
잔 액		**60,000**			

매 출

			12월 8일	*매출채권*	580,000
			12월 29일	*매출채권*	220,000
			잔 액		**800,000**

(3) 수정전시산표

계정별원장에 전기된 각 계정의 기말잔액을 집계한 시산표를 수정전 시산표라 한다. 한편 수정전 시산표를 이용해서 재무상태표와 포괄손익계산서를 작성하면 다음과 같다.

수정전시산표 20×1년

현 금	805,000	매입채무	70,000
매출채권	550,000	차 입 금	500,000
선급비용	120,000	자 본 금	1,000,000
매 입	500,000		
비 품	200,000		
		매 출	800,000
급 여	60,000		
광고선전비	130,000		
이자비용	5,000		
	2,370,000		2,370,000

(4) 결산수정분개의 수행

공통사례에 제시되어 있는 결산수정사항 5개의 거래를 이용하여 수정분개를 수행하면 다음과 같다. 아래의 분개양식을 결산수정분개장이라고 생각하면 된다.

20×1.12.31	(차) 매출원가	500,000 ②	(대) 매 입	500,000 ①
	상 품	50,000 ③	매출원가	50,000 ④
20×1.12.31	(차) 임차료비용	20,000 ②	(대) 선급비용	20,000 ①
20×1.12.31	(차) 감가상각비	2,000 ②	(대) 비 품	2,000 ①
20×1.12.31	(차) 급 여	60,000 ①	(대) 미지급비용	60,000 ②
20×1.12.31	(차) 이자비용	5,000 ①	(대) 미지급비용	5,000 ②

(5) 수정후 계정별원장의 작성

위의 수정분개장의 내용을 각 계정별원장에 전기하면 다음과 같다.

현 금

일자	계정	금액	일자	계정	금액
11월 1일	*자본금*	1,000,000	11월 3일	*선급비용*	120,000
11월 2일	*차입금*	500,000	11월 4일	*비 품*	200,000
12월 10일	*매출채권*	250,000	11월 5일	*매 입*	100,000
			11월 23일	*광고비*	50,000
			11월 29일	*매입채무*	130,000
			11월 30일	*급 여*	60,000
			12월 2일	*이자비용*	5,000
			12월 15일	*매 입*	200,000
			12월 30일	*광고비*	80,000
잔 액		**805,000**			

자 본 금

일자	계정	금액	일자	계정	금액
			11월 1일	*현 금*	1,000,000
			잔 액		**1,000,000**

차 입 금

일자	계정	금액	일자	계정	금액
			11월 2일	*현 금*	500,000
			잔 액		**500,000**

선급비용

일자	계정	금액	일자	계정	금액
11월 3일	*현 금*	120,000	12월 31일	*임차료비용*	20,000
잔 액		**100,000**			

비 품

일자	계정	금액	일자	계정	금액
11월 4일	*현 금*	200,000	12월 31일	*감가상각비*	2,000
잔 액		**198,000**			

매 입

일자	계정	금액	일자	계정	금액
11월 5일	*현금등*	300,000	12월 31일	*매출원가*	500,000
12월 15일	*현 금*	200,000			
잔 액		**-**			

광고선전비

일자	계정	금액	일자	계정	금액
11월 23일	*현 금*	50,000			
12월 30일	*현 금*	80,000			
잔 액		**130,000**			

매입채무

일자	계정	금액	일자	계정	금액
11월 29일	*현 금*	130,000	11월 5일	*매 입*	200,000
			잔 액		**70,000**

급 여

일자	계정	금액	일자	계정	금액
11월 30일	*현 금*	60,000			
12월 31일	*미지급비용*	60,000			
잔 액		**120,000**			

이자비용

일자	계정	금액	일자	계정	금액
12월 2일	*현 금*	5,000			
12월 31일	*미지급비용*	5,000			
잔 액		**10,000**			

매 출

일자	계정	금액	일자	계정	금액
			12월 8일	*매출채권*	580,000
			12월 29일	*매출채권*	220,000
			잔 액		**800,000**

매출채권

일자	계정	금액	일자	계정	금액
12월 8일	*매 출*	580,000	12월 10일	*현 금*	250,000
12월 29일	*매 출*	220,000			
잔 액		**550,000**			

임차료비용

일자	계정	금액	일자	계정	금액
12월 31일	*선급비용*	20,000			
잔 액		**20,000**			

감가상각비

일자	계정	금액	일자	계정	금액
12월 31일	*비 품*	2,000			
잔 액		**2,000**			

미지급비용

일자	계정	금액	일자	계정	금액
			12월 31일	*급 여*	60,000
			12월 31일	*이자비용*	5,000
			잔 액		**65,000**

매출원가			
12월 31일 *매 입*	500,000	12월 31일 *상 품*	50,000
잔 액	**450,000**		

상 품			
12월 31일 *매출원가*	50,000		
잔 액	**50,000**		

(6) 수정후시산표의 작성

결산수정분개를 반영한 각 계정별원장의 기말잔액을 집계한 시산표를 수정후시산표라 한다. 공통사례를 이용하여 수정후시산표를 작성하면 다음과 같다.

수정후시산표 20×1.12.31

차변	금액	대변	금액
현 금	805,000	매입채무	70,000
매출채권	550,000	차 입 금	500,000
선급비용	100,000	미지급비용	65,000
상 품	50,000	자 본 금	1,000,000
비 품	198,000		
		매 출	800,000
매출원가	450,000		
급 여	120,000		
광고선전비	130,000		
이자비용	10,000		
임차료비용	20,000		
감가상각비	2,000		
합 계	2,435,000	합 계	2,435,000

(7) 계정의 마감

회계기간 말에 결산을 수행하면서 손익계정은 모두 이익잉여금 계정으로 대체하여야 한다. 수정후시산표에 대한 마감분개는 다음과 같다.

[결산마감분개 : 이익잉여금 계정을 직접이용]

일자	차변	금액	대변	금액
20×1.12.31	(차) 매 출	800,000 ①	(대) 매출원가	450,000 ②
			급 여	120,000 ③
			광고선전비	130,000 ④
			이자비용	10,000 ⑤
			임차료비용	20,000 ⑥
			감가상각비	2,000 ⑦
			이익잉여금	68,000 ⑧

(8) 재무상태표와 포괄손익계산서의 작성

수정후시산표에 위의 결산마감분개를 반영하면 다음과 같이 포괄손익계산서와 재무상태표가 분리되어 도출된다.

재무상태표

20×1년 12월 31일

자산	금액	부채 및 자본	금액
현　　금	805,000	매입채무	70,000
매출채권	550,000	차 입 금	500,000
선급비용	100,000	미지급비용	65,000
상　　품	50,000	자 본 금	1,000,000
비　　품	198,000	이익잉여금	68,000
자산 총계	1,703,000	부채 및 자본 총계	1,703,000

포괄손익계산서

20×1년 1월 1일부터 20×1년 12월 31일까지

매　　출	800,000
매출원가	(450,000)
매출총이익	350,000
급　　여	(120,000)
광고선전비	(130,000)
이자비용	(10,000)
임차료비용	(20,000)
감가상각비	(2,000)
당기순이익	68,000

4 정산표의 작성

수정전시산표에 결산수정분개를 반영하고, 이를 이용하여 수정후시산표가 나오는 과정을 표로 정리하면 다음과 같다. 아래의 양식을 정산표(worksheet)라 한다.

계정과목	수정전시산표		결산수정분개		수정후시산표	
	차 변	대 변	차 변	대 변	차 변	대 변
현 금	805,000	-	-	-	805,000	-
매출채권	550,000	-	-	-	550,000	-
선급비용	120,000	-	-	20,000	100,000	-
매 입	500,000	-	-	500,000	-	-
상 품	-	-	50,000	-	50,000	-
비 품	200,000	-	-	2,000	198,000	-
매입채무	-	70,000	-	-	-	70,000
차 입 금	-	500,000	-	-	-	500,000
미지급비용	-	-	-	65,000	-	65,000
자 본 금	-	1,000,000	-	-	-	1,000,000
매 출	-	800,000	-	-	-	800,000
매출원가	-	-	450,000	-	450,000	-
급 여	60,000	-	60,000	-	120,000	-
광고선전비	130,000	-	-	-	130,000	-
이자비용	5,000	-	5,000	-	10,000	-
임차료비용	-	-	20,000	-	20,000	-
감가상각비	-	-	2,000	-	2,000	-
합 계	2,370,000	2,370,000	587,000	587,000	2,435,000	2,435,000

제 2 절 기초잔액이 존재하는 회계순환과정

지금까지는 당기에 설립한 기업을 가정해서 회계의 순환과정을 설명하였다. 여기에서는 전기 이전에 설립한 기업을 가정해서 회계순환과정을 설명할 것이다. 단, 재고자산 관련 원가의 배분방법은 실지재고조사법에 의하여 회계처리 할 것이다.

공통사례

(1) 20×1년 1월 1일의 재무상태표는 다음과 같다.

재무상태표

A회사 20×1년 1월 1일 현재 (단위 : 원)

차변	금액	대변	금액
현 금	500,000	매입채무	80,000
매출채권	100,000	자 본 금	400,000
상 품	30,000	이익잉여금	150,000
자산 총계	630,000	부채 및 자본 총계	630,000

(2) 3월 15일 : 주주총회에서 주주들에게 ₩100,000의 배당을 지급하는 것으로 결의한 후 즉시 지급하였다.
(3) 11월 1일 : 현금 ₩1,000,000을 추가로 출자하여 액면금액으로 유상증자하였다.
(4) 11월 2일 : 은행에서 ₩500,000을 현금으로 차입하였다.
(5) 11월 3일 : 사무실을 임차하면서 1년치 임차료를 ₩120,000을 현금으로 선지급하였다.
(6) 11월 4일 : 비품 ₩200,000을 취득한 후 전액을 현금으로 지급하였다.
(7) 11월 5일 : 상품 ₩300,000을 매입하고, ₩100,000은 현금으로 지급하고, 나머지는 외상으로 하였다.
(8) 11월 23일 : 광고선전목적으로 ₩50,000을 현금 지급하였다.
(9) 11월 29일 : 매입채무 ₩130,000을 현금 지급하였다.
(10) 11월 30일 : 11월 급여 ₩60,000을 현금 지급하였다.
(11) 12월 2일 : 11월분 이자비용 ₩5,000을 현금 지급하였다.
(12) 12월 8일 : 상품 중의 일부를 ₩580,000에 외상으로 매출하였다.
(13) 12월 10일 : 매출채권 ₩250,000을 현금으로 회수하였다.
(14) 12월 15일 : 상품 ₩200,000을 매입하고, 전액 현금으로 지급하였다.
(15) 12월 29일 : 상품 중의 일부를 ₩220,000에 외상으로 매출하였다.
(16) 12월 30일 : 광고선전목적으로 ₩80,000을 현금 지급하였다.
(17) 12월 31일 : 기말 재고자산을 실사한 결과 상품원가 ₩80,000의 재고가 창고에 보관 중이며, 선급비용(임차료)에 대하여 인식할 임차료비용은 11월과 12월에 각각 ₩10,000이다. 11월 4일에 취득한 비품에 대하여 인식할 11월과 12월의 감가상각비는 각각 ₩1,000이며, 12월분 종업원급여 ₩60,000이 미지급된 상태이다. 또한 12월분 이자비용 ₩5,000이 미지급된 상태이다.

(1) 일자별 회계처리

공통사례에 제시되어 있는 거래를 이용하여 일자별로 분개를 수행하면 다음과 같다. 아래의 분개 양식을 분개장이라고 생각하면 된다.

일자	차변	금액	대변	금액
20×1. 3.15	(차) 이익잉여금	100,000 ②	(대) 현 금	100,000 ①
20×1.11. 1	(차) 현 금	1,000,000 ①	(대) 자 본 금	1,000,000 ②
20×1.11. 2	(차) 현 금	500,000 ①	(대) 차 입 금	500,000 ②
20×1.11. 3	(차) 선급비용	120,000 ②	(대) 현 금	120,000 ①
20×1.11. 4	(차) 비 품	200,000 ②	(대) 현 금	200,000 ①
20×1.11. 5	(차) 매 입	300,000 ③	(대) 현 금	100,000 ①
			매입채무	200,000 ②
20×1.11.23	(차) 광고선전비	50,000 ②	(대) 현 금	50,000 ①
20×1.11.29	(차) 매입채무	130,000 ①	(대) 현 금	130,000 ②
20×1.11.30	(차) 급 여	60,000 ②	(대) 현 금	60,000 ①
20×1.12. 2	(차) 이자비용	5,000 ②	(대) 현 금	5,000 ①
20×1.12. 8	(차) 매출채권	580,000 ①	(대) 매 출	580,000 ②
20×1.12.10	(차) 현 금	250,000 ②	(대) 매출채권	250,000 ①
20×1.12.15	(차) 매 입	200,000 ②	(대) 현 금	200,000 ①
20×1.12.29	(차) 매출채권	220,000 ①	(대) 매 출	220,000 ②
20×1.12.30	(차) 광고선전비	80,000 ②	현 금	80,000 ①

(2) 계정별원장

위의 분개장의 내용을 각 계정별원장에 전기하면 다음과 같다. 여기서 유의할 점은, 배당은 이익잉여금의 처분사항이므로 비용으로 인식하지 않고, 이익잉여금에서 직접 차감한다는 점이다.

현 금

차변	금액	대변	금액
1월 1일 *전기이월*	500,000	3월 15일 *이익잉여금*	100,000
11월 1일 *자본금*	1,000,000	11월 3일 *선급비용*	120,000
11월 2일 *차입금*	500,000	11월 4일 *비 품*	200,000
12월 10일 *매출채권*	250,000	11월 5일 *매 입*	100,000
		11월 23일 *광고비*	50,000
		11월 29일 *매입채무*	130,000
		11월 30일 *급 여*	60,000
		12월 2일 *이자비용*	5,000
		12월 15일 *매 입*	200,000
		12월 30일 *광고비*	80,000
잔 액	1,205,000		

자 본 금

차변	금액	대변	금액
		1월 1일 *전기이월*	400,000
		11월 1일 *현 금*	1,000,000
		잔 액	1,400,000

차 입 금

차변	금액	대변	금액
		11월 2일 *현 금*	500,000
		잔 액	500,000

선급비용

차변			대변		
11월 3일	*현 금*	120,000			
잔 액		**120,000**			

비 품

차변			대변		
11월 4일	*현 금*	200,000			
잔 액		**200,000**			

매 입

차변			대변		
11월 5일	*현금등*	300,000			
12월 15일	*현 금*	200,000			
잔 액		**500,000**			

매입채무

차변			대변		
11월 29일	*현 금*	130,000	1월 1일	*전기이월*	80,000
			11월 5일	*매 입*	200,000
			잔 액		**150,000**

매출채권

차변			대변		
1월 1일	*전기이월*	100,000	12월 10일	*현 금*	250,000
12월 8일	*매 출*	580,000			
12월 29일	*매 출*	220,000			
잔 액		**650,000**			

이익잉여금

차변			대변		
3월 15일	*현 금*	100,000	1월 1일	*전기이월*	150,000
			잔 액		**50,000**

상 품

차변			대변		
1월 1일	*전기이월*	30,000			
잔 액		**30,000**			

매 출

차변			대변		
			12월 8일	*매출채권*	580,000
			12월 29일	*매출채권*	220,000
			잔 액		**800,000**

급 여

차변			대변		
11월 30일	*현 금*	60,000			
잔 액		**60,000**			

광고선전비

차변			대변		
11월 23일	*현 금*	50,000			
12월 30일	*현 금*	80,000			
잔 액		**130,000**			

이자비용

차변			대변		
12월 2일	*현 금*	5,000			
잔 액		**5,000**			

(3) 수정전시산표

계정별원장에 전기된 각 계정의 기말잔액을 집계한 시산표를 수정전 시산표라 한다. 한편 수정전 시산표를 이용해서 재무상태표와 포괄손익계산서를 작성하면 다음과 같다.

수정전시산표			20×1년
현 금	1,205,000	매 입 채 무	150,000
매 출 채 권	650,000	차 입 금	500,000
선 급 비 용	120,000	자 본 금	1,400,000
상 품	30,000	이익잉여금	50,000
매 입	500,000		
비 품	200,000	매 출	800,000
급 여	60,000		
광고선전비	130,000		
이 자 비 용	5,000		
	2,900,000		2,900,000

(4) 결산수정분개의 수행

공통사례에 제시되어 있는 결산수정사항 5개의 거래를 이용하여 수정분개를 수행하면 다음과 같다. 아래의 분개양식을 결산수정분개장이라고 생각하면 된다.

일자	차변	금액	대변	금액
20×1.12.31	(차) 매 출 원 가	30,000 ②	(대) 상 품	30,000 ①
	매 출 원 가	500,000 ④	매 입	500,000 ③
	상 품	80,000 ⑤	매 출 원 가	80,000 ⑥
20×1.12.31	(차) 임차료비용	20,000 ②	(대) 선 급 비 용	20,000 ①
20×1.12.31	(차) 감가상각비	2,000 ②	(대) 비 품	2,000 ①
20×1.12.31	(차) 급 여	60,000 ①	(대) 미지급비용	60,000 ②
20×1.12.31	(차) 이 자 비 용	5,000 ①	(대) 미지급비용	5,000 ②

(5) 수정후 계정별원장의 작성

위의 수정분개장의 내용을 각 계정별원장에 전기하면 다음과 같다.

현 금			
1월 1일 *전기이월*	500,000	3월 15일 *이익잉여금*	100,000
11월 1일 *자본금*	1,000,000	11월 3일 *선급비용*	120,000
11월 2일 *차입금*	500,000	11월 4일 *비 품*	200,000
12월 10일 *매출채권*	250,000	11월 5일 *매 입*	100,000
12월 10일 *매출채권*	250,000	11월 23일 *광고비*	50,000
		11월 29일 *매입채무*	130,000
		11월 30일 *급 여*	60,000
		12월 2일 *이자비용*	5,000
		12월 15일 *매 입*	200,000
		12월 30일 *광고비*	80,000
잔 액	**1,205,000**		

자 본 금			
		1월 1일 *전기이월*	400,000
		11월 1일 *현 금*	1,000,000
		잔 액	**1,400,000**

차 입 금			
		11월 2일 *현 금*	500,000
		잔 액	**500,000**

선급비용			
11월 3일 *현 금*	120,000	12월 31일 *임차료비용*	20,000
잔 액	**100,000**		

비 품			
11월 4일 *현 금*	200,000	12월 31일 *감가상각비*	2,000
잔 액	**198,000**		

매 입			
11월 5일 *현금등*	300,000	12월 31일 *매출원가*	500,000
12월 15일 *현 금*	200,000		
잔 액	**-**		

매입채무			
11월 29일 *현 금*	130,000	1월 1일 *전기이월*	80,000
		11월 5일 *매 입*	200,000
		잔 액	**150,000**

상 품			
1월 1일 *전기이월*	30,000	12월 31일 *매출원가*	30,000
12월 31일 *매출원가*	80,000		
잔 액	**80,000**		

미지급비용			
		12월 31일 *급 여*	60,000
		12월 31일 *이자비용*	5,000
		잔 액	**65,000**

매출채권			
1월 1일 *전기이월*	100,000	12월 10일 *현 금*	250,000
12월 8일 *매 출*	580,000		
12월 29일 *매 출*	220,000		
잔 액	**650,000**		

이익잉여금			
3월 15일 *현 금*	100,000	1월 1일 *전기이월*	150,000
		잔 액	**50,000**

매 출			
		12월 8일 *매출채권*	580,000
		12월 29일 *매출채권*	220,000
		잔 액	**800,000**

매출원가			
12월 31일 *상 품*	30,000	12월 31일 *상 품*	80,000
12월 31일 *매 입*	500,000		
잔 액	**450,000**		

급 여		
11월 30일 *현 금* 60,000		
12월 31일 *미지급비용* 60,000		
잔 액 120,000		

광고선전비	
11월 23일 *현 금* 50,000	
12월 30일 *현 금* 80,000	
잔 액 130,000	

이자비용	
12월 2일 *현 금* 5,000	
12월 31일 *미지급비용* 5,000	
잔 액 10,000	

임차료비용	
12월 31일 *선급비용* 20,000	
잔 액 20,000	

감가상각비	
12월 31일 *비 품* 2,000	
잔 액 2,000	

(6) 수정후시산표의 작성

결산수정분개를 반영한 각 계정별원장의 기말잔액을 집계한 시산표를 수정후시산표라 한다. 공통사례를 이용하여 수정후시산표를 작성하면 다음과 같다.

수정후시산표 20×1.12.31

차변	금액	대변	금액
현 금	1,205,000	매입채무	150,000
매출채권	650,000	차 입 금	500,000
선급비용	100,000	미지급비용	65,000
상 품	80,000	자 본 금	1,400,000
비 품	198,000	이익잉여금	50,000
매출원가	450,000	매 출	800,000
급 여	120,000		
광고선전비	130,000		
이자비용	10,000		
임차료비용	20,000		
감가상각비	2,000		
합 계	2,965,000	합 계	2,965,000

(7) 계정의 마감

회계기간 말에 결산을 수행하면서 손익계정은 모두 이익잉여금 계정으로 대체하여야 한다. 수정후시산표에 대한 마감분개는 다음과 같다.

[결산마감분개 : 이익잉여금 계정을 직접이용]

20×1.12.31	(차) 매　　출	800,000 ①	(대) 매출원가	450,000 ②
			급　　여	120,000 ③
			광고선전비	130,000 ④
			이자비용	10,000 ⑤
			임차료비용	20,000 ⑥
			감가상각비	2,000 ⑦
			이익잉여금	68,000 ⑧

(8) 재무상태표와 포괄손익계산서의 작성

수정후시산표에 위의 결산마감분개를 반영하면 다음과 같이 포괄손익계산서와 재무상태표가 분리되어 도출된다.

재무상태표

20×1년 12월 31일

현　　금	1,205,000	매입채무	150,000
매출채권	650,000	차 입 금	500,000
선급비용	100,000	미지급비용	65,000
상　　품	80,000	자 본 금	1,400,000
비　　품	198,000	이익잉여금	118,000
자산 총계	2,233,000	부채 및 자본 총계	2,233,000

포괄손익계산서

20×1년 1월 1일부터 20×1년 12월 31일까지

매　　출	800,000
매출원가	(450,000)
매출총이익	350,000
급　　여	(120,000)
광고선전비	(130,000)
이자비용	(10,000)
임차료비용	(20,000)
감가상각비	(2,000)
당기순이익	68,000

객관식 연습문제

01 다음 설명 중 가장 옳지 않은 것은?

① 유형자산 매매거래는 순액법으로 보고하는 것이 일반적이다.
② 재고자산 매매거래는 총액법으로 보고하는 것이 일반적이다.
③ 재고자산에 대해 계속기록법을 적용하면 판매시점에 매출원가가 인식된다.
④ 재고자산에 대해 실사법을 적용하면 매출원가보다 기말 재고자산이 먼저 결정된다.
⑤ 총액법에 비해, 순액법은 이익에 대해 보다 유용한 정보를 제공할 수 있다.

02 다음 설명 중 가장 옳지 않은 것은?

① 기초재고액보다 기말재고액이 더 크면 당기매입액보다 매출원가가 더 크다.
② 실지재고조사법은 기말에 재고수량을 직접 파악하는 방법이다.
③ 실지재고조사법을 적용하면 판매시에 매출원가를 인식하지 않는다.
④ 계속기록법에서는 판매되지 않은 재고는 기말재고로 남아있다고 간주한다.
⑤ 계속기록법을 사용하는 경우 매출원가를 산정하기 위하여 기말에 수정분개를 별도로 하지 않아도 된다.

03 다음 설명 중 가장 옳지 않은 것은? 단, 재고감모는 없으며 재고자산의 취득단가는 모두 ₩100으로 동일하다고 가정한다.

① 실지재고조사법의 경우 매출원가 산정을 위한 결산수정분개가 필요하다.
② 계속기록법의 경우 수정전시산표에는 매입 계정이 나타나지 않는다.
③ 계속기록법의 경우 수정전시산표와 수정후시산표의 재고자산은 같다.
④ 실지재고조사법의 경우 수정전시산표와 수정후시산표의 재고자산은 같지 않다.
⑤ 실지재고조사법의 매출원가와 계속기록법의 매출원가는 같지 않다.

04 다음은 20×1년 ㈜서울의 매출, 매입과 관련된 자료이다.

매 출 액	₩160,000	당기매입액	₩120,000
기초재고액	27,000	기말재고액	30,000

㈜서울의 20×1년 매출총이익은 얼마인가?

① ₩43,000 ② ₩45,000 ③ ₩47,000 ④ ₩48,000 ⑤ ₩49,000

05 다음 자료에 의하여 기초재고액을 계산하면 얼마인가?

당기매입액	500,000	기말재고액	70,000
매출총이익	200,000	당기매출액	800,000

① ₩130,000 ② ₩150,000 ③ ₩170,000 ④ ₩230,000 ⑤ ₩240,000

06 다음 자료에 의할 때 기초 재고자산보다 기말 기말재산은 얼마 더 많은가?

- 당기 매입액은 ₩140,000이다.
- 당기 매출액은 ₩150,000이며, 매출총이익률(매출총이익/매출액)은 20%이다.

① ₩5,000 ② ₩10,000 ③ ₩12,000 ④ ₩15,000 ⑤ ₩20,000

07 상품을 ₩20,000에 현금 매입한 거래를 계속기록법으로 분개할 때 옳은 것은?

①	(차) 상 품	20,000	(대) 현 금	20,000
②	(차) 매 입	20,000	(대) 현 금	20,000
③	(차) 현 금	20,000	(대) 제 품	20,000
④	(차) 매 입	20,000	(대) 상 품	20,000
⑤	(차) 매 입	20,000	(대) 제 품	20,000

08 기초상품재고액이 ₩5,000이고, 당기상품매입액이 ₩40,000며 기말상품재고액은 ₩8,000이다. 다음 중 기말수정분개로 옳은 것은? 단, 실사법을 적용한다.

①	(차)	상　품	5,000	(대)	매출원가	5,000
		매　입	40,000		매출원가	40,000
		매출원가	8,000		상　품	8,000
②	(차)	매출원가	5,000	(대)	상　품	5,000
		매출원가	40,000		상　품	40,000
		상　품	8,000		매출원가	8,000
③	(차)	매출원가	5,000	(대)	상　품	5,000
		매출원가	40,000		매　입	40,000
		상　품	8,000		매출원가	8,000
④	(차)	매출원가	43,000	(대)	상　품	8,000
		상　품	5,000		매　입	40,000
⑤			분개 필요 없음			

09 단위당 원가가 ₩100인 재고자산을 단위당 ₩120에 10개 판매하였다. 계속기록법을 적용하는 경우 다음 회계처리 중에서 옳은 것은? 단, 현금거래이다.

①	(차)	현　금	1,200	(대)	매　출	1,200
②	(차)	현　금	1,000	(대)	매　출	1,000
③	(차)	현　금	1,200	(대)	매　출	1,200
		매출원가	1,000		매　입	1,000
④	(차)	현　금	1,200	(대)	매　출	1,200
		매출원가	1,000		상　품	1,000
⑤	(차)	매출원가	1,000	(대)	상　품	1,000

10 ㈜대한은 회계 장부 중 일부를 분실하여 모든 자료를 알 수가 없는 상황이다. 다음과 같은 몇 가지 사실에 기초할 때 기말 매출채권잔액은 얼마로 추정되는가?

> (1) 상품의 기초재고액보다 기말재고액이 ₩40,000 더 많다.
> (2) 당기 매입액은 ₩500,000이고, 당기 매출총이익은 ₩200,000이다.
> (3) 기초 매출채권은 ₩100,000이다.
> (4) 당기에 매출채권 회수한 금액은 ₩700,000이다. 단, 당기 매출은 전액 외상으로 이루어졌다.

① ₩30,000 ② ₩40,000 ③ ₩50,000 ④ ₩60,000 ⑤ ₩70,000

객관식 연습문제 해답 및 해설

01. ⑤	02. ①	03. ⑤	04. ①	05. ③	06. ⑤	07. ①	08. ③	09. ④	10. ④

01 ⑤

총액법은 매출과 매출원가에 대한 정보를 모두 제공할 있어서 이익에 대한 정보만 제공하는 순액법보다 더 유용하다.

02 ①

아래 재고자산 계정을 보면 알 수 있는 바와 같이 다음과 같은 등식이 성립한다.

기초재고액 + 당기매입액 = 매출원가 + 기말재고액

따라서 기초재고액보다 기말재고액이 더 크면 당기매입액보다 매출원가는 더 작다.

재고자산

기초재고	×××	매출원가	×××
당기매입	×××	기말재고	×××
	×××		×××

03 ⑤

재고감모가 없고 재고자산의 취득단가가 모두 동일한 경우, 계속기록법을 적용하나 실사법을 적용하나 매출원가는 동일하다.

04 ①

(1) 매출원가

재고자산

기초재고	27,000	매출원가	117,000
당기매입	120,000	기말재고	30,000

(2) 매출총이익 : ₩160,000 - 117,000 = ₩43,000

05 ③

(1) 매출원가

매출액 - 매출원가 = 매출총이익 ➟ 800,000 - 매출원가 = 200,000 ➟ 매출원가 = ₩600,000

(2) 기초재고액

기초재고액 + 당기매입액 = 매출원가 + 기말재고액 ➟ 기초재고액 + 500,000 = 600,000 + 70,000 ➟ 기초재고액 = ₩170,000

06 ⑤

재고자산

기초재고	P	매출원가	120,000*
당기매입	140,000	기말재고	P + 20,000

* 매출총이익률 20%

매출	150,000	100%
매출원가	120,000	80%
매출총이익	30,000	20%

07 ①

계속기록법에서는 매입을 할 때 상품계정을 사용하고, 실지재고조사법에서는 매입을 할 때 매입계정을 사용한다. 따라서 계속기록법에서의 매입분개는 ①이고, 실지재고조사법에서의 매입분개는 ②이다.

08 ③

실지재고조사법에서는 매출원가를 산출하기 위하여 기말수정분개가 필요하며 기초재고와 당기매입액은 매출원가에 가산하고 기말재고자산은 매출원가에서 차감한다.

09 ④

계속기록법에서는 상품계정을 사용하고 매출할 때마다 매출원가를 산정한다.

10 ④

(1) 매출원가

기초재고액 + 당기매입액 = 매출원가 + 기말재고액

➟ x + 500,000 = 매출원가 + x + 40,000

➟ 매출원가 = ₩460,000

(2) 매출액

매출액 - 매출원가 = 매출총이익

➟ 매출액 - 460,000 = 200,000

➟ 매출액 = ₩660,000

(3) 매출채권

기초매출채권 + 당기 발생액 = 당기 회수액 + 기말매출채권

➟ 100,000 + 660,000 = 700,000 + 기말매출채권

➟ 기말매출채권 = ₩60,000

주관식 연습문제

매출원가, 매출총이익의 계산

01 다음은 12월말 법인인 ㈜서울의 20×2년부터 20×4년까지의 상품매매와 관련된 자료이다.

	20×2년	20×3년	20×4년
매 출 액	15,000	③	45,000
기초재고	1,000	④	⑥
당기매입	10,000	⑤	30,000
기말재고	2,000	5,000	⑦
매출원가	①	22,000	⑧
매출총이익	②	14,000	18,000

요구사항

위의 ①~⑧에 들어갈 적정한 금액은 각각 얼마인가?

계속기록법과 실지재고조사법

02 다음은 20×1년 ㈜대한의 당기 상품 매입 및 매출과 관련된 자료이다.

	수 량	단 가
기초재고 (1월 1일)	100개	₩1,000
당기매입 (4월 7일)	800개	1,000
당기매출 (5월 9일)	400개	1,200
당기매출 (9월 8일)	300개	1,500

모든 거래는 현금거래이며, 실지재고조사 결과 기말재고자산 수량은 200개이다.

요구사항

1. 계속기록법을 적용하는 경우에 필요한 회계처리를 하고 매출원가와 기말재고액을 산정하시오.
2. 실지재고조사법을 적용하는 경우에 필요한 회계처리를 하고 기말재고액과 매출원가를 산정하시오.

상품매매거래의 기말결산

03 다음은 ㈜서울의 20×1년 결산 전 상품매매 관련 계정에 대한 내용이다. 단, 기초상품재고는 ₩10,000이고 기말상품재고는 ₩20,000이었다.

매 출 (차)	매 출 (대)	매 입 (차)	매 입 (대)
	매출채권 150,000	매입채무 140,000	

요구사항

1. 매출원가를 산정하기 위한 기말수정분개를 하시오.
2. 매출총이익을 산정하시오.
3. 마감분개를 하고 매출, 매입, 매출원가, 상품계정을 마감하시오. 단, 위에 제시된 것 외에는 손익계정이 없는 것으로 가정한다.

수정분개와 마감분개

04 ㈜대한의 20×1년말 수정전시산표 중 손익과 관련된 항목은 다음과 같다. 단 회사는 재고자산의 기록방법으로 실지재고조사법을 적용하고 있다.

[수정전시산표]

과 목	차 변	대 변
매 출		1,700,000
매 입	900,000	
상 품	70,000	
급 여	20,000	

기말 실사결과 상품재고는 ₩120,000이다.

요구사항

1. 기말수정분개를 하시오.
2. 기말수정분개를 반영하여 수정후시산표를 작성하시오.
3. 마감분개를 하시오.

상품매매기업의 결산수정분개와 재무제표작성

05 ㈜서울의 수정전시산표는 다음과 같다.

계정과목	차 변	대 변
현 금	1,020	
매출채권	1,980	
상 품	500	
선급보험료	1,200	
대 여 금	3,000	
건 물	6,000	
감가상각누계액		1,200
매입채무		950
선수이자		600
장기차입금		2,500
자 본 금		7,000
이익잉여금		1,790
매 출		3,580
수수료수익		800
매 입	2,400	
소 모 품	870	
급 여	1,450	
	18,420	18,420

수정전시산표를 작성한 후에 ㈜서울의 회계담당자는 다음과 같은 사항들이 아직 반영되지 않았음을 발견하였다.

① 수정전시산표의 선급보험료 ₩1,200은 ㈜서울이 20×2년 11월 1일에 향후 1년분의 보험료 ₩1,200을 현금으로 지급하면서 기록한 것이다.
② 소모품의 재고실사결과 20×2년 12월 31일 현재 ₩250의 소모품이 남아있었다.

③ 이 회사는 실지재고조사법으로 매출원가를 산정한다. 기말에 상품재고를 조사한 결과 ₩1,400의 상품이 남아 있었다.

④ 건물은 20×0년 초에 취득한 것이며 감가상각누계액은 동 건물에 대한 것으로 지난 2년간의 감가상각누계액이다. 동 회사의 건물은 단 하나뿐이며 매년 동일한 금액을 감가상각한다.

⑤ 기말 현재 미지급된 급여는 ₩50이다.

⑥ ㈜서울은 신촌은행으로부터 20×2년 7월 1일에 5년 후에 상환하기로 하고 ₩2,500을 차입하였다. 이 차입금에 대한 연간 이자율은 10%이며 이자지급일은 매년 6월 30일이다.

⑦ ㈜서울은 20×2년 10월 1일에 회사소유 건물의 일부를 신촌상사에 임대해 주었다. 임대료는 매 6개월마다 ₩1,200씩 후불로 받기로 하였다.

⑧ 수정전시산표상의 수수료수익 ₩800은 ㈜서울이 20×2년 9월 3일에 서울산업에게 미래에 용역을 제공하기로 하고 그 대가를 받았을 때 기록한 것이다. 그런데 ㈜서울은 20×2년 12월 31일 현재 제공하기로 한 용역의 1/2만 제공하였다.

⑨ 수정전시산표상의 선수이자 ₩600은 20×2년 1월 2일에 수원상회에 ₩3,000을 대여하고 연리 20%의 1년분 이자를 미리 받은 것을 기록한 것이다.

요구사항

1. 위의 추가사항에 대하여 필요한 결산수정분개를 하시오.
2. 수정후시산표를 작성하시오.
3. 포괄손익계산서를 작성하시오.
4. 재무상태표를 작성하시오.
5. 마감분개를 하시오.

주관식 연습문제 해답 및 해설

01 해답

매 출 원 가 = 기초재고액 + 당기매입액 - 기말재고액
매출총이익 = 매출액 - 매출원가
당기 기말재고자산 = 차기 기초재고자산

① 1,000 + 10,000 - 2,000 = ₩9,000
② 15,000 - 9,000 = ₩6,000
③ 22,000 + 14,000 = ₩36,000
④ ₩2,000 (3기 기말재고)
⑤ 22,000 + 5,000 - 2,000 = ₩25,000
⑥ ₩5,000 (4기 기말재고)
⑦ 5,000 + 30,000 - 27,000(⑧번 해답) = ₩8,000
⑧ 45,000 - 18,000 = ₩27,000

02 해답

1. 계속기록법

(1) 회계처리

매입 (4.7)	(차)	상 품	800,000	(대)	현 금	800,000
매출 (5.9)	(차)	현 금	480,000	(대)	매 출	480,000
		매출원가	400,000		상 품	400,000
매출 (9.8)	(차)	현 금	450,000	(대)	매 출	450,000
		매출원가	300,000		상 품	300,000
결 산 시			분개없음			

(2) 매출원가와 기말재고액

매 출 원 가 = 400,000 + 300,000 = ₩700,000
기말재고액 = 100,000 + 800,000 - 700,000 = ₩200,000

2. 실지재고조사법

(1) 회계처리

매입 (4.7)	(차)	매 입	800,000	(대)	현 금	800,000
매출 (5.9)	(차)	현 금	480,000	(대)	매 출	480,000
매출 (9.8)	(차)	현 금	450,000	(대)	매 출	450,000
결 산 시	(차)	매출원가	100,000	(대)	상 품	100,000
		매출원가	800,000		매 입	800,000
		상 품	200,000		매출원가	200,000

(2) 매출원가와 기말재고

기말재고액 = 200개 × ₩1,000 = ₩200,000

매 출 원 가 = 100,000 + 800,000 - 200,000 = ₩700,000

03 해답

1. 매출원가에 대한 수정분개

(차)	매출원가	10,000	(대)	상 품	10,000
	매출원가	140,000		매 입	140,000
	상 품	20,000		매출원가	20,000

2. 매출총이익

매 출 액		150,000
매출원가		
기초재고액	10,000	
당기매입액	140,000	
기말재고액	(20,000)	130,000
매출총이익		20,000

3. 계정의 마감

(차)	매 출	150,000	(대)	집합손익	150,000
(차)	집합손익	130,000	(대)	매출원가	130,000
(차)	집합손익	20,000	(대)	이익잉여금	20,000

매 출

집합손익	150,000	매출채권	150,000
	150,000		150,000

매 입

매입채무	140,000	매출원가	140,000
	140,000		140,000

매출원가

매　　입	140,000	상　　품	20,000
상　　품	10,000	집합손익	130,000
	150,000		150,000

상　　품

전기이월	10,000	매출원가	10,000
매출원가	20,000	차기이월	20,000
	30,000		30,000

04 해답

1. 기말수정분개

(차) 매출원가	70,000	(대) 상　　품	70,000
매출원가	900,000	매　　입	900,000
상　　품	120,000	매출원가	120,000

2. 수정후시산표

과 목	차 변	대 변
매　　출		1,700,000
매출원가	850,000	
상　　품	120,000	
급　　여	20,000	

3. 마감분개

(차) 매　　출	1,700,000	(대) 집합손익	1,700,000
(차) 집합손익	870,000	(대) 매출원가	850,000
		급　　여	20,000
(차) 집합손익	830,000	(대) 이익잉여금	830,000

05 해답

1. 결산수정분개

① 보험료

(차) 보 험 료	200*	(대) 선급보험료	200

* 1,200×2/12 = ₩200

② 소모품

(차) 소모품비	620*	(대) 소모품	620

* 870 − 250 = ₩620

③ 매출원가

(차) 매출원가	500		(대) 상품(기초)	500
(차) 매출원가	2,400		(대) 매　　입	2,400
(차) 상품(기말)	1,400		(대) 매출원가	1,400

④ 건물 감가상각

(차) 감가상각비	600*		(대) 감가상각누계액	600

* 연간 감가상각비 : 1,200 ÷ 2 = ₩600

⑤ 급　여

(차) 급　　여	50		(대) 미지급급여	50

⑥ 이자비용

(차) 이자비용	125		(대) 미지급이자	125

⑦ 임대료

(차) 미수임대료	600*		(대) 임대료수익	600

* 1,200 × 3/6 = ₩600

⑧ 선수수익

(차) 수수료수익	400*		(대) 선수수익	400

* 800 × 1/2 = ₩400

⑨ 이자수익

(차) 선수이자	600		(대) 이자수익	600

2. 수정후시산표

계　정	수정전시산표		수정사항		수정후시산표	
	차 변	대 변	차 변	대 변	차 변	대 변
현　　금	1,020				1,020	
매출채권	1,980				1,980	
상　　품	500		③1,400	③ 500	1,400	
선급보험료	1,200			① 200	1,000	
대 여 금	3,000				3,000	
건　　물	6,000				6,000	
감가상각누계액		1,200		④ 600		1,800
매입채무		950				950
선수이자		600	⑨ 600			
장기차입금		2,500				2,500
보통주자본금		7,000				7,000

이익잉여금		1,790				1,790
매　　출		3,580				3,580
수수료수익		800	⑧ 400			400
매　　입	2,400			③ 2,400		
소 모 품	870			② 620	250	
급　　여	1,450		⑤ 50		1,500	
계	18,420	18,420				
보 험 료			① 200		200	
소모품비			② 620		620	
매출원가			③ 1,500		1,500	
감가상각비			④ 600		600	
미지급급여				⑤ 50		50
이자비용			⑥ 125		125	
미지급이자				⑥ 125		125
미수임대료			⑦ 600		600	
임대료수익				⑦ 600		600
선수수익				⑧ 400		400
이자수익				⑨ 600		600
합계			6,095	6,095	19,795	19,795

3. 20×2년의 포괄손익계산서

포괄손익계산서

매　출　액		3,580
매 출 원 가		(1,500)
매출총이익		2,080
판매비와관리비용		
소모품비	620	
급　　여	1,500	
보 험 료	200	
감가상각비	600	(2,920)
영 업 손 익		(840)
수수료수익	400	
임대료수익	600	
이자수익	600	
이자비용	(125)	1,475
당기순이익		635

4. 20×2년 말의 재무상태표

재무상태표

현　　금	1,020	매입채무	950
매출채권	1,980	미지급급여	50
상　　품	1,400	미지급이자	125
소 모 품	250	선수수익	400
선급보험료	1,000	장기차입금	2,500
미수임대료	600	보통주자본금	7,000
대 여 금	3,000	이익잉여금*	2,425
건　　물	6,000		
감가상각누계액	(1,800)		
자 산 총 계	13,450	부채와 자본총계	13,450

* 1,790 (기초) + 635 (당기순이익) = 2,425

5. 마감분개

① 수익계정 마감

(차) 매　　출	3,580	(대) 집 합 손 익	5,180
수수료수익	400		
임대료수익	600		
이 자 수 익	600		

② 비용계정 마감

(차) 집 합 손 익	4,545	(대) 매 출 원 가	1,500
		소 모 품 비	620
		급　　여	1,500
		보 험 료	200
		감가상각비	600
		이 자 비 용	125

③ 집합손익계정 마감

(차) 집 합 손 익	635	(대) 이익잉여금	635

CHAPTER 05

기업의 활동과 재무제표

제 1 절 일반목적 재무제표

제 2 절 일반목적 재무제표의 종류

ACCOUNTING PRINCIPLE

제 1 절 일반목적 재무제표

1 재무제표 일반

재무회계의 목적은 정보이용자가 합리적인 의사결정을 할 수 있도록 기업실체에 관한 유용한 회계정보를 제공하는 것이다. 이러한 재무회계의 목적을 달성하기 위해서 기업은 기업의 경제적 사건과 그에 따른 재무적 변동에 대한 정보를 정보이용자에게 전달할 수단을 필요로 하게 되는데 재무보고의 수단 중 가장 핵심적인 것이 재무제표이다.

(1) 일반목적 재무제표의 의의

재무제표는 기업의 재무상태와 경영성과를 체계적으로 표현한 것이다. 따라서 재무제표의 목적은 정보이용자의 경제적 의사결정에 유용한 기업의 재무상태, 경영성과와 재무상태변동에 관한 정보를 제공하는 것이다. 또한 재무제표는 위탁받은 자원에 대한 경영진의 수탁책임 결과도 보여준다. 이러한 목적을 충족하기 위하여 재무제표는 다음과 같은 기업 정보를 제공한다.

⑴ 재무상태표 : 자산과 부채 및 자본
⑵ 포괄손익계산서 : 차익과 차손을 포함한 광의의 수익과 비용
⑶ 자본변동표 : 소유주로서의 자격을 행사하는 소유주에 의한 출자와 소유주에 대한 배분
⑷ 현금흐름표 : 영업활동과 투자활동 및 재무활동 현금흐름

(2) 재무제표 작성기준의 적용범위

'주식회사의 외부감사에 관한 법률'의 적용대상기업 중 '자본시장과 금융투자업에 관한 법률'에 따른 주권상장기업과 비상장기업 중 재무제표의 작성과 표시를 위해 한국채택국제회계기준의 적용을 선택한 기업은 한국채택국제회계기준에 근거하여 일반목적 재무제표로 작성한다.

[한국채택국제회계기준의 적용]

구 분			일반목적의 재무제표 작성기준
주식회사 외부감사에 관한 법률 적용기업	주권상장기업		한국채택국제회계기준
	비상장기업	국제회계기준 적용선택기업	한국채택국제회계기준
		그 외의 비상장기업	일반(비상장)기업회계기준

(3) 전체 재무제표

광범위한 정보이용자들의 의사결정에 유용한 정보를 제공하기 위해서 여러 종류의 재무제표가 작성된다. 전체재무제표(complete set of financial statements)의 종류는 다음과 같으며, 각각의 개별재무제표는 전체재무제표에서 동등한 비중으로 표시한다. 한편, 아래에서 사용하는 재무제표의 명칭이 아닌 다른 명칭을 사용[1]할 수도 있다. 유의할 것은 한국채택국제회계기준에서는 기존의 대차대조표라는 명칭 대신에 재무상태표라는 명칭을 사용하고 있으며, 손익계산서를 당기순이익 개념이 아닌 포괄이익 개념으로 작성을 요구하고 있다는 것이다.

(1) **보고기간말 재무상태표** : statement of financial position
(2) **보고기간의 포괄손익계산서** : statement of comprehensive income[2]
(3) **보고기간의 자본변동표** : statement of changes in equity
(4) **보고기간의 현금흐름표** : statement of cash flows
(5) **보고기간의 주석** : notes

참 고 **재무제표에 대한 주석**

주석(notes)은 재무상태표, 포괄손익계산서, 자본변동표 및 현금흐름표에 표시하는 정보에 추가하여 제공된 정보를 말한다. 이는 재무제표에 표시된 항목을 구체적으로 설명하거나 세분화하며, 재무제표 인식요건을 충족하지 못하는 항목에 대한 추가적인 정보를 제공한다. 주석은 재무제표상의 해당 과목 또는 금액에 기호를 붙이고 난외 또는 별지에 동일한 기호를 표시하여 그 내용을 간결 · 명료하게 기재하는 형태로 공시한다.

---

1) 실무적으로 'Statement of Financial Position'라는 용어보다는 'Balance Sheet'라는 용어가 더 많이 사용되고 있다. 이렇게 명칭의 사용을 강제하지 않는 것은 기업에게 새로운 명칭에 보다 친숙해지면서 점차적으로 변경하게 하기 위함이다.

2) IFRS 18호에서는 '재무성과표 : statement of financial performance'라는 명칭을 사용한다. 하지만 K-IFRS 1118호에서는 '재무성과표'라는 명칭은 사용하지 않으며, '포괄손익계산서'라는 명칭만을 사용할 것을 강제하고 있다. 따라서 본서에서는 '포괄손익계산서'라는 명칭만을 사용할 것이다.

위의 전체재무제표 중 재무상태표는 일정시점의 재무상태를 나타내는 정태적 재무보고서이고, 포괄손익계산서와 자본변동표, 현금흐름표는 일정기간 동안의 기업의 활동을 나타내는 동태적 재무보고서이다. 전체 재무제표의 구성요소들은 동일한 거래나 그 밖의 사건을 대상으로 서로 각각 다른 측면을 반영하고 있으므로 상호 연관성이 있다. 비록 각각의 재무제표가 차별적인 정보를 제공하기는 하지만, 어떤 하나의 재무제표가 단일 목적만을 충족시키거나 이용자의 특정한 정보수요를 충족시키는 데 필요한 모든 정보를 제공하지는 못한다. 따라서 정보이용자는 의사결정을 위하여 재무제표를 함께 분석해야 한다. 각각의 재무제표는 상호 간에 아래의 그림처럼 유기적으로 연결이 되어있다.

[재무제표의 연관관계]

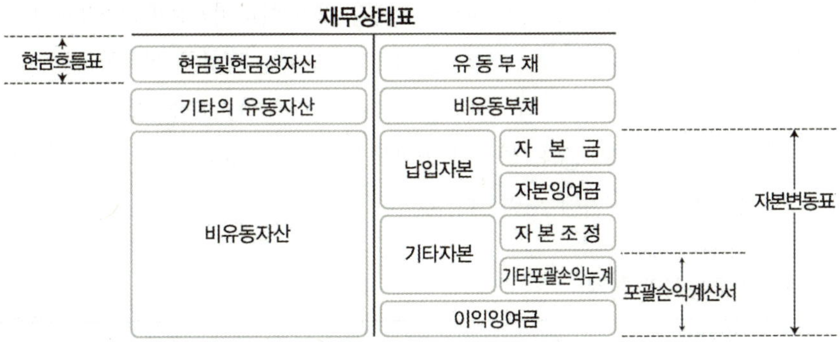

참 고 **재무제표의 상호연관성**

> 재무제표의 구성요소들은 동일한 거래나 그 밖의 사건을 대상으로 서로 각각 다른 측면을 반영하고 있으므로 상호연관성(interrelation of financial statements)이 있다. 비록 각각의 재무제표는 그 밖의 재무제표와 차별적인 정보를 제공하지만 어떤 하나의 재무제표도 단일 목적만을 충족시키거나 이용자의 특정한 정보수요를 충족시키는 데 필요한 모든 정보를 제공하지 못할 가능성이 높다. 따라서 정보이용자는 의사결정을 위하여 재무상태표, 포괄손익계산서, 자본변동표와 현금흐름표 등의 일반목적 재무제표를 함께 분석해야 하며, 이를 통하여 보고기업으로부터 완전한 정보를 제공받을 수 있게 된다.

2 일반목적 재무제표의 유용성과 한계

일반목적 재무제표의 목적은 주주와 채권자의 경제적 의사결정에 유용한 기업의 재무상태, 경영성과와 재무상태변동에 관한 정보를 제공하는 것이다. 또한 재무제표는 위탁받은 자원에 대한 경영진의 수탁책임 결과도 보여준다. 이런 측면에서 일반목적 재무보고는 다음과 같은 유용성과 한계를 가지고 있다.

(1) 일반목적 재무제표의 유용성

경영진의 책임 이행에 대한 정보는 경영진의 행동에 대해 의결권을 가지거나 다른 방법으로 영향력을 행사하는 주주와 채권자의 의사결정에 유용하다. 하지만 주주와 채권자는 그들에게 직접 정보를 제공하도록 보고기업에 요구할 수 없고, 그들이 필요로 하는 재무정보의 많은 부분을 일반목적재무보고서에 의존해야만 한다.

(2) 일반목적 재무제표의 한계

일반목적재무제표는 주주와 채권자가 필요로 하는 모든 정보를 제공하지는 않으며 제공할 수도 없다. 재무제표는 보고기업의 가치를 보여주기 위해 고안된 것이 아니며, 현재 및 잠재적 투자자, 대여자 및 기타 채권자가 보고기업의 가치를 추정하는 데 도움이 되는 정보를 제공할 뿐이다. 또한, 재무제표는 정확한 서술보다는 상당 부분 추정, 판단 및 모형에 근거한다. 또한, 각 주요 이용자들의 정보수요 및 욕구는 다르고 상충되기도 한다. 따라서 일반목적의 재무제표는 주요 이용자 최대 다수의 수요를 충족하는 정보를 제공하기 위해 노력한다.

[일반목적 재무보고의 유용성과 한계]

구 분	내 용
일반목적 재무보고의 유용성	정보이용자가 필요로 하는 정보의 많은 부분을 일반목적재무보고서가 제공
일반목적 재무보고의 한계	정보이용자가 필요로 하는 모든 정보를 제공하지는 않으며 제공할 수도 없음
	정보이용자의 최대 다수의 수요를 충족하는 정보만을 제공
	재무보고서는 정확한 서술보다는 상당 부분 추정, 판단 및 모형에 근거
	감독당국이나 일반대중 등 기타집단을 주요 대상으로 정보를 제공하는 것이 아님

제 2 절 일반목적 재무제표의 종류

한국채택국제회계기준에 의한 일반목적 재무제표는 재무상태표, 포괄손익계산서, 현금흐름표, 자본변동표 및 주석으로 구성된다.

1 재무상태표

(1) 재무상태표의 의의

재무상태표는 기업실체의 특정시점에서의 재무상태를 나타내는 재무제표로서 기업의 유동성, 재무적 탄력성, 수익성과 위험을 평가하는데 유용한 정보를 제공한다. 여기서 재무상태란 특정시점에서의 자산, 부채 및 자본의 구성내용과 크기를 의미한다. 재무상태표의 구성요소는 자산, 부채와 자본이며 이러한 재무상태표의 3가지 구성요소는 항상 일정한 관계를 가지게 되는데 이를 회계등식(accounting equation)이라 한다. 이 등식에 의하면 기업이 소유하고 있는 자원(자산)은 자원에 대한 청구권(부채와 자본)과 같다.

$$\underbrace{\text{자 산}}_{\text{경제적 자원}} = \underbrace{\text{부 채 + 자 본}}_{\text{자원에 대한 청구권}}$$

[재무상태표의 양식]

재 무 상 태 표

20×1년 12월 31일 현재
20×0년 12월 31일 현재

A회사 (단위 : 원)

과 목	20×1년 말	20×0년 말	과 목	20×1년 말	20×0년 말
유동자산	**327,000**	**261,600**	**유동부채**	**188,000**	**150,400**
현금및현금성자산	43,000	34,400	매입채무 및 기타채무	25,000	20,000
단기투자금융자산	65,000	52,000	단기차입금	103,000	82,400
매출채권 및 기타채권	89,000	71,200	유동성장기차입금	48,000	38,400
재고자산	103,000	82,400	당기법인세부채	12,000	9,600
매각예정비유동자산	27,000	21,600	**비유동부채**	**240,000**	**192,000**
비유동자산	**729,000**	**583,200**	장기차입금	150,000	120,000
당기손익금융자산	36,000	28,800	이연법인세부채	29,000	23,200
기타포괄금융자산	14,000	11,200	순확정급여부채	33,000	26,400
상각후원가금융자산	26,000	20,800	손실충당부채	28,000	22,400
관계기업투자주식	93,000	74,400	**부 채 총 계**	**428,000**	**342,400**
종속기업투자주식	128,000	102,400	자 본 금	300,000	240,000
유형자산	320,000	256,000	자본잉여금	72,000	57,600
투자부동산	39,000	31,200	자본조정	(6,000)	(4,800)
영 업 권	38,000	30,400	기타포괄손익누계액	35,000	28,000
기타무형자산	24,000	19,200	이익잉여금	227,000	181,600
생물자산	11,000	8,800	**자 본 총 계**	**628,000**	**502,400**
자 산 총 계	**1,056,000**	**844,800**	**부 채 및 자 본 총 계**	**1,056,000**	**844,800**

(2) 재무상태표의 구성요소 : 자산

자산은 과거사건의 결과로 기업이 현재 통제하는 미래 경제적효익을 창출할 잠재력을 지닌 권리(경제적자원)를 말한다. 자산은 유동자산과 비유동자산으로 구분하여 재무상태표에 공시하는 것이 원칙이다. 유동자산(current asset)은 1년 또는 정상영업주기안에 현금화되거나 소비될 것으로 예상되는 재산을 의미하며, 비유동자산(non-current asset)은 유동자산 이외의 항목을 말한다.

참고 **정상영업주기(normal operating cycle)**

정상영업주기는 영업활동을 위한 자산의 취득시점부터 그 자산이 현금이나 현금성자산으로 실현되는 시점까지 소요되는 기간을 말하는 것이다. 쉽게 말하면 재고자산을 들여와서 판매하는데까지 소요된 기간(재고자산 회전기간)과 판매후에 그 매출채권이 회수되기까지 소요된 기간(매출채권 회전기간)을 더한 것을 정상영업주기라 한다.

일반적으로 유동자산으로 분류되는 항목은 현금및현금성자산, 단기투자금융자산, 매출채권 및 기타채권과 재고자산이다.

① 현금및현금성자산

현금및현금성자산(cash and cash equivalent)은 기업의 보유현금이나 요구불예금, 혹은 취득일 기준의 만기가 3개월 이내인 초단기 투자자산으로서 확정된 금액의 현금으로 전환이 용이하고 가치변동의 위험이 경미한 자산을 포함한다.

② 단기투자금융자산

단기투자금융자산(short-term investment)은 기업이 여유자금의 활용 목적으로 보유하는 단기성 정기예금이나 단기간 보유하는 당기손익-공정가치측정 금융자산, 기타포괄손익-공정가치측정 금융자산과 상각후원가측정 금융자산을 포함한다.

③ 매출채권 및 기타채권

매출채권 및 기타채권(account receivables and other receivables)은 재고자산 매매거래에서 발생한 외상채권인 매출채권과 재고자산 이외의 매매거래에서 발생한 외상채권인 미수금, 대여금 등의 채권을 포함한다.

④ 재고자산

재고자산(inventory)은 정상적인 영업과정에서 판매를 위하여 보유한 자산인 상품이나 제품과 생산과정에 있는 자산인 재공품과 생산에 투입될 원재료나 소모품의 형태로 존재하는 자산을 포함한다.

일반적으로 비유동자산으로 분류되는 항목은 장기투자금융자산, 투자부동산, 유형자산, 생물자산과 무형자산이다.

① 장기투자금융자산

장기투자금융자산(long-term investment)은 기업이 여유자금의 활용 목적으로 보유하는 장기성 정기예금이나 장기간 보유하는 당기손익-공정가치측정 금융자산, 기타포괄손익-공정가치측정 금융자산과 상각후원가측정금융자산을 포함한다.

② 투자부동산

투자부동산(investment property)은 기업이 임대수익이나 장기시세차익을 얻기 위하여 보유하고 있는 토지와 건물 및 기타부동산을 포함한다.

③ 유형자산

유형자산(property, plant and equipment)은 기업이 재화나 용역의 생산이나 제공, 타인에 대한 임대 또는 관리활동에 사용할 목적으로 보유하는 물리적 형태가 있는 자산으로서 한 회계기간을 초과하여 사용할 것이 예상되는 자산인 토지, 건물, 구축물, 기계장치, 차량운반구 및 집기와 비품을 포함한다.

④ 생물자산

생물자산(biological asset)은 기업이 판매나 사용을 목적으로 보유하고 있는 살아있는 동물이나 식물을 포함한다.

⑤ 무형자산

무형자산(intangible asset)은 기업이 보유하는 물리적 실체는 없지만, 식별가능한 비화폐성자산인 영업권, 개발비, 산업재산권 및 소프트웨어 등을 포함한다.

(3) 재무상태표의 구성요소 : 부채

부채는 과거사건의 결과로 기업이 경제적자원을 이전해야 하는 현재의무이다. 부채는 유동부채와 비유동부채로 구분하여 재무상태표에 공시하는 것이 원칙이다. 유동부채(current liability)는 1년 또는 정상영업주기안에 지불할 것으로 예상되는 채무를 의미하며, 비유동부채(non-current liability)는 유동부채 이외의 항목을 말한다.

일반적으로 유동부채로 분류되는 항목은 매입채무 및 기타채무, 단기차입금, 유동성장기차입금과 당기법인세부채이다.

① 매입채무 및 기타채무

매입채무 및 기타채무(account payables and other payables)는 재고자산 매매거래에서 발생한 외상채무인 매입채무와 재고자산 이외의 매매거래에서 발생한 외상채무인 미지급금 등의 채무를 포함한다.

② 단기차입금

단기차입금(short-term borrowings)은 기업이 금융기관으로부터 1년 이내의 약정만기로 차입한 자금을 말한다.

③ 유동성장기차입금

유동성장기차입금(current portion of long-term borrowing)은 기업이 금융기관으로부터 1년 초과의 약정만기로 장기차입한 자금 중 보고기간 말을 기준으로 한 잔여만기가 1년 이내로 도래한 차입금을 포함한다.

④ 당기법인세부채

당기법인세부채(current tax liability)는 기업이 보고기간 말을 기준으로 납부하여야 할 법인세부담액 중 아직 납부하지 않은 금액을 말한다.

일반적으로 비유동부채로 분류되는 항목은 장기차입금과 이연법인세부채, 퇴직급여부채 및 장기충당부채이다.

① 장기차입금

장기차입금(long-term borrowing)은 기업이 금융기관으로부터 1년 초과의 약정만기로 차입한 자금 중 보고기간 말을 기준으로 한 잔여만기가 1년을 초과하는 차입금을 말한다.

② 이연법인세부채

이연법인세부채(deferred tax liability)는 기업이 보고기간 말을 기준으로 법인세법상 가산할 일시적 차이로 인하여 미래에 추가로 부담하게 될 법인세부담액을 말한다.

③ 순확정급여부채

순확정급여부채(defined benefit liability)는 기업이 보고기간 말을 기준으로 종업원에게 지급할 퇴직금 관련 부채를 말하는 것으로, 기업의 의무인 확정급여채무에서 기업의 권리인 사외적립자산을 차감한 순금액을 말한다.

④ 장기성손실충당부채

손실충당부채(provision liability)는 과거사건의 결과 발생한 현재의무로서 지출의 시기 또는 금액이 불확실한 부채이지만, 미래 경제적 효익의 유출가능성이 높고, 당해 의무의 이행에 소요되는 금액을 신뢰성 있게 추정할 수 있어서 부채로 인식할 수 있는 항목을 말한다.

(4) 재무상태표의 구성요소 : 자본

자본은 기업의 자산에서 모든 부채를 차감한 잔여지분을 말한다. 일반적으로 자본은 납입자본, 이익잉여금 및 기타자본구성요소로 분류하고 있다.

① 납입자본

납입자본(contributed capital)은 회사와 소유주(주주)와의 자본거래에서 소유주가 회사에 납입한 자본금액을 말하는 것으로 자본금과 자본잉여금으로 구분할 수 있다.

② 이익잉여금

이익잉여금(retained earning)은 기업의 경영활동에서 발생한 이익 중 주주에 대한 배당 등을 통하여 처분된 금액을 차감한 후에 사내에 유보된 잉여금이다. 이익잉여금은 이익준비금, 임의적립금과 이익잉여금으로 구분할 수 있다.

③ 기타자본구성요소

기타자본구성요소(other components of equity)는 회사의 자본 중 납입자본과 이익잉여금으로 분류되지 않는 자본항목으로 자본조정과 기타포괄손익누계액이 있다.

2 포괄손익계산서

포괄손익계산서는 소유주(주주)와의 자본거래에 따른 자본의 변동을 제외한 기업 순자산의 변동을 표시하는 보고서이다. 포괄손익계산서의 포괄이익은 기업실체의 일정 기간의 경영성과에 대한 정보를 제공함과 동시에, 기업의 미래현금흐름과 수익창출능력 등의 예측에 유용한 정보를 제공한다. 포괄손익은 당기순손익과 기타포괄손익의 합계액을 말하며 이를 산식으로 정리하면 다음과 같다.

포괄손익 (Comprehensive Income) = **당기순손익** (Net Income) + **기타포괄손익** (Other Comprehensive Income)

여기서 당기순손익만을 포함하는 재무성과표를 '손익계산서'라고 하며, 기타포괄손익까지 포함한 재무성과표를 '포괄손익계산서'라고 한다.

(1) 포괄손익계산서에 표시되는 정보

포괄손익계산서에 포함할 최소한의 항목을 대분류 수준에서 제시하면 다음과 같다. 물론 한국채택국제회계기준에 의하여 포괄손익계산서를 작성하는 기업은 해당 기업의 상황에 맞추어 아래의 포괄손익계산서를 변형하여 이를 일관성 있게 표시하면 된다.

[포괄손익계산서의 양식]

포 괄 손 익 계 산 서

당기 : 20×1년 1월 1일부터 20×1년 12월 31일까지
전기 : 20×0년 1월 1일부터 20×0년 12월 31일까지

A회사 (단위 : 원)

구 분	20×1년	20×0년	손익범주
매출수익	367,000	353,100	영업범주
매출원가	(241,600)	(224,100)	
매출총이익	**125,400**	**129,000**	
판매비용	(28,900)	(27,400)	
관리비용	(20,900)	(22,400)	
연구개발비	(25,100)	(25,900)	
기타영업수익	12,200	4,100	
기타영업비용	(5,700)	(5,600)	
영업이익	**57,000**	**51,800**	
투자채무상품에 대한 이자수익	6,200	9,300	투자범주
투자지분상품에 대한 배당금수익	2,400	3,600	
관계기업 및 공동기업에 대한 지분법손익	5,300	7,950	
투자부동산의 임대수익과 처분손익	1,200	1,800	
기타투자손익	(600)	(900)	
재무손익 및 법인세비용차감전이익	**71,500**	**73,550**	
차입금 및 리스부채에 대한 이자비용	(13,000)	(13,200)	재무범주
순확정급여부채 및 충당부채에 대한 이자비용	(6,500)	(6,000)	
기타재무손익	1,500	2,250	
법인세비용차감전이익	**53,500**	**56,600**	
법인세비용	(8,100)	(9,975)	법인세
계속영업이익	**45,400**	**46,625**	
중단영업손실	-	(5,500)	중단영업
당기순이익	**45,400**	**41,125**	
기타포괄손익			
당기손익으로 재분류않는 세후기타포괄손익	1,500	1,300	기타포괄손익범주
당기손익으로 재분류되는 세후기타포괄손익	1,200	1,400	
총포괄이익	**48,100**	**43,825**	

(2) 포괄손익계산서의 구성요소 : 당기순손익

한 회계기간에 인식되는 모든 수익과 비용 항목은 한국채택국제회계기준이 달리 정하지 않는 한 당기손익(net income)으로 인식한다. 기업의 다양한 활동, 거래 및 그 밖의 사건의 영향은 빈도, 손익의 가능성 및 예측가능성의 측면에서 서로 상이하므로, 손익계산서의 당기순손익의 구성요소에 대한 구분공시는 재무제표이용자가 달성된 재무성과를 이해하고 미래 재무성과를 예측하는 데 도움을 준다. 이에 한국채택국제회계기준에서는 당기순손익으로 반영된 수익과 비용은 다음 다섯 가지 범주 중 하나로 분류해야 하도록 규정하고 있다.

(1) **영업 범주손익** : the operating category
(2) **투자 범주손익** : the investing category
(3) **재무 범주손익** : the financing category
(4) **법인세 범주손익** : the income taxes category
(5) **중단영업 범주손익** : the discontinued operations category

① 영업범주손익 : 매출(수익)

매출수익은 기업이 그 영업의 목적으로 하는 상품 등의 판매 또는 용역의 제공을 행하고 대가를 받음으로써 실현되는 수익을 말한다. 매출수익은 주된 영업활동에서 발생한 제품, 상품 및 용역 등의 총매출액에서 매출할인, 매출환입, 매출에누리 등을 차감한 금액이다.

② 영업범주손익 : 매출원가(비용)

매출원가(cost of sales)는 기업이 판매한 재고자산의 구입원가 또는 생산원가를 말한다. 일반적으로 기초재고원가와 당기순매입원가에 기말재고원가를 차감하여 계산되며, 당기순매입액은 총매입액에서 매입환출, 매입에누리와 매입할인을 차감한 금액이다.

③ 영업범주손익 : 판매비용과 관리비용

판매비용와 관리비용은 재화나 용역의 판매활동 또는 기업의 관리와 유지에서 발생하는 비용으로 급여, 퇴직급여, 복리후생비, 임차료, 접대비, 감가상각비, 무형자산상각비, 세금과공과, 광고선전비, 대손상각비 등 매출원가에 속하지 않는 영업비용을 말한다.

④ 영업범주손익 : 연구개발비용

연구개발비용은 기업이 새로운 지식을 얻기 위해 탐색이나 실험, 조사하는 연구단계에서 발생하는 연구비용과 연구결과를 바탕으로 실제로 제품이나 기술을 완성할 수 있는지를 판단하는 개발단계에서 발생하는 영업비용을 말한다.

⑤ 영업범주손익 : 기타영업수익

기타영업수익은 기업의 영업활동과 관련되어 있지만, 매출수익으로 분류되지 않는 영업수익 항목을 말한다. 예를 들면, 유형자산이나 무형자산의 처분이익과 손상환입, 영업활동과 관련된 정부보조금수령이익, 보험차익 등이 있다.

⑥ 영업범주손익 : 기타영업비용

기타영업비용은 기업의 영업활동과 관련되어 있지만, 매출원가비용이나 판매비와 관리비용 등 분류되지 않은 영업비용 항목을 말한다. 예를 들면, 유형자산이나 무형자산의 처분손실과 손상차손, 구조조정비용, 재해손실, 법규위반에 따른 벌금과 과태료 등이 있다.

⑦ 투자범주손익

투자범주손익은 영업활동이 아닌 투자활동을 통해 유발된 수익과 비용의 합계를 말한다. 예를 들어, 주식이나 채권의 투자에서 발생하는 배당금수익과 이자수익, 금융자산평가손익, 금융자산처분손익과 부동산투자에서 발생하는 임대수익이나 부동산평가손익, 부동산처분손익 등이 있다.

⑧ 재무범주손익

재무범주손익은 영업활동이 아닌 재무활동을 통해 유발된 수익과 비용의 합계를 말한다. 예를 들어, 차입금이나 사채에서 발생하는 이자비용과 금융부채평가손익, 금융부채상환손익 등이 있다.

⑨ 법인세범주손익

법인세범주손익은 기업이 영업활동과 투자활동, 재무활동을 통해 유발된 이익에 대하여 부담하여야 하는 법인세비용을 말한다.

⑩ 중단영업범주손익

중단영업범주손익은 기업이 보유한 여러 사업 중 특정 사업을 중단했거나, 중단하기로 결정한 경우 해당 사업부문에서 발생하는 순손익을 말한다. 이는 중단영업손익은 미래에 더 이상 발생하지 않기에 계속영업손익과 구분하여 표시하며, 이를 통해서 당기순손익의 예측가치를 높일 수 있다.

(3) 포괄손익계산서의 구성요소 : 기타포괄손익

기타포괄손익(other comprehensive income)은 아래의 한국채택국제회계기준서에서 요구하거나 허용하여 당기손익으로 인식하지 않은 수익과 비용항목으로 모두 장기성 미실현보유이익 성격의 계정이다. 기타포괄손익에 대하여는 장을 달리하여 자세히 설명할 것이다.

[당기손익으로 재분류하지 않는 기타포괄손익]

(1) 유형자산과 무형자산의 재평가잉여금의 변동손익
(2) 당기손익 공정가치 측정항목으로 지정한 특정 금융부채의 신용위험 변동으로 인한 공정가치 변동손익
(3) 확정급여제도의 재측정요소
(4) 기타포괄손익 공정가치 측정항목으로 지정한 지분상품에 대한 투자에서 발생한 손익

[당기손익으로 재분류하는 기타포괄손익]

(5) 기타포괄손익 공정가치로 측정하는 채무상품에 대한 투자에서 발생한 손익
(6) 해외사업장의 재무제표 환산으로 인한 손익
(7) 현금흐름위험회피에서 위험회피수단인 파생상품평가손익 중 효과적인 부분

3 기타의 재무제표

(1) 자본변동표

자본변동표는 일정기간 동안의 자본변동에 관한 정보를 제공하는 재무제표이다. 자본변동표는 재무상태표에 표시되어 있는 자본의 기초잔액과 기말잔액을 모두 제시함으로써 재무상태표와의 연계성을 유지한다. 또한 자본의 변동내용은 포괄손익계산서와 현금흐름표에 나타난 정보와 연결할 수 있어 정보이용자들이 더욱 명확히 재무제표간의 관계를 파악할 수 있게 된다. 특히 자본변동표는 포괄손익계산서를 거치지 않고 재무상태표의 자본에 직접 가감되는 항목인 자본거래항목에 대한 추가적인 정보를 제공한다는 장점이 있다. 자본변동표의 양식은 다음과 같다.

[자본변동표의 양식]

자본변동표
20×1년 1월 1일 ~ 20×1년 12월 31일

(단위 : 원)

구 분	납입자본		기타자본구성요소		이익잉여금	계
	자본금	자본잉여금	자본조정	기타포괄손익누계액		
20×1년 1월 1일	×××	×××	×××	×××	×××	×××
현금배당	-	-	-	-	(×××)	(×××)
유상증자	×××	×××	-	-	-	×××
당기순이익	-	-	-	-	×××	×××
기타포괄손익	-	-	-	×××	-	×××
20×1년 12월 31일	×××	×××	-	×××	×××	×××

(2) 현금흐름표

현금흐름표는 영업활동, 투자활동과 재무활동별로 기업의 일정기간 동안의 현금및현금성자산의 변동에 관한 정보를 제공하는 재무제표이다. 이러한 현금흐름정보는 현금주의기준의 경영성과, 기업의 현금창출능력과 기업의 현금수요에 대한 정보를 재무제표이용자에게 제공한다. 현금및현금성자산의 변동은 영업활동, 투자활동, 재무활동으로 구분하여 나타내며, 구체적으로 현금흐름표의 양식은 다음과 같다.

[현금흐름표의 양식]

현금흐름표

A회사　　20×1년 1월 1일부터 20×1년 12월 31일

Ⅰ. 영업활동으로 인한 현금흐름		×××
1. 매출 등 수익활동으로부터의 현금유입액	×××	
2. 매입으로 인한 현금유출액	(×××)	
3. 종업원에 대한 현금유출액	(×××)	
4. 법인세의 지급으로 인한 현금유출액	(×××)	
Ⅱ. 투자활동으로 인한 현금흐름		×××
1. 유형자산의 처분으로 인한 현금유입액	×××	
2. 유형자산의 취득으로 인한 현금유출액	(×××)	
3. 금융자산의 처분으로 인한 현금유입액	×××	
4. 금융자산의 취득으로 인한 현금유출액	(×××)	
5. 이자수익으로 인한 현금유입액	×××	
Ⅲ. 재무활동으로 인한 현금흐름		×××
1. 장기차입금의 차입으로 인한 현금유입액	×××	
2. 장기차입금의 상환으로 인한 현금유출액	(×××)	
3. 이자비용으로 인한 현금유출액	(×××)	
4. 유상증자로 인한 현금유입액	×××	
5. 배당으로 인한 현금유출액	(×××)	
Ⅳ. 현금및현금성자산의 순증가		×××
Ⅴ. 기초 현금및현금성자산		×××
Ⅵ. 기말 현금및현금성자산		×××

객관식 연습문제

01 한국채택국제회계기준에 의할 때 전체 재무제표에 포함되지 않은 것은?

① 재무상태표
② 자본변동표
③ 포괄손익계산서
④ 사업보고서
⑤ 현금흐름표

02 자산에 대한 다음 설명 중에서 가장 옳지 않은 것은?

① 자산은 미래에 경제적 효익을 제공하여야 한다.
② 자산은 객관적인 판매가치가 보장되어야 한다.
③ 자산은 과거의 거래나 경제적 사건의 결과로 취득한 것이어야 한다.
④ 현재 특정 기업이 통제권을 갖고 있는 매출채권, 건물은 자산에 해당한다.
⑤ 자산으로 인식하려면 자산의 정의에 맞고 금액을 신뢰성 있게 측정할 수 있어야 한다.

03 재무상태표에 관한 설명으로 옳은 것은?

① 자산과 부채 및 자본항목들이 모두 현행가치로 표시된다.
② 재무상태표 작성과정에 회계담당자의 주관적 판단이 개입되지 않는다.
③ 기업의 미래가치에 중대한 영향을 주는 모든 사항들이 반영되어 있다.
④ 재무상태표는 특정기업의 일정기간 동안의 재무상태를 나타내는 재무제표이다.
⑤ 재무상태표는 기업의 유동성 수준 및 재무구조의 건전성 여부를 판단할 수 있는 정보를 담고 있다.

04 다음의 설명 중 옳지 않은 것을 고르시오.

① 재무보고의 주된 수단은 재무제표이다.
② 재무제표는 일정한 규정에 의하여 작성되고, 일정한 기간 내에 정보이용자에게 제공되어야 한다.
③ 정태적 재무제표에는 재무상태표, 동태적 재무제표에는 포괄손익계산서, 현금흐름표, 자본변동표가 있다.
④ 재무제표는 상호간의 연관성이 없이 독립적으로 작성된다.
⑤ 재무제표 작성에는 일정 부분 추정, 판단, 모형에 근거한 평가 등이 포함된다.

05 다음의 설명 중 옳은 것을 고르시오.

① 재무상태표는 일정기간 동안 기업의 재무상태를 나타내는 것으로 대차대조표라고도 하며 그 구성항목은 자산, 부채, 자본이다.
② 포괄손익계산서는 일정시점에서 기업의 재무성과를 나타내는 것으로 재무성과표라고도 하며 그 구성항목으로 수익과 비용이 있다.
③ 자산은 유동자산과 비유동자산으로 분류할 수 없으며, 재무상태표에는 항상 비유동자산이 유동자산보다 먼저 표시된다.
④ 재무상태표에서 자산은 경제적자원에 대한 청구권을 나타내고, 부채와 자본은 경제적 자원을 나타낸다.
⑤ 비용은 관련된 수익이 실현되는 시점에서 수익에 대응하여 인식함을 원칙으로 한다.

06 다음의 설명 중 옳지 않은 것을 고르시오.

① 재무상태표는 자산, 부채, 자본으로 구성된다.
② 포괄손익계산서는 일정기간 동안 당기순손익과 기타포괄손익의 변동을 보여준다.
③ 포괄손익계산서를 작성할 때 유동성 구분을 하지 않는다.
④ 포괄손익계산서를 작성할 때는 당기순손익은 손익의 범주별로 작성한다.
⑤ 포괄손익계산서를 작성할 때 이자비용이나 유형자산처분손실은 모두 영업범주의 손익으로 분류한다.

07 재무제표와 관련된 설명으로 옳지 않은 것은?

① 전체 재무제표에는 재무상태표, 포괄손익계산서, 자본변동표, 현금흐름표가 있으며 주석을 포함한다.

② 주석과 계정과목별 부속명세서는 재무제표의 일부분이다.

③ 주석은 재무제표상의 해당과목 또는 금액에 기호를 붙이고 난외 또는 별지에 동일한 기호를 표시하여 그 내용을 간결하게 설명하는 방법이다.

④ 당기순이익은 회계기간 동안 발생한 수익에서 비용을 차감하여 산정할 수 있다.

⑤ 포괄손익계산서에서 매출총이익이 음(-)이 될 수도 있다.

08 12월말 법인인 ㈜서울의 20×1년에 발생한 총수익이 ₩10,000이고 총비용은 ₩8,000이며, 20×1년 기말자산과 기말부채가 각각 ₩9,000과 ₩6,000이었고 기초자산이 ₩6,000이었다면 20×1년 기초부채는 얼마인가?

① ₩5,000 ② ₩4,000 ③ ₩3,000 ④ ₩2,000 ⑤ ₩1,000

09 ㈜한국의 20×1년 관련 자료는 다음과 같다. 기초자산(a)은 얼마인가? 단, 기중에 발생한 자본거래는 없었다.

기초자산	a	기말자산	c	당기총수익	60,000
기초부채	12,000	기말부채	19,000	당기총비용	d
기초자본	b	기말자본	6,000	당기순실	(3,000)

① ₩20,000 ② ₩21,000 ③ ₩22,000 ④ ₩23,000 ⑤ ₩24,000

10 ㈜서울의 20×1년 재무상태와 경영성과 및 자본거래와 관련된 자료가 다음과 같을 때, 기말부채는 얼마인가?

기초자산	₩160,000	기초부채	₩120,000
기말자산	235,000	기말부채	?
당기총수익	450,000	당기총비용	435,000
유상증자	20,000	현금배당	8,000

① ₩150,000 ② ₩158,000 ③ ₩160,000 ④ ₩168,000 ⑤ ₩170,000

11 ㈜삼육의 20×2년 포괄손익계산서와 20×2년말 재무상태표 작성에 필요한 자료는 다음과 같다. 단, 20×2년 동안 자본거래는 없었다. <u>20×1년말</u> 자본 총액은 얼마인가?

현 금	₩10,000	이자비용	₩10,000	건 물	₩50,000
차 입 금	50,000	재고자산	30,000	매출채권	30,000
미지급비용	40,000	급 여	20,000	선 급 금	20,000
매 출	100,000	매출원가	80,000		

① ₩40,000 ② ₩50,000 ③ ₩60,000 ④ ₩70,000 ⑤ ₩80,000

객관식 연습문제 해답 및 해설

01. ④	02. ②	03. ⑤	04. ④	05. ⑤	06. ⑤	07. ②	08. ①	09. ②	10. ④
11. ③									

01 ④

한국채택국제회계기준에 의할 때 전체 재무제표로는 재무상태표, 포괄손익계산서, 현금흐름표, 자본변동표가 있으며, 주석을 포함한다.

02 ②

자산이란 과거의 거래나 경제적 사건의 결과 현재 특정기업에 의해 지배되고 있는 미래 경제적 효익을 말한다. 자산 중에는 토지, 건물처럼 판매를 목적으로 하지 않는 것도 있다. 자산으로 인식하기 위하여 판매가치가 보장되어야 하는 것은 아니다.

03 ⑤

① 자산과 부채 중 역사적 원가로 표시되는 것도 있고, 자본은 자산에서 부채를 차감하여 산정한다.
② 중요성 판단이나 계정과목의 통합 및 분류 등에 회계담당자의 주관이 개입된다.
③ 재무상태표에는 화폐단위로 측정할 수 있는 정보만 포함되므로 기업의 미래가치에 중대한 영향을 미치는 모든 정보가 반영되는 것은 아니다.
④ 재무상태표는 특정기업의 일정시점의 재무상태를 나타내는 재무제표이다.

04 ④

재무제표는 상호간에 연계성을 가지고 있어서 서로 영향을 주고 받으며 작성된다.

05 ⑤

① 재무상태표는 일정시점에서의 기업의 재무상태를 나타내는 정태적 재무제표이다.
② 포괄손익계산서는 일정기간동안의 기업의 경영성과를 나타내는 동태적 재무제표이다.
③ 재무상태표의 자산은 일반적으로 유동자산과 비유동자산으로 구분한다. 일반적으로 유동자산을 비유동자산보다 먼저 표시한다.
④ 자산은 경제적 자원을 나타내고, 부채와 자본은 경제적 자원에 대한 청구권을 나타낸다.

06 ⑤

이자비용은 재무범주의 손익이며, 유형자산처분손실은 영업범주의 손익으로 분류한다.

07 ②

주식은 재무제표의 일부이나, 부속명세서는 재무제표에 첨부할 명세서로 재무제표의 범위에 포함되지 않는다.

08 ①

당기순이익 : 10,000(총수익) - 8,000(총비용) = 2,000
기말자본 : 9,000(기말자산) - 6,000(기말부채) = 3,000
기초자본 : 3,000(기말자본) - 2,000(당기순이익) = 1,000
기초부채 : 6,000(기초자산) - 1,000(기초자본) = 5,000

09 ②

(1) (-)3,000(당기순손실) = 60,000(당기총수익) - ⓓ(당기총비용) ➡ ⓓ = ₩63,000

(2) ⓒ(기말자산) = 19,000(기말부채) + 6,000(기말자본) ➡ ⓒ = ₩25,000

(3) 6,000(기말자본) - ⓑ(기초자본) = -3,000(당기순손실) ➡ ⓑ = ₩9,000

(4) ⓐ(기초자산) = 12,000(기초부채) + 9,000(기초자본) ➡ ⓐ = ₩21,000

10 ④

(1) 기초자본 = 기초자산 - 기초부채 ➡ 160,000 - 120,000 = ₩40,000

(2) 당기순이익 = 당기총수익 - 당기총비용 ➡ 450,000 - 435,000 = ₩15,000

(3) 기말자본 = 기초자본 ± 자본거래 + 당기순이익 ➡ 40,000 + 20,000 - 8,000 + 15,000 = ₩67,000

(4) 기말부채 = 기말자산 - 기말자본 ➡ 235,000 - 67,000 = ₩168,000

11 ③

- 20×2년말 자산 : 10,000+50,000+30,000+30,000+20,000=140,000
- 20×2년말 부채 : 50,000+40,000=90,000
- 20×2년말 자본 : 50,000
- 20×2년 수익 : 100,000
- 20×2년 비용 : 10,000+20,000+80,000=110,000
- 20×2년 당기순이익(당기순손실) : 100,000-110,000=(10,000)
- 20×1년말 자본 - 10,000 = 50,000 ∴ 20×1년말 자본 = ₩60,000

주관식 연습문제

재무상태표 작성

01 ㈜서울은 20×1년 초에 액면총액 ₩800,000인 주식을 ₩1,000,000에 발행하여 조달한 현금으로 영업을 시작하였다. 20×1년 말 현재 보유하고 있는 자산, 부채와 관련된 자료는 다음과 같다.

① 현 금	₩150,000	② 매 출 채 권	₩600,000
③ 토 지	₩500,000	④ 상 품	₩450,000
⑤ 건 물	₩800,000	⑥ 미지급임차료	₩200,000
⑦ 단 기 차 입 금	₩1,000,000		

요구사항

1. ㈜서울의 20×1년 말 현재 자산, 부채 및 자본은 각각 얼마인가?
2. ㈜서울의 20×1년 순자산 변동액은 얼마인가?
   단, 당기 중에 추가로 출자한 것이나 배당한 것은 없다.
3. ㈜서울의 20×1년 말 현재 재무상태표를 계정식으로 작성하시오.

포괄손익계산서 작성

02 ㈜서울은 20×1년 초에 액면총액 ₩800,000인 주식을 ₩1,000,000에 발행하여 조달한 현금으로 영업을 시작하였다. 다음은 ㈜서울의 20×1년 경영성과와 관련된 자료이다. 이 회사는 주로 상품을 매입하여 판매하고 있으며, 회계기간은 1월 1일부터 12월 31일까지이고, 기타포괄손익은 발생하지 않았다.

① 상품 매출액	₩5,000,000	② 은행 이자수입	₩140,000
③ 상품 매출원가	₩3,000,000	④ 광 고 선 전 비	₩1,000,000
⑤ 관리사원 급여	₩700,000	⑥ 은행 차입이자	₩100,000

요구사항

1. ㈜서울의 20×1년 수익, 비용 및 당기순이익은 각각 얼마인가?
2. ㈜서울의 20×1년 당기손익계산서를 작성하시오.
3. 위에 제시된 자료 외에 유형자산재평가잉여금(기타포괄손익)이 ₩50,000있다고 가정하자. 이 경우 ㈜서울의 20×1년 포괄손익계산서를 작성하시오.

당기순이익과 재무상태표

03 다음은 ㈜한국전자에 관한 내용이다.

> (1) 20×1년 초 ₩60을 주주로부터 조달하고, ₩40을 차입하여 ₩100의 자산을 매입하면서 영업을 개시하였다. 주주로부터 조달한 ₩60은 액면금액과 동일하다.
> (2) 20×1년도에 ₩50의 수익을 얻기 위해 ₩30의 비용이 발생하였다.
> (3) 20×2년 초에 추가로 ₩50을 차입하고 ₩30을 증자하였다. 또한 20×2년도에 ₩80의 수익을 얻기 위해 ₩45의 비용이 발생하였다.

요구사항

1. 20×1년 1월 1일 재무상태표를 작성하시오.
2. 20×1년 당기순이익을 구하시오.
3. 20×1년 12월 31일의 재무상태표를 작성하시오. 단, 부채는 변동하지 않았다.
4. 20×2년 당기순이익을 구하시오.
5. 20×2년 12월 31일의 재무상태표를 작성하시오.

재무제표 연계(1)

04 12월말 법인인 ㈜서울의 20×1년 초와 말의 재무상태표항목은 다음과 같다.

	20×1년 초	20×1년 말
자 산	1,000,000	1,500,000
부 채	600,000	②
자 본	①	480,000

20×1년에 발생한 손익거래는 다음과 같으며 자본거래는 없었다.

매 출 액	₩4,000,000	이 자 수 익	₩100,000
매 출 원 가	3,000,000	직 원 급 여	450,000
임 차 료	340,000	이 자 비 용	③

요구사항

주어진 자료에서 ①~③에 들어갈 금액을 산정하시오.

재무제표 연계(2)

05 12월말 법인인 ㈜서울의 20×1년 초와 말의 재무상태표항목은 다음과 같다.

	20×1년 초	20×1년 말
자 산	1,000,000	1,500,000
부 채	600,000	③
자 본	①	②

20×1년에 발생한 총수익은 ₩4,000,000이고, 총비용은 ₩3,800,000이며, 당기 중 유상증자 ₩100,000원과 현금배당 ₩60,000이 있었다.

요구사항

주어진 자료에서 ①~③에 들어갈 금액을 산정하시오.

재무상태표 작성

06 ㈜한국의 20×1년 초 자본은 ₩280,000이고 20×1년 말 현재의 재무상태는 다음과 같다.

현 금	80,000	단기차입금	20,000
건 물	135,000	미지급이자	5,000
대 여 금	23,000	상 품	40,000
매 출 채 권	14,000	토 지	94,000
사 채	30,000	자 본	?

요구사항

1. 20×1년 말 현재의 재무상태표를 계정식으로 작성하시오.
2. 20×1년 당기순이익을 구하시오. 단, 당기 중 자본거래는 없었다.

손익계산서 작성

07 ㈜한국의 20×1년의 영업활동에 관한 다음 자료는 다음과 같다.

사무직급여	80,000	매출	850,000
임차료	25,000	법인세비용	20,000
광고비	12,000	토지처분이익	21,000
이자비용	14,000	매출원가	620,000
보험료	10,000	당기순이익	?

기능별 비용분류하여 20×1년의 손익계산서를 보고식으로 작성하시오. 단, ㈜한국은 상품판매를 주된 영업으로 하는 회사이며, 회계기간은 20×1년 1월 1일부터 20×1년 12월 31일까지이다.

재무상태표와 손익계산서

08 12월말 법인인 ㈜서울의 20×1년 기초 재무상태와 기말 재무상태 및 수익과 비용의 발생에 대한 자료는 다음과 같다. 단, 20×1년 중에 발생한 자본거래는 없었다.

(1) 20×1년 1월 1일 재무상태

현금	350,000	상품	750,000
매출채권	1,000,000	비품	200,000
매입채무	800,000	차입금	700,000
자본금	500,000	이익잉여금	300,000

(2) 20×1년 12월 31일 재무상태

현금	300,000	상품	900,000
매출채권	1,350,000	비품	300,000
매입채무	1,130,000	차입금	850,000
자본금	500,000	이익잉여금	370,000

(3) 20×1년 발생 수익 및 비용

매 출 액	3,400,000	매 출 원 가	2,900,000
관 리 직 급 여	250,000	임 차 료	100,000
판 매 수 수 료	50,000	이 자 수 익	5,000
이 자 비 용	20,000	법 인 세 비 용	15,000

요구사항

1. 20×1년 당기순이익을 다음 각각의 방법으로 산출하시오.
   (1) 재무상태표 항목을 이용하여
   (2) 포괄손익계산서 항목을 이용하여
2. ㈜서울의 20×1년 손익계산서(보고식)를 작성하시오.
3. ㈜서울의 20×1년 말 재무상태표(계정식)를 작성하시오.

주관식 연습문제 해답 및 해설

01 해답

1. 20×1년 순자산

   자　산 : 150,000 + 600,000 + 500,000 + 450,000 + 800,000 = 2,500,000

   부　채 : 200,000 + 1,000,000 = 1,200,000

   자　본 : 2,500,000 - 1,200,000 = 1,300,000

2. 20×1년 순자산 변동액

   1,300,000 (기말) - 1,000,00 0(기초) = ₩300,000

3. 20×1년 말 현재 재무상태표

재무상태표

㈜서울　　20×1년 12월 31일　　(단위 : 원)

자산	금액	부채와 자본	금액
유동자산		유동부채	
현　금	150,000	미지급임차료	200,000
매출채권	600,000	단기차입금	1,000,000
상　품	450,000	부채총계	1,200,000
비유동자산		납입자본	
토　지	500,000	자 본 금	800,000
건　물	800,000	주식발행초과금	200,000
		이익잉여금	300,000
		자본총계	1,300,000
자 산 총 계	2,500,000	부채와 자본총계	2,500,000

해설

1. 미지급임차료는 지급할 의무가 있으므로 부채이고, 단기차입금도 단기간 내에 갚아야할 의무가 있으므로 부채이다.

2. 20×1년 1월 1일과 12월 31일의 재무상태표를 비교해 보면 다음과 같다.

〈20×1년 1월 1일〉

자 산	1,000,000	부 채	-
		자 본	1,000,000

〈20×1년 12월 31일〉

자 산	2,500,000	부 채	1,200,000
		자 본	1,300,000

기초에 비하여 기말에 자산은 ₩1,500,000 증가했고, 부채는 ₩1,200,000 증가했으며 자본(순자산)은 ₩300,000증가했다. 따라서 순자산 증가액은 다음과 같이 산출할 수 있다.

1법 : 1,300,000(기말자본) - 1,000,000(기초자본) = ₩300,000

2법 : 1,500,000(자산증가액) - 1,200,000(부채증가액) = ₩300,000

3. 20×1년 1월 1일과 12월 31일의 자본의 구성은 다음과 같다.

	20×1년 1월 1일	20×1년 12월 31일
자 본 금	800,000	800,000
주식발행초과금	200,000	200,000
이 익 잉 여 금	-	300,000
	1,000,000	1,300,000

02 해답

1. 20×1년 당기순이익

수 익 : 5,000,000 + 140,000 = 5,140,000

비 용 : 3,000,000 + 1,000,000 + 700,000 + 100,000 = 4,800,000

당기순이익 : 5,140,000 - 4,800,000 = 340,000

2. 20×1년 당기손익계산서

손익계산서

㈜서울 20×1년 1월 1일부터 12월 31일까지 (단위 : 원)

매 출 액	5,000,000
매출원가	(3,000,000)
매출총이익	2,000,000
광고선전비	(1,000,000)
관리사원급여	(700,000)
영업이익	300,000
이자수익	140,000
재무손익및법인세차감전이익	340,000
이자비용	(100,000)
당기순이익	340,000

3. 20×1년 포괄손익계산서

포괄손익계산서

㈜서울	20×1년 1월 1일부터 12월 31일까지	(단위 : 원)
매 출 액		5,000,000
매출원가		(3,000,000)
매출총이익		2,000,000
광고선전비		(1,000,000)
관리사원급여		(700,000)
영업이익		300,000
이자수익		140,000
재무손익및법인세차감전이익		340,000
이자비용		(100,000)
당기순이익		340,000
유형자산재평가잉여금		50,000
총포괄이익		390,000

해설

1. 당기순이익만 구하려고 하면 총수익에서 총비용을 차감하면 된다.
2. 광고선전비를 지급할 때 현금이 유출되어 자산이 감소하였으므로 비용으로 처리한다. 광고선전비는 판매를 위하여 발생한 비용이므로 판매비로 분류한다. 만약 이미 발생한 광고선전비를 기말까지 지급하지 않고 있다면 어떻게 처리할까? 이때에는 현금이 유출되지는 않았으나 지급할 의무가 발생한다. 따라서 미지급광고선전비라는 부채가 증가하므로 역시 비용으로 처리한다.
3. 이자수익은 영업활동에서 발생한 것이 아니므로 투자범주의 손익으로 처리한다. 은행으로부터 이자를 수령하면 현금이 유입되어 자산이 증가하므로 이자수익으로 처리하고, 은행에 차입이자를 지급하면 현금이 유출되어 자산이 감소하므로 이자비용으로 처리한다.

03 해답

1. 20×1년 1월 1일 재무상태표

기초자산 = 기초부채 + 기초자본

㈜한국전자			20×1. 1. 1
자 산	100	부 채	40
		자 본	
		자 본 금	60

2. 20×1년 당기순이익

㈜한국전자	20×1. 1. 1 ~ 12.31
수 익	50
(-)비 용	(30)
순이익	20

3. 20×1년 말 재무상태표

기말자산 = 기말부채 + 기말자본

기말자산 = 기말부채 + 기초자본 + 순이익

기말자산 = 기말부채 + 기초자본 + (수익 - 비용)

㈜한국전자 20×1. 12. 31

자 산	120	부 채	40
		자 본	
		자 본 금	60
		이익잉여금	20

4. 20×2년 당기순이익

㈜한국전자	20×2. 1. 1 ~ 12.31
수 익	80
(-)비 용	(45)
순이익	35

5. 20×2년 말 재무상태표

㈜한국전자 20×2. 12. 31

자 산	235	부 채	40 + 50 = 90
		자 본	
		자 본 금	60 + 30 = 90
		이익잉여금	20 + 35 = 55

04 해답

① 1,000,000(자산) - 600,000(부채) = ₩400,000(자본)

② 1,500,000(자산) - 480,000(자본) = ₩1,020,000(부채)

③ 당기순이익 : 480,000(기말자본) - 400,000(기초자본) = ₩80,000

당기총수익 : 4,000,000 + 100,000 = ₩4,100,000

당기총비용 : 3,000,000 + 340,000 + 450,000 + 이자비용 = ?

➡ 당기순이익 : 4,100,000 − 총비용 = ₩80,000

➡ 총비용 = ₩4,020,000, 이자비용 = ₩230,000

05 해답

① 1,000,000(자산) − 600,000(부채) = ₩400,000(자본)

② 당기순이익 : 4,000,000 − 3,800,000 = ₩200,000

기초자본 + 유상증자 + 당기순이익 − 현금배당 = 기말자본

기말자본 : 400,000 + 100,000 + 200,000 − 60,000 = 640,000

③ 1,500,000 − 640,000 = ₩860,000

해설

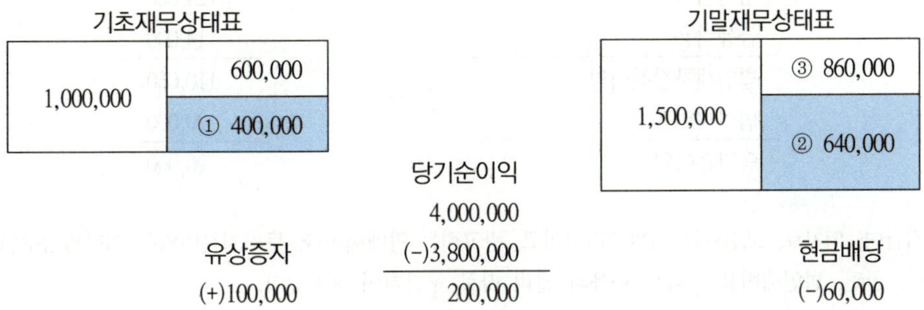

06 해답

1. 재무상태표(계정식)

재무상태표

㈜한국 20×1년 12월 31일 (단위 : 원)

자 산		부 채	
현 금	80,000	미지급이자	5,000
매출채권	14,000	단기차입금	20,000
상 품	40,000	사 채	30,000
대 여 금	23,000		
토 지	94,000	자 본	331,000
건 물	135,000		
자 산 총 계	386,000	부채와 자본총계	386,000

2. 당기순이익

331,000(기말자본) − 280,000(기초자본) = ₩51,000

07 해답

포괄손익계산서

㈜한국 20×1년 1월 1일부터 20×1년 12월 31일	(단위 : 원)
매 출 액	850,000
매출원가	620,000
매출총이익	230,000
광 고 비	12,000
사무직급여	80,000
임 차 료	25,000
보 험 료	10,000
토지처분이익	21,000
영업이익	124,000
금융비용	14,000
법인세차감전이익	110,000
법인세비용	20,000
당기순이익	90,000

사무직급여, 임차료, 보험료는 일반관리비이고, 광고비는 판매비이다. 토지처분이익은 기타영업수익으로 분류한다. 한편, 법인세비용은 다른 비용과 달리 따로 구분하여 표시한다.

08 해답

1. 20×1년 당기순이익

(1) 자본유지접근법

기 말 자 본 : 500,000(자본금) + 370,000(이익잉여금) = ₩870,000

기 초 자 본 : 500,000(자본금) + 300,000(이익잉여금) = ₩800,000

당기순이익 : 870,000 − 800,000 = ₩70,000

(2) 거래접근법

당기총수익 : 3,400,000 + 5,000 = ₩3,405,000

당기총비용 : 2,900,000 + 250,000 + 100,000 + 50,000 + 20,000 + 15,000 = ₩3,335,000

당기순이익 : 3,405,000 − 3,335,000 = ₩70,000

2. 손익계산서

포괄손익계산서

㈜서울	20×1년 1월 1일부터 20×1년 12월 31일	(단위 : 원)
매 출 액		3,400,000
매출원가		2,900,000
매출총이익		500,000
판매수수료		50,000
관리직급여		50,000
임 차 료		100,000
영업이익		100,000
이자수익		5,000
재무손익및법인세차감전이익		105,000
금융비용		20,000
법인세차감전이익		85,000
법인세비용		15,000
당기순이익		70,000

3. 재무상태표

재무상태표

㈜서울		20×1년 12월 31일	(단위 : 원)
현 금	300,000	매 입 채 무	1,130,000
매 출 채 권	1,350,000	차 입 금	850,000
상 품	900,000	자 본 금	500,000
비 품	300,000	이익잉여금	370,000
자 산 총 계	2,850,000	부채와 자본총계	2,850,000

참 고

20×1년 1월 1일의 재무상태표를 나타내면 다음과 같다.

재무상태표

현 금	350,000	매 입 채 무	800,000
매 출 채 권	1,000,000	차 입 금	700,000
상 품	750,000	자 본 금	500,000
비 품	200,000	이익잉여금	300,000
자 산 총 계	2,300,000	부채와 자본총계	2,300,000

CHAPTER

06

현금과 수취채권

ACCOUNTING PRINCIPLE

제 1 절 현금과 금융기관예치금

이 장에서는 재무상태표 계정 중에서 현금및현금성자산, 단기투자금융자산과 장기투자금융자산에 대하여 설명하려고 한다. 이러한 항목은 기업의 자산 중에서 유동성(liquidity)이 제일 높은 계정과목으로 기업이 영업활동 과정 중에 발생하는 여유자금에 대해 취하는 가장 소극적인 투자방법이다. 일반적으로 기업은 영업활동 과정에서 여유자금이 발생하면 경험적으로 자금수지를 예상하여 영업활동에 꼭 필요한 거래처 결제대금이나 종업원급여 등의 현금은 보통예금이나 당좌예금에 예입하여 적정보유자금으로 활용하고, 적정보유자금을 초과하는 잉여자금은 투자를 위해 유보하게 된다. 그 중에서 기업의 위험회피도에 따라 위험회피성향이 높은 기업은 정기예금이나 정기적금 등의 안정적인 수익을 기대할 수 있는 자산에 투자하고, 위험회피성향이 낮은 기업은 주식이나 채권, 부동산 등에 높은 수익을 기대하고 투자한다. 이하에서는 현금과 각종 예금 및 금융자산에 대하여 설명하고 그 성격과 재무상태표 상의 분류에 대하여 설명할 것이다.

[현금과 금융기관예치금의 공시]

재무상태표

A회사 20×1년 12월 31일 현재 (단위 : 원)

유동자산		
1. 현금및현금성자산		
(1) 현　　금	×××	
(2) 보통예금	×××	
(3) 당좌예금	×××	
2. 단기투자금융자산		
(1) 정기예금	×××	
(2) 정기적금	×××	
(3) 양도성예금증서 등	×××	
⋮	⋮	
비유동자산		
1. 장기투자금융자산		
(1) 정기예금	×××	
(2) 정기적금	×××	
(3) 양도성예금증서 등	×××	
⋮	⋮	

1 현 금

현금(cash)은 기업이 보유하고 있는 자산 중 유동성(liquidity)이 가장 높은 자산으로 교환의 매개수단이며, 회계측정과 회계처리의 기초를 제공하는 자산이다. 현금의 사전적 의미는 중앙은행이 발행한 지폐나 주화 등의 유통화폐인 통화를 말한다. 하지만 회계목적상 현금은 중앙은행이 발행한 통화뿐만이 아니라 타인발행수표 등의 통화대용증권까지 포괄하는 개념이다. 현금은 즉시사용을 위하여 회사가 내부적으로 보관하고 있는 자산이므로 재무상태표에는 현금및현금성자산으로 분류한다.

(1) 통 화

통화(currency)는 유통화폐의 줄임말로, 특정 국가가 공식적으로 지정하여 유통수단이나 지불수단으로 사용하는 화폐를 말한다. 즉 국가가 공식적으로 지정하여 쓰는 돈, 다시 말해 지불 및 상업적 유통 단위를 뜻하며 지폐나 주화의 형태로 발행된다. 예를 들어 회사가 ₩100,000의 외상매출을 하고, 이후 매출대금을 통화로 결제받은 경우의 회계처리는 다음과 같다.

매 출 일	(차) 매출채권	100,000 ②	(대) 매 출	100,000 ①
결 제 일	(차) 현 금	100,000 ④	(대) 매출채권	100,000 ③

(2) 통화대용증권

통화대용증권은 중앙은행이 발행한 통화는 아니지만 유동성이 높아 통화와 동일한 효력을 가지는 타인발행수표, 자기앞수표, 가계수표, 송금수표[1], 우편환증서[2], 배당금지급통지서[3]와 만기가 도래한 국공채이자표를 말한다. 예를 들어 회사가 ₩100,000의 외상매출을 하고, 이후 매출대금을 통화대용증권인 당좌수표로 결제받은 경우의 회계처리는 다음과 같다.

매 출 일	(차) 매출채권	100,000 ②	(대) 매 출	100,000 ①
결 제 일	(차) 현 금	100,000 ④	(대) 매출채권	100,000 ③

1) 원격지의 송금에 사용되는 수표로 은행에 송금액과 송금 수수료를 납입하면 송금액 수취은행을 발행인으로 하고, 상대방의 소재지에 있는 은행을 지급인으로 하여 발행하는 수표이다.

2) 은행의 송금과는 달리 가입계좌 없이 우편을 이용해 현금을 보낼 수 있는 현금의 지급지시서를 말한다. 대부분 통장이 없는 자에게 현금을 보낼 경우나, 또는 경조사비용을 현금으로 보낼 경우에 주로 우편환증서를 사용한다.

3) 주식발행회사가 주주에게 배당금을 지급하기 위해 보내는 현금지급증서이다. 주주는 배당금지급통지서를 수령한 후 통지서에 기재된 금융기관에서 배당금을 수령하게 된다.

2 금융기관예치금

현금은 수급이나 보관의 복잡성과 도난의 위험 때문에 내부통제목적상 회사에 보관하지 않고, 수령하는 즉시 은행예금계좌에 예치하는 것이 일반적이다. 은행이나 이와 유사한 금융기관에 대한 예치금(deposit of cash)은 크게 요구불예금과 저축성예금, 그리고 기타의 정형화된 금융상품으로 구분할 수 있다.

(1) 요구불예금 : 보통예금

요구불예금은 약속된 이자율의 희생 없이 예금자의 청구에 의해 언제든지 입출금이 자유로운 예금이다. 요구불예금은 저축성예금과는 달리 유동성이 높은 반면, 이자율이 낮다[4]. 보통예금과 당좌예금 등이 금융기관이 취급하는 대표적인 요구불예금이다. 예를 들어 회사가 ₩100,000의 외상매출을 하고, 이후 매출대금을 보통예금으로 계좌이체를 받은 경우의 회계처리는 다음과 같다.

매 출 일	(차) 매출채권	100,000 ②	(대) 매 출	100,000 ①
결 제 일	(차) 보통예금	100,000 ④	(대) 매출채권	100,000 ③

보통예금은 거래대금의 결제를 위하여 예금가입자가 자신의 계좌에서 현금을 직접 인출해야 한다. 따라서 실질상 현금과 차이가 없다. 따라서 보통예금은 기업이 요구할 때마다 언제든지 인출이 가능한 요구불예금이므로 보유현금과 마찬가지로 재무상태표에는 현금및현금성자산으로 분류한다. 다만, 보통예금 중에서 사용이 제한된 금액은 지급수단으로 자유로이 사용할 수 없으므로 현금및현금성자산에 해당하지 않는다.

(2) 요구불예금 : 당좌예금

현금은 수급이나 보관의 복잡성과 도난의 위험 때문에 내부통제목적상 회사에 보관하지 않고, 수령하는 즉시 은행예금계좌에 예치하는 것이 일반적이다. 또한 향후 거래대금의 지출이 필요한 경우에는 은행예금계좌에서 직접 인출하여 거래상대방에게 현금으로 지급하면 된다. 하지만, 거래처에 거액의 현금을 지급하여야 하는 경우에는 역시 도난의 위험이 발생할 수 있다. 이를 위하여 은행이 제공하는 서비스를 당좌결제서비스라 하며, 이를 위한 예금을 당좌예금이라 한다. 당좌예금은 예금가입자가 당좌수표나 어음을 발행하여 은행이 예금자의 요구에 따라 예금의 잔액범위 내에서 예금액 일부 또는 전부를 즉시 지급할 것을 약정한 예금을 말한다.

---

4) 요구불예금인 보통예금과 당좌예금의 금리는 1년에 0.1% ~ 0.5%로 아주 낮다.

[당좌예금거래의 흐름]

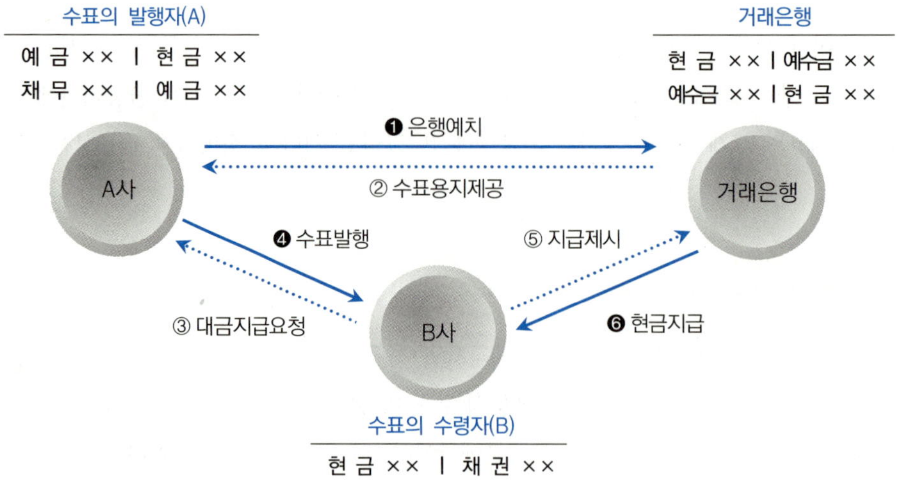

예를 들어 회사가 ₩100,000의 재고자산을 외상으로 매입하고 당좌수표를 발행하여 결제하는 경우의 회계처리는 다음과 같다.

매 입 일	(차) 재고자산	100,000 ①	(대) 매입채무	100,000 ②
당좌예입	(차) 당좌예금	100,000 ④	(대) 현 금	100,000 ③
수표결제	(차) 매입채무	100,000 ⑤	(대) 당좌예금	100,000 ⑥

당좌예금은 예금가입자가 거래대금의 결제를 위하여 자신의 계좌에서 현금을 직접 인출하는 것이 아니라, 당좌수표나 어음을 발행하여 거래상대방에게 교부하고, 거래상대방이 이를 직접 인출한다는 점에서 보통예금과 형식적인 차이가 있기는 하다. 하지만 당좌예금은 기업이 요구할 때마다 언제든지 인출이 가능한 요구불예금이므로 실질적으로는 보통예금과 동일하며, 재무상태표에는 현금및현금성자산으로 분류한다. 다만, 당좌예금 중에서 사용이 제한된 금액은 지급수단으로 자유로이 사용할 수 없으므로 현금및현금성자산에 해당하지 않는다.

참 고 **당좌개설보증금**

당좌개설보증금은 당좌예금거래를 개시하면서 거래은행에 납부하는 보증금으로, 당좌어음이나 수표가 부도가 난 경우 발생하는 부도반환수수료, 어음교환소에 납부하는 부도제재금의 수수료를 정산하기 위해 당좌거래의 개설자가 거래은행에 납부하는 담보보증금이다. 당좌예금거래를 위해서는 일반적으로 한 계좌당 ₩1,500,000에서 ₩2,000,000정도의 당좌개설보증금을 납부하여야 한다. 당좌개설보증금은 당좌예금 해지시에만 인출할 수 있으므로 현금이 아닌 장기투자금융자산으로 공시한다.

한편, 기업은 발행한 당좌수표나 어음의 결제를 원활하게 하기 위하여 당좌예금 잔액을 초과하여 당좌수표가 결제될 수 있도록 은행과 별도의 마이너스 예금약정을 맺을 수 있는데, 이를 당좌차월(bank overdraft)이라 한다. 당좌예금 잔액이 마이너스인 경우에는 은행에 해당 금액만큼의 상환의무가 발생하므로 보고기간 말의 당좌차월 잔액은 단기차입금으로 공시하여야 한다. 단, 해당 당좌차월이 금융회사의 요구에 따라 즉시 상환을 해야 한다면, 단기차입금이 아닌 현금및현금성자산의 금액에서 차감한다.

예제 1 당좌예금의 회계처리

다음은 20×1년 중 A회사의 당좌예금관련 거래내역이다. 일자별로 제시된 물음에 답하시오.

(1) A회사는 20×1년 7월 1일에 B은행과 당좌거래 약정을 체결하고, 당좌개설보증금 ₩100,000을 현금불입하였다. 또한 동일자로 당좌차월계약(한도 ₩100,000)을 체결하고, ₩40,000을 보통예금계좌에서 인출하여 당좌예금계좌에 입금하였다.
(2) A회사는 20×1년 10월 1일에 매입채무 ₩60,000을 현금 ₩8,000과 당좌수표를 발행하여 결제하였다.
(3) A회사는 20×1년 12월 1일에 거래처로부터 회수한 매출채권 ₩20,000을 현금으로 회수하여 즉시 당좌예금계정에 예입하였다.

물음

20×1년에 A회사가 당좌거래와 관련하여 행할 일련의 회계처리를 제시하시오.

해답

1. 회계처리

20×1. 7. 1	(차)	당좌개설보증금	100,000 ②	(대)	현　　금	100,000 ①
	(차)	당좌예금	40,000 ④	(대)	보통예금	40,000 ③
20×1.10. 1	(차)	매입채무	60,000 ①	(대)	현　　금	8,000 ②
					당좌예금	40,000 ③
					당좌차월	12,000 ④
20×1.12. 1	(차)	현　　금	20,000 ②	(대)	매출채권	20,000 ①
	(차)	당좌차월	12,000 ④	(대)	현　　금	20,000 ③
		당좌예금	8,000 ⑤			

해설

1. 20×1년 7월 1일 불입한 당좌개설보증금은 당좌예금을 해지하기 전까지는 인출할 수 없으므로 기말 재무상태표에 장기투자금융자산으로 공시한다.
2. 20×1년 10월 1일 발생한 당좌차월은 해당금액의 상환의무가 발생하므로, 결산일까지 상환하지 못한 경우에는 재무상태표에 단기차입금으로 공시한다.

(3) 저축성예금

저축성예금(savings deposit)은 예금 중에서도 금융기관과 예치기간을 미리 약정한 후 이자수익을 획득할 목적으로 투자한 예금을 말한다. 저축성예금은 언제나 입출금이 자유로운 요구불예금과는 달리 유동성이 낮은 반면 이율이 높다는 것이 특징으로 정기예금, 정기적금, 상호부금, 주택부금 등이 금융기관에서 취급하고 있는 대표적인 저축성예금이다.

[정기예금이자율]

구 분	상품명	1개월	3개월	6개월	1년	2년	3년	기준일
KB국민은행	KB Star 정기예금	1.80%	2.20%	2.30%	2.40%	2.50%	2.60%	2024.12.31
KEB하나은행	하나원큐 정기예금	2.00%	2.20%	2.30%	2.60%	2.60%	2.70%	2024.12.31
우리은행	원 플러스예금	2.90%	3.20%	3.25%	3.20%	3.00%	2.60%	2024.12.31
SC은행	e그린세이브예금	3.00%	3.40%	3.35%	3.10%	3.00%	3.00%	2024.12.31
농협은행	NH올원e예금	2.85%	3.35%	3.40%	3.30%	2.95%	2.95%	2024.12.31

예를 들어 회사가 여유자금을 활용할 목적으로 ₩1,000,000을 보통예금계좌에서 정기예금계좌로 계좌이체를 한 경우의 회계처리는 다음과 같다.

계좌이체일	(차) 정기예금	1,000,000 ②	(대) 보통예금	1,000,000 ①

저축성예금은 투자목적의 금융상품이기에 현금및현금성자산으로 분류하지 않으며, 투자금융자산으로 분류한다. 다만, 저축성예금이 현금성자산의 정의를 만족할 때는 현금및현금성자산으로 분류한다.

(4) 기타의 정형화된 금융상품

금융기관에서 불특정 다수의 고객을 상대로 개발한 정형화된 금융상품에는 정기예금과 정기적금 이외에도 양도성예금증서(CD), 신종기업어음(CP), 환매조건부채권(RP), 초단기수익증권(MMF, MMDA)과 어음관리계좌(CMA) 등이 있다. 이러한 금융상품은 저축성예금처럼 유동성이 낮은 반면 이율이 높다는 것이 특징이다. 예를 들어 회사가 여유자금을 활용할 목적으로 ₩1,000,000을 보통예금계좌에서 현금을 인출하여 즉시 양도성예금증서를 구입한 경우의 회계처리는 다음과 같다.

구 입 일	(차) 양도성예금증서	1,000,000 ②	(대) 보통예금	1,000,000 ①

금융기관이 취급하는 정형화된 금융상품은 투자목적의 금융상품이기에 현금및현금성자산으로 분류하지 않으며, 투자금융자산으로 분류한다. 다만, 정형화된 금융상품이 현금성자산의 정의를 만족할 때는 현금및현금성자산으로 분류한다.

3 현금과 금융기관예치금의 재무상태표 표시

회사가 보고기간 말 현재 보유하고 있는 현금과 금융기관예치금은 보유목적에 따라 현금및현금성자산, 단기투자금융자산 및 장기투자금융자산의 항목으로 분류하여 재무상태표에 표시한다.

(1) 현금및현금성자산

현금과 금융기관예치금 중에서 보고기간 말 현재 즉시 사용가능한 금액은 재무상태표에 현금및현금성자산으로 분류하여 표시한다. 여기서 현금성자산(cash equivalents)은 유동성이 매우 높은 단기 투자자산으로서 확정된 금액의 현금으로 전환이 용이하고 가치변동의 위험이 중요하지 않은 자산으로, 일반적으로 취득일로부터 만기일이 3개월 이내인 투자자산이다. 현금성자산의 예는 다음과 같다.

(1) 취득당시 만기가 3개월 이내에 도래하는 단기채무상품
(2) 취득당시 상환기일이 3개월 이내에 도래하는 상환우선주
(3) 취득당시 3개월 이내의 환매조건인 환매채

취득시점을 기준으로 한 만기가 아닌 보고기간 말로부터 잔여만기가 3개월 이내에 도래하는 금융자산 현금성자산으로 분류할 수 없다. 또한 투자자산 중 투자지분상품도 현금성자산으로 분류될 수 없다. 지분상품은 단기적인 가치변동 위험이 중요해질 수도 있으며, 확정된 만기가 없는 금융상품이기 때문이다. 다만, 상환일이 정해져 있고 취득일로부터 상환일까지의 기간이 단기인 상환우선주와 같이 실질적인 현금성자산인 경우에는 예외로 한다.

참 고 **현금및현금성자산의 분류시 주의할 항목**

(1) 수령한 선일자수표는 형식은 수표이나 경제적 실질은 받을어음에 해당하므로 수취채권(receivables)으로 분류한다.
(2) 당좌예금 잔액이 음(-)인 경우를 당좌차월(bank overdraft)이라 하는데 이는 상환하여야 할 채무이므로 단기차입금에 해당하는 유동부채이다. 참고로 당좌예금개설보증금은 당좌예금 해지시에만 인출할 수 있으므로 현금및현금성자산이 아닌 장기투자금융자산으로 공시한다.
(3) 우표와 수입인지는 수수료에 대한 선지급이므로 선급비용에 해당하며, 급여가불금과 차용증서는 대여금에 해당한다.

(2) 단기투자금융자산과 장기투자금융자산

금융기관예치금 중에서 취득일로부터 3개월 이내에 만기가 도래하는 것은 현금및현금성자산으로 분류하여 재무상태표에 표시하고, 보고기간 말로부터 1년 이내에 만기가 도래하는 것은 단기투자금융자산의 항목으로 유동자산으로 표시하며, 보고기간 말로부터 1년 이후에 만기가 도래하는 것은 장기투자금융자산의 항목으로 비유동자산으로 표시한다.

[금융상품의 계정분류]

구 분	사 례	보유목적	계정분류
현 금	통화및통화대용증권	즉시사용	현금및현금성자산
금융기관예치금	보통예금, 당좌예금	즉시사용	현금및현금성자산
금융기관예치금	정기예금, 정기적금 RP, CD, MMF, CMA	장단기이자 장단기이자	장 · 단기금융자산
당좌차월	(-)당좌예금	단기차입	단기차입금

취득시 만기 3개월 이내

사용 제한

즉시상환 해야하는 경우

예제 2 예금의 계정분류

다음은 A회사의 20×1년 12월 31일 현재 자료이다. 채권으로 분류되는 금융자산은 별도로 표시한다.

당좌예금	70,000	차용증서	20,000
당좌개설보증금	30,000	직원가불증	40,000
당좌차월	15,000	우편환증서	3,000
배당금지급통지서	7,000	정기예금(만기 1년 이내)	50,000
환매채(90일 환매조건)	5,000	양도성예금증서(120일 만기)	20,000

물음

20×1년 12월 31일 기말재무상태표에 보고될 현금및현금성자산, 단기투자금융자산, 장기투자금융자산, 수취채권은 각각 얼마인가?

해답

계정과목	현금및현금성자산	단기투자금융자산	장기투자금융자산	수취채권
당좌예금	70,000	-	-	-
차용증서	-	-	-	20,000
당좌개설보증금	-	-	30,000	-
직원가불증	-	-	-	40,000
우편환증서	3,000	-	-	-
배당금지급통지서	7,000	-	-	-
정기예금	-	50,000	-	-
환 매 채	5,000	-	-	-
양도성예금증서	-	20,000	-	-
합 계	85,000	70,000	30,000	60,000

해설

1. 당좌개설보증금은 당좌예금을 해지하기 전까지는 인출할 수 없으므로 장기투자금융자산으로 처리한다.
2. 당좌차월은 단기차입금으로 처리하므로, 위의 분류의 어디에도 해당하지 않는다.
3. 정기예금은 가입 당시 만기가 3월 이내에 도래하는 것은 현금및현금성자산으로 분류하고, 만기가 1년 이내에 도래하는 것은 단기투자금융자산으로 분류하며, 만기가 1년 이후에 도래하는 것은 장기투자금융자산으로 분류한다.
4. 환매채나 양도성예금증서는 가입 당시 만기가 3월 이내에 도래하는 것은 현금및현금성자산으로 분류한다.

제 2 절 현금의 내부통제제도

현금은 기업이 보유하고 있는 자산 중 유동성이 가장 높은 자산이며, 교환의 매개수단이므로 현금에 대한 계획 및 내부통제는 기업에 있어서 매우 중요한 절차이다. 내부통제(internal control)는 기업의 자산을 보호하려는 차원에서 설계된 조직의 정책 및 절차를 말하는 것으로, 기업에 있어서 내부통제절차라고 하면 기업을 경영하는데 있어 필요한 모든 시스템을 포함하는 광범위한 영역에 걸치는 개념이다. 여기에서는 현금 및 예금과 관련된 내부통제절차와 이에 대한 회계처리에 초점을 맞추어 설명하고자 한다.

1 소액현금(전도금)제도

현금은 관리상의 복잡성과 도난의 위험 때문에 보통 수령하는 즉시 회사에 보관하지 않고, 은행에 예입한다. 또한 지출이 필요한 경우에는 현금을 직접 인출하여 결제하지 아니하고, 당좌수표를 발행하여 거래처가 직접 인출하도록 한다. 하지만 소액의 현금이 계속적으로 지출되는 경우에는 일일이 당좌수표를 발행하여 대금을 지급하는 것이 오히려 비효율적인 경우가 있다. 이를 위하여 대부분의 기업에서는 소액현금(전도금)제도라는 내부통제절차를 운용하고 있다. 소액현금제도(petty cash fund system)는 당좌예금으로부터 일정한 금액을 인출하여 현금으로 보관하면서, 소액의 지출이 발생하는 경우 당해 현금으로 결제하고, 이에 대한 회계처리를 사후적으로 수행하는 회계처리 시스템을 말한다.

(1) 소액현금의 설정

다양한 종류의 소액현금지출에 사용하기 위해 일정한 금액을 당좌예금계좌에서 현금으로 인출하여 회사 금고에 보관한다. 예를 들어 A회사가 당좌예금계좌에서 ₩1,000,000을 인출하여 소액현금을 설정하였으며, 10일마다 소액현금을 보충하고 있다면, 다음과 같은 회계처리를 한다.

20×1. 1. 1	(차) 현　　금	1,000,000 ②	(대) 당좌예금	1,000,000 ①

(2) 소액현금으로부터의 지출

소액현금제도를 운용하는 이유가 소액현금지출에 대한 회계처리를 간편화하기 위한 것이므로 소액현금이 지출될 때는 별도로 회계처리를 하지 않는다. 다만, 현금지출시 이에 관한 영수증이나 계산서 등의 증빙서류만을 갖추어 놓으면 된다. 위의 사례에서 A회사가 10일 동안 지출한 소액현금이 통신비 ₩100,000, 운송비 ₩250,000과 소모품비 ₩550,000인 경우에도 소액현금 지출시점에는 다음과 같이 회계처리가 없다.

지 출 시	회계처리 없음

(3) 소액현금의 보충

소액현금은 일정한 기간마다 소액현금의 잔액과 소액현금 최초 설정액과의 차액을 보충한다. 이때 보충되는 금액은 정확히 소액현금의 사용액과 동일한 금액이므로 이 금액을 일괄적으로 비용으로 회계처리한다. 위의 사례에서 A회사가 10일 후 당좌예금계좌에서 ₩900,000을 인출하여 소액현금을 보충하는 경우 회계처리는 다음과 같다.

20×1. 1.11	(차)	통 신 비	100,000 ②	(대)	현 금	900,000 ①
		운 송 비	250,000 ③			
		소모품비	550,000 ④			
	(차)	현 금	900,000 ⑥	(대)	당좌예금	900,000 ⑤

2 현금과부족

기업이 소액현금제도를 운영하면서 현금의 감소를 지출시점에 장부에 기록하지 않고, 일정한 기간마다 일괄적으로 장부에 기록하는 경우에 실제 현금감소액의 합계와 증빙에 의한 현금감소액의 합계가 일치하지 않을 수 있다. 이 경우에 차액을 조정하기 위하여 임시적으로 설정하는 계정과목을 현금과부족(cash over and short)이라 한다. 즉, 현금과부족은 소액현금제도를 운영하면서 발생하는 오류로 장부상의 현금과 실제 현금시재와 일치하지 않는 경우 사용하는 임시계정(temporary account)이다. 현금과부족의 원인은 여러 가지가 있다. 지출 증빙이 누락되거나 분실되는 경우도 있고 현금이 분실된 경우도 있을 수 있다. 후속적으로 현금과부족의 원인이 밝혀지면 적절한 계정과목으로 대체하고 밝혀지지 않으면 결산일에 잡손실이나 잡이익으로 처리해야 한다. 위의 사례에서 A회사가 10일 동안 지출한 소액현금은 ₩900,000이지만, 영수증으로 확인되는 금액은 통신비 ₩100,000, 운송비 ₩250,000과 소모품비 ₩500,000인 경우 보충시점에서는 다음과 같이 회계처리한다.

추가설정일	(차)	통 신 비	100,000 ②	(대)	현 금	900,000 ①
		운 송 비	250,000 ③			
		소모품비	500,000 ④			
		현금과부족	50,000 ⑤			
	(차)	현 금	900,000 ⑦	(대)	당좌예금	900,000 ⑥

후속적으로 소모품비 증빙 ₩50,000을 추가로 발견한 경우의 회계처리와 소모품비 증빙 ₩50,000을 발견하지 못한 경우의 회계처리는 다음과 같다.

증빙발견시	(차)	소모품비	50,000 ②	(대)	현금과부족	50,000 ①
증빙누락시	(차)	잡 손 실	50,000 ②	(대)	현금과부족	50,000 ①

3 은행계정조정표

은행계정조정표는 당좌예금과 관련하여 회사측이 관리하고 있는 당좌예금출납장인 계정별원장의 잔액과 은행의 당좌거래원장인 은행통장의 잔액이 일치하지 않는 경우, 이에 대한 원인을 파악하고 이를 조정하기 위하여 작성하는 표이다. 기업은 은행계정조정표 작성을 통하여 오류와 누락, 부정사용 등을 확인하고 정확한 당좌예금 잔액을 파악할 수 있다.

(1) 은행측의 원인에 의한 조정사항

미기입예금은 회사는 이미 입금처리하여 회사측 잔액을 증가시켰으나 은행에서는 정규업무시간이 지나서 입금처리하지 못한 예금을 말한다. 이는 실질적으로는 입금된 것이나, 은행이 미기록한 입금이므로 은행측 잔액에 동 금액을 가산한다.

미지급수표는 회사가 대금지급을 위하여 발행한 수표가 아직 은행에서 지급되지 않은 것을 말하는데 기발행미인출수표, 미결제수표라고도 한다. 수표는 지급제시를 하면 언제든지 출금될 금액이며, 은행이 미기록한 출금이므로 은행측 잔액에서 동 금액을 차감한다.

또한, 은행측 기록오류로 인하여 은행측의 당좌예금원장 잔액이 과대계상 또는 과소계상된 경우에는 이를 은행측 잔액에서 오류의 원인에 따라 조정한다.

(2) 회사측의 원인에 의한 조정사항

미통지입금은 거래처가 온라인 또는 무통장입금 등의 방법으로 입금하여 은행에서는 입금처리 되었으나 회사는 아직 통지받지 못한 입금을 말한다. 미통지입금은 회사가 미기록한 입금이므로 회사측 잔액에 가산한다. 예를 들어 추심위임한 어음이 거래 은행에 입금되었으나 회사가 그 내역을 확인하지 못한 경우에는 회사측 잔액에 가산한다.

한편, 부도수표·어음은 회사가 거래처로부터 받은 수표나 어음을 입금하였으나 은행이 이를 대리 회수하는 과정에서 수표나 어음의 발행인의 예금잔액이 부족하여 부도처리된 금액을 말한다. 부도수표나 어음 금액은 회사가 미기록한 출금(입금취소)이므로 회사측 잔액에서 차감하여 이미 인식했던 매출채권의 감소를 원상복귀 시킨다.

또한 은행이 용역제공의 대가로 일정한 은행수수료를 출금하거나 당좌차월에 대한 이자비용을 출금하였으나 회사가 그 내역을 확인하지 못한 금액은 회사가 미기록한 출금이므로 회사측 잔액에서 차감한다.

회사측 기장오류로 인하여 회사측의 당좌예금출납장 잔액이 과대계상 또는 과소계상된 경우에는 이를 회사측 잔액에서 오류의 원인에 따라 조정한다. 한편, 회계주체는 은행이 아니라 회사이므로 은행계정조정표상의 회사측 잔액에서 조정하는 항목만이 아래와 같은 수정분개 대상이 된다.

[회사측 조정사항의 회계처리]

채권의 추심	(차)	당좌예금	××× ①	(대)	매출채권	××× ②
수 표 부 도	(차)	매출채권	××× ④	(대)	당좌예금	××× ③
수수료지급	(차)	수수료비용	××× ⑥	(대)	당좌예금	××× ⑤
		이자비용	××× ⑦			
회계처리오류	(차)	매입채무	××× ⑨	(대)	당좌예금	××× ⑧

[은행계정조정표 조정사항]

불일치원인	조 정		회사의 수정분개여부
	은행측 잔액	회사측 잔액	
은행미기록입금 : 은행미기입예금	+		×
은행미기록출금 : 기발행미인출수표(미지급수표)	−		×
은행측기록오류	±		×
회사미기록입금 : 미통지입금		+	○
회사미기록출금 : 부도수표 · 어음		−	○
회사미기록출금 : 은행수수료와 이자비용		−	○
회사측 기장오류		±	○

(3) 은행계정조정표 양식

은행계정조정표를 작성하는 방법은 여러 가지가 있으나 양측 잔액을 모두 정확한 잔액으로 일치시키는 방법을 가장 많이 사용한다. 일반적인 은행계정조정표의 양식은 다음과 같다.

[은행계정조정표]

조정 내역	은행측 잔액		회사측 잔액
조정전 잔액	×××		×××
① 미기입예금	×××		
② 미지급수표	(×××)		
③ 은행측 기록오류	± ×××		
④ 미통지입금			×××
⑤ 부도수표·어음			(×××)
⑥ 은행수수료, 이자비용			(×××)
⑦ 회사측 기장오류			± ×××
조정후 잔액	×××	← 일치함 →	×××

예제 3 은행계정조정표

A회사는 20×1년 12월 31일 현재 거래은행으로부터 은행예금잔액이 ₩60,000이라는 통지를 받았다. 회사의 당좌예금 계정별원장상의 금액은 ₩55,400이다. 차이내역은 다음과 같다.

(1) 매입대금 지급을 위해 발행한 수표 중 ₩14,600이 미지급수표로 남아있다.
(2) 은행측에서 부과한 은행수수료 ₩900이 아직 회사장부에 미정리된 상태이다.
(3) 은행측 업무시간 이후에 입금한 미기입예금 ₩7,200이 있다.
(4) 만기가 도래하여 은행에 추심을 위임하여 추심된 어음이 ₩5,800이다.
(5) 거래처로부터 받아 예입한 수표 ₩5,000이 부도 처리되었다.
(6) 매입채무 ₩8,500을 지급하기 위해 발행한 수표 ₩8,500이 장부에는 ₩5,800으로 기록되었다.

물 음

1. 20×1년 12월 31일 현재 A회사의 재무상태표상에 표시되어야 할 올바른 예금잔액을 계산하시오.
2. 은행계정조정사항과 관련하여 기말 결산시 회사가 해야 할 수정분개를 제시하시오.

해답

1. 은행계정조정표

조정 내역	회사측 잔액	은행측 잔액
조정전 잔액	55,400	60,000
(1) 미지급수표	-	(14,600)
(2) 은행수수료	(900)	-
(3) 미기입예금	-	7,200
(4) 추심어음	5,800	-
(5) 부도수표	(5,000)	-
(6) 회사 기장오류	(2,700)*1	-
수정후 잔액	52,600	52,600

*1 8,500 - 5,800 = 2,700

2. 회사측 수정분개

20×1년 말 수정전 시산표

당좌예금	55,400	

(2) 은행수수료	(차)	수수료비용	900 ②	(대)	당좌예금	900 ①
(4) 추심어음	(차)	당좌예금	5,800 ③	(대)	매출채권	5,800 ④
(5) 부도수표	(차)	매출채권	5,000 ⑥	(대)	당좌예금	5,000 ⑤
(6) 회사오류	(차)	매입채무	2,700 ⑧	(대)	당좌예금	2,700 ⑦

20×1년 말 수정후 시산표

당좌예금	52,600	

해설

은행계정조정표의 회사측 조정사항을 보고 수정분개를 하면 수정분개가 한결 쉽다.

1. (2)에서 은행수수료로 인하여 회사측 잔액에서 ₩900을 차감한 경우에는 당좌예금을 줄이고 상대계정에 그 내용(은행수수료)을 적어주면 된다.
2. (4)에서 추심어음으로 인하여 회사측 잔액에서 ₩5,800을 가산한 경우에는 당좌예금을 증가시키고 상대계정에 그 내용을 적어주면 된다. 물론 받을어음을 추심한 것이므로 매출채권을 줄여준다.
3. (5)에서 부도수표로 인하여 회사측 잔액에서 ₩5,000을 차감한 경우에는 당좌예금을 줄이고 상대계정에 그 내용을 적어주면 된다. 매출채권의 결제대금으로 거래처로부터 받아서 예입한 수표가 부도처리 되었으므로, 매출채권으로 다시 회계처리 하였다가 대손확정시 대손처리한다.

4. (6)의 기장오류는 주의를 요한다. 발행한 수표가액을 ₩2,700만큼 과소계상하였으므로 발행한 수표가액을 증가시키면 당좌예금이 감소한다. 이를 나타내는 방법이 은행계정조정표에서 ₩2,700을 차감표시하는 것이다. 수정분개를 할 때는 당좌예금을 줄이고 상대계정에 그 내용을 적어주면 된다. 매입채무를 지급하기 위하여 수표를 발행한 것이므로 매입채무를 줄여준다.

제 3 절 수취채권과 지급채무

수취채권(receivables)은 기업이 영업활동을 수행하는 과정에서 재화나 용역을 신용으로 판매하거나 자금을 대여하는 대가로 미래에 현금을 수취할 권리를 획득하는 경우에 발생하는 금융자산이다. 반면에 지급채무(payables)는 기업이 영업활동을 수행하는 과정에서 재화나 용역을 신용으로 구매하거나 자금을 차입하는 대가로 미래에 현금을 지급할 의무를 부담하거나 어음을 발행하는 경우에 발생하는 금융부채이다. 이 경우 재고자산 매매거래에서 발생하는 채권인 외상매출금이나 받을어음은 매출채권으로 분류하고, 재고자산 매매거래에서 발생하는 채무인 외상매입금이나 지급어음은 매입채무로 분류한다. 한편, 재고자산 이외의 매매거래에서 발생하는 채권과 채무는 각각 미수금과 미지급금으로 분류한다. 또한 금전대차거래에서 발생하는 채권과 채무는 각각 대여금과 차입금으로 분류한다. 수취채권과 지급채무를 이와 같이 구분하는 이유는 매출채권과 매입채무와 관련된 손익은 영업손익으로, 기타채권과 채무와 관련된 손익은 영업외손익으로 분류하여 공시하기 위함이다.

[수취채권과 지급채무의 공시]

재무상태표

A회사 20×1년 12월 31일 현재 (단위 : 원)

유동자산		유동부채	
1. 현금및현금성자산	×××	1. 매입채무와 기타채무	
2. 단기투자금융자산	×××	(1) 매 입 채 무	×××
3. 매출채권과 기타채권		(2) 미 지 급 금	×××
(1) 매출채권	×××	(3) 차 입 금	×××
(2) 미 수 금	×××	(4) 미지급비용	×××
(3) 대 여 금	×××	(5) 선 수 금	×××
(4) 미수수익	×××	(6) 선 수 수 익	×××
(5) 선 급 금	×××	⋮	⋮
(6) 선급비용	×××		
⋮	⋮		

수취채권과 지급채무 중 매출채권과 매입채무는 기업의 주된 수익활동인 매출이나 매입과 관련된 주요 채권·채무이다. 매출채권의 회계처리와 대응되는 것이 매입채무의 회계처리이므로 이하에서는 매출채권을 위주로 설명할 것이며, 기타의 채권과 채무는 절을 달리하여 설명할 것이다.

[매출채권의 순환주기]

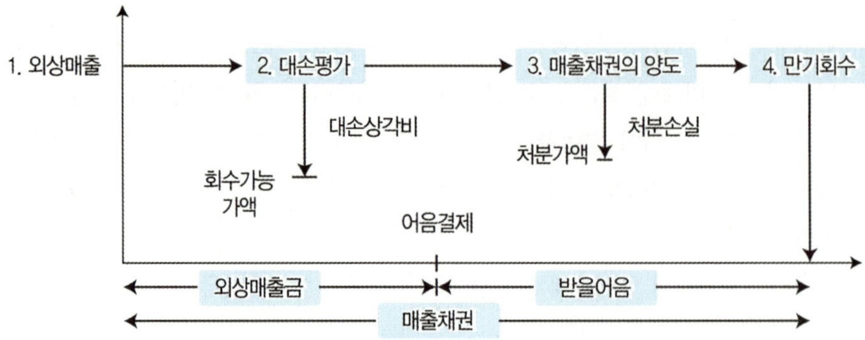

1 매출채권의 인식과 측정

매출채권(account receivable)은 매출을 인식할 때 인식하므로 매출채권과 매출수익의 최초인식시점은 동일하다. 최초 인식시 매출채권은 고객에게 재화나 용역을 이전하고 그 대가로 기업이 받을 권리를 갖게 될 것으로 예상하는 금액인 거래가격으로 측정한다.

(1) 매출채권의 측정

매출채권을 측정하기 위해서는 가격에 대한 개념을 정리할 필요가 있다. 정가표에 표시된 가격(예 권장소비자가격 등)을 표시가격이라 하고, 표시가격에서 거래할인이나 수량할인을 차감한 금액을 송장가격이라 한다. 송장가격은 거래발생시점의 거래가격을 나타내며 이 금액이 회계처리의 대상액이다.

[매출의 회계처리]

현금매출시	(차) 현 금	××× ②	(대) 매 출	××× ①
외상매출시	(차) 매출채권	××× ④	(대) 매 출	××× ③
현금회수시	(차) 현 금	××× ⑥	(대) 매출채권	××× ⑤

(2) 매출에누리와 환입

매출에누리(sales allowances)는 제품의 결함이나 하자 등의 이유로 가격을 깎아주는 것을 말하고, 매출환입(sales returns)은 제품의 하자 등으로 인하여 판매한 상품이 반품되는 것을 말한다. 매출에누리와 환입은 매출채권과 매출수익에서 직접 차감한다. 다만, 내부관리목적으로 매출에누리와 환입계정을 따로 두고 매출에누리와 환입이 발생할 때 매출에누리와 환입계정에서 별도로 관리한 후에 결산시 매출에서 차감할 수도 있다. 예를 들어, 외상매출 ₩100,000이 발생한 후 판매한 제품에 하자가 있어 ₩10,000을 인하해 준 경우의 회계처리는 다음과 같다.

[매출에누리·환입의 회계처리_매출계정 이용시]

매 출 일	(차) 매출채권	100,000 ①	(대) 매 출	100,000 ②
매출에누리·환입	(차) 매 출	10,000 ④	(대) 매출채권	10,000 ③
결산수정분개	회계처리 없음			

[매출에누리·환입의 회계처리_별도계정 이용시]

매 출 일	(차) 매출채권	100,000 ①	(대) 매 출	100,000 ②
매출에누리·환입	(차) 매출에누리·환입	10,000 ④	(대) 매출채권	10,000 ③
결산수정분개	(차) 매 출	10,000 ⑥	(대) 매출에누리·환입	10,000 ⑤

(3) 매출할인

매출할인(sales discount) 또는 현금할인(cash discount)은 매출채권을 신속하게 회수하기 위하여 일정기간 내에 대금을 지급한 고객에게 대금의 일부를 깎아주는 것을 말한다. 현금할인 조건은 '2/10, n/30'과 같은 식으로 표시한다. 이때 '2/10'은 현금할인 조건으로서 10일 이내에 대금을 결제하면 2%의 현금할인을 해준다는 뜻이며, 'n/30'은 신용공여기한으로서 늦어도 30일 내에는 대금 전액을 결제해야 한다는 뜻이다. 이에 대한 회계처리방법에는 총액법과 순액법이 있다.

① 총액법 : 할인전 금액으로 최초 인식하는 방법

총액법은 판매시점에 매출채권과 매출액을 총판매가격으로 기록하고, 매출할인이 실제로 이루어졌을 때 매출할인을 장부에 기록하는 방법이다. 이 방법은 매출할인이 이루어지지 않을 것을 전제로 하여 회계처리한 후에 매출할인이 발생하면 이를 매출에서 차감하는 방법이다.

② 순액법 : 할인후 금액으로 최초 인식하는 방법

순액법(net method)은 판매시점에 총판매가격에서 매출할인을 차감하여 매출채권과 매출액을 순액으로 기록하고 할인기간 내에 매출할인을 받지 않는 경우에 당해 매출할인액을 이자수익으로 인식하는 방법이다. 이 방법은 매출할인이 이루어질 것을 전제로 하여 회계처리한 후에 매출할인이 발생하지 않으면 이를 이자수익으로 인식하는 방법이다.

참고 총액법과 순액법

총액법(gross method)은 기일 후에 회수되어 매출할인이 이루어지지 않을 것을 가정하고, 순액법(net method)은 기일내에 회수되어 매출할인이 이루어 질 것으로 가정한다. 따라서 가정과 달라지는 경우에 매출할인과 이자수익을 인식한다. 즉, 총액법에서는 기일 내에 회수되는 경우에는 매출할인을 인식하고 순액법에서는 기일 후에 회수되는 경우에 이자수익을 인식한다.

국제회계기준에는 이와 관련된 명확한 규정은 없다. 하지만 대부분의 회계실무에서는 총액법을 채택하여, 매출할인을 매출액에서 직접 차감한 순매출액을 손익계산서에 보고하고 있으므로 본서에도 이에 따라 회계처리 할 것이다. 매출할인까지 고려한 순매출액은 다음과 같다.

순매출액 = 총매출액 – 매출에누리 – 매출환입 – 매출할인

예제 4 매출할인

A회사는 20×1년 4월 1일에 상품을 '2/10, n/30'조건으로 ₩100,000에 외상매출 하였다. 판매 후 4월 10일에 판매대금의 100%가 회수되었다.

물음

1. 총액법에 따라 각 시점별 회계처리를 제시하시오. 한편, 판매대금의 회수가 4월 30일에 이루어진 경우도 가정하여 회계처리를 제시하시오.
2. 순액법에 따라 각 시점별 회계처리를 제시하시오. 한편, 판매대금의 회수가 4월 30일에 이루어진 경우도 가정하여 회계처리를 제시하시오.

해 답

1. 총액법

4월 1일	(차)	매 출 채 권	100,000 ②	(대)	매　　출	100,000 ①
4월 10일	(차)	매출(할인)	2,000 ④	(대)	매출채권	100,000 ③
		현　　금	98,000 ⑤			
if 4월 30일	(차)	현　　금	100,000 ⑦	(대)	매출채권	100,000 ⑥

2. 순액법

4월 1일	(차)	매 출 채 권	98,000 ②	(대)	매　　출	98,000 ①
4월 10일	(차)	현　　금	98,000 ④	(대)	매출채권	98,000 ③
if 4월 30일	(차)	현　　금	100,000 ⑥	(대)	매출채권	98,000 ⑤
					이자수익(매출)	2,000 ⑦

2 매출채권의 후속측정과 회수가능성 평가

매출채권은 최초 인식일에 거래가격에서 매출에누리와 환입, 매출할인 등을 차감한 순액으로 측정하며, 원가로 후속측정한다. 이는 금융자산의 최초인식시점의 측정금액에서 회수된 원금만을 차감하여 측정하는 것을 말한다.

참 고　장기성매출채권의 최초인식과 후속측정

장기성수취채권 경우에는 최초인식일에 기업과 고객이 별도 금융거래를 한다면 반영하게 될 할인율인 시장이자율로 할인한 미래 현금수취액의 현재가치를 공정가치로 하여 최초측정한다. 후속적으로 미래 현금수취액과 최초인식일의 현재가치의 차이는 만기까지의 기간에 걸쳐 유효이자율법을 적용하여 이자수익으로 인식하며 상각후원가로 후속측정한다. 이에 대하여는 중급회계에서 설명할 계획이다.

판매 촉진을 위해 신용판매를 하는 경우 매출액은 일반적으로 증가하지만, 매출채권 중에 회수불가능한 금액도 발생하게 된다. 이때 회수불가능하게 된 채권을 대손(bad debt)이라 하며, 이로 인한 손실을 대손상각비(bad debt expense)라고 한다. 매출채권에 대한 대손상각비는 판매비와 관리비로 분류하여 영업손익에서 차감하고, 매출이외의 거래에서 발생한 채권에 대한 대손상각비는 영업외비용으로 분류한다. 대손회계에서 핵심은 비용인식의 시점이다. 실제로 대손이 확정되는 시점에서 비용을 인식하는 방법을 직접상각법이라 하고, 회계연도 말에 대손예상액을 추정하여 이 금액을 비용을 인식하는 방법을 충당금설정법이라 한다.

(1) 직접상각법

직접상각법(direct write-off method)은 실제로 대손이 발생하는 시점에서 대손확정액을 매출채권에서 직접 차감하여 비용으로 인식하는 방법으로 현금주의적인 회계처리법이다. 예를 들어, 20×1년에 외상매출 ₩100,000을 발생시키고, 20×1년 말에 매출채권 ₩13,000의 대손이 예상되었으나, 20×2년에 매출채권 ₩15,000의 대손이 최종 확정된 경우 관련된 회계처리는 다음과 같다.

[직접상각법의 회계처리]

매 출 시	(차) 매출채권	100,000 ①	(대) 매 출 (×1)	100,000 ②
기 말	회계처리 없음			
대손확정시	(차) 대손상각비 (×2)	15,000 ③	(대) 매출채권	15,000 ④

직접상각법은 각 회계기간 말에 대손예상액을 추정할 필요가 없으므로 실무적으로 간편하다는 장점이 있다. 그러나 매출이 이루어진 회계기간 이후에 대손이 발생하는 경우 수익이 발생한 회계기간에 대손상각비가 인식되지 않으므로 수익비용대응의 원칙에 어긋나며, 재무상태표상의 매출채권잔액이 대손될 금액을 포함하여 과대계상되어 있으므로 올바른 자산가치를 반영하지 못한다는 문제점이 있다.

(2) 충당금설정법

충당금설정법(allowance method)은 각 회계기간 말에 대손예상액을 추정하여 비용으로 처리하고 대손충당금을 설정하는 방법으로 발생주의적인 회계처리법이다. 여기서 주의할 점은 대손충당금은 부채가 아니고 매출채권에 대한 차감항목이라는 것이다. 예를 들어, 20×1년에 외상매출 ₩100,000을 발생시키고, 20×1년 말에 매출채권 ₩13,000의 대손이 예상되었으며, 20×2년에 20×1년 말의 예상과 달리 ₩15,000의 대손이 확정된 경우 관련된 회계처리는 다음과 같다.

[충당금설정법의 회계처리]

매 출 시	(차) 매출채권	100,000 ①	(대) 매 출 (×1)	100,000 ②
기 말	(차) 대손상각비 (×1)	13,000 ③	(대) 대손충당금	13,000 ④
대손확정시	(차) 대손충당금	13,000 ⑥	(대) 매출채권	15,000 ⑤
	대손상각비 (×2)	2,000 ⑦		

충당금설정법을 사용하면 수익이 인식되는 기간에 관련 대손상각비를 인식하기 때문에 수익비용대응이 적절하게 이루어지고, 매출채권잔액에서 대손충당금을 차감한 금액을 재무상태표에 매출채권으로 표시하므로 채권의 실현가능가치를 나타낼 수 있는 장점이 있다. 하지만, 대손예상액 추정에 주관이 개입된다는 단점이 있다. 충당금설정법에서는 기말에 매출채권에 대한 대손을 추정하는 것이 핵심적

인 절차이며, 대손을 추정하는 방식에 따라 충당금설정법은 손익계산서접근법과 재무상태표접근법으로 구분한다.

① 손익계산서접근법

손익계산서의 보고기간 외상매출액을 기준으로 대손을 추정하여 이 금액을 손익계산서의 대손상각비로 인식하는 방법이다. 손익계산서접근법은 매출액의 일정률만큼 비용을 인식하므로 수익비용대응원칙에 충실하다는 장점이 있다.

② 재무상태표접근법

재무상태표의 보고기간 말 매출채권잔액을 기준으로 대손을 추정하여 이 금액을 재무상태표 매출채권의 차감항목인 대손충당금으로 인식하는 방법이다. 재무상태표접근법은 대손예상액을 추정하여 대손충당금을 설정하고 동 금액을 매출채권잔액에서 차감 표시하므로 매출채권의 회수가능액을 충실하게 나타낼 수 있다는 장점이 있다.

[대손회계처리의 비교]

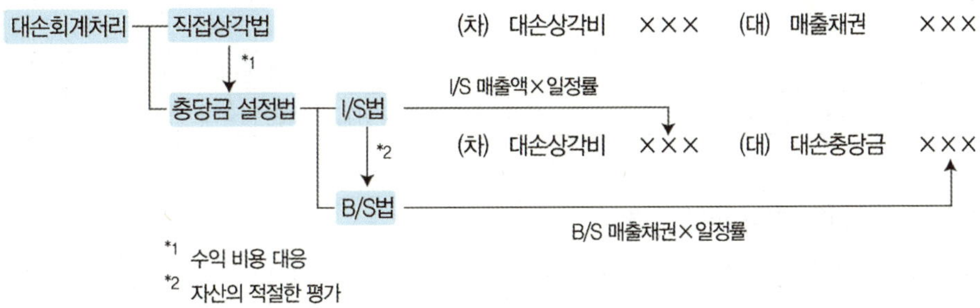

대손의 회계처리방식으로 직접상각법과 충당금설정법을 비교한다면 결국 대손상각비를 인식하는 시기(timing)의 차이만 존재할 뿐 측정금액(amount)의 차이는 발생하지 않는다. 이를 표로 분석하면 다음과 같다.

[직접상각법과 충당금설정법의 손익계산서 공시비교]

계정과목	20×1년	20×2년	합 계
매 출	100,000	-	100,000
대손상각비(직접상각법)	-	(15,000)	(15,000)
대손상각비(충당금설정법)	(13,000)	(2,000)	(15,000)

(3) 국제회계기준의 규정

국제회계기준은 매출채권의 대손회계처리에 대하여 매출채권을 기준으로 하여 대손충당금을 설정하는 재무상태표접근법을 원칙으로 하고 있다. 매출채권에 대한 대손예상액의 추정은 매출채권의 추정 미래현금흐름의 감소액을 기준으로 한다. 국제회계기준에 따라 재무상태표접근법에 의한 발생 가능한 상황별 대손 회계처리는 다음과 같다.

① 대손예상시 (손실추정시)

보고기간 말 개별채권의 예상 미래현금흐름을 분석하여 회수가 불확실한 금액을 대손충당금으로 설정하며, 대손충당금 설정시 기인식 대손충당금과의 차이금액을 대손상각비의 계정으로 하여 당기비용으로 인식한다. 만약, 당기 추가설정액이 부(-)의 금액으로 산정되는 경우에는 판매비와 관리비의 (-)금액으로 표시한다.

② 대손확정시 (채권제각시)

대손이 확정된 채권은 직접 제거하면서 대손충당금과 우선 상계하고, 대손충당금이 부족한 경우에는 그 부족액을 대손상각비로 인식한다. 이는 아래와 같이 순액으로 처리한 것과 같은 결과이다.

손실의 확정	(차) ~~대손상각비~~	×××	(대) 매출채권	×××
손실의 환입	(차) 대손충당금	×××	(대) ~~대손상각비~~	~~×××~~

③ 확정된 대손채권을 현금회수한 경우

대손이 확정된 채권을 현금으로 회수하는 경우에는 회수액 만큼 대손충당금을 증가시킨다. 이는 대손확정시의 회계처리를 취소하고 정상적으로 회수하는 경우의 회계처리를 상계하여 아래와 같이 순액으로 처리한 것과 같은 결과이다.

대손확정취소	(차) ~~매출채권~~	~~×××~~	(대) 대손충당금	×××
확정후재회수	(차) 현 금	×××	(대) ~~매출채권~~	~~×××~~

④ T-계정 분석

대손충당금

차변		대변		
❶ 대손확정	×××	기초 충당금잔액	×××	
		❷ 대손상각채권회수	×××	
❸ 기말 충당금잔액	×××	❹ 당기설정액	×××	➡ 기말 회계처리대상액
	×××		×××	

[대손충당금 회계처리]

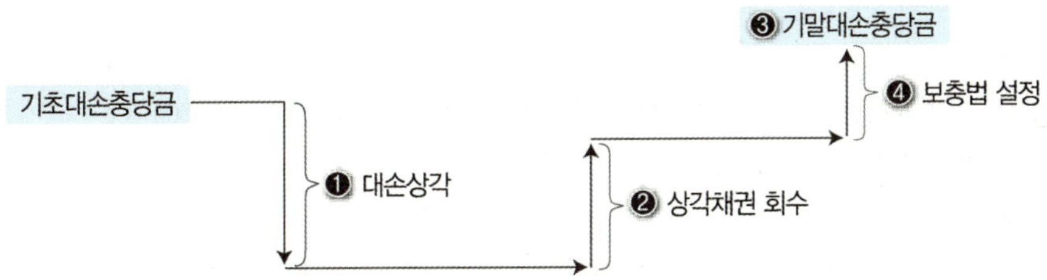

예제 5 대손회계

A회사의 20×1년 초 매출채권은 ₩500,000이고, 대손충당금 대변잔액은 ₩25,000이다. 매출채권 관련 자료는 다음과 같다.

(1) 5월 중 매출채권 ₩30,000이 회수불능으로 대손확정 되었다.
(2) 8월 중 전기에 상각처리한 매출채권 ₩8,000을 회수하였다.
(3) 20×1년의 외상매출액은 ₩2,500,000이며, 현금회수액은 총 ₩2,320,000이다.
(4) 20×1년 말 매출채권 잔액은 ₩650,000이다.

물음

1. A회사가 매출채권잔액의 5%를 회수불확실한 것으로 추정하는 경우 20×1년에 필요한 모든 회계처리를 수행하고, 관련 재무제표효과를 제시하시오.

2. A회사가 매출채권의 경과일수에 따라 상이한 대손추정률을 적용하는 경우 20×1년에 필요한 대손 관련 회계처리를 수행하고, 관련 재무제표효과를 제시하시오. 단, 경과일수별로 미래현금흐름의 회수가능성을 분석한 내용은 다음과 같다.

경과일수	회수가능성	매출채권
60일 이내	98%	400,000
120일 이내	90%	150,000
120일 초과	80%	100,000
		650,000

해 답

1. 채권잔액비례법

(1) 보고기간 말 매출채권의 잔액 : 500,000 - 30,000 + 2,500,000 - 2,320,000 = 650,000

(2) 보고기간 말 대손충당금 : 650,000 × 5% = 32,500

(3) 보충법에 의한 회계처리

전기설정	(차) 대손상각비 (×0)	25,000 ①	(대) 대손충당금	25,000 ②

20×1년 초 시산표

매출채권	500,000	대손충당금	25,000

대손확정	(차) 대손충당금	25,000 ②	(대) 매출채권	30,000 ①
	대손상각비 (×1)	5,000 ③		
확정후회수	(차) 현　　금	8,000 ④	(대) 대손충당금	8,000 ⑤
당기매출	(차) 매출채권	2,500,000 ⑥	(대) 매출수익 (×1)	2,500,000 ⑦
당기총회수	(차) 현　　금	2,320,000 ⑨	(대) 매출채권	2,320,000 ⑧
추가설정	(차) 대손상각비 (×1)	24,500 ⑩	(대) 대손충당금	24,500 ⑪
	⑩ 기말대충 32,500 - (기초대충 25,000 - 감소 25,000 + 증가 8,000) = 24,500			

20×1년 말 시산표

매출채권	650,000	대손충당금	32,500
대손상각비	29,500	매출수익	2,500,000

(4) 총액법에 의한 회계처리

전기설정	(차) 대손상각비(×0)	25,000 ①	(대) 대손충당금	25,000 ②

20×1년 초 시산표

매출채권	500,000	대손충당금	25,000

대손환입	(차) 대손충당금	25,000 ①	(대) 대손상각비 (×1)	25,000 ②
대손확정	(차) 대손상각비 (×1)	30,000 ④	(대) 매출채권	30,000 ③
확정후회수	(차) 현　　금	8,000 ⑤	(대) 대손상각비 (×1)	8,000 ⑥
당기매출	(차) 매출채권	2,500,000 ⑦	(대) 매출수익 (×1)	2,500,000 ⑧
당기총회수	(차) 현　　금	2,320,000 ⑩	(대) 매출채권	2,320,000 ⑨
추가설정	(차) 대손상각비 (×1)	32,500 ⑪	(대) 대손충당금	32,500 ⑫
	⑦ 650,000 × 5% = 32,500			

20×1년 말 시산표

매출채권	650,000	대손충당금	32,500
대손상각비	29,500	매출수익	2,500,000

➠ 총액법은 전기말의 대손충당금을 총액으로 환입한 후 당기의 대손관련 회계처리를 수행하는 방식이다. 수험목적으로는 이 방법이 이해하기 쉬우며, 계산의 정확성도 높다.

(5) 재무제표효과

20×1년 말 재무상태표

매출채권	650,000	
대손충당금	(32,500)	
	617,500	

20×1년 포괄손익계산서

매출수익	2,500,000
⋮	⋮
대손상각비	(29,500)

2. 연령분석법

(1) 보고기간 말 대손충당금 : 400,000×2%+150,000×10%+100,000×20%=43,000

(2) 보충법에 의한 회계처리

20×1년 초 시산표

매출채권	500,000	대손충당금	25,000

대손확정	(차)	대손충당금	25,000 ②	(대)	매출채권	30,000 ①
		대손상각비 (×1)	5,000 ③			
확정회수	(차)	현 금	8,000 ③	(대)	대손충당금	8,000 ④
추가설정	(차)	대손상각비 (×1)	35,000 ⑤	(대)	대손충당금	35,000 ⑥
	⑤ 43,000-(25,000-25,000+8,000)=35,000					

20×1년 말 시산표

매출채권	650,000	대손충당금	43,000
대손상각비	40,000	매출수익	2,500,000

(3) 총액법에 의한 회계처리

대손환입	(차)	대손충당금	25,000 ①	(대)	대손상각비 (×1)	25,000 ②
대손확정	(차)	대손상각비 (×1)	30,000 ④	(대)	매출채권	30,000 ③
확정후회수	(차)	현 금	8,000 ⑤	(대)	대손상각비 (×1)	8,000 ⑥
추가설정	(차)	대손상각비 (×1)	43,000 ⑦	(대)	대손충당금	43,000 ⑧

(4) 재무제표효과

20×1년 말 재무상태표

매출채권	650,000	
대손충당금	(43,000)	
	607,000	

20×1년 포괄손익계산서

⋮	⋮
대손상각비	(40,000)
⋮	⋮

제 4 절 기타의 채권과 채무

주된 영업활동에서 발생하는 외상매출금이나 받을어음 등은 매출채권으로 분류하고 기타 영업활동에서 발생하는 미수금, 미수수익과 금전대차거래에서 발생하는 채권인 대여금은 기타채권으로 분류한다. 반대로 주된 영업활동에서 발생하는 외상매입금이나 지급어음 등은 매입채무로 분류하고 기타 영업활동에서 발생하는 미지급금, 미지급비용과 금전대차거래에서 발생하는 채무인 차입금은 기타채무로 분류한다.

1 미수금과 미지급금

기업의 주된 영업활동인 재고자산 매매거래에서 발생한 미수채권은 매출채권의 계정으로 회계처리 하지만 재고자산 이외의 자산 즉, 금융자산, 투자부동산이나 유형자산 등의 매매거래에서 발생한 미수채권은 매출채권과 구분하여 미수금의 계정으로 자산으로 회계처리한다. 이와는 반대로 거래상대방은 미지급금의 계정으로 부채로 회계처리한다. 예를 들어 장부상 ₩1,000,000인 토지를 ₩1,500,000에 외상으로 매각한 경우의 회계처리는 다음과 같다.

[미수금의 회계처리]

매 각 일	(차) 미 수 금	1,500,000 ②	(대) 토　　지	1,000,000 ①
			유형자산처분이익	500,000 ③
회 수 일	(차) 현　　금	1,500,000 ⑤	(대) 미 수 금	1,500,000 ④

[미지급금의 회계처리]

매 입 일	(차) 토　　지	1,500,000 ②	(대) 미지급금	1,500,000 ①
지 급 일	(차) 미지급금	1,500,000 ③	(대) 현　　금	1,500,000 ④

2 대여금과 차입금

매출채권과 미수금은 재고자산 등의 매매거래에서 발생하는 상거래채권이다. 하지만 대여금은 기업이 제3자에게 자금을 빌려 준 경우에 사용하는 금전대차거래상의 채권이다. 한편, 대여금은 거래상대방으로부터 일정한 이자를 수령하며, 대여자는 이를 이자수익으로 인식하면 된다. 이와는 반대로 거래상대방은 차입금의 계정으로 채무로 회계처리하며, 지급하는 이자는 이자비용으로 인식하면 된다. 예를 들어 1년 만기, 10%의 이자율로 ₩1,000,000을 대여한 경우의 회계처리는 다음과 같다.

[대여금의 회계처리]

대 여 일	(차) 대 여 금	1,000,000 ②	(대) 현　　금	1,000,000 ①
이자수령일	(차) 현　　금	100,000 ④	(대) 이자수익	100,000 ③
회 수 일	(차) 현　　금	1,000,000 ⑥	(대) 대 여 금	1,000,000 ⑤

[차입금의 회계처리]

차 입 일	(차) 현　　금	1,000,000 ①	(대) 차 입 금	1,000,000 ②
이자지급일	(차) 이자비용	100,000 ③	(대) 현　　금	100,000 ④
상 환 일	(차) 차 입 금	1,000,000 ⑤	(대) 현　　금	1,000,000 ⑥

3 미수수익과 미지급비용

미수수익은 이자수익이나 임대료수익처럼 수익이 발생하였으나 현금은 수령하지 않은 경우, 발생기준에 따라 기간경과분에 해당하는 수익을 당기에 인식할 때 사용하는 자산계정이다. 미수금은 자산의 매매거래로 발생하는 채권이지만, 미수수익은 기간경과에 따라 발생하는 채권이라는 점에서 차이가 있다. 거래상대방은 미지급비용의 계정으로 부채로 회계처리하면 된다. 예를 들어 발생한 이자 ₩100,000을 다음연도에 수령하는 경우의 회계처리는 다음과 같다.

[미수수익의 회계처리]

결 산 일	(차) 미수수익	100,000 ①	(대) 이자수익	100,000 ②
수 령 일	(차) 현　　금	100,000 ④	(대) 미수수익	100,000 ③

[미지급비용의 회계처리]

결 산 일	(차) 이자비용	100,000 ①	(대) 미지급비용	100,000 ②
지 급 일	(차) 미지급비용	100,000 ④	(대) 현　　금	100,000 ③

4 선급금과 선수금

선급금은 재고자산 등을 구입하는 경우 인도받기 전에 그 대금의 일부를 미리 지급하였을 때 사용하는 자산계정이다. 선급금은 매출채권이나 미수금처럼 현금을 수령할 권리가 아니며, 재화나 용역을 제공받을 권리이므로 금융자산인 수취채권 성격의 자산은 아니다. 거래상대방은 선수금의 계정으로 부채로 회계처리하며, 선수금 역시 현금을 지급할 의무가 아니며, 재화나 용역을 제공할 의무이므로 금융부채인 지급채무 성격의 부채는 아니다. 예를 들어 ₩1,000,000의 재고자산을 구입하면서 10%의 계약금을 지급하는 경우 회계처리는 다음과 같다.

[선급금의 회계처리]

선 지 급 일	(차) 선 급 금	100,000 ②	(대) 현 금	100,000 ①
자산인도일	(차) 재고자산	1,000,000 ⑤	(대) 선 급 금	100,000 ③
			현 금	900,000 ④

[선수금의 회계처리]

선 수 취 일	(차) 현 금	100,000 ①	(대) 선 수 금	100,000 ②
자산제공일	(차) 선 수 금	100,000 ③	(대) 매 출	1,000,000 ⑤
	현 금	900,000 ④		

5 선급비용과 선수수익

선급비용은 보험료, 임차료나 이자비용과 같이 비용으로 지출한 부분 중 그 비용의 귀속이 차기 이후에 이루어지는 경우 사용하는 자산계정이다. 당기에 지출한 비용성격의 지출 중 올바른 기간손익을 산정하기 위하여 차기 이후로 비용의 인식시기를 이연시키는 계정이다. 거래상대방은 이를 선수수익의 계정으로 하여 부채로 인식한다. 선급비용과 선수수익도 선급금이나 선수금처럼 수취채권이나 지급채무의 성격이 아니므로 각각 금융자산과 금융부채로 분류하지는 않는다. 예를 들어 4월 1일에 1년 치 보험료 ₩120,000을 선급한 경우의 회계처리는 다음과 같다. 단, 결산일은 12월 31일이라고 가정한다.

[선급비용의 회계처리]

선 지 급 일	(차) 보험료비용	120,000 ②	(대) 현　　금	120,000 ①
결　산　일	(차) 선급비용	30,000 ④	(대) 보험료비용	30,000 ③
기일도래시	(차) 보험료비용	30,000 ⑥	(대) 선급(보험료)비용	30,000 ⑤

[선수수익의 회계처리]

선 수 취 일	(차) 현　　금	120,000 ①	(대) 보험료수익	120,000 ②
결　산　일	(차) 보험료수익	30,000 ③	(대) 선수수익	30,000 ④
기일도래시	(차) 선수수익	30,000 ⑤	(대) 보험료수익	30,000 ⑥

보론 받을어음의 회계처리

상품의 매매거래에서 발생하는 외상채권을 결제하기 위해 실무적으로는 수표 이외에도 어음을 많이 사용하고 있다. 어음은 일정한 금액의 지급을 목적으로 어음법상의 요건[5]을 갖추어 발행된 유가증권이다. 어음상의 채권·채무는 채무자인 어음의 발행인이 채권자인 어음소지인에게 어음상의 약정 만기에 어음금액을 현금으로 지급함으로써 소멸된다. 하지만 회계적으로 어음거래를 분석하는 경우 채권자가 채무자가 발행한 어음을 수령하게 되면, 채권자는 어음수령일이 아니라 어음상의 약정 만기일이 되어야만 현금을 수령할 수 있으므로 외상채권의 회수로는 볼 수 없다. 즉, 어음의 수령은 외상채권의 기일 연장으로 볼 수밖에 없으며, 이것이 즉시 현금수령이 가능한 수표와의 차이점이다. 그럼에도 불구하고 상거래에서 어음이 결제수단으로 많이 이용되고 있는 이유는 어음 자체가 대금의 결제수단으로서 법적 안정성이 높으며, 유가증권화 된 채권이기 때문에 채권자가 언제든지 배서양도나 어음할인을 통해 현금화 시킬 수 있기 때문이다.

[어음거래의 흐름]

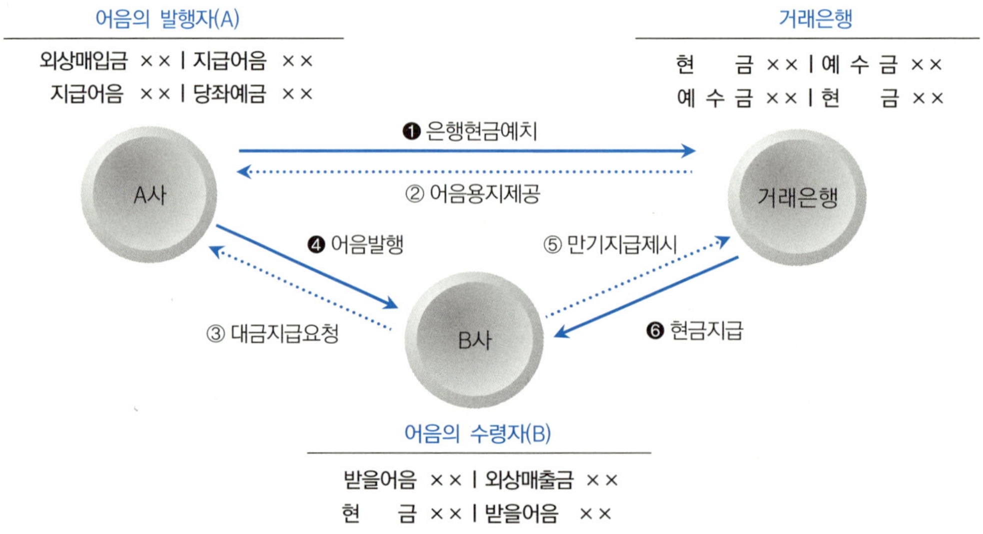

5) 어음법 제75조 [어음의 요건] 약속어음에는 다음 각 호의 사항을 적어야 한다. (1) 증권의 본문 중에 그 증권을 작성할 때 사용하는 국어로 약속어음임을 표시하는 글자 (2) 조건 없이 일정한 금액을 지급할 것을 약속하는 뜻 (3) 만기와 지급지, 지급받을 자 또는 지급받을 자를 지시할 자의 명칭, 발행일과 발행지 (4) 발행인의 기명날인 또는 서명

1 어음거래의 회계처리

20×1년 1월 1일에 A회사가 B회사에게 ₩1,000,000을 외상매출 하였으며, 20×1년 1월 31일 결제수단으로 B회사가 발행한 만기 3개월의 어음 ₩1,000,000을 수령한 경우의 회계처리는 각각 다음과 같다.

[채권자의 회계처리]

20×1. 1. 1	(차) 외상매출금	1,000,000 ②	(대) 매 출	1,000,000 ①
20×1. 1.31	(차) 받 을 어 음	1,000,000 ④	(대) 외상매출금	1,000,000 ③
20×1. 4.30	(차) 현 금	1,000,000 ⑥	(대) 받 을 어 음	1,000,000 ⑤

[채무자의 회계처리]

20×1. 1. 1	(차) 재 고 자 산	1,000,000 ①	(대) 외상매입금	1,000,000 ②
20×1. 1.31	(차) 외상매입금	1,000,000 ③	(대) 지 급 어 음	1,000,000 ④
20×1. 4.30	(차) 지 급 어 음	1,000,000 ⑤	(대) 당 좌 예 금	1,000,000 ⑥

실무적으로는 신용상의 채권인 외상매출금과 증권상의 채권인 받을어음을 구분하여 위와 같이 회계처리를 한다. 하지만, 수험목적으로는 채권을 외상매출금과 받을어음으로 구분하여 계정처리하는 것은 구분의 실익이 없으므로, 매출채권으로 통합하여 아래와 같이 회계처리를 한다.

[채권자의 회계처리]

20×1. 1. 1	(차) 매 출 채 권	1,000,000 ②	(대) 매 출	1,000,000 ①
20×1. 1.31	회계처리 없음			
20×1. 4.30	(차) 현 금	1,000,000 ④	(대) 매 출 채 권	1,000,000 ③

[채무자의 회계처리]

20×1. 1. 1	(차) 재 고 자 산	1,000,000 ①	(대) 매 입 채 무	1,000,000 ②
20×1. 1.31	회계처리 없음			
20×1. 4.30	(차) 매 입 채 무	1,000,000 ③	(대) 당 좌 예 금	1,000,000 ④

2 받을어음의 수탁과 추심

채권자가 채무자로부터 어음을 수령하는 경우, 어음실물은 분실위험이 있으므로 일반적으로 수령 즉시 채권자의 거래은행에 위탁보관을 한다. 이를 받을어음의 수탁(consignment)이라고 한다. 은행에 수탁된 받을어음에 대해 은행은 만기일에 은행에서 채무자의 거래은행에 대금청구를 하고 어음대금을 채권자를 대신하여 수령하며, 이를 채권자의 예금계좌에 입금한다. 이를 받을어음의 추심(collection)이라 한다. 예를 들어, 20×1년 1월 31일에 어음을 수령하는 즉시 은행에 수탁을 하고 추심을 위임한 후, 만기일에 추심수수료로 어음대금의 0.5%를 제외한 금액이 채권자의 보통예금계좌로 입금된 경우의 회계처리는 다음과 같다.

[수탁과 추심에 대한 채권자의 회계처리]

일자	차변	금액	대변	금액
20×1. 1. 1	(차) 매 출 채 권	1,000,000 ②	(대) 매　　출	1,000,000 ①
20×1. 1.31		회계처리 없음		
20×1. 4.30	(차) 보 통 예 금	995,000 ④	(대) 매 출 채 권	1,000,000 ③
	수수료비용	5,000 ⑤		

[수탁과 추심에 대한 채무자의 회계처리]

일자	차변	금액	대변	금액
20×1. 1. 1	(차) 재 고 자 산	1,000,000 ①	(대) 매 입 채 무	1,000,000 ②
20×1. 1.31		회계처리 없음		
20×1. 4.30	(차) 매 입 채 무	1,000,000 ③	(대) 당 좌 예 금	1,000,000 ④

3 받을어음의 부도

어음상의 채무자가 어음의 만기일에 자금부족 등의 이유로 어음대금의 지급을 거절하는 경우, 이를 받을어음의 부도(default)라 한다. 부도어음의 보유자는 해당 채권을 제거하지 않으며, 부도어음에 대하여 대손회계처리를 하면 된다. 예를 들어, 20×1년 4월 30일에 채무자가 어음대금의 지급을 거절하여 어음이 부도처리 된 경우의 회계처리는 다음과 같다.

[어음부도시 채권자의 회계처리]

20×1. 1. 1	(차) 매 출 채 권	1,000,000 ②	(대) 매　　출	1,000,000 ①
20×1. 4.30	회계처리 없음			
20×1.12.31	(차) 대손상각비	1,000,000 ③	(대) 대손충당금	1,000,000 ④

[어음부도시 채무자의 회계처리]

20×1. 1. 1	(차) 재 고 자 산	1,000,000 ①	(대) 매 입 채 무	1,000,000 ②
20×1. 4.30	회계처리 없음			
20×1.12.31	회계처리 없음			

객관식 연습문제

01 다음 중 현금및현금성자산 계정에 포함되는 항목이 아닌 것은?

① 당좌차월　② 배당금지급통지서
③ 양도성예금증서(만기 90일)　④ 소액현금
⑤ 우편환증서

02 다음 내용 중 옳은 것은?

① 만기가 1년 이내인 정기예금은 유동자산의 현금및현금성자산으로 보고한다.
② 수입인지나 직원가불금은 현금및현금성자산에 해당하지 않는다.
③ 지점전도금의 기말 잔액은 단기대여금으로 보고한다.
④ 재무상태표일 현재 만기가 3개월 이내인 국채 등은 현금성자산에 해당한다.
⑤ 당좌개설보증금은 단기투자금융자산에 해당한다.

03 다음은 A회사의 20×1년 12월 31일 현재의 자산에 대한 일부 자료이다. A회사 재무상태표에 현금및현금성자산으로 계상할 금액은 얼마인가?

통　　화	4,000	타인발행수표	20,000
우　　표	1,000	만기도래국채 이자표	5,000
선일자수표	3,000	당좌예금	25,000
환매체(90일 환매조건)	6,000	정기예금(만기 1년 이내)	30,000
차용증서	10,000		

① ₩94,000　② ₩87,000　③ ₩60,000　④ ₩49,000　⑤ ₩47,000

04 다음은 A회사의 20×1년 말 현금 및 예금관련 계정잔액이다. A회사의 20×1년 말 재무상태표에 현금및현금성자산 계정으로 보고할 금액은 얼마인가?

갑은행		을은행	
당좌예금	11,000	당좌예금	(-)10,000(당좌차월)
장기적금(만기 2년 6개월)	30,000	당좌개설보증금	20,000

① ₩1,000 ② ₩11,000 ③ ₩21,000 ④ ₩31,000 ⑤ ₩61,000

05 A회사의 경리담당자는 소액현금 보충시점에서 현금시재액이 장부잔액보다 ₩20,000 많은 것을 발견하였으나 그 원인을 알 수 없어서 현금과부족으로 처리하였는데, 며칠 후 현금불일치의 원인이 임대료의 기장누락 때문이라는 것을 알았다. 현금불일치의 원인이 발견된 시점에서의 필요한 분개는 무엇인가?

①	(차) 현금과부족	20,000	(대) 현 금	20,000
②	(차) 현금과부족	20,000	(대) 임 대 료	20,000
③	(차) 현 금	20,000	(대) 현금과부족	20,000
④	(차) 임 대 료	20,000	(대) 현금과부족	20,000
⑤	(차) 임 대 료	20,000	(대) 잡 이 익	20,000

06 소액현금제도와 관련하여 다음과 같은 상황이 발생하였다. 결산일인 12월 31일의 회계처리로 옳은 것은?

> 12월 10일 현재 장부상 현금계정 잔액은 ₩80,000으로 기록되어 있으나 현금실사 결과는 ₩90,000이었으며 그 차이의 원인은 알 수 없었다. 12월 26일 차액 중 ₩8,000은 이자수령액에 대한 기장을 누락으로 밝혀졌으나 나머지 잔액은 12월 31일까지 이유를 밝히지 못하였다.

①	(차) 잡 이 익	2,000	(대) 현금과부족	2,000
②	(차) 잡 손 실	2,000	(대) 현금과부족	2,000
③	(차) 현금과부족	2,000	(대) 잡 이 익	2,000
④	(차) 현금과부족	2,000	(대) 잡 손 실	2,000
⑤	(차) 잡 이 익	2,000	(대) 이자수익	2,000

07 다음 분개가 나타나는 거래는 무엇인가?

(차)	매입채무	100,000	(대)	당좌예금	40,000
				당좌차월	60,000

① 외상매입금 ₩100,000을 수표를 발행하여 지급하다.
② 외상매입금 ₩100,000을 수표를 발행하여 지급하다. 단, 예금잔액이 ₩60,000 있고 나머지는 당좌차월이다.
③ 상품 ₩100,000을 외상매입하면서 당좌예금으로 지급하다. 단, 이 회사의 당좌차월 한도는 ₩60,000이다.
④ 외상매입금 ₩100,000을 수표를 발행하여 지급하다. 단, 예금잔액이 ₩40,000 있고, 나머지는 당좌차월이다.
⑤ 외상으로 구입한 건물 대금 ₩100,000을 수표를 발행하여 지급하다. 단, 예금잔액이 ₩40,000 있고, 나머지는 당좌차월이다.

08 20×1년 12월 31일 현재 A회사의 당좌예금계정에는 잔액이 ₩1,500,000으로 기록되어 있으나 은행측 예금원장에는 ₩1,850,000으로 기록되어 있다. 원인을 분석한 결과 다음과 같은 사항이 발견되었을 경우 20×1년 12월 31일 현재 정확한 당좌예금 잔액은 얼마인가?

(1) 발행되었으나 인출되지 않은 수표 ₩400,000이 확인되었다.
(2) 갑상회로부터 외상대금 ₩760,000을 당좌예금 통장으로 입금시켰다는 통보를 받고 기장처리 하였으나 실제로 입금된 금액은 ₩670,000이었다.
(3) 을상회가 외상대금 ₩50,000을 당좌예금 통장으로 입금시켰으나 이를 통보하지 않아 기장 처리를 하지 못하였다.
(4) 은행에서는 추심수수료 ₩10,000을 당좌예금에서 차감하였으나 A회사는 이에 대한 기장처리를 하지 않았다.

① ₩1,400,000　② ₩1,450,000
③ ₩1,540,000　④ ₩1,640,000
⑤ ₩1,850,000

09 다음 자료를 이용하여 손익계산서에 표시될 매출액을 산정하시오.

> (1) 단위당 정가가 ₩1,020인 상품 100개를 단골고객에게 단위당 ₩1,000으로 할인하여 외상판매 하였다.
> (2) 판매한 상품 중 5개에 하자가 심하여 반품되었다.
> (3) 판매한 상품 중 20개에 미미한 하자가 있어서 10%를 에누리해 주었다.
> (4) 나머지 상품 중 일부에 대하여 대금을 조기에 회수하고 ₩3,000을 할인해 주었다.

① ₩90,000 ② ₩91,800 ③ ₩95,000 ④ ₩97,000 ⑤ ₩97,200

10 다음 내용 중 옳지 않은 것은?

① 외상매출금과 받을어음은 일반적인 상거래에서 발생한 수취채권으로 기말 재무제표에는 매출채권으로 통합하여 표시한다.
② 외상매입금과 지급어음은 일반적인 상거래에서 발생한 지급채무로서 기말 재무제표에는 매입채무로 통합하여 표시한다.
③ 자동차를 매입하면서 대금을 지급하지 않은 경우 항상 미지급금으로 처리한다.
④ 선수금과 선수수익은 부채에 해당하나, 미수금과 미수수익은 자산에 해당한다.
⑤ 선급금은 재화나 용역을 제공받을 권리이므로 수취채권에 해당하지 않는다

11 다음 중 금융자산 또는 금융부채로 분류할 수 없는 것은?

① 선수금 ② 미지급금 ③ 매입채무 ④ 대여금 ⑤ 차입금

12 대손처리 했던 매출채권을 다시 회수한 경우의 회계처리 또는 재무제표에 미치는 영향에 대한 설명으로 가장 옳지 않은 것은?

① 회수하는 시점에서 대손충당금이 증가한다.
② 회수하는 시점에서 순자산은 불변이다.
③ 회수되지 않은 경우에 비하여 당기순이익은 감소한다.
④ 회수하는 시점에서 매출채권 잔액은 불변이다.
⑤ 기말 대손충당금 잔액에는 영향을 미치지 않는다.

13 20×1년 기말에 매출채권잔액 ₩1,000에 대하여 10%의 대손충당금이 설정되어 있었다. 20×2년에 ₩120의 대손이 발생하였을 때의 적절한 분개는?

① (차)	대 손 금	120	(대) 매출채권	120
② (차)	대손충당금	120	(대) 매출채권	120
③ (차)	대손충당금	100	(대) 매출채권	120
	대손상각비	20		
④ (차)	전기오류수정손실	120	(대) 매출채권	120
⑤ (차)	대손상각비	100	(대) 매출채권	120

14 20×1년 12월 20일 거래처의 부도로 외상매출금 ₩200,000이 회수불가능하게 되어 대손처리하였다. 그러나 다행스럽게도 20×2년 6월 5일 거래처로부터 대손처리한 금액 중 ₩50,000을 현금으로 회수하였다. 20×2년 6월 5일의 분개는?

① (차)	대손충당금	50,000	(대) 매출채권	50,000
② (차)	현 금	50,000	(대) 대손충당금	50,000
③ (차)	현 금	50,000	(대) 매출채권	50,000
④ (차)	현 금	50,000	(대) 상각채권추심이익	50,000
⑤ (차)	매출채권	50,000	(대) 대손충당금	50,000

15 20×1년 중 매출채권과 관련된 자료는 다음과 같다.

> 1월 1일 : 기초의 대손충당금은 ₩6,500이다.
> 3월 1일 : ₩4,200의 매출채권이 대손처리 되었다.
> 5월 1일 : 전년도에 대손처리된 매출채권 ₩2,000이 회수되었다.
> 12월 31일 : 기말 매출채권잔액 ₩500,000에 대하여 ₩8,000이 대손될 것으로 예상되었다.

20×1년 12월 31일 현재의 재무상태표에 표시될 대손충당금 잔액과 당기 대손상각비를 순서대로 나타낸 것은?

① ₩6,000, ₩3,700
② ₩6,000, ₩5,700
③ ₩8,000, ₩3,700
④ ₩8,000, ₩5,700
⑤ ₩8,000, ₩3,300

객관식 연습문제 해답 및 해설

01. ①	02. ②	03. ③	04. ②	05. ②	06. ③	07. ④	08. ②	09. ①	10. ③
11. ①	12. ③	13. ③	14. ②	15. ③					

01 ①

① 당좌차월은 상환할 의무가 있으므로 단기차입금(부채)이다.

02 ②

① 만기가 1년 이내인 정기예금은 유동자산의 단기투자금융자산으로 보고한다.
② 수입인지는 소모품이고 직원가불금은 수취채권이므로 이들은 현금및현금성자산에 해당하지 않는다.
③ 지점전도금의 기말 잔액은 현금및현금성자산에 포함시켜 보고한다.
④ 재무상태표일 현재가 아니라 취득당시 만기가 3개월 미만인 국채 등은 현금성자산에 포함한다.
⑤ 당좌개설보증금은 장기투자금융자산에 해당한다.

03 ③

통화	₩4,000
타인발행수표	20,000
만기도래국채 이자표	5,000
당좌예금	25,000
환매체(90일 환매조건)	6,000
현금및현금성자산	60,000

➡ 우표는 소모품, 선일자수표는 매출채권, 차용증서는 대여금, 그리고 만기가 1년 이내에 도래하는 정기예금은 단기투자금융자산이다.

04 ②

현금및현금성자산	₩11,000
단기차입금	₩10,000
장기투자금융자산 30,000 + 20,000 =	₩50,000

➡ 여러 은행과 거래하여 당좌예금과 당좌차월이 동시에 발생하는 경우에도 상계하지 않고 각각 현금및현금성자산과 단기차입금으로 공시한다.

05 ②

불 일 치	(차) 현 금	20,000	(대) 현금과부족	20,000
원인발견	(차) 현금과부족	20,000	(대) 임 대 료	20,000

06 ③

➡ 날짜별로 회계처리 하면 다음과 같다.

12/10	(차) 현 금	10,000	(대) 현금과부족	10,000
12/26	(차) 현금과부족	8,000	(대) 이자수익	8,000
12/31	(차) 현금과부족	2,000	(대) 잡 이 익	2,000

07 ④

④ 외상매입금을 지급하면서 수표를 발행하였는데 당좌예금잔액이 부족하여 당좌차월이 발생하였다.

08 ②

	은행측 잔액	회사측 잔액
수정전 금액	₩1,850,000	₩1,500,000
(1) 기발행미인출수표	(400,000)	-
(2) 입금 과대계상액	-	(90,000)
(3) 미통지입금	-	50,000
(4) 추심수수료	-	(10,000)
수정후 금액	₩1,450,000	₩1,450,000

09 ①

총매출액	100개×1,000 =	100,000
매출환입	5개×1,000 =	(5,000)
매출에누리	20개×1,000×10% =	(2,000)
매출할인		(3,000)
순매출액		90,000

10 ③

일반 기업에서 자동차는 사용할 목적이므로 유형자산에 해당한다. 그러나 자동차 판매회사에서 자동차는 판매할 목적이므로 상품에 해당한다. 따라서 자동차를 구입하면서 대금을 지급하지 않는 경우 매입채무가 될 수도 있다.

11 ①

① 선수금은 재화나 용역을 제공하기로 하고, 현금을 미리 받은 것이므로 현금을 지급할 의무가 없다. 따라서 선수금은 금융부채에 해당하지 않는다.

12 ③

① 대손처리 했던 매출채권이 회수되면 대손시 감소시켰던 대손충당금을 다시 증가시킨다.

(차) 현 금 ××× (대) 대손충당금 ×××

② 현금이 증가하고 동시에 대손충당금(자산의 차감항목)이 증가하기 때문에 순자산에는 영향이 없다.

③ 회수시점에서 손익에 직접적인 영향을 미치지는 않으나, 대손충당금이 증가되어 이후 대손상각시나 기말 대손충당금 설정시에 대손상각비를 감소시킬 수 있으므로 당기순이익을 증가시킬 수 있다.

④ 현금과 대손충당금을 각각 증가시키므로 매출채권 잔액에는 영향이 없다.

⑤ 기말 대손충당금 잔액은 매출채권잔액에 대하여 미래현금흐름을 추정하여 결정한다. 따라서 대손처리된 매출채권을 회수한 것은 기말 대손충당금 잔액에 영향을 미치지 않는다.

13 ③

③ 대손발생시 먼저 대손충당금과 상계하고 부족분은 대손상각비로 인식한다.

14 ②

② 상각채권을 회수하는 경우에는 대손충당금을 증가시킨다. 상각채권추심이익은 직접상각법에서만 사용하는 계정이다.

15 ③

대손충당금

대손확정	4,200	기 초	6,500
		상각채권회수	2,000
기 말	8,000	대손상각비	3,700

➡ 기말 대손충당금 잔액 ₩8,000이 먼저 결정되고 나서 이 금액이 되도록 대손충당금을 추가로 ₩3,700 설정한다.

주관식 연습문제

예금의 계정분류

01 다음은 A회사의 20×1년 12월 31일 현재 자료이다.

항목	금액	항목	금액
당좌예금	70,000	당좌개설보증금	30,000
당좌차월	15,000	우편환증서	3,000
환매채(90일 환매조건)	5,000	정기예금(만기 1년 이내 도래)	50,000
정기적금(만기 2년 이내 도래)	10,000	양도성예금증서(120일 만기)	20,000

〈추가자료〉

(1) 정기예금은 재무상태표일로부터 만기가 1년 이내이나 담보로 제공되어 있어서 그 사용에 제한이 있다.

(2) 양도성예금증서(CD)는 취득 당시에는 만기까지 120일 남아 있었으나, 재무상태표일 현재를 기준으로는 만기까지 70일 남아있다.

요구사항

20×1년 12월 31일 재무상태표에 보고될 현금및현금성자산, 단기투자금융자산, 장기투자금융자산은 각각 얼마인가?

소액현금제도

02 A회사의 소액현금과 관련된 자료는 다음과 같다.

(1) 12월 1일	장부상 현금계정 잔액은 ₩25,000으로 기록되어 있었으나 현금실사 결과 실제 현금보유액은 ₩32,000이었으며, 그 원인은 아직 확인되지 않았다.
(2) 12월 10일	11월 5일 발생한 현금 차액 중 ₩10,000은 매출채권 회수에 대한 기장 누락이고, ₩2,000은 운반비 지급의 기장 누락으로 판명되었다.
(3) 12월 30일	11월 전도금의 사용내역으로 여비교통비 ₩2,000과 교육훈련비 ₩5,000, 소모품비 ₩3,000을 보고 받았다.
(4) 12월 31일	11월 5일 발생한 현금 차액 중 잔액은 기말까지 원인을 밝혀내지 못하였다. 당좌수표를 발행하여 전도금을 보충해 주었다.

요구사항

각 시점의 회계처리를 제시하시오.

은행계정조정표(1)

03 12월말 법인인 A회사의 20×1년 12월 31일 현재 장부상 당좌예금 잔액은 ₩750,000으로 기록되어 있고 은행에 예금 잔액을 조회한 결과는 ₩880,000이었다. 차이의 원인을 파악한 결과 그 내용은 다음과 같았다.

(1) 당좌예금 통장에 입금시킨 ₩200,000을 은행 실수로 입금처리 하지 않았다.
(2) 은행은 회사가 추심 의뢰한 매출에 대한 어음 ₩500,000이 만기가 되어 대금을 회수한 후 당좌예금으로 입금시켰으나 회사는 그 사실을 모르고 있었다.
(3) 회사의 장부에는 20×1년 12월 31일에 외상매출금 ₩400,000을 회수하여 당좌예금 통장에 입금시킨 것으로 되어있으나 실제 외상매출금을 회수하여 입금한 날은 20×2년 1월 1일 이었다.
(4) 회사에서 이미 발행되어 기장 처리한 수표 중 아직 은행에 제시되지 않은 금액이 ₩230,000이 있음을 발견하였다.

요구사항

은행계정조정표를 작성하고 회사측 수정분개를 제시하시오.

은행계정조정표(2)

04 12월말 법인인 A회사의 20×1년 말 현재 장부상 당좌예금 잔액은 ₩2,300,000이었으나 이는 은행에서 제시한 당좌예금 잔액과 일치하지 않았다. 관련 자료는 다음과 같다.

> (1) A상회에서 외상대금 ₩300,000을 당사의 당좌예금 통장으로 입금시켰으나 회사는 이 사실을 통보 받지 못하여 기장처리하지 않았다.
>
> (2) 은행은 당좌차월 이자 ₩100,000을 당좌예금에서 차감시켰으나 회사에 그 사실을 통보하지 않아 회사는 기장처리하지 않았다.
>
> (3) 외상대금으로 회수한 타인발행수표 ₩600,000이 부도수표로 판명되어 그 금액이 당좌예금에서 차감되었으나 회사는 이에 대한 회계처리를 하지 못하였다.
>
> (4) 이미 발행되었으나 아직 은행에 제시되지 않은 당좌수표가 ₩400,000있었다.
>
> (5) 거래처에 ₩450,000의 수표를 발행하여 매입대금을 일부 지급하였으나 장부상에는 ₩540,000을 지급한 것으로 기록되어 있음을 발견하였다.

요구사항

1. 은행계정조정표를 작성하고 20×1년 12월 31일 현재 올바른 당좌예금 잔액과 조정전 은행이 제시한 당좌예금 잔액을 산출하시오.
2. 상기 각 항목과 관련하여 A회사가 행할 수정분개를 제시하시오.

매출할인

05 20×1년 5월 1일 A회사는 갑상회에 상품 ₩900,000을 "2/10, n/20"의 조건으로 외상매출하였다. 20×1년 5월 8일에 외상대금의 1/3을 회수하였고 잔액은 20×1년 5월 20일에 회수하였다.

요구사항

A회사가 각 시점별 행할 회계처리를 제시하시오.

매출채권계정과 대손충당금계정의 분석

06 다음은 A회사의 감사보고서에 나타난 재무상태표 중 매출채권과 대손충당금에 관한 부분이다.

	20×1년 12월 31일	20×2년 12월 31일
매출채권	10,000	13,000
대손충당금	(1,000)	(700)

요구사항

회사는 20×2년도 손익계산서에 대손상각비로 ₩500을 보고하였다. 만일 20×2년 중에 회사가 현금으로 수금한 매출채권액이 ₩50,000이라면 동년 중에 회사가 외상으로 매출한 금액은 얼마인가?

대손상각비와 대손충당금

07 20×1년에 영업을 개시한 A회사는 12월말 법인으로 기업회계기준에 의하여 매출채권을 평가하고 있다. 다음은 A회사의 매출채권에 대한 대손관련 자료이다.

(1) 20×1.12.31	기말 매출채권 잔액은 ₩1,000,000이며, 대손예상액은 매출채권 잔액의 10%로 추정되었다.
(2) 20×2. 1. 9	20×1년에 발생한 매출채권 ₩80,000이 대손으로 확정되었다.
(3) 20×2. 3.25	20×1년에 발생한 매출채권 ₩50,000이 대손으로 확정되었다.
(4) 20×2.12.31	기말 매출채권 잔액은 ₩2,000,000이며, 대손예상액은 매출채권 잔액의 12%로 추정되었다.
(5) 20×3. 2.15	20×3년에 발생한 매출채권 ₩130,000이 대손으로 확정되었다.
(6) 20×3.12.31	기말 매출채권 잔액은 ₩3,000,000이며, 대손예상액은 매출채권 잔액의 5%로 추정되었다.
(7) 20×4.11.25	20×2년에 대손처리된 매출채권 ₩80,000이 현금으로 회수되었다.
(8) 20×4.12.31	기말 매출채권 잔액은 ₩4,000,000이며, 대손예상액은 매출채권 잔액의 3%로 추정되었다.

요구사항

1. 각 시점별 회계처리를 행하시오.
2. 각 회계기간의 대손상각비(또는 대손충당금환입액)를 산출하시오.
3. 각 회계기간의 부분재무상태표를 제시하시오.

주관식 연습문제 해답 및 해설

01 해답

	현금및현금성자산	단기투자금융자산	장기투자금융자산
당좌예금	70,000	–	–
당좌개설보증금	–	–	30,000
당좌차월	–	–	–
우편환증서	3,000	–	–
환매채	5,000	–	–
정기예금	–	50,000	–
정기적금	–	–	10,000
양도성예금증서	–	20,000	–
	78,000	70,000	40,000

해설

1. 당좌차월은 단기차입금(유동부채)에 해당한다.
2. 정기예금은 사용에 제한이 있으나 1년 이내에 만기가 도래하므로 단기투자금융자산으로 분류한다. 다만 사용제한에 대하여는 주석으로 공시한다.
3. 양도성예금증서는 재무상태표일로부터는 만기가 3개월 이내에 도래하나 취득 당시에는 만기가 3개월을 초과하였으므로 단기투자금융자산으로 분류한다.

02 해답

20×1.12. 1	(차) 현 금	7,000	(대) 현금과부족*	7,000
	* 32,000 − 25,000 = ₩7,000			
20×1.12.10	(차) 현금과부족	10,000	(대) 매 출 채 권	10,000
	운 반 비	2,000	현금과부족	2,000
20×1.12.30	회계처리 없음			

20×1.12.31	(차) 잡 손 실	1,000	(대) 현금과부족[*1]	1,000
	[*1] 현금과부족 순액 : 7,000 - 10,000 + 2,000 = (-)1,000 ➡ 기장 누락이 없었을 경우 장부상 현금계정 잔액은 ₩33,000 (25,000 + 10,000 - 2,000)이며, 현금보유액은 ₩32,000이므로 차액은 잡손실이다.			
	(차) 여비교통비	2,000	(대) 현 금	10,000
	교육훈련비	5,000		
	소 모 품 비	3,000		
	(차) 현 금	10,000	(대) 당 좌 예 금	10,000

03 해답

구 분	은행측 잔액	회사측 잔액
수정전 금액	₩880,000	₩750,000
(1) 은행의 미기입예금	200,000	-
(2) 추심어음 입금	-	500,000
(3) 회사의 기장오류	-	(400,000)
(4) 기발행미인출수표	(230,000)	-
수정후 금액	₩850,000	₩850,000

(2)	(차)	당좌예금	500,000	(대)	매출채권	500,000
(3)	(차)	매출채권	400,000	(대)	당좌예금	400,000

해 설

수정분개는 은행계정조정표를 보고하면 한결 쉽다.

(2) 당좌예금을 증가시켰으므로 차변에 당좌예금을 기입하고 대변에는 그 내용을 기록한다. 즉, 추심하여 받을어음을 회수하였으므로 대변에 받을어음(매출채권)을 기록한다.

(3) 당좌예금을 감소시켰으므로 대변에 당좌예금을 기입하고 차변에는 그 내용을 기록한다. 즉, 12월 31일 현재 외상매출금이 회수되지 않은 것을 회수된 것으로 처리하여 외상매출금을 감소시켰으므로 외상매출금(매출채권)을 다시 증가시킨다.

04 해답

1. 은행계정조정표

구 분	은행측 잔액		회사측 잔액
수정전 금액	₩2,390,000		₩2,300,000
(1) 미통지 입금	-		300,000
(2) 당좌차월 이자비용	-		(100,000)
(3) 부도수표	-		(600,000)
(4) 기발행미지급수표	(400,000)		-
(5) 기장오류	-		90,000
수정후 금액	₩1,990,000	←	₩1,990,000

2. 수정분개

(1)	(차)	당좌예금	300,000	(대)	매출채권	300,000
(2)	(차)	이자비용	100,000	(대)	당좌예금	100,000
(3)	(차)	부도매출채권	600,000	(대)	당좌예금	600,000
(4)	회계처리 없음					
(5)	(차)	당좌예금	90,000	(대)	매입채무	90,000

(1) 외상매출금을 회수한 것이므로 당좌예금을 증가시키고 외상매출금(매출채권)을 감소시킨다.

(2) 이자비용이 발생하였으므로 이자비용을 인식하고 당좌예금을 감소시킨다.

(3) 부도가 발생하였으므로 당좌예금에서 차감하고 부도매출채권을 증가시킨다. 이후 대손확정시 대손처리(대손상각비, 대손충당금)한다.

(4) 은행측 수정사항에 대하여 회사측은 수정분개하지 않는다.

(5) 기장오류로 인하여 당좌예금과 외상매입금을 과다하게 차감하였으므로 당좌예금과 외상매입금(매입채무)을 다시 증가시킨다.

05 해답

20×1. 5. 1	(차)	매출채권	900,000	(대)	매 출	900,000
20×1. 5. 8	(차)	현 금	294,000	(대)	매출채권	300,000
		매출(할인)	6,000 [*1]			
		[*1] ₩300,000×2% = ₩6,000				
20×1. 5.20	(차)	현 금	600,000	(대)	매출채권	600,000

06 해답

매출채권

기 초	10,000	현 금	50,000
		대손확정	800
매 출	53,800	기 말	13,000
	63,800		63,800

대손충당금

대손확정	800	기 초	1,000
기 말	700	대손상각비	500
	1,500		1,500

∴ 외상매출액 = ₩53,800

07 해답

1. 각 시점별 회계처리

일자	차변	금액	대변	금액
20×1.12.31	(차) 대손상각비	100,000	(대) 대손충당금	100,000 *1
	*1 1,000,000×10% = ₩100,000			
20×2. 1. 9	(차) 대손충당금	80,000	(대) 매출채권	80,000
20×2. 3.25	(차) 대손충당금	20,000	(대) 매출채권	50,000
	대손상각비	30,000		
20×2.12.31	(차) 대손상각비	240,000	(대) 대손충당금	240,000 *2
	*2 2,000,000×12% = ₩240,000			
20×3. 2.15	(차) 대손충당금	130,000	(대) 매출채권	130,000
20×3.12.31	(차) 대손상각비	40,000 *3	(대) 대손충당금	40,000
	*3 3,000,000×5% − (240,000 − 130,000) = ₩40,000			
20×4.11.25	(차) 현 금	80,000	(대) 대손충당금	80,000
20×4.12.31	(차) 대손충당금	110,000 *4	(대) 대손상각비	110,000
	*4 4,000,000×3% − (150,000 + 80,000) = (−)110,000			

2. 손익계산서상 대손상각비(환입)

구 분	대손상각비(대손충당금환입액)			
	20×1년	20×2년	20×3년	20×4년
기 중	-	30,000	-	-
기 말	100,000	240,000	40,000	(110,000)
	100,000	270,000	40,000	(110,000)

3. 부분재무상태표

20×1.12.31		
매출채권	1,000,000	
대손충당금	(100,000)	900,000

20×2.12.31		
매출채권	2,000,000	
대손충당금	(240,000)	1,760,000

20×3.12.31		
매출채권	3,000,000	
대손충당금	(150,000)	2,850,000

20×4.12.31		
매출채권	4,000,000	
대손충당금	(120,000)	3,880,000

➡ 해답의 부분재무상태표에서는 매출채권에 대하여 대손충당금을 차감하는 형식으로 표시하였으나 대손충당금을 해당 자산에서 직접 가감하여 표시할 수도 있다.

CHAPTER 07

재고자산

ACCOUNTING PRINCIPLE

제 1 절 재고자산의 의의와 종류

이 장은 제4장 '상품매매거래의 회계처리'와 연결되는 부분이 많다. 제4장에서는 재고자산의 매입과 매출, 그리고 기말보유재고를 모두 총금액으로만 제시했다. 하지만, 현실적으로 기말재고자산은 수량과 단위당 원가의 곱으로 금액을 측정하기 때문에 제7장 '재고자산'에서는 재고자산과 관련된 상황을 좀 더 현실적으로 적용하여 포괄손익계산서에 인식되는 재고자산과 관련 비용 및 보고기간 말의 재무상태표에 인식되는 기말재고자산의 금액을 자세히 살펴보도록 한다.

[재고자산의 공시]

재무상태표

A회사 20×1년 12월 31일 현재 (단위 : 원)

자산		부채
유동자산		유동부채
1. 현금및현금성자산	×××	1. 매입채무와 기타채무
2. 단기투자금융자산	×××	
3. 매출채권과 기타채권	×××	
4. 재고자산		
(1) 상 품	×××	
(2) 제 품	×××	
(3) 재 공 품	×××	
(4) 원 재 료	×××	
(5) 소 모 품	×××	
⋮	⋮	

1 재고자산의 의의

재고자산(inventory)은 기업이 정상적인 영업과정에서 판매를 목적으로 보유하거나, 생산에 사용하기 위해 보유중인 자산 또는 생산과정에 이미 투입되어 있는 자산을 말한다. 재고자산은 기업의 영업활동과정 중에서 판매목적으로 보유하는 자산이라는 점에서, 사용목적으로 보유하는 유형자산과 구분할 수 있고, 영업활동과 무관하게 투자목적으로 보유하는 투자자산과 구분할 수 있다. 따라서 동일한 자산도 기업의 주요 영업활동에 따라 계정과목의 분류가 달라진다. 예를 들어, 토지와 건물과 같은 부동산을 정상적인 영업과정에서 판매를 목적으로 보유하고 있는 기업은 이를 재고자산으로 분류하지만, 자가사용목적으로 보유하는 기업은 이를 유형자산으로 분류한다. 또한 임대목적이나 장기시세차익을 목적으로 보유하는 기업은 이를 투자부동산으로 분류한다.

참 고　재고자산과 다른 자산과의 차이점

재고자산은 은행예금이나 매출채권과 동일하게 재무상태표에 유동자산으로 분류하여 표시한다. 동일한 유동자산이지만 재고자산은 정상적인 영업과정인 생산이나 판매와 같은 과정을 통하여 현금화 되는데 비하여, 은행예금이나 매출채권은 단순히 회수과정을 통하여 현금화 된다는 점에 있어서 차이가 있다. 또한 재고자산은 유형자산이나 무형자산과 동일하게 재무상태표상 비금융자산으로 분류하여 표시한다. 동일한 비금융자산이지만 재고자산은 해당 자산을 소비하는 과정에서 수량이 감소하며, 이를 관련비용으로 인식하면 된다. 하지만 유형자산과 무형자산은 해당자산을 소비하는 과정에서 수량의 감소가 발생하지 않으므로, 감가상각절차를 통하여 관련비용으로 인식한다는 점에서 차이가 있다.

2 재고자산의 종류

재고자산의 종류는 크게 상품매매업(merchandise business)과 제조업(manufacturing business)으로 구분하여 다음과 같이 분류할 수 있다.

(1) 상품매매업의 재고자산

상품매매업에서 재고자산으로 분류되는 항목은 상품이 있다. 상품(goods)은 정상적인 영업활동과정에서 판매를 목적으로 구입한 재고자산을 말하며, 판매위탁상품인 적송품(goods in consignment)과 운송 중인 상품인 미착품(goods in transit)을 포함한다.

[상품의 매입과 매출시의 회계처리]

매 입 시	(차) 재고자산	×××	(대) 매입채무	×××
매 출 시	(차) 매출원가	×××	(대) 재고자산	×××

(2) 제조업의 재고자산

제조업에서 재고자산으로 분류되는 항목은 원재료, 재공품과 제품 등이 있다. 원재료(raw material)는 제품을 제조할 목적으로 구입한 원료 및 재료를 말하며, 재공품(work in process)은 제품의 생산을 위하여 생산 및 가공과정에 있는 재고자산을 말한다. 또한 제품(finished goods)은 제조 작업을 완전히 종료하고 판매 가능한 상태에 있는 재고자산을 말한다.

[제품의 제조와 매출시의 회계처리]

원재료매입	(차) 원 재 료	×××	(대) 매입채무	×××
제품제조시	(차) 재 공 품	×××	(대) 원 재 료	×××
			현 금 등	×××
제품완성시	(차) 제 품	×××	(대) 재 공 품	×××
매 출 시	(차) 매출원가	×××	(대) 제 품	×××

3 재고자산 관련 회계처리의 흐름

일반적으로 재고자산은 기업의 총자산에서 차지하는 비중이 크다. 이에 대한 적정수준의 관리는 기업의 이윤극대화 전략에 영향을 주게 되므로 경영관리목적으로 중요하며, 기말 재고자산의 측정 및 평가방법에 따라 재무상태표의 자산(재고자산)의 크기뿐만 아니라 포괄손익계산서의 기간손익(매출원가)에 영향을 주게 되므로 재무회계 목적으로도 중요하다. 재고자산은 다음과 같은 원가흐름으로 재무제표에 인식된다.

[재고자산의 원가흐름]

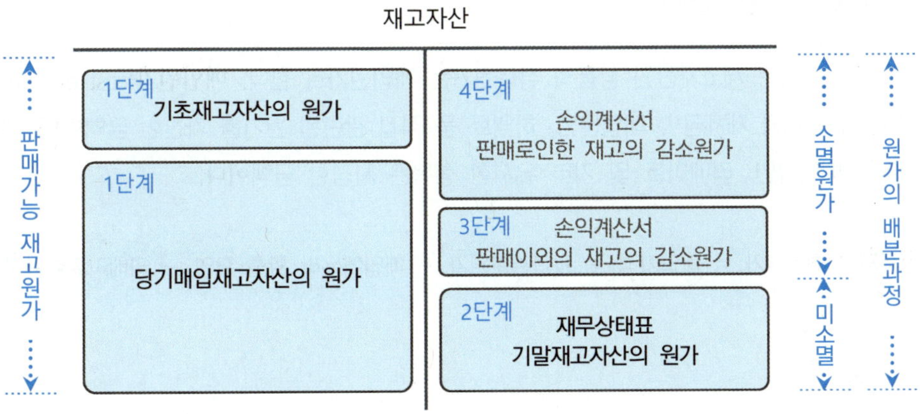

1단계 : 기초재고원가와 당기매입원가의 합계인 판매가능한 재고원가를 확정한다.
2단계 : 기말재고원가를 확정한다.
3단계 : 판매거래 이외의 재고감소원가를 확정한다.
4단계 : 판매거래로 인한 재고감소원가인 매출원가를 차액(1단계 - 2단계 - 3단계)으로 확정한다.

제 2 절 재고자산의 취득원가

일반적으로 자산의 취득원가에는 해당 자산을 취득하여 목적에 맞게 사용하기까지 소요된 모든 지출액이 포함되어야 한다. 따라서 재고자산의 취득원가도 해당 재고자산을 판매가능한 상태로 만들기까지 소요된 모든 현금 및 현금등가액이다.

[일반적인 자산의 취득원가]

(차)	자　산	×××	(대)	제공하는 현　금	공정가치
				제공하는 기타자산	공정가치
				부담하는 부　채	공정가치

1 상품재고의 취득원가

외부로부터 구입하는 재고자산인 상품의 취득원가는 매입원가로 한다. 매입원가(cost of purchase)는 매입가격에 수입관세와 제세금[1], 매입운임, 하역료 등 직접 관련된 원가를 가산한 금액이며, 매입에누리, 매입환출, 매입할인, 리베이트 및 기타 유사한 항목은 차감한 금액이다.

상품재고 취득원가 = 매입가격 + 직접관련원가 − 매입에누리·환출·할인 − 리베이트수령액

(1) 매입가격

매입가격(purchase price)은 자산을 매입하기 위하여 지급한 대가의 공정가치를 말한다. 예를 들어 공정가치가 ₩1,000,000인 상품을 구입하기 위하여 현금 ₩950,000을 지급하기로 거래처와 합의한 경우 상품의 매입가격은 ₩950,000이다.

1) 관세환급금이나 매입부가가치세와 같이 과세당국으로부터 추후 환급받을 수 있는 금액은 제외한다.

(2) 취득원가에 가산할 원가

상품을 매입할 때에는 매입가격 이외에도 여러 직접관련원가가 추가로 지출된다. 자산의 취득원가에는 해당 자산을 취득하여 목적에 맞게 사용하기까지 소요된 모든 지출액이 포함되어야 하므로 상품을 매입하기 위한 직접관련원가도 취득원가에 가산해야 한다. 직접관련원가 중에서 수입관세(import duty)는 자국의 산업을 보호하고 자국의 수입을 늘리기 위해서 수입품에 부과하는 세금이며, 매입운임(freight-in)은 상품 매입시에 발생하는 인수운임이다. 또한 하역료(landing charges)는 선적료(shipping charges)와 반대되는 용어로 매입한 상품을 선박에서 부두에 내려놓는 비용을 말한다. 여기서 주의할 점은 직접관련원가 중 매입운임은 거래조건에 따라 다음과 같이 처리한다는 것이다.

① 선적지 인도기준

선적지 인도기준(F.O.B shipping point)에서는 선적시점에서 재고자산의 소유권이 매입자에게 이전되기 때문에 매입자가 운임을 부담한다. 따라서 이 경우에 운임은 매입자의 재고자산가액에 포함시킨다.

② 도착지 인도기준

도착지 인도기준(F.O.B destination)에서는 도착시점에서 매입자에게 소유권이 이전되기 때문에 운임은 판매자가 부담한다. 따라서 이 경우에 운임은 판매자의 판매비용으로 처리한다.

(3) 취득원가에 차감할 원가

상품의 매입 후 매입에누리, 매입환출이나 매입할인이 발생하거나 리베이트를 수령하는 경우에는 매입가격이 절감되는 효과가 있으므로 상품의 취득원가에서 차감해야 한다.

① 매입에누리와 매입환출

매입에누리(purchase allowance)는 매입한 상품 중에서 품질, 생산 및 규격 등이 계약조건과 다르거나 운송 중 파손 등으로 인하여 매입가격이 감액되는 것을 말한다. 또한, 매입환출(purchase return)은 매입자가 금액할인 대신 상품을 반품한 것을 말하는데, 이는 사실상의 매입취소행위이다.

② 매입할인

매입할인(purchase discount)은 매입채무를 신속하게 지급하고, 대금의 일부를 할인 받는 것을 말한다. 매입할인 조건은 '2/10, n/30'과 같은 식으로 표시한다. 이때 '2/10'은 10일 이내에 대금을 결제하면 2%의 할인을 받는다는 의미이며, 'n/30'은 신용공여기한으로 늦어도 30일 내에는 대금 전액을 결제해야 한다는 의미이다.

③ 리베이트

리베이트(rebate)는 매출처가 매입처로부터 수령한 대금의 일부를 사례금이나 보상금의 형식으로 매입처에게 돌려주는 것을 말한다.

[매입에누리와 매입환출의 회계처리]

매 입 시	(차) 재고자산	×××	(대)	매입채무	×××
에누리·환출	(차) 매입채무	×××	(대)	재고자산	×××

[매입할인의 회계처리]

매 입 시	(차) 재고자산	×××	(대)	매입채무	×××
매입할인시	(차) 매입채무	×××	(대)	재고자산	×××
				현 금	×××

[리베이트의 회계처리]

매 입 시	(차) 재고자산	×××	(대)	현 금	×××
리베이트수령	(차) 현 금	×××	(대)	재고자산	×××

예제 1 상품의 취득원가

다음은 A회사의 20×1년도 상품취득과 관련된 일련의 거래들이다. 한편 20×0년 말의 재무상태표에 상품계정은 ₩300,000이다. 아래의 거래를 일자별로 회계처리하고 각각의 물음에 답하시오.

(1) 1월 2일에 B회사로부터 공정가치 ₩800,000에 상당하는 재고자산을 ₩50,000이 할인된 금액으로 현금을 지급하고 취득하였으며, 운임 ₩100,000을 별도로 운송회사에 현금 지급하였다.
(2) 1월 5일에 B회사로부터 구매장려금 명목으로 리베이트 ₩30,000을 수령하였다.
(3) 1월 8일에 상품 ₩3,000,000을 '2/10, n/30'의 조건으로 외상매입 하였다.
(4) 1월 10일에 외상으로 구입한 상품에 하자가 있어서 ₩100,000을 거래처로부터 에누리 받았으며, ₩500,000은 반품을 하였다.
(5) 1월 15일에 외상채무를 전액 현금결제 하였다.

물음

1. A회사가 재고자산을 계속기록법으로 회계처리하는 경우 일련의 회계처리를 제시하시오.
2. A회사가 재고자산을 실지재고조사법으로 회계처리하는 경우 일련의 회계처리를 제시하시오.
3. 위의 [물음 2]에서 A회사가 B회사에 대한 외상채무를 1월 15일이 아닌 1월 31일에 현금결제를 한 경우 일련의 회계처리를 제시하시오.
4. 각각의 경우 1월 31일의 수정전시산표를 제시하시오. 단, 재고자산과 관련된 부분만 표시하시오.

해답

1. 계속기록법

일자	차변	금액		대변	금액	
20×1. 1. 2	(차) 상 품	850,000	③	(대) 현 금	750,000	①
				현 금	100,000	②
20×1. 1. 5	(차) 현 금	30,000	①	(대) 상 품	30,000	②
20×1. 1. 8	(차) 상 품	3,000,000	②	(대) 매 입 채 무	3,000,000	①
20×1. 1.10	(차) 매 입 채 무	100,000	①	(대) 상 품	100,000	②
	(차) 매 입 채 무	500,000	③	(대) 상 품	500,000	④
20×1. 1.15	(차) 매 입 채 무	48,000	①	(대) 상 품	48,000	②
	매 입 채 무	2,352,000	③	현 금	2,352,000	④
	* 2,400,000 − 2,400,000 × 2% = 2,352,000					

2. 실지재고조사법

일자	차변	금액		대변	금액	
20×1. 1. 2	(차) 매 입	850,000	③	(대) 현 금	750,000	①
				현 금	100,000	②
20×1. 1. 5	(차) 현 금	30,000	①	(대) 매 입	30,000	②
20×1. 1. 8	(차) 매 입	3,000,000	②	(대) 매 입 채 무	3,000,000	①
20×1. 1.10	(차) 매 입 채 무	100,000	①	(대) 매 입	100,000	①
	(차) 매 입 채 무	500,000	③	(대) 매 입	500,000	④
20×1. 1.15	(차) 매 입 채 무	48,000	①	(대) 매 입	48,000	②
	매 입 채 무	2,352,000	③	현 금	2,352,000	④
	* 2,400,000 − 2,400,000 × 2% = 2,352,000					

3. 매입할인 기회를 이용하지 않은 경우의 실지재고조사법

20×1. 1. 2	(차) 매　　입	850,000 ③	(대) 현　　금	750,000 ①
			현　　금	100,000 ②
20×1. 1. 5	(차) 현　　금	30,000 ①	(대) 매　　입	30,000 ②
20×1. 1. 8	(차) 매　　입	3,000,000 ②	(대) 매입채무	3,000,000 ①
20×1. 1.10	(차) 매입채무	100,000 ①	(대) 매　　입	100,000 ②
	(차) 매입채무	500,000 ③	(대) 매　　입	500,000 ④
20×1. 1.31	(차) 매입채무	2,400,000 ①	(대) 현　　금	2,400,000 ②

4. 수정전시산표

(1) 계속기록법

상　품	3,472,000	

(2) 실지재고조사법

상　품	300,000	
매　입	3,172,000	

(3) 실지재고조사법

상　품	300,000	
매　입	3,220,000	

2 제품재고의 취득원가

제조기업의 재고자산은 원재료, 재공품 및 제품이다. 자가제조하는 재고자산인 제품, 반제품과 재공품의 취득원가는 원재료의 매입원가와 전환원가의 합계로 한다. 전환원가(cost of conversion)는 직접노무원가처럼 생산량과 직접 관련된 원가와 원재료를 완제품으로 전환하는데 발생하는 변동제조간접원가 및 고정제조간접원가의 체계적인 배부액을 포함한다. 제조기업에서 발생하는 전환원가에 대한 체계적인 배부절차는 재무회계의 영역이 아닌 원가·관리회계의 영역이다. 따라서 이에 대한 내용은 원가·관리회계 교과서를 참고하면 된다.

참 고　고정제조간접원가와 변동제조간접원가

고정제조간접원가(fixed production overheads)는 공장 건물이나 기계장치의 감가상각비와 수선유지비 및 공장 관리비처럼 생산량과는 상관없이 비교적 일정한 수준을 유지하는 간접 제조원가를 말한다. 변동제조간접원가(variable production overheads)는 간접재료원가나 간접노무원가처럼 생산량에 따라 변동하는 간접 제조원가를 말한다.

제 3 절 재고자산의 원가배분

재무제표는 일정한 기간별로 작성된다. 따라서 상품매매거래와 관련하여 보고기간 말의 재무상태표 상 매출채권, 재고자산 및 매입채무와 보고기간의 포괄손익계산서 상 매출과 매출원가를 적정하게 인식하기 위해서는 어느 회계기간에 거래가 발생한 것인지에 대한 기간귀속의 구분이 중요하다.

재고자산의 원가배분은 판매가능재고인 기초재고자산과 당기매입재고자산의 원가를 포괄손익계산서의 매출원가과 재무상태표의 기말재고자산 원가로 안분하는 것을 말한다. 매출원가는 당기에 비용으로 인식되는 재고자산의 원가이며, 기말재고자산은 차기 이후로 비용의 인식시기가 이연되는 재고자산의 원가이다. 판매가능재고의 원가 중 미소멸원가인 기말재고자산이 결정되면 소멸원가인 매출원가는 자동으로 결정된다.

[실지재고조사법에 따른 재고원가의 기간간배분]

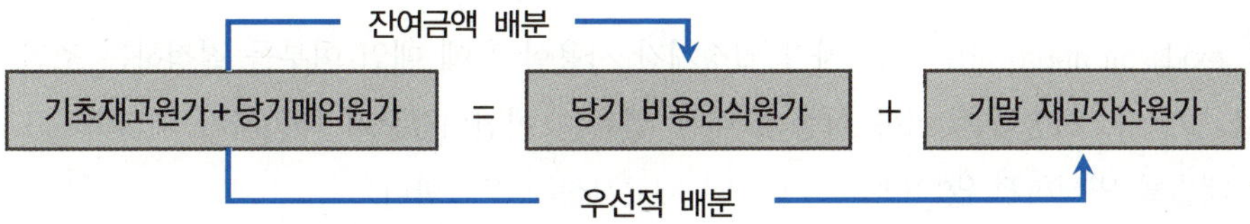

1 기말재고자산에 포함할 항목

기말 현재 회사가 창고에 보관하고 있는 재고자산 또는 장부상 기록된 재고자산이 그대로 기말재고자산이 되는 것은 아니다. 왜냐하면 기말 현재 회사 창고에 보관하고 있는 재고자산 중에 실질소유권이 없는 것도 있으며 창고에 보관하고 있지 않는 재고자산 중에 실질소유권이 있는 것도 있기 때문이다. 뿐만 아니라 실질소유권이 이전되는 시점에 정확히 장부기록이 이루어지지 않고 상품이 인도되는 시점에 장부기록이 이루어지게 되면 창고에 보관 중인 재고자산과 장부상 재고자산에 차이가 발생한다. 이에 대하여 조정을 하여야 정확한 매출원가와 기말재고가 산정된다. 기말재고자산의 포함여부는 실질소유권에 따라 판단해야 한다. 특히 대부분의 재고자산은 판매를 목적으로 보유하므로 실질소유권의 판단은 매출인식과 연계되어 있다. 즉, 매출로 인식하면 실질소유권은 상대방에게 이전 되었다는 의미이므로 기말재고자산에 포함하지 않고, 매출로 인식하지 않으면 실질소유권은 상대방에게 이전되지 않았다는 의미이므로 기말재고자산에 포함한다. 여기에서는 보고기간 말 현재 기말재고의 포함여부에 대하여 결정하기 어려운 항목들에 대하여만 설명하고자 한다.

(1) 미착상품

미착상품(goods in transit)은 운송 중에 있어 아직 목적지에 도착하지 않은 상품으로 법률적인 소유권의 유무에 따라서 재고자산 포함여부를 결정한다. 선적지인도조건(F.O.B. shipping point)의 미착상품은 선적된 시점에 소유권이 매입자에게 이전 되므로 매입자의 재고자산에 포함된다. 그러나 도착지인도조건(F.O.B destination)의 미착상품은 목적지에 도착하여 매입자가 인수한 시점에서 소유권이 매입자에게 이전되므로 매입자의 재고자산에 포함되지 않는다. 여기서 주의할 점은 선적지 인도조건과 도착지 인도조건의 매출상품이다. 선적지 인도조건의 매출상품과 달리, 도착지 인도조건의 매출상품은 목적지에 도착할 때까지는 매출을 인식하지 않으므로 판매자의 재고자산에 포함된다.

[미착상품에 대한 기말재고자산 포함여부]

	매입거래	매출거래
선적지 인도조건	포 함	불포함
도착지 인도조건	불포함	포 함

(2) 시송품

시송품(goods on approval)은 매입자가 일정기간 사용한 후에 매입 여부를 결정하는 조건으로 판매한 상품을 말한다. 시송품은 비록 상품에 대한 점유는 이전되었으나 매입자가 매입의사표시를 하기 전까지는 매출을 인식하지 않으므로 판매자의 재고자산에 포함한다.

(3) 적송품

적송품(goods on consignment)은 위탁자가 판매를 위탁하기 위하여 수탁자에게 보낸 상품을 말한다. 수탁자가 보관하고 있는 적송품을 제3자에게 판매하기 전까지는 매출을 인식하지 않으므로 위탁자의 재고자산에 포함한다.

(4) 저당상품

저당상품(goods on mortgage)은 금융기관 등으로부터 자금을 차입하고 그 담보로 제공된 상품으로 저당권이 실행되기 전까지는 담보제공자가 소유권을 가지고 있다. 따라서 저당권이 실행되어 소유권이 이전되기 전까지는 담보제공자의 재고자산에 포함한다.

[기말재고의 포함여부]

구 분	기말재고자산 포함 항목
미 착 상 품	선적지 인도조건 매입 상품, 도착지 인도조건 판매 상품
시 송 품	매입의사를 표시하지 않은 상품
적 송 품	수탁자 미판매 상품
저 당 상 품	저당권이 실행되지 않은 상품

예제 2 재고자산에 포함할 항목의 결정

다음은 A회사의 20×1년 12월 31일로 종료되는 회계연도의 관련 자료들이다. A회사는 12월 31일 실사재고를 기준으로 결산을 하였으며, 다음 사항은 결산시 제외되어 있다.

(1) FOB선적지 조건의 송장 ₩100,000을 20×2년 1월 5일에 받아서 기록했다. 송장에는 20×1년 12월 30일에 선적된 것으로 되어 있으나 송장과 함께 상품이 입고된 날은 20×2년 1월 5일이다.

(2) 회사는 시용판매를 하고 있는데 20×1년 말 현재 고객이 구입의사를 표시하지 않은 금액은 판매가로 ₩1,250,000이며, 시용매출의 경우 매출총이익률은 20%이다. 회사는 고객이 구입의사를 표시한 시점에서 매출을 인식하고 있다.

(3) 회사는 위탁판매를 하고 있는데 수탁자에게 적송한 시점에서 매출 회계처리를 하고 있다. 당기 적송품의 판매가는 ₩1,500,000이며 기말 현재 수탁자가 보관하고 있는 적송품재고액은 판매가로 ₩400,000이다. 위탁판매의 경우 원가에 25%의 이익을 가산하여 판매하고 있다.

물음

각각의 상황은 모두 독립적인 것을 가정한다. 이 경우 20×1년 기말재고자산에 포함될 금액과 기말재고자산에 대한 수정분개를 제시하시오.

해답

1. 재고자산의 금액

(1) 미착재고

선적지 인도조건매입에서 선적이 완료되면 매입을 계상하고 재고자산에 포함한다. 따라서 기말실사시 없더라도 ₩100,000을 기말재고자산에 포함시킨다.

(2) 시용판매재고

시용매출은 구매자가 구입의사를 표시한 날에 수익을 인식하므로 기말현재 구입의사를 표시하지 아니한 재고의 원가해당 금액 ₩1,000,000(=1,250,000×80%)을 기말재고자산에 포함시켜야 한다.

(3) 위탁판매재고

적송품은 수탁자가 판매한 날에 수익을 인식하므로 수탁자가 보관 중인 재고의 원가해당 금액 ₩320,000 (400,000÷125/100)을 기말재고자산에 포함시켜야 한다.

2. 기말재고자산에 대한 수정분개

(1) 미착재고	(차) 재고자산	100,000	①	(대) 매입채무	100,000	②
(2) 시용재고	(차) 재고자산	1,000,000	①	(대) 매출원가	1,000,000	②
(3) 위탁재고	(차) 재고자산	320,000	①	(대) 매출원가	320,000	②

해 설

기본자료 (2)와 (3)은 다음과 같이 풀이 할 수 있다.

(2) 매출총이익률(20%)이 주어진 경우

매 출	1,250,000	100%
매 출 원 가	1,000,000*1	80%
매출총이익	250,000	20%

*1 1,250,000×80/100=1,000,000

(3) 원가에 대한 이익률(25%)이 주어진 경우

매 출	400,000	125%
매 출 원 가	320,000*2	100%
매출총이익	80,000	25%

*2 400,000×100/125=320,000

2 재고자산의 수량결정

회사는 재고자산의 수량을 확정하여 기초재고수량과 당기 매입수량을 판매된 수량과 기말에 보유하고 있는 수량으로 배분하고, 이를 회계적으로 기록한다. 재고자산의 수량을 파악하고 이에 대한 회계기록을 유지하는 방법에는 계속기록법과 실지재고조사법 및 병행법이 있다.

(1) 계속기록법

계속기록법(perpetual inventory system)은 재고자산이 입고, 출고될 때마다 수량을 계속기록하여 판매량과 재고량을 파악하는 방법이다. 계속기록법에 의하면 다음과 같은 방법으로 기말재고수량이 결정된다.

기초재고수량 + 당기매입수량 − 당기판매수량 = 기말재고수량수량이 파악되면 적절한 단가를 적용하여 당기 매출원가를 산정하고, 이를 근거로 기말재고금액을 결정한다.

재고자산

기초재고액	×××	매출원가	×××	← *1st* 판매될 때마다 일일이 매출원가 기록
당기매입액	×××	기말재고액	×××	← *2nd* 대차차액으로 산정
	×××		×××	

(2) 실지재고조사법

실지재고조사법(periodic inventory system)은 정기적으로 재고실사를 하여 재고수량을 파악한 후에 판매가능수량과의 차이를 모두 판매수량으로 간주하는 방법이다. 실지재고조사법에 의하면 다음과 같은 방법으로 당기판매수량이 결정된다.

> 기초재고수량 + 당기매입수량 − 실지재고수량 = 당기판매수량

수량이 파악되면 적절한 단가를 적용하여 기말재고금액을 산정하고, 이를 근거로 당기 매출원가를 결정한다. 이 방법에 의할 경우에는 매출원가를 계산하기 위해서 반드시 결산조정 분개를 해야 한다.

재고자산

기초재고액	×××	매출원가	×××	← *2nd* 대차차액으로 산정
당기매입액	×××	기말재고액	×××	← *1st* 실사를 통하여 먼저 확정
	×××		×××	

(3) 병행법

계속기록법만을 적용하면 매출이외의 재고자산 감소분이 기말재고로 남아 있는 것으로 처리되고, 실지재고조사법만을 적용하면 매출이외의 재고자산 감소분이 매출원가에 포함된다. 따라서 실무적으로는 두 방법을 함께 사용해야 하며, 이를 병행법이라 한다.

예제 3 계속기록법과 실지재고조사법

A회사의 20×1년 상품에 대한 자료는 다음과 같으며 당기 매출액은 ₩105,000이다. 모든 거래는 외상으로 이루어졌다.

적 요	수 량	원 가
기초재고	120개	₩300
당기매입	240개	₩300
매입환출	20개	₩300

계속기록법에 의한 상품 출고수량은 210개이며, 실지재고조사법에 의한 기말재고 실사수량은 125개이다. 상품부족분은 비정상적이며, 이를 매출원가가 아닌 기타영업비용으로 분류한다.

물음

1. 계속기록법에 따라 필요한 회계처리를 하고 재무상태표에 계상될 기말 재고자산과 손익계산서에 계상될 매출원가를 구하시오.
2. 실지재고조사법에 따라 필요한 회계처리를 하고 재무상태표에 계상될 기말 재고자산과 손익계산서에 계상될 매출원가를 구하시오. 단, 기말재고 실사수량은 125개이다.
3. 병행법에 따라 필요한 회계처리를 하고 재무상태표에 계상될 기말 재고자산과 손익계산서에 계상될 매출원가를 구하시오. 단, 계속기록법에 의한 장부상 출고수량은 210개이고, 기말재고 실사수량은 125개이며, 상품부족분은 비정상적인 것으로 본다.

해답

1. 계속기록법

(1) 수량관리

재고자산

기초재고수량	120개	매출수량	210개
당기순매입수량	240 − 20 = 220개	기말재고수량	130개
	340개		340개

(2) 회계처리

20×1. 1. 1	
재고자산 36,000	

매 입 시	(차) 재고자산	72,000 ②	(대) 매입채무	72,000 ①
환 출 시	(차) 매입채무	6,000 ①	(대) 재고자산	6,000 ②
판 매 시	(차) 매출채권	105,000 ①	(대) 매 출	105,000 ②
	매출원가	63,000 ④	재고자산	63,000 ③
결 산 일	회계처리 없음			
재무제표	손익계산서 : 매출원가 210개×₩300=63,000 재무상태표 : 재고자산 130개×₩300=39,000			

20×1.12.31	
재고자산 39,000	

2. 실지재고조사법

(1) 수량관리

재고자산

기초재고수량	120개	매출수량	215개
당기순매입수량	240－20=220개	기말재고수량	125개
	340개		340개

(2) 회계처리

20×1. 1. 1	
재고자산 36,000	

매 입 시	(차) 매 입	72,000 ②	(대) 매입채무	72,000 ①
환 출 시	(차) 매입채무	6,000 ①	(대) 매 입	6,000 ②
판 매 시	(차) 매출채권	105,000 ①	(대) 매 출	105,000 ②
결 산 일	(차) 매출원가	36,000 ②	(대) 재고자산	36,000 ①
	매출원가	66,000 ④	매 입	66,000 ③
	재고자산	37,500 ⑤	매출원가	37,500 ⑥
재무제표	재무상태표 : 재고자산 125개×₩300=37,500 손익계산서 : 매출원가 215개×₩300=64,500			

20×1.12.31	
재고자산 37,500	

3. 병행법

(1) 수량관리

재고자산

기초재고수량	120개	매출수량	210개
		감모수량	5개
당기순매입수량	240 - 20 = 220개	기말재고수량	125개
	340개		340개

(2) 계속기록법을 기준으로 하는 병행법 회계처리

20×1. 1. 1

재고자산	36,000		

매 입 시	(차) 재고자산	72,000 ②	(대) 매입채무	72,000 ①
환 출 시	(차) 매입채무	6,000 ①	(대) 재고자산	6,000 ②
판 매 시	(차) 매출채권	105,000 ①	(대) 매 출	105,000 ②
	매출원가	63,000 ④	재고자산	63,000 ③
결 산 일	(차) 비정상감모손실	1,500 ②	(대) 재고자산	1,500 ①
재무제표	손익계산서 : 매출원가 210개×₩300 = 63,000 & 감모손실 : 5개×₩300 = 1,500 재무상태표 : 기말재고 125개×₩300 = 37,500			

20×1.12.31

재고자산	37,500		

(3) 실지재고조사법을 기준으로 하는 병행법 회계처리

20×1. 1. 1

재고자산	36,000		

매 입 시	(차) 매 입	72,000 ②	(대) 매입채무	72,000 ①
환 출 시	(차) 매입채무	6,000 ①	(대) 매 입	6,000 ②
판 매 시	(차) 매출채권	105,000 ①	(대) 매 출	105,000 ②
결 산 일	(차) 매출원가	36,000 ②	(대) 재고자산	36,000 ①
	매출원가	66,000 ④	매 입	66,000 ③
	재고자산	37,500 ⑤	매출원가	37,500 ⑥
	(차) 비정상감모손실	1,500 ⑧	(대) 매출원가	1,500 ⑦
재무제표	손익계산서 : 매출원가 210개×₩300 = 63,000 & 감모손실 : 5개×₩300 = 1,500 재무상태표 : 기말재고 125개×₩300 = 37,500			

20×1.12.31

재고자산	37,500		

해설

1. 계속기록법에서는 감모된 부분이 기말재고에 남아 있는 것으로 처리되고, 실지재고조사법에서는 감모된 부분이 매출원가에 포함된 것으로 처리된다. 그리고 병행법에서는 감모된 부분을 구분한 후에 성격에 따라 처리한다. 감모된 부분의 회계처리에 대해서는 제4절에서 자세히 설명할 것이다.
2. 각 방법의 결과를 비교하면 다음과 같다.

구 분	계속기록법	실 사 법	병 행 법
매출원가	63,000	64,500	63,000
기말재고	39,000	37,500	37,500
감모손실	-	-	1,500
	102,000	102,000	102,000

3 재고자산의 단위당원가 결정

기초재고자산과 당기매입재고자산의 합계액인 판매가능재고자산(goods available for sale) 중 판매된 부분은 손익계산서의 매출원가로 배분되며, 기말 현재 미판매된 부분은 재무상태표의 기말재고자산으로 배분된다.

[재고자산의 원가배분과정]

회계기간동안 재고자산의 단위당 취득원가에 변동이 없다면 판매된 수량과 미판매된 수량에 재고자산의 단위당 취득원가만 적용하면 되므로, 재고자산의 원가배분이 어렵지 않다. 하지만 회계기간동안 재고자산의 단위당 취득원가가 변동하는 상황에서는 동일한 품목의 재고자산이라도 서로 다른 단위당 원가로 취득하게 된다. 이 경우 판매된 재고자산과 기말 재고자산에 각각의 개별 취득단가를 적용하는 개별법이 가장 이상적인 재고자산의 원가배분법이다. 그러나 실무적으로 개별법은 수행하기 어려울 뿐만 아니라, 비용·효익관점에서도 적용하기에는 부적절한 경우가 많다.

개별법에 의한 원가배분의 대안으로 상품의 실제물량흐름(physical flow)과 상관없이 일정한 가정을 통하여 판매된 재고와 미판매된 재고에 적용할 취득단가를 산정하는데 이를 원가흐름의 가정(cost flow assumption)이라 한다.

[원가흐름의 가정]

원가흐름가정 \ 수량결정	계속기록법	실지재고조사법
선 입 선 출 법	계속기록법하의 선입선출법	실지재고조사법하의 선입선출법
후 입 선 출 법	계속기록법하의 후입선출법	실지재고조사법하의 후입선출법
가 중 평 균 법	이동평균법	총평균법

국제회계기준에 의하면 통상적으로 상호 교환될 수 없는 재고자산항목의 원가와 특정 프로젝트별로 생산되고 분리되는 재화 또는 용역의 원가는 개별법을 사용하여 결정하며, 개별법을 적용할 수 없는 재고자산의 단위원가는 선입선출법이나 가중평균법을 사용하여 결정한다.

참고 후입선출법 적용의 금지

원가흐름의 가정 중에서 후입선출법은 재무상태표일 현재의 재고자산가액이 과거의 원가로 계상되어 있어 시가를 반영하지 못하며, 후입선출청산현상이 발생할 수 있고 이를 이용한 경영자의 손익왜곡가능성이 있을 수 있다는 단점이 있다. 또한 일반적으로 실물흐름과도 일치하지 않기 때문에[2] 표현의 충실성이 저하된다. 따라서 국제회계기준은 2003년부터 후입선출법의 적용을 금지하였다.

(1) 개별법

개별법(specific identification method)은 식별되는 재고자산별로 특정한 원가를 부과하는 방법이다. 즉 각각의 재고자산에 가격표 등의 번호표를 붙여 재고로 있는 것과 매출된 것을 구분하여 재고관리를 하는 것을 말한다. 통상적으로 상호 교환될 수 없는 재고자산항목의 원가와 특정 프로젝트별로 생산되고 분리되는 재화 또는 용역의 원가는 개별법을 사용하여 결정한다.

개별법은 재고자산의 실물흐름과 원가흐름이 완전히 일치하므로 수익비용대응의 원칙에 충실하다는 장점이 있다. 반면에 일반적인 재고자산(대량의 동질적인 자산)을 개별 관리하는 것은 비경제적이며, 같은 품목의 재고자산을 다른 가격으로 구입한 경우 이익조작이 가능하다는 단점이 있다.

2) 석탄 더미, 철 더미나 금속 조각 등을 측정하는 경우에는 후입선출법이 재고자산의 실제 물량 흐름을 반영한다고 볼 수 있다. 하지만 이와 같은 재고자산의 평가는 실제 물량 흐름이 직접원가와 대응하는 직접원가접근법(direct costing approach)을 따르며, 이는 후입선출법과는 다른 방법이다. 국제회계기준에서 후입선출법을 금지하였다고 해서, 후입선출법과 유사하게 재고자산 흐름을 반영하는 특정한 원가결정방법들을 금지한 것은 아니다.

(2) 선입선출법

선입선출법(first-in first-out method : FIFO)은 먼저 매입 또는 생산된 재고자산이 먼저 판매되고 결과적으로 기말에 재고로 남아 있는 항목은 가장 최근에 매입 또는 생산된 항목이라고 가정하는 방법이다. 원가흐름의 가정으로 선입선출법을 적용하는 경우의 기말재고자산 금액은 계속기록법에 의한 금액과 실지재고조사법에 의한 금액이 일치한다.

선입선출법은 기말재고가 재무상태표일 현재 시가에 가까운 금액으로 계상되며, 먼저 들어온 재고가 먼저 판매된다는 가정이 실물흐름과 일치한다는 장점이 있다. 반면에 현재의 수익에 과거의 원가가 대응되며, 물가상승시에 이익이 과대계상되어 법인세를 과다 납부할 가능성이 있고, 물가상승시에 실물자본을 잠식할 수 있다는 단점이 있다.

(3) 후입선출법

후입선출법(last-in first-out method : LIFO)은 가장 최근에 입고된 재고항목이 가장 먼저 판매되고, 결과적으로 기말에 재고로 남아 있는 항목은 가장 먼저 매입 또는 생산된 항목이라고 가정하는 방법이다. 후입선출법을 적용하는 경우에는 언제 구입한 재고가 남아있는지 재고층분석을 해야 한다.

원가흐름의 가정으로 후입선출법을 적용하는 경우의 기말재고금액은 계속기록법에 의한 금액과 실지재고조사법에 의한 금액이 일치하지 않는다. 왜냐하면 계속기록법에서는 기중 판매시에 기초재고 중 일부가 판매될 수 있으나 실지재고조사법에서는 기초재고분부터 누적되어 남은 것으로 가정하기 때문이다.

후입선출법은 매출원가가 현재의 재고원가에 근접한 금액으로 구성되므로 수익비용대응이 적절하며, 물가상승시 이익을 적게 계상하게 되어 법인세 이연효과를 기대할 수 있다는 장점이 있다. 반면에 재무상태표일 현재의 재고자산가액이 현행의 원가를 반영하지 못하며, 판매량이 급증하여 기초재고가 판매된 경우, 과거의 원가로 계상되어있는 재고자산층이 일부 청산되어 매출원가가 감소하고, 순이익이 증가하는 후입선출청산(LIFO liquidation)현상이 발생하며, 이러한 후입선출청산현상을 이용한 경영자의 손익조작 가능성이 존재하고, 일반적인 실물흐름과도 일치하지 않는다는 단점이 있다.

(4) 가중평균법

가중평균법(weighted average cost method)은 기초 재고자산과 회계기간 중에 매입 또는 생산된 재고자산의 원가를 가중평균하여 재고항목의 단위원가를 결정하는 방법이다. 가중평균은 기업의 상황에 따라 매입 또는 생산할 때마다 계속적으로 계산하거나 일정한 기간마다 주기적으로 계산할 수 있는데, 계속기록법을 적용한 평균법을 이동평균법(moving-average cost method)이라고 하며, 실지재고조사법을 적용한 평균법을 총평균법(total weighted-average cost method)이라 한다. 원가흐름의 가정으로 가중평균법을 적용하는 경우의 기말재고금액은 이동평균금액과 총평균금액이 일치하지 않는다. 이동평균법은 재고자산의 매입과 매출이 일어날 때마다 해당시점의 평균단가를 계속적으로 적용하여 매출원가와 기말재고를 산정하고, 총평균법은 기초재고와 당기매입을 포함한 판매가능재고의 총평균단가를 적용하여 기말에 일괄적으로 기말재고금액과 매출원가를 산정하기 때문이다.

가중평균법은 실무적으로 적용하기 편리하며, 객관적이므로 경영자의 당기순이익 조작 가능성이 적다는 장점이 있다. 하지만 수익과 비용의 적절한 대응이 어려우며, 기초재고자산의 원가가 기말재고자산의 원가에 영향을 미칠 수 있다는 단점이 있다.

예제 4 원가흐름의 가정

다음은 A회사의 7월 한 달간의 상품에 대한 매입 및 매출에 관한 자료이다. 제시된 물음에 답하시오. 단, 매입과 매출은 모두 현금으로 결제되었다.

일 자	거 래	수 량	단 가
7월 1일	기초재고	100개	원가 ₩100
7월 5일	판 매	60개	매가 ₩150
7월 12일	매 입	400개	원가 ₩120
7월 18일	판 매	300개	매가 ₩150
7월 31일	기말재고	140개	

물음

원가흐름의 가정으로 선입선출법과 후입선출법, 가중평균법을 이용하고, 재고자산 원가의 기록방법으로 계속기록법과 실지재고조사법을 적용하는 경우 7월 한 달 동안의 매출원가와 기말재고의 금액을 각각 산출하고, 관련된 회계처리를 제시하시오. 단, 재고자산의 단위당 원가는 소수점 셋째자리에서 반올림 한다.

해 답

1. 선입선출법

(1) 계속기록법

재고자산

기초재고액	10,000	매출원가	41,200	➡ 60개×₩100+40개×₩100+260개×₩120
당기매입액	48,000	기말재고액	16,800	➡ 대차차액
	58,000		58,000	

일자	차변	금액	대변	금액
20×1. 7. 5	(차) 현 금	9,000 ①	(대) 매 출	9,000 ②
	매출원가	6,000 ④	재고자산	6,000 ③
	③ 60개×₩100=6,000			
20×1. 7.12	(차) 재고자산	48,000 ⑥	(대) 현 금	48,000 ⑤
20×1. 7.18	(차) 현 금	45,000 ⑦	(대) 매 출	45,000 ⑧
	매출원가	35,200 ⑩	재고자산	35,200 ⑨
	⑨ 40개×₩100+260개×₩120=35,200			
20×1. 7.31	매출원가 관련 회계처리 없음			

(2) 실사법

재고자산

기초재고액	10,000	매출원가	41,200	➡ 대차차액
당기매입액	48,000	기말재고액	16,800	➡ 140개×₩120
	58,000		58,000	

일자	차변	금액	대변	금액
20×1. 7. 5	(차) 현 금	9,000 ①	(대) 매 출	9,000 ②
	매출원가 관련 회계처리 없음			
20×1. 7.12	(차) 매 입	48,000 ④	(대) 현 금	48,000 ③
20×1. 7.18	(차) 현 금	45,000 ⑤	(대) 매 출	45,000 ⑥
	매출원가 관련 회계처리 없음			
20×1. 7.31	(차) 매출원가	10,000 ⑧	(대) 재고자산	10,000 ⑦
	매출원가	48,000 ⑩	매 입	48,000 ⑨
	재고자산	16,800 ⑪	매출원가	16,800 ⑫
	⑪ 140개×₩120=16,800			

2. 후입선출법

(1) 계속기록법

재고자산

기초재고액	10,000	매출원가	42,000	➡ 60개×₩100+300개×₩120
당기매입액	48,000	기말재고액	16,000	➡ 대차차액
	58,000		58,000	

20×1. 7. 5	(차) 현 금	9,000 ①	(대) 매 출	9,000 ②
	매출원가	6,000 ④	재고자산	6,000 ③
	③ 60개×₩100=6,000			
20×1. 7.12	(차) 재고자산	48,000 ⑥	(대) 현 금	48,000 ⑤
20×1. 7.18	(차) 현 금	45,000 ⑦	(대) 매 출	45,000 ⑧
	매출원가	36,000 ⑩	재고자산	36,000 ⑨
	⑨ 300개×₩120=36,000			
20×1. 7.31	매출원가 관련 회계처리 없음			

(2) 실사법

재고자산

기초재고액	10,000	매출원가	43,200	➡ 대차차액
당기매입액	48,000	기말재고액	14,800	➡ 100개×₩100+40개×₩120
	58,000		58,000	

20×1. 7. 5	(차) 현 금	9,000 ①	(대) 매 출	9,000 ②
	매출원가 관련 회계처리 없음			
20×1. 7.12	(차) 매 입	48,000 ④	(대) 현 금	48,000 ③
20×1. 7.18	(차) 현 금	45,000 ⑤	(대) 매 출	45,000 ⑥
	매출원가 관련 회계처리 없음			
20×1. 7.31	(차) 매출원가	10,000 ⑧	(대) 재고자산	10,000 ⑦
	매출원가	48,000 ⑩	매 입	48,000 ⑨
	재고자산	14,800 ⑪	매출원가	14,800 ⑫
	⑪ 100개×₩100+40개×₩120=14,800			

3. 가중평균법

(1) 계속기록법(이동평균법)

재고자산

기초재고액	10,000	매출원가	41,454	➡ 60개 × ₩100 + 300개 × ₩118.18[*1]
당기매입액	48,000	기말재고액	16,546	➡ 대차차액
	58,000		58,000	

[*1] 이동평균단가 : $\frac{(40개 \times ₩100 + 400개 \times ₩120)}{440개}$ = ₩118.18

20×1. 7. 5	(차) 현　　금	9,000 ①	(대) 매　　출	9,000 ②
	매출원가	6,000 ④	재고자산	6,000 ③
	③ 60개 × ₩100 = 6,000			
20×1. 7.12	(차) 재고자산	48,000 ⑥	(대) 현　　금	48,000 ⑤
20×1. 7.18	(차) 현　　금	45,000 ⑦	(대) 매　　출	45,000 ⑧
	매출원가	35,454 ⑩	재고자산	35,454 ⑨
	⑨ 300개 × ₩118.18 = 35,454			
20×1. 7.31	매출원가 관련 회계처리 없음			

(2) 실사법(총평균법)

재고자산

기초재고액	10,000	매출원가	41,760	➡ 대차차액
당기매입액	48,000	기말재고액	16,240	➡ 140개 × ₩116[*1]
	58,000		58,000	

[*1] 총평균단가 : $\frac{(100개 \times ₩100 + 400개 \times ₩120)}{500개}$ = ₩116

20×1. 7. 5	(차) 현　　금	9,000 ①	(대) 매　　출	9,000 ②
	매출원가 관련 회계처리 없음			
20×1. 7.12	(차) 매　　입	48,000 ④	(대) 현　　금	48,000 ③
20×1. 7.18	(차) 현　　금	45,000 ⑤	(대) 매　　출	45,000 ⑥
	매출원가 관련 회계처리 없음			
20×1. 7.31	(차) 매출원가	10,000 ⑧	(대) 재고자산	10,000 ⑦
	매출원가	48,000 ⑩	매　　입	48,000 ⑨
	재고자산	16,240 ⑪	매출원가	16,240 ⑫
	⑪ 140개 × ₩116 = 16,240			

제 4 절 재고자산의 수량부족과 평가

기초재고와 당기매입재고의 합계액인 판매가능재고가 모두 판매된 재고의 원가와 기말재고에 배분된다고 가정하고 설명을 하였다. 하지만 현실적으로 판매가능재고의 원가는 판매로 인해 소멸하기도 하지만 광고목적과 견본제공목적, 접대목적, 감모 등의 판매 이외의 목적으로도 사용되어 소멸한다.

[당기 비용인식하는 재고원가의 기간내배분]

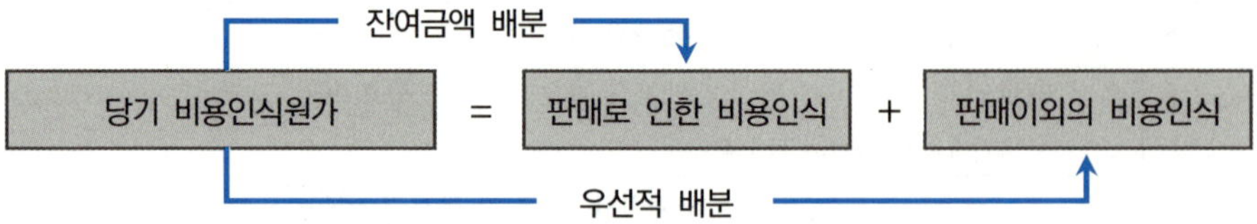

여기서는 판매 이외의 재고자산 감소 중 대표적 사유인 수량부족으로 인한 소멸과 순실현가능가치 하락으로 인한 소멸을 사례로 하여 설명하고자 한다.

[재고자산의 수량부족과 순실현가능가치하락]

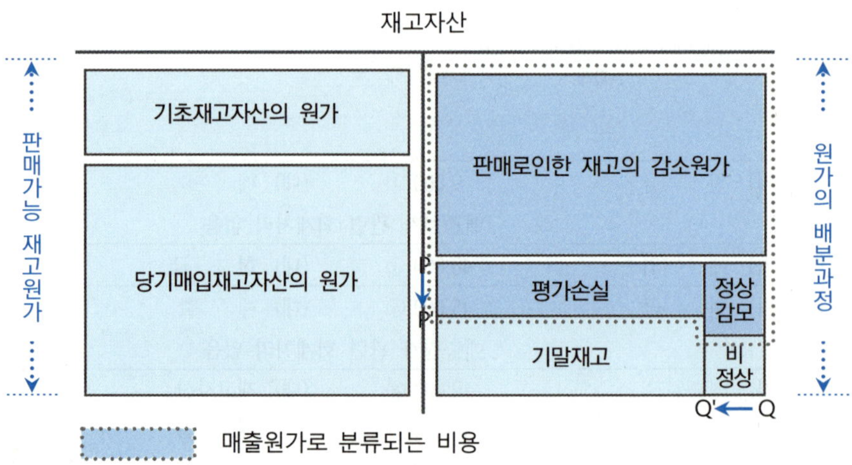

1 재고자산의 수량부족

재고자산수량부족은 계속기록법에 의한 장부수량과 실지재고조사에 의한 실제수량과의 차이를 말한다. 수량부족의 원인에는 자연감모나 파손, 도난, 훼손 등이 있다. 재고자산의 수량부족이 발생한 경우에 이를 기말재고자산가액에서 차감시키고 재고자산감모손실로 처리한다. 재고자산감모손실은 다음과 같이 계산된다.

재고자산 감모손실 = (재고자산 장부수량 − 재고자산 실제수량) × 단위당 취득원가

국제회계기준에는 재고자산감모손실을 손익계산서의 영업 범주의 비용으로 분류해야 한다는 규정은 있지만, 계정명칭에 대한 구체적인 규정이 없다. 일반적으로 재고자산감모손실 중 정상적인 부분은 원가성이 인정되므로 영업비용 중 매출원가로 처리하고, 비정상적인 부분은 원가성이 인정되지 않기에 영업비용 중 비정상감모손실로 처리한다.

예를 들어 기말재고의 장부상 수량이 1,000개이며, 실제수량은 800개이고, 원가흐름의 가정을 적용한 재고자산의 단위당 취득원가가 ₩1,000인 경우 감모손실관련 회계처리는 다음과 같다. 단 정상감모비율은 80%이며, 비정상감모비율은 20%를 가정한다.

[재고자산감모손실의 회계처리]

결 산 일	(차) 매출원가 160,000 ② (대) 재고자산 200,000 ① 비정상감모손실 40,000 ③ ① 감모수량 (1,000개 − 800개) × 취득원가 ₩1,000 = 200,000 ② 총감모손실 200,000 × 정상감모비율 80% = 160,000

참고 **정상적인 재고자산감모손실을 매출원가로 분류하는 것이 일반적인 이유**

재고자산의 정상적인 감모손실은 재고자산을 판매하는 과정에서 발생하는 회피불가능한 손실이다. 따라서 정상적인 감모손실은 매출관련 직접원가로 간주하여 매출원가에 가산하는 것이 일반적이다. 또한, 경험적으로 예측가능한 정상적인 감모손실은 이미 판매가격에 반영되어 있으므로, 매출수익과 매출원가의 대응관점에서도 이를 매출원가에 반영하는 것이 논리적 일관성이 있다.

[재고자산감모손실의 인식방법]

구 분	기능별 비용분류 방법
정상감모손실	당해 재고자산에서 직접차감하여 매출원가 등으로 분류
비정상감모손실	당해 재고자산에서 직접차감하여 기타영업비용으로 분류

2 재고자산의 순실현가능가치 하락

재고자산은 경제적효익의 창출이 자산의 판매를 통해서 이루어지므로 재고자산의 순실현가능가치가 취득원가에 미달하여 원가의 회수가 불확실해지면, 미달액은 자산으로서의 의미를 상실하게 된다. 재고자산은 판매나 사용으로부터 실현될 것으로 기대되는 미래의 효익이 당해 재고자산의 장부금액을 초과하는 경우에만 자산으로서의 의미를 가지게 되기 때문이다. 따라서 보고기간 말 재무상태표의 재고자산은 취득원가와 순실현가능가치 중 낮은 금액으로 측정해야 하며, 이를 저가법(lower of cost or market)이라 한다. 다음과 같은 사유가 발생한 경우에는 재고자산의 원가를 회수하기 어려울 수 있다.

(1) **손상** : 물리적으로 손상된 경우
(2) **진부화** : 완전히 또는 부분적으로 진부화 된 경우
(3) **가격하락** : 판매가격이 하락한 경우
(4) **관련원가상승** : 완성하거나 판매하는 데 필요한 원가가 상승한 경우

예를 들어, 20×1년 말에 취득원가 ₩10,000인 재고자산의 순실현가능가치가 ₩8,000이라고 가정하자. 여기서 저가평가를 수행하지 않은 경우와 수행한 경우의 회계처리와 관련 손익계산서를 비교하면 다음과 같다. 단, 매출원가의 인식은 계속기록법의 논리를 이용한다.

[저가평가를 수행하지 않은 경우]

20×1.12.31	회계처리 없음			
매 출 시	(차) 매출채권	8,000 ①	(대) 매 출 (×2)	8,000 ②
	(차) 매출원가 (×2)	10,000 ④	(대) 재고자산	10,000 ③

계정과목	20×1년	20×2년	합 계
매 출	-	8,000	8,000
매 출 원 가	-	(10,000)	(10,000)
매출총이익	-	(2,000)	(2,000)

[저가평가를 수행한 경우]

20×1.12.31	(차) 매출원가 (×1)	2,000 ②	(대) 재고자산	2,000 ①
매 출 시	(차) 매출채권	8,000 ①	(대) 매 출 (×2)	8,000 ②
	(차) 매출원가 (×2)	8,000 ④	(대) 재고자산	8,000 ③

계정과목	20×1년	20×2년	합 계
매 출	-	8,000	8,000
매 출 원 가	(2,000)	(8,000)	(10,000)
매출총이익	(2,000)	-	(2,000)

위의 사례에서 분석한 것처럼, 재고자산에 대하여 저가평가를 수행하는 경우와 수행하지 않는 경우를 비교하면 매출원가를 인식하는 시기(timing)의 차이만 존재할 뿐 측정금액(amount)의 차이는 발생하지 않는다는 것에 유의하여야 한다.

참고 **재고자산을 저가법으로 평가하는 이유**

자산을 저가로 평가하는 이론적인 근거는 보수주의(conservatism)이다. 보수주의란 대체적인 회계처리방법이 있을 경우 가능한 한 재무적 기초를 견고히 하도록 회계처리하는 방법을 말한다. 예를 들어 기말재고자산을 저가평가하면 상대적으로 매출원가가 높아져서 당기순이익이 감소하고 그 결과 배당이 감소하여 사내유보이익이 많아지므로 기업의 재무적 기초를 견고히 할 수 있다. 이와 같이 저가평가는 곧 채권자 보호사상을 바탕으로 하는 보수주의의 예가 된다.

(1) 재고자산의 순실현가능가치

순실현가능가치(net realizable value)를 추정할 때에는 재고자산으로부터 실현가능한 금액에 대하여 추정일 현재 사용가능한 가장 신뢰성 있는 증거에 기초해야 한다. 또한 보고기간후 사건이 보고기간말 존재하는 상황에 대하여 확인해주는 경우에는 그 사건과 직접 관련된 가격이나 원가의 변동을 고려하여 추정해야 한다. 이 경우 판매목적으로 보유하는 재고자산인 상품, 제품 및 재공품의 순실현가능가치는 정상적인 영업과정의 예상 판매가격에서 예상되는 추가 완성원가와 판매비용을 차감한 금액이다.

[재고자산의 순실현가능가치]

구 분	순실현가능가치
상품 및 제품	판매가격 - 판매비용
재 공 품	판매가격 - 추가완성원가 - 판매비용

(2) 순실현가능가치의 하락

재고자산의 원가가 순실현가능가치를 초과하는 경우, 다음과 같이 계산된 재고자산평가손실은 감액이 발생한 기간에 재고자산에서 차감하여 비용으로 인식한다.

재고자산 평가손실 = 재고자산 실제수량 × (단위당 취득원가 - 단위당 순실현가능가치)
= 실사재고자산 총취득원가 - 실사재고자산 총순실현가능가치

국제회계기준에는 재고자산평가손실을 손익계산서의 영업 범주의 비용으로 분류해야 한다는 규정은 있지만, 계정명칭에 대한 구체적인 규정이 없다. 일반적으로 재고자산평가손실은 영업비용 중 매출원가로 처리한다. 또한 재고자산에 차감하는 방법으로는 직접차감하거나 차감하는 형식으로 보고하는 두 가지 방법이 있지만, 재고자산평가손실은 평가손실충당금 계정을 이용하여 재고자산에서 차감하는 형식으로 표시하는 것이 좀 더 목적적합한 회계정보를 제공할 수가 있다.

[순실현가능가치 하락의 회계처리]

순실현가치하락	(차) 매출원가(평가손실) ××× (대) 재고자산평가충당금 ×××[*1] [*1] 기말재고자산 평가충당금 - 기초재고자산 평가충당금

[재고자산의 수량부족과 순실현가능가치 하락의 인식방법]

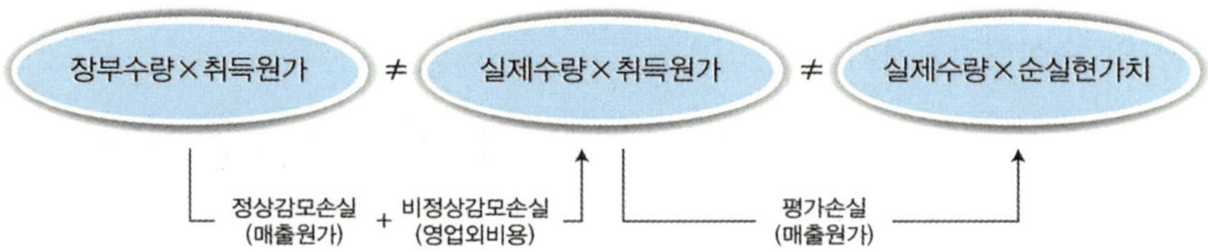

예 제 5 재고자산감모손실과 평가손실

A회사의 20×1년 기말재고자산과 관련된 자료는 다음과 같다. 동 회사의 결산일은 12월 31일이다. 단, A회사는 기능별로 비용을 분류하고 있으며, 재고자산의 비정상적인 감모를 기타영업비용으로 인식하는 회계정책을 선택하고 있다.

(1) 기초 상품재고는 ₩500,000이다.
(2) 당기 상품매입액은 ₩8,500,000이다.
(3) 장부상 기말 상품재고수량은 1,500개이며 단위당 취득원가는 ₩1,000이다.
(4) 기말 현재 창고에 보관 중인 상품재고수량은 1,200개이다.
(5) 기말 상품의 단위당 순실현가능가치는 ₩900이다.
(6) 재고감모수량 중 80%는 원가성이 있는 정상적인 감모로 본다.

물음

20×1년의 재무제표 작성을 위한 기말결산 분개를 제시하고, 보고기간 말의 부분재무상태표와 부분손익계산서를 작성하시오.

해답

1. 기말 결산분개와 부분재무제표

(1) 결산분개

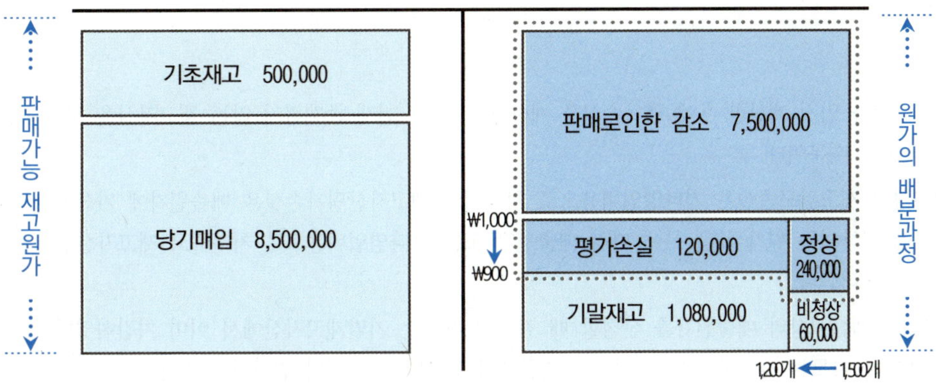

20×1. 1. 1

재고자산	500,000		

매 입 시	(차) 매　　입	8,500,000 ②	(대) 현　　금	8,500,000 ①
판매소멸	(차) 매출원가	500,000 ②	(대) 재고자산	500,000 ①
	매출원가	8,500,000 ④	매　　입	8,500,000 ③
재고원가	재고자산	1,500,000 ⑤	매출원가	1,500,000 ⑥
감모손실	(차) 매출원가	240,000 ⑧	(대) 재고자산	300,000 ⑦
	비정상감모손실	60,000 ⑨		
평가손실	(차) 매출원가	120,000 ⑪	(대) 평가손실충당금	120,000 ⑩

20×1.12.31

재고자산	1,200,000	평가손실충당금	120,000

(2) 부분 재무제표

부분재무상태표	
유동자산	
⋮	⋮
재 고 자 산	1,200,000
평가손실충당금	(120,000)
	1,080,000
⋮	⋮

부분손익계산서	
매출원가	
기초재고액	500,000
당기매입액	8,500,000
매출이외 감소액	(60,000)
기말재고액	(1,080,000)
	7,860,000
기타영업비용	
비정상감모손실	60,000

해 설

1. 감모손실을 먼저 계산한 후에 평가손실을 계산한다. 기말 현재 존재하지 않는 재고자산을 평가하는 것은 의미가 없기 때문이다.
2. 비정상적 재고감모손실은 기타영업비용으로 처리되고 재고자산평가손실은 매출원가에 가산된다. 따라서 감모분에 대하여는 원가성 유·무에 따라 매출원가 또는 기타영업비용으로 처리하고 재고자산평가손실은 매출원가로 처리한다.
3. 부분손익계산서상의 매출원가를 산정할 때 감모된 재고는 기말재고자산에서 이미 차감하였다. 따라서 원가성이 있는 감모는 가만히 두면 저절로 매출원가에 포함된다. 그러나 원가성이 없는 감모는 매출원가에 포함되지 않도록 매출 이외의 재고감소로 하여 판매가능원가에서 차감해야 한다.
4. 만약 광고선전 목적으로 사용한 재고자산이 있는 경우라면 이는 매출원가가 아니라 판매비와 관리비에 포함되어야 하므로 매출 이외의 재고감소로 하여 판매가능원가에서 차감하여 해당 비용으로 인식한다.

제 5 절 추정에 의한 재고자산 평가방법

기말재고자산은 실지재고조사에 의하여 확정된 수량에 원가흐름의 가정을 이용한 단가를 적용하여 결정된다. 하지만 이 방법은 기말재고의 실사가 불가능한 경우에는 이용할 수가 없다. 추정에 의한 재고자산 평가는 기말재고실사 회계처리를 제시하지 못한 상태에서 기말재고의 금액을 추정하는 방법으로 매출총이익률법과 소매재고법이 있다. 이에 대한 자세한 내용은 중급회계에서 설명할 것이므로, 여기에서는 각각의 방법에 대하여 기본적인 개념만 설명하고자 한다.

1 매출총이익률법

매출총이익률법(gross profit method)은 과거의 경험에 의한 평균매출총이익률을 이용하여 기말재고자산의 원가와 기중 매출원가를 추정하는 방법이다. 매출총이익률법은 화재나 도난 등으로 인하여 기말재고에 대한 적절한 자료를 이용할 수 없는 경우나, 재고 실사를 하지 않고 내부관리 목적으로 결산을 실시하는 경우에 이용가능한 방법이다. 이 방법은 과거의 매출총이익률이 당기에도 유효하다는 가정하에 과거의 매출총이익률을 이용하여 당기의 매출원가를 추정한 후, 기말재고자산을 차액으로 확정하는 방법이다. 국제회계기준에서는 매출총이익률법이 과거의 경험치에 의하여 기말재고자산을 추정하는 방법이므로 이 방법을 인정하지 않고 있다.

(1) 매출총이익률법의 적용

매출총이익률법에서는 다음과 같은 과정에 따라 기말재고금액을 산정한다. ① 당기 매출액에 과거의 매출액 대비 매출원가율을 적용하여 매출원가를 추정한다. ② 총판매가능가액(기초재고+매입)에서 ①에서 구한 매출원가를 차감하여 기말재고금액을 추정한다.

재고자산

기초재고	×××	매출원가	①
당기매입	×××	기말재고(차액)	②
	×××		×××

매출원가율× ← 매출액 ×××

(2) 매출총이익률법의 적용시 특수상황

① 매입액의 계산

매입액은 순매입액을 의미하므로 매입에누리, 매입환출, 매입할인 등을 차감한 후의 금액이며, 매입운임은 매입액에 가산한다.

순매입액 = 총매입액 + 매입운임 − 매입에누리 · 환출 · 할인

② 매출액의 계산

매출액은 순매출액을 의미하므로 매출에누리, 매출환입, 매출할인 등을 차감한 후의 금액이며, 판매운임은 판매비와 관리비이므로 매출액과 무관하다.

순매출액 = 총매출액 − 매출에누리 · 환입 · 할인

예제 6 매출총이익률법

A회사는 20×1년 10월 9일 창고에 화재가 발생하여 재고자산의 대부분이 소실되었다. 회사의 장부를 검토한 결과 다음과 같은 자료를 얻었다. 기말재고자산의 추정금액을 계산하시오.

기초상품재고액	100,000	총매출액	520,000
매출운임	18,000	매출에누리	20,000
당기총매입액	380,000	매입운임	40,000
매출총이익률	20%	매입할인	10,000

해 답

(1) 순매출액 : 총매출액 520,000 − 매출에누리 20,000 = 500,000 ➡ 매출운임은 매출과 관련 없는 계정임

(2) 매출원가의 추정 : 500,000 × (1 − 20%) = 400,000

(3) 순매입액 : 총매입액 380,000 + 매입운임 40,000 − 매입할인 10,000 = 410,000

(4) 계정분석

재고자산

기초재고	100,000	매출원가	400,000
당기매입	410,000	기말재고(차액)	110,000
	510,000		510,000

×80% 매출액 500,000

(5) 위의 계정분석을 이용해서 분석한 결과 기말재고자산의 추정액은 ₩110,000이다.

2 소매재고법

소매재고법(retail inventory method)은 재고자산의 판매가격에 적절한 원가율을 반영하여 원가로 환원시키는 재고자산추정법으로 매출가격환원법이라고도 한다. 이 방법은 이익률이 유사하고 품종변화가 심한 다품종 상품을 취급하는 유통업에서 실무적으로 다른 원가측정법을 사용할 수 없는 경우에 사용한다.

(1) 소매재고법의 적용

소매재고법을 사용하는 경우 재고자산은 아래의 그림과 같이 판매가격으로 관리하며 원가율을 이용하여 기말재고자산의 원가를 추정한다.

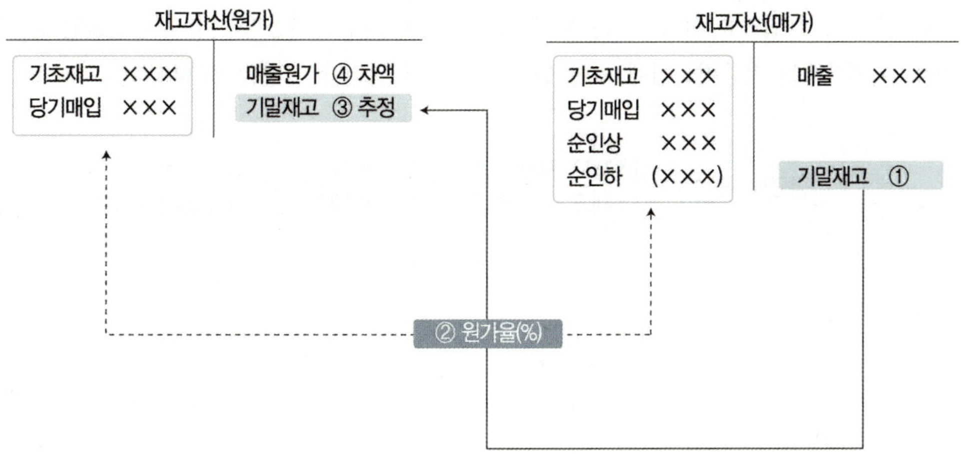

① 기말재고자산을 매가로 산정한다.

차변의 매가합계와 대변의 매가합계는 항상 일치한다. 그러므로 차변의 매가합계를 그대로 대변의 매가합계로 하고 여기서 매출액 등의 합계액을 차감하여 기말재고자산을 매가로 산정한다.

② 원가율을 산정한다.

매가로 산정된 기말재고자산을 원가로 환산하기 위하여 원가율을 산정한다. 원가율은 기본적으로 차변에 기록된 원가와 매가의 비율을 말한다. 즉, 매가에 대하여 원가가 차지하는 비율을 말한다. 만약 원가율이 60%라면 매가의 60%가 원가라는 의미이다. 다만, 기초재고자산이 있는 경우에는 원가흐름의 가정에 따라 다양한 원가율을 산정할 수 있다. 원가율과 관련된 부분은 뒤에서 자세히 설명하고자 한다.

③ 기말재고자산의 원가를 산정한다.

①에서 산정한 기말재고자산 매가에 ②에서 산정한 원가율[3]을 적용하여 기말재고자산의 원가를 산정한다.

④ 매출원가를 산정한다.

차변의 원가합계를 그대로 대변의 원가합계로 하고 여기서 ③에서 산정한 기말재고자산 원가를 차감하여 매출원가를 산정한다.

(2) 원가율과 원가흐름의 가정

소매재고법 적용시 원가율 산정방법은 원가흐름의 가정에 따라 가중평균법, 선입선출법, 후입선출법이 있다. 여기에서는 가중평균법에 의한 원가율의 산정 논리만 설명할 것이다.

$$\text{평균원가율} = \frac{\text{기초재고 원가} + \text{당기순매입액 원가}}{\text{기초재고 매가} + \text{당기순매입액 매가}} = \frac{\text{원가합계}}{\text{매가합계}}$$

3) 소매재고법은 이익률이 유사한 동질적인 상품군별로 적용한다. 따라서 이익률이 서로 다른 상품군을 통합하여 평균원가율을 계산해서는 안된다.

예제 7 소매재고법

A회사의 20×1년 재고자산과 관련된 자료는 다음과 같다.

항 목	원 가	소매가
기초재고	36,100	40,000
당기매입	354,400	458,000
총매출액		413,000

물음

1. 기말재고(매가)를 산정하시오.
2. 원가기준 평균원가율을 산정하시오. 단, 소숫점 둘째자리에서 반올림하시오. 예 78.4%
3. 원가기준 평균원가소매재고법에 의한 기말재고(원가)와 매출원가를 산정하시오.
4. [물음 3]과 관련하여 A회사가 수행할 결산수정분개를 제시하시오.

해답

재고자산(원가)

차변		대변	
기초재고	36,100	매출원가	?
당기매입	354,400	기말재고	?
	390,500		390,500

재고자산(매가)

차변		대변	
기초재고	40,000	매 출	413,000
당기매입	458,000		
		기말재고	85,000
	498,000		498,000

1. 기말재고(매가) = 498,000 − 413,000 = 85,000

2. 원가율의 계산

   원가기준 평균원가율 = $\dfrac{390,500}{40,000+458,000} = \dfrac{390,500}{498,000} = 78.4\%$

3. 원가기준 평균법에 의한 원가배분

   ① 기말재고(원가) : 기말재고(매가) 85,000 —(× 평균원가율 78.4%)→ 66,640

   ② 매출원가 : 판매가능재고(원가) 390,500 − 기말재고(원가) 66,640 = 323,860

4. 결산수정분개

20×1.12.31	(차) 매출원가	36,100 ②	(대) 재고자산	36,100 ①
	매출원가	354,400 ④	매　　입	354,400 ③
	재고자산	66,640 ⑤	매출원가	66,640 ⑥

객관식 연습문제

01 재고자산과 관련된 다음의 설명 중 옳지 않은 것은?

① 재고자산이란 정상적인 영업활동과 관련되는 자산으로서 판매를 목적으로 보유하거나 생산 중에 있는 자산을 말한다.
② 부동산매매를 주된 영업활동으로 하는 기업이 보유하고 있는 판매목적의 토지나 건물은 재고자산으로 분류되어야 한다.
③ 재고자산은 보관되어 있는 장소 기준이 아닌 실질적인 소유권 귀속을 기준으로 재고자산의 포함 여부를 결정하여야 한다.
④ 도착지인도조건으로 선적한 미착상품은 매입자의 재고자산에 포함시켜야 한다.
⑤ 선적지인도조건으로 선적한 미착상품은 매입자의 재고자산에 포함시켜야 한다.

02 재고자산과 관련된 다음의 설명 중 옳은 것은?

① 재고자산의 수량결정 방법 중 계속기록법은 도난이나 파손이 있는 경우 장부상 재고자산이 실제 재고자산 보다 과대평가될 수 있는 문제점이 있다.
② 재고자산의 수량결정 방법 중 실지재고조사법은 도난이나 파손이 있는 경우 매출원가가 과소평가 될 수 있는 문제점이 있다.
③ 재고자산의 수량결정 방법 중 실지재고조사법은 계속기록법에 비해 노력과 비용이 많이 소요된다.
④ 재고자산의 수량차이를 조정하면서 발생하는 손실 중에 원가성이 없는 것은 매출원가로 처리한다.
⑤ 재고자산에 대해 계속기록법을 적용하나 실지재고조사법을 적용하나 포괄손익계산서에 인식하는 매출원가는 동일하다.

03 다음 자료에 의할 때 상품의 취득원가는 얼마인가?

매입송장가격	100,000	매입에누리	5,000
매입수수료	2,000	매입할인	3,000
매입운임	1,000		

① ₩105,000 ② ₩95,000 ③ ₩94,000 ④ ₩90,000 ⑤ ₩86,000

04 A회사의 6월 중 상품매매와 관련된 자료가 다음과 같을 때 선입선출법을 적용할 경우 6월 말 상품재고액은 얼마인가?

6월 1일	기초재고	100개	₩100
10일	매 입	100개	₩100
15일	매 출	100개	
20일	매 입	100개	₩120
25일	매 출	100개	

① ₩10,000 ② ₩11,000 ③ ₩12,000 ④ ₩13,000 ⑤ ₩14,000

05 다음 자료에 의할 때 총평균법에 의한 기말상품재고액은 얼마인가?

1월 1일	기초재고	1,000개	₩10	10,000
10일	매 입	2,000개	₩11	22,000
20일	판 매	2,000개		
25일	매 입	1,000개	₩12	12,000

① ₩22,000 ② ₩21,000 ③ ₩21,333 ④ ₩23,000 ⑤ ₩23,333

06 A회사는 20×1년 11월부터 가방을 판매하고 있다. 모든 거래는 현금으로 이루어진다. 20×1년 11월 8일에 매출한 상품의 매출원가는 얼마인가? 단, 이동평균법을 가정한다.

날 짜	적 용	수 량	단 가
20×1. 11. 1	매 입	20개	₩1,200
20×1. 11. 6	매 입	60개	₩1,600
20×1. 11. 8	매 출	30개	?
20×1. 11.10	매 입	80개	₩1,800

① ₩36,000 ② ₩42,000 ③ ₩45,000 ④ ₩46,000 ⑤ ₩48,000

07 장부상 기말재고 수량이 1,000개이나 실사수량은 970개이다. 재고자산의 취득단가가 ₩100이고 단위당 순실현가능가치는 ₩98일 때, 재고자산감모손실은 얼마인가?

① ₩3,000 ② ₩2,940 ③ ₩2,600 ④ ₩2,000 ⑤ ₩1,940

08 다음의 설명 중 옳지 않은 것은?

① 재고자산에 대한 원가흐름 가정은 재고자산의 매입가격이 항상 일정하지 않다는 것에 근본적인 이유가 있는 것으로 매입가격이 일정하다면 원칙적으로 원가흐름의 가정은 의미 없다.
② 선입선출법을 적용하면 기말재고자산이 시가에 가까운 금액으로 계상된다.
③ 개별법은 원가흐름과 실제 물량흐름이 일치하는 방법이다.
④ 물가가 상승하는 경우 선입선출법을 사용하면 평균법을 사용하는 경우 보다 매출원가가 더 크게 계상된다.
⑤ K-IFRS에서는 후입선출법에 의한 원가흐름의 가정을 허용하지 않는다.

09 다음 설명 중 옳지 않은 것은? 단, 물가가 지속적으로 상승하고, 재고청산은 발생하지 않는 것으로 가정한다.

① 기말 재고자산은 선입선출법에 의한 금액이 평균법에 의한 금액보다 크다.
② 기말 재고자산은 이동평균법에 의한 금액이 총평균법에 의한 금액보다 크다.
③ 당기순이익은 선입선출법에 의한 금액이 평균법에 의한 금액보다 크다.
④ 당기순이익은 이동평균법에 의한 금액이 총평균법에 의한 금액보다 크다.
⑤ 매출원가는 선입선출법에 의한 금액이 평균법에 의한 금액보다 크다.

10 물가가 지속적으로 하락하는 경우, 재고자산의 평가방법이 자산평가와 이익측정에 미치는 효과를 설명한 것으로 옳은 것은?

① 평균법에 의한 기말 재고금액이 선입선출법에 의한 기말 재고금액보다 작다.
② 총평균법에 의한 기말 재고금액이 이동평균법에 의한 기말 재고금액보다 작다.
③ 물가 하락여부와 관계없이 매출원가는 동일하다.
④ 선입선출법에 의한 당기순이익이 평균법에 의한 당기순이익보다 크다.
⑤ 이동평균법에 의한 당기순이익이 총평균법에 의한 당기순이익보다 작다.

11 다음의 결산자료에 의할 때 기말상품재고액은 얼마인가?

기초상품재고액	550,000	당기총상품매입액	3,300,000
매입할인액	50,000	매출할인액	100,000
당기총매출액	4,600,000	단, 매출총이익은 매출액의 20%이다.	

① ₩200,000 ② ₩250,000 ③ ₩450,000 ④ ₩455,000 ⑤ ₩550,000

12 다음은 A회사의 상품과 관련한 자료이다.

기초상품재고액	₩10,000	
당기상품매입액	₩100,000	
장부상 기말상품재고액	₩20,000	(100개 ₩200)
기말상품 실제재고수량	95개	
기말상품 개당 순실현가능가치	₩190	

위의 자료에 의할 때 재고자산평가손실금액은 얼마인가?

① ₩800 ② ₩950 ③ ₩975 ④ ₩1,000 ⑤ ₩1,950

13 다음은 A회사의 기말 상품과 관련한 자료이다.

장부상 기말상품재고액	₩10,000	(100개 ₩100)
기말상품 실제재고수량	90개	
기말상품 개당 순실현가능가치	₩94	

다음 중 재고자산평가와 관련된 수정 분개로 옳은 것은? 단, 기초상품재고는 없는 것으로 가정한다.

①	(차) 매출원가	540	(대) 재고자산평가충당금	540
②	(차) 재고자산평가충당금	540	(대) 매출원가	540
③	(차) 매출원가	900	(대) 재고자산평가충당금	900
④	(차) 재고자산평가충당금	900	(대) 매출원가	900
⑤	(차) 재고자산	900	(대) 매출원가	900

객관식 연습문제 해답 및 해설

01. ④	02. ①	03. ②	04. ③	05. ①	06. ③	07. ①	08. ④	09. ⑤	10. ⑤
11. ①	12. ②	13. ①							

01 ④

④ 도착지인도조건으로 선적한 미착상품은 판매자의 재고자산에 포함된다.

02 ①

② 실지재고조사법은 도난이나 파손이 있는 경우 매출원가가 과대평가 될 수 있는 문제점이 있다.

③ 실지재고조사법은 기말에 한꺼번에 매출원가를 산정하므로 계속기록법에 비하여 노력과 비용이 적게 소요된다.

④ 재고자산 감모손실 중에서 원가성이 없는 것은 기타영업비용으로 처리하고, 원가성이 있는 것은 매출원가로 처리한다.

⑤ 도난이나 파손이 있는 경우 양 방법의 매출원가는 달라진다.

03 ②

₩100,000 + 2,000 + 1,000 − 5,000 − 3,000 = ₩95,000

04 ③

선입선출법에서는 먼저 매입한 것이 먼저 판매되므로 기말재고는 나중에 매입한 것부터 남는다.

기말재고수량 : 100 + 100 − 100 + 100 − 100 = 100개

기말재고금액 : 100개 × ₩120 = ₩12,000

05 ①

기말재고수량 : 1,000 + 2,000 − 2,000 + 1,000 = 2,000개

단위당 원가 : (10,000 + 22,000 + 12,000) ÷ (1,000 + 2,000 + 1,000) = 11

기말재고금액 : 2,000개 × ₩11 = ₩22,000

06 ③

단위당 원가 : (20개 × ₩1,200 + 60개 × ₩1,600) ÷ (20개 + 60개) = ₩1,500

매 출 원 가 : 30개 × ₩1,500 = ₩45,000

07 ①

(1,000 - 970) × 100 = ₩3,000

재고자산감모손실은 실제수량이 장부수량보다 작은 경우에 발생하는 것으로 감모수량에 취득원가를 곱하여 산정한다.

08 ④

물가가 상승하는 경우 선입선출법을 사용하면 평균법을 사용하는 경우보다 매출원가가 더 적게 계상된다.

09 ⑤

물가가 지속적으로 상승하는 경우

기말재고의 크기　: 선입선출법 > 이동평균법 > 총평균법

매출원가의 크기　: 선입선출법 < 이동평균법 < 총평균법

당기순이익의 크기 : 선입선출법 > 이동평균법 > 총평균법

10 ⑤

물가가 지속적으로 하락하는 경우

기말재고의 크기　: 선입선출법 < 이동평균법 < 총평균법

매출원가의 크기　: 선입선출법 > 이동평균법 > 총평균법

당기순이익의 크기 : 선입선출법 < 이동평균법 < 총평균법

11 ①

매출원가 : (4,600,000 - 100,000) × (1 - 20%) = 3,600,000

순매입액 : 3,300,000 - 50,000 = 3,250,000

기말재고 : (550,000 + 3,250,000) - 3,600,000 = 200,000

12 ②

실사 :	95개	×	₩200	=	19,000	평가손실 950
시가 :	95개	×	₩190	=	18,050	

13 ①

실사 :	90개	×	₩100	=	9,000	평가손실 540
시가 :	90개	×	₩ 94	=	8,460	

(차) 매출원가　540　(대) 재고자산평가충당금　540

주관식 연습문제

원가흐름의 가정(1)

01 다음은 12월말 법인인 A회사의 20×1년 상품의 매출과 매입에 관련된 자료이다.

일 자	적 요	수 량	매입단가	금 액
1월 1일	기 초	2,000	₩500	₩1,000,000
2월 28일	매 입	6,000	₩600	₩3,600,000
5월 15일	매 출	7,000		₩5,600,000
10월 31일	매 입	2,000	₩725	₩1,450,000
12월 01일	매 출	1,000		₩900,000

요구사항

1. 총평균법에 의한 기말재고자산 금액을 계산하시오.
2. 이동평균법에 의한 기말재고자산 금액을 계산하시오.
3. 선입선출법에 의한 기말재고자산 금액을 계산하시오.
4. 위 자료에 의하면 매입단가가 지속적으로 상승하고 있는 상황이다. 이 경우 각 방법에 의한 재고자산의 크기를 비교하시오.

원가흐름의 가정(2)

02 A회사의 7월 한 달간의 상품에 대한 매입 및 판매에 관한 자료이다.

일 자	거 래	수 량	단 가
7월 1일	기초재고	100개	₩100
7월 5일	판 매	60개	
7월 12일	매 입	400개	₩120
7월 18일	판 매	300개	
7월 31일	기말재고	140개	

요구사항

다음 각 방법을 이용하여 계속기록법과 실지재고조사법(실사법) 적용시 매출원가와 기말재고액을 각각 산출하시오.

1. 선입선출법
2. 가중평균법

기말재고자산에 포함될 사항

03 A회사는 20×1년 12월 31일로 종료하는 회계연도의 결산을 위해 기말 재고자산의 실지조사를 실시하였는데 회사의 창고에 보관 중인 재고자산금액은 ₩2,500,000이었고 다음과 같은 사실이 추가적으로 발견되었다.

(1) 기말 현재 FOB도착지조건으로 매출한 상품 ₩150,000이 운송중에 있다.
(2) 기말 현재 FOB선적지조건으로 매출한 상품 ₩400,000이 운송중에 있다.
(3) 기말 현재 FOB도착지조건으로 매입한 상품 ₩250,000이 운송중에 있다.
(4) 기말 현재 FOB선적지조건으로 매입한 상품 ₩200,000이 운송중에 있다.
(5) 20×1. 12. 29에 가공을 위해 반출되어 기말 현재 다른 회사에 보관 중인 재고자산이 ₩50,000 있다.
(6) 20×1. 12. 1에 소비자에게 원가 ₩400,000의 시송품을 ₩500,000에 판매하기 위하여 발송하였는데 기말 현재까지 이 중 60%만 매입의사표시가 있었다.
(7) 20×1. 12. 20에 위탁판매를 위하여 ㈜부산에게 적송품 ₩500,000(원가)을 발송했으나 기말 현재까지 ㈜부산은 ₩200,000(원가)의 상품만 판매하였다.

요구사항

A회사가 20×1년 12월 31일자 재무상태표에 계상할 정확한 기말재고자산 금액은 얼마인가?

매출총이익률을 이용한 분석

04 A회사는 5월 15일에 창고에서 도난사고가 발생하였다. 관련 자료는 다음과 같다.

(1) 기초재고자산의 금액은 ₩500,000이며, 5월 15일에 창고에 남은 재고자산의 금액은 ₩300,000이었다.
(2) 기초 매출채권 잔액은 ₩720,000이었으며 매입채무 잔액은 ₩490,000이었다. 5월 15일 현재 거래처에 조회한 결과 매출채권과 매입채무 잔액은 각각 ₩630,000과 ₩510,000으로 조사됐다.
(3) 5월 15일까지 현금출납장을 조사한바 매출관련 유입액은 ₩12,600,000이었고 매입관련 지출액은 ₩8,700,000이었다.
(4) 매출총이익율은 30%이다.

요구사항

1. 당기매입액은 얼마인가?
2. 당기매출원가는 얼마인가?
3. 재고도난액을 추정하시오.

재고자산감모손실과 평가손실

05 다음은 결산일이 매년 12월 31일인 A회사의 20×1년 재고자산 관련 자료이다.

(1) 20×1년 기초재고는 ₩1,000,000(2,000개×₩500)이며, 이에 대한 재고자산평가손실충당금은 없었다.
(2) 기말재고 조사결과 실제수량은 2,400개였다. 수량차이 중 40%는 원가성이 있으며 나머지는 원가성이 없다. 기말 현재 재고자산의 시가는 ₩550이다.
(3) A회사는 기중에 이동평균법을 적용하여 재고자산의 단위당 원가를 산정하고 있다. 20×1년에 발생한 재고자산의 매입 및 매출 거래는 다음과 같다.

거래 일자	내 용	수 량	단 가	금 액
3월 25일	매 입	6,000	₩600	₩3,600,000
6월 15일	매 출	7,000	₩800	5,600,000
9월 20일	매 입	2,000	₩725	1,450,000
11월 25일	매 출	500	₩900	450,000

요구사항

1. 감모손실이나 평가손실을 반영하기 전에 계속기록법에 의한 기말 재고자산금액과 매출원가는 각각 얼마인가?
2. 원가성이 있는 감모손실과 원가성이 없는 감모손실은 각각 얼마인가?
3. 저가평가로 인하여 발생한 재고자산평가손실은 얼마인가?
4. 20×1년 손익계산서에 표시될 매출원가는 얼마인가?
5. 20×1년 말 재무상태표에 표시될 재고자산(순액)은 얼마인가?

소매재고법

06 ㈜유진의 20×1년 재고자산과 관련된 자료는 다음과 같다.

항 목	원 가	소매가
기초재고	32,000	40,000
당기매입	358,000	457,000
총매출액		420,000
순인상액		12,000
순인하액		9,000

요구사항

1. 기말재고(매가)를 산정하시오.
2. 원가기준 평균원가율을 산정하시오.
3. 원가기준 평균원가소매재고법에 의한 기말재고(원가)와 매출원가를 산정하시오.
4. 위 자료에 기초하여 20×1년에 수행할 결산수정분개를 제시하시오.

주관식 연습문제 해답 및 해설

01 해답

1. 총평균법

① 기말재고수량 : 2,000 + 6,000 − 7,000 + 2,000 − 1,000 = 2,000개

② 단위당 원가 : $\frac{1,000,000 + 3,600,000 + 1,450,000}{2,000 + 6,000 + 2,000}$ = ₩605

③ 기말재고금액 : 2,000개 × ₩605 = ₩1,210,000

2. 이동평균법

① 02월 28일 이동평균단가 : $\frac{1,000,000 + 3,600,000}{2,000 + 6,000}$ = ₩575

② 10월 31일 이동평균단가 : $\frac{(1,000 \times 575) + 1,450,000}{1,000 + 2,000}$ = ₩675

③ 기말재고금액 : 2,000개 × ₩675 = ₩1,350,000

3. 선입선출법

2,000개 × ₩725 = ₩1,450,000

4. 기말재고자산의 크기

선입선출법 ₩1,450,000 〉 이동평균법 ₩1,350,000 〉 총평균법 ₩1,210,000

02 해답

1. 선입선출법

(1) 계속기록법

재고자산

차변	금액	대변	금액	비고
기초재고액	10,000	매출원가	41,200	: 60개 × 100 + 40개 × 100 + 260개 × 120
당기매입액	48,000	기말재고액	16,800	: 대차차액
	58,000		58,000	

(2) 실사법

재고자산

기초재고액	10,000	매출원가	41,200	: 대차차액
당기매입액	48,000	기말재고액	16,800	: 140개 × 120
	58,000		58,000	

2. 가중평균법

(1) 계속기록법(이동평균법)

재고자산

기초재고액	10,000	매출원가	41,454	: 60개 × 100 + 300개 × 118.18*
당기매입액	48,000	기말재고액	16,546	: 대차차액
	58,000		58,000	

$* \dfrac{(40\text{개} \times 100 + 400\text{개} \times 120)}{440\text{개}} = 118.18$

(2) 실사법(총평균법)

재고자산

기초재고액	10,000	매출원가	41,760	: 대차차액
당기매입액	48,000	기말재고액	16,240	: 140개 × 116*
	58,000		58,000	

$* \dfrac{(100\text{개} \times 100 + 400\text{개} \times 120)}{500\text{개}} = 116$

03 해답

창고 보관 재고자산		₩2,500,000
(1) FOB도착지조건 매출		150,000
(2) FOB선적지조건 매출		-
(3) FOB도착지조건 매입		-
(4) FOB선착지조건 매입		200,000
(5) 외부 보관 재고자산		50,000
(6) 시송품	400,000 × (1 - 60%) =	160,000
(7) 적송품	500,000 - 200,000 =	300,000
정확한 기말재고액		₩3,360,000

해설

(1) FOB도착지조건의 매출인 경우 운송중이면 아직 소유권이 이전되지 않았다. 따라서 판매자의 재고자산에 포함시킨다. 현재 기말재고에 포함되어 있지 않으므로 가산한다.
(2) FOB선적지조건의 매출인 경우 운송중이면 이미 소유권이 이전되었다. 따라서 판매자의 재고자산에 포함시키지 않는다. 현재 기말재고에 포함되어 있지 않으므로 조정이 필요 없다.
(3) FOB도착지조건의 매입인 경우 운송중이면 아직 소유권이 이전되지 않았다. 따라서 구매자의 재고자산이 아니다. 현재 기말재고에 포함되어 있지 않으므로 조정이 필요 없다.
(4) FOB선적지조건의 매입인 경우 운송중이면 이미 소유권이 이전되었다. 따라서 구매자의 재고자산에 포함시킨다. 현재 기말재고에 포함되어 있지 않으므로 가산한다.
(5) 가공을 위해 반출되었으나 소유권은 이전되지 않았다. 현재 기말재고에 포함되어 있지 않으므로 가산한다.
(6) 시송품 중 매입의사표시가 있는 것만 판매된 것이므로 매입의사표시가 없는 것은 기말재고자산에 포함한다. 기말재고자산은 저가법이 적용되는 경우를 제외하고는 항상 원가로 기록된다.
(7) 적송품 중 수탁자가 판매하지 못한 부분은 기말재고자산에 포함시켜야 한다.

04 해답

1. 당기매입액

매입채무

현금지급액	8,700,000	기초잔액	490,000
기말잔액	510,000	매 입 액	8,720,000
	9,210,000		9,210,000

2. 당기매출액과 매출원가

(1) 당기매출액

매출채권

기초잔액	720,000	현금회수액	12,600,000
매 출 액	12,510,000	기말잔액	630,000
	13,230,000		13,230,000

(2) 매출원가 = 당기매출액 × (1 – 매출총이익율)
= 12,510,000 × (1 – 30%)
= ₩8,757,000

3. 도난액

재고자산

기초재고	500,000	매출원가	8,757,000
당기매입	8,720,000	기말재고	463,000
	9,220,000		9,220,000

도난액 = 장부상 재고 - 실제 창고재고
= 463,000 - 300,000
= ₩163,000

05 해답

1.

재고자산						
기초	2,000개	×₩500	= 1,000,000	6. 15	7,000개	?
3. 25	6,000개	×₩600	= 3,600,000	11. 25	500개	?
9. 20	2,000개	×₩725	= 1,450,000	기말	2,500개	?

(1) 매출원가

6월 15일	7,000 × 575*1	=	4,025,000
11월 25일	500 × 675*2	=	337,500
계			4,362,500

*1 $\frac{1,000,000 + 6,000 \times 600}{2,000 + 6,000}$ = ₩575　　*2 $\frac{1,000,000 + 575 \times 1,450,000}{1,000 + 2,000}$ = ₩675

(2) 기말재고자산

① 판매가능재고액 : 1,000,000 + 3,600,000 + 1,450,000 = ₩6,050,000

② 기말재고자산　: 6,050,000 - 4,362,500 = ₩1,687,500

2. 재고자산감모손실

장부 :	2,500개	×	₩675	=	1,687,500
실사 :	2,400개	×	₩675	=	1,620,000
시가 :	2,400개	×	₩550	=	1,320,000

- 감모손실 67,500 (장부 − 실사)
  - 원가성(○) 27,000
  - 원가성(×) 40,500
- 평가손실 300,000 (실사 − 시가) — 매출원가 300,000

(1) 원가성 있는 감모손실 : ₩67,500 × 40% = ₩27,000

(2) 원가성 없는 감모손실 : ₩67,500 × 60% = ₩40,500

3. 재고자산평가손실

2,400개 × (₩675 - ₩550) = ₩300,000

4. 매출원가

기초재고	1,000,000	③ 매출원가	4,689,500
당기매입	5,050,000	② 원가성이 없는 감모손실	40,500
		① 기말재고	1,320,000

저가법으로 평가한 기말재고자산부터 매출원가에 포함되지 않아야 할 항목을 차례대로 쌓아 나가면 나머지 금액이 매출원가가 된다. 그리고 매출원가 ₩4,689,500 속에는 원가성이 있는 감모손실과 재고자산 평가손실이 포함되어 있다.

5. 기말재고자산
1,687,500 - 67,500(감모손실) - 300,000(평가손실) = 1,320,000(저가법 재고자산)

06 해답

재고자산(원가)

기초재고	32,000	매출원가	?
당기매입	358,000	기말재고	?
	390,000		390,000

재고자산(매가)

기초재고	40,000	매 출	420,000
당기매입	457,000		
순 인 상	12,000		
순 인 하	(9,000)	기말재고	80,000
	500,000		500,000

1. 기말재고(매가) = 500,000 - 420,000 = 80,000

2. 원가율의 계산

$$\text{원가기준 평균원가율} = \frac{390,000}{500,000} = 78\%$$

3. 원가기준 평균법에 의한 원가배분

① 기말재고(원가) : 기말재고(매가) 80,000 —(× 평균원가율 78%)→ 62,400

② 매출원가 : 판매가능재고(원가) 390,000 - 기말재고(원가) 62,400 = 327,600

4. 결산수정분개

20×1.12.31	(차) 매출원가	32,000 ②	(대) 재고자산	32,000 ①
	매출원가	358,000 ④	매 입	358,000 ③
	재고자산	62,400 ⑤	매출원가	62,400 ⑥

CHAPTER 08

유형자산과 무형자산

ACCOUNTING PRINCIPLE

제 1 절 유형자산의 의의

유형자산(property, plant and equipments)은 재화나 용역의 생산이나 제공, 타인에 대한 임대 또는 관리활동에 사용할 목적으로 보유하는 물리적 형태가 있는 자산으로서 한 회계기간을 초과하여 사용할 것이 예상되는 자산인 토지, 건물, 기계장치, 차량운반구, 집기와 사무용비품 등을 말한다.

[유형자산의 공시]

재무상태표

A회사 20×1년 12월 31일 현재 (단위 : 원)

차변		대변	
유동자산		유동부채	
1. 현금및현금성자산	×××	1. 매입채무와 기타채무	×××
2. 단기투자금융자산	×××		
3. 매출채권과 기타채권	×××		
4. 재고자산	×××		
비유동자산			
1. 장기투자금융자산	×××		
2. 유형자산			
(1) 토　　지	×××		
(2) 건　　물	×××		
(3) 구 축 물	×××		
(4) 기계장치	×××		
(5) 차량운반구	×××		
(6) 집기와비품	×××		
(7) 건설중인자산	×××		
⋮	⋮		

1 유형자산의 특징

유형자산은 정상적인 영업활동에 사용할 목적으로 취득한 자산이다. 따라서 판매목적이나 투자목적으로 취득한 것은 유형자산이 아니다. 정상적인 영업과정에서의 판매를 목적으로 취득한 것은 재고자산으로 분류하고, 임대수익이나 시세차익 또는 두 가지 모두를 얻기 위하여 보유하고 있는 부동산은 투자부동산(investment property)으로 분류한다. 예를 들어 기업이 토지를 보유하는 경우에 부동산매매업의 경우처럼 판매목적으로 보유하면 재고자산으로 분류하고, 매매차익을 얻기 위하여 비업무용으로 보유하면 투자부동산으로 분류하며, 공장건물 부지로 보유하면 유형자산으로 분류한다.

유형자산은 한 회계기간을 초과하여 장기간 사용하기 위하여 취득한 자산이다. 따라서 취득시점에 취득가액을 비용으로 처리하는 것보다는 사용을 통하여 경제적 효익이 제공되는 기간동안에 일정한 방법으로 비용을 인식하는 것이 수익비용대응의 원칙에 더 부합된다. 유형자산의 사용에 따른 비용인식을 감가상각이라 한다.

유형자산은 유형의 자산이므로 물리적 실체가 존재해야 한다. 장기간 사용을 통하여 경제적 효익을 제공한다고 하더라도 물리적 실체가 없는 경우에는 무형자산으로 분류한다.

2 유형자산의 분류

유형자산은 크게 상각자산과 비상각자산으로 구분할 수 있다. 상각자산은 건물, 구축물, 기계장치, 비품 등과 같이 시간의 경과나 사용으로 인하여 가치가 감소하는 자산을 말하고, 비상각자산은 토지와 같이 시간의 경과나 사용으로 인하여 가치가 감소되지 않는 자산을 말한다. 상각자산의 경우에는 시간의 경과나 사용에 따라 감가상각비를 인식해야 한다.

[유형자산의 과목과 분류]

계정과목		내 용
사용중인자산	토 지	대지, 임야 등 영업활동에 사용할 목적으로 취득한 토지
	건 물	건물과 전기, 통신 및 기타의 건물부속설비
	구 축 물	교량, 궤도, 갱도, 정원설비 및 기타의 토목설비 또는 공작물
	기계장치	기계장치, 운송설비와 기타의 부속설비
	기타자산	차량운반구, 항공기, 선박, 집기, 사무용비품, 공기구와 생산용식물 등
건설중인자산		진행 중인 유형자산의 건설을 위한 재료비, 노무비, 경비 및 지출한 금액

제 2 절 유형자산의 취득

1 일반적인 취득

유형자산의 최초인식은 원가(cost)로 측정하는 것을 원칙으로 한다. 원가는 자산을 취득하기 위하여 자산의 취득시점이나 건설시점에서 지급한 현금 또는 현금성자산이나 제공한 기타 대가의 공정가치를 말한다. 여기서 원가는 다음에 제시하는 구입가격과 직접관련원가를 모두 포함하는 개념이다.

[일반적인 유형자산의 취득원가]

(차)	유형자산	×××	(대)	제공하는 현 금	공정가치
				제공하는 기타자산	공정가치
				부담하는 부 채	공정가치

(1) 구입가격

구입가격(purchase price)은 관세 및 환급불가능한 취득 관련 세금을 가산하고 매입할인과 리베이트 등을 차감한 순구입가격을 말한다.

(2) 직접관련원가

직접관련원가(directly attributable costs)는 경영진이 의도하는 방식으로 자산을 가동하기위해 필요한 장소와 상태에 이르게 하는 데 직접 관련되는 원가를 말하며 취득부대비용이라고도 한다. 그 예는 다음과 같다.

(1) 유형자산의 매입 또는 건설과 직접적으로 관련되어 발생한 종업원급여
(2) 유형자산의 취득과 관련하여 전문가에게 지급하는 수수료
(3) 유형자산의 최초의 운송 및 취급 관련 원가, 설치장소 준비원가, 설치원가 및 조립원가
(4) 유형자산이 정상적으로 작동되는지 여부를 시험하는 과정에서 발생하는 시험원가

[유형자산의 취득원가]

구 분	관련원가
구입가격	총구입가격+관세+환급불가능 취득세금-매입할인-리베이트
직접관련원가	운송비+취득관련 종업원급여+설치준비비+설치비+정상작동시험원가+전문가수수료

2 상황별 유형자산의 취득

(1) 토지의 외부구입

토지(land)의 취득원가는 구입가격에 취득관련 직접원가를 가산하여 결정한다. 직접원가에는 취득세, 등록세 등 취득과 직접 관련된 제세공과금과 중개수수료 및 법률비용이 포함된다. 그리고 토지를 사용가능한 상태에 이르게 하기 위하여 발생하는 구획정리비용과 개발부담금, 하수종말처리장 분담금 등의 직접관련원가도 취득원가에 포함한다.

(2) 건물의 외부구입

건물을 구입하는 경우에는 구입가격과 제세공과금 등의 취득관련 직접원가가 건물의 취득원가가 되고, 건물을 외부에 위탁하여 신축하는 경우에는 도급금액과 관련 직접원가가 취득원가가 된다. 관련 직접원가에는 인허가비용, 설계비용, 감리비용 및 취득세, 등록세 등 취득과 관련하여 직접 발생한 제세공과금 등이 있다. 또한 건설기간 중에 발생하는 건물 관련 보험료나 담당직원 급여도 취득원가에 포함한다.

(3) 토지와 건물의 일괄구입

일괄구입은 두 종류 이상의 자산을 한 가격에 구입하는 것을 말한다. 일괄구입의 경우 원가배분은 개별자산의 공정가치를 기준으로 배분하는 것이 원칙이다. 토지와 건물의 일괄구입은 비상각자산과 상각자산의 일괄구입이므로 다음의 상황으로 구분하여 일괄구입원가를 배분한 후 건물로 배분된 원가는 감가상각을 수행한다.

① 토지와 건물을 모두 사용할 목적인 경우

토지와 건물은 분리가능한 자산이므로 일괄구입원가를 각 자산의 공정가치를 기준으로 배분한 후 각각의 취득원가로 인식한다.

② 토지만 사용할 목적인 경우

토지와 건물을 일괄구입한 후 건물을 철거하면 건물의 취득원가는 토지취득을 위한 직접관련원가로 볼 수 있다. 따라서 일괄구입원가는 전액 토지에 배분하고, 건물의 철거원가도 토지원가에 가산한다. 다만, 철거과정에서 수거된 철근 등을 처분하여 발생하는 폐자재처분수입은 토지원가에서 차감한다.

[토지와 건물의 일괄구입]

구입목적	취득원가 결정
토지와 건물을 모두 사용하는 경우	일괄구입원가를 안분하여 자산별 취득원가를 인식
토지만 사용하는 경우	일괄구입원가와 순철거원가를 토지 취득원가로 인식

예제 1 토지와 건물의 일괄구입

20×1년 초에 A회사는 건물이 있는 토지를 ₩4,500,000에 일괄구입하였다. 취득당시 건물의 공정가치는 ₩2,000,000, 토지의 공정가치는 ₩3,000,000이었다. 토지와 건물을 취득하기위해 추가적으로 소유권이전비용 ₩100,000, 취득세와 등록세로 ₩200,000을 지출하였다.

물음

1. 토지와 건물을 모두 사용할 목적으로 취득한 경우 각 자산의 취득원가를 결정하시오.
2. 토지만 사용할 목적으로 취득하여 건물은 구입즉시 철거하였다. 철거할 때 철거비로 ₩80,000, 토지정지비로 ₩150,000이 지출되었고, 철거한 건물의 부산물을 ₩6,000에 처분하였다. 각 자산의 취득원가를 결정하시오.

해 답

❖ 일괄구입원가 : 4,500,000 + 100,000 + 200,000 = 4,800,000

1. 모두 사용할 목적

건물 : $4,800,000 \times \dfrac{2,000,000}{2,000,000 + 3,000,000} = 1,920,000$

토지 : $4,800,000 \times \dfrac{3,000,000}{2,000,000 + 3,000,000} = 2,880,000$

20×1. 1. 1	(차) 토 지	2,880,000 ②	(대) 현 금	4,800,000 ①
	건 물	1,920,000 ③		

2. 토지만 사용할 목적

건물 : 없음

토지 : 4,500,000 + 100,000 + 200,000 + 80,000 − 6,000 + 150,000 = 5,024,000

20×1. 1. 1	(차) 토 지	5,024,000 ③	(대) 현 금	4,800,000 ①
			현 금	224,000 ②

(4) 유형자산의 자가건설

기업이 필요로 하는 유형자산은 외부에서 구입할 수도 있지만 기업이 스스로 내부 창출할 수도 있다. 유형자산의 내부창출을 자가건설이라하며, 이 경우에는 건설중인자산으로 처리하였다가 건설·제작완료시에 본 계정으로 대체한다. 예를 들어, 건물을 건설하기 위하여 20×1년 1월 5일에 공사비 ₩2,000,000, 20×1년 2월 28일에 추가로 ₩3,000,000을 지출하고, 20×1년 3월 31일에 ₩5,000,000을 지출하여 건물공사를 완료한 경우 회계처리는 다음과 같다.

[자가건설의 회계처리]

20×1. 1. 5	(차) 건설중인자산	2,000,000	(대) 현 금	2,000,000
20×1. 2.28	(차) 건설중인자산	3,000,000	(대) 현 금	3,000,000
20×1. 3.31	(차) 건설중인자산	5,000,000	(대) 현 금	5,000,000
	(차) 건 물	10,000,000	(대) 건설중인자산	10,000,000

제 3 절 감가상각

1 자산가치의 감소원인과 감가상각의 본질

(1) 자산가치의 감소원인

토지를 제외한 유형자산은 사용이나 시간의 경과로 인하여 물리적 혹은 경제적으로 그 가치가 감소한다. 이러한 현상을 측정하여 경영성과에 반영하는 절차를 감가상각(depreciation)이라 한다.

(2) 감가상각의 본질

감가상각(depreciation)에는 경제적 감가상각과 회계적 감가상각이 있다. 자산을 공정가치로 평가하여 가치감소분을 비용으로 보는 것을 경제적 감가상각이라 하고, 자산의 사용에 따라 수익이 창출되는 기간동안 그에 대응하는 비용을 인식하는 것을 회계적 감가상각이라 한다. 유형자산의 취득시점부터 처분시점까지 자산의 가치는 등락하는데 이를 신뢰성 있게 측정하기가 어렵고, 감가상각을 가치의 감소과정이 아닌 원가배분과정으로 보는 것이 취득원가주의와 수익비용대응의 원칙에 보다 충실하기 때문에 회계적 관점에서는 감가상각을 원가배분과정으로 본다. 즉, 회계적 관점에서 감가상각은 유형자산의 사용으로 인하여 수익이 창출되는 기간동안 그에 대응하는 비용을 인식하기 위하여 자산의 취득원가를 내용연수에 걸쳐 합리적이고 체계적인 방법에 따라 비용으로 배분하는 과정이다.

(3) 감가상각비의 인식방법

각 기간의 감가상각액은 당기손익으로 인식하여 판매비와 관리비의 일부로 공시한다. 그러나 유형자산에 내재된 미래경제적효익이 다른 자산을 생산하는 데 사용되는 경우도 있다. 이 경우 유형자산의 감가상각액은 해당 자산의 원가의 일부가 된다. 예를 들어 생산활동에 사용되는 유형자산의 감가상각액은 재고자산의 취득원가를 구성하고, 개발활동에 사용되는 유형자산의 감가상각액은 해당 무형자산의 취득원가에 포함될 수 있다. 이에 대하여는 원가·관리회계에서 학습하게 될 것이다.

(4) 감가상각비의 회계처리

감가상각비의 회계처리를 간단한 사례를 들어 설명하고자 한다. A회사가 20×1년 초에 내용연수 4년의 차량운반구(잔존가액 없음, 정액법)를 ₩1,000,000에 현금으로 취득하였다. A회사는 차량운반구를 통하여 4년간 매년 ₩300,000의 수익을 예상하고 있다. 이 경우 차량운반구의 취득원가와 관련된 회계처리는 취득시점에 비용으로 인식하는 방법과 4년간 사용하면서 비용으로 안분인식하는 방법으로 구분하여 생각해 볼 수 있다.

[구입시 즉시 비용인식]

20×1. 1 .1	(차) 차량구입비	1,000,000 ②	(대) 현　　금	1,000,000 ①

[요약손익계산서]

계정과목	20×1년	20×2년	20×3년	20×4년	합 계
수　　익	300,000	300,000	300,000	300,000	1,200,000
차량구입비	(1,000,000)	-	-	-	(1,000,000)

[사용하면서 비용인식_직접차감법]

20×1. 1 .1	(차) 차량운반구	1,000,000 ②	(대) 현　　금	1,000,000 ①
20×1.12.31	(차) 감가상각비	250,000 ④	(대) 차량운반구	250,000 ③
20×2.12.31	(차) 감가상각비	250,000 ⑥	(대) 차량운반구	250,000 ⑤
20×3.12.31	(차) 감가상각비	250,000 ⑧	(대) 차량운반구	250,000 ⑦
20×4.12.31	(차) 감가상각비	250,000 ⑩	(대) 차량운반구	250,000 ⑨

[요약손익계산서]

계정과목	20×1년	20×2년	20×3년	20×4년	합 계
수　　익	300,000	300,000	300,000	300,000	1,200,000
감가상각비	(250,000)	(250,000)	(250,000)	(250,000)	(1,000,000)

위에 제시된 사례와 같이 유형자산의 취득원가를 취득시점에 즉시 비용처리하는 경우에는 유형자산을 사용하면서 발생하는 수익과 관련된 비용이 기간별로 대응되지 않는다. 따라서 유형자산의 취득원가는 사용으로 인하여 수익이 창출되는 기간 동안 그에 대응하여 감가상각비로 인식하는 것이 합리적이다. 한편, 감가상각비를 인식하면서 상대계정과목을 해당 유형자산에서 직접차감하는 경우에는 다음과 같은 재무상태표가 보고된다.

[요약재무상태표]

계정과목	20×1년 초	20×1년 말	20×2년 말	20×3년 말	20×4년 말
유형자산					
차량운반구	1,000,000	750,000	500,000	250,000	-
⋮	⋮	⋮	⋮	⋮	⋮

유형자산을 감가상각하면서 상대계정과목으로 유형자산을 직접차감하면, 유형자산의 계정잔액이 계속 감소하는 것으로 인식된다. 하지만 재고자산과 달리 유형자산은 비용화된다고 해서 실물자산이 감소하는 것이 아니다. 따라서 유형자산의 감가상각비는 아래와 같이 차감계정인 감가상각누계액을 이용하여 취득원가에서 차감하는 형식으로 공시하는 것이 일반적으로 인정된 회계원칙이다. 한편, 회계상으로는 취득원가에서 감가상각누계액을 차감한 순금액을 장부금액(book value)이라 한다.

[사용하면서 비용인식_차감계정 설정법]

20×1. 1 .1	(차)	차량운반구	1,000,000 ②	(대)	현　　금	1,000,000 ①
20×1.12.31	(차)	감가상각비	250,000 ④	(대)	감가상각누계액	250,000 ③
20×2.12.31	(차)	감가상각비	250,000 ⑥	(대)	감가상각누계액	250,000 ⑤
20×3.12.31	(차)	감가상각비	250,000 ⑧	(대)	감가상각누계액	250,000 ⑦
20×4.12.31	(차)	감가상각비	250,000 ⑩	(대)	감가상각누계액	250,000 ⑨

[요약재무상태표]

계정과목	20×1년 초	20×1년 말	20×2년 말	20×3년 말	20×4년 말
유형자산					
차량운반구	1,000,000	1,000,000	1,000,000	1,000,000	1,000,000
감가상각누계액	-	(250,000)	(500,000)	(750,000)	(1,000,000)
장부금액	1,000,000	750,000	500,000	250,000	-

2 감가상각의 요소

회계기간별로 감가상각비를 계산하기 위하여 감가상각대상금액과 내용연수, 감가상각방법의 세 가지 요소가 필요하다.

(1) 감가상각대상금액

감가상각대상금액(depreciation base)은 유형자산의 취득원가에서 잔존가치를 차감한 금액을 말한다.

감가상각대상금액 = 취득원가 - 잔존가치

유형자산의 취득원가(cost)는 자산을 취득하기 위하여 자산의 취득시점이나 건설시점에서 지급한 현금 또는 현금성자산이나 제공한 기타 대가의 공정가치를 말한다. 이러한 원가에는 유형자산을 매입하거나 건설할 때 최초로 발생하는 원가뿐만 아니라 후속적으로 증설, 대체 또는 수선·유지와 관련하여 발생하는 후속원가를 포함한다. 잔존가치(salvage value)는 자산이 이미 오래되어 내용연수 종료시점에 도달하였다는 가정하에 자산의 처분으로부터 획득할 금액에서 추정 처분부대원가를 차감한 금액의 추정치를 말한다. 잔존가치는 자산과 업종 등을 고려하여 합리적이고 객관적으로 추정해야 한다. 잔존가치를 객관적으로 추정하는 것은 극히 어려우므로 실무적으로는 계산상의 편의나 세법의 규정을 준용하여 취득원가의 5%나 ₩0으로 추정하는 것이 일반적이다.

(2) 내용연수

내용연수(useful life)는 기업에서 자산이 사용가능할 것으로 기대되는 기간 또는 자산에서 얻을 것으로 예상되는 생산량이나 이와 유사한 단위 수량을 말한다. 회계학에서 말하는 내용연수는 경제적으로 자산을 사용할 수 있는 예상기간인 경제적 내용연수를 의미하며, 이는 자산으로부터 기대되는 효용에 따라 결정된다. 유형자산은 기업의 자산관리정책에 따라 일정기간이 경과되거나 경제적 효익의 일정부분이 소멸되면 처분될 수 있다. 이 경우 내용연수는 일반적 상황에서의 경제적 내용연수보다 짧을 수 있으므로 회계기준에서는 유사한 자산에 대한 기업의 경험에 비추어 해당 유형자산별로 내용연수를 추정[1]하도록 규정하고 있다. 하지만 기업실무에서는 대부분 세법에서 규정하고 있는 내용연수를 이용하여 감가상각을 하고 있으며, 세법상 기준내용연수[2]는 다음과 같다.

[세법상 법정내용연수]

구 분	법정 기준내용연수
철골구조의 건물과 구축물(철골구조 이외)	40년 (20년)
선박과 항공기	12년
기계장치	7년
차량운반구	5년
공구와 각종비품	5년

1) 자산의 감가상각기간인 내용연수를 결정할 때에는 ① 자산의 예상 생산능력이나 물리적 생산량을 토대로 한 자산의 예상사용수준, ② 자산을 교대로 사용하는 빈도, 수선·유지계획과 운휴 중 유지보수 등과 같은 가동요소를 고려한 자산의 예상 물리적 마모나 손상, ③ 생산방법의 변화, 개선 또는 해당 자산에서 생산되는 제품 및 용역에 대한 시장수요의 변화로 인한 기술적 또는 상업적 진부화와 ④ 리스계약의 만료일 등 자산의 사용에 대한 법적 또는 이와 유사한 제한을 고려해야 한다.

2) 실무적으로 대부분의 기업들이 실무적 편의성을 위해 세법상 기준내용연수를 이용하여 감가상각을 수행하고 있다.

유형자산의 경제적 효익은 유형자산을 사용함으로써 감소하는 것이 일반적이다. 그러나 자산을 사용하지 않더라도 기술적 진부화 및 마모 등의 요인으로 인하여 자산으로부터 기대하였던 경제적 효익이 감소될 수 있다. 따라서 유형자산 감가상각의 개시시점은 자산이 실제 사용된 시점이 아닌 사용가능한 시점부터이다.

(3) 감가상각방법

감가상각방법은 감가상각비를 인식하기 위하여 감가상각대상금액을 내용연수 동안 배분하는 방법을 말한다. 유형자산의 감가상각방법은 해당 자산의 미래경제적효익이 소비되는 형태를 반영해야 한다. 따라서 감가상각방법은 해당 자산에 내재되어 있는 미래경제적효익의 예상 소비형태를 가장 잘 반영하는 방법에 따라 선택하고, 예상 소비형태가 변하지 않는 한 매 회계기간에 일관성 있게 적용해야 한다. 감가상각방법은 다음과 같이 분류할 수 있다.

(1) 균등상각법 : 정액법
(2) 체감상각법 : 연수합계법, 정률법, 이중체감법
(3) 활동기준법 : 생산량비례법, 작업시간비례법

균등상각법(straight-line method)은 매기 일정액의 감가상각비를 인식하는 방법이고, 체감상각법은 내용연수 초반부에는 감가상각비를 많이 인식하고 후반부로 갈수록 감가상각비를 적게 인식하는 방법이다. 체감상각법을 조속상각법 또는 가속상각법(accelerated depreciation method)이라고도 한다. 활동기준법(activity method)은 자산을 이용한 활동량에 따라 감가상각비를 인식하는 방법이다.

[감가상각방법 비교]

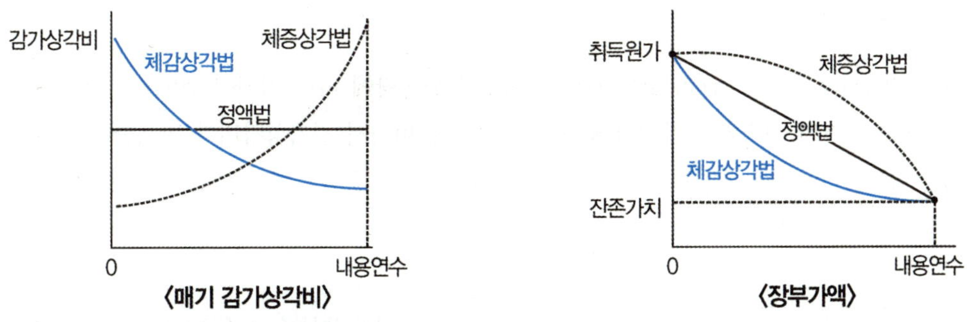

3 일반적인 감가상각방법

(1) 정액법

정액법(straight-line method)은 자산의 내용연수 동안 매기 일정액의 감가상각비를 계상하는 방법이며, 취득원가에서 잔존가치를 차감한 감가상각대상금액을 경제적 내용연수로 나누어서 감가상각비를 산정한다. 이 방법은 유형자산에 내재된 미래경제적효익의 예상되는 소비형태가 일정한 경우에 적절한 감가상각방법이다.

$$\text{매기 감가상각비} = (\text{취득원가} - \text{잔존가치}) \times \frac{1}{\text{내용연수}}$$

(2) 연수합계법

연수합계법(sum-of-the-years'-dight method)은 자산의 내용연수 초기에 감가상각비를 많이 계상한 후, 점진적으로 감가상각비를 감소시키는 방법이다. 이 방법은 감가상각대상금액을 잔존내용연수를 기준으로 가중평균하여 감가상각비를 산정한다. 연수합계법은 정액법을 변형한 방식으로 잔존내용연수를 기준으로 한 가중평균 정액법이라고 생각하면 된다. 이 방법은 유형자산에 내재된 미래경제적효익의 예상되는 소비형태가 체감하는 경우에 적절한 감가상각방법이다.

$$\text{매기 감가상각비} = (\text{취득원가} - \text{잔존가치}) \times \frac{\text{기초 잔존내용연수}}{\text{잔존내용연수 합계}}$$

(3) 활동기준법

활동기준법(activity-based method)은 자산을 이용한 활동량에 따라 감가상각비를 인식하는 방법이다. 이 방법은 시간의 경과와는 무관하게 오직 사용량에 따라서 감가상각비가 발생한다고 가정한다. 이 방법은 유형자산에 내재된 미래경제적효익의 예상되는 소비형태가 활동량에 따라 변동하는 경우에 적절한 감가상각방법이다.

$$\text{매기 감가상각비} = (\text{취득원가} - \text{잔존가치}) \times \frac{\text{당기 생산량 or 작업시간}}{\text{총예정생산량 or 총예정작업시간}}$$

(4) 정률법

정률법(fixed - percentage rate method)도 연수합계법과 마찬가지로 자산의 내용연수 초기에 감가상각비를 많이 계상한 후, 점진적으로 감가상각비를 감소시키는 방법이다. 이 방법은 '취득원가×(1 - 상각률)^{n} = 잔존가치'의 공식을 이용하여 만들어진 방법으로 잔존가치를 고려하여 상각률을 결정한 후에 기초의 장부금액에 상각률을 곱하여 감가상각비를 계산하는 방법을 말한다. 정률법은 유형자산에 내재된 미래경제적효익의 예상되는 소비형태가 체감하는 경우에 적절한 감가상각방법이다.

매기 감가상각비 = 기초장부금액 × 상각률 = (취득원가 - 기초감가상각누계액) × 상각률

$$\text{단, 상각률} = 1 - \sqrt[n]{\frac{\text{잔존가치}}{\text{취득원가}}},\ n = \text{내용연수}$$

(5) 이중체감법

이중체감법(double - declining balance method)은 정률법의 간편법으로 개발된 방식이다. 따라서 정률법과 동일하게 기초의 장부금액에 일정한 상각률을 곱하여 감가상각비를 계산한다. 다만, 정률법에 의한 상각률의 산정이 너무 복잡하므로 이중체감법에서는 상각률로 '2÷내용연수'를 이용한다. 이중체감법도 유형자산에 내재된 미래경제적효익의 예상되는 소비형태가 체감하는 경우에 적절한 감가상각방법이다.

매기 감가상각비 = 기초장부금액 × 상각률 = (취득원가 - 감가상각누계액) × 상각률

$$\text{단, 상각률} = \frac{2}{\text{내용연수}}$$

[감가상각방법 비교]

감가상각방법	감가상각비 계산의 구조	감가상각률
정 액 법	(취득원가 - 잔존가치) × 1/N	1 ÷ 내용연수
연수합계법		잔존내용연수 ÷ 내용연수합계
활동기준법		당기생산량 ÷ 총예정생산량
정 률 법	기초의 장부금액 × 상각률	1 - (잔존가치 ÷ 취득원가)$^{1/\text{내용연수}}$
이중체감법		2 ÷ 내용연수

예제 2 감가상각

A회사는 20×1년 초에 내용연수 5년, 잔존가치는 취득원가의 10%인 기계장치 1대를 ₩1,000,000에 구입하였다. 이 기계장치를 사용하여 20×1년부터 20×5년까지 연도별로 각각 10,000개, 8,000개, 9,000개, 6,000개와 7,000개의 제품 생산이 예상된다.

물음

감가상각방법으로 정액법, 연수합계법과 생산량비례법, 정률법(상각률은 36.9%)과 이중체감법을 사용하는 경우 매년 인식할 감가상각비를 계산하시오.

해답

1. 정액법

일 자	계산근거	감가상각비	장부금액
20×1. 1. 1			1,000,000
20×1.12.31	(1,000,000 − 100,000) × 1/5 =	(180,000)	820,000
20×2.12.31	(1,000,000 − 100,000) × 1/5 =	(180,000)	640,000
20×3.12.31	(1,000,000 − 100,000) × 1/5 =	(180,000)	460,000
20×4.12.31	(1,000,000 − 100,000) × 1/5 =	(180,000)	280,000
20×5.12.31	(1,000,000 − 100,000) × 1/5 =	(180,000)	100,000
		(900,000)	

2. 연수합계법

일 자	계산근거	감가상각비	장부금액
20×1. 1. 1			1,000,000
20×1.12.31	(1,000,000 − 100,000) × 5/15 =	(300,000)	700,000
20×2.12.31	(1,000,000 − 100,000) × 4/15 =	(240,000)	460,000
20×3.12.31	(1,000,000 − 100,000) × 3/15 =	(180,000)	280,000
20×4.12.31	(1,000,000 − 100,000) × 2/15 =	(120,000)	160,000
20×5.12.31	(1,000,000 − 100,000) × 1/15 =	(60,000)	100,000
		(900,000)	

3. 생산량비례법

일 자	계산근거	감가상각비	장부금액
20×1. 1. 1			1,000,000
20×1.12.31	(1,000,000 − 100,000) × 10,000개/40,000개 =	(225,000)	775,000
20×2.12.31	(1,000,000 − 100,000) × 8,000개/40,000개 =	(180,000)	595,000
20×3.12.31	(1,000,000 − 100,000) × 9,000개/40,000개 =	(202,500)	392,500
20×4.12.31	(1,000,000 − 100,000) × 6,000개/40,000개 =	(135,000)	257,500
20×5.12.31	(1,000,000 − 100,000) × 7,000개/40,000개 =	(157,500)	100,000
		(900,000)	

4. 정률법

(1) 상각률의 계산 : $1,000,000 \times (1 - R)^5 = 100,000$ ➡ $R = 36.9\%$

(2) 연도별 감가상각비

일 자	계산근거	감가상각비	장부금액
20×1. 1. 1			1,000,000
20×1.12.31	1,000,000 × 36.9% =	(369,000)	631,000
20×2.12.31	631,000 × 36.9% =	(232,839)	398,161
20×3.12.31	398,161 × 36.9% =	(146,921)	251,240
20×4.12.31	251,240 × 36.9% =	(92,708)	158,532
20×5.12.31	158,532 × 36.9% =	(58,532)*	100,000
		(900,000)	

* 반올림차이로 인해 ₩34의 차이가 나지만 이를 조정하여 계산한 감가상각비임

5. 이중체감법

(1) 상각률 : $\frac{2}{5} = 40\%$

(2) 연도별 감가상각비

일 자	계산근거	감가상각비	장부금액
20×1. 1. 1			1,000,000
20×1.12.31	1,000,000 × 40% =	(400,000)	600,000
20×2.12.31	600,000 × 40% =	(240,000)	360,000
20×3.12.31	360,000 × 40% =	(144,000)	216,000
20×4.12.31	216,000 × 40% =	(86,400)	129,600
20×5.12.31	역산하여 계산	(29,600)	100,000
		(900,000)	

4 기중 취득한 자산의 감가상각

지금까지는 유형자산을 기초에 취득하는 것을 가정하여 감가상각비를 계산하였다. 그러나 대부분의 유형자산은 기중에 취득하는 것이 일반적이다. 유형자산을 기중에 취득하는 경우에는 1년치 감가상각비를 다 인식하는 것보다는 취득시점부터 기말까지의 기간에 대하여만 감가상각비를 인식하는 것이 더 합리적이다. 즉, 연단위로 감가상각비를 구한 후에 회계기간에서 차지하는 기간의 비율에 따라 안분한다. 이때 일단위, 주단위와 월단위 등을 사용할 수 있는데 특별한 언급이 없는 경우에는 월단위로 안분한다. 기중 취득으로 인하여 월할상각하는 경우에는 감가상각방법에 따라 주의해야 한다. 이에 대한 구체적인 내용은 다음 예제를 통하여 이해할 수 있을 것이다.

예제 3 기중 취득한 경우 감가상각

A회사는 20×1년 4월 1일에 내용연수 5년, 잔존가치는 취득원가의 10%인 기계장치 1대를 ₩1,000,000에 구입하였다.

물음

감가상각방법으로 정액법, 정률법(상각률은 36.9%)과 연수합계법을 사용하는 경우 20×1년과 20×2년의 감가상각비를 각각 계산하고 관련된 회계처리를 제시하시오.

해답

1. 정액법
   (1) 감가상각대상금액 : 1,000,000 − 100,000 = 900,000
   (2) 20×1년 : 900,000 × 1/5 × 9/12 = 135,000
   (3) 20×2년 : 900,000 × 1/5 × 3/12 + 900,000 × 1/5 × 9/12 = 180,000
   (4) 관련된 회계처리

일자	차변	금액	대변	금액
20×1. 4. 1	(차) 기계장치	1,000,000	(대) 현 금	1,000,000
20×1.12.31	(차) 감가상각비	135,000	(대) 감가상각누계액	135,000
20×2.12.31	(차) 감가상각비	180,000	(대) 감가상각누계액	180,000

2. 정률법

(1) 20×1년 : 1,000,000×36.9%×9/12 = 276,750

(2) 20×2년 : 1,000,000×36.9%×3/12+(1,000,000－369,000)×36.9%×9/12=266,879

(3) 관련된 회계처리

20×1. 4. 1	(차) 기계장치	1,000,000	(대)	현 금	1,000,000
20×1.12.31	(차) 감가상각비	276,750	(대)	감가상각누계액	276,750
20×2.12.31	(차) 감가상각비	266,879	(대)	감가상각누계액	266,879

3. 연수합계법

(1) 20×1년 : 900,000×5/15×9/12=225,000

(2) 20×2년 : 900,000×5/15×3/12+900,000×4/15×9/12=255,000

(3) 관련된 회계처리

20×1. 4. 1	(차) 기계장치	1,000,000	(대)	현 금	1,000,000
20×1.12.31	(차) 감가상각비	225,000	(대)	감가상각누계액	225,000
20×2.12.31	(차) 감가상각비	255,000	(대)	감가상각누계액	255,000

제 4 절 후속원가와 제거

1 후속원가

유형자산은 장기간 사용하는 자산이므로 취득 이후 사용과정 중에도 자산과 관련하여 후속적으로 증설, 대체, 수선과 유지 등 여러 가지 크고 작은 지출이 발생하게 된다. 이를 후속원가(subsequent costs)라 한다. 후속원가 중에서 자산성이 인정되는 지출을 자본적 지출(capital expenditure)이라 하고, 자산성이 인정되지 않는 지출을 수익적 지출(revenue expenditure)이라 한다.

(1) 자본적 지출

유형자산의 취득 또는 완성 이후의 지출이 가장 최근에 평가된 성능수준을 초과하여 미래 경제적 효익을 증가시키는 경우에는 자본적 지출로 처리하여, 유형자산의 장부금액에 가산한다. 장부금액에 가산된 자본적 지출은 향후 감가상각비의 계정으로 비용으로 인식된다.

(2) 수익적 지출

유형자산의 수선·유지를 위한 지출이 해당 자산으로부터 당초 예상되었던 성능수준을 회복하거나 유지하기 위한 것인 경우에는 수익적 지출로 처리하여, 발생한 기간에 즉시 비용으로 인식한다.

[후속원가에 대한 회계처리 방법]

구 분	인식 방법
자본적 지출	해당 자산의 장부금액에 포함하며, 이를 잔여 내용연수에 걸쳐 감가상각비의 계정으로 당기손익으로 인식
수익적 지출	지출시점에 당기손익으로 인식

예제 4 후속원가

A회사는 20×1년 초에 기계장치를 ₩1,000,000에 취득하였다. 동 기계장치의 내용연수는 10년이고, 잔존가치는 없으며 감가상각 방법은 정액법이다. 20×4년 초에 성능향상을 위하여 ₩200,000을 지출하였고 이로 인하여 내용연수가 1년 연장되었으며 이는 자산의 인식요건을 만족하는 자본적지출이다.

물음

20×4년 초와 말에 필요한 회계처리를 제시하시오.

해답

일자	차변	금액	대변	금액
20×4. 1. 1	(차) 기계장치	200,000 ②	(대) 현　　금	200,000 ①
20×4.12.31	(차) 감가상각비	112,500 ③	(대) 감가상각누계액	112,500 ④
	- 20×3년 말의 감가상각누계액 : (1,000,000÷10년)×3년 = 300,000 - 20×4년 감가상각비 : (1,000,000 - 300,000 + 200,000)÷(10년 - 3년 + 1년) = 112,500			

2 유형자산의 제거

유형자산은 매각이나 교환 등과 같이 자발적으로 처분되거나, 수용이나 재해 등과 같이 비자발적으로 폐기될 수 있다. 위와 같이 유형자산을 처분하는 경우나 사용을 통해 미래 경제적효익의 유입이 기대되지 않을 때는 해당 자산의 장부금액을 재무제표에서 제거(de-recognition)한다. 이 경우 순매각금액과 장부금액의 차액을 당기손익으로 처리한다. 유형자산이 제거되면 감가상각누계액의 잔액도 함께 제거된다. 한편, 회계기간 중에 유형자산이 처분되면 처분일까지의 감가상각비를 인식하여 이를 반영한 후에 처분에 따른 손익을 인식해야 한다.

[유형자산 처분의 회계처리]

일자	차변	금액	대변	금액
처 분 일	(차) 감가상각비	×××	(대) 감가상각누계액	×××
	(차) 현　　금	×××	(대) 유형자산	×××
	감가상각누계액	×××	유형자산처분이익	×××

유형자산은 개별적으로 그리고 기업의 다른 자원과 대부분 독립적으로 수익을 창출하지 않는다. 따라서, 유형자산의 감가상각비와 처분손익을 포함하여 유형자산에서 발생하는 모든 수익과 비용은 손익계산서의 영업 범주의 손익으로 표시한다.

예제 5 유형자산의 제거

A회사는 20×1년 초에 기계장치를 ₩1,000,000에 취득하였다. 기계장치의 내용연수는 10년이고, 잔존가치는 없으며 감가상각방법은 정액법이다. 20×3년 7월 1일에 기계장치를 ₩780,000에 외부에 매각하였다.

물음

20×3년 기계장치의 처분일에 필요한 회계처리를 제시하시오.

해답

20×3. 7. 1	(차) 감가상각비	50,000 ①	(대) 감가상각누계액	50,000 ②	
	(차) 현 금	780,000 ⑤	(대) 기계장치	1,000,000 ③	
	감가상각누계액	250,000 ④	유형자산처분이익	30,000 ⑥	
	*1 1,000,000÷10년×6/12=50,000		*2 1,000,000÷10년×2.5년=250,000		

제 5 절 무형자산

무형자산(intangible assets)은 물리적 형체가 없지만 식별가능한 비화폐성자산으로서 한 회계기간(one accounting period)을 초과하여 사용할 것이 예상되는 자산을 말한다.

[무형자산의 공시]

재무상태표

A회사 20×1년 12월 31일 현재 (단위 : 원)

자산		부채	
유동자산		유동부채	
1. 현금및현금성자산	×××	1. 매입채무와 기타채무	×××
2. 단기투자금융자산	×××		
3. 매출채권과 기타채권	×××		
4. 재고자산	×××		
비유동자산			
1. 장기투자금융자산	×××		
2. 유형자산	×××		
3. 무형자산			
(1) 영 업 권	×××		
(2) 개 발 비	×××		
(3) 산업재산권	×××		
(4) 소프트웨어	×××		
(5) 라이선스	×××		
⋮	⋮		

1 무형자산의 종류

(1) 영업권

영업권(goodwill)은 개별적으로 식별하여 별도로 인식할 수는 없으나, 사업결합에서 획득한 그 밖의 자산에서 발생하는 미래경제적효익을 나타내는 자산을 말한다. 이는 특정 기업이 동종산업의 다른 기업에 비하여 경쟁우위에 있는 경우 이러한 경쟁력을 집합한 무형의 자원을 통칭하는 계정과목이다. 영업권은 법률상의 보호를 받는 권리는 아니지만 사실상의 가치가 있는 권리로서 일반 상거래에서는 권리금(premium)이라는 표현으로 흔히 사용된다.

영업권은 발생유형에 따라 매수영업권(acquired goodwill)과 내부적으로 창출한 영업권(internally generated goodwill)으로 분류할 수 있다. 매수영업권은 기업이 다른 기업의 사업을 취득하는 과정에서 발생한 영업권을 말한다. 이는 고급회계의 '사업결합'에서 학습할 내용이다. 반면에 내부적으로 창출한 영업권은 기업이 자가창설한 영업권을 말한다. 내부적으로 창출한 영업권은 취득원가를 신뢰성 있게 측정할 수 없고 기업이 통제하고 있는 식별가능한 자원이 아니기 때문에 관련 지출을 자산으로 인식하지 아니하고, 즉시 비용으로 인식한다.

[사업결합으로 인한 매수영업권의 회계처리]

식별가능한 순자산 공정가치 < 이전대가 공정가치

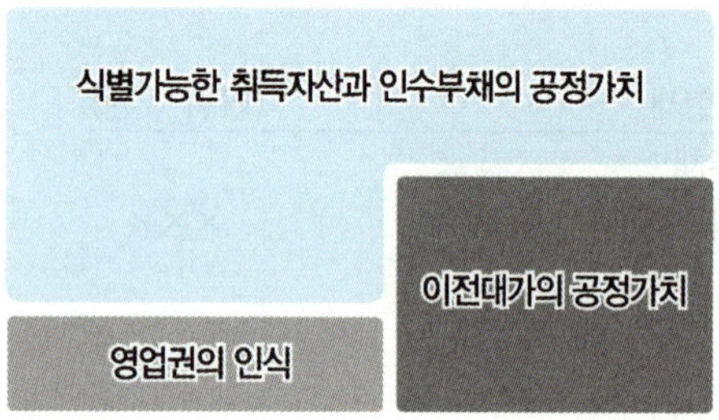

식별가능한 순자산 공정가치 > 이전대가 공정가치

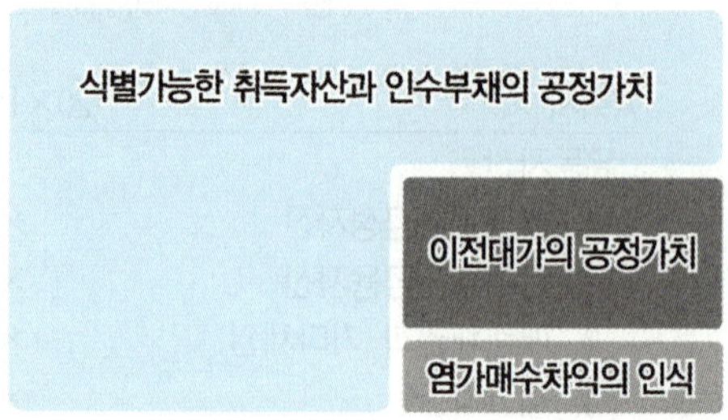

예제 6 영업권의 인식

A회사는 20×1년 초 B회사를 흡수 합병하였다. 취득일 현재 B회사의 식별가능한 순자산 장부금액과 공정가치는 다음과 같다.

재무상태표

	장부금액	공정가치		장부금액	공정가치
현 금	80,000	80,000	부 채	630,000	580,000
재고자산	300,000	340,000	자 본 금	450,000	
투자자산	200,000	260,000	자본잉여금	100,000	
유형자산	750,000	900,000	이익잉여금	150,000	
	1,330,000			1,330,000	

물음

1. 취득일 현재 B회사의 식별가능한 취득자산과 인수부채의 순공정가치를 계산하시오.
2. 이전대가로 A회사가 현금으로 ₩1,500,000을 지급한 경우 A회사의 회계처리를 제시하시오.

해 답

1. 식별가능한 순자산 공정가치

(1) 취득자산의 공정가치 :	80,000 + 340,000 + 260,000 + 900,000 =	1,580,000
(2) 인수부채의 공정가치 :		(580,000)
(3) 식별가능한 순자산 공정가치 :		1,000,000

2. 합병 회계처리

일자	차변	금액	대변	금액
20×1. 1. 1	(차) 현 금	80,000 ②	(대) 부 채	580,000 ⑥
	재고자산	340,000 ③	현 금	1,500,000 ①
	투자자산	260,000 ④		
	유형자산	900,000 ⑤		
	영업권(무형자산)	500,000 ⑦		

(2) 개발비

개발활동은 기업이 상업적인 생산이나 사용 전에 연구결과나 관련 지식을 새롭거나 현저히 개량된 재료, 장치, 제품, 공정, 시스템이나 용역의 생산을 위한 계획이나 설계에 적용하는 활동을 말한다. 개발비(development costs)는 이러한 지출 중 개별적으로 식별가능하고, 기업이 통제할 수 있으며, 미래 경제적효익의 유입가능성이 높은 항목을 자산으로 인식한 것을 말한다. 반면에 연구(research)활동은 새로운 지식을 탐색하고 여러 가지 대체안을 탐색 및 평가하여 최종적인 대체안을 선택하는 활동이다. 연구활동 단계에서의 지출은 미래경제적효익을 창출할 무형자산이 존재한다는 것을 제시할 수 없으므로 발생한 지출은 모두 발생시점에 비용으로 인식한다는 점에서 개발단계에서의 지출과 차이가 있다.

참 고 **연구단계, 개발단계 및 생산단계의 구분**

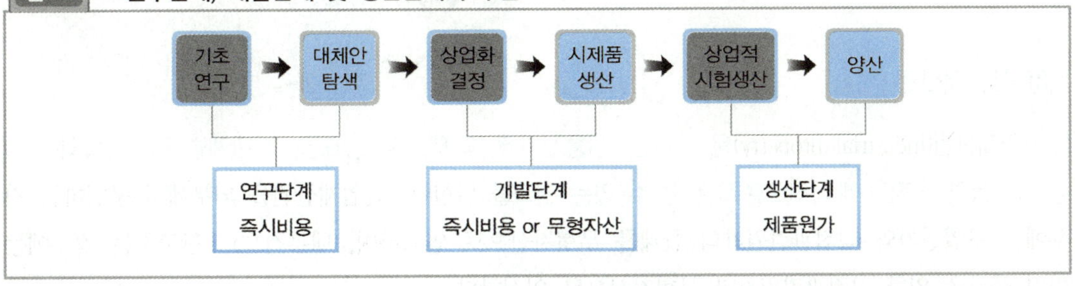

[연구단계와 개발단계에서 발생한 지출]

구 분		관련 회계처리
연구단계의 지출		연구비의 계정으로 즉시비용
개발단계의 지출	자산인식요건 충족 전의 지출	경상개발비의 계정으로 즉시비용
	자산인식요건 충족 후의 지출	개발비의 계정으로 무형자산
상업적 생산단계		무형자산상각비의 계정으로 비용배분

예제 7 연구비와 개발비의 구분

A회사는 신제품의 연구 및 개발을 위하여 독립된 연구소를 운영하고 있다. 20×1년에 연구단계에서 ₩1,100,000을 지출하였으며, 개발단계에서 ₩2,480,000을 지출하였다. 개발단계에서 발생한 지출액 중 ₩300,000은 개발비의 자산인식요건을 충족하지 못하는 것이다. 한편, 개발활동은 기말 현재 계속 진행 중에 있다.

물음

A회사가 연구개발 활동과 관련하여 발생한 지출 중에서 20×1년에 수행해야 할 관련된 회계처리를 제시하시오.

해답

1. 연구와 개발관련 지출액의 회계처리

20×1년	(차) 연 구 비	1,100,000 ②	(대) 현 금	1,100,000 ①
	(차) 경상개발비	300,000 ④	(대) 현 금	2,480,000 ③
	개 발 비	2,180,000 ⑤		

(3) 산업재산권

산업재산권(industrial property)은 특허권, 실용신안권, 디자인권, 상표권 등 관계법률에 등록되어 일정기간 동안 독점적·배타적으로 이용할 수 있는 권리를 말한다. 산업재산권을 외부에서 구입하는 경우에는 구입원가와 직접관련원가의 합계를 무형자산으로 인식하며, 내부적으로 창출하는 경우에는 법적 등록을 위한 직접관련원가만 무형자산으로 인식한다.

(4) 기타의 무형자산

영업권, 개발비와 산업재산권 이외에도 다양한 무형자산이 존재한다. 이들을 간단하게 요약정리하면 다음과 같으며, 관련된 지출이 발생하는 경우 재무상태표에 무형자산으로 인식할 수 있다.

① 라이선스

라이선스(license)는 제품제조에 대한 신기술·신제조법·노하우 등을 소유자의 허가를 받아서 생산하기 위하여 지불된 라이선스료 및 신기술의 실시료 등의 일정한 로열티를 말한다.

② 프랜차이즈

프랜차이즈(franchise)는 가맹점이 체인본부로부터 가맹점이 일정한 지역에서 상품을 독점판매할 수 있는 권리를 받는 데 지급된 금액으로 로열티 및 특약료를 말한다.

③ 저작권

저작권(literary property)은 문학·학술 등 범위에 속하는 창작물인 저작물에 대한 배타적·독점적 권리를 말한다.

④ 컴퓨터소프트웨어

컴퓨터소프트웨어(software)는 유상으로 구입한 컴퓨터소프트웨어를 말한다.

⑤ 광업권

광업권(mining right)은 광업법에 의하여 등록된 일정한 광구에서 등록을 한 광물과 동 광상 중에 부존하는 다른 광물을 채굴하여 취득할 수 있는 권리를 말한다.

⑥ 어업권

어업권(fishery right)은 수산업법에 의하여 등록된 일정한 수면에서 어업을 경영할 권리를 말한다.

2 무형자산의 최초인식

무형자산을 최초로 인식할 때에는 유형자산과 동일하게 원가(cost)로 측정한다. 취득 상황별 원가는 다음과 같다.

(1) 개별취득

개별 취득하는 무형자산의 원가는 구입가격과 자산을 의도한 목적에 사용할 수 있도록 준비하는 데 직접 관련되는 원가의 합계로 측정한다.

(1) 구입가격(purchase price) : 매입할인과 리베이트를 차감하고 수입관세와 환급받을 수 없는 제세금을 포함한 순구입가격

(2) 직접관련원가(directly attributable cost)
① 그 자산을 사용 가능한 상태로 만드는 데 직접적으로 발생하는 종업원급여
② 그 자산을 사용 가능한 상태로 만드는 데 직접적으로 발생하는 전문가 수수료
③ 그 자산이 적절하게 기능을 발휘하는지 검사하는 데 발생하는 원가

(2) 내부적으로 창출한 무형자산

내부적으로 창출한 무형자산(internally generated intangible assets)도 무형자산의 인식기준을 충족하는 경우에 한해서만 다음의 내부창출원가를 자산으로 인식할 수 있다.

(1) 무형자산의 창출에 사용되었거나 소비된 재료원가, 용역원가 등
(2) 무형자산의 창출을 위하여 발생한 종업원급여
(3) 법적 권리를 등록하기 위한 수수료

3 무형자산의 상각

(1) 내용연수의 결정

유형자산과 마찬가지로 무형자산의 원가도 취득일 이후 내용연수에 걸쳐 배분하여 손익계산서에 비용으로 인식한다. 하지만 무형자산은 우선적으로 당해 무형자산의 내용연수가 유한(definite)한지 또는 비한정(indefinite)인지를 결정하여야 하며, 이에 따라 비용의 인식방법이 다르다.

(2) 내용연수가 유한한 무형자산

내용연수가 유한한 무형자산의 상각대상금액은 내용연수동안 체계적인 방법으로 배분한다. 상각은 자산이 사용가능한 때부터 시작하며, 상각액은 당기손익으로 인식한다. 이는 유형자산의 경우와 동일하다. 한편, 무형자산의 경우 물리적실체가 없기에 무형자산상각누계액계정을 이용하지 않고, 직접상각 할 수도 있다.

[무형자산의 상각회계처리]

최초인식일	(차) 무형자산	×××	(대) 현 금	×××
간접상각	(차) 무형자산상각비	×××	(대) 무형자산상각누계액	×××
직접상각	(차) 무형자산상각비	×××	(대) 무형자산	×××

(3) 내용연수가 비한정인 무형자산

내용연수가 비한정인 무형자산은 상각하지 아니한다. 다만, 매년 그리고 무형자산의 손상을 시사하는 징후가 있을 때마다 회수가능액과 장부금액을 비교하는 손상검사를 수행하여 손상차손을 인식한다.

참 고 비한정내용연수 vs 무한내용연수

내용연수가 비한정이라는 것이 내용연수가 유형자산인 토지처럼 무한함을 의미하는 것은 아니다. 관련된 모든 요소의 분석에 근거할 때 그 자산이 순현금유입을 창출할 것으로 기대되는 기간을 합리적으로 결정할 수 없다는 의미일 뿐이다. 토지는 내용연수가 무한하므로 어떠한 경우에도 상각을 하지 않는다. 하지만 내용연수가 비한정인 무형자산은 내용연수를 합리적으로 산정할 수 없으므로 현재로서는 상각을 할 수 없으며 차후에 상각할 수도 있다는 점에서 차이가 있다.

4 무형자산의 제거

무형자산은 처분하는 때나 사용이나 처분으로부터 미래경제적효익이 기대되지 않을 때는 재무상태표에서 제거한다. 무형자산의 제거로 인하여 발생하는 이익이나 손실은 순매각금액과 장부금액의 차이로 결정한다. 그 이익이나 손실은 자산을 제거할 때 당기손익으로 인식한다.

[무형자산 처분의 회계처리]

처 분 시	(차) 현 금	×××	(대) 무형자산	×××
	무형자산상각누계액	×××	무형자산처분이익	×××

무형자산은 개별적으로 그리고 기업의 다른 자원과 대부분 독립적으로 수익을 창출하지 않는다. 따라서, 무형자산의 감가상각비와 처분손익을 포함하여 무형자산에서 발생하는 모든 수익과 비용은 손익계산서의 영업 범주의 손익으로 표시한다.

제 6 절 유형자산과 무형자산의 재평가

기업은 유형자산과 무형자산의 인식일 이후의 측정방법으로 원가모형(cost model)과 재평가모형(revaluation model) 중 하나를 회계정책으로 선택하여 분류별로 동일하게 적용할 수 있다. 원가모형은 유형자산과 무형자산의 취득원가에서 감가상각누계액을 차감한 금액을 장부금액으로 공시하는 방법을 말한다. 원가모형의 회계처리와 공시방법은 이미 설명하였으므로 여기에서는 유형자산과 무형자산의 재평가모형에 대하여 설명하고자 한다.

(1) 재평가모형

재평가모형이란 취득일 이후 공정가치를 신뢰성있게 측정할 수 있는 유형자산에 대하여는 재평가일의 공정가치로 해당 자산금액을 수정하고, 당해 공정가치에서 재평가일이후의 감가상각누계액을 차감한 금액을 장부금액으로 공시하는 방법을 말한다.

(2) 재평가손익의 회계처리

유형자산을 재평가할 때, 재평가로 인하여 유형자산의 장부금액이 증가할 수도 있으며, 감소할 수도 있다. 각각의 경우 재평가손익의 회계처리는 다음과 같다.

① 재평가이익

자산의 장부금액이 재평가로 인하여 증가된 경우에 재평가잉여금의 계정으로 기타포괄이익으로 인식한 후 재무상태표의 자본항목 중 기타포괄손익누계액에 가산한다. 재평가잉여금은 향후 재평가손실이 발생하는 경우 재평가잉여금 잔액을 한도로 하여 감소시킨다. 재평가잉여금의 감소는 기타포괄손실로 인식한다.

② 재평가손실

자산의 장부금액이 재평가로 인하여 감소된 경우에 그 감소액을 재평가손실의 계정으로 당기손실로 인식한다. 당기손실로 인식한 재평가손실은 향후 재평가이익이 발생하는 경우 기인식 재평가손실을 한도로 하여 당기이익으로 인식한다.

③ 재평가잉여금의 처리방법

유형자산과 관련하여 기타자본(기타포괄손익누계액)에 계상된 재평가잉여금은 당해 자산이 폐기되거나 처분되어 재무제표에서 제거될 때 일괄적으로 이익잉여금으로 대체[3]할 수 있다.

[재평가손익의 처리방법]

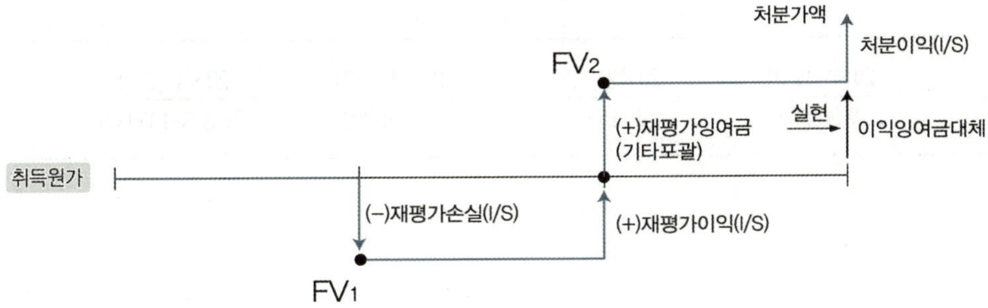

[재평가손익의 인식방법]

구 분		수익인식 방법
재평가이익	최초발생	재평가잉여금으로 기타포괄이익 인식
	추후발생	과거에 당기손실로 반영한 재평가손실과 우선상계 후 기타포괄이익 인식
재평가손실	최초발생	재평가손실로 당기손실로 인식
	추후발생	과거에 인식한 재평가잉여금과 우선상계 후 당기손실로 인식
재평가잉여금		당해 자산을 제거하면서 이익잉여금으로 즉시 대체가능

3) 기타포괄손익누계액을 이익잉여금으로 대체할 수 있다는 규정은 재평가된 유형자산이 제거되는 경우 기타포괄손익누계액을 이익잉여금으로 대체하지 않고, 그대로 기타포괄손익누계액으로 유지시킬 수 있다고 해석할 수도 있다.

예제 8 토지에 대한 재평가모형

A회사는 20×1년 초에 토지를 ₩100,000에 구입하였다. A회사는 토지에 대하여 재평가모형을 이용하여 회계처리하고 있으며 연도 말 A회사의 토지 현황은 다음과 같다. A회사는 20×4년 7월 1일에 토지를 외부에 매각하였다.

20×1.12.31	20×2.12.31	20×3.12.31	20×4. 7. 1
₩80,000	₩115,000	₩120,000	처분 ₩135,000

물음

1. 재평가모형을 적용하여 20×1년부터 20×4년에 필요한 회계처리를 제시하시오.
2. 연도별 부분포괄손익계산서와 재무상태표를 작성하시오.

해답

1. 재평가모형의 회계처리

20×1. 1. 1	(차) 토 지	100,000 ②	(대) 현 금	100,000 ①
20×1.12.31	(차) 재평가손실	20,000 ④	(대) 토 지	20,000 ③
20×2.12.31	(차) 토 지	35,000 ①	(대) 재평가이익	20,000 ②
			재평가잉여금(OCI)	15,000 ③
20×3.12.31	(차) 토 지	5,000 ①	(대) 재평가잉여금(OCI)	5,000 ②
20×4. 7. 1	(차) 현 금	135,000 ②	(대) 토 지	120,000 ①
			유형자산처분이익	15,000 ③
	(차) 재평가잉여금(AOCI)	20,000 ④	(대) 미처분이익잉여금	20,000 ⑤

2. 연도별 부분포괄손익계산서와 부분재무상태표

과 목	20×1년	20×2년	20×3년	20×4년	합 계
[당기손익]					
재평가이익(손실)	(20,000)	20,000	-	-	-
유형자산처분이익	-	-	-	15,000	15,000
[기타포괄손익]					
재평가잉여금	-	15,000	5,000	-	20,000
포괄이익	(20,000)	35,000	5,000	15,000	35,000

20×1. 1. 1

토 지	100,000		

20×1.12.31

토 지	80,000	미처분이익잉여금	(20,000)

20×2.12.31

토 지	115,000	재평가잉여금	15,000

20×3.12.31

토 지	120,000	재평가잉여금	20,000

처분시 잉여금 대체전

현 금	135,000	**재평가잉여금**	**20,000**
		미처분이익잉여금	15,000

처분시 잉여금 대체후

현 금	135,000	**재평가잉여금**	-
		미처분이익잉여금	**35,000**

제 7 절 투자부동산

투자부동산(investment property)은 임대수익이나 시세차익 또는 두 가지 모두를 얻기 위하여 기업이 보유하고 있는 부동산을 말한다. 다만, 재화의 생산이나 용역의 제공 또는 관리목적으로 사용하기 위해 보유하는 자가사용부동산은 유형자산으로 분류하며, 정상적인 영업과정에서의 판매목적으로 보유하는 부동산은 재고자산으로 분류한다. 투자부동산으로 분류하는 사례는 다음과 같다.

(1) **시세차익용부동산** : 장기 시세차익을 얻기 위하여 보유하고 있는 토지
(2) **업무미사용부동산** : 장래 사용목적을 결정하지 못한 채로 보유하고 있는 토지
(3) **임대용부동산** : 직접 소유하고 운용리스로 제공[4]하고 있는 건물이나 보유하는 건물에 관련되고 운용리스로 제공하는 사용권자산
(4) **임대준비용부동산** : 리스제공자가 운용리스로 제공하기 위하여 보유하고 있는 미사용 건물
(5) **건설중인 투자부동산** : 투자부동산으로 사용하기 위하여 건설 또는 개발중인 부동산

[투자부동산의 공시]

재무상태표

A회사 20×1년 12월 31일 현재 (단위 : 원)

자산		부채	
유동자산		유동부채	
1. 현금및현금성자산	×××	1. 매입채무와 기타채무	×××
2. 단기투자금융자산	×××		
3. 매출채권과 기타채권	×××		
4. 재고자산	×××		
비유동자산			
1. 장기투자금융자산	×××		
2. 유형자산	×××		
3. 무형자산	×××		
4. 투자부동산			
(1) 토　지	×××		
(2) 건　물	×××		
⋮	⋮		

4) 운용리스로 제공한 부동산은 투자부동산으로 인식되지만, 금융리스로 제공한 부동산은 리스제공자의 재무제표에서 리스채권으로 인식되므로 투자부동산으로 인식될 수 없다.

1 투자부동산의 최초인식과 후속측정

(1) 투자부동산의 취득

투자부동산은 유형자산이나 무형자산과 동일하게 최초 인식시점에 취득원가로 측정하며, 취득시 발생하는 직접관련원가는 최초 취득원가에 포함하여 인식한다. 한편, 보고기간 말의 투자부동산의 후속측정은 공정가치모형과 원가모형 중 하나를 선택하여 모든 투자부동산에 적용한다.

(2) 원가모형에 의한 후속측정

투자부동산의 평가방법을 원가모형으로 선택한 경우에는 모든 투자부동산에 대하여 유형자산의 원가모형으로 측정하며, 매 보고기간 말에 감가상각을 수행해야 한다.

(3) 공정가치모형에 의한 후속측정

투자부동산의 평가방법으로 공정가치모형을 선택한 경우에는 모든 투자부동산에 대하여 감가상각을 수행하지 않고 공정가치로 평가하여 측정한다. 투자부동산의 공정가치 변동으로 발생하는 손익은 발생한 기간의 당기손익으로 인식한다. 공정가치모형을 적용하는 투자부동산은 감가상각을 수행하지 않는다. 이는 감가상각비를 당기손익에 반영하더라도 공정가치 평가를 통해 감가상각비의 효과가 상쇄되기 때문이다. 부동산을 공정가치로 평가한다는 측면에서는 유형자산의 재평가모형과 유사하지만, 유형자산 재평가모형의 경우에는 재평가이익은 기타포괄손익으로 인식하고 재평가손실은 당기손익으로 인식한다는 점에서 차이가 있다.

예제 9 투자부동산의 인식과 평가

A회사는 20×1년 초에 장기적인 임대수익을 얻을 목적으로 건물을 ₩100,000에 구입하였다. 동 건물의 내용연수 10년이고, 잔존가치는 없다. A회사는 위의 임대용 건물을 20×3년 초 외부에 ₩135,000에 매각하였으며, 각 시점의 공정가치는 다음과 같다.

20×1년 12월 31일	20×2년 12월 31일	20×3년 1월 1일
₩180,000	₩150,000	₩135,000

물음

1. 임대용 건물에 대하여 원가모형을 적용할 경우 20×1년과 20×2년, 20×3년에 해야 할 회계처리를 제시하시오.
2. 임대용 건물에 대하여 공정가치모형을 적용할 경우 20×1년과 20×2년, 20×3년에 해야 할 회계처리를 제시하시오.

해답

1. 원가모형

일자	차변	금액	대변	금액
20×1. 1. 1	(차) 투자부동산	100,000 ②	(대) 현　금	100,000 ①
20×1.12.31	(차) 감가상각비	10,000 ③	(대) 감가상각누계액	10,000 ④
20×2.12.31	(차) 감가상각비	10,000 ⑤	(대) 감가상각누계액	10,000 ⑥
20×3. 1. 1	(차) 현　금	135,000 ⑨	(대) 투자부동산	100,000 ⑦
	감가상각누계액	20,000 ⑧	투자부동산처분이익	55,000 ⑩

2. 공정가치모형

일자	차변	금액	대변	금액
20×1. 1. 1	(차) 투자부동산	100,000 ②	(대) 현　금	100,000 ①
20×1.12.31	(차) 투자부동산	80,000 ③	(대) 투자부동산평가이익	80,000 ④
20×2.12.31	(차) 투자부동산평가손실	30,000 ⑥	(대) 투자부동산	30,000 ⑤
20×3. 1. 1	(차) 현　금	135,000 ⑧	(대) 투자부동산	150,000 ⑦
	투자부동산처분손실	15,000 ⑨		

객관식 연습문제

01 다음 중 유형자산의 취득원가에 포함되지 않은 것은?

① 유형자산 취득시 발생한 운반비
② 유형자산을 외부 구입하는 경우 부담하는 취득세와 등록세
③ 건물 취득후 가입한 보험에 대한 보험료
④ 건물을 자가건설하는 경우 건설기간 중의 담당직원 급여
⑤ 기계장치의 설치준비비와 설치비

02 A회사는 공정가치 ₩15,000,000의 토지와 공정가치 ₩5,000,000의 건물을 일괄구입하고 대금으로 ₩18,000,000을 지급하였다. 토지와 건물을 모두 사용할 목적인 경우 토지의 취득원가로 인식할 금액은 얼마인가?

① ₩13,000,000　② ₩13,500,000
③ ₩15,000,000　④ ₩18,000,000
⑤ ₩20,000,000

03 A회사는 기존 건물이 있는 토지를 매입하여 건물을 즉시 철거하고 새 건물을 건축하였다. 이와 관련된 자료가 다음과 같을 때, 새 건물의 취득원가는?

(1) 토지매입비	₩1,000
(2) 기존 건물 철거비	₩200
(3) 철거시 발생한 폐물의 매각가치	₩50
(4) 건물 신축 공사비	₩1,500

① ₩1,700　② ₩1,650　③ ₩1,550　④ ₩1,500　⑤ ₩1,450

04 유형자산과 관련된 다음 설명 중 옳은 것은?

① 유형자산은 장·단기 구분 없이 정상적인 영업활동에 사용하기 위한 물리적 실체가 있는 자산이다.
② 모든 유형자산은 시간이 경과함에 따라 가치가 감소하므로 가치의 감소를 인식하기 위해 감가상각을 한다.
③ 유형자산을 처분하는 경우에는 처분시점까지의 감가상각비를 먼저 인식한 후의 장부금액과 처분대가를 비교하여 처분손익을 인식하여야 한다.
④ 유형자산의 최초인식은 원가로 측정하는 것이 원칙이며, 이때 원가란 자산을 취득하기 위하여 지급 또는 제공한 대가의 장부금액을 의미한다.
⑤ 토지 취득 이후에 진입도로개설로 인한 추가적인 지출은 토지원가에 가산하지 않는다.

05 다음은 유형자산의 후속원가에 대한 내용이다. 다음 중 자산으로 인식할 항목에 해당되지 않은 것은? 단, 유형자산 인식요건에 대하여는 별도로 고려하지 말 것.

① 사용하던 기계장치에 대규모 수선을 함으로써 생산량이 증가하였다.
② 사용하던 대형 프린터의 잉크를 새 것으로 대체하였다.
③ 임대용 건물에 대대적인 수선을 함으로써 임대료 수입이 증가하였다.
④ 기계장치의 부품을 교환함으로써 원가가 50% 감소하였다.
⑤ 용광로의 내화벽돌을 교체하여 성능이 향상하였다.

06 다음은 유형자산의 감가상각에 대한 설명이다. 옳은 것은?

① 감가상각누계액은 내용연수 동안 비용 처리할 감가상각비의 총액을 말한다.
② 회계적 관점에서 감가상각은 원가배분과정이라기 보다는 자산의 평가과정이라고 할 수 있다.
③ 정률법은 감가상각대상금액에 상각률을 곱하여 감가상각비를 산출하는 방법이다.
④ 연수합계법과 이중체감법은 취득 후 기간이 경과하면서 매 기간 감가상각비가 점차 감소하는 특징이 있다.
⑤ 가속상각법을 사용하면 내용연수 후반부로 갈수록 감가상각비를 많이 인식한다.

07 유형자산에 대한 다음 설명 중 옳은 것은?

① 유형자산을 기중에 처분하는 경우 직전 회계기간말의 장부금액을 기준으로 처분손익을 인식한다.
② 정액법을 적용하든 연수합계법을 적용하든 유형자산의 감가상각비는 매 회계연도마다 동일하다.
③ 회계적 관점에서 감가상각의 본질은 수익비용대응을 위하여 원가를 배분하는 과정이다.
④ 정액법과 정률법은 감가상각대상금액을 기초로 감가상각비를 산정한다.
⑤ 연수합계법과 이중체감법은 미상각잔액을 기초로 감가상각비를 산정한다.

08 A사는 20×1년 1월 1일 ₩5,000,000에 기계를 구입하였다. 기계의 추정내용연수는 5년이며 잔존가치는 ₩500,000으로 추정된다. A사는 연수합계법으로 감가상각을 하고 있다. 20×3년 1월 1일에 동 기계를 ₩2,200,000에 처분할 경우 처분손익으로 인식할 금액은 얼마인가?

① 처분손실 ₩100,000
② 처분손실 ₩1,300,000
③ 처분이익 ₩100,000
④ 처분이익 ₩300,000
⑤ 처분이익 ₩1,300,000

09 20×1년 1월 1일 B사는 ₩60,000에 기계를 구입하였다. 이 기계의 내용연수는 8년 잔존가치는 ₩6,000으로 추정되었다. 감가상각방법으로 정액법, 연수합계법, 이중체감법을 각각 적용한 경우 B사의 20×2년 12월말 현재 감가상각누계액의 크기를 비교한 것으로 옳은 것은?

① 정액법 〉 연수합계법 = 이중체감법
② 연수합계법 〉 정액법 〉 이중체감법
③ 연수합계법 〉 이중체감법 〉 정액법
④ 이중체감법 〉 연수합계법 〉 정액법
⑤ 이중체감법 = 연수합계법 〉 정액법

10 회계기간이 1월 1일부터 12월 31일까지인 C사는 20×1년 10월 1일 ₩100,000에 기계를 구입하였다. 이 기계의 내용연수는 4년 잔존가치는 ₩10,000으로 추정된다. 감가상각방법으로 연수합계법을 적용한 경우 20×2년 C사의 감가상각비는?

① ₩27,000 ② ₩30,000 ③ ₩33,750 ④ ₩35,500 ⑤ ₩40,000

11 A회사는 정액법으로 감가상각하고 있으며 관련 자료는 다음과 같다.

	20×1년 12월 31일	20×2년 12월 31일
유형자산	₩8,000	₩6,000
감가상각누계액	4,000	3,400

20×1년 감가상각비는 ₩800이고, 20×2년 감가상각비는 ₩700이다. 추가로 취득한 유형자산은 없으며 20×2년 중에 유형자산 중 일부를 처분하였다. 처분으로 인하여 감소한 감가상각누계액은 얼마인가?

① ₩600 ② ₩800 ③ ₩1,200 ④ ₩1,300 ⑤ ₩1,500

12 ㈜한국은 20×1년 초에 토지를 ₩200,000에 구입하여 재평가모형을 적용한다. 동 토지의 공정가치는 다음과 같다. 동 토지에 대한 재평가모형 적용이 20×2년 당기순이익에 미치는 영향(A)과 20×2년 재평가잉여금(B)에 미치는 영향은 각각 얼마인가?

20×1년 말	20×2년 말
₩194,000	₩210,000

	A	B		A	B
①	0	+16,000	②	+6,000	0
③	+16,000	0	④	0	+10,000
⑤	+6,000	+10,000			

13 ㈜한국은 20×1년 초 건물(내용연수 5년, 잔존가치 ₩0, 정액법 상각)을 ₩10,000에 취득하였다. 건물에 대해 재평가모형을 적용하고 매년 말 재평가한다. 동 건물의 20×1년 말 공정가치가 ₩13,000일 때, 건물과 관련하여 20×1년 말 인식할 재평가잉여금은 얼마인가?

① ₩1,000 ② ₩2,000 ③ ₩3,000 ④ ₩4,000 ⑤ ₩5,000

14 다음 중 한국채택국제회계기준상 무형자산에 해당 할 수 있는 항목으로만 짝지은 것은?

a. 프랜차이즈	b. 연구비	c. 창업비
d. 임차권	e. 개발비	f. 개업비

① b, d, e ② a, b, f ③ c, d, f ④ a, d, e ⑤ c, d, e

15 다음 중 무형자산의 특징으로 볼 수 없는 것은?

① 대부분이 법률적·경제적 권리이다.
② 무형자산은 다른 자산보다 상대적으로 위험이 낮다.
③ 물리적 실체가 없는 자산이다.
④ 기업 또는 기업의 물적 재화와 분리될 수 있다.
⑤ 장기간 사용될 것으로 예상된다.

16 무형자산과 관련된 다음 내용 중 옳지 않은 것은?

① 개별적으로 식별이 불가능한 개발비는 무형자산으로 계상할 수 없다.
② 특정 소프트웨어의 개발비는 무형자산으로 계상할 수 있다.
③ 연구비는 발생시점에서 제조원가나 판매원가로 비용처리한다.
④ 내부적으로 창출한 영업권은 무형자산으로 인식하지 못한다.
⑤ 내용연수가 비한정인 무형자산은 상각하지 않고 손상검사를 수행하여 손상차손을 인식한다.

17 매년 12월 31일이 결산일인 ㈜서울은 20×1년 4월 1일 ㈜부산이 소유하고 있던 산업재산권을 ₩1,000,000에 취득하였는데 산업재산권은 20×1년 10월 1일부터 사용이 가능하다. 취득 과정에서 관련비용 ₩200,000 발생하여 현금으로 지급하였으며 ㈜서울이 추정한 산업재산권의 사용가능한 기간은 25년이고 법적권리 기간은 20년일 경우 산업재산권과 관련하여 ㈜서울이 인식할 20×1년 무형자산상각비는 얼마인가?

① ₩12,000 ② ₩15,000 ③ ₩20,000 ④ ₩25,000 ⑤ ₩40,000

18 투자부동산에 관한 다음 내용 중 옳지 않은 것은?

① 임대수익이나 시세차익 또는 두 가지 모두를 얻기 위해 기업이 보유하는 부동산을 투자부동산이라 한다.

② 투자부동산은 유형자산과 구분하여 별도로 표시한다.

③ 투자부동산에 대해 원가모형과 공정가치모형 중 하나를 선택하면 모든 투자부동산에 대해 적용한다.

④ 투자건물에 대해 원가모형을 적용하는 경우 매기 말 감가상각을 한다.

⑤ 투자건물에 대해 공정가치모형을 적용하는 경우 먼저 감가상각을 하고 나서 공정가치로 평가한다.

19 ㈜한국은 20×1년 초 건물을 ₩300,000에 취득하고 투자부동산(공정가치모형 선택)으로 분류하였다. 동 건물의 20×1년 말 공정가치는 ₩320,000이고, 20×2년 초에 ₩315,000에 처분하였다. 동 건물과 관련하여 20×1년과 20×2년 당기순이익에 미치는 영향은 각각 얼마인가? 단, ㈜한국은 유형자산으로 분류하는 건물을 내용연수 10년, 잔존가치 ₩0, 정액법 상각한다.

	20×1년	20×2년		20×1년	20×2년
①	₩10,000 감소	₩5,000 감소	②	₩20,000 증가	₩15,000 증가
③	₩50,000 증가	₩5,000 감소	④	₩50,000 증가	₩15,000 감소
⑤	₩20,000 증가	₩5,000 감소			

객관식 연습문제 해답 및 해설

01. ③	02. ②	03. ④	04. ③	05. ②	06. ④	07. ③	08. ①	09. ④	10. ③
11. ④	12. ⑤	13. ⑤	14. ④	15. ②	16. ③	17. ②	18. ⑤	19. ⑤	

01 ③

③ 건물 취득후 가입한 보험에 대한 보험료는 건물의 취득원가가 아니고 기간비용이다.

02 ②

$$18,000,000 \times \frac{15,000,000}{15,000,000 + 5,000,000} = 13,500,000$$

03 ④

새건물 취득원가 : ₩1,500

토지 취득원가 : 1,000 + 200 − 50 = ₩1,150

토지와 건물을 일괄구입한 후에 토지를 사용하기 위하여 건물을 철거한 경우에는 일괄구입가액은 전액 토지의 원가가 된다. 그리고 기존 건물 철거비용에서 철거시 발생한 폐물의 처분가치를 차감한 금액은 토지의 취득원가가 된다.

04 ③

① 유형자산은 정상적인 영업활동에 장기간 사용하기 위한 물리적 실체가 있는 자산이다. 단기간 사용하기 위한 것은 소모품이다.

② 유형자산 중 토지와 건설중인자산은 감가상각하지 않는다.

④ 유형자산의 최초인식은 원가로 측정하는 것이 원칙이며, 이때 원가란 자산을 취득하기 위하여 지급 또는 제공한 대가의 공정가치를 의미한다.

⑤ 진입도로개설로 인한 추가 지출은 회사에 유지보수책임이 없으면 토지원가에 가산하나, 회사에 유지보수책임이 있으면 구축물로 계상 후 내용연수 동안 감가상각한다.

05 ②

② 사용하던 대형 프린터의 잉크를 새것으로 대체한 것은 현상유지에 해당되므로 수익적 지출이다.

06 ④

① 감가상각누계액은 취득 후 이미 비용으로 처리한 감가상각비의 총액을 의미하며, 내용연수 동안 비용처리할 감가상각비 총액은 감가상각대상금액과 일치한다.

② 회계적 관점에서 감가상각은 원가배분과정이며, 경제적 관점에서 감가상각은 자산가치의 감소를 측정하기 위한 평가과정이다.

③ 정률법은 미상각잔액에 상각률을 곱하여 감가상각비를 계산하는 방법이다.

⑤ 연수합계법, 정률법 등의 가속상각법을 적용하면 내용연수 후반부로 갈수록 감가상각비를 적게 인식한다.

07 ③

① 처분시점까지의 감가상각비를 인식하고 이를 반영한 장부금액을 기초로 하여 처분손익을 인식한다.

② 연수합계법을 적용하면 매 회계기간의 감가상각비가 체감한다.

④ 정액법과 연수합계법은 감가상각대상금액을 기초로 감가상각비를 산정한다.

⑤ 정률법과 이중체감법은 미상각잔액을 기초로 감가상각비를 산정한다.

08 ①

감가상각대상금액 : 5,000,000 − 500,000 = ₩4,500,000

감가상각누계액 : $4{,}500{,}000 \times \dfrac{5+4}{1+2+3+4+5}$ = ₩2,700,000

장부금액 : 5,000,000 − 2,700,000 = ₩2,300,000

처분손익 : 2,200,000 − 2,300,000 = ₩100,000(처분손실)

09 ④

(1) 정액법 : $(60{,}000 - 6{,}000) \times \dfrac{1}{8} \times 2$ = ₩13,500

(2) 연수합계법 : $(60{,}000 - 6{,}000) \times \dfrac{8+7}{36}$ = ₩22,500

(3) 이중체감법 : 15,000 + 11,250 = ₩26,250

1기 60,000 × 2/8 = 15,000, 2기 (60,000 − 15,000) × 2/8 = 11,250

10 ③

$(100{,}000 - 10{,}000) \times \dfrac{4}{10} \times \dfrac{9}{12} + (100{,}000 - 10{,}000) \times \dfrac{3}{10} \times \dfrac{3}{12}$ = ₩33,750

11 ④

유형자산			
기 초	8,000	처 분	2,000
취 득	0	기 말	6,000
	8,000		8,000

감가상각누계액			
처 분	1,300	기 초	4,000
기 말	3,400	감가상각비	700
	4,700		4,700

12 ⑤

20×1년 초	(차) 토 지	200,000	(대) 현 금	200,000
20×1년 말	(차) 재평가손실	6,000	(대) 토 지	6,000
20×2년 말	(차) 토 지	16,000	(대) 재평가이익	6,000
			재평가잉여금(OCI)	10,000

13 ⑤

- 20×1년 감가상각비 : 10,000×1/5 = 2,000
- 20×1년말 순장부금액 : 10,000 - 2,000 = 8,000
- 재평가잉여금 : 13,000 - 8,000 = 5,000

14 ④

연구비, 창업비, 개업비는 미래 경제적 효익이 불확실하므로 발생할 때 비용으로 처리한다.

15 ②

무형자산은 다른 자산보다 미래 경제적 효익의 유입가능성이 불확실하므로 위험이 높다고 할 수 있다.

16 ③

연구비는 특정 제품과 관련된 것이 아니므로 제조원가가 될 수 없고 발생시점에서 기간비용으로 처리한다.

17 ②

취득원가 : 1,000,000 + 200,000 = ₩1,200,000
무형자산상각비 : 1,200,000×1/20×3/12 = ₩15,000

무형자산은 사용가능 기간과 법적권리 기간 중 짧은 기간 동안 상각하며, 상각은 사용가능한 시점(10/1)부터 한다.

18 ⑤

투자부동산에 대해 공정가치모형을 적용하는 경우에는 감가상각을 하지 않고 매기 말 공정가치로 평가하여 공정가치 변동 분을 당기손익에 반영한다.

19 ⑤

- 투자부동산평가손익 : 320,000-300,000 = +20,000(평가이익)
- 투자부동산처분손익 : 315,000-320,000 = -5,000(처분손실)

주관식 연습문제

유형자산의 취득원가(1)

01 A회사는 토지, 건물, 기계장치를 ₩4,000,000에 일괄구입하면서 수수료로 ₩200,000을 추가로 지급하였다. 관련 자료는 다음과 같다.

> (1) 각 자산의 공정가액
>
> 토지 : ₩3,000,000　　건물 : ₩1,500,000　　기계장치 : ₩500,000
>
> (2) 기타 취득 관련 사항
> ① 토지의 등록세 ₩150,000, 건물의 등록세 ₩75,000
> ② 기계장치 운반비와 시운전비 ₩30,000
> ③ 기계장치 시운전으로 발생한 시제품 판매금액 ₩5,000

요구사항

A회사가 인식할 토지, 건물, 기계장치의 취득원가를 각각 구하시오.

유형자산의 취득원가(2)

02 A회사는 20×1년 1월 4일 공장부지를 구입하여, 그 토지에 있던 구건물을 철거하고 동년 8월 1일 새 건물을 완공하여 생산을 개시하였다. 토지와 구건물 구입대금으로 ₩6,000,000을 지급하였다. 취득 이후 20×1년 중 발생한 원가는 다음과 같다.

2월 29일	구건물의 철거비용	₩850,000
3월 10일	폐자재 판매로 인한 잡수익	200,000
4월 1일	토지 등기비와 토지 취득세	55,000
4월 30일	새건물 취득과 관련된 법률비용	40,000
5월 1일	보험료	360,000
5월 1일	새건물 공사비 중도금 지급	1,800,000

7월 30일	인건비	300,000
8월 1일	새건물 공사비 잔금지급	1,800,000
		₩5,405,000

위 금액 중 보험료는 공장건물에 대한 20×1년 5월 1일부터 20×4년 4월 30일까지의 3년간의 보험료를 선급한 것이며, 인건비는 새공장건물 건설과 관련된 업무담당자의 인건비이다.

요구사항

토지와 건물의 원가는 각각 얼마인가?

감가상각비 : 회계기간 초 취득

03 다음은 12월말 법인인 A회사의 기계장치와 관련된 자료이다.

(1)	취득일	20×1년 4월 1일	(2)	취득원가	25,000,000
(3)	추정내용연수	4년	(4)	추정잔존가치	5,000,000

요구사항

기계장치에 대한 20×1년부터 20×3년까지의 감가상각비를 정액법, 정률법, 연수합계법을 적용하여 각각 산출하시오. 단, 정률법의 상각률은 40%로 가정한다.

감가상각비 : 회계기간 중 취득

04 A회사는 20×1년 초에 기계장치 1대(내용연수 5년, 잔존가치 10%)를 ₩1,000,000에 구입하였다. 이 기계장치를 사용하여 초년도에는 제품 10,000개를 생산할 수 있으며, 그 후에는 매년 1,000개씩 생산량이 감소한다.

요구사항

1. 다음 각 방법으로 감가상각을 할 경우에 20×2년의 감가상각비를 구하시오.
   (1) 정액법
   (2) 정률법(상각률 : 0.369)
   (3) 이중체감법
   (4) 연수합계법
   (5) 생산량비례법

2. 기본자료와 달리 20×1년 4월 1일에 동 기계장치를 취득하였다고 가정한다. 다음 각 방법으로 감가상각을 할 경우에 20×2년의 감가상각비를 구하시오.
   (1) 정액법
   (2) 정률법(상각률 : 0.369)
   (3) 연수합계법

후속원가

05 결산일이 매년 12월말인 A회사는 2011년 1월 1일 ₩2,500,000을 지출하여 건물에 대한 수선을 실시하였다. 지출액 중 ₩500,000은 건물의 파손된 유리창의 대체비용이었고, ₩2,000,000은 건물에 대한 대규모 수선비용이었는데, 대규모 수선의 결과로 건물의 내용연수가 5년 연장되었으며 잔존가치도 ₩3,500,000으로 증가하였다. 대규모 수선비(₩2,000,000)는 유형자산 인식요건을 충족하였으며, 건물에 대한 수선을 하기 전의 자료는 다음과 같다.

(1)	취득일	2001. 1. 1	(2)	취득원가	₩18,000,000
(3)	추정내용연수	15년	(4)	추정잔존가치	₩3,000,000
(5)	감가상각방법	정액법			

요구사항

1. 2011년 초와 2011년 말에 건물과 관련된 회계처리를 제시하시오.
2. 수선비 지출 직전(2010년 말)과 직후(2011년 초) 및 2011년 말 건물과 관련된 부분재무상태표를 작성하시오.

유형자산의 처분(1)

06 12월말 법인인 A회사는 20×3년 4월 1일에 그 동안 사용하던 기계장치를 처분하고 현금 ₩3,000,000과 만기 1개월의 어음 ₩2,000,000을 수령하였다. 동 기계장치는 20×1년 초에 ₩11,000,000에 취득한 것으로 잔존가치는 ₩1,000,000이고 내용연수는 4년이며 정액법으로 감가상각하고 있었다.

요구사항

1. 20×2년 말 유형자산과 관련된 부분재무상태표를 작성하시오.
2. 20×3년 4월 1일에 필요한 분개를 제시하시오.

유형자산의 처분(2)

07 12월말 법인인 A회사는 20×2년 5월 1일에 영업활동에 사용하던 차량운반구를 ₩4,200,000에 처분하였는데, 차량운반구는 20×1년 1월 1일에 취득한 것으로 취득원가는 ₩8,000,000이었다. A회사는 차량운반구를 내용연수 5년에 잔존가치 ₩500,000을 적용하여 이중체감법으로 감가상각하였다.

요구사항

1. 차량운반구의 20×2년 감가상각비와 유형자산처분손익을 산출하시오.
2. 차량운반구의 20×2년 감가상각비 인식과 처분에 대한 회계처리를 제시하시오.

재평가모형

08 ㈜민주는 20×1년 초에 토지를 ₩100,000에 구입하였다. 토지에 대하여 재평가모형을 이용하여 회계처리하고 있으며 20×1년 말과 20×2년 말 동 토지의 공정가치는 각각 ₩90,000, ₩125,000이다. 한편, 20×3년 초에 동 토지를 ₩130,000에 매각하면서 재평가잉여금을 이익잉여금으로 대체하였다.

요구사항

재평가모형을 적용하는 경우 각 시점별로 필요한 회계처리를 제시하시오.

개발비

09 12월말 법인인 A회사는 20×1년 초에 A, B, C, D의 연구개발활동에 착수하였는데 이와 관련된 내용은 다음과 같다. 단, A회사는 개발비를 5년간 정액법으로 상각한다.

(1) 연구개발활동 내용과 결과

① 연구개발활동(A)
신제품A의 개발과 관련된 것으로 20×1년말에 활동이 종료되었다. 신제품A는 성공가능성이 충분하여 20×2년초부터 경제적 효익을 제공할 것으로 판단되었으며, 실제로 A회사는 신제품A를 20×2년초에 생산하여 판매를 시작하였다.

② 연구개발활동(B)
신제품B의 개발과 관련된 것으로 20×1년 중에 활동이 종료되었다. A회사는 신제품B의 성공가능성이 희박하여 미래 경제적 효익의 제공은 거의 없을 것으로 판단하였다.

③ 연구개발활동(C)

신기술 탐구를 위한 연구활동으로서 20×3년말에 활동이 종료되었는데 그 연구 결과는 성공적이었다. 이를 바탕으로 개발활동을 하면 수익성이 있는 신제품을 생산할 수 있을 것으로 판단하였다.

④ 연구개발활동(D)

신제품D의 개발과 관련된 것으로 20×2년말에 활동이 종료되었다. A회사는 신제품D의 성공가능성이 충분하여 경제적 효익을 제공할 것으로 판단하였으며, 실제로 신제품D는 20×3년초에 생산되어 판매를 시작하였다.

(2) 연구개발활동과 관련된 지출은 모두 현금으로 다음과 같다.

	20×1년	20×2년	20×3년	합 계
연구개발A	600,000	-	-	600,000
연구개발B	400,000	-	-	400,000
연구개발C	200,000	300,000	200,000	700,000
연구개발D	700,000	500,000	-	1,200,000
	1,900,000	800,000	200,000	2,900,000

요구사항

1. 20×1년부터 20×3년까지 연구개발 관련 회계처리를 제시하시오.
2. 20×1년부터 20×3년까지 재무상태표에 계상될 개발비는 각각 얼마인가?

연구비와 개발비

10 A회사는 신제품의 연구 및 개발을 위하여 독립된 연구소를 운영하고 있다. 연구 및 개발활동과 관련된 자료는 다음과 같다.

	연구단계	개발단계
재 료 비	₩100,000	₩400,000
노 무 비	200,000	600,000
용 역 비	400,000	1,000,000
제 비 용	100,000	400,000

(1) 제비용에는 감가상각비가 포함되어 있지 않다. 연구단계와 개발단계에 배분될 감가상각비는 각각 ₩50,000, ₩80,000이다.

(2) 회사는 신제품과 관련하여 추가로 ₩250,000을 지출하였는데, 동 지출은 연구단계와 개발단계로 구분하기가 어렵다.

(3) 개발단계에서 발생한 지출액(감가상각비 포함) 중 ₩300,000은 개발비의 자본화 요건을 충족하지 못하는 것이다.

(4) 개발활동은 기말 현재 계속 진행 중에 있다.

요구사항

연구개발 활동과 관련하여 발생한 지출 중에서 연구비와 개발비(무형자산)를 계산하시오.

영업권

11 12월말 법인인 ㈜서울은 20×1년 4월 1일에 ㈜부산을 합병하였는데 ㈜서울이 ㈜부산에게 지급할 합병대가는 ₩200,000이다. ㈜서울과 ㈜부산의 합병직전 재무상태표는 다음과 같다.

재 무 상 태 표

	㈜서울	㈜부산		㈜서울	㈜부산
현 금	₩50,000	₩20,000	매 입 채 무	₩200,000	₩160,000
매 출 채 권	300,000	250,000	장기차입금	180,000	140,000
상 품	100,000	80,000	자 본 금	150,000	100,000
기 계 장 치	150,000	100,000	이익잉여금	70,000	50,000
	₩600,000	₩450,000		₩600,000	₩450,000

㈜서울의 순자산장부금액과 공정가치는 일치하였으나 ㈜부산의 자산과 부채 중에 다음 항목의 장부금액과 공정가치는 상이하다.

	기계장치	장기차입금
장 부 금 액	₩100,000	₩140,000
공 정 가 치	120,000	135,000

요구사항

1. 20×1년 1월 1일에 합병과 관련하여 발생한 영업권은 얼마인가?
2. 20×1년 1월 1일에 합병과 관련하여 필요한 회계처리를 제시하시오.

주관식 연습문제 해답 및 해설

01 해답

1. 토지의 취득원가
   (4,000,000 + 200,000) × (3,000,000/5,000,000) + 150,000 = ₩2,670,000

2. 건물의 취득원가
   (4,000,000 + 200,000) × (1,500,000/5,000,000) + 75,000 = ₩1,335,000

3. 기계장치 취득원가
   (4,000,000 + 200,000) × (500,000/5,000,000) + 30,000 − 5,000 = ₩445,000

해설

일괄구입과 관련된 취득부대비용은 일괄구입가액에 가산한 후에 개별자산의 공정가치를 기준으로 배분하고, 개별 자산별로 발생한 취득부대비용은 개별자산의 취득가액에 직접 가산한다.

02 해답

1. 토지의 취득원가
   6,000,000 + 850,000 − 200,000 + 55,000 = ₩6,705,000

2. 건물의 취득원가
   40,000 + (360,000 × 3/36) + 1,800,000 + 300,000 + 1,800,000 = ₩3,970,000

해설

공장건물 관련 보험료는 수익비용대응의 원칙에 따라서 건설기간 중에 발생한 금액(5/1~8/1)은 공장건물의 취득원가에 포함하고 완공 후에 발생한 금액은 기간비용으로 처리한다.

03 해답

1. 정액법

   감가상각대상금액 : 25,000,000 − 5,000,000 = ₩20,000,000

   (1) 20×1년 : 20,000,000 × 1/4 × 9/12 = ₩3,750,000

   (2) 20×2년 : 20,000,000 × 1/4 × 12/12 = ₩5,000,000

   (3) 20×3년 : 20,000,000 × 1/4 × 12/12 = ₩5,000,000

2. 정률법

   (1) 20×1년 : 25,000,000 × 40% × 9/12 = ₩7,500,000

   (2) 20×2년 : (25,000,000 − 7,500,000) × 40% × 12/12 = ₩7,000,000

   (3) 20×3년 : (25,000,000 − 14,500,000) × 40% × 12/12 = ₩4,200,000

3. 연수합계법

   연수합계 : 1 + 2 + 3 + 4 = 10

   (1) 20×1년 : 20,000,000 × 4/10 × 9/12 = ₩6,000,000

   (2) 20×2년 : (20,000,000 × 4/10 × 3/12) + (20,000,000 × 3/10 × 9/12) = ₩6,500,000

   (3) 20×3년 : (20,000,000 × 3/10 × 3/12) + (20,000,000 × 2/10 × 9/12) = ₩4,500,000

해설

연수합계법의 경우 기중에 취득하면 상각률이 변하는 기간과 비용을 인식할 회계기간이 일치하지 않기 때문에 상각률이 변하는 기간을 중심으로 감가상각비를 계산한 후에 경과기간에 따라 감가상각비를 안분하여 회계연도별로 감가상각비를 인식하여야 한다. 상각률에 따라 1차년의 감가상각비 20,000,000×4/10와 2차년의 감가상각비 20,000,000×3/10를 계산한 후에 경과기간에 따라 안분하여 회계연도별로 감가상각비를 인식한다. 20×2년에는 20,000,000×4/10×3/12+20,000,000×3/10×9/12를 감가상각비로 인식한다.

04 해답

1. 감가상각비 비교

   (1) 정액법

   20×2년 : (1,000,000 − 100,000) × 1/5 = ₩180,000

   (2) 정률법

   20×1년 : 1,000,000 × 0.369 = ₩369,000

   20×2년 : (1,000,000 − 369,000) × 0.369 = ₩232,839

   (3) 이중체감법

   20×1년 : 1,000,000 × 2/5 = ₩400,000

   20×2년 : (1,000,000 − 400,000) × 2/5 = ₩240,000

   (4) 연수합계법

   20×2년 : (1,000,000 − 100,000) × 4/15 = ₩240,000

(5) 생산량비례법

$$20 \times 2년 : (1,000,000 - 100,000) \times \frac{9,000}{40,000^*} = ₩202,500$$

* 10,000 + 9,000 + 8,000 + 7,000 + 6,000 = ₩40,000

2. 기중에 취득한 경우 감가상각비

(1) 정액법 : ₩180,000

(2) 정률법

20 × 1년 : 1,000,000 × 0.369 × 9/12 = ₩276,750

20 × 2년 : 1,000,000 × 0.369 × 3/12 + (1,000,000 − 1,000,000 × 0.369) × 0.369 × 9/12 = ₩266,879

(3) 연수합계법

20 × 2년 : 900,000 × 5/15 × 3/12 + 900,000 × 4/15 × 9/12 = ₩255,000

해설

연수합계법의 경우 기중에 취득하면 상각률이 변하는 기간과 비용을 인식할 회계기간이 일치하지 않기 때문에 상각률이 변하는 기간을 중심으로 감가상각비를 계산한 후에 경과기간에 따라 감가상각비를 안분하여 회계연도별로 감가상각비를 인식하여야 한다. 상각률에 따라 1차년의 감가상각비 900,000 × 5/15와 2차년의 감가상각비 900,000 × 4/15를 계산한 후에 경과기간에 따라 안분하여 회계연도별로 감가상각비를 인식한다. 20 × 2년에는 900,000 × 5/15 × 3/12 + 900,000 × 4/15 × 9/12를 감가상각비로 인식한다.

05 해답

1. 회계처리

(1) 2011년 초

(차)	수 선 비	500,000	(대) 현 금	2,500,000
	건 물	2,000,000		

(2) 2011년 말

① 2010년 말 감가상각누계액 : (18,000,000 − 3,000,000) × 10/15 = ₩10,000,000

② 2010년 말 장부금액 : 18,000,000 − 10,000,000 = ₩8,000,000

③ 수선 직후 장부금액 : 8,000,000 + 2,000,000 = ₩10,000,000

④ 2011년 감가상각비 : (₩10,000,000 − ₩3,500,000) × 1/10* = ₩650,000

* 15년 − 10년 + 5년 = 10년

(차)	감가상각비	650,000	(대) 감가상각누계액	650,000

2. 부분재무상태표

	2010년 말	2011년 초	2011년 말
건 물	₩18,000,000	₩20,000,000	₩20,000,000
감가상각누계액	(10,000,000)	(10,000,000)	(10,650,000)
순장부가액	₩8,000,000	₩10,000,000	₩9,350,000

해설

1. 페인트 공사와 유리창 대체는 원상회복을 위한 것이므로 수익적 지출(수선비)로 처리하고 대규모 수선은 내용연수와 잔존가치가 증가하였으므로 자본적 지출(건물)로 처리한다.

2. 자본적 지출을 하면 유형자산의 취득가액이 변경되므로 그 시점의 순장부금액, 잔존가치 및 잔존내용연수를 기준으로 감가상각비를 새로 산정한다. 이를 회계변경이라 하는데 자세한 내용은 중급회계에서 설명할 것이다.

06 해답

1. 감가상각대상금액 : 11,000,000 − 1,000,000 = ₩10,000,000
   20×1년 감가상각비 : 10,000,000 × 1/4 = ₩2,500,000
   20×2년 감가상각비 : 10,000,000 × 1/4 = ₩2,500,000

부분 재무상태표

유형자산	11,000,000	
감가상각누계액	(5,000,000)	6,000,000

2. 20×3년 감가상각비 : 10,000,000 × 1/4 × 3/12 = ₩625,000
   기계장치 장부금액 : 11,000,000 − 5,625,000 = ₩5,375,000
   유형자산처분손익 : 5,000,000 − 5,375,000 = ₩375,000(처분손실)

(차)	감가상각비	625,000	(대)	감가상각누계액	625,000
(차)	현 금	3,000,000	(대)	유형자산	11,000,000
	미 수 금	2,000,000			
	감가상각누계액	5,625,000			
	유형자산처분손실	375,000			

해설

주된 영업활동이 아닌 경우에 어음을 받거나 지급하면 받을어음이나 지급어음으로 처리하지 않고 미수금이나 미지급금으로 처리한다.

07 해답

1. 감가상각비와 유형자산처분손익

(1) 감가상각비

① 20×1년 감가상각비 : 8,000,000×2/5 = ₩3,200,000

② 20×2년 감가상각비 : (8,000,000 - 3,200,000)×2/5×4/12 = ₩640,000

(2) 유형자산처분손익

① 처분시점의 장부금액 : 8,000,000 - ₩3,840,000 = 4,160,000

② 유형자산처분손익 : 4,200,000 - 4,160,000 = ₩40,000(처분이익)

2. 회계처리

(차)	감가상각비	640,000	(대)	감가상각누계액	640,000
(차)	감가상각누계액	3,840,000	(대)	차량운반구	8,000,000
	현 금	4,200,000		유형자산처분이익	40,000

08 해답

일자	차변	금액	대변	금액
20×1. 1. 1	(차) 토 지	100,000	(대) 현 금	100,000
20×1.12.31	(차) 재평가손실	10,000	(대) 토 지	10,000 [*1]
	[*1] 90,000 - 100,000 = △10,000			
20×2.12.31	(차) 토 지	35,000 [*2]	(대) 재평가이익	10,000
			재평가잉여금(OCI)	25,000
	[*2] 125,000 - 90,000 = 35,000			
20×3.12.31	(차) 현 금	130,000	(대) 토 지	125,000
			유형자산처분이익	5,000
	(차) 재평가잉여금(OCI)	25,000	(대) 이익잉여금	25,000

09 해답

1. 회계처리

(1) 20×1년 회계처리

(차)	개 발 비[*1]	1,300,000	(대)	현 금	1,900,000
	경상개발비	400,000			
	연 구 비	200,000			

[*1] 600,000(A) + 700,000(D) = ₩1,300,000

(2) 20×2년 회계처리

(차)	개 발 비	500,000	(대)	현 금	800,000
	연 구 비	300,000			
(차)	무형자산상각비	120,000 *2	(대)	개 발 비	120,000

*2 600,000(A) × 1/5 = ₩120,000

(3) 20×3년 회계처리

(차)	연 구 비	200,000	(대)	현 금	200,000
(차)	무형자산상각비	360,000 *3	(대)	개 발 비	360,000

*3 600,000(A) × 1/5 + 1,200,000(D) × 1/5 = ₩360,000

2. 개발비 계상액

(1) 20×1년 개발비 = 600,000(A) + 700,000(D) = ₩1,300,000

(2) 20×2년 개발비 = 600,000(A) × 4/5 + 1,200,000(D) = ₩1,680,000

(3) 20×3년 개발비 = 600,000(A) × 3/5 + 1,200,000(D) × 4/5 = ₩1,320,000

해설

1. 연구개발활동(A)는 20×1년에 개발활동이 성공적으로 완료되었으므로 개발비로 계상하였다가 20×2년부터 개발비상각을 한다.
2. 연구개발활동(B)는 미래 경제적 효익을 기대할 수 없는 개발비이므로 경상개발비로 하여 당기 비용으로 처리한다.
3. 연구개발활동(C)는 신기술 탐구를 위한 연구활동이므로 발생시점에서 연구비로 처리한다.
4. 연구개발활동(D)는 20×2년에 개발활동이 성공적으로 완료되었으므로 개발비로 계상하였다가 20×3년부터 개발비상각을 한다.

10 해답

1. 연구비

100,000 + 200,000 + 400,000 + 100,000 + 50,000 + 250,000 = ₩1,100,000

2. 개발비

400,000 + 600,000 + 1,000,000 + 400,000 + 80,000 − 300,000 = ₩2,180,000

해설

1. 연구단계와 개발단계로 구분하기가 어려운 지출액은 연구단계에서 발생한 것으로 본다.
2. 개발단계에서 발생한 지출 중에서 자본화 요건을 충족하지 못하는 것은 경상개발비 과목으로 당기에 비용처리 한다.

11 해답

1. 영업권

순자산 : (20,000 + 250,000 + 80,000 + 120,000) − (160,000 + 135,000) = ₩175,000

영업권 : 200,000(합병대가) − 175,000(순자산공정가치) = ₩25,000

2. 회계처리

(차)			(대)		
	현 금	20,000		매입채무	160,000
	매출채권	250,000		장기차입금	135,000
	상 품	80,000		현 금	200,000
	기계장치	120,000			
	영 업 권	25,000			

CHAPTER 09

부채와 현재가치개념

ACCOUNTING PRINCIPLE

제 1 절 유동부채

1 부채의 정의

부채(liabilities)는 과거사건의 결과로 기업의 경제적자원을 이전해야 하는 현재의무[1]를 말한다. 부채가 존재하기 위해서는 다음의 세 가지 조건을 모두 충족하여야 한다.

(1) 부채는 과거사건의 결과로 발생

외상으로 상품이나 토지를 구입하면 대금을 지급해야할 의무가 발생하며, 금융기관으로부터 자금을 차입하면 상환해야할 의무가 발생한다. 이와 같이 부채는 과거의 거래나 사건의 결과로 발생한다. 이때 현재의무를 발생시킨 과거사건을 의무발생사건(obligating events)[2]이라 한다. 과거의 거래나 사건과 무관하게 단순히 미래 경제적 효익이 유출될 것으로 기대되는 것은 부채가 아니다.

(2) 현재 부담하고 있는 의무

부채는 다른 실체에게 미래에 경제적자원을 제공해야할 의무이며 그 의무는 현재 존재해야 한다. 따라서 미래에 발생할 사건에 대한 단순한 합의는 실제로 그 사건이 발생할 때까지는 현재의무가 존재하지 않으므로 부채가 아니다. 여기서 의무(obligation)란 일정한 방법으로 실행해야할 책무(duty) 또는 책임(responsibility)을 말하는 것으로 이에는 법적의무와 의제의무가 있다.

① 법적의무

명시적 또는 묵시적 계약, 법률, 기타 법적 효력 등에 의하여 발생한 의무

② 의제의무

실무관행, 발표된 경영방침 등으로 인하여 기업이 당해 책임을 이행할 것이라는 정당한 기대를 상대방이 가지게 되는 경우 발생하는 의무

---

1) Liability is a present obligation of the entity to transfer an economic resource as a result of past events.

2) 의무 발생사건은 당해 의무를 이행하는 것 외에는 실질적인 대안이 없는 법적의무 또는 의제의무를 발생시키는 사건을 말한다.

(3) 미래 경제적자원의 이전

기업실체가 현재의 의무를 이행하기 위해서는 일반적으로 미래에 경제적자원의 이전이 수반된다. 즉, 부채는 미래에 다른 실체에게 경제적자원을 이전하거나 용역을 제공해야할 의무이다. 다만, 미래 경제적 효익이 반드시 일정액으로 확정되어야만 부채의 정의를 충족하는 것은 아니다.

2 유동부채와 비유동부채

재무상태표에 자산을 일반적으로 유동자산과 비유동자산으로 분류하여 공시하는 것처럼, 부채도 유동부채와 비유동부채로 분류하여 공시한다. 다음의 경우 중 하나에 해당하는 경우에는 유동부채(current liability)로 분류하며, 그 밖의 모든 부채는 비유동부채(non-current liability)로 분류한다.

(1) 보고기간 후 12개월 이내에 결제하기로 되어 있다.
(2) 정상영업주기 내에 결제될 것으로 예상하고 있다.

참고 **정상영업주기(normal operating cycle)**

정상영업주기는 영업활동을 위한 자산의 취득시점부터 그 자산이 현금이나 현금성자산으로 실현되는 시점까지 소요되는 기간을 말하는 것이다. 쉽게 말하면 재고자산을 들여와서 판매하는데 까지 소요된 기간과 판매 후에 그 매출채권이 회수되기까지 소요된 기간을 더한 것을 정상영업주기라 한다.

[부채의 분류]

재무상태표

A회사 20×1년 12월 31일 현재 (단위 : 원)

유동자산		유동부채	
1. 현금및현금성자산	×××	1. 매입채무와 기타채무	×××
2. 단기투자금융자산	×××	2. 당기법인세부채	×××
3. 매출채권과 기타채권	×××	3. 단기차입금	×××
4. 재고자산	×××	4. 유동성장기차입금	×××
비유동자산		비유동부채	
1. 장기투자금융자산	×××	1. 장기차입금	×××
2. 유형자산	×××	2. 사　　채	×××
3. 무형자산	×××	3. 장기성충당부채	×××
4. 투자부동산		⋮	⋮
⋮	⋮		

장기성채무인 비유동부채는 단기성채무인 유동부채와는 달리 미래의 상환금액에 이자요소가 포함되어 있다. 따라서 비유동부채는 미래의 상환금액에서 이자요소를 제외한 현재가치로 측정하여 재무상태표에 인식한다. 현재가치개념에 대하여는 절을 달리하여 설명할 것이며, 여기에서는 유동부채만 설명하고자 한다.

3 유동부채로 분류되는 상거래채무

기업의 영업활동 과정에서 재고자산 등을 매입할 때 매입일자에 현금을 지급하지 않은 경우에는 현금을 지급할 상거래채무가 발생하게 된다. 또한 재고자산 등을 매각하는 거래에서 매각일자 이전에 현금을 수령하는 경우에는 해당 자산을 제공할 상거래채무가 발생하게 된다. 이러한 상거래채무는 일반적으로 보고기간 후 12개월 이내에 결제하게 되므로 유동부채로 분류된다.

[상거래채무의 분류]

재무상태표

A회사 20×1년 12월 31일 현재 (단위 : 원)

유동자산		유동부채	
1. 현금및현금성자산	×××	1. 매입채무와 기타채무	
2. 단기투자금융자산	×××	(1) 매입채무	×××
3. 매출채권과 기타채권	×××	(2) 미지급금	×××
4. 재고자산	×××	(3) 미지급비용	×××
		(4) 선 수 금	×××
비유동자산		(5) 선수수익	×××
1. 장기투자금융자산	×××	(6) 예 수 금	×××
2. 유형자산	×××	⋮	⋮
3. 무형자산	×××	2. 당기법인세부채	×××
4. 투자부동산			
⋮	⋮		

(1) 매입채무, 미지급금과 미지급비용

기업의 주된 영업활동인 재고자산 매매거래에서 발생한 미지급채무는 매입채무(account payable)의 계정으로 회계처리 하지만 재고자산 이외의 자산인 유형자산, 무형자산과 투자부동산 등의 매매거래에서 발생한 미지급채무는 매입채무와 구분하여 미지급금(other payable)의 계정으로 회계처리한다. 예를 들어 재고자산인 상품과 유형자산인 토지를 ₩1,500,000에 외상으로 매입한 경우의 회계처리는 각각 다음과 같다.

[재고자산의 외상매입시 회계처리]

재고자산매입	(차) 상　　품	1,500,000 ②	(대) 매입채무	1,500,000 ①
결 제 일	(차) 매입채무	1,500,000 ③	(대) 현　　금	1,500,000 ④

[유형자산의 외상구입시 회계처리]

유형자산	(차) 토　　지	1,500,000 ②	(대) 미지급금	1,500,000 ①
결 제 일	(차) 미지급금	1,500,000 ③	(대) 현　　금	1,500,000 ④

반면에, 미지급비용(accrued expense)은 이자비용이나 임차료비용처럼 비용이 발생하였으나 현금을 지급하지 않은 경우, 발생기준에 따라 기간경과분에 해당하는 비용을 당기에 인식할 때 사용하는 부채계정이다. 매입채무와 미지급금은 자산의 매매거래로 발생하는 채무이지만, 미지급비용은 기간경과에 따라 발생하는 채무라는 점에서 차이가 있다. 예를 들어 20×1년 4월 1일부터 20×2년 3월 31일까지 발생할 이자 ₩120,000을 20×2년 3월 31일에 현금지급하는 경우의 회계처리는 다음과 같다.

[미지급비용의 회계처리]

20×1.12.31	(차) 이자비용(20×1)	90,000 ①	(대) 미지급비용	90,000 ②
20×2. 3.31	(차) 미지급비용	90,000 ③	(대) 현　　금	120,000 ⑤
	이자비용(20×2)	30,000 ④		

(2) 선수금과 선수수익

선수금(unearned receipt)은 재고자산 등을 매각하는 경우 인도하기 전에 그 대금의 일부를 미리 수령하였을 때 사용하는 부채계정이다. 선수금은 매입채무나 미지급금처럼 현금을 지급할 의무가 아니며, 재화나 용역을 제공할 의무이므로 지급채무 성격의 부채는 아니라는 것에 유의하여야 한다. 예를 들어 ₩1,000,000의 재고자산을 판매하면서 10%의 계약금을 수령하는 경우 회계처리는 다음과 같다.

[선수금의 회계처리]

선수취일	(차) 현　　금	100,000 ①	(대) 선 수 금	100,000 ②
자산제공일	(차) 선 수 금	100,000 ③	(대) 매　　출	1,000,000 ⑤
	현　　금	900,000 ④		

반면에, 선수수익(unearned revenue)은 임대료나 이자수익과 같이 손익계산상의 수익으로 수령한 부분 중 그 수익의 귀속이 차기 이후에 이루어지는 경우 사용하는 부채계정이다. 이는 당기에 수령한 수익성격의 금액 중 올바른 기간손익을 산정하기 위하여 차기이후로 수익의 인식시기를 이연시키

는 계정이다. 선수수익도 선수금처럼 지급채무성격의 부채는 아니다. 예를 들어, 20×1년 4월 1일부터 20×2년 3월 31일까지의 보험료 ₩120,000을 20×1년 4월 1일에 미리 수령한 경우의 회계처리는 다음과 같다.

[선수수익의 회계처리]

20×1. 4. 1	(차) 현 금	120,000 ①	(대) 보험료수익(20×1)	120,000 ②
20×1.12.31	(차) 보험료수익(20×1)	30,000 ③	(대) 선수수익	30,000 ④
20×2. 3.31	(차) 선수수익	30,000 ⑤	(대) 보험료수익(20×2)	30,000 ⑥

(3) 예수금

예수금(deposit received)은 영업활동 등의 거래에서 일시적으로 받아서 보관한 후 단기간 내에 제3자에게 지급할 금액을 표시하는 계정과목이다. 예수금은 기업이 제3자를 위하여 일시적으로 보관하는 현금이라는 점에서 선수금과는 차이가 있다. 실무적으로 가장 빈번하게 발생하는 예수금거래는 재화의 판매시 발생하는 부가가치세(value added tax)거래이다. 예를 들어, 거래처에 재고자산을 ₩11,000에 현금판매 하였으며, 이 금액에 부가가치세법에 의하여 부과된 부가가치세 10%가 포함되어 있는 경우 회계처리는 다음과 같다.

[예수금의 회계처리]

판 매 시	(차) 현 금	11,000 ①	(대) 매 출	10,000 ③
			부가세예수금	1,000 ②
부가세납부시	(차) 부가세예수금	1,000 ④	(대) 현 금	1,000 ⑤

(4) 당기법인세부채

기업이 경제활동을 수행함에 따라 일정한 기간동안 이익이 발생하면 이를 기초로 국가에 법인세(corporate income tax)를 납부하여야 한다. 법인세(corporation income tax)는 법인의 소득금액을 과세표준으로 하여 국가가 부과하는 세금이다. 현행 법인세법에서는 기중에 원천징수나 중간예납 등을 통하여 당기법인세 중 일부를 미리 납부하도록 규정하고 있는데 동 납부액은 선급법인세(prepaid income tax)의 계정으로 하여 자산으로 인식한다. 또한 보고기간 말에 회사가 납부하여야 할 법인세 부담액인 당기법인세를 산정하여 선급법인세와 상계하고 추정액이 더 큰 경우에는 차액을 당기법인세부채(current tax liability)로 처리한다. 예를 들어, 20×1년 6월 30일을 기준으로 중간예납한 선급법인세가 ₩500,000이며, 20×1년의 전체에 귀속될 총 당기법인세액이 ₩1,300,000이고, 관련된 추가납부세액을 20×2년 3월 31일 신고·납부한 경우의 회계처리는 다음과 같다.

[당기법인세부채의 회계처리]

20×1. 6.30	(차) 선급법인세	500,000 ②	(대) 현　　금	500,000 ①
20×1.12.31	(차) 법인세비용	1,300,000 ⑤	(대) 선급법인세	500,000 ③
			당기법인세부채	800,000 ④
20×2. 3.31	(차) 당기법인세부채	800,000 ①	(대) 현　　금	800,000 ②

4 유동부채로 분류되는 금융채무

기업이 외부에서 현금을 조달하기 위한 활동을 재무활동이라 한다. 재무활동의 일환으로 차입금 등의 부채를 이용하는 경우에는 추후에 이를 현금으로 상환해야 하므로 금융채무(financial debt)가 발생하게 된다. 이러한 금융채무 중 12개월 이내에 상환을 해야 하는 경우에는 유동부채로 분류하여 공시한다.

[금융채무의 분류]

재무상태표

A회사　　　　20×1년 12월 31일 현재　　　　(단위 : 원)

유동자산		유동부채	
1. 현금및현금성자산	×××	1. 매입채무와 기타채무	×××
2. 단기투자금융자산	×××	2. 당기법인세부채	×××
3. 매출채권과 기타채권	×××	3. 단기차입금	×××
4. 재고자산	×××	4. 유동성장기차입금	×××
비유동자산		⋮	⋮
1. 장기투자금융자산	×××		
2. 유형자산	×××		
3. 무형자산	×××		
4. 투자부동산			
⋮	⋮		

(1) 단기차입금

차입금(borrowing)은 기업이 제3자로부터 자금을 차입한 경우에 사용하는 금전대차거래상의 채무계정이며, 이 중 약정만기가 12개월 이내인 차입금을 단기차입금이라 한다. 차입금은 거래상대방인 채권자에게 일정한 이자를 지급하며, 채무자는 이를 이자비용으로 인식한다. 예를 들어 1년 만기, 10%의 이자율로 ₩1,000,000을 차입한 경우의 회계처리는 다음과 같다.

[차입금의 회계처리]

차 입 일	(차) 현 금	1,000,000 ②	(대) 단기차입금	1,000,000 ①
이자지급일	(차) 이자비용	100,000 ③	(대) 현 금	100,000 ④
원금지급일	(차) 단기차입금	1,000,000 ⑤	(대) 현 금	1,000,000 ⑥

(2) 유동성장기차입금

차입금 중 약정만기가 12개월을 초과하는 차입금을 장기차입금이라 하며, 재무상태표에 비유동부채로 분류한다. 한편, 장기차입금 중 보고기간 말 현재 잔여만기가 12개월 이내인 금액은 유동성장기차입금(current maturity of long-term borrowing)으로 대체하고, 유동부채로 분류한다. 예를 들어 20×1년 1월 1일에 3년 만기, 10%의 이자율로 ₩1,000,000을 차입한 경우의 회계처리는 다음과 같다.

[유동성장기차입금의 회계처리]

20×1. 1. 1	(차) 현 금	1,000,000 ②	(대) 장기차입금	1,000,000 ①
20×1.12.31	(차) 이자비용	100,000 ③	(대) 현 금	100,000 ④
20×2.12.31	(차) 이자비용	100,000 ①	(대) 현 금	100,000 ②
	(차) 장기차입금	1,000,000 ③	(대) 유동성장기차입금	1,000,000 ④
20×3.12.31	(차) 이자비용	100,000 ①	(대) 현 금	100,000 ②
	(차) 유동성장기차입금	1,000,000 ③	(대) 현 금	1,000,000 ④

제 2 절 비유동부채와 현재가치

장기성채무인 비유동부채는 단기성채무인 유동부채와는 달리 미래의 상환금액에 이자요소가 포함되어 있다. 이 경우 미래의 상환금액을 그대로 부채로 인식하게 되면 채무의 과대계상으로 인해 적절한 손익을 보고할 수 없게 된다. 따라서 비유동부채는 미래의 상환금액에서 이자요소를 제외한 현재가치로 측정하여 재무상태표에 인식한 후, 이자요소는 기간경과에 따라 별도로 손익으로 인식하는 것이 합리적이다.

[비유동부채의 분류]

재무상태표

A회사 20×1년 12월 31일 현재 (단위 : 원)

유동자산		유동부채	
1. 현금및현금성자산	×××	1. 매입채무와 기타채무	×××
2. 단기투자금융자산	×××	2. 당기법인세부채	×××
3. 매출채권과 기타채권	×××	3. 단기차입금	×××
4. 재고자산	×××	4. 유동성장기차입금	×××
비유동자산		⋮	⋮
1. 장기투자금융자산	×××	비유동부채	
2. 유형자산	×××	1. 장기차입금	×××
3. 무형자산	×××	2. 사　채	×××
4. 투자부동산		3. 장기성충당부채	×××
⋮	⋮	⋮	⋮

1 현재가치 평가의 의의

기업이 재화나 용역을 제공하거나 자금을 대여하고 그 대가로 미래에 현금을 수취할 권리를 채권(receivables)이라 하며, 기업이 재화나 용역을 제공받거나 자금을 차입하고 그 대가로 미래에 현금을 지급할 의무를 채무(payables)라 한다. 채권의 회수와 채무의 지급이 장기간에 걸쳐 이연되는 경우 미래에 회수하거나 지급할 금액에는 일반적으로 시간가치에 대한 대가인 이자요소가 포함되어 있다. 이 경우 미래현금흐름에 포함된 이자요소는 거래발생일 이후 후속적으로 대금이 회수되거나 지급되는 기간에 이자수익이나 이자비용으로 인식하여야 적절한 기간손익의 배분이 가능해진다. 왜냐하면 화폐의 시간가치를 무시하고 미래 현금흐름(명목가액)으로 계상하면 채권과 채무가 과대평가되고 그 결과 수익과 비용도 과대평가되기 때문이다. 따라서 장기성 채권·채무는 미래현금흐름에서 이자요소를 분리하여 현재가치로 평가한 후 재무상태표에 계상하여야 한다. 다만, 단기수취채권과 단기지급채무는 현재가치할인효과가 중요하지 않으므로 명목금액인 미래현금흐름의 합계로 최초 인식할 수 있다.

참고 미래현금흐름의 현재가치

현재가치(present value of future cash flow)는 미래 현금흐름을 적절한 할인율로 할인하여 이자요소를 제거한 금액으로 이는 일반적으로 해당 재화나 용역의 공정가치와 일치한다. 이때 미래 현금흐름과 현재가치의 차액을 현재가치할인차금(present value discount)이라 하며, 현재가치할인차금은 당해 채권과 채무에서 차감하는 형식으로 기재하고 유효이자율법을 적용하여 상각한 금액을 이자수익이나 이자비용으로 처리한다.

예제 1 현재가치평가에 대한 이해

A회사는 20×1년 초에 장부금액이 ₩800,000인 토지를 B회사에 매각하고, 20×2년 말에 B회사로부터 ₩1,210,000을 수령하기로 하였다. 당해 거래에 적용된 내재이자율(시장이자율)은 연 10%였다.

물음

1. 장기성채권·채무에 대하여 현재가치평가를 하지 않는 경우 일자별 회계처리를 A회사와 B회사의 입장에서 각각 제시하시오.
2. 장기성채권·채무에 대하여 현재가치평가를 하는 경우 일자별 회계처리를 A회사와 B회사의 입장에서 각각 제시하시오. 단, 현재가치할인차금을 표시하지 않는 순액으로 회계처리를 수행하고, 이자수익의 인식은 유효이자율법에 의하여 인식한다.
3. A회사가 토지의 매각대금을 20×1년 말에 ₩1,100,000으로 수령하는 경우 위의 [물음1]과 [물음2]에 각각 답하시오.

해답

1. 현재가치평가를 하지 않는 경우

(1) 관련거래의 분석 : 장기채권의 명목금액 1,210,000

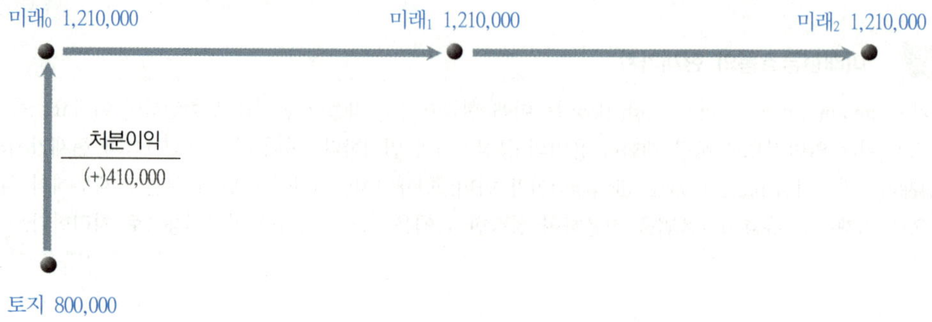

(2) A회사(채권자)의 회계처리

20×1. 1. 1	(차) 장기미수금	1,210,000 ②	(대) 토 지	800,000 ①
			토지처분이익(20×1)	410,000 ③
20×1.12.31		회계처리 없음		
20×2.12.31	(차) 현 금	1,210,000 ⑤	(대) 장기미수금	1,210,000 ④

(3) B회사(채무자)의 회계처리

20×1. 1. 1	(차) 토 지	1,210,000 ②	(대) 장기미지급금	1,210,000 ①
20×1.12.31		회계처리 없음		
20×2.12.31	(차) 장기미지급금	1,210,000 ③	(대) 현 금	1,210,000 ④

2. 현재가치평가를 하는 경우

(1) 관련거래의 분석 : 장기채권의 현재가치 $1,210,000 \div 1.1^2 = 1,000,000$

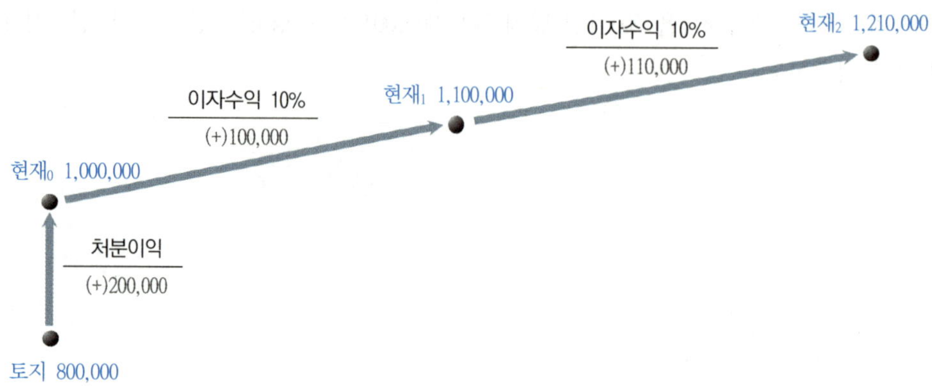

(2) A회사(채권자)의 회계처리

20×1. 1. 1	(차) 장기미수금	1,000,000 ②	(대) 토 지	800,000 ①
			토지처분이익(20×1)	200,000 ③
20×1.12.31	(차) 장기미수금	100,000 ⑤	(대) 이자수익(20×1)	100,000 ④
	④ 1,000,000×10% = 100,000			
20×2.12.31	(차) 장기미수금	110,000 ⑦	(대) 이자수익(20×2)	110,000 ⑥
	(차) 현 금	1,210,000 ⑨	(대) 장기미수금	1,210,000 ⑧
	⑥ 1,100,000×10% = 110,000			

(3) B회사(채무자)의 회계처리

20×1. 1. 1	(차) 토 지	1,000,000 ②	(대) 장기미지급금	1,000,000 ①
20×1.12.31	(차) 이자비용(20×1)	100,000 ③	(대) 장기미지급금	100,000 ④
	③ 1,000,000×10% = 100,000			
20×2.12.31	(차) 이자비용(20×2)	110,000 ⑤	(대) 장기미지급금	110,000 ⑥
	(차) 장기미지급금	1,210,000 ⑦	(대) 현 금	1,210,000 ⑧
	⑤ 1,100,000×10% = 110,000			

3. 단기채권의 경우

(1) 현재가치 회계처리를 적용하지 않는 경우

20×1. 1. 1	(차) 단기미수금	1,100,000 ①	(대) 토 지	800,000 ②
			토지처분이익(20×1)	300,000 ③
20×1.12.31	(차) 현 금	1,100,000 ⑤	(대) 단기미수금	1,100,000 ④

(2) 현재가치 회계처리를 적용하는 경우

20×1. 1. 1	(차) 단기미수금	1,000,000 ②	(대) 토 지	800,000 ①
			토지처분이익(20×1)	200,000 ③
20×1.12.31	(차) 단기미수금	100,000 ⑤	(대) 이자수익(20×1)	100,000 ④
	(차) 현 금	1,100,000 ⑦	(대) 단기미수금	1,100,000 ⑥

해설

1. 장기성채권에 대하여 현재가치평가를 하지 않는 경우와 하는 경우에 포괄손익계산서상에 인식되는 효과를 요약하면 다음과 같다. 결과적으로 현재가치평가여부와 무관하게 손익계산서에 인식되는 총 당기손익효과는 동일하다. 즉, 장기성채권·채무를 현재가치로 측정하면 손익의 총금액(total amount)은 차이가 없으며, 단지 인식할 손익의 귀속시기(timing)의 차이만 있을 뿐이다.

연 도	처분이익(20×1)	이자수익(20×1)	이자수익(20×2)	합 계
명목금액 측정	410,000	-	-	410,000
현재가치 측정	200,000	100,000	110,000	410,000
차이금액	210,000	(100,000)	(110,000)	-

2. 현재가치에 대한 상각표를 작성하면 다음과 같다.

날 짜	유효이자(10%)	표시이자(0%)	차이금액상각	장부금액
20×1. 1. 1				1,000,000
20×1.12.31	100,000	-	100,000	1,100,000
20×2.12.31	110,000	-	110,000	1,210,000

3. 단기성채권에 대하여 현재가치평가를 하지 않는 경우와 하는 경우에 포괄손익계산서상에 인식되는 효과를 요약하면 다음과 같다. 결과적으로, 단기성채권의 경우 현재가치평가여부와 무관하게 손익계산서에 인식되는 당기의 총금액(total amount)과 손익의 귀속시기(timing)가 모두 동일하다. 따라서 단기성채권은 현재가치로 측정하여 이자수익을 분리인식 할 실익이 없는 것이다.

연 도	처분이익(20×1)	이자수익(20×1)	합 계
명목금액 측정	300,000	-	300,000
현재가치 측정	200,000	100,000	300,000
차이금액	100,000	(100,000)	-

2 현재가치평가의 적용

(1) 현재가치평가 대상과 할인율

장기성채권·채무는 관련된 미래현금흐름을 적절한 할인율로 현재가치 평가하여 당해 채권·채무를 최초인식한다. 여기서 적절한 할인율은 당해 거래에 내재된 이자율 시장이자율(market interest rate)을 적용한다.

(2) 최초인식일 이후의 이자의 인식

장기성채권·채무의 현재가치와 미래현금흐름의 차이는 만기까지 기간에 걸쳐 이자수익(이자비용)으로 인식한다. 이자수익(이자비용)을 인식하는 방법은 정액법(straight line method)과 유효이자율법(effective interest method)으로 두 가지 방법이 있으나, 한국채택국제회계기준에서는 유효이자율법만을 사용하도록 규정하고 있다.

참 고 **유효이자율법**

유효이자율(effective interest rate)은 금융상품의 기대기간에 예상되는 미래 현금 유출과 유입의 현재가치를 금융자산(금융부채)의 순장부금액인 상각후원가와 정확히 일치시키는 이자율이다. 유효이자율법은 이자수익(이자비용)을 관련 금융자산(금융부채)의 기초장부금액 대비 일정비율로 인식하는 방법이다.

예 제 2 장기성채권·채무의 현재가치평가

A회사는 20×1년 초에 장부금액이 ₩800,000인 토지를 B회사에 매각하고, 20×3년 말에 B회사로부터 ₩1,000,000을 수령하기로 하였으며, 추가로 매년 말 표시이자로 ₩120,000을 수령하기로 하였다. 당해 거래에 적용된 내재이자율(시장이자율)은 연 12%였다. 양사의 결산일은 12월 31일이며 12% 3기 현가계수는 0.71178이고, 12% 3기 연금현가계수는 2.40183이다.

물 음

1. A회사가 토지처분에 대한 대가로 수령할 대가의 현재가치를 계산하시오.
2. 토지의 처분과 구입과 관련된 각 회사의 일자별 회계처리를 제시하시오.

해 답

1. 현재가치의 계산

(1) 현재가치

① 현가계수표 이용시 : $120,000 \times 2.40183 + 1,000,000 \times 0.71178 = 1,000,000$

② 수학식 이용시 : $\dfrac{120,000}{(1+12\%)^1} + \dfrac{120,000}{(1+12\%)^2} + \dfrac{120,000}{(1+12\%)^3} + \dfrac{1,000,000}{(1+12\%)^3} = 1,000,000$

(2) 시점별 현금흐름의 파악

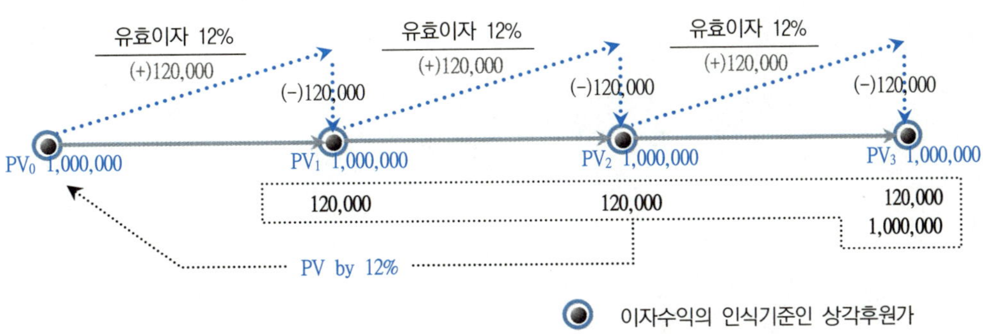

(3) 현재가치할인차금 상각표의 작성

날 짜	유효이자(12%)	액면이자(12%)	차이금액상각	장부가액
20×1. 1. 1				1,000,000
20×1.12.31	120,000	(120,000)	-	1,000,000
20×2.12.31	120,000	(120,000)	-	1,000,000
20×3.12.31	120,000	(120,000)	-	1,000,000
	360,000	(360,000)	-	

2. 각 회사의 회계처리

(1) A회사(채권자)의 회계처리

일자	차변	금액	대변	금액
20×1. 1. 1	(차) 장기미수금	1,000,000 ②	(대) 토 지	800,000 ①
			유형자산처분이익	200,000 ③
20×1.12.31	(차) 현 금	120,000 ⑤	(대) 이자수익	120,000 ④
20×2.12.31	(차) 현 금	120,000 ⑦	(대) 이자수익	120,000 ⑥
20×3.12.31	(차) 현 금	120,000 ⑨	(대) 이자수익	120,000 ⑧
	(차) 현 금	1,000,000 ⑪	(대) 장기미수금	1,000,000 ⑩

(2) B회사(채무자)의 회계처리

일자	차변	금액	대변	금액
20×1. 1. 1	(차) 토 지	1,000,000 ②	(대) 장기미지급금	1,000,000 ①
20×1.12.31	(차) 이자비용	120,000 ③	(대) 현 금	120,000 ④
20×2.12.31	(차) 이자비용	120,000 ⑤	(대) 현 금	120,000 ⑥
20×3.12.31	(차) 이자비용	120,000 ⑦	(대) 현 금	120,000 ⑧
	(차) 장기미지급금	1,000,000 ⑨	(대) 현 금	1,000,000 ⑩

제 3 절 사 채

사채(bonds)는 주식회사가 사채권이라는 유가증권을 발행하여 불특정 다수로부터 자금을 차입하는 정형화된 부채를 말하며 회사채(corporate bonds)라고도 한다. 사채는 발행회사의 입장에서 현재가치로 측정하는 가장 대표적인 장기성 금융부채이다. 사채는 자금조달에만 관련된 거래에서 발생하는 부채이기에 사채와 관련하여 발생하는 이자비용이나 상환손익 등의 모든 수익과 비용은 손익계산서에 재무 범주의 손익으로 표시해야 한다.

이 해 **자금조달방법으로 사채가 사용되는 이유**

사채는 채권(obligation)의 한 종류로서 주식과 함께 기업자금조달의 주된 수단으로 활용된다. 기업의 자금조달 방법으로는 개별적인 차입 등 타인자본을 이용하는 방법과 신주발행 등 자기자본을 증가시켜서 해결하는 방법 등이 있다. 그러나 개별적인 차입은 그 액수와 기간에 있어서 한계가 있으며, 신주발행은 장기자금을 가장 좋은 조건으로 조달할 수 있는 방법이지만 기존주주의 의결권이 침해당한다는 단점이 있다. 따라서 발행자입장에서 사채는 차입금의 이용과 신주발행에 어려움이 있을 때 거액의 장기자금(일반대중의 여유자금)을 시장에서 안정적으로 조달할 수 있는 방법이 된다.

1 사채의 발행금액

장기성 채무인 사채의 미래 현금흐름은 매 기간별로 지급되는 표시이자와 만기에 지급되는 사채액면금액으로 구성된다. 따라서 사채의 발행으로 인한 현금유입액인 발행금액은 사채와 관련된 미래 현금흐름을 해당시점의 시장이자율로 할인하면 된다. 이 금액이 최초인식시점에서 사채의 공정가치이며, 사채의 발행으로 인한 현금유입액이다. 시장이자율은 사채발행일의 기준금리(base rate)와 가산금리(spread)의 합계로 결정된다.

$$\text{시장이자율} = \text{기준금리} + \text{가산금리}$$

기준금리는 시장위험을 반영하는 정책금리로 중앙은행인 한국은행이 시장의 화폐량을 조절하기 위해 인위적으로 결정하는 금리이다. 또한 가산금리는 채권이나 대출 금리를 정할 때 기준금리에 덧붙이는 위험가산금리를 말하며, 스프레드라고도 한다. 가산금리는 기업의 신용위험을 반영하는 개별금리로 해당기업의 신용등급이나 담보능력에 따라 달라지며, 신용평가기관이 사채발행 기업의 신용을 분석한 결과에 따라 결정된다.

$$\text{사채발행금액 (공정가치)} = \Sigma \frac{\text{표시이자}}{(1+\text{발행시점의 시장이자율})^n} + \frac{\text{액면금액}}{(1+\text{발행시점의 시장이자율})^n}$$

미래 현금흐름이 일정하다면 사채의 발행금액은 결국 사채발행시점의 시장이자율에 의하여 결정된다. 시장이자율이 낮아지면 현재가치는 커질 것이므로 사채의 발행금액은 높아진다. 반면, 시장이자율이 높아지면 현재가치는 적어질 것이므로 사채의 발행금액은 낮아진다. 이자율과 발행금액의 관계는 다음과 같다.

[사채의 발행금액과 시장이자율]

구 분	이자율간의 관계	액면금액과 발행금액의 관계
액면발행	시장이자율 = 표시이자율	발행금액 = 액면금액
할인발행	시장이자율 〉 표시이자율	발행금액 〈 액면금액
할증발행	시장이자율 〈 표시이자율	발행금액 〉 액면금액

참고 이자율의 개념

(1) 액면(표시)이자율(coupon rate)은 사채권면(사채의 표면)에 표시된 이자율을 말한다. 사채의 액면가액에 액면이자율을 적용하여 산정한 이자를 액면이자라고 한다.

(2) 시장이자율(market interest rate)은 자금의 수요와 공급 및 사채발행회사의 신용등급에 의하여 시장에서 형성된 채권의 유통수익률을 말한다. 시장이자율에 의하여 사채의 시장가격이 결정된다.

(3) 유효이자율(effective interest rate)은 사채와 관련된 미래현금흐름의 현재가치를 발행금액과 일치시켜주는 실효이자율을 말한다. 유효이자율을 내재이자율 또는 내부수익률이라고도 한다.

사채의 발행금액은 발행당시의 시장이자율로 사채와 관련된 미래 현금흐름을 할인한 금액이다. 이하 설명은 아래의 공통상황을 사례로 설명할 것이다.

(1) 20×1년 1월 1일 기준 사채발행회사의 시장이자율 : 연 12%
(2) 사채의 발행일부터 만기까지의 기간 : 20×1년 1월 1일부터 20×3년 12월 31일
(3) 사채의 액면금액 : ₩1,000,000
(4) 12%, 3기간 일시금현가계수와 연금현가계수 : 0.71178과 2.40183

2 사채의 액면발행

사채의 시장이자율과 액면이자율이 동일한 경우에 사채는 액면금액으로 발행된다. 시장이자율과 액면이자율이 동일하다는 것은 시장에서 요구하는 이자율대로 사채 발행회사가 관련 이자를 모두 지급한다는 의미이므로 사채는 액면금액으로 발행되는 것이다. 시장이자율이 12%인 상태에서 사채발행회사가 제시한 액면이자율이 12%인 경우 사채의 발행금액은 다음과 같이 결정된다.

$$\text{사채의 발행금액}^{3)} : \frac{120,000}{(1+12\%)^1} + \frac{120,000}{(1+12\%)^2} + \frac{120,000}{(1+12\%)^3} + \frac{1,000,000}{(1+12\%)^3} = 1,000,000$$

(1) 사채의 장부금액의 변화

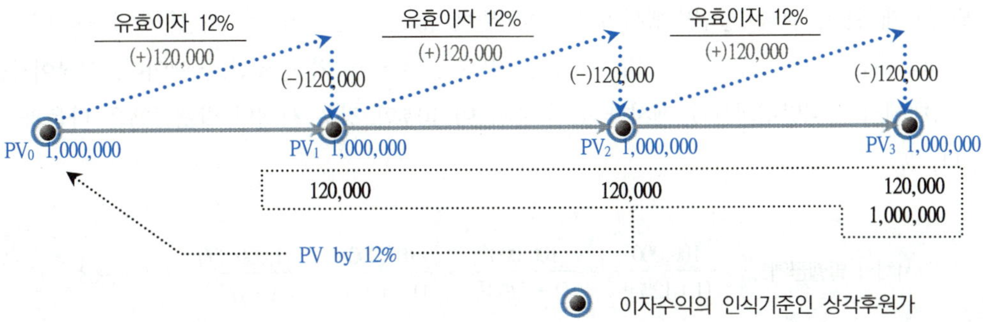

(2) 유효이자율법에 의한 상각표

날 짜	유효이자(12%)	액면이자(12%)	차이금액상각	장부가액
20×1. 1. 1				1,000,000
20×1.12.31	120,000	(120,000)	−	1,000,000
20×2.12.31	120,000	(120,000)	−	1,000,000
20×3.12.31	120,000	(120,000)	−	1,000,000
	360,000	(360,000)	−	

3) 현가계수를 이용하면 발행금액은 120,000×2.40183+1,000,000×0.71178=1,000,000으로 계산할 수도 있다.

(3) 사채발행자의 회계처리

20×1. 1. 1	(차) 현　　금	1,000,000 ②	(대) 사　　채	1,000,000 ①
20×1.12.31	(차) 이자비용	120,000 ③	(대) 현　　금	120,000 ④
20×2.12.31	(차) 이자비용	120,000 ①	(대) 현　　금	120,000 ②
20×3.12.31	(차) 이자비용	120,000 ①	(대) 현　　금	120,000 ②
	(차) 사　　채	1,000,000 ③	(대) 현　　금	1,000,000 ④

3 사채의 할인발행

사채의 표시이자율이 시장이자율보다 낮은 경우에 사채의 공정가치는 액면금액 이하가 된다. 이 경우에 사채는 액면금액 이하로 할인발행된다. 표시이자율이 시장이자율보다 낮다는 것은 시장에서 요구하는 이자보다 사채 발행회사가 이자를 과소 지급한다는 의미이므로 사채는 시장에서 액면금액 이하로 발행되게 된다. 결국, 할인발행시의 사채할인발행차금은 액면금액대비 시장이자와 표시이자와의 차액을 미리 보전하여주는 금액으로 과소 지급할 이자의 현재가치와 동일한 금액이다. 시장이자율이 12%인 상태에서 사채발행회사가 제시한 표시이자율이 10%인 경우 사채의 발행금액은 다음과 같이 결정된다.

사채의 발행금액[4] : $\frac{100,000}{(1+12\%)^1} + \frac{100,000}{(1+12\%)^2} + \frac{100,000}{(1+12\%)^3} + \frac{1,000,000}{(1+12\%)^3} = 951,963$

사채의 발행금액[5] : $1,000,000 - \frac{20,000}{(1+12\%)^1} - \frac{20,000}{(1+12\%)^2} - \frac{20,000}{(1+12\%)^3} = 951,963$

(1) 사채의 장부금액의 변화

사채가 할인발행 되면 발행회사가 인식할 이자비용의 총액은 사채관련 현금흐름차이와 동일하다. 즉 총이자비용은 사채의 발행금액과 표시이자와 액면금액 합계와의 차이로 다음과 같이 계산된다.

총현금유입액		총현금유출액		총이자비용
951,963	−	1,300,000	=	348,037

4) 현가계수를 이용하면 발행금액은 100,000×2.40183+1,000,000×0.71178=951,963으로 계산할 수도 있다.

5) 현가계수를 이용하면 발행금액은 1,000,000−20,000×2.40183=951,963으로 계산할 수도 있다.

사채에 대한 총이자비용을 기간별로 안분 인식하는 방법은 이론적으로 정액법과 유효이자율법이 있다. 정액법(straight line method)은 사채기간 동안 총이자비용을 일정한 금액으로 안분 인식하는 방법으로 감가상각의 정액법과 유사하다. 반면에, 유효이자율법(effective interest rate method)은 사채기간 동안 총이자비용을 일정한 비율(이자비용÷기초부채)로 안분 인식하는 방법으로 감가상각의 정률법과 유사하다. 유효이자율법은 계산이 복잡하다는 단점이 있으나 이론적으로 우수하므로 국제회계기준에서는 유효이자율법만을 인정한다. 사채가 할인발행 된 경우 유효이자율법에 의한 사채의 장부금액 변화는 아래의 그림과 표로 설명할 수 있다.

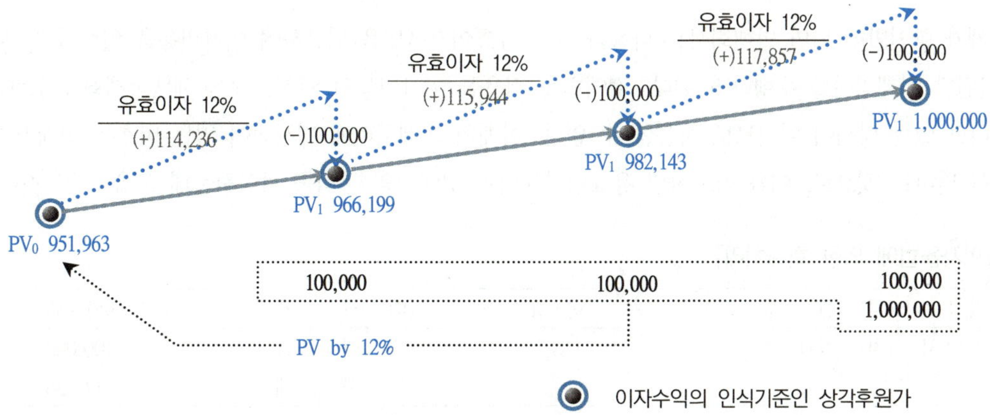

(2) 유효이자율법에 의한 상각표

사채가 할인발행 되는 경우 사채의 장부금액 변동을 보여주는 상각표는 아래의 양식처럼 유효이자율법을 적용해서 작성해야 한다.

[유효이자율법에 의한 상각표]

날 짜	유효이자(12%)	액면이자(10%)	차이금액상각	장부가액
20×1. 1. 1				951,963
20×1.12.31	114,236	(100,000)	14,236	966,199
20×2.12.31	115,944	(100,000)	15,944	982,143
20×3.12.31	117,857	(100,000)	17,857	1,000,000
	348,037	(300,000)	48,037	

사채의 장부금액 변동을 보여주는 상각표는 아래의 양식처럼 정액법을 적용해서 작성할 수도 있다. 하지만 이는 한국채택국제회계기준에서 인정하고 있는 방법이 아니므로 사용할 수 없다. 정액법의 경우 매년 인식할 이자비용은 총 이자비용인 ₩348,037÷3년＝₩116,012로 계산된다.

[정액법에 의한 상각표]

날 짜	유효이자(12%)	액면이자(10%)	차이금액상각	장부가액
20×1. 1. 1				951,963
20×1.12.31	116,012	(100,000)	16,012	967,975
20×2.12.31	116,012	(100,000)	16,012	983,987
20×3.12.31	116,013	(100,000)	16,013	1,000,000
	348,037	(300,000)	48,037	

(3) 사채발행자의 회계처리

사채가 할인발행 되면 발행회사는 다음과 같이 유효이자율법을 적용하여 이자비용을 인식하고, 사채와 관련된 회계처리를 수행하면 된다. 정액법을 적용한 이자비용의 인식은 한국채택국제회계기준에서 인정하고 있는 방식이 아니므로 사용할 수 없다. 아래의 회계처리에 제시되어 있는 번호는 회계처리의 순서를 말하는 것으로, 이를 참고하면 유효이자율법과 정액법의 논리를 파악하는데 도움이 될 것이다.

[유효이자율법에 의한 회계처리]

20×1. 1. 1	(차) 현 금	951,963 ②	(대) 사 채	951,963 ①
20×1.12.31	(차) 이자비용	114,236 ③	(대) 현 금	100,000 ④
			사 채	14,236 ⑤
20×2.12.31	(차) 이자비용	115,944 ①	(대) 현 금	100,000 ②
			사 채	15,944 ③
20×3.12.31	(차) 이자비용	117,857 ①	(대) 현 금	100,000 ②
			사 채	17,857 ③
	(차) 사 채	1,000,000 ④	(대) 현 금	1,000,000 ⑤

[정액법에 의한 회계처리]

20×1. 1. 1	(차) 현 금	951,963 ②	(대) 사 채	951,963 ①
20×1.12.31	(차) 이자비용	116,012 ③	(대) 현 금	100,000 ④
			사 채	16,012 ⑤
20×2.12.31	(차) 이자비용	116,012 ①	(대) 현 금	100,000 ②
			사 채	16,012 ③
20×3.12.31	(차) 이자비용	116,013 ①	(대) 현 금	100,000 ②
			사 채	16,013 ③
	(차) 사 채	1,000,000 ④	(대) 현 금	1,000,000 ⑤

4 사채의 할증발행

사채의 표시이자율이 시장이자율보다 높은 경우에 사채의 공정가치는 액면금액 이상이 된다. 이 경우 사채는 액면금액 이상으로 할증 발행된다. 표시이자율이 시장이자율보다 높다는 것은 시장에서 요구하는 이자율보다 사채 발행회사가 이자를 과다 지급한다는 의미이므로 사채가 액면금액 이상으로 발행되는 것이다. 결국, 할증발행시의 사채할증발행차금은 액면금액대비 시장이자와 표시이자와의 차액을 미리 수령하는 금액으로 과다 지급할 이자의 현재가치와 동일한 금액이다. 시장이자율이 12%인 상태에서 사채발행회사가 제시한 표시이자율이 14%인 경우 사채의 발행금액은 다음과 같이 결정된다.

사채의 발행금액[6] : $\frac{140,000}{(1+12\%)^1} + \frac{140,000}{(1+12\%)^2} + \frac{140,000}{(1+12\%)^3} + \frac{1,000,000}{(1+12\%)^3} = 1,048,036$

사채의 발행금액[7] : $1,000,000 + \frac{20,000}{(1+12\%)^1} + \frac{20,000}{(1+12\%)^2} + \frac{20,000}{(1+12\%)^3} = 1,048,036$

(1) 사채의 장부금액의 변화

사채가 할증발행 된 경우에도 할인발행과 마찬가지로 발행회사가 인식할 이자비용의 총액은 사채관련 현금흐름차이와 동일하다. 즉 총이자비용은 사채의 발행금액과 표시이자와 액면금액 합계와의 차이로 다음과 같이 계산된다.

총현금유입액		총현금유출액		총이자비용
1,048,036	-	1,420,000	=	371,964

사채가 할증발행 된 경우 유효이자율법에 의한 사채의 장부금액 변화는 아래의 그림과 표로 설명할 수 있다.

6) 현가계수를 이용하면 발행금액은 140,000×2.40183+1,000,000×0.71178=1,048,036으로 계산할 수도 있다.

7) 현가계수를 이용하면 발행금액은 1,000,000+20,000×2.40183=1,048,036으로 계산할 수도 있다.

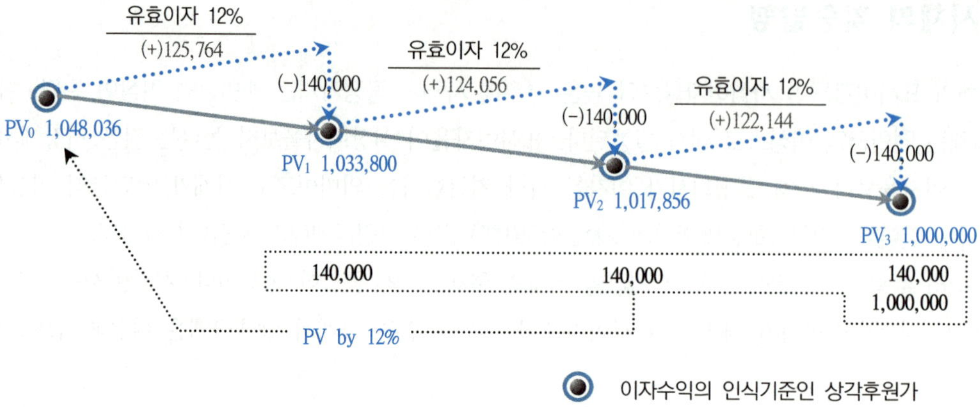

(2) 유효이자율법에 의한 상각표

사채가 할증발행 되는 경우 사채의 장부금액 변동을 보여주는 상각표는 아래의 양식처럼 유효이자율법을 적용해서 작성해야 한다.

[유효이자율법에 의한 상각표]

날 짜	유효이자(12%)	액면이자(14%)	차이금액상각	장부가액
20×1. 1. 1				1,048,036
20×1.12.31	125,764	(140,000)	(14,236)	1,033,800
20×2.12.31	124,056	(140,000)	(15,944)	1,017,856
20×3.12.31	122,144	(140,000)	(17,856)	1,000,000
	371,964	(420,000)	(48,036)	

사채의 장부금액 변동을 보여주는 상각표는 아래의 양식처럼 정액법을 적용해서 작성할 수도 있다. 하지만 이는 한국채택국제회계기준에서 인정하고 있는 방법이 아니므로 사용할 수 없다.

[정액법에 의한 상각표]

날 짜	유효이자(12%)	액면이자(14%)	차이금액상각	장부가액
20×1. 1. 1				1,048,036
20×1.12.31	123,988	(140,000)	(16,012)	1,032,024
20×2.12.31	123,988	(140,000)	(16,012)	1,016,012
20×3.12.31	123,988	(140,000)	(16,012)	1,000,000
	371,964	(420,000)	(48,036)	

(3) 사채발행자의 회계처리

사채가 할증발행 되면 발행회사는 다음과 같이 유효이자율법을 적용하여 이자비용을 인식하고, 사채와 관련된 회계처리를 수행하면 된다. 정액법을 적용한 이자비용의 인식은 한국채택국제회계기준에서 인정하고 있는 방식이 아니므로 사용할 수 없다. 아래의 회계처리에 제시되어 있는 번호는 회계처리의 순서를 말하는 것으로, 이를 참고하면 유효이자율법과 정액법의 논리를 파악하는데 도움이 될 것이다.

[유효이자율법에 의한 회계처리]

일자	차변	금액	대변	금액
20×1. 1. 1	(차) 현 금	1,048,036 ②	(대) 사 채	1,048,036 ①
20×1.12.31	(차) 이자비용	125,764 ③	(대) 현 금	140,000 ④
	사 채	14,236 ⑤		
20×2.12.31	(차) 이자비용	124,056 ①	(대) 현 금	140,000 ②
	사 채	15,944 ③		
20×3.12.31	(차) 이자비용	122,144 ①	(대) 현 금	140,000 ②
	사 채	17,856 ③		
	(차) 사 채	1,000,000 ④	(대) 현 금	1,000,000 ⑤

[정액법에 의한 회계처리]

일자	차변	금액	대변	금액
20×1. 1. 1	(차) 현 금	1,048,036 ②	(대) 사 채	1,048,036 ①
20×1.12.31	(차) 이자비용	123,988 ③	(대) 현 금	140,000 ④
	사 채	16,012 ⑤		
20×2.12.31	(차) 이자비용	123,988 ①	(대) 현 금	140,000 ②
	사 채	16,012 ③		
20×3.12.31	(차) 이자비용	123,988 ①	(대) 현 금	140,000 ②
	사 채	16,012 ③		
	(차) 사 채	1,000,000 ④	(대) 현 금	1,000,000 ⑤

5 현재가치로 측정된 채권·채무의 재무상태표 표시

현재가치로 측정된 장기성채권·채무를 재무상태표에 표시하는 방법은 순액법과 총액법의 두 가지 방법이 있다.

(1) 순액법에 의한 표시

위에서 제시한 현재가치측정의 사례를 이용하여 발행일부터 상환일까지 재무상태표의 사채관련 계정을 표시하면 다음과 같다.

[액면발행의 경우]

20×1. 1. 1	20×1.12.31	20×2.12.31	20×3.12.31
사 채 1,000,000	사 채 1,000,000	사 채 1,000,000	사 채 1,000,000
⋮ ⋮	⋮ ⋮	⋮ ⋮	⋮ ⋮

[할인발행의 경우]

20×1. 1. 1	20×1.12.31	20×2.12.31	20×3.12.31
사 채 951,963	사 채 966,199	사 채 982,143	사 채 1,000,000
⋮ ⋮	⋮ ⋮	⋮ ⋮	⋮ ⋮

[할증발행의 경우]

20×1. 1. 1	20×1.12.31	20×2.12.31	20×3.12.31
사 채 1,048,036	사 채 1,033,800	사 채 1,017,856	사 채 1,000,000
⋮ ⋮	⋮ ⋮	⋮ ⋮	⋮ ⋮

(2) 총액법에 의한 표시

총액법에 의한 표시는 재무상태표에 인식되는 현재가치를 만기금액과 비교하여 현재가치할인차금[8]을 별도로 표시하는 방법을 말한다. 장기성채무인 사채의 경우에는 총액법에 의하여 공시를 하는 것이 회계관습이다. 위에서 제시한 현재가치측정의 사례를 이용하여 발행일부터 상환일까지 재무상태표의 사채관련 계정을 표시하면 다음과 같다.

[액면발행의 경우]

계정과목	20×1년 초	20×1년 말	20×2년 말	20×3년 말
사 채	1,000,000	1,000,000	1,000,000	1,000,000
사채발행차금	(-)	(-)	(-)	-
순장부금액	1,000,000	1,000,000	1,000,000	1,000,000

8) 사채의 경우 현재가치할인차금을 사채할인발행차금이나 사채할증발행차금이라 부른다.

[할인발행의 경우와 관련된 회계처리]

계정과목	20×1년 초		20×1년 말		20×2년 말		20×3년 말
사　　채	1,000,000		1,000,000		1,000,000		1,000,000
사채할인발행차금	(48,037)	+14,236 =	(33,801)	+15,944 =	(17,857)	+17,857 =	-
순장부금액	951,963	+14,236 =	966,199	+15,944 =	982,143	+17,857 =	1,000,000

일자	차변	금액	대변	금액
20×1. 1. 1	(차) 현　　금	951,963 ③	(대) 사　　채	1,000,000 ①
	사채할인발행차금	48,037 ②		
20×1.12.31	(차) 이자비용	114,236 ④	(대) 현　　금	100,000 ⑤
			사채할인발행차금	14,236 ⑥
20×2.12.31	(차) 이자비용	115,944 ①	(대) 현　　금	100,000 ②
			사채할인발행차금	15,944 ③
20×3.12.31	(차) 이자비용	117,857 ①	(대) 현　　금	100,000 ②
			사채할인발행차금	17,857 ③
	(차) 사　　채	1,000,000 ④	(대) 현　　금	1,000,000 ⑤

[할증발행의 경우와 관련된 회계처리]

계정과목	20×1년 초		20×1년 말		20×2년 말		20×3년 말
사　　채	1,000,000		1,000,000		1,000,000		1,000,000
사채할증발행차금	48,036	-14,236 =	33,800	-15,944 =	17,856	-17,856 =	-
순장부금액	1,048,036	-14,236 =	1,033,800	-15,944 =	1,017,856	-17,856 =	1,000,000

일자	차변	금액	대변	금액
20×1. 1. 1	(차) 현　　금	1,048,036 ③	(대) 사　　채	1,000,000 ①
			사채할증발행차금	48,036 ②
20×1.12.31	(차) 이자비용	125,764 ①	(대) 현　　금	140,000 ②
	사채할증발행차금	14,236 ③		
20×2.12.31	(차) 이자비용	124,056 ①	(대) 현　　금	140,000 ②
	사채할증발행차금	15,944 ③		
20×3.12.31	(차) 이자비용	122,144 ①	(대) 현　　금	140,000 ②
	사채할증발행차금	17,856 ③		
	(차) 사　　채	1,000,000 ①	(대) 현　　금	1,000,000 ②

(3) 정액법과 유효이자율법의 비교

이자비용을 인식할 때 정액법을 적용하나 유효이자율법을 적용하나 사채기간 동안 인식하는 총이자비용은 동일하다. 하지만 다음과 같은 차이점이 있다.

[정액법과 유효이자율법의 비교]

구 분	정액법		유효이자율법	
	할인발행시	할증발행시	할인발행시	할증발행시
이자비용	일 정	일 정	증 가	감 소
표시이자	일 정	일 정	일 정	일 정
사채발행차금상각액	일 정	일 정	증 가	증 가
사채장부금액	증 가	감 소	증 가	감 소

제 4 절 충당부채

부채(liabilities)는 과거사건의 결과로 기업이 경제적자원을 이전해야 하는 현재의무를 말한다. 부채는 지출의 시기 또는 금액이 확정되어 있는지의 여부에 따라 확정부채와 추정부채로 분류한다. 확정부채는 계약이나 법에 의하여 의무발생일 현재 지출의 시기와 금액이 확정되어 있는 부채를 말하고, 추정부채는 의무 발생일 현재 지출의 시기와 금액이 확정되어 있지 않은 부채를 말한다. 예를 들어, 매입채무나 사채는 지출의 시기와 금액이 확정되어 있으므로 확정부채이고, 판매보증이나 계류 중인 소송사건으로 인한 의무는 지출의 시기와 금액이 확정되어 있지 않으므로 추정부채이다.

1 추정부채의 인식방법

회계적으로는 과거사건의 결과로 손실이 예상되는 경우 손실의 인식시기에 대한 회계처리 방법에는 다음의 두 가지 방법이 존재한다.

(1) 부채 무인식법

부채 무인식법은 손실이 예상되는 시점이 아닌 실제로 손실이 발생하는 시점에서 확정액을 포괄손익계산서에 당기비용으로 인식하는 방법으로 현금주의에 기초한 회계처리이다. 예를 들어, 20×1년에 제품보증조건부로 외상매출 ₩100,000을 발생시키고, 20×1년 말에 ₩13,000의 제품보증비용이 예상되었으나, 20×2년에 ₩15,000의 제품보증비용이 최종 확정된 경우 관련된 회계처리는 다음과 같다.

[부채 무인식법의 회계처리]

매 출 시	(차) 매출채권	100,000	(대) 매 출 (20×1)	100,000
기 말	회계처리 없음			
보증확정시	(차) 제품보증비 (20×2)	15,000	(대) 현 금	15,000

부채 무인식법은 각 회계기간 말에 제품보증비용을 추정할 필요가 없으므로 실무적으로 간편하다는 장점이 있다. 그러나 매출이 이루어진 회계기간 이후에 제품보증비용이 발생하는 경우 수익이 발생한 회계기간에 제품보증비가 인식되지 않으므로 수익비용대응의 원칙에 위배되어, 정확한 기간손익의 평가를 하지 못한다는 문제점이 있다.

(2) 부채 인식법

부채 인식법은 손실이 예상되는 경우 회계기간 말에 손실 예정액을 추정하여 이를 포괄손익계산서에 당기비용으로 인식하고 이를 부채로 설정하는 방법으로 발생주의적인 회계처리법이다. 예를 들어, 20×1년에 제품보증조건부로 외상매출 ₩100,000을 발생시키고, 20×1년 말에 ₩13,000의 제품보증비용이 예상되었으나, 20×2년에 ₩15,000의 제품보증비용이 최종 확정된 경우 관련된 회계처리는 다음과 같다.

[충당부채설정법의 회계처리]

매 출 시	(차)	매출채권	100,000	(대)	매 출 (20×1)	100,000
기 말	(차)	제품보증비 (20×1)	13,000	(대)	제품보증충당부채	13,000
보증확정시	(차)	제품보증충당부채	13,000	(대)	현 금	15,000
		제품보증비 (20×2)	2,000			

부채 인식법을 사용하면 수익이 인식되는 기간에 관련 제품보증비를 인식하기 때문에 수익비용대응이 적절하게 되어, 정확한 기간손익의 평가가 가능하게 된다. 다만, 제품보증비용의 추정에 주관이 개입된다는 단점이 존재한다. 추정손실의 회계처리방식으로 부채 무인식법과 부채 인식법을 비교한다면 결국 제품보증비를 인식하는 시기(timing)의 차이만 존재할 뿐 총금액(amount)의 차이는 발생하지 않는다. 이를 표로 분석하면 다음과 같다.

[부채 인식법과 부채 무인식법의 손익계산서 공시비교]

계정과목	20×1년	20×2년	합 계
매출수익	100,000	-	100,000
제품보증비 (부채 무인식법)	-	(15,000)	(15,000)
제품보증비 (부채 인식법)	(13,000)	(2,000)	(15,000)

2 충당부채와 우발부채의 구분

추정부채이지만 부채의 인식요건을 충족하기 때문에 재무상태표에 부채로 계상하는 항목을 충당부채(provisions)라 하며, 추정부채이기에 재무상태표에 부채로 인식하지 않는 항목을 우발부채(contingent liability)라 한다.

(1) 충당부채

충당부채는 지출의 시기 또는 금액이 불확실한 부채이지만, 다음과 같은 요건을 모두 만족하는 부채를 말한다.

(1) 부채의 정의 : 과거사건이나 거래의 결과로 현재의무가 존재한다.
(2) 유출가능성 : 당해 의무를 이행하기 위하여 경제적효익이 내재된 자원이 유출될 가능성이 높다.
(3) 측정가능성 : 당해 의무의 이행에 소요되는 금액을 신뢰성 있게 추정할 수 있다.

충당부채는 추정부채이기는 하지만, 부채의 인식요건을 충족하므로 재무상태표에 부채를 계상하고 포괄손익계산서에 당기손실로 인식한다.

이해 충당부채와 기타부채의 구분

충당부채는 결제에 필요한 미래 지출의 시기 또는 금액에 불확실성이 있다는 점에서 매입채무와 미지급비용과 같은 기타부채와 구별된다. 매입채무는 공급받은 재화나 제공받은 용역에 대하여, 청구서를 받았거나 공급자와 공식적으로 합의한 경우에 지급하여야 하는 확정부채이다. 또한 미지급비용은 공급받은 재화나 제공받은 용역에 대하여 아직 그 대가를 지급하지 않았거나, 청구서를 받지 않았거나, 공급자와 공식적으로 합의하지 않은 경우에 지급하여야 하는 부채이다. 미지급비용도 지급하는 시기나 금액의 추정이 필요한 경우가 있지만 일반적으로 충당부채보다는 불확실성이 훨씬 작다. 충당부채는 별도로 보고하지만, 미지급비용은 흔히 매입채무와 그 밖의 부채의 일부로 보고한다.

(2) 우발부채

우발부채(contingent liability)는 충당부채보다 불확실성의 정도가 더 높은 부채이다. 우발부채는 다음과 같은 상황에서 부담하는 의무를 말하는 것이다.

① 과거사건에 의하여 현재의무가 발생하였으나 당해 의무를 이행하기 위하여 경제적효익이 있는 자원이 유출될 가능성이 높지 아니한 경우나, 당해 의무를 이행하여야 할 금액을 신뢰성 있게 측정할 수 없는 경우

② 과거사건에 의하여 발생하였으나, 기업이 전적으로 통제할 수 없는 하나 이상의 불확실한 미래사건의 발생 여부에 의하여서만 그 존재가 확인되는 잠재적 의무

즉, 우발부채는 과거사건에 의하여 발생한 현재의무이나 부채의 인식요건을 충족하지 못하여 재무상태표에 부채로 인식할 수 없는 상황과 과거사건에 의하여 발생한 잠재적 의무로 부채의 정의를 충족하지 못하여 재무상태표에 부채로 인식할 수 없는 상황을 말하는 것이다. 우발부채에는 부채라는 말이 붙어있으나 우발부채의 정의상 이는 재무상태표에 부채로 인식되지 않음에 주의해야 한다. 우발부채는 관련 상황에 대한 설명을 주석으로 기재하는 것을 원칙으로 한다. 예를 들어, 회사가 피소된 손해배상소송사건으로 인하여 손해배상금의 추정치가 ₩100,000인 것으로 가정하자. 20×1년 말에는 패소가능성이 낮아서 미래경제적효익의 유출가능성이 높지 않았지만, 20×2년 말에는 패소가능성이 높아져 미래경제적효익의 유출가능성이 높아진 경우 연도별 회계처리는 다음과 같다.

20×1.12.31	우발부채로 주석공시			
20×2.12.31	(차) 손해배상손실	100,000	(대) 손실충당부채	100,000

[충당부채와 우발부채의 보고방법]

자원의 유출가능성	금액의 신뢰성 있는 추정가능성	
	가 능	불가능
가능성이 높음	충당부채로 인식	우발부채로 주석공시
높지 않음	우발부채로 주석공시	우발부채로 주석공시
가능성이 희박함	공시하지 않음	공시하지 않음

예제 3 보증손실충당부채

A회사는 20×1년에 영업을 개시하여 1년간 제품보증을 해주는 조건으로 전기밥솥을 대당 ₩100에 현금판매하고 있다. 전기밥솥을 20×1년에 1,000대, 20×2년에 3,000대 판매하였다. 동종업계의 과거 경험으로 보아 보증기간 내에 평균 2%의 보증요청이 있고 보증비용은 대당 평균 ₩60이 소요된다. 20×1년 판매분에 대하여 20×1년 6월과 20×2년 5월에 각각 8대, 11대의 보증요청이 있었으며, 20×2년 판매분에 대하여 20×2년에 20대의 보증요청이 있었다.

물음

1. 20×1년과 20×2년에 보증손실충당부채로 재무상태표에 계상할 금액을 각각 산정하시오.
2. 20×1년과 20×2년에 제품보증비용으로 인식할 금액을 각각 산정하시오.
3. 20×1년과 20×2년에 필요한 회계처리를 제시하시오.

해답

1. 제품보증손실충당부채
   (1) 20×1년 말 보증손실충당부채 : 1,000대×2%×₩60－8대×₩60＝720
   (2) 20×2년 말 보증손실충당부채 : 3,000대×2%×₩60－20대×₩60＝2,400 → 제품보증이 판매후 1년이므로 20×2년 말에는 20×1년 판매분에 대한 잔여제품보증의무는 없다.

2. 제품보증비용
   (1) 20×1년 : 발생의무 20대×₩60＝1,200
   (2) 20×2년 : 발생의무 60대×₩60－환입의무 1대×₩60＝3,540

3. 회계처리

20×1년 매출	(차) 현 금	100,000	(대) 매 출	100,000
20×1년 보증	(차) 제품보증비 ① 8대×₩60＝480	480 ②	(대) 현 금	480 ①
20×1년 결산	(차) 제품보증비 ③ (20대－8대)×₩60＝720	720 ③	(대) 보증손실충당부채	720 ④
20×2년 보증	(차) 보증손실충당부채 ① 11대×₩60＝660	660 ②	(대) 현 금	660 ①
20×2년 매출	(차) 현 금	300,000	(대) 매 출	300,000
20×2년 보증	(차) 보증손실충당부채 제품보증비 ① 20대×₩60＝1,200	60 ② 1,140 ③	(대) 현 금	1,200 ①
20×2년 결산	(차) 제품보증비 ④ (60대－20대)×₩60＝2,400	2,400 ④	(대) 보증손실충당부채	2,400 ⑤

20×1년 말 재무상태표

	손실충당부채	720

20×1년 포괄손익계산서

제품보증비	(1,200)

20×2년 말 재무상태표

	손실충당부채	2,400

20×2년 포괄손익계산서

제품보증비	(3,540)

해 설

1. 이해를 위해서는 다음과 같이 총액법에 의한 회계처리를 수행해도 된다. 하지만 총액법으로 회계처리를 수행하는 경우에도 재무제표효과는 위의 금액과 동일하다.

⑴ 보증기간이 1년인 경우 20×1년과 20×2년 보증거래만의 회계처리는 다음과 같다.

20×1년 확정	(차) 제품보증비	480 ②	(대) 현 금	480 ①
20×1년 말	(차) 제품보증비	720 ③	(대) 보증손실충당부채	720 ④
20×2년 환입	(차) 보증손실충당부채	720 ①	(대) 제품보증비	720 ②
20×2년 확정	(차) 제품보증비	1,860 ④	(대) 현 금	1,860 ③
20×2년 말	(차) 제품보증비	2,400 ⑤	(대) 보증손실충당부채	2,400 ⑥

⑵ 간편법에 의하여 20×2년의 제품보증비를 계산하면 다음과 같다.

20×2년	(차) 손실충당부채(초)	720 ①	(대) 현 금	1,860 ②
	제품보증비	3,540 ④	손실충당부채(말)	2,400 ③

제 5 절 화폐의 시간가치

1 현재가치에 대한 기본개념

현재가치(present value)는 미래에 수령하거나 지급하게 될 확실한 현금흐름의 가치를 현재의 가치로 환산한 값을 말하며, 줄여서 현가라고도 한다. 미래에 수령하거나 지급하게 될 현금흐름에는 명목적인 가치뿐만 아니라 시간의 흐름에 따른 기회비용인 시간가치가 포함되어 있기 때문에, 현재 표면상으로 동일한 부를 가지고 있다 하더라도 미래부와 현재부의 가치는 달라진다.

(1) 화폐의 시간가치의 의의

다른 조건이 모두 동일한 상황에서 지금 당장 ₩1,000을 받는 것과 1년 후에 ₩1,000을 받는 것이 있을 때 무엇을 선택할 것인가? 합리적인 의사결정자라면 현재 ₩1,000을 받을 것이다. 왜냐하면 지금 ₩1,000을 받아서 은행에 연 10%로 예금을 들면 1년 후에는 ₩1,100이 되어서 1년 후에 받는 ₩1,000보다는 더 큰 금액이 되기 때문이다.

화폐는 시간에 따라 가치가 변한다. 즉, 돈을 사용하면 이에 따라 비용이 발생하는데 이를 이자라고 하며 다른 말로는 화폐의 시간가치(time value)라고 한다. 돈을 빌리는 사람 입장에서는 현재보다 미래에 더 많은 금액을 갚아야 하는데 현재금액과 미래금액의 차이가 이자이고, 돈을 빌려주는 사람 입장에서는 현재보다 미래에 더 많은 금액을 받아야 하는데 현재금액과 미래금액의 차이가 이자이다. 따라서 현재 ₩1,000의 가치와 미래 ₩1,000의 가치는 동일하지 않으며, 현재 ₩1,000과 미래 ₩1,100을 단순히 비교하여 미래 ₩1,100이 더 크다고 할 수도 없다. 이에 대한 판단은 이자가 얼마인가 더 구체적으로 말하면 이자율이 얼마인가에 따라 달라진다.

(2) 단순이자와 복리이자

단순이자(simple interest)계산은 최초 원금에 대하여만 이자를 계산하는 방법을 말하고 복리이자(compound interest)계산은 미지급이자를 원금에 가산한 금액을 기초로 해서 다시 이자를 계산하는 방법을 말한다. 복리이자는 결국 이자가 이자를 발생시키는 개념이다. 기업이 의사결정을 할 때나 금융기관이 이자를 계산할 때는 일반적으로 복리이자가 적용된다. 예를 들어, 은행에 ₩100,000을 연 10%의 이자로 3년간 예입하기로 하였을 때 단순이자를 적용하는 경우와 복리이자를 적용하는 경우의 3년 후의 이자수령액은 다음과 같다.

[단순이자와 복리이자]

단순이자		
1차년도	100,000×10% =	10,000
2차년도	100,000×10% =	10,000
3차년도	100,000×10% =	10,000
합 계		30,000

복리이자		
1차년도	100,000×10% =	10,000
2차년도	110,000×10% =	11,000
3차년도	121,000×10% =	12,100
합 계		33,100

2 단순현금흐름의 미래가치와 현재가치

단순현금흐름은 연금현금흐름과 비교되는 것으로 현금흐름이 한 번만 있는 것을 의미한다. 예를 들어 '연간 이자율이 10%일 때 현재 ₩1,000의 3년 후 금액은 얼마인가?' 또는 '3년 후 ₩1,000의 현재 금액은 얼마인가?'는 단순현금흐름이다. 단순현금흐름의 현재가치와 미래가치간의 관계를 설명하면 다음과 같다.

$$현재가치_{t=0} \times (1+유효이자율)^n = 미래가치_{t=n}$$
$$현재가치_{t=0} = 미래가치_{t=n} \div (1+유효할인율)^n$$

(1) 미래가치

미래가치(future value)는 현재시점의 일정금액이 미래시점의 얼마에 해당하는지를 의미하는 것이다. 예를 들어 현재 ₩100,000을 연 10%의 이자율로 은행에 예입하는 경우에 1년 후, 2년 후, 3년 후의 원리금(원금과 이자의 합계)은 다음과 같이 산출할 수 있는데 이것을 미래가치라 한다.

연 도	기초원리금	이자율	이자수익	기말원리금
1차년도	100,000	10%	10,000	110,000
2차년도	110,000	10%	11,000	121,000
3차년도	121,000	10%	12,100	133,100

기말원리금은 위의 표가 아니더라도 다음과 같이 간단하게 산출할 수도 있다.

1기 미래가치 : $100,000 \times 1.1 = 100,000 \times 1.1^1 = 110,000$

2기 미래가치 : $110,000 \times 1.1 = 100,000 \times 1.1^2 = 121,000$

3기 미래가치 : $121,000 \times 1.1 = 100,000 \times 1.1^3 = 133,100$

이를 이자율이 r%인 경우에 ₩1을 기준으로 일반화하면 다음과 같다.

(1) 1기간 ₩1의 미래가치 : $₩1 \times (1+r) = ₩1 \times (1+r)$
(2) 2기간 ₩1의 미래가치 : $₩1 \times (1+r)(1+r) = ₩1 \times (1+r)^2$
(3) 3기간 ₩1의 미래가치 : $₩1 \times (1+r)(1+r)(1+r) = ₩1 \times (1+r)^3$
(4) n기간 ₩1의 미래가치 : $₩1 \times (1+r)(1+r)(1+r) \cdots\cdots (1+r) = ₩1 \times (1+r)^n$

위의 일반화된 식에 의하여 미래가치를 구할 수 있으나 이를 직접 계산하는 것이 번거롭기 때문에 미리 각 이자율과 기간에 대한 ₩1의 미래가치 값을 구해둔 표가 있는데 이를 단순현금흐름의 미래가치계수표, 복리이자요소표 또는 종가표라 한다.

[종가표]

n \ r	4%	5%	6%	7%	8%	9%	10%
1	1.04000	1.05000	1.06000	1.07000	1.08000	1.09000	1.10000
2	1.08160	1.10250	1.12360	1.14490	1.16640	1.18810	1.21000
3	1.12486	1.15763	1.19102	1.22504	1.25971	1.29503	1.33100
4	1.16986	1.21551	1.26248	1.31080	1.36049	1.41158	1.46410
⋮	⋮	⋮	⋮	⋮	⋮	⋮	⋮

예를 들어 가로 10%와 세로 3이 만나는 칸의 값은 1.33100인데 이것은 이자율이 10%인 상황에서 ₩1의 3기간 후의 미래가치 값이 ₩1.331이라는 뜻이다. 따라서 ₩100,000은 10%, 3기간 후에 100,000×₩1.3310 = 133,100이 되고, ₩5,000은 10%, 3기간 후에 5,000×₩1.3310 = 6,655가 된다.

(2) 현재가치

현재가치(present value)는 미래시점의 일정금액이 현재시점의 얼마에 해당하는지를 의미하는 것이다. 미래가치 계산과정을 역으로 생각하면 현재가치를 계산할 수 있다. 예를 들어 이자율이 10%인 경우에 3년 후의 ₩133,100은 현재시점의 얼마에 해당하는가? 이는 곧 얼마를 은행에 예입하면 3년 후에 ₩133,100이 되는지를 묻는 것과 동일하다. 이미 앞에서 설명한 것처럼 답은 ₩100,000이다. 즉, 현재가치는 다음과 같이 산정할 수 있다.

현재가치 : $133,100 \div 1.1 \div 1.1 \div 1.1 = 133,100 \div 1.1^3 = 100,000$

이를 이자율이 r%인 경우에 ₩1을 기준으로 일반화하면 다음과 같다.

(1) 1기간 ₩1의 현재가치 : ₩1/(1+r) = ₩1÷$(1+r)^1$
(2) 2기간 ₩1의 현재가치 : ₩1/(1+r)(1+r) = ₩1÷$(1+r)^2$
(3) 3기간 ₩1의 현재가치 : ₩1/(1+r)(1+r)(1+r) = ₩1÷$(1+r)^3$
(4) n기간 ₩1의 현재가치 : ₩1/(1+r)(1+r)(1+r) …… (1+r) = ₩1÷$(1+r)^n$

위의 일반화된 식에 의하여 현재가치를 구할 수 있으나 이를 직접 계산하는 것이 번거롭기 때문에 미리 각 이자율과 기간에 대한 ₩1의 현재가치 값을 구해둔 표가 있는데 이를 단순현금흐름의 현재가치계수표 또는 현가표라 한다.

[현가표]

n \ r	4%	5%	6%	7%	8%	9%	10%
1	0.96154	0.95238	0.94340	0.93458	0.92593	0.91743	0.90909
2	0.92456	0.90703	0.89000	0.87344	0.85734	0.84168	0.82645
3	0.88900	0.86384	0.83962	0.81630	0.79383	0.77218	0.75131
4	0.85480	0.82270	0.79209	0.76290	0.73503	0.70843	0.68301
⋮	⋮	⋮	⋮	⋮	⋮	⋮	⋮

예를 들어 가로 10%와 세로 3기간이 만나는 칸의 값은 0.75131인데 이것은 이자율이 10%인 상황에서 3기간 후 ₩1의 현재가치 값이 0.75131이라는 뜻이다. 다시 말하면, 3년 후 ₩1 중 원금이 차지하는 비율이 75.131%이며, 이자가 차지하는 비율이 24.869%라는 말이다. 따라서 ₩100,000의 10%, 3기간 현재가치는 100,000×0.75131=75,131이며, 이는 3년 후에 회수하게 되는 ₩100,000에는 ₩75,131의 원금요소와 ₩24,869의 이자요소가 포함되어 있음을 의미하는 것이다. 한편 ₩133,100의 10%, 3기간 현재가치는 133,100×0.75131=₩100,000이 된다.

예제 4 단순현금흐름의 미래가치와 현재가치

다음은 A회사의 예금 및 대여금에 대한 자료이다.

> (1) 현금 ₩500,000을 연 12%의 이자가 발생하는 3년 만기 정기예금에 가입하였다.
> (2) B회사가 사업자금이 필요하다고 해서 계약서를 쓰고 자금을 대여해 주었다. 계약서상에는 연 10%의 이자율을 적용하여 2년 후에 원리금 ₩363,000을 일시에 지급하겠다고 되어 있다.

물음

1. 이자가 매년 1회 복리로 계산될 경우, 3년 후에 정기예금으로 인해 수령할 원리금은 얼마인가?
2. B회사에 현재 빌려 준 자금은 얼마인가?

해답

1. 미래가치

$500,000 \times 1.12^3 = 500,000 \times 1.40493 = 702,465$

2. 현재가치

$P \times 1.1^2 = 363,000 \rightarrow P = \dfrac{363,000}{1.1^2} = 300,000$ or $363,000 \times 0.82645 \fallingdotseq 300,000$

3 정상연금의 미래가치와 현재가치

단순현금흐름은 오직 현금흐름이 한 번 발생하는 것을 의미한다. 반면 정상연금(ordinary annuity)은 일정기간 말마다 일정한 금액을 지급하거나 받는 것을 의미한다. 연금의 미래가치나 현재가치를 구할 때는 현금흐름이 매기간 말에 있는 것으로 가정한다는 것에 주의하여야 한다. 따라서 특별한 언급이 없는 한 연금의 현금흐름은 기말에만 있으며 이를 정상연금이라 한다.

(1) 정상연금의 미래가치

예를 들어서 이자율이 연 10%인 상황에서 매년 말에 ₩100,000씩 3년간 불입하는 경우에 만기(3기간 말)에 받는 금액은 얼마인가? 다음과 같은 방법으로 구할 수 있다.

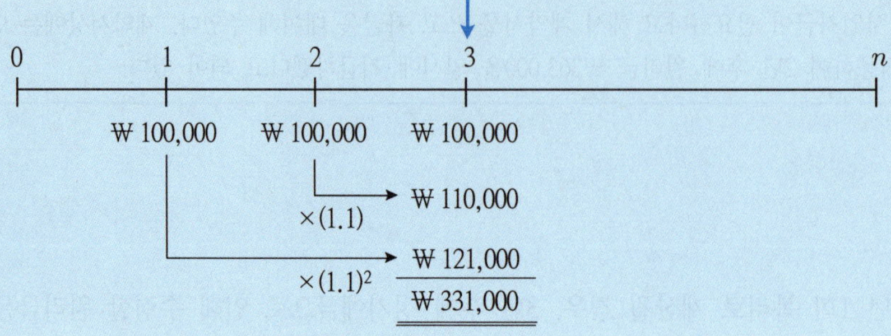

이를 수열을 이용하여 일반화하면 다음 식이 된다.

$$\text{정상연금의 미래가치} = A \times \left[\frac{(1+r)^n - 1}{r}\right] = 100{,}000 \times \frac{(1+0.1)^3 - 1}{0.1} = 331{,}000$$

위의 일반화된 식에 의하여 정상연금의 미래가치를 구할 수 있으나 이를 직접 계산하는 것은 매우 복잡하기 때문에 미리 각 이자율과 기간에 대하여 ₩1에 대한 정상연금의 미래가치 값을 구해둔 표가 있는데 이를 정상연금의 미래가치계수표 또는 연금의 복리이자요소표라 한다.

[정상연금의 미래가치계수표]

n \ r	4%	5%	6%	7%	8%	9%	10%
1	1.00000	1.00000	1.00000	1.00000	1.00000	1.00000	1.00000
2	2.04000	2.04500	2.06000	2.07000	2.08000	2.09000	2.10000
3	3.12160	3.13702	3.18360	3.21490	3.24640	3.27810	3.31000
4	4.24646	4.27819	4.37462	4.43994	4.50611	4.57313	4.64100
⋮	⋮	⋮	⋮	⋮	⋮	⋮	⋮

예를 들어 가로 10%와 세로 3이 만나는 칸의 값은 3.31000인데 이것은 이자율이 10%인 상황에서 3기간 동안 매년 말에 ₩1을 예입하는 경우에 정상연금의 미래가치 값이 ₩3.31이라는 뜻이다. 따라서 ₩100,000의 10%, 3기간 정상연금의 미래가치는 100,000×3.31000 = ₩331,000이 된다.

(2) 정상연금의 현재가치

예를 들어서 이자율이 연 10%인 상황에서 매년 말에 ₩100,000씩 3년간 현금을 수령하기로 한 경우에 이를 현재시점에서 일시에 받는다면 얼마에 해당할까? 즉, ₩100,000의 10%, 3기간 정상연금의 현재가치는 얼마인가? 다음과 같은 방법으로 구할 수 있다.

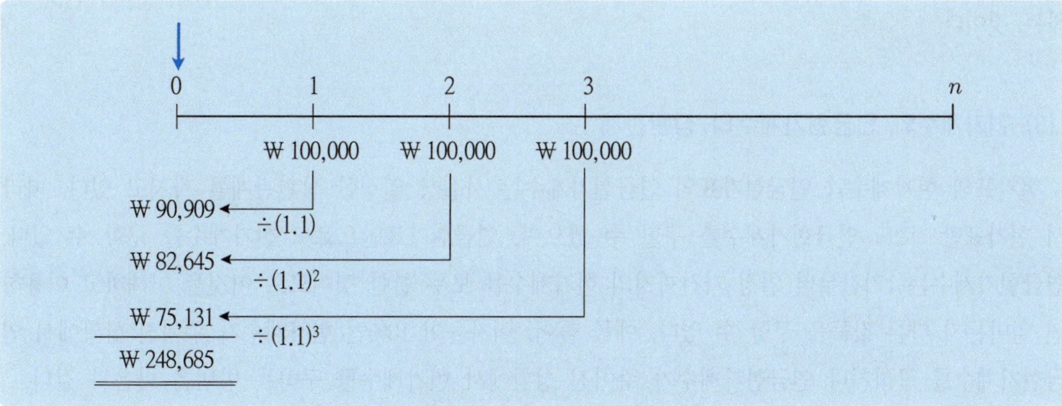

위의 공식은 등비수열을 이용하여 일반화한 정상연금의 현재가치를 산정하는 공식이다.

정상연금의 현재가치

$$= A \times \left[\frac{1 - \frac{1}{(1+r)^n}}{r} \right] = 100,000 \times \left[\frac{1 - \frac{1}{(1+0.1)^3}}{0.1} \right] = 248,685$$

위의 일반화된 식에 의하여 정상연금의 현재가치를 구할 수 있으나 이를 직접 계산하는 것은 매우 복잡하기 때문에 미리 각 이자율과 기간에 대하여 ₩1에 대한 연금의 현재가치 값을 구해 둔 표가 있는데 이를 정상연금의 현재가치계수표 또는 연금의 현가표라 한다.

[정상연금의 현재가치계수표]

n \ r	4%	5%	6%	7%	8%	9%	10%
1	0.96154	0.95238	0.94340	0.93458	0.92593	0.91743	0.90909
2	1.88609	1.85941	1.83339	1.80802	1.78326	1.75911	1.73554
3	2.77509	2.72325	2.67301	2.62432	2.57710	2.53129	2.48685
4	3.62990	3.54595	3.46511	3.38721	3.31213	3.23972	3.16987
⋮	⋮	⋮	⋮	⋮	⋮	⋮	⋮

예를 들어, 가로 10%와 세로 3이 만나는 칸의 값은 2.48685인데 이것은 이자율이 10%인 상황에서 3기간 동안 매년 말에 ₩1을 받기로 한 경우에 정상연금의 현재가치 값이 ₩2.48685라는 뜻이다. 이는 ₩3 중 원금의 비중이 ₩2.48685이며, 이자의 비중은 ₩0.51315이라는 것이다. 한편, ₩100,000의 10%, 3기간 정상연금의 현재가치는 100,000×2.48685=₩248,685며, 이는 매년 말 ₩100,000씩 세 번을 회수하는 ₩300,000에는 원금요소가 ₩248,685이며, 이자요소가 ₩51,315이 포함되어 있음을 의미하는 것이다.

(3) 현가계수와 연금현가계수의 상관관계

현가표의 현가계수와 연금현가표의 연금현가계수는 사실상 일정한 상관관계를 가지고 있다. 따라서 현가표만으로도 연금현가계수를 구할 수 있으며, 연금현가표만으로도 현가계수를 구할 수 있다. 연금현가계수는 1기간부터 일정 기간까지의 현가계수를 모두 합한 것이므로 이것을 이해하고 이용하면 얼마든지 다른 값들을 구할 수 있다. 예를 들어, 이자율이 10%인 현가계수가 주어진 상황에서 연금현가계수를 구하거나 연금현가계수가 주어진 상황에서 현가계수를 구하는 방법은 다음과 같다.

기 간	현가계수	연금현가계수	
1기	0.90909	0.90909	2기간 0.82645
2기	0.82645	0.90909 + 0.82645 = 1.73554	3기간 0.75131
3기	0.75131	0.90909 + 0.82645 + 0.75131 = 2.48685	

예제 5 정상연금의 미래가치와 현재가치

다음은 ㈜연금의 예금 및 사채에 대한 자료이다. 이자는 매년 1회 복리로 계산된다. 부록의 정상연금의 미래가치표와 현재가치표를 참고하여 다음에 답하시오.

> (1) 20×1년 초에 매년 말에 ₩200,000씩 4회 적립하는 정기적금에 가입하였는데 이자율은 연 8%이다.
> (2) 20×1년 초에 사채를 발행하여 자금을 조달하고 이자와 원금은 다음과 같은 방법으로 지급하기로 하였다. 이자율은 연 10%이다.

20×1. 1. 1	20×1.12.31	20×2.12.31	20×3.12.31
	40,000	40,000	40,000 500,000

물음

1. 20×4년 말에 정기적금으로부터 수령할 원리금은 얼마인가?
2. 20×1년 초 시점에서 사채의 표시이자와 만기원금의 현재가치는 얼마인가?

해답

1. 정상연금의 미래가치
   (1) 8%, 4기 정상연금의 미래가치계수 : 4.50611
   (2) 정상연금의 미래가치 : 200,000×4.50611 = ₩901,222

2. 사채 원리금의 현재가치
   (1) 이자 10%, 3기 정상연금의 현재가치계수 : 2.48685
   (2) 원금 10%, 3기 현재가치계수 : 0.75131
   (3) 현재가치의 계산 : 40,000×2.48685 + 500,000×0.75131 = 475,129

객관식 연습문제

01 A회사는 부동산매매를 주업으로 하는 회사이다. 당기 중에 토지를 취득하면서 1개월 만기어음 ₩10,000을 발행하였다. 이 거래를 분개하면?

①	(차)	유형자산	10,000	(대)	매입채무	10,000
②	(차)	재고자산	10,000	(대)	매입채무	10,000
③	(차)	유형자산	10,000	(대)	미지급금	10,000
④	(차)	재고자산	10,000	(대)	미지급금	10,000
⑤	(차)	유형자산	10,000	(대)	미지급비용	10,000

02 사채할인발행차금의 상각은 다음 각 항목에 어떤 영향을 미치는가?

	당기순이익	사채장부금액		당기순이익	사채장부금액
①	증가시킨다	증가시킨다	②	증가시킨다	감소시킨다
③	감소시킨다	감소시킨다	④	감소시킨다	증가시킨다
⑤	변화 없다	감소시킨다			

03 사채에 대한 다음 설명 중 옳지 않은 것은?

① 사채는 금융부채에 해당한다.
② 사채의 발행금액 보다 액면가액 높으면 할인발행이라 한다.
③ 사채 발행시점에서 시장이자율이 액면이자율 보다 높으면 할인발행된다.
④ K-IFRS는 정액법에 의한 사채발행차금 상각을 인정하지 않는다.
⑤ 사채와 관련된 미래현금흐름의 현재가치를 발행금액과 일치시켜주는 이자율을 시장이자율이라 한다.

04 사채에 관한 다음 내용 중 옳지 않은 것은? 단, 유효이자율법을 적용한다.

① 할인발행된 경우 사채의 장부금액은 사채 만기로 갈수록 매기 증가한다.
② 할증발행된 경우 사채의 장부금액은 사채 만기로 갈수록 매기 감소한다.
③ 할증발행된 경우 인식할 이자비용은 사채 만기로 갈수록 매기 감소한다.
④ 할인발행차금상각액은 사채 만기로 갈수록 매기 증가한다.
⑤ 할증발행차금상각액은 사채 만기로 갈수록 매기 감소한다.

05 다음 설명 중 옳지 않은 것은?

① 사채발행회사는 사채의 시장이자율이 변동되더라도 사채 발행시점의 유효이자율을 계속 적용하여 이자비용을 인식한다.
② 사채발행일의 시장이자율이 액면이자율보다 낮으면 할증발행된다.
③ 사채를 할인발행한 경우 사채의 액면이자는 기간 별로 동일하다.
④ 사채를 할인발행한 경우 사채발행기간 동안 사채발행회사가 인식할 이자비용은 만기에 가까워질수록 증가한다.
⑤ 사채 발행시점의 시장이자율 보다 중도 상환시점의 시장이자율이 높아지면 사채발행회사는 사채상환시점에서 상환손실을 인식하게 된다.

06 A회사는 20×2년 1월 1일 사채를 발행하였다. 발행일의 분개로 옳은 것은?

액 면 :	₩1,000,000	연 이 율 :	9%
발행가액 :	980,000	이자지급 :	연 1회(매년 12월 31일)

①	(차) 현 금	980,000	(대) 사 채	1,000,000
	사채할인발행차금	20,000		
②	(차) 현 금	980,000	(대) 사 채	1,000,000
	사채할증발행차금	20,000		
③	(차) 현 금	980,000	(대) 사 채	980,000
④	(차) 사 채	980,000	(대) 현 금	1,000,000
	사채할인발행차금	20,000		
⑤	(차) 사 채	980,000	(대) 현 금	980,000

07 A회사와 B회사는 20×1년 1월 1일에 액면가액 ₩100,000이고 액면이자가 연 10%인 3년 만기 사채를 각각 발행하였는데 A회사는 사채를 ₩95,000에 발행하였고 B회사는 사채를 ₩102,500에 발행하였다. A회사와 B회사가 사채기간 동안 인식할 총이자비용을 순서대로 나타낸 것은?

① ₩25,000과 ₩32,500
② ₩30,000과 ₩32,500
③ ₩30,000과 ₩30,000
④ ₩35,000과 ₩27,500
⑤ ₩35,000과 ₩32,500

08 A회사는 20×1년 1월 1일 액면 ₩1,000,000의 사채를 ₩975,562에 할인발행 하였다. 그 후 이 사채와 관련된 분개 내역은 아래와 같다. 이 사채 전액을 20×1년 12월 31일 ₩950,000에 상환한 경우 사채상환이익 또는 손실은 얼마인가?

20×1. 1. 1	(차)	현　금	975,562	(대)	사　채	1,000,000
		사채할인발행차금	24,438			
20×1.12.31	(차)	이자비용	107,312	(대)	현　금	100,000
					사채할인발행차금	7,312

① 상환이익 ₩100,000
② 상환손실 ₩17,126
③ 상환손실 ₩31,750
④ 상환이익 ₩32,874
⑤ 상환이익 ₩25,562

09 ㈜한국은 20×1년 초 상각후원가로 측정하는 액면금액 ₩1,000,000의 사채(만기 3년, 표시이자율 연 8%, 이자는 매년말 후급)를 ₩950,250에 발행하였다. 동 사채와 관련하여 ㈜한국이 20×1년도 포괄손익계산서에 인식한 이자비용은 ₩95,025이다. ㈜한국이 20×3년 초에 동 사채 전부를 ₩980,000에 조기상환하였을 때, 인식할 사채상환손익은 얼마인가?

① 상환손실 ₩14,725
② 상환손실 ₩5,296
③ 상환손실 ₩6,528
④ 상환이익 ₩1,528
⑤ 상환이익 ₩1,803

10 A회사는 20×1년 초 시장이자율이 연 9%일 때 액면금액이 ₩1,000,000이고 만기가 3년인 회사채를 ₩924,100에 할인발행하였다. 이 회사채는 매년 말 이자를 지급한다. 이 회사채의 20×2년 초 장부금액이 ₩947,269이라면, 이 회사채의 표시이자율은 얼마인가?

① 5% ② 6% ③ 7% ④ 8% ⑤ 9%

11 다음 중 충당부채와 우발부채에 대한 설명으로 옳지 않은 것은?

① 충당부채는 지출의 시기 또는 금액이 불확실하나 부채의 인식요건을 모두 충족하는 것이다.
② 우발부채는 재무제표에 부채로 인식하지 않는다.
③ 충당부채는 재무제표에 부채로 인식한다.
④ 충당부채는 의무의 상대방이 누구인지 반드시 알아야 하는 것은 아니다.
⑤ 재무상태표일 현재 존재하는 의무이면 그 의무 이행을 위한 자원의 유출가능성이 높지 않은 경우에도 재무제표 본문에 충당부채로 반영할 수 있다.

12 부채에 대한 다음 설명 중에서 가장 옳지 않은 것은?

① 부채는 특정기업실체가 과거의 거래나 사건으로부터 발생하여 현재시점에서 부담하는 경제적 의무이다.
② 장기차입금은 일반적으로 비유동부채로 분류하나, 재무상태표일로부터 1년 이내에 상환일이 도래하는 장기차입금은 유동부채로 대체한다.
③ 자원의 유출가능성이 아주 낮은 우발부채는 주석공시한다.
④ 선수금은 현금을 지급할 의무는 아니지만 부채에 해당한다.
⑤ 미지급비용, 선수수익, 예수금은 모두 부채에 해당한다.

13 A회사는 20×1년 10월 1일 A제품을 ₩50,000에 판매하였다. 이 제품은 1년 동안 제품의 하자를 보증하며, 과거의 경험에 의하면 판매보증기간 중에 매출액의 10%의 판매보증비용이 발생할 것으로 추정된다. 20×1년에 실제로 판매보증이 ₩4,000있었다. 결산일인 20×1년 12월 말에 재무상태표에 계상할 판매보증충당부채는 얼마인가?

① ₩10,000 ② ₩6,000 ③ ₩4,000 ④ ₩1,000 ⑤ 부채인식 없음

14 A회사는 20×1년 초에 가방판매업을 시작하면서 2년간의 보증수리를 보장하고 있다. 과거의 경험으로 보아 판매한 후 매출액의 4%의 보증비용이 발생할 것으로 추정된다. 20×1년과 20×2년의 매출액과 실제 발생한 보증수리 비용은 다음과 같다. 20×2년 말 현재 판매보증충당부채의 잔액은 얼마인가?

	매 출 액	실제보증비용
20×1년	₩90,000,000	₩1,400,000
20×2년	240,000,000	3,200,000

① ₩1,200,000　② ₩3,300,000
③ ₩8,600,000　④ ₩11,200,000
⑤ ₩13,200,000

객관식 연습문제 해답 및 해설

01. ②	02. ④	03. ⑤	04. ⑤	05. ⑤	06. ①	07. ④	08. ④	09. ⑤	10. ②
11. ⑤	12. ③	13. ④	14. ③						

01 ②

부동산매매를 주업으로 하므로 토지는 상품에 해당한다. 따라서 재고자산과 매입채무로 기록해야 한다. 한편, 일반 제조회사나 판매회사인 경우라면 토지는 유형자산에 해당하므로 토지와 미지급금으로 기록해야 한다.

02 ④

사채할인발행차금은 이자비용을 증가시키므로 당기순이익이 감소한다. 한편, 사채할인발행차금은 사채의 차감계정이므로 사채할인발행차금을 상각하면 미상각잔액이 적어져서 사채장부금액은 증가한다.

03 ⑤

사채 관련 미래현금흐름의 현재가치를 발행금액과 일치시켜주는 이자율을 유효이자율이라 한다.

04 ⑤

사채할인발행차금이든 사채할증발행차금이든 유효이자율법으로 상각을 하면 기간 경과에 따라 상각액은 증가한다.

05 ⑤

사채 발행시점의 시장이자율 보다 중도 상환시점의 시장이자율이 높아지면 상환이익이 발생한다.

06 ①

사채 액면가액과 발행가액의 차이는 사채할인발행차금으로 계상한다. 사채할인발행차금은 사채에서 차감하는 형식으로 기록한다.

07 ④

(1) A회사의 이자비용 : 10,000×3년+5,000=₩35,000

(2) B회사의 이자비용 : 10,000×3년−2,500=₩27,500

08 ④

- 사채장부금액 : 975,562+7,312=₩982,874
- 사채상환이익 : 982,874−950,000=₩32,874

09 ⑤

날 짜	유효이자(10%)	액면이자(8%)	차금상각	장부금액
20×1년 초				950,250
20×1년 말	95,025	80,000	15,025	965,275
20×2년 말	96,528	80,000	16,528	981,803

20×3년 초 상환이익 : (965,275+16,528)−980,000=1,803

10 ②

날 짜	유효이자(9%)	액면이자(?)	차금상각	장부금액
20×1. 1. 1				924,100
20×1.12.31	① 83,169	③ 60,000	② 23,169	947,269

① 924,100×9%=83,169

② 947,269−924,100=23,169

③ 83,169−23,169=60,000

∴ 액면이자율 $= \frac{60,000}{1,000,000} = 6\%$

11 ⑤

충당부채로 인식하기 위해서는 과거의 거래나 사건의 결과 현재의무가 존재하며, 자원의 유출가능성이 높고, 신뢰성 있게 추정가능해야 한다.

12 ③

자원의 유출가능성이 아주 낮은 우발부채는 공시하지 않는다.

13 ④

₩50,000 × 10% − ₩4,000 (판매보증비 지출액) = ₩1,000

14 ③

- 예상보증비용 : (90,000,000 + 240,000,000) × 4% = ₩13,200,000
- 실제보증비용 : 1,400,000 + 3,200,000 = ₩4,600,000
- 보증충당부채 잔액 : 13,200,000 − 4,600,000 = ₩8,600,000
- 예상보증비용을 판매시점에서 보증비용으로 인식하고 동액을 충당부채로 설정한다. 이후 실제로 보증비용이 지출될 때 충당부채에서 차감한다.

주관식 연습문제

유동부채 종합

01 A회사의 20×1년 말 현재 재무상태표의 유동부채의 내역은 다음과 같다.

매입채무	₩15,000
미지급급여	5,000
소득세예수금	4,200
유동성장기부채	3,700
단기차입금*	4,000

* 단기차입금은 당좌차월금액이다.

20×2년 중에 다음과 같은 관련 거래가 발생하였다.

1월 3일	20×1년 말 매출채권 중 ₩10,000이 회수되어 당좌예입 하였다.
1월 25일	20×1년 말 매입채무 ₩15,000을 전액 지급하였다. 이 중 ₩8,000에 대하여는 2%의 할인을 받았다.
1월 30일	급여와 관련된 부채를 모두 현금으로 지급하였다.
6월 1일	은행으로부터 1년 만기로 ₩20,000을 차입하였다. 이자율은 연 12%이며 이자와 원금은 만기에 일시에 지급하기로 하였다.
7월 15일	원가 ₩56,000인 상품을 ₩80,000에 외상으로 판매하고 1개월 만기 어음을 수령하였다. 이 회사는 계속기록법으로 기장을 한다.
8월 15일	받을어음을 거래 은행에 추심 의뢰하여 추심이 완료되었다.
10월 20일	유동성장기부채 전액을 현금으로 지급하였다.
12월 31일	12월 한 달 동안의 급여 ₩22,000과 이에 대한 소득세예수금 ₩1,200이 발생하였다. 현재 급여는 지급되지 않은 상태이다.

요구사항

위 거래를 시점별로 분개하고 기말에 필요한 수정분개를 하시오.

사채의 시장가격 결정

02 A회사, B회사 및 C회사는 20×1년 초에 사채를 각각 발행했는데 이자지급일은 모두 매년 12월 31일이다.

(1) 사채 관련 자료

	액면가액	액면이자	만기일	시장이자율	
				20×1. 1. 1	20×2. 1. 1
A회사	₩500,000	연 6%	20×3.12.31	8%	12%
B회사	₩400,000	연 10%	20×3.12.31	12%	10%
C회사	₩200,000	연 11%	20×2.12.31	8%	10%

(2) 관련 현가계수

	현가계수			연금현가계수		
	1기간	2기간	3기간	1기간	2기간	3기간
8%	0.92593	0.85734	0.79383	0.92593	1.78326	2.57710
10%	0.90909	0.82645	0.75131	0.90909	1.73554	2.48685
12%	0.89286	0.79719	0.71178	0.89286	1.69005	2.40183

요구사항

1. A회사가 발행한 사채의 20×1년 초와 20×2년 초의 시장가격은 각각 얼마인가?
2. B회사가 발행한 사채의 20×1년 초와 20×2년 초의 시장가격은 각각 얼마인가?
3. C회사가 발행한 사채의 20×1년 초와 20×2년 초의 시장가격은 각각 얼마인가?

사채의 할인발행

03 12월말 법인인 A회사가 발행한 사채와 관련된 자료는 다음과 같다.

(1) 발 행 일	20×1년 1월 1일	(2) 만 기	20×3년 12월 31일
(3) 액면가액	₩1,000,000	(4) 액면이자율	연 8%
(5) 이자지급일	매년 12. 31	(6) 발행일 시장이자율	연 10%
(7) 3기, 10% 현가	0.75131	(8) 3기, 10% 연금현가	2.48685

요구사항

1. 사채의 발행가액을 결정하시오.
2. A회사가 사채를 만기에 일시 상환하였다고 가정할 경우 각 시점의 회계처리를 모두 제시하시오.
3. 20×1년 초와 20×1년 말 사채 관련 부분재무상태표를 제시하시오.

사채의 할증발행

04 12월말 법인인 A회사가 발행한 사채와 관련된 내용은 다음과 같다.

(1) 발 행 일	20×1년 1월 1일	(2) 만 기	20×3년 12월 31일
(3) 액면가액	₩1,000,000	(4) 액면이자율	연 12%
(5) 이자지급일	매년 12. 31	(6) 발행일 시장이자율	연 10%
(7) 3기, 10% 현가	0.75131	(8) 3기, 10% 연금현가	2.48685

요구사항

1. 사채의 발행가액을 결정하시오.
2. A회사가 사채를 만기에 상환하였다고 가정할 경우 각 시점의 회계처리를 모두 제시하시오.
3. 20×1년 초와 20×1년 말의 사채 관련 부분재무상태표를 제시하시오.

사채의 조기상환

05 12월말 법인인 A회사는 20×1년 1월 1일에 액면가액이 ₩1,000,000인 2년 만기 사채를 발행하였는데 사채의 액면이자율은 연 10%이고 액면이자는 매년 12월 31에 지급하며 발행시점의 시장이자율은 연 14%였다. 동 사채 중 60%를 20×2년 초에 ₩560,000에 상환하였으며, 나머지는 만기에 상환하였다. 관련 현가계수는 다음과 같다.

> [2기, 14%] 현가계수 = 0.76947
> [2기, 14%] 연금현가계수 = 1.64666

요구사항

1. 발행가액을 산정하고, 상각표를 작성하시오.
2. 20×1년 초부터 20×2년 말까지 필요한 회계처리를 제시하시오.
3. 사채상환이익이나 상환손실이 발생하는 이유는 무엇이며, 어떤 경우에 상환이익과 상환손실이 발생하는지 설명하시오.

화폐의 시간가치

06 다음 각 사례에 대하여 부록에 있는 현가계수표 또는 미래가치계수표를 이용하여 답하시오.

> [2기, 14%] 현가계수 = 0.76947
> [2기, 14%] 연금현가계수 = 1.64666

요구사항

〈사례1〉 현금 ₩1,000,000을 연 10% 이자율로 정기예금에 저축한 경우 5년 후의 미래가치는 얼마인가?

〈사례2〉 연간 이자율이 10%일 때 ₩1,000,000을 연 2회 복리로 이자를 계산하는 경우 5년 후의 미래가치는 얼마인가?

〈사례3〉 이자율이 12%일 때, 연 4회 복리로 이자를 계산하는 경우 2년 후 ₩1,000,000의 현재가치는 얼마인가?

〈사례4〉 A에 투자하면 4년 후에 ₩3,000,000의 현금이 유입되고, B에 투자하면 12년 후에 ₩5,000,000의 현금이 유입된다. 이자율이 10%일 때 어디에 투자하는 것이 더 유리한가?

〈사례5〉 김씨는 앞으로 5년간 매년 말에 ₩1,000,000씩의 연금을 지급받는다. 김씨는 연금을 받으면 즉시 정기적금하려 한다. 5년간 정기적금을 할 경우 5년 후에 수령할 총액은 얼마인가? 단, 정기적금의 이자율은 10%이다.

〈사례6〉 앞으로 5년간 매년 말에 ₩1,000,000씩의 연금을 지급받기로 약속한 금액을 현재 일시불로 지급받고 싶다면 얼마를 받아야 하는가? 단, 이자율을 연 10%이다.

〈사례7〉 20×1년 초에 토지를 취득하면서 다음과 같이 대금을 분할하여 지급하기로 하였다. 토지의 취득가액은 얼마인가? 단, 이자율은 연 10%이다.

20×1. 1. 1	20×1.12.31	20×2.12.31	20×3.12.31
₩200,000	₩200,000	₩200,000	₩300,000

주관식 연습문제 해답 및 해설

01 해답

일자		차변 과목	금액			대변 과목	금액
20×2. 1. 3	(차)	당좌차월	4,000		(대)	매출채권	10,000
		당좌예금	6,000				
20×2. 1.25	(차)	매입채무	15,000		(대)	현 금	14,840
						상 품	160
20×2. 1.30	(차)	미지급급여	5,000		(대)	현 금	9,200
		소득세예수금	4,200				
20×2. 6. 1	(차)	현 금	20,000		(대)	단기차입금	20,000
20×2. 7.15	(차)	받을어음	80,000		(대)	매 출	80,000
		매출원가	56,000			상 품	56,000
20×2. 8.15	(차)	당좌예금	80,000		(대)	받을어음	80,000
20×2.10.20	(차)	유동성장기부채	3,700		(대)	현 금	3,700
20×2.12.31	(차)	급 여	22,000		(대)	미지급급여	20,800
						소득세예수금	1,200
	(차)	이자비용	1,400	*	(대)	미지급이자	1,400

* 20,000×12%×7/12 = 1,400

해설

1. 당좌차월은 당좌예금이 음(-)의 값이 되었을 때 발생하는 것이므로 당좌예금이 증가하면 먼저 당좌차월을 감소시킨다.
2. 외상매출금이나 받을어음을 재무제표에 표시할 때는 매출채권으로 통합하므로 분개를 물어보는 문제에서는 받을어음이나 매출채권 중 어떤 것을 사용해도 무방하다.
3. 기간이 경과하였으나 이자를 지급하지 않았으므로 기말수정분개를 통하여 미지급이자(부채)를 인식한다.

02 해답

1. A회사

액면이자 : 500,000 × 6% = ₩30,000

(1) 20×1. 1. 1 (3기간, 8%) : 500,000 × 0.79383 + 30,000 × 2.57710 = ₩474,228

(2) 20×2. 1. 1 (2기간, 12%) : 500,000 × 0.79719 + 30,000 × 1.69005 = ₩449,297

2. B회사

액면이자 : 400,000 × 10% = ₩40,000

(1) 20×1. 1. 1 (3기간, 12%) : 400,000 × 0.71178 + 40,000 × 2.40183 = ₩380,785

(2) 20×2. 1. 1 (2기간, 10%) : 400,000 × 0.82645 + 40,000 × 1.73554 = ₩400,000

3. C회사

액면이자 : 200,000 × 11% = ₩22,000

(1) 20×1. 1. 1 (2기간, 8%) : 200,000 × 0.85734 + 22,000 × 1.78326 = ₩210,700

(2) 20×2. 1. 1 (1기간, 10%) : 200,000 × 0.90909 + 22,000 × 0.90909 = ₩201,818

03 해답

1. 사채발행가액

1,000,000 × 0.75131 + 80,000 × 2.48685 = ₩950,258

2. 각 시점 회계처리

일 시	유효이자	액면이자	차이금액상각	장부금액
20×1. 1. 1				950,258
20×1.12.31	95,026	80,000	15,026	965,284
20×2.12.31	96,528	80,000	16,528	981,812
20×3.12.31	98,188	80,000	18,188	1,000,000
	289,742	240,000	49,742	

일자	차변	금액	대변	금액
20×1. 1. 1	(차) 현 금	950,258	(대) 사 채	1,000,000
	사채할인발행차금	49,742		
20×1.12.31	(차) 이자비용	95,026	(대) 현 금	80,000
			사채할인발행차금	15,026
20×2.12.31	(차) 이자비용	96,528	(대) 현 금	80,000
			사채할인발행차금	16,528
20×3.12.31	(차) 이자비용	98,188	(대) 현 금	80,000
			사채할인발행차금	18,188
	(차) 사 채	1,000,000	(대) 현 금	1,000,000

3. 부분재무상태표

	20×1. 1. 1		20×1.12.31	
사　　채	1,000,000		1,000,000	
사채할인발행차금	(49,742)	950,258	(34,716)*	965,284

* 49,742 - 15,026 = 34,716

04 해답

1. 사채발행가액

1,000,000 × 0.75131 + 120,000 × 2.48685 = ₩1,049,732

2. 각 시점 회계처리

일 시	유효이자	액면이자	차이금액상각	장부금액
20×1. 1. 1				1,049,732
20×1.12.31	104,973	120,000	15,027	1,034,705
20×2.12.31	103,471	120,000	16,529	1,018,176
20×3.12.31	101,824	120,000	18,176	1,000,000
	310,268	360,000	49,732	

일자	차변	금액	대변	금액
20×1. 1. 1	(차) 현　　금	1,049,732	(대) 사　　채	1,000,000
			사채할증발행차금	49,732
20×1.12.31	(차) 이자비용	104,973	(대) 현　　금	120,000
	사채할증발행차금	15,027		
20×2.12.31	(차) 이자비용	103,471	(대) 현　　금	120,000
	사채할증발행차금	16,529		
20×3.12.31	(차) 이자비용	101,824	(대) 현　　금	120,000
	사채할증발행차금	18,176		
	(차) 사　　채	1,000,000	(대) 현　　금	1,000,000

3. 부분재무상태표

	20×1. 1. 1		20×1.12.31	
사　　채	1,000,000		1,000,000	
사채할증발행차금	49,742	1,049,732	34,705*	1,034,705

* 49,732 - 15,027 = 34,705

05 해답

1. (1) 발행가액

$1,000,000 \times 0.76947 + 100,000 \times 1.64666 = ₩934,136$

(2) 상각표

일 시	유효이자	액면이자	차이금액상각	장부금액
20×1. 1. 1				934,136
20×1.12.31	130,779	100,000	30,779	964,915
20×2.12.31	135,085	100,000	35,085	1,000,000
	265,864	200,000	65,864	

2. 회계처리

일자	차변	금액	대변	금액
20×1. 1. 1	(차) 현 금	934,136	(대) 사 채	1,000,000
	사채할인발행차금	65,864		
20×1.12.31	(차) 이자비용	130,779	(대) 현 금	100,000
			사채할인발행차금	30,779
20×2. 1. 1	(차) 사 채	600,000	(대) 현 금	560,000
			사채할인발행차금*	21,051
			사채상환이익	18,949
	* 35,085(미상각잔액)×60% = 21,051			
20×2.12.31	(차) 이자비용	54,034 *1	(대) 현 금*2	40,000
			사채할인발행차금*3	14,034
	(차) 사 채	400,000	(대) 현 금	400,000
	*1 135,085×40% = ₩54,034 *2 100,000×40% = ₩40,000			
	*3 35,085×40% = ₩14,034			
	→ 사채의 일부를 상환하게 되면 남은 부분에 대하여만 이자비용을 인식한다. 따라서 이자비용, 액면이자 및 사채할인발행차금상각액을 남아 있는 비율(40%)에 따라 계산한다.			

3. 상환손익이 발생하는 이유

사채를 조기상환하는 경우에 사채 발행시점의 시장이자율과 상환시점의 시장이자율이 상이하면 상환손익이 발생한다. 시장이자율이 상승하면 장부금액보다 사채의 시장가치가 하락하므로 상환이익이 발생하고, 시장이자율이 하락하면 장부금액보다 사채의 시장가치가 상승하여 상환손실이 발생한다.

06 해답

〈사례1〉

① 10%, 5기간 미래가치계수 : 1.61051

② 미래가치 : 1,000,000 × 1.61051 = ₩1,610,510

[별해] 1,000,000 × $(1.1)^5$ = ₩1,610,510

〈사례2〉

① 5%, 10기간 미래가치계수 : 1.62889

② 미래가치 : 1,000,000 × 1.62889 = ₩1,628,890

[별해] 1,000,000 × $(1.05)^{10}$ = ₩1,628,890

〈사례3〉

① 3%, 8기간 현가계수 : 0.78941

② 현재가치 : 1,000,000 × 0.78941 = ₩789,410

[별해] 1,000,000 ÷ $(1.03)^8$ = ₩789,410

〈사례4〉

① 10%, 4기간 현가계수 : 0.68301

② 10%, 12기간 현가계수 : 0.31863

③ A의 현재가치 : 3,000,000 × 0.68301 = ₩2,049,030

④ B의 현재가치 : 5,000,000 × 0.31863 = ₩1,593,150

∴ A에 투자하는 것이 유리하다.

〈사례5〉

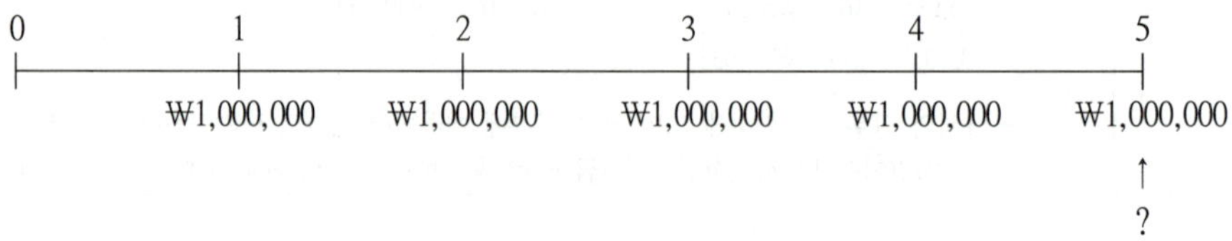

① 10%, 5기간 연금미래가치계수 : 6.10510

② 정기적금의 미래가치 : 1,000,000 × 6.10510 = ₩6,105,100

〈사례6〉

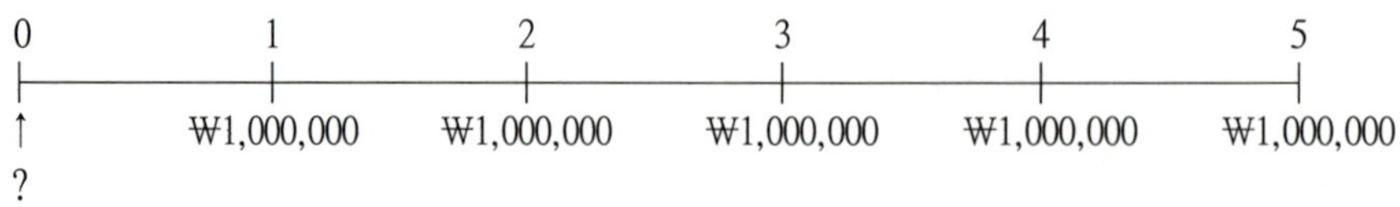

① 10%, 5기간 연금현가계수 : 3.79079

② 연금의 현재가치 : 1,000,000 × 3.79079 = ₩3,790,790

〈사례7〉

① 10%, 3기간 연금현가계수 : 2.48685

② 10%, 3기간 현가계수 : 0.75131

③ 200,000 + 200,000 × 2.48685 + 100,000 × 0.75131 = ₩772,501

[별해] 10%, 2기간 연금현가계수 : 1.73554, 10%, 3기간 현가계수 : 0.75131

➡ 200,000 + 200,000 × 1.73554 + 300,000 × 0.75131 = ₩772,501

CHAPTER 10

자 본

ACCOUNTING PRINCIPLE

제 1 절 자본의 의의

1 자본의 정의 및 측정

자본은 기업의 자산에서 모든 부채를 차감한 잔여지분[1]을 말한다. 즉 자본은 기업이 보유하고 있는 경제적 자원 중 소유주인 주주에게 귀속되는 지분을 말하는 것으로 '주주지분'이라고도 하며, 타인자본인 부채와 구분하여 '자기자본'이라고도 한다. 또한 자본은 자산에서 부채를 차감한 잔여지분이므로 독립적으로 측정할 수 없으며, 자산과 부채의 측정을 통해서만이 자본을 측정할 수 있으므로 '순자산'이라고도 한다.

[자본의 분류]

재무상태표

A회사　　　　20×1년 12월 31일 현재　　　　(단위 : 원)

유동자산		유동부채	
1. 현금및현금성자산	×××	1. 매입채무와 기타채무	×××
2. 단기투자금융자산	×××	2. 당기법인세부채	×××
3. 매출채권과 기타채권	×××	3. 단기차입금	×××
4. 재고자산	×××	4. 유동성장기차입금	×××
비유동자산		비유동부채	
1. 장기투자금융자산	×××	1. 장기차입금	×××
2. 유형자산	×××	2. 장기성충당부채	×××
3. 무형자산	×××	3. 확정급여부채	×××
4. 투자부동산		⋮	⋮
⋮	⋮	자 본	
		1. 납입자본	×××
		2. 기타자본구성요소	×××
		3. 이익잉여금	×××

국제회계기준에서는 자본을 크게 납입자본과 이익잉여금, 기타자본구성요소의 세 가지로 대분류하고 있다. 하지만, 납입자본과 기타자본구성요소의 분류 안에 어떤 항목이 포함되는지에 대한 명확한 규정이 없다. 반면에, 일반기업회계기준에서는 우리나라의 상법규정에 근거하여 자본을 아래의 다섯 가

1) Equity is the residual interest in the assets of the entity after deducting all its liabilities.

지로 분류하여 표시하고 있으며, 국제회계기준을 적용하는 많은 기업이 이 분류방식에 근거하여 재무제표를 작성한다.

[자본의 구성]

측정방법	정 의	거래의 구분	국제회계기준	일반기업회계기준
자산 – 부채	자 본	자본거래	납입자본	자 본 금
				자본잉여금
			기타자본구성요소	자본조정항목
		손익거래		기타포괄손익누계액
			이익잉여금	이익잉여금

(1) **자본금** : 상법의 규정에 의해 발행한 주식의 액면금액 총액
(2) **자본잉여금** : 증자나 감자 등 주주와의 거래에서 발생하여 자본을 증가시키는 잉여금
(3) **자본조정** : 당해 항목의 성격으로 보아 자본거래에 해당하나 최종 납입된 자본으로 볼 수 없거나 자본의 가감 성격으로 자본금이나 자본잉여금으로 분류할 수 없는 항목
(4) **기타포괄손익누계액** : 보고기간종료일 현재의 기타포괄손익-공정가치 측정 금융상품평가손익, 해외사업환산손익, 현금흐름위험회피 파생상품평가손익 등의 잔액
(5) **이익잉여금** : 손익계산서에 보고된 손익과 다른 자본항목에서 이입된 금액의 합계액에서 주주에 대한 배당, 자본금으로의 전입 및 자본조정 항목의 상각 등으로 처분된 금액을 차감한 잔액

본서에서는 수험목적으로의 설명 편의를 위해 국제회계기준에 구체적인 규정이 없는 자본의 분류와 관련 거래의 회계처리에 대하여는 일반기업회계기준과 우리나라의 상법의 규정에 따를 것이다. 실제 시험 문제에서는 문제의 단서로 자본의 분류와 관련 거래의 회계처리 방법에 대하여 구체적인 제시를 해준다. 따라서 실전에서는 제시된 단서에 따라 문제를 풀이하면 된다.

[상장기업의 자본 분류표시 사례]

삼성전자		SK하이닉스		현대자동차	
우선주자본금	119,467	자 본 금	3,657,652	자 본 금	1,488,993
보통주자본금	778,047	자본잉여금	4,375,998	자본잉여금	4,209,111
주식발행초과금	4,403,893	기타자본	(2,311,408)	기타자본항목	(1,713,928)
이익잉여금	221,190,271	기타포괄손익누계액	27,370	기타포괄손익누계액	(257,239)
기타자본항목	(283,644)	이익잉여금	54,413,210	이익잉여금	52,028,878
자본총계	226,208,034	자본총계	60,162,822	자본총계	55,755,815

2 자본의 변동

자산과 부채는 유동성에 따라 재무상태표에 분류표시하지만, 자본은 순자산의 변동원천별로 재무상태표에 분류표시한다. 자본은 변동원인을 기준으로 다음과 같이 분류 할 수 있다.

(1) 자본거래 발생항목

자본거래(capital transaction)는 거래상대방이 회사의 현재 주주나 잠재적 주주인 거래를 말한다. 이러한 자본거래에서 발생하는 자본항목은 그 성격에 따라 자본금, 자본잉여금과 자본조정항목으로 구분한다. 자본거래는 기업의 소유주와의 거래이므로 절대로 당기손익에 반영하여서는 안 되며, 또한 자본거래에서 발생한 잉여금은 이익잉여금과는 달리 현금배당으로 주주에게 지급할 수 없다[2].

(2) 손익거래 발생항목

손익거래(income transaction)는 회사의 순자산 변동분 중 주주와의 자본거래를 제외한 나머지의 모든 거래를 말한다. 주주와의 자본거래를 제외한 모든 거래라는 의미로 '포괄손익거래'라고도 한다. 이러한 포괄손익은 실현가능성의 여부의 판단에 따라 당기순손익과 기타포괄손익으로 세분한다. 당기순손익은 손익계정 마감을 통해 이익잉여금으로 표시하며, 자본잉여금과는 달리 이익잉여금은 현금배당을 통해 주주에게 지급할 수 있다. 한편, 장기성미실현손익인 기타포괄손익은 자본항목인 기타포괄손익누계액에 직접 반영하여 표시한다.

[순자산변동거래의 분류방법]

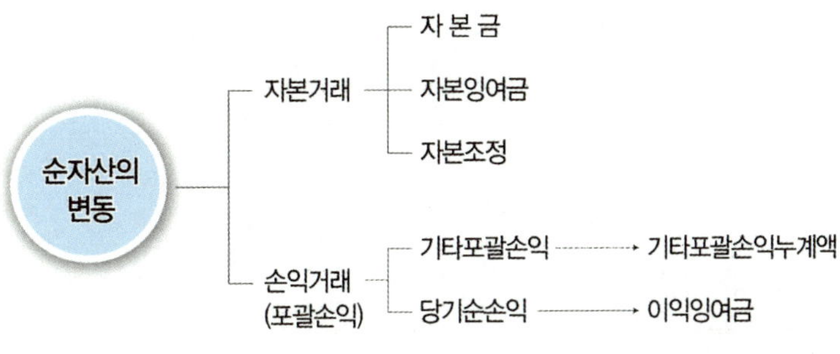

2) 우리나라 상법에서는 자본잉여금을 자본준비금이라 하며, 상법규정(상법 제460조, 제461조)에 의하여 자본준비금은 결손보전과 자본금전입이외의 목적으로는 사용할 수가 없다.

3 주식회사의 자본금

주식회사의 자본금(capital stock)은 회사가 보유하고 있는 순자산인 자본을 말하는 것이 아니라, 회사가 항상 유지하고 있어야 하는 규범적인 측면에서의 자산의 액수를 의미하는 것이다.

(1) 자본금의 의의

회계상 자본금[3]은 주주가 납입한 자본 중 상법의 규정에 따라 자본금으로 계상한 부분을 말한다. 따라서 액면주식을 발행한 회사의 경우 자본금은 상법상 회사가 발행한 주식의 총수에 주당 액면금액을 곱한 금액이다.

(2) 주식의 종류

회사는 여러 가지 종류의 주식을 발행할 수 있다. 이 경우 주식의 보유자인 주주는 기업이 지급하는 배당과 기업의 잔여재산을 분배받을 수 있는 재산권과 기업의 의사결정에 참여할 수 있는 권리인 의결권 모두를 가지게 된다. 이 두 가지 권리를 모두 가지고 있으며, 기업이 발행한 여러 가지 종류의 주식의 기준이 되는 주식을 보통주(common stock)라 한다. 하지만, 회사는 정관의 규정에 따라 이익의 배당 등에 있어 우선적지위에 있는 우선주(preferred stock)를 발행[4]할 수도 있다. 일반적으로 우선주는 기업의 의사결정에 참여할 수 있는 권리인 의결권이 없다. 따라서 보통주보다 배당과 잔여재산을 분배받을 수 있는 권리 등을 우선하여 제공하므로 이를 우선주라 부르는 것이다.

---

3) 상법 제451조 [자본금]

① 회사의 자본금은 이 법에서 달리 규정한 경우 외에는 발행주식의 액면총액으로 한다.

② 회사가 무액면주식을 발행하는 경우 회사의 자본금은 주식 발행가액의 2분의 1 이상의 금액으로서 이사회나 주주총회에서 자본금으로 계상하기로 한 금액의 총액으로 한다. 이 경우 주식의 발행가액 중 자본금으로 계상하지 아니하는 금액은 자본준비금으로 계상하여야 한다.

4) 상법 제344조 [종류주식]

① 회사는 이익의 배당, 잔여재산의 분배, 주주총회에서의 의결권의 행사, 상환 및 전환 등에 관하여 내용이 다른 종류의 주식을 발행할 수 있다.

② 제1항의 경우에는 정관으로 각 종류주식의 내용과 수를 정하여야 한다.

제 2 절 자본거래의 회계처리

국제회계기준에서는 자본을 자본거래요소와 손익거래요소로 구분하여 다음과 같이 분류하고 있다. 여기에서는 자본거래의 결과인 자본금과 자본잉여금, 그리고 자본조정항목에 영향을 미치는 거래에 대하여 설명하고자 한다.

자 본	납 입 자 본	자 본 금 : 보통주자본금, 우선주자본금
		자본잉여금 : 주식발행초과금, 감자차익, 자기주식처분이익 등
	기 타 자 본 구 성 요 소	자본조정항목 : 자기주식, 주식할인발행차금, 감자차손, 자기주식처분손실 등
		기타포괄손익누계액 : 기타포괄금융자산평가손익, 재평가잉여금 등
	이익잉여금	이익잉여금 : 법정적립금, 임의적립금, 미처분이익잉여금

[자본거래자본의 분류]

재무상태표

A회사　　　　20×1년 12월 31일 현재　　　　(단위 : 원)

유동자산		부　　채	
1. 현금및현금성자산	×××	1. 매입채무와 기타채무	×××
2. 단기투자금융자산	×××	2. 당기법인세부채	×××
3. 매출채권과 기타채권	×××	⋮	⋮
4. 재고자산	×××	자　본	
		1. 자본금	×××
비유동자산		2. 자본잉여금	
1. 장기투자금융자산	×××	(1) 주식발행초과금	×××
2. 유형자산	×××	(2) 감자차익	×××
3. 무형자산	×××	(3) 자기주식처분이익	×××
4. 투자부동산		3. 자본조정	
⋮	⋮	(1) 주식할인발행차금	×××
		(2) 감자차손	×××
		(3) 자기주식처분손실	×××
		⋮	⋮

1 증자거래

증자(increase of capital)는 주식을 발행하여 기업의 자본금을 증가시키는 가장 대표적인 자본거래이다. 이는 유상증자와 무상증자로 구분가능하다.

유상증자는 회사가 주식을 발행함으로써 주식의 증가와 함께 회사의 순자산이 실질적으로 증가하게 되는 것을 말하며, 실질적 증자라고도 한다. 유상증자는 주식발행에 의한 자기자본의 확충방식이기 때문에 기업의 재무구조를 개선하고 부채금융에서 벗어나는 가장 기본적인 방법이라 할 수 있다.

반면에 무상증자는 주금의 납입 없이 이사회의 결의로 자본잉여금이나 이익준비금의 전부 또는 일부를 자본에 전입하고 증가된 자본금에 해당하는 만큼의 신주를 발행하여, 구주주에게 소유주식에 비례해 무상으로 배정교부하는 증자방법을 말한다.

(1) 현금출자

현금출자란 주식을 발행하여 교부하는 대가로 현금을 받는 자본거래를 말한다. 주식을 발행하는 경우에는 발행주식의 액면금액을 자본금으로 계상하면 된다. 일반적으로 주식은 시가로 발행되므로 발행가액은 액면금액과 일치하지 않는다. 주식의 발행가액이 액면금액을 초과하는 경우에 발생하는 자본거래이익은 주식발행초과금의 계정으로 하여 자본잉여금의 가산항목으로 인식하며, 반대로 주식의 발행가액이 액면금액에 미달하는 경우에 발생하는 자본거래손실은 주식할인발행차금의 계정으로 하여 자본조정의 차감항목으로 인식한다.

한편, 주식을 발행 하면서 법률비용, 회계자문수수료, 증권회사 수수료와 주권인쇄비 등의 거래원가가 발생할 수 있으며, 이를 주식발행비라 한다. 국제회계기준에서는 자본거래의 거래원가는 자본에서 직접 차감하여 회계처리하도록 규정하고 있다. 따라서 주식발행비를 차감한 주식의 순발행가액을 기준으로 증자의 회계처리를 수행하면 된다. 이는 금융부채 발행시 거래원가(예 사채발행비)를 해당 금융부채의 최초인식금액에서 차감하는 것과 동일한 논리이다.

참고 주식발행비

> 주식발행비(stock issuance cost)는 증자로 인한 신주를 발행하기 위하여 직접 지출하게 되는 비용으로 신주발행비라고도 한다. 주식을 발행하기 위하여는 법률비용, 회계자문수수료, 증권회사 수수료, 주권인쇄비, 우송료, 등록비, 사무처리비, 광고비 등의 부대비용이 지출되게 된다. 일반적으로 인정된 회계원칙에서는 주식발행비용을 별도항목으로 인식하지 않고 주식의 발행가액에서 차감하여 인식한다. 따라서 할증발행시에는 당해 금액을 주식발행초과금에서 차감하고, 할인발행시에는 주식할인발행차금으로 인식하면 된다.

① 주식발행초과금

주식발행초과금은 주식의 순발행가액이 액면금액을 초과하는 경우 그 초과하는 금액을 말한다. 자본금은 실제 유통시장에서 거래되는 주가와 관계없이 액면금액에 발행주식수를 곱한 금액으로 기록하도록 되어있다. 따라서 설립일 이후 추가 증자시 주식의 발행가액은 당해 기업의 주가에 상응하는 가격이므로 주주는 주식인수대금으로 주식의 액면가를 초과하는 프리미엄을 지불하게 되는데 이를 주식발행초과금이라 한다.

② 주식할인발행차금

주식할인발행차금은 주식의 순발행가액이 액면금액에 미달하는 경우 그 미달하는 금액을 말한다. 주식할인발행차금이 발생할 당시에 장부상 주식발행초과금이 존재하는 경우, 주식발행초과금의 범위 내에서 주식할인발행차금을 상계처리한다. 물론 주식발행초과금이 발생할 당시에 장부상 주식할인발행차금 미상각액이 존재하는 경우, 발생된 주식발행초과금의 범위 내에서 주식할인발행차금 미상각액을 상계처리한다. 즉 주식발행초과금과 주식할인발행차금은 발생순서에 관계없이 우선 상계한다.

[유상증자의 회계처리]

액면발행	(차) 현　　금	×××[*1]	(대) 자 본 금	×××
할증발행	(차) 현　　금	×××[*1]	(대) 자 본 금	×××
			주식발행초과금	×××
할인발행	(차) 현　　금	×××[*1]	(대) 자 본 금	×××
	주식발행초과금	×××[*2]		
	주식할인발행차금	×××		
	[*1] 주식발행비를 차감한 순현금유입액		[*2] 잔액범위 내에서 우선 상계	

예제 1 현금출자

A회사는 20×1년 초에 설립되었으며, 20×2년에 유상증자를 실시하여 주당 액면금액 ₩5,000인 주식 100주씩을 3회 연속적으로 발행하였다. 이 때 각각 주당 ₩500에 해당하는 주식발행 관련비용이 지출되었다.

물음

1. 20×2년 3월 1일 주당 ₩5,500에 발행한 경우 회계처리를 제시하시오.
2. 20×2년 4월 1일 주당 ₩8,000에 발행한 경우 회계처리를 제시하시오.
3. 20×2년 5월 1일 주당 ₩2,500에 발행한 경우 회계처리를 제시하시오.

해 답

1. 액면발행 유상증자

유상증자일	(차) 현 금	500,000 ①	(대) 자 본 금	500,000 ②
	① 100주×(₩5,500 - ₩500) = 500,000			

2. 할증발행 유상증자

유상증자일	(차) 현 금	750,000 ①	(대) 자 본 금	500,000 ②
			주식발행초과금	250,000 ③
	① 100주×(₩8,000 - ₩500) = 750,000			

액면발행 유상증자 이후

현 금	500,000	자 본 금	500,000

할증발행 유상증자 이후

현 금	1,250,000	자 본 금	1,000,000
		주식발행초과금	250,000

3. 할인발행 유상증자

유상증자일	(차) 현 금	200,000 ①	(대) 자 본 금	500,000 ②
	주식발행초과금	250,000 ③		
	주식할인발행차금	50,000 ④		
	① 100주×(₩2,500 - ₩500) = 200,000			

할인발행 유상증자 이후

현 금	1,450,000	자 본 금	1,500,000
		주식할인차금	(50,000)

(2) 현물출자

현물출자(investment in kind)는 주식발행대가로 현금 이외의 자산을 받는 자본거래를 말한다. 현물출자의 대가로 발행하는 주식은 원칙적으로 취득하는 자산의 공정가치를 발행가액[5]으로 하면 된다.

[현물출자의 회계처리]

현물출자일	(차) 토 지	×××[*1]	(대) 자 본 금	×××
			주식발행초과금	×××
	[*1] 취득한 자산의 공정가치			

(3) 무상증자

무상증자란 주식발행으로 인하여 순자산이 유입되지 않는 자본거래를 말한다. 이는 현금배당이 불가능한 잉여금인 자본잉여금이나 이익잉여금 중 이익준비금을 자본금에 전입하여 증가된 자본금만큼 액면금액으로 주식을 발행하는 거래이다.

[무상증자의 회계처리]

무상증자일	(차) 자본잉여금	×××	(대) 자 본 금	×××
	(차) 이익준비금	×××	(대) 자 본 금	×××

[증자거래]

구 분		회계처리
유상증자 (실질적 증자)	현 금 출 자	주식의 순발행가액과 액면금액을 비교하여 주식발행차금 인식
	현 물 출 자	취득한 자산의 공정가치를 주식의 발행가액으로 인식
무상증자(형식적 증자)		자본금으로 전입된 자본잉여금과 이익준비금을 액면금액으로 인식

5) 현물출자로 취득하는 유형자산의 원가에 대하여 국제회계기준 제1016호 '유형자산'에서는 별도의 규정이 없다. 하지만 국제회계기준 제1102호 '주식기준보상'의 규정에 의하면 제공받는 재화나 용역과 그에 상응하는 자본의 증가는 제공받는 재화나 용역의 공정가치로 직접 측정하며, 제공받는 재화나 용역의 공정가치를 신뢰성 있게 추정할 수 없다면, 제공받는 재화나 용역과 그에 상응하는 자본의 증가는 부여한 지분상품의 공정가치에 기초하여 간접 측정하도록 되어 있으므로 이에 따라 설명하였다.

예제 2 유상증자, 무상증자와 현물출자

A회사는 20×1년 4월 1일에 주식 200주(주당 액면금액 ₩5,000)를 주당 ₩7,000에 발행하였으며, 20×1년 9월 1일에 당해 주식발행초과금을 전액 자본금으로 전입하여 무상으로 80주를 발행하였다. 한편, 20×1년 12월 1일에 공장용 토지를 취득하면서 회사의 주식 100주를 발행하여 교부하였다. 발행한 주식의 공정가치는 신뢰성 있게 측정할 수 없지만, 현물출자 받은 토지의 공정가치는 ₩1,000,000 이다.

물음

주식발행과 관련하여 일자별로 필요한 회계처리를 제시하시오.

해답

일자	차변	금액	대변	금액
20×1. 4. 1	(차) 현 금	1,400,000 ①	(대) 자 본 금	1,000,000 ②
			주식발행초과금	400,000 ③
20×1. 9. 1	(차) 주식발행초과금	400,000 ④	(대) 자 본 금	400,000 ⑤
20×1.12. 1	(차) 토 지	1,000,000 ⑥	(대) 자 본 금	500,000 ⑦
			주식발행초과금	500,000 ⑧

2 감자거래

상법상 일단 납입되어 확정된 자본은 감소시킬 수 없는 것이 원칙이다. 하지만 특별한 경우에는 예외적으로 주주총회 특별결의[6]에 의하여 자본의 감소를 행할 수 있는데, 이를 감자라 한다. 즉 감자(decrease of capital)는 주식을 소각하여 기업의 자본금을 감소시키는 자본거래이다. 이는 유상감자와 무상감자로 구분가능하다. 유상감자는 감소된 주금액을 주주에게 환급해 주는 형태의 감자이고, 무상감자는 감소된 주금액을 주주에게 반환하지 않는 형태의 감자이다.

6) 제438조 [자본금 감소의 결의]
① 자본금의 감소에는 제434조에 따른 특별결의(출석주주의 2/3이상의 수와 발행주식의 1/3이상)가 있어야 한다.
② 제1항에도 불구하고 결손의 보전(補塡)을 위한 자본금의 감소는 제368조 제1항에 따른 보통결의(출석주주의 과반수와 발행주식의 1/4이상)에 의한다.

(1) 유상감자

유상감자는 회사가 발행주식을 법적으로 감소시키고, 이에 대한 대가를 주주들에게 지분 비율에 따라 금전으로 지급하는 자본거래를 말한다. 유상감자시 소각되는 주식의 액면금액을 감소시키고, 감자대가의 차이를 감자차익 또는 감자차손으로 하여 자본항목으로 처리한다.

① 감자차익

자본감소의 경우에 주주에게 지급한 감자대가가 감소한 자본의 액면금액에 미달하는 경우 그 미달금액을 감자차익의 계정으로 하여 자본잉여금으로 인식한다. 즉, 감자를 하면서 자본금의 감소액보다 더 적은 현금을 주주에게 지급할 때 발생하는 것이 감자차익이다.

② 감자차손

자본감소의 경우에 주주에게 지급한 감자대가가 자본의 액면금액을 초과하는 경우 당해 초과금액을 감자차손의 계정으로 하여 자본조정항목으로 인식한다. 즉 감자를 하면서 자본금의 감소액보다 더 많은 현금을 주주에게 지급할 때 발생하는 것이 감자차손이다. 감자차손은 감자차익과 우선적으로 상계한다.

[유상감자의 회계처리]

구분	차변	금액	대변	금액
액 면 감 자	(차) 자 본 금	××× [*1]	(대) 현　　금	×××
액면미달지급	(차) 자 본 금	××× [*1]	(대) 현　　금	×××
			감자차익	×××
액면초과지급	(차) 자 본 금	××× [*1]	(대) 현　　금	×××
	감자차익	××× [*2]		
	감자차손	×××		
	[*1] 감소한 자본금의 액면금액	[*2] 잔액범위 내에서 상계		

(2) 무상감자

무상감자는 결손금보전 등의 목적으로 감자대가의 지급 없이 무상으로 주식을 상환하여 소각시키는 자본거래를 말하며, 자본금을 감소시키지만 자산 총액은 변하지 않는다는 점에서 형식적 감자라고도 한다. 무상감자시 소각되는 주식의 액면금액을 감소시키고, 이를 감자차익으로 대체한 후 결손보전을 수행하면 된다. 무상감자의 경우 감자대가가 없으므로 감자차손은 발생하지 않음에 주의해야 한다.

[무상감자의 회계처리]

구분	차변	금액	대변	금액
무상감자	(차) 자 본 금	×××	(대) 감자차익	×××
결손보전	(차) 감자차익	×××	(대) 미처리결손금	×××

예제 3 유상감자와 무상감자

A회사는 20×1년 4월 1일에 주식 100주(주당 액면금액 ₩5,000)를 주당 ₩8,000에 발행하였다. A회사에 아래의 거래들이 연속적으로 발생하였다.

물음

1. 발행주식 10주를 주당 감자대가 ₩6,000을 지급하고 즉시 소각하였다. 주식소각일의 회계처리를 제시하시오.
2. 발행주식 10주를 주당 감자대가 ₩3,500을 지급하고 즉시 소각하였다. 주식소각일의 회계처리를 제시하시오.

해답

1. 감자차손이 발생하는 유상감자

감자전

차변	금액	대변	금액
현 금	800,000	자 본 금	500,000
		주식발행초과금	300,000

구분	차변	금액	대변	금액
유상감자일	(차) 자 본 금	50,000 ①	(대) 현 금	60,000 ②
	감자차손	10,000 ③		

2. 감자차익이 발생하는 유상감자

구분	차변	금액	대변	금액
유상감자일	(차) 자 본 금	50,000 ①	(대) 현 금	35,000 ②
			감자차손	10,000 ③
			감자차익	5,000 ④

감자차손 발생 유상감자후

차변	금액	대변	금액
현 금	740,000	자 본 금	450,000
		주식발행초과금	300,000
		감자차손	(10,000)

감자차익 발생 유상감자후

차변	금액	대변	금액
현 금	705,000	자 본 금	400,000
		주식발행초과금	300,000
		감자차익	5,000

3 자기주식거래

(1) 자기주식의 본질

자기주식(treasury stock)은 회사가 이미 발행한 주식을 일정한 사유나 특정 목적으로 재취득하여 보유하고 있는 주식을 말한다. 기업회계기준서 제1032호 '금융상품의 표시'에서도 자기지분상품을 재취득하는 경우 이러한 지분상품인 자기주식은 취득목적에 관계없이 자본에서 차감한다고 규정하고 있다. 즉, 자기주식을 취득하는 경우에는 자산으로 인식하는 것이 아니라, 자본의 차감항목으로 인식해야 한다.

(2) 자기주식의 취득제한

자기주식의 취득은 결과적으로 주주에게 납입자본을 환급해주는 방법이 되므로 회사 재산의 기초를 위태롭게 하여 이해관계자인 채권자의 이익에 손해를 끼치게 된다. 또한 자기주식 거래를 통해 특정 주주의 자기주식만을 선택적으로 취득하여 납입자본을 환급해 줄 수 있으며, 주식의 시세를 조작할 수 있다는 단점도 존재한다. 따라서 우리나라 상법에서는 주주평등의 원칙이 지켜지는 범위 내에서의 정상적인 자기주식의 취득행위만을 인정[7]하고 있으며, 그 이외의 경우는 취득을 금지하고 있다.

(3) 자기주식의 회계처리

자본의 차감항목으로 보는 자기주식에 대한 회계처리는 이론적으로 원가법(cost method)과 액면금액법(par value method) 회계처리로 구분된다. 국제회계기준은 원가법에 근거하여 회계처리를 수행한다. 따라서, 취득한 자기주식의 공정가치 변동은 재무제표에 인식하지 않는다.

① 자기주식의 취득

회사가 자기지분상품인 자기주식을 유상으로 취득하는 경우 원가로 계상하고, 유통 중인 주식이 아님을 공시하기 위해 자본의 차감항목으로 하여 자본조정항목으로 재무상태표에 공시한다. 따라서 자기주식을 유상으로 취득하는 경우에는 취득한 금액만큼의 자본이 감소한다.

② 자기주식의 소각

회사가 취득한 자기주식을 소각시키면 자본금이 감소한다. 소각되는 주식의 자본금을 감소시키고, 자기주식의 장부금액인 취득원가와의 차이를 감자차익(자본잉여금) 또는 감자차손(자본조정항목)으로 인식한다. 한편, 자기주식을 소각하는 경우에는 자본총계에는 증감이 없음에 유의하여야 한다.

---

7) 상법 제341조 ①항 [자기주식의 취득]
회사는 거래소에서 시세가 있는 주식의 경우에는 거래소에서 취득하는 방법과 각 주주가 가진 주식 수에 따라 균등한 조건으로 취득하는 방법에 따라 자기의 명의와 계산으로 자기의 주식을 취득할 수 있다. 다만, 그 취득가액의 총액은 직전 결산기의 배당가능이익을 초과하지 못한다.

③ 자기주식의 처분

회사가 취득한 자기주식을 외부로 처분하는 경우 처분대가와 처분된 자기주식의 장부금액인 취득원가와의 차이를 자기주식처분이익(자본잉여금) 또는 자기주식처분손실(자본조정항목)로 인식한다. 자기주식처분손실은 자기주식처분이익과 우선적으로 상계하고 그 잔액은 자본조정항목으로 계상한다.

예를 들어, 액면금액 ₩5,000이며, 공정가치 ₩13,000인 자기주식을 취득한 후 주주총회의 감자절차를 거쳐 소각한 경우와 ₩15,000에 처분한 것을 가정한 경우의 회계처리는 다음과 같다. 계정과목 옆에 있는 화살표는 자본의 증감 방향을 표시한 것이다.

구분	차변	금액	대변	금액
취 득 시	(차) 자기주식↓	13,000	(대) 현　　금	13,000
소 각 시	(차) 자 본 금↓	5,000	(대) 자기주식↑	13,000
	감자차손↓	8,000		
처 분 시	(차) 현　　금	15,000	(대) 자기주식↑	13,000
			자기주식처분이익↑	2,000

예제 4 자기주식

A회사는 20×1년 4월 1일에 발행주식 중 300주(주당 액면금액 ₩5,000)를 주당 ₩8,000에 취득하였다. 관련 거래는 다음과 같다.

(1) 20×1년 5월 1일 자기주식 100주를 주당 ₩9,000에 처분하였다.
(2) 20×1년 6월 1일 자기주식 100주를 주당 ₩6,500에 처분하였다.
(3) 20×1년 7월 1일 자기주식 100주를 소각하였다.

물음

자기주식 취득시점부터 일련의 회계처리를 제시하시오.

해 답

20×1. 4. 1	(차) 자기주식	2,400,000 ②	(대) 현　　금	2,400,000 ①
20×1. 5. 1	(차) 현　　금	900,000 ④	(대) 자기주식	800,000 ③
			자기주식처분이익	100,000 ⑤
20×1. 6. 1	(차) 현　　금	650,000 ⑦	(대) 자기주식	800,000 ⑥
	자기주식처분이익	100,000 ⑧		
	자기주식처분손실	50,000 ⑨		
20×1. 7. 1	(차) 자 본 금	500,000 ⑩	(대) 자기주식	800,000 ⑪
	감자차손	300,000 ⑫		

해 설

20×1년 4월 1일과 5월 1일 자기주식의 취득과 처분거래가 재무상태표의 자본에 미친 영향은 다음과 같다. 자기주식은 회계처리는 차변에 기입하나, 재무상태표에 공시되는 경우에는 자본의 차감으로 표시되는 것에 유의하여야 한다.

재무상태표

구　분	자산증감	자본증감		자본금	자본잉여금	자본조정
자기주식의 취득	(2,400,000)	(2,400,000)	=	-	-	(2,400,000)
자기주식의 처분	900,000	900,000	=	-	100,000	800,000
자기주식의 처분	650,000	650,000	=	-	(100,000)	750,000
자기주식의 소각	-	-	=	(500,000)	-	500,000
총합계	(850,000)	(850,000)		(500,000)	-	(350,000)

제 3 절 손익거래의 회계처리

일정한 회계기간동안 발생한 거래 중 주주 이외의 자와의 포괄적인 거래인 손익거래는 기타포괄손익누계액과 이익잉여금에 반영한다. 여기에서는 이 두 계정에 영향을 주는 거래에 대하여 설명할 것이다.

[손익거래자본의 분류]

재무상태표

A회사 20×1년 12월 31일 현재 (단위 : 원)

자산		부채 및 자본	
유동자산		부 채	
1. 현금및현금성자산	×××	1. 매입채무와 기타채무	×××
2. 단기투자금융자산	×××	2. 당기법인세부채	×××
3. 매출채권과 기타채권	×××	⋮	⋮
4. 재고자산	×××	자 본	
		1. 자본금	×××
		2. 자본잉여금	×××
비유동자산		3. 자본조정	×××
1. 장기투자금융자산	×××	4. 기타포괄손익누계액	
2. 유형자산	×××	(1) 기타포괄금융자산평가손익	×××
3. 무형자산	×××	(2) 재평가잉여금	×××
4. 투자부동산		5. 이익잉여금	
⋮	⋮	(1) 이익준비금	×××
		(2) 임의적립금	×××
		(3) 미처분이익잉여금	×××

1 기타포괄손익누계액

기타포괄손익누계액은 보고기간 말 현재의 기타포괄손익의 누계잔액이다. 기타포괄손익은 손익거래에서 발생한 순자산의 변동액 중 장기미실현손익으로 분류되어 포괄손익계산서의 당기손익에 반영하지 못하는 항목이다. 이러한 거래는 포괄손익계산서에 기타포괄손익으로 인식한다. 인식된 기타포괄손익은 후속적으로 당기손익으로 재분류조정 할 수 있으며, 또는 이익잉여금으로 직접 대체할 수도 있다. 국제회계기준에 의한 기타포괄손익거래는 다음과 같다. 회계원리 수준으로는 아래의 ①의 유형자산과 무형자산의 재평가잉여금의 변동과 ④의 기타포괄손익인식금융자산의 평가손익만 알고 있어도 충분하다.

① 유형자산과 무형자산의 재평가잉여금의 변동

유형자산과 무형자산에 대하여 재평가모형을 적용하는 경우 당해 자산의 재평가이익은 재평가잉여금의 계정으로 하여 기타포괄이익에 반영한다. 이 때 발생하는 기타포괄이익의 누계액은 당기손익으로 재분류하지 않고, 당해 자산의 제거시점이나 상각시점에 이익잉여금으로 직접 대체할 수 있다.

② 당기손익-공정가치 측정 지정한 특정 금융부채의 신용위험 변동손익

당기손익-공정가치 측정을 지정한 금융부채의 신용위험 변동손익은 해당 회계연도에 기타포괄손익인식 금융부채평가손익의 계정으로 기타포괄손익으로 인식한다. 이 때 발생하는 기타포괄손익의 누계액은 당기손익으로 재분류하지 않고, 해당 금융부채의 제거시 이익잉여금으로 직접 대체할 수 있다.

③ 종업원급여에 규정에 따라 인식된 확정급여제도의 재측정손익

사외적립자산과 확정급여채무에서 발생하는 재측정손익은 해당 회계연도에 재측정손익의 계정으로 기타포괄손익으로 인식한다. 이 때 발생하는 기타포괄손익의 누계액은 당기손익으로 재분류하지 않고, 이익잉여금으로 직접 대체할 수 있다.

④ 기타포괄손익-공정가치 측정 지정한 투자지분상품의 평가손익

기타포괄손익-공정가치 측정을 지정한 투자지분상품의 공정가치변동손익은 해당 회계연도에 기타포괄손익인식 금융자산평가손익의 계정으로 기타포괄손익으로 인식한다. 이 때 발생하는 기타포괄손익의 누계액은 당기손익으로 재분류하지 않고, 해당 금융자산의 제거시 이익잉여금으로 직접 대체할 수 있다.

⑤ 기타포괄손익-공정가치 측정하는 투자채무상품의 평가손익

기타포괄손익 - 공정가치 측정하는 투자채무상품의 공정가치변동손익은 해당 회계연도에 기타포괄손익인식 금융자산평가손익의 계정으로 기타포괄손익으로 인식한다. 이 때 발생하는 기타포괄손익의 누계액은 해당 금융자산의 제거시에 당기손익으로 재분류한다.

⑥ 해외사업장의 재무제표 환산으로 인한 손익

보고기업이나 해외사업장의 기능통화 재무제표가 기능통화 이외의 다른 통화로 표시되어 공시되는 경우에는 보고기업의 재무제표나 해외사업장의 재무제표에서 외환차이가 발생한다. 이러한 외환차이는 보고기업이나 해외사업장을 포함하는 재무제표에서 해외사업환산손익의 계정으로 기타포괄손익으로 인식한다. 이 때 발생하는 기타포괄손익의 누계액은 해당 해외사업장의 처분시점에 당기손익으로 재분류한다. 이에 대하여는 고급회계에서 설명할 것이다.

⑦ 위험회피목적의 파생상품평가손익

파생상품에 투자하는 목적 중 하나가 위험회피이며, 위험회피 유형은 보유자산 · 부채 등에 대한 공정가치 위험회피와 예상거래의 현금흐름에 대한 현금흐름 위험회피로 구분된다. 현금흐름위험회피에서 위험회피수단인 파생상품평가손익 중 위험회피에 효과적인 부분은 해당 회계연도에 파생상품평가손익의 계정으로 기타포괄손익으로 인식[8]한다. 이 때 발생하는 기타포괄손익의 누계액은 관련 거래의 성격에 따라 기인식한 기타포괄손익을 관련 자산 · 부채의 장부금액에 가감하거나 당기손익으로 재분류조정한다. 이에 대하여는 고급회계에서 설명할 것이다.

8) 또한, 기타포괄손익-공정가치 측정 항목으로 지정한 지분상품에 대한 공정가치 위험회피에서 발생한 위험회피수단인 파생상품평가손익과 옵션계약의 내재가치와 시간가치를 분리할 때와 내재가치의 변동만을 위험회피수단으로 지정할 때 옵션 시간가치의 가치변동부분, 선도계약의 선도요소와 현물요소를 분리하고 현물요소의 변동만 위험회피수단으로 지정할 때 선도계약의 선도요소의 가치변동과 금융상품의 외화 베이시스 스프레드 가치 변동을 위험회피수단 지정에서 제외할 때 외화 베이시스 스프레드가치 변동부분도 기타포괄손익으로 인식한다.

[포괄손익계산서와 재무상태표의 연관관계[9]]

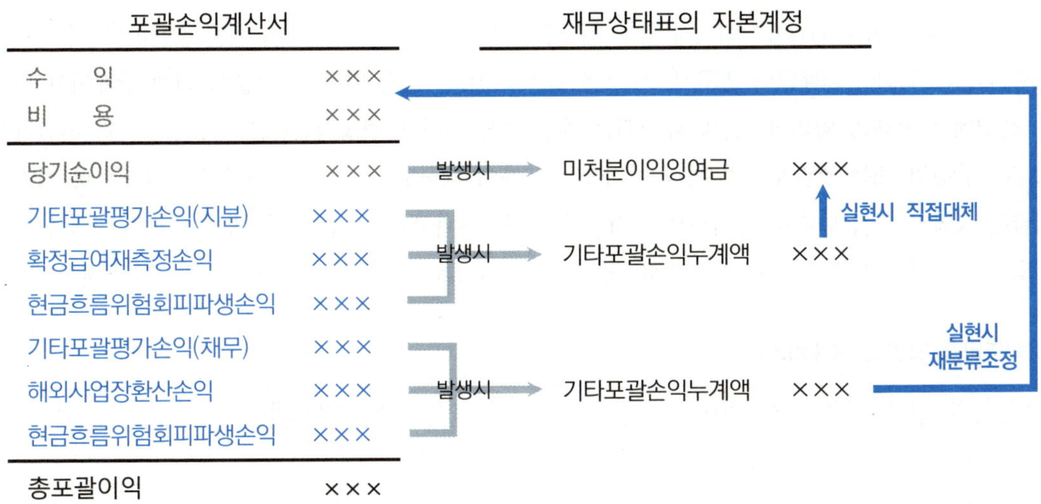

2 이익잉여금

이익잉여금(retained earnings)은 매년 발생한 당기순손익의 누계액이다. 이익잉여금은 현금배당을 통해 주주에게 배분되므로, 현금배당을 지급하기 위해서는 재무상태표에 충분한 이익잉여금과 현금이 존재해야 한다. 주식회사의 주주는 의결권과 배당권을 포함하여 여러 가지 주주로서의 권리를 보유하고 있는 반면에, 회사에 대하여는 자본의 납입책임 이외의 어떠한 책임도 부담하지 아니하고, 오히려 유한책임제도에 의해 보호받고 있다. 따라서 배당가능이익인 이익잉여금이 발생하는 경우 회사가 주주에게 과도한 현금배당을 하여 회사의 다른 이해관계자들의 이익에 반하는 의사결정을 할 수 있다. 따라서 상법에서는 보고기간 말 재무상태표의 이익잉여금을 다음과 같이 세부적으로 분류하여, 주주의 권리를 일부 제한하고 있다.

이익잉여금	법정적립금(이익준비금)	: 영구적인 현금배당불능 이익잉여금
	임의적립금	: 일시적인 현금배당불능 이익잉여금
	미처분이익잉여금	: 즉시 현금배당가능한 이익잉여금

9) 송인만, 윤순석, 최관의 K-IFRS 중급재무회계 662페이지 그림 참조

(1) 법적적립금 : 이익준비금

법정적립금(legal reserve)은 회사의 다른 이해관계자들을 보호하기 위하여 관련 법률에 의해 강제적으로 적립이 되어 현금배당이 영구적으로 제한되는 이익잉여금을 말한다. 법률에 의해 강제되어 있다는 측면에서 아래의 임의적립금과 대립되는 개념이다. 이러한 법정적립금은 자본잉여금과 마찬가지로 자본금전입 또는 결손보전의 목적 이외에는 사용이 제한된다. 현재 우리나라 법률상으로 법정적립금은 상법의 규정에 따라 강제적으로 적립하는 이익준비금이 유일하다. 상법은 이익준비금을 자본금의 1/2에 달할 때까지 현금이나 현물배당액의 10%이상을 의무적으로 적립하도록 규정[10]하고 있다.

[이익준비금 적립의 회계처리]

주주총회일	(차) 미처분이익잉여금	×××	(대) 이익준비금	×××

(2) 임의적립금

임의적립금(voluntary reserve)은 주주의 선택에 따라 임시적으로 적립된 이익잉여금을 말한다. 이는 과다한 현금배당으로 재무상태가 악화되는 것을 방지하기 위한 목적 등으로 주주들의 동의에 의하여 자율적으로 적립되며 일시적으로 현금배당이 제한되는 효과를 가지게 된다. 이러한 임의적립금은 주주총회의 승인을 통해 언제든지 미처분이익잉여금으로 다시 이입하여 배당의 재원 등으로 사용할 수 있다는 점에서 사용제한이 있는 법정적립금과 차별화된다.

[임의적립금 적립의 회계처리]

주주총회일	(차) 미처분이익잉여금	×××	(대) 임의적립금	×××

(3) 미처분이익잉여금

미처분이익잉여금(unappropriated retained earning)은 회사가 창출한 당기순손익 중 배당이나 다른 이익잉여금계정으로 대체되지 않고 남아있는 이익잉여금을 말하며, 일반적으로 전기이월미처분이익잉여금에 당기순손익의 합계로 계산 된다. 미처분이익잉여금의 대변잔액이 (+)인 경우에는 미처분이익잉여금으로 표시하지만, 대변잔액이 (-)인 경우에는 미처리결손금으로 표시한다. 예를 들어, 20×1년에 설립된 기업의 연도별 당기순손익이 각각 다음과 같다고 가정할 때 연도별 회계처리는 다음과 같다.

---

10) 상법 제 458조 [이익준비금]
회사는 그 자본금의 2분의 1이 될 때까지 매 결산기 이익배당액의 10분의 1 이상을 이익준비금으로 적립하여야 한다. 다만, 주식배당의 경우에는 그러하지 아니하다.

구 분	20×1년	20×2년	20×3년	20×4년	종합계
수 익	100,000	100,000	100,000	100,000	400,000
비 용	(80,000)	(90,000)	(145,000)	(65,000)	(380,000)
당기순손익	20,000	10,000	(45,000)	35,000	20,000

일자	차변	금액		대변	금액	
20×1.12.31	(차) 수 익	100,000	①	(대) 집합손익	100,000	②
	(차) 집합손익	80,000	④	(대) 비 용	80,000	③
	(차) 집합손익	20,000	⑤	(대) 미처분이익잉여금	20,000	⑥
20×2.12.31	(차) 집합손익	10,000	①	(대) 미처분이익잉여금	10,000	②
20×3.12.31	(차) 미처분이익잉여금	30,000	②	(대) 집합손익	45,000	①
	미처리결손금	15,000	③			
20×4.12.31	(차) 집합손익	35,000	①	(대) 미처리결손금	15,000	②
				미처분이익잉여금	20,000	③

20×1.12.31

	미처분이익잉여금 20,000

20×2.12.31

	미처분이익잉여금 30,000

20×3.12.31

	미처리결손금 (15,000)

20×4.12.31

	미처분이익잉여금 20,000

참 고 손익거래와 이익잉여금

이익잉여금은 재무상태표와 손익계산서의 연관관계에서 핵심적인 역할을 한다. 기중에 발생한 자본거래는 관련거래가 발생할 때마다 즉시 재무상태표의 자본에 직접 반영한다. 하지만 자본거래와 달리 손익거래는 거래의 빈도가 높으므로 관련거래가 발생할 때마다 재무상태표의 자본에 직접 반영한다면, 재무상태표의 작성에 혼란을 야기할 수도 있게 된다. 따라서 회계기준에서는 기중에 발생하는 손익거래는 모두 수익과 비용이라는 계정을 이용하여 손익계산서에서 별도로 집계하고, 이를 결산일에 이익잉여금으로 대체시키는 방법을 선택하고 있다. 즉, 손익계산서와 재무상태표를 연결시키는 핵심적인 도구가 이익잉여금인 것이다.

제 4 절 미처분이익잉여금의 처분

1 배 당

(1) 현금배당

현금배당(cash dividend)은 회사가 창출한 이익을 주주들에게 현금으로 배분하는 자본거래이다. 상법상 배당은 주주총회결의로 실시할 수 있다. 배당기준일인 보고기간 말에는 배당대상주식만이 결정될 뿐 배당금액이 결정되지 아니하므로 배당과 관련한 회계처리는 없다.

현금배당금 = 유통주식수 × 주당액면금액 × 배당률

배당결의일(declaration date)은 이익잉여금을 배당으로 처분하도록 주주총회에서 결의할 날을 말하며 배당선언일이라고도 한다. 배당결의일에는 배당재원인 미처분이익잉여금을 차감하고, 배당금을 미지급배당금(유동부채)으로 계상한다. 상법상 배당금은 결의 후 1개월 이내에 지급[11)]하도록 되어 있다. 배당지급일에는 유동부채로 계상된 미지급배당금을 차감하고 현금을 지급하면 된다. 예를 들어, 주주총회에서 현금배당으로 ₩100,000을 결의한 경우 회계처리는 다음과 같다.

배당기준일	회계처리 없음			
배당결의일	(차) 미처분이익잉여금	100,000 ②	(대) 미지급배당	100,000 ①
배당지급일	(차) 미지급배당	100,000 ①	(대) 현　　금	100,000 ②

(2) 주식배당

주식배당(stock dividend)은 회사가 창출한 이익을 주식의 발행을 통하여 교부하는 자본거래를 말한다. 현금배당과 마찬가지로 배당기준일에는 배당과 관련한 회계처리가 없다. 배당결의일에 배당재원인 미처분이익잉여금을 차감하고, 배당금을 미교부주식배당(자본조정항목)으로 계상한다. 이 때 배당금액은 주식의 액면금액을 기준으로 결정한다. 배당지급일에는 주식을 발행하여 교부하고, 미교부주식배당을 차감처리한다. 이러한 주식배당을 통해 자본금과 주식수는 증가하지만, 자본총계는 일정하다. 주식배당금은 다음과 같이 계산한다.

11) 제464조의2 [배당금지급시기] : 회사는 지급하기로 결의한 배당금을 결의가 있은 날부터 1월 이내에 지급하여야 한다.

주식배당금 = 유통주식수 × 주당액면금액 × 배당률

[주식배당관련 회계처리]

배당기준일	(차) 집합손익	×××	(대) 미처분이익잉여금	×××
배당결의일	(차) 미처분이익잉여금	×××	(대) 미교부주식배당(자본조정)	×××
배당지급일	(차) 미교부주식배당(자본조정)	×××	(대) 자 본 금	×××

예 제 5 현금배당, 주식배당

12월말 결산법인인 A회사의 20×1년 말 부분재무상태표의 자본은 다음과 같다.

(1) 자본금(2,000주, 주당 ₩5,000)	10,000,000
(2) 이익준비금	1,000,000
(3) 미처분이익잉여금(20×1년의 당기순이익 ₩1,500,000이 포함됨)	2,000,000

한편, 20×2년 3월 10일에 개최된 주주총회에서 현금배당은 10%이며, 주식배당은 5%, 이익준비금은 법에서 정한 최소금액을 설정하기로 하였다. 현금배당과 주식배당은 3월 31일에 지급되었다.

물 음

1. 배당기준일, 배당결의일과 배당지급일에 행할 회계처리를 각각 제시하시오. 단, 상법규정에 의한 이익준비금적립에 대하여는 회계처리를 생략한다.

해 답

1. 배당금관련 일련의 회계처리

20×1.12.31	(차) 집합손익	1,500,000 ①	(대) 미처분이익잉여금	1,500,000 ②
20×2. 3.10	(차) 미처분이익잉여금	1,500,000 ①	(대) 미지급배당금	1,000,000 ②
			미교부주식배당	500,000 ③
	*1 2,000주×₩5,000×10% = 1,000,000		*2 2,000주×₩5,000×5% = 500,000	
20×2. 3.31	(차) 미지급배당금	1,000,000 ④	(대) 현 금	1,000,000 ⑤
	미교부주식배당	500,000 ⑥	자 본 금	500,000 ⑦

제 5 절 자본변동표

1 자본변동표

(1) 자본변동표의 의의

자본변동표(statement of changes in equity)는 자본의 크기와 그 변동에 관한 정보를 제공하는 재무보고서이며 자본을 구성하고 있는 납입자본(자본과 자본잉여금)과 이익잉여금, 그리고 기타자본구성요소(자본조정항목과 기타포괄손익누계액)의 변동에 대한 포괄적인 정보를 제공한다. 자본변동표의 양식은 다음과 같다.

자본변동표

제2기 20×1년 1월 1일부터 20×1년 12월 31일까지

A회사 (단위 : 원)

구 분	자본금	자본 잉여금	자본 조정	기타포괄 누계액	이익 잉여금	총자본 증감
20×1년 1월 1일	×××	×××	×××	×××	×××	×××
현금배당지급	–	–	–	–	(×××)	(×××)
주식배당지급	×××	–	–	–	(×××)	–
유상증자	×××	×××	–	–	–	×××
자기주식취득	–	–	(×××)	–	–	(×××)
당기순이익	–	–	–	–	×××	×××
기타포괄손익	–	–	–	×××	–	×××
20×1년 12월 31일	×××	×××	×××	×××	×××	×××

예제 6 자본변동표

다음은 결산일이 12월 31일인 A회사의 20×1년 말 자본계정 및 20×2년 중 거래 내역이다.

Ⅰ. 납입자본		7,300,000
1. 보통주자본금 (주당 액면가액 ₩5,000)	5,000,000	
2. 주식발행초과금	2,000,000	
3. 자기주식처분이익	300,000	
Ⅱ. 이익잉여금		7,900,000
1. 이익준비금	500,000	
2. 사업확장적립금	1,600,000	
3. 미처분이익잉여금	5,800,000	
Ⅲ. 기타자본구성요소		1,138,000
1. 재평가잉여금	1,138,000	
자 본 총 계		16,338,000

(1) 20×1년 경영성과인 당기순이익 ₩2,500,000에 대한 이익처분계획은 20×2년 3월 10일 주주총회에서 다음과 같이 원안대로 승인될 예정이며, 승인 즉시 배당을 지급하였다.

(1) 사업확장적립금의 이입	600,000
(2) 이익준비금의 적립	180,000
(3) 현금배당	1,800,000
(4) 주식배당	400,000

(2) A회사는 20×2년 10월 15일 중간배당 ₩800,000을 지급하였다.

(3) A회사는 20×2년 당기순이익을 ₩3,200,000으로 보고하였으며, 주주총회예정일은 20×3년 3월 5일이다.

(4) A회사가 20×2년 말 현재 보유중인 토지의 공정가치는 ₩5,600,000이며, 취득원가는 ₩4,200,000이다. A회사는 토지에 대하여 재평가모형을 적용하고 있다.

물음

1. 국제회계기준에 따라 20×2년의 일자별 회계처리를 제시하시오.
2. 20×2년의 자본변동표를 작성하시오.

해 답

1. 회계처리

20×2. 3.10	(차) 사업확장적립금	600,000 ①	(대) 미처분이익잉여금	600,000 ②
	(차) 미처분이익잉여금	2,380,000 ③	(대) 현 금	1,800,000 ④
			이익준비금	180,000 ⑤
			자 본 금	400,000 ⑥
20×2.10.15	(차) 미처분이익잉여금	800,000 ①	(대) 현 금	800,000 ②
20×2.12.31	(차) 토 지	262,000 ①	(대) 재평가잉여금	262,000 ②
	(차) 집합손익	3,200,000 ③	(대) 미처분이익잉여금	3,200,000 ④
	① (5,600,000 - 4,200,000) - 1,138,000 = 262,000			

2. 자본변동표

자본변동표

20×2년 1월 1일 ~ 20×2년 12월 31일

(단위 : 천원)

구 분	납입자본		기타자본구성요소		이익잉여금	계
	자본금	자본잉여금	자본조정	기타포괄손익누계액		
20×2년 1월 1일	5,000	2,300	-	1,138	7,900	16,338
연차배당	400	-	-	-	(2,200)	(1,800)
중간배당	-	-	-	-	(800)	(800)
당기순이익	-	-	-	-	3,200	3,200
토지재평가이익	-	-	-	262	-	262
20×2년 12월 31일	5,400	2,300	-	1,400	8,100	17,200

해 설

20×2년 말의 이익잉여금처분예정안은 20×3년에 개최되는 주주총회에서 결의한 후 회계처리하여야 하므로 20×3년의 자본변동표에 반영된다. 따라서 20×2년의 자본변동표에는 반영되지 않는다. 이것이 이익잉여금처분계산서와 자본변동표의 차이점이다.

객관식 연습문제

01 다음 중 자본 항목이 아닌 것은?

① 감자차손
② 이익준비금
③ 주식발행초과금
④ 미지급배당금
⑤ 재평가잉여금

02 자본과 관련된 다음 내용 중 옳지 않는 것은?

① 감자차익은 자본잉여금 항목이다.
② 주식발행초과금은 자본잉여금 항목이다.
③ 주식할인발행차금은 자본조정 항목이다.
④ 자기주식처분이익은 자본조정 항목이다.
⑤ 보통주자본금뿐만 아니라 우선주자본금도 자본금에 포함된다.

03 A회사는 액면금액 ₩5,000의 보통주 1,000주를 주당 ₩7,000에 현금발행 하면서 신주발행비 ₩100,000을 현금지급 하였다. 이 거래로 발생하는 주식발행초과금은?

① ₩1,900,000
② ₩2,000,000
③ ₩2,100,000
④ ₩2,200,000
⑤ ₩2,400,000

04 다음 중 자본총액에 영향을 미치는 것은?

① 주식배당
② 무상증자
③ 액면미달 주식발행
④ 이익준비금 적립
⑤ 주식분할

05 자본과 관련된 다음 내용 중 옳은 것은?

① 이익준비금은 현금배당을 하지 않으면 적립할 수 없다.
② 미처분이익잉여금뿐만 아니라 법정적립금으로도 현금배당 가능하다.
③ 현물출자를 받는 경우, 취득하는 자산의 장부금액을 주식의 발행가액으로 한다.
④ 주식의 순발행가액보다 액면금액이 더 많으면 주식발행초과금이 발생한다.
⑤ 주식의 할인발행 또는 할증발행에 관계없이 자본금은 액면금액으로만 계상된다.

06 자본과 관련된 다음 내용 중 옳은 것은?

① 자본잉여금을 자본전입하면 자본금과 자본총액이 모두 증가한다.
② 현금배당을 하면 자본금과 자본총액 모두 변하지 않는다.
③ 자기주식을 취득하면 자본금은 감소한다.
④ 자기주식을 액면금액 이상의 금액으로 취득하여 소각하는 경우 자기주식처분손실이 발생한다.
⑤ 실질적 감자에서 발생하는 감자차익은 자본잉여금으로 처리하고, 감자차손은 감자차익과 우선 상계한 후 자본조정으로 계상한다.

07 10월 1일에 자기주식 10주를 주당 ₩5,000에 취득한 후 곧바로 5주를 주당 ₩7,000에 처분하여 자기주식처분이익 ₩10,000이 발생하였다. 그 후 10월 15일 나머지 5주를 주당 ₩4,000에 처분하여 자기주식처분손실이 ₩5,000이 발생하였다. 이 거래와 관련된 설명으로 옳은 것은?

① 자기주식처분이익과 자기주식처분손실을 상계한 후 잔액인 자기주식처분이익 ₩5,000을 자본잉여금으로 처리한다.
② 자기주식처분이익과 자기주식처분손실을 상계한 후 잔액인 자기주식처분이익 ₩5,000을 자본조정항목으로 처리한다.
③ 자기주식처분이익 ₩10,000은 자본잉여금으로, 자기주식처분손실 ₩5,000은 자본조정항목으로 각각 기록한다.
④ 자기주식처분이익 ₩10,000은 자본잉여금으로, 자기주식처분손실 ₩5,000은 특별손실로 각각 기록한다.
⑤ 자기주식처분이익 ₩10,000은 특별이익으로, 자기주식처분손실 ₩5,000은 자본조정항목으로 각각 기록한다.

08 다음 중 형식적 증자에 해당하는 것을 모두 선택한 것은?

a. 주식배당	b. 현금배당	c. 이익준비금의 자본전입
d. 주식할인발행	e. 주식할증발행	f. 자본잉여금의 자본전입

① a, b, f ② a, c, f ③ b, d, e ④ c, d, e ⑤ c, d, f

09 결손금을 보전하기 전의 관련 자료는 다음과 같다. 결손금을 전액 보전한 후 자본잉여금 잔액은 얼마인가? 단, 이 회사는 결손금을 임의적립금, 법정적립금, 자본잉여금 순으로 보전하는 정책을 적용하고 있다.

• 결손금	₩1,700,000	• 주식발행초과금	₩1,300,000
• 이익준비금	500,000	• 자기주식처분이익	400,000
• 감자차손	300,000	• 배당평균적립금	1,000,000

① ₩1,200,000 ② ₩1,500,000
③ ₩1,600,000 ④ ₩1,700,000
⑤ ₩1,800,000

10 배당과 관련된 다음 내용 중 옳지 않은 것은?

① 회사의 배당금은 배당을 실시할 때의 주주에게 지급하는 것이 아니라 배당기준일의 주주에게 지급한다.
② 회사가 배당을 결의하면 현금배당의 경우에는 미지급배당금으로 하여 유동부채로 계상하고, 주식배당의 경우에는 미교부주식배당금으로 하여 자본조정으로 계상한다.
③ 회사가 현금배당이나 주식배당을 실시하면 이익잉여금이 감소하므로 회사의 순자산은 감소하게 된다.
④ 현금배당을 받는 경우에는 수익을 인식하나 주식배당을 받는 경우에는 수익을 인식하지 않는다.
⑤ 현금배당은 유통주식수에 변화가 없지만 주식배당은 유통주식수를 증가시킨다.

11 다음 자료에 의할 때 자본잉여금은 총 얼마인가?

당기순이익	₩36,000	사업확장적립금	₩33,000	이익준비금	₩85,000
재평가잉여금	53,000	주식발행초과금	28,000	감자차익	21,000

① ₩28,000
② ₩49,000
③ ₩102,000
④ ₩114,000
⑤ ₩134,000

12 다음 항목 중에서 자본조정항목을 선택한 후 자본에 가산할 항목과 자본에 차감할 항목으로 분류하면?

a. 주식할인발행차금	b. 자기주식	c. 미교부주식배당금
d. 기타포괄금융자산평가이익	e. 감자차익	f. 자기주식처분이익

	자본에 차감하는 항목	자본에 가산하는 항목
①	a, b	c
②	a, b	c, d
③	a, c, d, e	b, f
④	a, b, c	d, e
⑤	a, b, d	c

13 A회사는 20×1년 초에 설립된 회사로 설립당시에 액면금액이 주당 ₩100인 보통주 280,000주를 발행하였다. 설립시 발행한 주식은 현재 전량 유통되고 있다. 20×2년 2월에 5%의 주식배당과 주당 ₩6의 현금배당을 선언하였다. 이러한 배당선언의 결과로 미처분이익잉여금은 최소한 얼마나 감소하는가?

① ₩1,764,000
② ₩1,848,000
③ ₩3,080,000
④ ₩3,248,000
⑤ ₩3,388,000

14 20×1년도 A회사의 배당금 처분전 자본은 자본금 ₩2,000,000, 자본잉여금 ₩200,000, 이익준비금 ₩80,000, 전기이월미처분이익잉여금 ₩90,000 및 당기순이익 ₩240,000이었다. 한편, 상법상 이익준비금 이외의 법정적립금 전입액과 주식배당은 없다. A회사가 당기에 상법 규정에 따라 최대로 지불할 수 있는 금전배당 가능액은 얼마인가?

① ₩610,000
② ₩410,000
③ ₩330,000
④ ₩300,000
⑤ ₩240,000

15 자본에 관한 설명으로 옳은 것을 모두 고른 것은?

a. 주식 발행과 직접 관련하여 발생한 거래원가는 자본에서 차감하지 않고 당기손익으로 인식한다.
b. 유상감자는 자본금의 감소로 소멸되는 주식의 대가를 주주에게 실질적으로 지급하는 것으로 실질적 감자에 해당한다.
c. 무상증자 시에는 자본금과 자본총계가 모두 증가한다.
d. 임의적립금은 주주총회의 의결을 거쳐 미처분이익잉여금으로 이입한 후 배당재원으로 사용할 수 있다.
e. 이익준비금은 법정준비금이므로 그 금액만큼을 반드시 외부 금융기관에 예치해야 한다.

① a, d ② a, e ③ b, c ④ b, d ⑤ c, e

객관식 연습문제 해답 및 해설

01. ④	02. ④	03. ①	04. ③	05. ⑤	06. ⑤	07. ①	08. ②	09. ②	10. ③
11. ②	12. ①	13. ④	14. ④	15. ④					

01 ④

미지급배당금은 부채항목이다.

02 ④

자기주식처분이익은 자본잉여금 항목이다.

03 ①

발행가액 : 1,000주×7,000 - 100,000 = ₩6,900,000
액면가액 : 1,000주×5,000,000 = ₩5,000,000
주식발행초과금 : 6,900,000 - 5,000,000 = ₩1,900,000
신주발행비는 발행가액에서 차감한다.

04 ③

① 주식배당을 하면 이익잉여금이 자본금으로 대체되므로 자본총액은 변하지 않는다.
② 무상증자는 순자산 유입이 없는 자본 내 항목간 이동이므로 자본총액의 변화는 없다.
③ 주식이 할인발행되는 경우라도 순자산 유입이 있으므로 자본총액은 증가한다.
④ 이익준비금 적립은 이익잉여금 내의 항목간 이동이므로 자본총액의 변화는 없다.
⑤ 주식분할은 주식수만 증가시키는 것이므로 자본총액은 변하지 않는다.

05 ⑤

① 현금배당을 하는 경우 배당액의 1/10이상은 의무적으로 이익준비금을 적립해야 한다. 그러나 현금배당을 하지 않더라도 이익준비금을 적립할 수는 있다.
② 법정적립금은 자본전입이나 결손보전에만 사용할 수 있으므로 현금배당은 할 수 없다.
③ 현물출자를 받는 경우, 취득하는 자산의 공정가치를 주식의 발행가액으로 한다.
④ 주식의 순발행가액보다 액면금액이 더 많으면 주식할인발행차금이 발생한다.

06 ⑤

① 자본전입(형식적 증자) 후에 자본금은 증가하지만 자본총액은 변화 없다.
② 현금배당을 하면 자본금은 변화 없지만 이익잉여금이 감소하므로 자본총액은 감소한다.
③ 자기주식은 자본에서 차감하는 자본조정항목이므로 자기주식을 취득하면 자본총액은 감소하지만 자본금은 감소하지 않는다.
④ 자기주식을 액면금액 이상으로 취득하여 소각하는 경우에 발생하는 차액은 감자차손이라 하고, 자기주식의 취득금액보다 처분금액이 낮은 경우에 발생하는 차액은 자기주식처분손실이라 한다.

07 ①

자기주식처분이익은 자본잉여금이고 자기주식처분손실은 자본조정이다. 각각 발생하는 경우에는 상계하고 잔액만 재무상태표에 계상한다. 따라서 본 문제에서는 상계 후 잔액인 자기주식처분이익 ₩5,000을 자본잉여금으로 처리한다.

08 ②

형식적 증자(무상증자)는 주식은 발행하지만 순자산이 유입되지 않는 자본거래를 말한다. 따라서 형식적 증자를 하면 자본의 구성만 변하고(자본금 증가 and 자본잉여금이나 이익잉여금 감소) 자본총액에는 변화가 없다. 이에 해당하는 것으로는 자본잉여금의 자본전입, 이익준비금의 자본전입, 주식배당이 있다.

09 ②

- 자본잉여금으로 결손 보전할 금액
  1,700,000 − 1,000,000(배당평균적립금) − 500,000(이익준비금) = 200,000
- 결손금 보전 후 자본잉여금 잔액
  (1,300,000 + 400,000) − 200,000 = 1,500,000

10 ③

주식배당을 실시하면 이익잉여금이 감소하면서 그 만큼 자본금이 증가하므로 순자산(자본총액)은 변동하지 않는다.

11 ②

자본잉여금 : 28,000 + 21,000 = ₩49,000
당기순이익은 미처분이익잉여금, 사업확장적립금은 임의적립금, 이익준비금은 법정적립금이며 이들은 모두 이익잉여금 항목이다. 한편, 재평가잉여금은 기타포괄손익 항목이다. 주식발행초과금과 감자차익은 자본잉여금 항목이다.

12 ①

주식할인발행차금, 감자차손, 자기주식처분손실, 자기주식은 자본에 차감하는 자본조정항목이고 미교부주식배당금은 자본에 가산하는 자본조정항목이다. 차감하는 항목은 최초에 발생할 때 차변에 나타나며, 가산하는 항목은 최초에 발생할 때 대변에 나타난다. 한편, 기타포괄금융자산평가이익은 기타포괄손익누계액이며, 감자차익과 자기주식처분이익은 자본잉여금이다.

13 ④

주식배당 : 280,000주 × 100 × 5% = ₩1,400,000

현금배당 : 280,000주 × 6 = ₩1,680,000

이익준비금 : 1,680,000 × 10% = ₩168,000

(차)	미처분이익잉여금	3,248,000	(대)	미교부주식배당금	1,400,000
				미지급배당금	1,680,000
				이익준비금	168,000

14 ④

- 당기 처분가능이익 = 90,000 + 240,000 = ₩330,000
- 최대 금전배당 가능액 = 330,000 ÷ 1.1 = ₩300,000
- 이익준비금이 자본금의 1/2에 미달하므로 최소한 금전배당의 10%를 이익준비금으로 의무 적립해야 한다.

15 ④

a. 주식 발행과 직접 관련하여 발생한 거래원가는 자본에서 차감한다.

c. 무상증자를 하면 자본금은 증가하나 자본총계는 변화 없다.

e. 이익준비금을 반드시 외부 금융기관에 예치해야 할 의무는 없다.

주관식 연습문제

현물출자

01 A회사는 투자자로부터 영업활동에 사용할 토지를 제공받고 액면금액 ₩10,000의 보통주 100주를 발행하여 교부하였다.

> [상황 1] 토지의 공정가치를 알 수 없고, 주식의 1주당 공정가치를 ₩12,000으로 파악할 수 있는 경우
>
> [상황 2] 주식의 공정가치는 측정할 수 없으나 토지의 공정가치는 ₩1,100,000으로 파악할 수 있는 경우

요구사항

각 상황별 회계처리를 제시하시오.

유상증자와 유상감자

02 A회사는 20×1년 초에 액면가액 ₩10,000인 주식 100주를 주당 ₩11,000에 발행하였다. 이때 주식발행비용이 ₩20,000 발생하였다. 7월 1일에 위 주식 중 10주를 주당 ₩9,000에 취득하여 즉시 소각하였고, 9월 1일에 10주를 주당 ₩11,200에 취득하여 즉시 소각하였다.

요구사항

위 거래에 대한 회계처리를 일자별로 제시하시오.

자기주식

03 A회사는 20×1년 초에 주당 액면금액 ₩1,000인 주식 100주를 주당 ₩1,200에 발행하여 설립된 회사이다. 20×1년 중에 다음과 같은 자본거래가 있었다.

> (1) 7월 25일에 자기주식 5주를 주당 ₩900에 취득하였다.
> (2) 8월 5일에 자기주식 2주를 주당 ₩940에 처분하였다.
> (3) 8월 20일에 자기주식 3주를 소각하였다.

요구사항

20×1년에 필요한 모든 회계처리를 제시하시오.

자본의 변동

04 12월말 법인인 A회사의 보통주 주당 액면금액은 ₩100이다. 다음은 A회사의 자본과 관련된 거래 내용이다.

> (1) 20×1. 1. 1 보통주 10,000주를 주당 ₩140에 발행하여 회사를 설립하였다.
> (2) 20×1. 7. 1 주식발행초과금 ₩300,000을 자본전입하였다.
> (3) 20×1. 12. 31 20×1년 당기순손실 ₩380,000이 발생하였다
> (4) 20×2. 2. 28 주식발행초과금 전부를 결손금 보전에 사용하였다.
> (5) 20×2. 3. 31 결손금 보전을 위하여 2,000주를 무상으로 감자하였다.
> (6) 20×2. 5. 31 결손금 보전을 위하여 1,000주를 추가로 무상 감자하였다.
> (7) 20×2. 8. 31 자기주식 4,000주를 주당 ₩120에 취득하였다.
> (8) 20×2. 10. 31 자기주식 4,000주를 소각하였다.
> (9) 20×2. 12. 31 20×2년 당기순이익 ₩300,000이 발생하였다.
> (10) 20×3. 2. 28 감자차손상각과 총 ₩100,000의 주식배당을 결의하였다.
> (11) 20×3. 3. 31 주식배당에 대한 신주가 발행되어 주주에게 교부되었다.

요구사항

각 거래 별 회계처리를 제시하고 각 시점의 자본계정의 잔액을 자본금, 자본잉여금, 이익잉여금, 자본조정으로 구분하여 나타내시오.

부분재무상태표

05 A회사는 20×1년 3월 2일에 창업하면서 주당 액면금액 ₩1,000인 보통주 2,000주를 ₩2,100,000에 발행하였다. 20×1년의 당기순이익은 ₩200,000이었다. 20×2년의 관련 자료는 다음과 같다.

> (1) 2월 20일에 주주총회에서 3%의 현금배당과 2%의 주식배당을 결의하고 즉시 배당을 실시(현금지급 및 주식교부)하였다. 이익준비금은 최소액을 적립한다.
> (2) 5월 1일에 보통주 500주를 ₩600,000에 유상증자 하였다.
> (3) 6월 1일에 보통주 200주를 주당 ₩400에 취득하였다.
> (4) 9월 1일에 자기주식 중 50주를 주당 ₩600에 매각하였다.
> (5) 9월 30일에 자기주식 중 80주를 소각하였다.
> (6) 11월 1일에 자기주식 중 30주를 주당 ₩300에 매각하였다.
> (7) 20×2년의 당기순이익은 ₩250,000이었다.

요구사항

1. 20×2년 말 재무상태표에 계상될 다음 항목의 금액을 구하시오.
   (1) 자본금
   (2) 자본잉여금
   (3) 이익잉여금
   (4) 자기주식

2. 20×3년 2월 주주총회에서 2%의 현금배당을 결의하였다. 주주총회 결의에 따라 현금배당으로 지급할 금액은 얼마인가?

자본변동표

06 A회사는 20×2년 1월 1일에 자본금 ₩50,000,000(보통주 10,000주, 주당 액면금액 ₩5,000)으로 설립된 회사이며, 당일 주식발행초과금은 ₩1,000,000이었다. 20×2년도 당기순이익은 ₩9,000,000이며, 20×2년 중 발생한 자본거래는 다음과 같다.

> (1) 5월 1일에 주당 ₩4,000으로 2,500주 유상증자 하였다.
> (2) 8월 1일에 자기주식 200주를 주당 ₩6,000에 취득하였다.
> (3) 10월 1일에 자기주식 100주를 주당 ₩6,500에 처분하였다.
> (4) 11월 1일에 자기주식 60주를 소각하였다.
> (5) 12월 31일에 보유중인 토지의 장부가액이 재평가를 통하여 ₩200,000 증가하였다.

요구사항

1. 20×2년 일자별 회계처리를 제시하시오.
2. 20×2년도 자본변동표를 작성하시오. 단, 자본은 납입자본, 이익잉여금 및 기타자본구성요소로 분류하는 것으로 가정한다.

주관식 연습문제 해답 및 해설

01 해답

상황 1	(차) 토　　지	1,200,000	(대) 자 본 금[*1]	1,000,000
			주식발행초과금[*2]	200,000
	[*1] 10,000×100주 = ₩1,000,000 [*2] 1,200,000 − 1,000,000 = ₩200,000			
상황 2	(차) 토　　지	1,100,000	(대) 자 본 금	1,000,000
			주식발행초과금[*1]	100,000
	[*1] 1,100,000 − 1,000,000 = ₩100,000			

02 해답

20×1. 1. 1	(차) 현　　금[*1]	1,080,000	(대) 자 본 금[*2]	1,000,000
			주식발행초과금[*3]	80,000
	[*1] 11,000×100주 − 20,000 = ₩1,080,000 [*3] (11,000 − 10,000)×100주 − 20,000 = ₩80,000		[*2] 10,000×100주 = ₩1,000,000	
20×1. 7. 1	(차) 자 본 금[*1]	100,000	(대) 현　　금[*2]	90,000
			감자차익	10,000
	[*1] 10,000×10주 = ₩100,000		[*2] 9,000×10주 = ₩90,000	
20×1. 9. 1	(차) 자 본 금[*1]	100,000	(대) 현　　금[*2]	112,000
	감자차익	10,000		
	감자차손	2,000		
	[*1] 10,000×10주 = ₩100,000		[*2] 11,200×10주 = ₩112,000	

03 해답

20×1. 1. 1	(차)	현 금	120,000	(대)	자 본 금	100,000
					주식발행초과금	20,000
20×1. 7.25	(차)	자기주식	4,500	(대)	현 금	4,500
20×1. 8. 5	(차)	현 금	1,880	(대)	자기주식	1,800
					자기주식처분이익	80
20×1. 8.20	(차)	자 본 금	3,000	(대)	자기주식	2,700
					감자차익	300

04 해답

1. 회계처리

(1) 20×1년 1월 1일

(차)	현 금	1,400,000	(대)	자 본 금[*1]	1,000,000
				주식발행초과금[*2]	400,000

[*1] ₩100×10,000주 = ₩1,000,000

[*2] (₩140 − ₩100)×10,000주 = ₩400,000

자본금	자본잉여금	이익잉여금	자본조정	자본총계
₩1,000,000	₩400,000	₩0	₩0	₩1,400,000

(2) 20×1년 7월 1일

(차)	주식발행초과금	300,000	(대)	자 본 금	300,000

자본금	자본잉여금	이익잉여금	자본조정	자본총계
₩1,300,000	₩100,000	₩0	₩0	₩1,400,000

(3) 20×1년 12월 31일

(차)	미처리결손금	380,000	(대)	집합손익	380,000

자본금	자본잉여금	이익잉여금	자본조정	자본총계
₩1,300,000	₩100,000	(−)₩380,000	₩0	₩1,020,000

(4) 20×2년 2월 28일

(차)	주식발행초과금	100,000	(대)	미처리결손금	100,000

자본금	자본잉여금	이익잉여금	자본조정	자본총계
₩1,300,000	₩0	(−)₩280,000	₩0	₩1,020,000

(5) 20×2년 3월 31일

(차)	자 본 금*	200,000	(대) 미처리결손금	200,000

* ₩100×2,000주 = ₩200,000

자본금	자본잉여금	이익잉여금	자본조정	자본총계
₩1,100,000	₩0	(-)₩80,000	₩0	₩1,020,000

(6) 20×2년 5월 31일

(차)	자 본 금*1	100,000	(대) 미처리결손금*2	80,000
			감자차익	20,000

*1 ₩100×1,000주 = ₩100,000

*2 380,000 − 100,000 − 200,000 = ₩80,000

자본금	자본잉여금	이익잉여금	자본조정	자본총계
₩1,000,000	₩20,000	₩0	₩0	₩1,020,000

(7) 20×2년 8월 31일

(차)	자기주식*	480,000	(대) 현 금	480,000

* ₩120×4,000주 = ₩480,000

자본금	자본잉여금	이익잉여금	자본조정	자본총계
₩1,000,000	₩20,000	₩0	(-)₩480,000	₩540,000

(8) 20×2년 10월 31일

(차)	자 본 금*1	400,000	(대) 자기주식	480,000
	감자차익	20,000		
	감자차손*2	60,000		

*1 ₩100×4,000주 = ₩400,000

*2 (₩120 − ₩100)×4,000주 − 20,000 = ₩60,000

자본금	자본잉여금	이익잉여금	자본조정	자본총계
₩600,000	₩0	₩0	(-)₩60,000	₩540,000

(9) 20×2년 12월 31일

(차)	집합손익	300,000	(대) 미처분이익잉여금	300,000

자본금	자본잉여금	이익잉여금	자본조정	자본총계
₩600,000	₩0	₩300,000	(-)₩60,000	₩840,000

⑽ 20×3년 2월 28일

(차)	미처분이익잉여금	160,000	(대)	감자차손	60,000
				미교부주식배당금	100,000

자본금	자본잉여금	이익잉여금	자본조정	자본총계
₩600,000	₩0	₩140,000	₩100,000	₩840,000

⑾ 20×3년 3월 31일

(차)	미교부주식배당금	100,000	(대)	자 본 금	100,000

자본금	자본잉여금	이익잉여금	자본조정	자본총계
₩700,000	₩0	₩140,000	₩0	₩840,000

05 해답

(1) 20×2년 초 자본

자본금 ₩2,000,000, 주식발행초과금 ₩100,000, 이익잉여금 ₩200,000

(2) 거래의 분개

20×2. 2.20	(차)	미처분이익잉여금	106,000	(대)	현 금*	60,000
					자 본 금	40,000
					이익준비금	6,000
		* 2,000×1,000×3% = ₩60,000				
20×2. 5. 1	(차)	현 금	600,000	(대)	자 본 금	500,000
					주식발행초과금	100,000
20×2. 6. 1	(차)	자기주식	80,000	(대)	현 금	80,000
20×2. 9. 1	(차)	현 금	30,000	(대)	자기주식	20,000
					자기주식처분이익	10,000
20×2. 9.30	(차)	자 본 금	80,000	(대)	자기주식	32,000
					감자차익	48,000
20×2.11. 1	(차)	현 금	9,000	(대)	자기주식	12,000
		자기주식처분이익	3,000			
20×2.12.31	(차)	집합손익	250,000	(대)	미처분이익잉여금	250,000

(3) 각 자본의 내역

① 자본금 : 2,000,000 + 40,000 + 500,000 − 80,000 = ₩2,460,000

➡ [별해] (2,000주 + 2,000주 × 2% + 500주 − 80주) × ₩1,000 = ₩2,460,000

② 자본잉여금 : 100,000 + 100,000 + 10,000 + 48,000 − 3,000 = ₩255,000

③ 이익잉여금 : 200,000 − 106,000 + 6,000 + 250,000 = ₩350,000

④ 자기주식 : 80,000 - 20,000 - 32,000 - 12,000 = ₩16,000

➡ [별해] (200주 - 50주 - 80주 - 30주) × ₩400 = ₩16,000

(4) [(2,460,000 ÷ ₩1,000) - 40주] × ₩1,000 × 2% = ₩48,400

➡ [별해] (2,460주 - 40주) × 1,000 × 2% = ₩48,400

06 해답

1. 회계처리

일자		차변 계정	금액		대변 계정	금액
20×2. 5. 1	(차)	현　　금	10,000,000	(대)	자 본 금	12,500,000
		주식발행초과금	1,000,000			
		주식할인발행차금	1,500,000			
20×2. 8. 1	(차)	자기주식	1,200,000	(대)	현　　금	1,200,000
20×2.10. 1	(차)	현　　금	650,000	(대)	자기주식	600,000
					자기주식처분이익	50,000
20×2.11. 1	(차)	자 본 금	300,000 *	(대)	자기주식	360,000
		감자차손	60,000			
		* 60주 × ₩5,000 = ₩300,000				
20×2.12.31	(차)	집합손익	9,000,000	(대)	미처분이익잉여금	9,000,000
	(차)	토　　지	200,000	(대)	재평가잉여금	200,000

자본변동표

20×2년 1월 1일부터 12월 31일까지

A회사 (단위 : 천원)

구　　분	납입자본	이익잉여금	기타자본구성요소	총　계
20×2년 1월 1일	51,000	-	-	51,000
- 유상증자	11,500	-	(1,500)	10,000
- 자기주식	-	-	(1,200)	(1,200)
- 자기주식처분	50	-	600	650
- 자기주식소각	(300)	-	300	-
- 당기순이익	-	9,000	-	9,000
- 토지재평가이익	-	-	200	200
20×2. 12. 31	62,250	9,000	(1,600)	69,650

해 설

1. 주식발행초과금의 감소는 납입자본을 감소시키고, 주식할인발행차금은 자본조정항목이므로 기타자본구성요소를 감소시킨다.

2. 자기주식은 음(-)의 자본조정항목이며, 자기주식의 처분은 음의 자본조정항목의 감소이므로 (+)로 처리된다. 자본조정항목이 동시에 발생하면 상계하여 순액만 표시한다.

3. 자기주식처분이익은 자본잉여금에 해당하므로 납입자본의 증가이고 감자차손은 음(-)의 자본조정항목이다.

CHAPTER 11

투자금융자산

ACCOUNTING PRINCIPLE

제 1 절 투자금융자산

투자금융자산 중 금융기관이 취급하는 정형화된 금융자산인 정기예금, 정기적금과 환매채 등의 재무제표 인식방법에 대하여는 제6장 '현금과 수취채권'에서 이미 설명하였다. 여기에서는 투자금융자산 중 투자지분상품과 투자채무상품에 대한 재무제표 인식방법에 대하여 설명하고자 한다.

[투자금융자산의 공시]

재무상태표

A회사 　　　　　　　　20×1년 12월 31일 현재 　　　　　　　　(단위 : 원)

자산	금액	부채	금액
유동자산		유동부채	
1. 현금및현금성자산	×××	1. 매입채무와 기타채무	×××
2. 단기투자금융자산		⋮	⋮
(1) 당기손익금융자산	×××		
(2) 기타포괄금융자산	×××		
(3) 상각후원가측정금융자산	×××		
⋮	⋮		
비유동자산			
1. 장기투자금융자산			
(1) 당기손익금융자산	×××		
(2) 기타포괄금융자산	×××		
(3) 상각후원가측정금융자산	×××		
⋮	⋮		

1 투자금융자산의 종류

기업이 투자목적으로 보유하고 있는 금융자산은 해당 금융자산의 성격에 따라 투자지분상품과 투자채무상품으로 분류할 수 있다. 투자금융자산은 개별적으로 그리고 기업의 다른 자원과 대부분 독립적으로 수익을 창출하는 자산이다. 따라서, 투자금융자산에서 발생하는 이자수익이나 배당금수익, 평가손익, 처분손익 등의 모든 수익과 비용은 손익계산서에 투자 범주손익으로 표시한다.

(1) 투자지분상품

투자지분상품(equity instrument)은 다른 회사의 순자산에 대한 소유권을 나타내는 지분상품인 주식에 대한 투자와 일정금액으로 소유지분을 취득할 수 있는 권리를 나타내는 지분상품인 지분옵션에 대한 투자를 말한다. 예를 들면, 다른 회사가 발행한 보통주 주식과 우선주 주식을 취득하거나 보통주 전환권이나 보통주인수권을 취득한 경우 이를 투자지분상품을 취득하였다고 말한다. 투자자는 지분상품의 보유기간 중 피투자회사로부터 수령하는 배당과 투자지분상품의 매각시 시세차익을 통해서 투자원금과 투자이익을 회수한다.

(2) 투자채무상품

투자채무상품(debt instrument)은 다른 회사에 대하여 금전을 청구할 수 있는 권리를 표시하는 상품에 대한 투자를 말한다. 예를 들면, 다른 회사가 발행한 사채를 취득하거나 국가나 공기업이 발행한 국공채를 취득한 경우 이를 투자채무상품을 취득하였다고 말한다. 투자자는 채무상품의 보유기간 중에 피투자회사로부터 수령하는 이자와 투자채무상품의 매각시의 시세차익을 통해서 투자원금과 투자이익을 회수한다.

[투자금융자산의 종류]

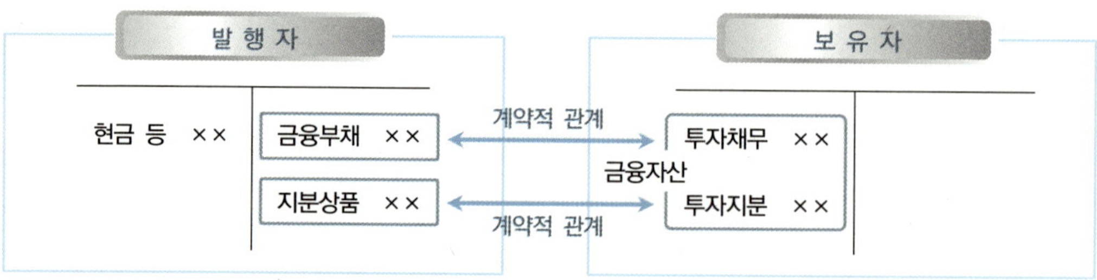

2 투자금융자산의 재무제표상 분류

투자목적으로 취득한 금융자산은 금융자산의 투자목적에 따라 상각후원가측정금융자산과 공정가치측정금융자산의 두 가지로 범주로 분류하여 인식과 측정을 수행한다. 금융자산을 보유하는 기간동안 원리금 지급만으로 구성되어 있는 현금흐름이 발생하며, 계약상 현금흐름을 수취하는 것만을 목적으로 취득한 금융자산은 상각후원가 측정 금융자산으로 분류한다. 이를 제외한 모든 금융자산은 공정가치측정금융자산으로 분류한다. 또한 공정가치측정금융자산은 공정가치변동손익을 포괄손익계산서에 인식하는 방법에 따라 당기손익-공정가치측정 금융자산과 기타포괄손익-공정가치측정 금융자산으로 세분한다.

[투자금융자산의 분류와 공시 요약]

금융자산	공정가치 측정대상		상각후원가 측정대상
	당기손익인식	기타포괄손익인식	
투자지분상품	당기손익-공정가치측정 금융자산	기타포괄손익-공정가치측정 금융자산	해당없음
투자채무상품			상각후원가측정 금융자산

3 투자금융자산의 후속측정

(1) 당기손익-공정가치측정 금융자산

공정가치측정 대상 금융자산 중 당기손익-공정가치측정 금융자산(이하, 당기손익금융자산)은 공정가치로 후속측정하며, 이에 따른 미실현보유손익은 포괄손익계산서에 당기손익으로 인식한다.

(2) 기타포괄-공정가치측정 금융자산

공정가치측정 대상 금융자산 중 기타포괄손익-공정가치측정 금융자산(이하, 기타포괄금융자산)은 공정가치로 후속측정하며, 이에 따른 미실현보유손익은 포괄손익계산서에 기타포괄손익으로 인식한다. 여기서 유의할 점은 기타포괄손익누계액의 처리방법이 투자지분상품과 투자채무상품이 서로 다르다는 것이다. 지분상품의 경우 후속측정에 따른 기타포괄손익의 누계액은 당기손익으로 재분류조정하지 않으며, 해당 지분상품이 제거되는 시점에 이익잉여금으로 대체한다. 하지만 채무상품의 경우 후속측정에 따른 기타포괄손익의 누계액은 해당 채무상품이 제거되는 시점에 당기손익으로 재분류조정한다.

(3) 상각후원가측정 금융자산

투자금융자산 중 상각후원가측정 금융자산(이하, 상각후원가금융자산)은 공정가치로 후속측정하지 않는다. 이는 원리금만을 회수할 목적으로 취득한 금융자산이므로 유효이자율법을 적용한 상각후원가로 후속측정하여 재무상태표에 표시한다. 다만 상각후원가금융자산은 모두 채무상품이므로 보유기간 중 수령하는 표시이자수익과 취득금액과 액면금액과의 차이인 상각이자수익을 유효이자율법을 적용하여 포괄손익계산서에 이자수익으로 인식한다.

[투자금융자산의 후속측정]

금융자산의 종류		후속측정방법	평가손익의 인식	기타포괄손익의 실현
지분상품	당기손익금융자산	공정가치법	당기손익	해당없음
	기타포괄금융자산	공정가치법	기타포괄손익	이익잉여금 대체
채무상품	당기손익금융자산	공정가치법	당기손익	해당없음
	기타포괄금융자산	공정가치법	기타포괄손익	손익 재분류조정
	상각후원가금융자산	상각후원가법	해당없음	해당없음

4 배당과 이자의 수령

배당금수익은 지분투자에 대한 대가로 수령하는 이익의 분배금액이며, 이자수익은 채권투자에 대한 대가로 수령하는 이익의 분배금액이다. 원칙적으로 모든 금융자산으로부터 발생하는 배당금수익과 이자수익은 당기손익에 포함한다.

(1) 지분상품에 대한 배당금수익

지분상품에 대한 배당금수익은 배당금을 받을 권리와 금액이 확정되는 시점인 배당선언일에 당기손익으로 인식한다. 우리나라는 원칙적으로 이익잉여금의 처분권한이 주주총회에 있으므로 배당선언일은 주주총회일이다. 배당선언일에 배당금을 현금으로 수령한 것으로 가정한다면 회계처리는 다음과 같다.

[투자회사 회계처리]

배당기준일	- 분개 없음 -			
배당선언일	(차) 현 금	×××	(대) 배당금수익	×××

[피투자회사 회계처리]

배당기준일	- 분개 없음 -			
배당선언일	(차) 미처분이익잉여금	×××	(대) 현　　금	×××

(2) 채무상품에 대한 이자수익

채무상품에 대한 이자수익은 유효이자율을 적용하여 발생기준에 따라 인식한다. 한편, 이자수익에는 최초취득금액과 만기액면금액간의 할인·할증 또는 기타 차이에 대한 상각액을 포함한다. 이자 수령일에 이자를 현금으로 수령하는 것으로 가정한다면 회계처리는 다음과 같다.

[투자회사 회계처리]

이자수령일	(차) 현　　금	×××	(대) 이자수익	×××
	상각후원가금융자산	×××		

[피투자회사 회계처리]

이자지급일	(차) 이자비용	×××	(대) 현　　금	×××
			사채할인발행차금	×××

제 2 절 투자지분상품

투자지분상품(equity instrument)은 다른 회사의 순자산에 대한 소유권을 나타내는 지분상품인 주식에 대한 투자와 일정금액으로 소유지분을 취득할 수 있는 권리를 나타내는 지분상품인 지분옵션에 대한 투자를 말한다.

1 투자지분상품의 재무상태표상 분류

투자목적으로 취득한 지분상품은 모두 공정가치측정 금융자산 중 당기손익금융자산으로 분류하는 것이 원칙이다. 다만, 단기매매이외의 목적으로 취득한 지분상품 중 최초인식시점에 후속적인 공정가치변동을 기타포괄손익으로 인식하기로 선택한 경우에는 공정가치측정 금융자산 중 기타포괄금융자산으로 분류할 수 있다.

참고 투자지분상품의 기타포괄손익인식 선택허용 이유

국제회계기준위원회에서는 지분상품의 경우 채무상품과 달리 원리금 지급만으로 구성되어 있는 현금흐름을 갖지 않기 때문에, 금융자산이 속하는 사업모형에 관계없이 공정가치정보가 항상 목적적합하다고 보고 있다. 또한 지분투자의 공정가치변동은 일반적으로 기업성과에 대한 목적적합한 정보를 제공하므로 미실현이익일지라도 당기손익에 포함되어야 한다고 보고 있다. 그러나 지분투자가 투자의 가치 증가를 위해서라기보다는 비계약적 이익을 위해 일부 지분상품을 보유(예 일례로 특정 국가에서 제품을 판매하려고 할 때 그와 같은 투자가 요구될 수도 있다)하는 것이라면 해당 지분상품의 공정가치 손익을 당기손익으로 나타내는 것은 해당 기업의 성과를 잘 나타내는 것이 아닐 수 있다는 주장에 주목하였다. 또한 재무제표이용자들은 기업가치를 평가하면서 투자수익 창출을 위한 지분상품에서 발생하는 공정가치의 변동과 투자수익 창출 외의 목적으로 보유하고 있는 지분상품에서 발생하는 공정가치의 변동을 다르게 생각한다는 점에도 주목하였다. 따라서, 국제회계기준위원회에서는 기업이 일부 지분투자의 손익을 선택적으로 기타포괄손익으로 인식하여 별도로 표시함으로써 관련 공정가치의 변동을 쉽게 식별할 수 있고, 재무제표이용자에게 유용한 정보를 제공할 수 있다고 판단하였다. 단, 단기매매목적으로 취득한 지분상품은 투자수익을 창출할 목적으로 취득한 것이 명백하기에 기타포괄손익인식을 선택할 수 없다.

[투자지분상품의 분류와 공시 요약]

구 분	단기매매목적	단기매매이외의 목적
원 칙	당기손익-공정가치측정 금융자산	
기타포괄손익인식 선택시	선택 불가능	기타포괄손익-공정가치측정 금융자산

2 투자지분상품 : 당기손익-공정가치측정 금융자산

단기매매목적으로 취득한 지분상품은 당기손익금융자산으로 분류한다. 또한 단기매매이외의 목적으로 취득한 지분상품 중 최초인식시점에 후속적인 공정가치변동을 기타포괄손익으로 인식하기로 선택하지 않은 경우에도 당기손익금융자산으로 분류한다.

(1) 당기손익금융자산의 최초인식과 후속측정

당기손익금융자산은 최초인식과 후속측정시 공정가치로 평가하며, 평가에 따른 미실현보유손익은 포괄손익계산서에 당기손익으로 인식한다. 한편, 지분상품의 보유기간 중에 배당을 현금으로 수령하는 경우에는 당기손익으로 인식한다.

당기손익금융자산 평가손익 = 기말 공정가치 - 평가직전 장부금액

(2) 당기손익금융자산의 매각

당기손익-공정가치 측정 금융자산을 매각하는 경우 우선 매각일의 공정가치로 해당 금융자산을 재측정하며, 관련손익은 당기손익으로 인식한다. 이후 수취한 대가와 매각일에 재측정된 금융자산의 장부금액의 차이를 추가로 당기손익으로 인식한다. 하지만 일반적인 경우 금융자산의 처분대가로 수취하는 금액은 해당 금융자산의 공정가치와 동일한 금액이다. 따라서 추가로 인식할 당기손익은 발생하지 않는다.

당기손익금융자산의 처분손익 = 처분으로 수취한 순대가 - 제거일의 공정가치

예제 1 당기손익금융자산의 평가와 처분

A회사는 20×1년 초에 B회사의 주식을 단기매매목적으로 ₩100,000에 취득하였다. B사주식의 공정가치는 20×1년 말 ₩70,000이며, 20×2년 말 ₩110,000이다. 이 주식을 20×3년 9월 15일 공정가치인 ₩140,000에 처분하였다.

물음

1. A회사가 B회사의 주식을 취득 후 처분할 때까지 행할 회계처리를 제시하시오.
2. A회사가 B회사의 주식을 취득 후 처분할 때까지 포괄손익계산서를 제시하시오.
3. 위의 공통자료에서 20×3년 9월 15일 공정가치인 ₩140,000에 처분한 것이 아니라, 공정가치를 초과하여 ₩147,000에 처분한 것으로 가정하는 경우 처분일의 분개를 수행하시오.

해답

1. 일련의 회계처리

(1) 연도별 회계처리

일자	차변	금액	대변	금액
20×1. 1. 1	(차) 당기손익금융자산	100,000 ②	(대) 현　　금	100,000 ①
20×1.12.31	(차) 금융자산평가손실	30,000 ④	(대) 당기손익금융자산	30,000 ③
20×2.12.31	(차) 당기손익금융자산	40,000 ①	(대) 금융자산평가이익	40,000 ②
20×3. 9.15	(차) 당기손익금융자산	30,000 ①	(대) 금융자산평가이익	30,000 ②
	(차) 현　　금	140,000 ④	(대) 당기손익금융자산	140,000 ③

(1) 연도별 부분재무상태표

20×1.12.31

차변	금액	대변	금액
당기손익자산	70,000		
		이익잉여금	(30,000)

20×2.12.31

차변	금액	대변	금액
당기손익자산	110,000		
		이익잉여금	10,000

2. 연도별 부분포괄손익계산서

과　목	20×1년	20×2년	20×3년	합 계
[당기손익]				
당기손익금융자산평가손익	(30,000)	40,000	30,000	40,000
당기손익금융자산처분손익	–	–	–	–
포괄이익	(30,000)	40,000	30,000	40,000

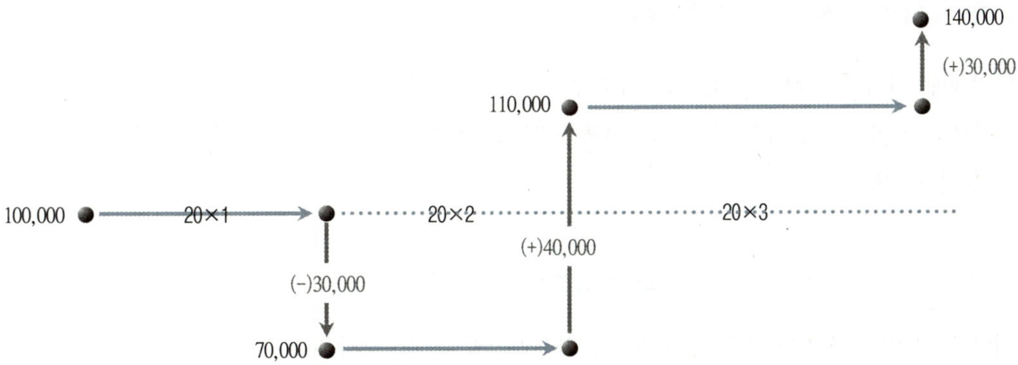

3. 공정가치를 초과하여 처분하는 경우

(1) 처분일의 회계처리

20×3. 9.15	(차) 당기손익금융자산	30,000 ①	(대) 금융자산평가이익	30,000 ②
	(차) 현　　금	147,000 ④	(대) 당기손익금융자산	140,000 ③
			금융자산처분이익	7,000 ⑤

(2) 연도별 부분포괄손익계산서

과 목	20×1년	20×2년	20×3년	합 계
[당기손익]				
당기손익금융자산평가손익	(30,000)	40,000	30,000	40,000
당기손익금융자산처분손익	–	–	7,000	7,000
포괄이익	(30,000)	40,000	37,000	47,000

3 투자지분상품 : 기타포괄손익-공정가치측정 금융자산

단기매매 이외의 목적으로 취득한 지분상품 중 최초인식시점에 후속적인 공정가치변동을 기타포괄손익으로 인식하기로 취소 불가능한 선택을 한 경우에는 기타포괄손익-공정가치 측정 금융자산으로 분류할 수 있다.

(1) 기타포괄금융자산의 최초인식과 후속측정

기타포괄손익-공정가치 측정 금융자산은 최초인식과 후속측정시 모두 공정가치로 재측정을 수행하며, 재측정에 따른 미실현보유손익은 포괄손익계산서에 기타포괄손익으로 인식한다. 한편, 금융자산의 취득시 발생하는 거래원가는 최초인식 공정가치에 가산한다. 후속측정에 따른 기타포괄손익은 과거에 발생한 평가손익과 통산하여 자본항목인 기타포괄손익누계액으로 분류한다. 따라서 기타포괄손익-공정가치 측정 금융자산과 관련하여 포괄손익계산서와 재무상태표에 다음과 같은 손익이 계상된다.

보고기간의 기타포괄평가손익	= 보고기간말 공정가치 − 재측정전의 장부금액
	= 보고기간말 기타포괄손익누계액 − 보고기간초 기타포괄손익누계액
보고기간말 기타포괄평가손익누계액	= 보고기간말 공정가치 − 최초인식원가

포괄손익계산서는 특정 회계기간의 손익을 나타내므로, 포괄손익계산서의 기타포괄평가손익은 당 회계기간분만을 의미한다. 한편 재무상태표는 누적액을 나타내므로 재무상태표의 기타포괄손익 금융자산평가손익은 당 회계기간까지의 누적분을 의미한다.

(2) 기타포괄금융자산의 매각

기타포괄손익-공정가치 측정 금융자산을 매각하는 경우 우선 매각일의 공정가치로 해당 금융자산을 재측정하며, 관련손익은 기타포괄손익으로 인식한다. 이후 수취한 대가와 매각일에 재측정된 금융자산의 장부금액의 차이는 당기손익으로 인식한다. 일반적인 경우 금융자산의 매각대가로 수취하는 금액은 해당 금융자산의 공정가치와 동일한 금액이다. 따라서 추가로 인식할 당기손익은 발생하지 않는다.

한편, 금융자산의 매각시점에 기인식한 기타포괄손익누계액은 이익잉여금으로 대체할 수 있다. 결과적으로 이익잉여금으로 대체하는 기타포괄평가손익의 누계액은 해당 금융자산의 제거시 공정가치와 최초인식원가[1])와의 차액이 된다.

---

1) 기타포괄금융자산 취득원가 ± 기타포괄금융자산평가이익(손실) = 기타포괄금융자산 공정가치
➡ 기타포괄금융자산 취득원가 = 기타포괄금융자산 공정가치 ∓ 기타포괄금융자산평가이익(손실)

제거시 기타포괄평가손익누계액 (이익잉여금 대체액) = 제거시 공정가치 - 최초인식원가

이해 지분상품 기타포괄손익누계액의 이익잉여금 대체

단기매매목적이 아니라면 지분투자의 공정가치변동을 기타포괄손익에 표시하는 것을 선택할 수 있다. 이러한 표시선택권은 공정가치변동이 당기손익에 목적적합하지 않은 상황을 위한 것이기 때문에, 관련 손익이 현금화되어 실현되는 경우에도 당기손익으로 재분류조정 하면 안 된다. 하지만 해당 금융자산을 처분한 경우에는 관련 손익은 이미 실현된 손익이다. 따라서 실현에 대한 정보를 제공하기 위해 기타포괄손익의 누계액을 이익잉여금로 대체하는 것은 허용하고 있다.

예제 2 기타포괄금융자산의 평가와 처분

A회사는 20×1년 초에 B회사의 주식을 ₩100,000에 취득하였다. A회사는 B회사 주식의 공정가치 변동에 대하여 기타포괄손익으로 인식하기로 취소불가능한 선택을 하였다. B사주식의 공정가치는 20×1년 말 ₩70,000이며, 20×2년 말 ₩110,000이다. 이 주식을 20×3년 9월 15일에 공정가치인 ₩140,000에 처분하였다. 한편, A회사는 금융자산의 처분일에 기타포괄평가손익의 누계액을 이익잉여금으로 대체하고 있다.

물음

1. 20×1년 말과 20×2년 말에 B회사 주식과 관련하여 재무상태표에 계상할 기타포괄금융자산의 평가손익누계액을 계산하시오.
2. A회사가 B회사의 주식을 처분한 경우 이익잉여금으로 대체할 금액을 계산하고 관련된 회계처리를 제시하시오. 또한 20×1년 말과 20×2년 말의 연도별 부분재무상태표를 제시하시오.
3. A회사가 B회사의 주식을 취득 후 처분할 때까지 포괄손익계산서를 제시하시오.
4. 위의 공통자료에서 20×3년 9월 15일 공정가치인 ₩140,000에 처분한 것이 아니라, 공정가치를 초과하여 ₩147,000에 처분한 것으로 가정하는 경우 처분일의 분개를 수행하시오.

해 답

1. 연도별 기타포괄금융자산의 평가손익누계액

   (1) 20×1년 말 기타포괄손익의 누계액 : 기말공정가치 70,000 - 최초금액 100,000 = (-)30,000

   (2) 20×2년 말 기타포괄손익의 누계액 : 기말공정가치 110,000 - 최초금액 100,000 = (+)10,000

2. 기타포괄금융자산의 처분

   (1) 처분시 이익잉여금으로 대체금액 : 처분일공정가치 140,000 - 최초금액 100,000 = 40,000

   (2) 관련된 회계처리

20×1. 1. 1	(차) 기타포괄금융자산	100,000 ②	(대) 현 금	100,000 ①
20×1.12.31	(차) 기타포괄평가손실	30,000 ④	(대) 기타포괄금융자산	30,000 ③
20×2.12.31	(차) 기타포괄금융자산	40,000 ①	(대) 기타포괄평가손실	30,000 ②
			기타포괄평가이익	10,000 ③
20×3. 9.15	(차) 기타포괄금융자산	30,000 ①	(대) 기타포괄평가이익	30,000 ②
	(차) 현 금	140,000 ④	(대) 기타포괄금융자산	140,000 ③
	(차) 기타포괄평가이익	40,000 ⑤	(대) 미처분이익잉여금	40,000 ⑥

   (3) 연도별 부분재무상태표

20×1.12.31

기타포괄자산	70,000		
		기타포괄손실	(30,000)

20×2.12.31

기타포괄자산	110,000		
		기타포괄이익	10,000

➡ 위의 회계처리에서 유의할 점은 당기손익의 경우 보고기간 말에 손익마감절차를 통해 해당 손익계정이 소멸하여 이익잉여금으로 대체되지만, 기타포괄손익의 경우 해당 항목이 그대로 자본에 직접 반영되기에 공정가치 재측정손익을 인식하는 경우 기타포괄평가손실과 기타포괄평가이익을 상계하는 회계처리를 수행해야 한다는 것이다.

3. 연도별 부분포괄손익계산서

과 목	20×1년	20×2년	20×3년	합 계
[당기손익]				
기타포괄금융자산처분손익	-	-	-	-
[기타포괄손익]				
기타포괄금융자산평가손익	(30,000)	40,000	30,000	40,000
포괄이익	(30,000)	40,000	40,000	40,000

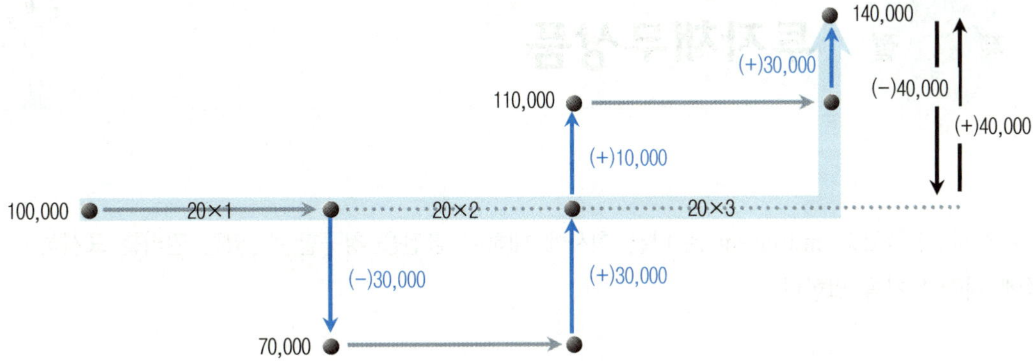

4. 공정가치를 초과하여 처분하는 경우

(1) 관련된 회계처리

20×3. 9.15	(차) 기타포괄금융자산	30,000 ①	(대) 기타포괄평가이익	30,000 ②
	(차) 현　　금	147,000 ④	(대) 기타포괄금융자산	140,000 ③
			금융자산처분이익	7,000 ⑤
	(차) 기타포괄평가이익	40,000 ⑥	(대) 미처분이익잉여금	40,000 ⑦

(2) 연도별 부분포괄손익계산서

과　목	20×1년	20×2년	20×3년	합 계
[당기손익]				
기타포괄금융자산처분손익	–	–	7,000	7,000
[기타포괄손익]				
기타포괄금융자산평가손익	(30,000)	40,000	30,000	40,000
포괄이익	(30,000)	40,000	37,000	47,000

제 3 절 투자채무상품

투자채무상품(debt instrument)은 다른 회사에 대하여 금전을 청구할 수 있는 권리를 표시하는 상품에 대한 투자를 말한다.

1 투자채무상품의 재무제표상 분류

투자목적으로 취득한 채무상품은 현금흐름의 특성기준과 사업모형기준에 근거하여 상각후원가측정 금융자산과 공정가치측정 금융자산으로 분류한다. 또한 공정가치로 측정하는 금융자산은 다시 기타포괄손익-공정가치측정 금융자산과 당기손익-공정가치측정 금융자산으로 세분하여 인식 및 측정을 수행한다. 계약상 현금흐름이 원금과 이자만으로 구성되어 있으며, 원리금을 수취할 목적으로 채무상품을 취득하는 경우에는 상각후원가측정 금융자산으로 분류한다. 한편, 계약상 현금흐름이 원금과 이자만으로 구성되어 있으며, 원리금을 수취하면서 동시에 해당 채무상품의 매도할 목적으로 취득하는 경우에는 기타포괄손익-공정가치측정 금융자산으로 분류한다. 이 두 가지 목적을 제외한 채무상품은 모두 당기손익-공정가치측정 금융자산으로 분류한다.

[투자채무상품의 분류와 공시 요약]

구 분	사업모형		
	원리금의 수취목적	원리금의 수취와 매도목적	매도등 기타목적
채 무 상 품	상각후원가측정 금융자산	기타포괄손익-공정가치측정 금융자산	당기손익-공정가치측정 금융자산

2 투자채무상품 : 상각후원가측정 금융자산

채무상품의 현금흐름이 원금과 이자만으로 구성되어 있으며, 이를 수취할 목적으로 취득한 채무상품의 경우에는 상각후원가측정 금융자산으로 분류한다. 이하의 내용은 현재가치개념을 정립하지 않으면 이해하기 상당히 어렵다. 따라서 제9장의 '부채와 현재가치개념'을 학습한 후 사채의 발행자 회계처리와 함께 학습할 것을 권장한다.

(1) 상각후원가측정 금융자산의 후속측정

상각후원가측정 금융자산은 후속측정시 상각후원가로 재무상태표에 표시한다. 상각후원가법에서 주의할 점은 채무상품의 취득원가와 만기원금인 액면금액의 차이인 현재가치차금은 상환기간에 걸쳐 유효이자율법에 의하여 상각하여 취득원가와 이자수익에 가감한다는 것이다.

참고 상각후원가와 유효이자율법

(1) 상각후원가(amortized cost) : 금융자산이나 금융부채의 최초인식시점의 측정금액에서 상환된 원금을 차감하고, 최초인식금액과 만기금액의 차액에 유효이자율법을 적용하여 계산된 상각액을 가감한 금액
(2) 유효이자율(effective interest rate) : 채무상품의 약정만기에 예상되는 미래 현금흐름의 현재가치를 채무상품의 순장부금액과 정확히 일치시키는 이자율
(3) 유효이자율법(effective interest rate method) : 채무상품의 상각후원가를 계산하고 관련 기간에 걸쳐 이자수익이나 이자비용을 배분하는 방법

(2) 상각후원가측정 금융자산의 매각

상각후원가측정 금융자산을 매각하는 경우 우선 해당 금융자산을 매각일의 상각후원가로 재측정을 수행해야 한다. 이후 수취한 대가와 해당 금융자산의 상각후원가와의 차액을 당기손익으로 인식한다.

상각후원가금융자산의 처분손익 = 처분대가 − 처분직전 상각후원가

예제 3 상각후원가금융자산의 취득과 처분

A회사는 20×1년 초에 B회사가 발행한 액면금액 ₩1,000,000의 사채를 ₩951,963에 원리금을 수취할 목적으로 취득하였다. 취득당시 상각후원가금융자산에 적용된 시장이자율은 12%이며, 액면이자는 매년 말 후급조건으로 10%이다. A회사는 20×2년 말에 동사채를 ₩990,000에 매각하였다.

	이자율 10%	이자율 12%
3기간 원금현가	0.75131	0.71178
3기간 연금현가	2.48685	2.40183

물음

1. 상각후원가금융자산을 처분하지 않은 경우 연도별 재무상태표가액과 유효이자율법에 의한 상각표를 작성하시오.
2. A회사가 상각후원가금융자산의 취득일부터 처분일까지 행할 회계처리를 제시하시오.
3. A회사가 B회사의 사채를 취득 후 처분할 때까지 포괄손익계산서를 제시하시오.

해답

1. 유효이자율법에 의한 상각표

(1) 상각후원가금융자산의 재무상태표 가액

① 20×1. 1. 1 : 100,000×2.40183+1,000,000×0.71178 = 951,963

② 20×1.12.31 : 951,963×(1+12%)−100,000 = 966,199

③ 20×2.12.31 : 966,199×(1+12%)−100,000 = 982,143

④ 20×3.12.31 : 982,143×(1+12%)−100,000 = 1,000,000

(2) 유효이자율법 상각표

날 짜	유효이자(12%)	액면이자(10%)	상각액	장부금액
20×1. 1. 1				951,963
20×1.12.31	114,236	(100,000)	14,236	966,199
20×2.12.31	115,944	(100,000)	15,944	982,143
20×3.12.31	117,857	(100,000)	17,857	1,000,000
	348,037	(300,000)	48,037	

(3) 만기까지의 회계처리

날짜	차변	금액	대변	금액
20×1. 1. 1	(차) 상각후원가자산	951,963 ②	(대) 현　　금	951,963 ①
20×1.12.31	(차) 현　　금	100,000 ④	(대) 이자수익	114,236 ③
	상각후원가자산	14,236 ⑤		
20×2.12.31	(차) 현　　금	100,000 ②	(대) 이자수익	115,944 ①
	상각후원가자산	15,944 ③		
20×3.12.31	(차) 현　　금	100,000 ②	(대) 이자수익	117,857 ①
	상각후원가자산	17,857 ③		
	(차) 현　　금	1,000,000 ⑤	(대) 상각후원가자산	1,000,000 ④

(4) 연도별 재무상태표와 포괄손익계산서

20×1년 말 재무상태표

상각후자산	966,199	

20×1년 포괄손익계산서

이자수익	114,236

20×2년 말 재무상태표	
상각후자산	982,143

20×2년 포괄손익계산서	
이자수익	115,944

2. 회계처리

20×1. 1. 1	(차) 상각후원가자산	951,963 ②	(대) 현　　금	951,963 ①
20×1.12.31	(차) 현　　금	100,000 ④	(대) 이자수익	114,236 ③
	상각후원가자산	14,236 ⑤		
20×2.12.31	(차) 현　　금	100,000 ②	(대) 이자수익	115,944 ①
	상각후원가자산	15,944 ③		
	(차) 현　　금	990,000 ⑤	(대) 상각후원가자산	982,143 ④
			금융자산처분이익	7,857 ⑥

3. 연도별 부분포괄손익계산서

과　목	20×1년	20×2년	합 계
[당기손익]			
이자수익	114,236	115,944	230,180
상각후원가금융자산처분손익	-	7,857	7,857
포괄이익	114,236	123,801	238,037

해 설

1. 투자채무상품인 상각후원가금융자산의 취득일부터 처분일까지의 장부금액의 변동내역은 다음과 같다.

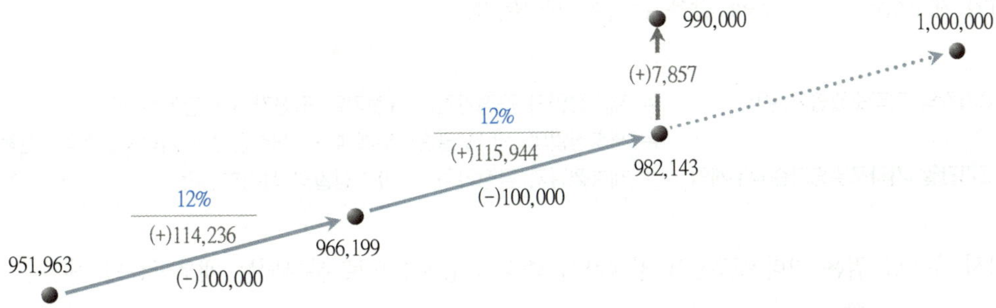

2. 상각후원가금융자산과 관련한 총손익효과를 현금주의로 분석하는 경우와 발생주의로 분석하는 경우의 결론은 다음과 같다. 결과적으로 손익계산서에 인식되는 총 손익효과는 현금주의와 발생주의가 동일하다. 현금주의와 발생주의를 비교하면 인식할 비용의 총금액(total amount)은 차이가 없으며, 단지 인식할 비용의 시기(timing)의 차이만 있을 뿐이다.

현금주의		발생주의	
총현금유입	1,190,000	총이자수익	230,180
총현금유출	(951,963)	금융자산처분이익	7,857
합 계	238,037	합 계	238,037

3 투자채무상품 : 기타포괄손익-공정가치 측정 금융자산

채무상품의 계약상 현금흐름이 원금과 이자로 구성되어 있으며, 원리금을 수취하면서 동시에 해당 채무상품의 매도할 목적으로 취득하는 경우에는 공정가치측정금융자산 중 기타포괄손익-공정가치측정 금융자산으로 분류한다. 이하의 내용은 회계원리 수준으로는 상당히 어려우므로 중급회계에서 현재가치측정개념을 확실하게 정립한 후 학습하는 것을 권장한다.

(1) 기타포괄손익-공정가치측정 금융자산의 후속측정

기타포괄손익-공정가치측정 채무상품은 후속측정시 상각후원가법을 적용하여 이자수익을 먼저 인식한 후 후속측정일의 상각후원가와 공정가치의 차액을 재측정손익을 인식한다. 재측정에 따른 미실현보유손익은 포괄손익계산서에 기타포괄손익으로 인식한다.

보고기간 말에 후속측정에 따른 기타포괄손익은 과거에 발생한 평가손익과 통산하여 자본항목인 기타포괄손익누계액으로 분류한다. 따라서 기타포괄손익-공정가치 측정 채무상품과 관련하여 포괄손익계산서와 재무상태표에 다음과 같은 손익이 계상된다.

보고기간의 기타포괄평가손익	= 재측정일의 공정가치 - (전기말 공정가치 ± 당기상각액)
	= 재측정일의 기타포괄손익누계액 - 재측정전의 기타포괄손익누계액
보고기간말 기타포괄평가손익누계액	= 재측정일의 공정가치 - 재측정일의 상각후원가

여기서 유의할 점은 기타포괄손익-공정가치 측정 금융자산으로 분류되는 채무상품의 경우 당기손익으로 인식하는 금액은 항상 상각후원가 측정 금융자산으로 분류되는 채무상품과 동일해야 한다는 것이다. 따라서 유효이자수익 인식시 기준이 되는 금액은 공정가치 평가를 반영한 장부금액이 아니라 공정가치 평가전 총장부금액이다.

참고 **기타포괄손익-공정가치 측정 채무상품의 당기손익관련 규정**

기준서 1109호 금융상품의 [문단 5.7.11]에 의하면 기타포괄손익-공정가치로 측정하는 투자채무상품의 경우 당기손익으로 인식하는 금액은 해당 금융자산을 상각후원가로 측정하였더라면 당기손익으로 인식하였을 금액과 같아야 한다고 규정하고 있다.

(2) 기타포괄손익-공정가치측정 금융자산의 매각

기타포괄손익-공정가치 측정 채무상품을 매각하는 경우 우선 매각일의 공정가치로 해당 금융자산을 재측정하며, 관련손익은 기타포괄손익으로 인식한다. 이후 수취한 대가와 매각일에 재측정된 금융자산의 장부금액의 차이는 당기손익으로 인식한다. 일반적인 경우 금융자산의 처분대가로 수취하는 금액은 해당 금융자산의 공정가치와 동일한 금액이다. 따라서 추가로 인식할 당기손익은 발생하지 않는다.

한편, 금융자산의 매각시점에 기인식한 기타포괄손익누계액은 당기손익으로 재분류조정 해야 한다. 결과적으로 당기손익으로 인식하는 기타포괄금융자산의 매각손익은 당해 기타포괄금융자산의 처분대가로 수취하는 금액과 매각일의 상각후원가[2]와의 차액이 된다.

기타포괄금융자산의 제거손익 = 처분대가 − (처분직전 장부금액 ∓ 기타포괄금융자산평가손익누계액)
= 처분대가 − 매각일의 상각후원가

이해 **기타포괄손익의 당기손익 재분류조정에 대한 근거**

채무상품의 경우 기타포괄손익-공정가치 측정과 상각후원가측정을 모두 허용하고 있다. 국제회계기준에서는 채무상품의 공정가치변동을 기타포괄손익으로 인식하더라도 당기손익으로 인식하는 금액은 해당 금융자산을 상각후원가로 측정하였더라면 당기손익으로 인식하였을 금액과 같도록 규정하고 있다. 이 경우 채무상품에서 기인식한 기타포괄손익의 누계액을 해당 채무상품을 제거할 때, 당기손익으로 재분류조정 해야 상각후원가측정 금융자산의 제거손익과 일치하게 된다. 이런 이유로 기타포괄손익-공정가치측정 지분상품과는 달리 채무상품의 경우에는 재분류조정을 강제하고 있는 것이다.

---

2) 기타포괄금융자산 상각후원가 ± 기타포괄금융자산평가손익누계액 = 기타포괄금융자산 장부금액
➡ 기타포괄금융자산 상각후원가 = 기타포괄금융자산 장부금액 ∓ 기타포괄금융자산평가손익누계액

예제 4 기타포괄금융자산의 평가와 처분

A회사는 20×1년 초에 B회사가 3년 만기로 발행한 액면금액 ₩1,000,000의 사채를 ₩951,963에 원리금을 수취하면서 매도할 목적으로 취득하였다. 취득당시 기타포괄금융자산에 적용된 시장이자율은 12%이며, 액면이자는 매년 말 후급조건으로 10%이다. 사채의 20×1년 말 공정가치는 ₩950,000이며, A회사는 동 채권을 20×2년 말에 공정가치인 ₩990,000에 매각하였다. 관련된 현가계수는 다음과 같다.

구 분	12%	13%	14%
1기간	0.89286	0.88496	0.87719
2기간	0.79719	0.78315	0.76947
3기간	0.71178	0.69305	0.67497
합 계	2.40183	2.36115	2.32163

물음

1. 기타포괄금융자산을 처분하지 않은 경우 연도별 재무상태표가액과 유효이자율법에 의한 상각표를 작성하시오.
2. 20×2년 말 기타포괄금융자산의 처분손익을 계산하시오.
3. 기타포괄금융자산의 취득일부터 처분일까지 관련된 회계처리를 제시하시오.

해답

1. 기타포괄금융자산의 재무상태표가액과 유효이자율법 상각표

(1) 기타포괄금융자산의 재무상태표가액

① 20×1. 1. 1 : 공정가치 100,000×2.40183+1,000,000×0.71178=951,963

② 20×1.12.31 : 공정가치 950,000

③ 20×2.12.31 : 공정가치 990,000

④ 20×3.12.31 : 공정가치 1,000,000 ➡ 채무상품의 만기공정가치는 액면금액과 동일함

(2) 유효이자율법 상각표

날 짜	유효이자	액면이자	상각액	상각후원가	평가손익누계	재무상태표가액
20×1. 1. 1				951,963		
20×1.12.31	114,236	(100,000)	14,236	966,199	(16,199)	950,000
20×2.12.31	115,944	(100,000)	15,944	982,143	7,857	990,000
20×3.12.31	117,857	(100,000)	17,857	1,000,000	-	1,000,000
	348,037	(300,000)	48,037			

(3) 만기까지의 회계처리

일자	차변	금액	대변	금액
20×1. 1. 1	(차) 기타포괄금융자산	951,963 ②	(대) 현　　금	951,963 ①
20×1.12.31	(차) 현　　금	100,000 ④	(대) 이자수익	114,236 ③
	기타포괄금융자산	14,236 ⑤		
	(차) 기타포괄평가손실	16,199 ⑦	(대) 기타포괄금융자산	16,199 ⑥
20×2.12.31	(차) 현　　금	100,000 ②	(대) 이자수익	115,944 ①
	기타포괄금융자산	15,944 ③		
	(차) 기타포괄금융자산	24,056 ④	(대) 기타포괄평가손실	16,199 ⑤
			기타포괄평가이익	7,857 ⑥
20×3.12.31	(차) 현　　금	100,000 ②	(대) 이자수익	117,857 ①
	기타포괄금융자산	17,857 ③		
	(차) 기타포괄평가이익	7,857 ⑤	(대) 기타포괄금융자산	7,857 ④
	(차) 현　　금	1,000,000 ⑦	(대) 기타포괄금융자산	1,000,000 ⑥

(4) 부분 재무상태표와 포괄손익계산서

20×1년 말 재무상태표

차변	금액	대변	금액
FVOCI자산	950,000		
		기포누계	(16,199)

20×1년 포괄손익계산서

이자수익	114,236
기타포괄평가손실	(16,199)

20×2년 말 재무상태표

차변	금액	대변	금액
FVOCI자산	990,000		
		기포누계	7,857

20×2년 포괄손익계산서

이자수익	115,944
기타포괄평가이익	24,056

20×3년 말 재무상태표

차변	금액	대변	금액
FVOCI자산	1,000,000		
		기포누계	-

20×3년 포괄손익계산서

이자수익	117,857
기타포괄평가손실	(7,857)

2. 기타포괄금융자산처분손익

(1) 20×2.12.31 금융자산의 처분가액 : 990,000

(2) 20×2.12.31 금융자산의 상각후원가 : 951,963×1.12 - 100,000 = 982,143

(3) 20×2.12.31 금융자산처분이익 : 990,000 - 982,143 = 7,857 ➠ 처분금액과 상각후원가를 비교함

3. 회계처리

(1) 일자별 회계처리

일자	차변	금액	대변	금액
20×1. 1. 1	(차) 기타포괄금융자산	951,963 ②	(대) 현　　금	951,963 ①
20×1.12.31	(차) 현　　금	100,000 ④	(대) 이자수익	114,236 ③
	기타포괄금융자산	14,236 ⑤		
	(차) 기타포괄평가손실	16,199 ⑦	(대) 기타포괄금융자산	16,199 ⑥
20×2.12.31	(차) 현　　금	100,000 ②	(대) 이자수익	115,944 ①
	기타포괄금융자산	15,944 ③		
	(차) 기타포괄금융자산	24,056 ④	(대) 기타포괄평가손실	16,199 ⑤
			기타포괄평가이익	7,857 ⑥
	(차) 현　　금	990,000 ⑧	(대) 기타포괄금융자산	990,000 ⑦
	기타포괄평가이익	7,857 ⑨	금융자산처분이익	7,857 ⑩

(2) 부분 재무상태표와 포괄손익계산서

20×1년 말 재무상태표

FVOCI자산	950,000		
		기포누계	(16,199)

20×1년 포괄손익계산서

이자수익	114,236
기타포괄평가손실	(16,199)

20×2년 말 재무상태표

현　　금	990,000		
		기포누계	-

20×2년 포괄손익계산서

이자수익	115,944
금융자산처분이익	7,857
기타포괄평가이익	16,199

해설

1. 기타포괄손익-공정가치 측정 금융자산의 취득일부터 처분일까지의 변동내역은 아래와 같다. 여기서 유의할 점은 기타포괄손익-공정가치 측정 금융자산의 평가로 인하여 상각후원가가 변경된 것이 아니므로, 20×2년의 유효이자수익은 기존의 상각후원가인 966,199×12% = 115,944로 인식한다는 것이다.

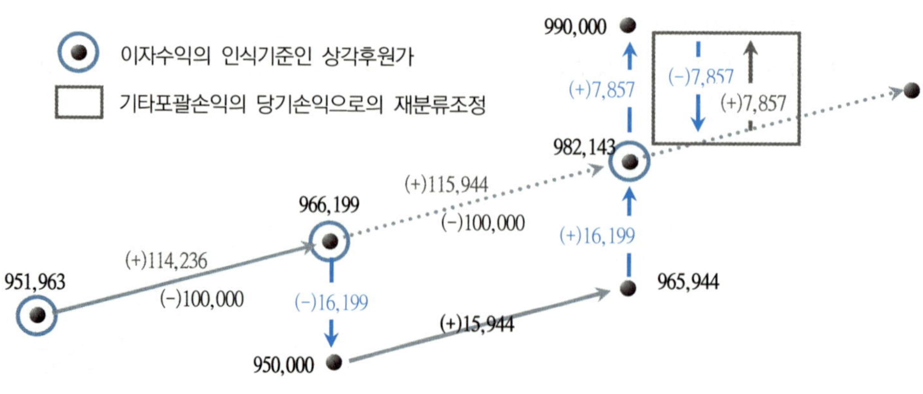

2. 동일한 채무상품을 상각후원가 측정 금융자산으로 분류한 경우와 기타포괄손익-공정가치 측정 금융자산으로 분류한 경우의 채무상품의 처분손익은 동일하며, 연도별 총당기손익효과도 상각후원가 측정 금융자산의 경우와 동일하다.

현금주의		발생주의	
총현금유입	1,190,000	총이자수익	230,180
총현금유출	(951,963)	금융자산처분이익	7,857
합 계	238,037	합 계	238,037

4 투자채무상품 : 당기손익-공정가치 측정 금융자산

채무상품을 원리금을 수취할 목적으로 취득하지 않고, 매도 등 기타의 목적으로 취득한 경우 당기손익-공정가치 측정 금융자산으로 분류한다.

(1) 당기손익-공정가치측정 금융자산의 후속측정

당기손익금융자산은 최초인식과 후속측정시 공정가치로 평가하며, 평가에 따른 미실현보유손익은 포괄손익계산서에 당기손익으로 반영한다.

당기손익금융자산의 평가손익 = 재측정일의 공정가치 - 재측정전의 장부금액

채무상품의 보유기간 중 발생하는 이자수익은 유효이자율법에 의하여 인식하는 것이 원칙이다. 하지만 당기손익인식 채무상품의 경우 중요성의 측면에서 유효이자가 아닌 표시이자만을 이자수익으로 인식한다.

참고 채무상품의 상각과 평가

당기손익-공정가치 측정 금융자산으로 분류되는 채무상품은 유효이자율법에 의한 현재가치할인차금상각을 하고 공정가치로 평가하는 것이 타당하다. 하지만, 상각을 통해 이자수익에` 반영하는 경우와 평가를 통해 평가손익에 반영하는 경우 모두 당기손익으로 처리되기 때문에, 실무적으로는 상각을 하지 않는 것이 일반적이다. 따라서 본서에서는 당기손익인식 채무상품의 경우 유효이자율법에 의한 이자수익이 아닌, 표시이자율에 의한 이자수익만을 인식할 것이다. 하지만, 기타포괄손익-공정가치 측정 금융자산으로 분류되는 채무상품은 유효이자율법에 의한 현재가치할인차금상각을 하고, 공정가치로 평가해야 한다. 상각을 통해 인식되는 이자수익은 당기손익에 반영되지만, 후속측정을 통해 인식되는 평가손익은 기타포괄손익으로 인식되기 때문이다.

(2) 당기손익-공정가치측정 금융자산의 매각

당기손익-공정가치 측정 금융자산을 매각하는 경우 우선 매각일의 공정가치로 해당 금융자산을 재측정하며, 관련손익은 당기손익으로 인식한다. 이후 수취한 대가와 매각일에 재측정된 금융자산의 장부금액의 차이를 추가로 당기손익으로 인식한다. 하지만 일반적인 경우 금융자산의 처분대가로 수취하는 금액은 해당 금융자산의 공정가치와 동일한 금액이다. 따라서 추가로 인식할 당기손익은 발생하지 않는다.

당기손익금융자산의 처분손익 = 처분으로 수취한 대가 - 매각일의 공정가치

예제 5 당기손익금융자산의 평가와 처분

A회사는 20×1년 초에 B회사가 발행한 액면금액 ₩1,000,000의 사채를 ₩951,963에 단기매매목적으로 취득하였다. 취득당시 해당 채무상품에 적용된 시장이자율은 12%이며, 액면이자는 매년 말 후급 조건으로 10%이다. 사채의 20×1년 말 공정가치는 ₩950,000이며, A회사는 동 채권을 20×2년 말에 공정가치인 ₩990,000에 매각하였다. 관련된 현가계수는 다음과 같다.

	이자율 10%	이자율 12%
3기간 원금현가	0.75131	0.71178
3기간 연금현가	2.48685	2.40183

물음

1. A회사가 B회사의 사채를 취득 후 처분할 때까지 수행할 회계처리를 제시하시오.
2. A회사가 B회사의 사채를 취득 후 처분할 때까지 연도별 부분재무상태표와 포괄손익계산서를 제시하시오.

해 답

1. 회계처리

20×1. 1. 1	(차) 당기손익금융자산	951,963 ②	(대) 현 금	951,963 ①
20×1.12.31	(차) 현 금	100,000 ④	(대) 이자수익	100,000 ③
	금융자산평가손실	1,963 ⑥	당기손익금융자산	1,963 ⑤
20×2.12.31	(차) 현 금	100,000 ②	(대) 이자수익	100,000 ①
	(차) 당기손익금융자산	40,000 ③	(대) 금융자산평가이익	40,000 ④
	(차) 현 금	990,000 ⑥	(대) 당기손익금융자산	990,000 ⑤

2. 연도별 부분재무상태표와 포괄손익계산서

20×1년 말 재무상태표

FVPL자산	950,000	

20×1년 포괄손익계산서

이자수익	100,000
금융자산평가손실	(1,963)

20×2년 말 재무상태표

현 금	990,000	

20×2년 포괄손익계산서

이자수익	100,000
금융자산평가이익	40,000

객관식 연습문제

01 투자금융자산에 대한 다음 내용 중 옳지 않는 것은?

① 지분상품인 당기손익금융자산은 공정가치법을 적용한다.
② 지분상품인 기타포괄금융자산은 공정가치법을 적용한다.
③ 채무상품인 당기손익금융자산은 공정가치법을 적용한다.
④ 채무상품인 기타포괄금융자산은 공정가치법을 적용한다.
⑤ 지분상품인 상각후원가금융자산은 상각후원가법을 적용한다.

02 투자금융자산에 대한 다음 내용 중 옳지 않은 것은?

① 지분상품은 상각후원가금융자산으로 분류할 수 없다.
② 상각후원가금융자산의 평가손익은 당기손익으로 인식한다.
③ 당기손익금융자산의 평가손익은 당기손익으로 인식한다.
④ 기타포괄금융자산의 평가손익은 기타포괄손익으로 인식한다.
⑤ 채무상품에 대한 이자수익은 유효이자율을 적용하여 발생기준으로 인식한다.

03 지분상품의 현금배당과 관련된 다음 내용 중 옳은 것만 선택하면?

a. 투자자는 피투자회사의 배당기준일에 배당금수익을 인식한다.
b. 투자자는 피투자회사의 배당선언일에 배당금수익을 인식한다.
c. 피투자회사는 배당기준일에 배당 관련하여 비용을 인식한다.
d. 피투자회사는 배당선언일에 배당 관련하여 비용을 인식한다.
e. 피투자회사는 배당기준일에 배당 관련하여 미처분이익잉여금을 감소시킨다.
f. 피투자회사는 배당선언일에 배당 관련하여 미처분이익잉여금을 감소시킨다.

① a, c　② a, e　③ b, d　④ b, e　⑤ b, f

04 투자지분자산에 대한 다음 내용 중 옳지 않은 것은?

① 단기매매목적으로 취득한 지분상품은 원칙적으로 당기손익금융자산으로 분류한다.
② 당기손익금융자산은 기말 공정가치에서 평가직전 장부금액을 차감하여 평가손익을 산정하고 이를 당기손익으로 인식한다.
③ 당기손익금융자산은 평가손익과 처분손익을 모두 당기손익으로 인식한다.
④ 당기손익금융자산을 매각하는 경우에는 처분으로 수취한 순대가에서 직전 기말 공정가치를 차감한 금액을 처분손익으로 인식한다.
⑤ 단기매매 이외의 목적으로 취득한 지분상품 중 최초인식시점에 후속적인 공정가치변동을 기타포괄손익으로 인식하기로 선택한 경우에는 기타포괄금융자산으로 분류할 수 있다.

05 다음 문장이 참이 되도록, 괄호 A ~ C 들어갈 적절한 용어를 선택하면?

> 기타포괄금융자산에 대한 평가손익은 (A)에 기타포괄손익으로 인식한다. 지분상품의 기타포괄손익누계액은 지분상품이 제거되는 시점에서 (B)으로 대체하고, 채무상품의 기타포괄손익누계액은 채무상품이 제거되는 시점에서 (C)으로 재분류조정한다.

	A	B	C
①	재무상태표	이익잉여금	당기손익
②	재무상태표	당기손익	이익잉여금
③	포괄손익계산서	이익잉여금	이익잉여금
④	포괄손익계산서	당기손익	이익잉여금
⑤	포괄손익계산서	이익잉여금	당기손익

06 ㈜한국은 20×1년 12월 20일에 ㈜서울의 주식을 단기매매목적으로 ₩100,000에 취득하여 당기손익금융자산으로 분류하였다. 이 주식의 공정가치는 20×1년 말 ₩90,000이고, 20×2년 말 ₩120,000이며, ㈜한국은 이 주식을 20×3년 4월 2일 공정가치인 ₩130,000에 처분하였다. ㈜한국이 20×2년에 인식할 평가이익(A)과 20×3년에 인식할 처분이익(B)은 각각 얼마인가?

	A	B		A	B
①	₩20,000	없음	②	₩30,000	없음
③	₩20,000	₩10,000	④	₩30,000	₩10,000
⑤	없음	₩30,000			

07 갑회사는 20×1년 중에 을회사 주식을 공정가치인 ₩100,000에 취득하였다. 갑회사는 이 주식에 대해 기타포괄손익을 인식하기로 선택하였다. 을회사 주식의 공정가치는 20×1년 말 ₩90,000이고, 20×2년 말 ₩120,000이다. 갑회사가 20×1년 포괄손익계산서에 계상할 기타포괄금융자산 평가손익(A)과 20×2년 말 재무상태표에 계상할 기타포괄금융자산 평가손익누계액(B)은 각각 얼마인가?

	A	B		A	B
①	없음	₩20,000	②	(₩10,000)	₩30,000
③	(₩10,000)	₩20,000	④	(₩10,000)	없음
⑤	없음	₩30,000			

08 ㈜한국은 20×1년 7월 1일 ㈜대한의 주식 200주를 취득일의 공정가치인 주당 ₩1,000에 취득하였다. 취득시 추가로 ₩5,000의 거래원가가 발생하였으며, ㈜한국은 해당 주식을 당기손익-공정가치측정 금융자산으로 분류하였다. 20×1년 9월 1일 ㈜한국은 취득한 주식의 50%를 처분일의 공정가치인 주당 ₩800에 처분하였다. 20×1년 말 ㈜대한 주식의 주당 공정가치가 ₩1,300일 때, 동 주식과 관련하여 ㈜한국의 20×1년 포괄손익계산서의 당기순이익 증가액은 얼마인가?

① ₩1,000 ② ₩2,000 ③ ₩3,000 ④ ₩4,000 ⑤ ₩5,000

09 ㈜한국은 20×1년 중 금융자산을 취득하고 주식A는 당기손익-공정가치측정 금융자산으로, 주식B는 기타포괄손익-공정가치측정 금융자산으로 분류하였다. 20×1년 중 주식A는 전부 매각하였고, 주식B는 20×1년 말 현재 보유하고 있다. 주식A의 매각금액과 20×1년 말 주식B의 공정가치가 다음과 같을 때, 20×1년 당기순이익에 미치는 영향은?

	20×1년 중 취득원가	비고
주식A	₩250	매각금액 ₩230
주식B	₩340	20×1년 말 공정가치 ₩380

① ₩20 증가 ② ₩20 감소 ③ ₩40 증가 ④ ₩40 감소 ⑤ ₩60 증가

10 ㈜서울은 20×1년 중에 ㈜부산의 주식을 취득시점의 공정가치인 ₩500,000에 취득하였다. 20×1년 말 공정가치는 ₩520,000이고, 20×2년 말 공정가치는 ₩470,000이다. ㈜서울이 이 주식을 당기손익금융자산으로 분류한 경우(A)와 기타포괄금융자산으로 분류한 경우(B) 20×2년 당기손익에 미치는 영향은 각각 얼마인가?

	A	B		A	B
①	₩50,000 감소	없음	②	₩30,000 감소	없음
③	₩50,000 감소	₩30,000 감소	④	₩50,000 감소	₩50,000 감소
⑤	₩30,000 감소	₩30,000 감소			

11 투자채무상품에 대한 다음 내용 중 옳지 않은 것은?

① 투자채무상품의 취득목적에 따라 당기손익금융자산으로 분류할 수 있다.
② 투자채무상품의 취득목적에 따라 기타포괄금융자산으로 분류할 수 있다.
③ 투자채무상품을 원리금 수취목적으로 취득한 경우에는 상각후원가로 측정한다.
④ 상각후원가금융자산을 처분하는 경우 처분대가와 취득가액의 차액을 당기손익으로 인식한다.
⑤ 상각후원가금융자산으로 분류되는 채무상품은 후속측정시 상각후원가로 재무상태표에 표시한다.

12 기타포괄손익-공정가치측정 채무상품에 대한 다음 내용 중 옳지 않은 것은?

① 상각후원가법을 적용하여 이자수익을 인식한 후에 공정가치로 평가한다.
② 이자수익은 당기손익에 반영하지만 평가손익은 기타포괄손익에 반영한다.
③ 상각후원가와 기말 공정가치의 차액은 재무상태표에 계상할 기타포괄손익평가누계액과 같다.
④ 해당 자산의 처분대가에서 처분직전 공정가치를 차감하여 처분손익을 산정한다.
⑤ 해당 자산의 매각시점에 기인식한 기타포괄손익누계액을 당기손익으로 재분류조정한다.

13 ㈜유현은 액면금액 ₩100,000, 이자지급일 매년 12월 31일, 유효이자율 연 10%, 액면이자 매년 ₩9,000인 채권을 20×1년 초에 원리금 수취목적으로 공정가치인 ₩97,513에 취득하였다. 20×1년 말 공정가치가 ₩98,000인 경우 ㈜유현이 20×1년 말에 인식할 이자수익과 평가손익은 각각 얼마인가?

	이자수익	평가손익		이자수익	평가손익
①	₩9,000	없음	②	₩9,751	없음
③	₩9,000	₩487 이익	④	₩9,751	₩264 손실
⑤	없음	₩487 이익			

14 ㈜유현은 액면금액 ₩100,000, 이자지급일 매년 12월 31일, 유효이자율 연 10%, 액면이자 매년 ₩9,000인 채권을 20×1년 초에 원리금 수취와 매도목적으로 공정가치인 ₩97,513에 취득하였다. 20×1년 말 공정가치가 ₩98,000인 경우 ㈜유현이 20×1년 말에 인식할 이자수익과 평가손익은 각각 얼마인가?

	이자수익	평가손익		이자수익	평가손익
①	₩9,000	없음	②	₩9,751	없음
③	₩9,000	₩487 이익	④	₩9,751	₩264 손실
⑤	없음	₩487 이익			

15 ㈜유현은 액면금액 ₩100,000, 이자지급일 매년 12월 31일, 유효이자율 연 10%, 액면이자 매년 ₩9,000인 채권을 20×1년 초에 원리금 수취와 매도목적으로 공정가치인 ₩97,513에 취득하였다. 20×1년 말 공정가치가 ₩98,000이고, 20×2년 말 공정가치가 ₩99,300인 경우 20×2년 말 재무상태표에 계상할 기타포괄손익누계액은 얼마인가?

① ₩60 ② ₩100 ③ ₩160 ④ ₩190 ⑤ ₩210

16 ㈜유현은 액면금액 ₩100,000, 이자지급일 매년 12월 31일, 유효이자율 연 10%, 액면이자 매년 ₩9,000인 채권을 20×1년 초에 원리금 수취와 매도목적으로 공정가치인 ₩97,513에 취득하였다. 20×1년 말 공정가치가 ₩98,000이고, 20×2년 말 공정가치가 ₩99,300이다. ㈜유현이 20×3년 초에 동 채권을 ₩99,300에 처분한 경우 처분손익은 얼마인가?

① ₩300 이익 ② ₩160 이익 ③ ₩100 이익 ④ ₩100 손실 ⑤ ₩210 손실

객관식 연습문제 해답 및 해설

01. ⑤	02. ②	03. ⑤	04. ④	05. ⑤	06. ②	07. ③	08. ⑤	09. ②	10. ①
11. ④	12. ④	13. ②	14. ④	15. ⑤	16. ⑤				

01 ⑤

지분상품은 상각후원가금융자산으로 분류될 수 없으므로 상각후원가법을 적용한다는 표현은 잘못된 것이다.

02 ②

상각후원가금융자산은 공정가치평가를 하지 않으므로 평가손익이 없다.

03 ⑤

지분상품의 현금배당과 관련하여 투자자는 피투자회사의 배당선언일에 배당금수익을 인식하고, 피투자회사는 배당선언일에 배당 관련하여 미처분이익잉여금을 감소시킨다.

04 ④

당기손익금융자산을 매각하는 경우에는 우선 매각일의 공정가치로 해당 금융자산을 재측정하며, 관련손익은 당기손익으로 인식한다. 그리고나서 처분으로 수취한 순대가에서 제거일의 공정가치를 차감한 금액을 처분손익으로 인식한다.

05 ⑤

기타포괄금융자산에 대한 평가손익은 (A 포괄손익계산서)에 기타포괄손익으로 인식한다. 지분상품의 기타포괄손익누계액은 지분상품이 제거되는 시점에서 (B 이익잉여금)으로 대체하고, 채무상품의 기타포괄손익누계액은 채무상품이 제거되는 시점에서 (C 당기손익)으로 재분류조정한다.

06 ②

- 20×1년 평가손익 : 90,000 - 100,000 = (-)10,000(평가손실)
- 20×2년 평가손익 : 120,000 - 90,000 = (+)30,000(평가이익)
- 20×3년 평가손익 : 130,000 - 120,000 = (+)10,000(평가이익)
- 20×3년 처분손익 : 130,000 - 130,000 = 0

07 ③

- 20×1년 포괄손익계산서에 계상될 기타포괄금융자산 평가손익
  90,000 - 100,000 = (-)10,000(평가손실)
- 20×2년 말 재무상태표에 계상될 기타포괄금융자산 평가손익누계액
  120,000 - 100,000 = (+)20,000(평가이익누계액)

08 ⑤

- 취득원가 : 200×1,000 + 5,000 = 205,000
- 처분전 평가손실 : (100×800) - (205,000×50%) = (-)22,500
- 기말 평가이익 : (100×1,300)-(205,000×50%) = (+)27,500
- 당기순이익에 미치는 영향 : 27,500 - 22,500 = 5,000 (증가)

09 ②

- 주식A 처분전 평가손실 : 250 - 230 = 20 (당기손익에 반영)
- 주식B 기말 평가이익 : 380 - 340 = 40 (기타포괄손익에 반영)

10 ①

- 20×2년 평가손실 : 520,000 - 470,000 = (-)50,000
- 당기손익금융자산인 경우 평가손익은 당기손익에 반영한다. 그러나 기타포괄금융자산인 경우 평가손익은 기타포괄손익으로 인식하므로 당기손익에 반영하지 않는다.

11 ④

상각후원가금융자산을 처분하는 경우 처분대가와 처분직전 상각후원가의 차액을 당기손익으로 인식한다.

12 ④

기타포괄손익-공정가치측정 채무상품은 처분대가에서 매각일의 상각후원가를 차감하여 처분손익을 산정한다.

13 ②

- 투자채무상품을 원리금 수취목적으로 취득한 경우에는 상각후원가로 측정하므로 유효이자율법에 따라 이자수익을 인식하고 공정가치평가는 하지 않는다.
- 20×1년 이자수익 : 97,513×10% = 9,751

14 ④

- 투자채무상품을 원리금 수취와 매도목적으로 취득한 경우에는 기타포괄금융자산으로 분류한다. 따라서 상각후원가법을 적용하여 이자수익을 먼저 인식한 후에 상각후원가와 공정가치의 차액을 기타포괄평가손익으로 하여 포괄손익계산서에 기타포괄손익으로 인식한다.
- 상각표

날 짜	유효이자	액면이자	상각액	장부금액
20×1년초				97,513
20×1년말	9,751	9,000	751	98,264

- 20×1년 말 기타포괄평가손실 : 98,264 − 98,000 = 264

15 ⑤

- 상각표

날 짜	유효이자	액면이자	상각액	장부금액
20×1년 초				97,513
20×1년 말	9,751	9,000	751	98,264
20×2년 말	9,826	9,000	826	99,090

- 20×2년 말 기타포괄평가손익누계액 : 99,300 − 99,090 = 210

16 ⑤

- 상각표

날 짜	유효이자	액면이자	상각액	장부금액
20×1년 초				97,513
20×1년 말	9,751	9,000	751	98,264
20×2년 말	9,826	9,000	826	99,090

- 20×3년 초의 처분이익 : 99,300 − 99,090 = 210
- 20×3년 초의 처분손익은 20×2년 말 기타포괄평가손익누계액과 같다.

주관식 연습문제

지분증권 종합

01 20×1년 중에 영업을 개시한 A회사는 B회사가 발행한 주식을 ₩100에 취득하였다. 20×1년 말 현재 동 지분증권의 공정가치는 ₩120이다. 지분증권 평가에 대한 효과를 반영하기 전의 재무상태표와 포괄손익계산서는 다음과 같다.

재무상태표(평가전)				포괄손익계산서(평가전)	
지분증권	100	여러부채	250	총수익	500
기타자산	300	자 본 금	100	총비용	450
		이익잉여금	50	당기순이익	50
	400		400		

요구사항

다음은 각각 독립된 상황이다. 단, A회사는 12월말 결산법인이다.

1. 동 지분증권이 당기손익금융자산인 경우에 20×1년 말에 필요한 분개를 하고, 이를 반영한 후의 재무상태표와 포괄손익계산서를 작성하시오.
2. 동 지분증권이 기타포괄금융자산인 경우에 20×1년 말에 필요한 분개를 하고, 이를 반영한 후의 재무상태표와 포괄손익계산서를 작성하시오.
3. 위의 [물음2]에서 동 기타포괄금융자산을 20×2년 2월 5일에 공정가치인 ₩128에 처분한 경우 필요한 회계처리를 제시하시오.

기타포괄손익인식지분증권의 평가방법과 처분손익

02 ㈜태산은 20×1년 초에 ㈜대한이 발행한 주식 1,000주를 공정가치인 총 ₩1,000,000에 매입하였다. ㈜태산이 매기 말 보유하고 있는 주식의 총공정가치는 다음과 같다. ㈜태산이 보유한 주식은 ㈜대한이 발행한 것 이외에는 없다.

20×1.12.31	₩1,040,000	: 1,000주의 공정가치
20×2.12.31	₩900,000	: 1,000주의 공정가치
20×3.12.31	₩500,000	: 600주의 공정가치

처분내역 : 20×3년 10월 1일에 주식의 40%인 400주를 총공정가치인 ₩330,000에 처분하였다.

요구사항

기타포괄금융자산이라고 가정하고 필요한 분개를 제시하시오.

상각후원가금융자산

03 12월말 법인인 ㈜서울은 20×1년 초에 ㈜부산이 발행한 사채를 ₩951,963에 할인 취득하여 상각후원가금융자산으로 분류하였다. 동 사채의 발행조건은 다음과 같다.

(1) 액 면 가 액 : ₩1,000,000
(2) 액면이자율 : 10%(매년 말 후급)
(3) 만 기 : 20×3년 말

동 채권의 20×1년 말과 20×2년 말 공정가치는 각각 ₩970,000, ₩1,020,000이다. 취득당시 시장이자율은 12%이며 관련 현가요소는 다음과 같다.

(1) 현 가 요 소(12%, 3년) : 0.71178
(2) 연금현가요소(12%, 3년) : 2.40183

요구사항

1. 20×1년과 20×2년에 필요한 분개를 제시하시오.
2. 20×1년 말과 20×2년 말의 관련 부분재무상태표를 작성하시오.
3. 20×3년 초에 동 상각후원가금융자산을 ₩1,010,000에 처분하였다. 필요한 분개를 제시하시오.

기타포괄손익인식채무증권

04 12월말 법인인 ㈜서울은 20×1년 초에 ㈜부산이 발행한 사채를 ₩951,963에 할인 취득하여 기타포괄금융자산으로 분류하였다. 동 사채의 발행조건은 다음과 같다.

> (1) 액 면 가 액 : ₩1,000,000
> (2) 액면이자율 : 10% (매년 말 후급)
> (3) 만 기 : 20×3년 말

동 채권의 20×1년 말과 20×2년 말 공정가치는 각각 ₩970,000, ₩1,020,000이다. 취득당시 시장이자율은 12%이며 관련 현가요소는 다음과 같다.

> (1) 현 가 요 소 (12%, 3년) : 0.71178
> (2) 연금현가요소 (12%, 3년) : 2.40183

요구사항

1. 20×1년과 20×2년에 필요한 분개를 모두 제시하시오.
2. 20×1년 말과 20×2년 말의 관련 부분재무상태표를 작성하시오.
3. 20×3년 초에 동 기타포괄금융자산을 ₩1,010,000에 처분하였다. 필요한 분개를 제시하시오.

기타포괄금융자산과 상각후원가금융자산의 비교

05 12월말 법인인 A회사는 20×1년 초에 B회사가 발행한 액면금액 ₩1,000,000의 3년 만기 사채를 ₩948,456에 취득하였다. 사채의 액면이자율은 연 6%이고 이자지급일은 매년 12월 31일이며 취득일의 시장이자율 연 8%였다. 20×1년 말과 20×2년 말 사채의 공정가치는 각각 ₩960,000과 ₩990,000이었다.

요구사항

1. 동 채권을 상각후원가금융자산으로 분류한 경우에 20×1년 말과 20×2년 말에 행할 회계처리를 제시하고 관련 부분재무상태표를 작성하시오.
2. 동 채권을 기타포괄금융자산으로 분류한 경우에 20×1년 말과 20×2년 말에 행할 회계처리를 제시하고 관련 부분재무상태표를 작성하시오

주관식 연습문제 해답 및 해설

01 해답

1. 당기손익금융자산

(차)	당기손익금융자산	20	(대)	금융자산평가이익	20

재무상태표 (평가후)

지분증권	120	여러부채	250
기타자산	300	자 본 금	100
		이익잉여금	70
	420		420

포괄손익계산서 (평가후)

총 수 익	520
총 비 용	450
당기순이익	70

* 증가된 당기순이익 ₩20이 이익잉여금에 반영된다.

2. 기타포괄금융자산

(차)	기타포괄금융자산	20	(대)	기타포괄평가이익	20

재무상태표 (평가후)

지분증권	120	여러부채	250
기타자산	300	자 본 금	100
		이익잉여금	50
		기타포괄손익누계액	20
	420		420

포괄손익계산서 (평가후)

총 수 익	500
총 비 용	450
당기순이익	50
기타포괄이익	20
총포괄이익	70

* 기타포괄금융자산평가이익은 기타포괄손익에 해당한다.

3. 기타포괄금융자산의 처분

(차)	기타포괄금융자산	8	(대)	기타포괄평가이익	8
(차)	현 금	128	(대)	기타포괄금융자산	128
(차)	기타포괄평가이익(AOCI)	28	(대)	미처분이익잉여금	28

02 해답

1. 기타포괄금융자산(공정가치법)

20×1. 1. 1	(차)	기타포괄금융자산	1,000,000	(대)	현　　금	1,000,000
20×1.12.31	(차)	기타포괄금융자산	40,000	(대)	기타포괄평가이익	40,000
20×2.12.31	(차)	기타포괄평가이익	40,000	(대)	기타포괄금융자산	140,000
		기타포괄평가손실	100,000			
20×3 10. 1	(차)	기타포괄평가손실	30,000	(대)	기타포괄금융자산	30,000
	(차)	현　　금	330,000	(대)	기타포괄금융자산	330,000
	(차)	미처분이익잉여금	70,000	(대)	기타포괄평가손실	70,000 *

* 평가손실 추가 인식 : 900,000×40%-330,000=30,000

* 이익잉여금 대체액 : 100,000×40%+30,000=70,000

20×3.12.31	(차)	기타포괄평가손실	40,000	(대)	기타포괄금융자산	40,000 *

* 500,000－900,000×60%=(-)40,000

03 해답

날 짜	유효이자	액면이자	상각액	장부금액
20×1. 1. 1				951,963
20×1.12.31	114,236	100,000	14,236	966,199
20×2.12.31	115,944	100,000	15,944	982,143
20×3.12.31	117,857	100,000	17,857	1,000,000
	348,037	300,000	48,037	

1. 관련된 회계처리

20×1. 1. 1	(차)	상각후원가금융자산	951,963	(대)	현　　금	951,963
20×1.12.31	(차)	현　　금	100,000	(대)	이자수익	114,236
		상각후원가금융자산	14,236			
20×2.12.31	(차)	현　　금	100,000	(대)	이자수익	115,944
		상각후원가금융자산	15,944			

2. 연도별 부분재무상태표

20×1.12.31

상각후원가금융자산	966,199	

20×2.12.31

상각후원가금융자산	982,143	

3. 관련된 회계처리

20×3. 1. 1	(차) 현　　금	1,010,000	(대)	상각후원가금융자산	982,143
				금융자산처분이익	27,857

04 해답

날 짜	유효이자	액면이자	상각액	장부금액*	직전장부금액*	공정가치
20×1. 1. 1				951,963		
20×1.12.31	114,236	100,000	14,236	966,199	966,199	970,000
20×2.12.31	115,944	100,000	15,944	982,143	985,944	1,020,000
20×3.12.31	117,857	100,000	17,857	1,000,000	1,037,857	
	348,037	300,000	48,037			

* 장부금액은 상각후원가를 의미하고, 직전장부금액은 평가직전 장부금액을 의미한다.

1. 회계처리

20×1. 1. 1	(차)	기타포괄금융자산	951,963	(대)	현　　금	951,963
20×1.12.31	(차)	현　　금	100,000	(대)	이자수익	114,236
		기타포괄금융자산	14,236			
	(차)	기타포괄금융자산	3,801	(대)	기타포괄평가이익	3,801 *
		* 970,000 − 966,199 = 3,801				
20×2.12.31	(차)	현　　금	100,000	(대)	이자수익	115,944
		기타포괄금융자산	15,944			
	(차)	기타포괄금융자산	34,056	(대)	기타포괄평가이익	34,056 *
		* 1,020,000 − 985,944 = 34,056				

2. 재무상태표

20×1. 12. 31

기타포괄금융자산	970,000	기타포괄평가이익(AOCI)	3,801

20×2. 12. 31

기타포괄금융자산	1,020,000	기타포괄평가이익(AOCI)	37,857*

* 3,801 + 34,056 = 37,857 또는 1,020,000 - 982,143 = 37,857

3. 회계처리

20×3. 1. 1	(차) 기타포괄평가이익	10,000	(대) 기타포괄금융자산	10,000
	(차) 현　　금	1,010,000	(대) 기타포괄금융자산	1,010,000
	(차) 기타포괄평가이익	27,857	(대) 금융자산처분이익	27,857

해설

1. 기타포괄금융자산의 경우에는 기말에 공정가치로 평가하기 때문에 장부금액(상각후원가)과 평가직전 장부금액이 다르다.

2. 평가직전 장부금액은 전기말 공정가치에 당기 상각액을 가감한 것이다. 예를 들어서 20×2년의 평가직전 장부금액은 다음과 같이 산출되었다. ➡ 970,000 + 15,944 = 985,944

3. 기타포괄금융자산의 경우 평가직전 장부금액과 공정가치의 차이가 기말 분개대상이고, 장부금액(상각후원가)과 공정가치의 차이가 재무상태표의 기타포괄손익누계액으로 계상된다.

05 해답

날　짜	유효이자	액면이자	상각액	장부금액
20×1. 1. 1				948,456
20×1.12.31	75,876	60,000	15,876	964,332
20×2.12.31	77,147	60,000	17,147	981,479
20×3.12.31	78,521	60,000	18,521	1,000,000
	231,544	180,000	51,544	

1. 상각후원가금융자산

(1) 20×1.12.31

(차) 현　　금	60,000	(대) 이자수익	75,876
상각후원가금융자산	15,876		

부분재무상태표

상각후원가금융자산	964,332	

(2) 20×2.12.31

(차)	현 금	60,000	(대) 이자수익	77,147
	상각후원가금융자산	17,147		

부분재무상태표

상각후원가금융자산	981,479		

2. 기타포괄금융자산

(1) 20×1.12.31

(차)	현 금	60,000	(대) 이자수익	75,876
	기타포괄금융자산	15,876		
(차)	기타포괄평가손실	4,332	(대) 기타포괄금융자산*	4,332

* 964,332 − 960,000 = 4,332

부분재무상태표

기타포괄금융자산	960,000		
		기타포괄평가손실(AOCI)	(4,332)

(2) 20×2.12.31

(차)	현 금	60,000	(대) 이자수익	77,147
	기타포괄금융자산	17,147		
(차)	기타포괄금융자산*	12,853	(대) 기타포괄평가손실	4,332
			기타포괄평가이익	8,521

* 990,000 − (960,000 + 17,147) = ₩12,853

부분재무상태표 (20×2.12.31)

기타포괄금융자산	990,000		
		기타포괄평가이익(AOCI)	8,521

해설

1. 상각후원가금융자산은 상각후원가로 평가하므로 유효이자율법에 의한 이자수익을 인식하면 평가가 완료되지만, 기타포괄금융자산은 공정가치로 평가하는 회계처리를 추가적으로 하여야 한다.

2. 기타포괄금융자산은 관련 평가손익을 기타포괄손익누계액으로 처리하므로 손익계산서의 당기손익에 반영되는 관련손익은 이자수익 뿐이며 이는 상각후원가금융자산으로 분류된 경우와 동일한 금액이다.

3. 기타포괄금융자산 장부금액에 관련 평가손익을 가감하면 상각후원가가 된다.

	장부금액		평가이익		평가손실		상각후원가
20×1.12.31	960,000	−	0	+	4,332	=	964,332
20×2.12.31	990,000	−	8,521	+	0	=	981,479

CHAPTER 12

현금흐름표

ACCOUNTING PRINCIPLE

제 1 절 현금흐름표 일반

1 현금흐름표의 의의

현금흐름표(statement of cash flow)는 일정기간 동안 특정기업의 현금이 어떻게 조달되고 사용되는지를 나타내는 재무제표로 재무상태표, 포괄손익계산서, 자본변동표와 함께 주요 재무제표 중의 하나이다. 재무상태에 관한 정보는 주로 재무상태표를 통해 제공되고, 경영성과에 관한 정보는 주로 포괄손익계산서를 통해 제공되며, 재무상태변동에 관한 정보는 주로 현금흐름표를 통해 제공된다. 즉, 현금기준의 재무상태변동표가 현금흐름표인 것이다. 현금흐름표는 기업의 기간별 현금의 유입과 유출내용을 표시함으로써 향후 발생할 기업자금의 과부족현상을 미리 파악할 수 있는 중요한 정보를 제공하는 재무제표이다.

현금흐름표에서 현금이란 현금및현금성자산을 말한다. 회계목적상 현금은 보유 현금과 요구불예금을 말하며, 현금성자산은 유동성이 매우 높은 단기 투자자산으로서 확정된 금액의 현금으로 전환이 용이하고 가치변동의 위험이 중요하지 않은 자산을 말한다. 또한 현금흐름은 현금및현금성자산의 유입과 유출을 말한다.

참고 **현금성자산(cash equivalent)**

현금성자산은 투자나 다른 목적이 아닌 단기의 현금수요를 충족하기 위한 목적으로 보유한다. 투자자산이 현금성자산으로 분류되기 위해서는 확정된 금액의 현금으로 전환이 용이하고, 가치변동의 위험이 중요하지 않아야 한다. 따라서 투자자산은 일반적으로 만기일이 단기에 도래하는 경우(예를 들어, 취득일로부터 만기일이 3개월 이내인 경우)에만 현금성자산으로 분류된다. 지분상품은 현금성자산에서 제외한다. 다만, 상환일이 정해져 있고 취득일로부터 상환일까지의 기간이 단기인 우선주와 같이 실질적인 현금성자산인 경우에는 예외로 한다.

2 현금흐름표의 작성방법

현금흐름표는 현금의 변동 내용을 현금유입과 현금유출로 구분하여 작성한다. 또한 현금유입의 경우는 조달된 현금의 원천별로, 유출의 경우는 사용된 현금의 용도별로 구분하여 일정 기간의 현금흐름을 표시하여 재무제표 이용자에게 기업의 현금 및 현금성자산의 창출능력과 기업의 현금흐름 사용 필요성에 대한 평가의 기초를 제공하는 것을 그 목적으로 한다. 현금흐름표를 작성하는 방법에는 이론적으로 크게 두 가지가 있다.

(1) 현금주의를 이용한 직접분석법

현금주의를 이용한 직접분석법은 기업의 경영활동 과정에서 발생한 현금거래를 일일이 추적하여 분개한 후 활동별 현금흐름을 파악하는 방법이다.

(2) 발생주의를 이용한 간접분석법

발생주의를 이용한 간접분석법은 이미 작성된 발생주의 재무제표인 포괄손익계산서와 재무상태표를 조정하여 현금주의 재무제표로 전환하는 방법이 있다. 이 방법은 발생주의와 현금주의의 연관관계를 이용하는 방법이다. 포괄손익계산서의 발생주의 이익만큼 현금이 유입된 것으로 간주하고, 발생주의와 현금주의의 차이인 재무상태표 항목을 조정하는 방식으로 현금주의 이익인 현금흐름을 역산해 간다. 이 방법은 세법에서 학습하게 될 세무조정의 논리와 유사한 방법이다. 다음의 공식을 이용하여 이러한 논리를 증명하고자 한다.

현금자산+현금이외 자산	= 부채 + 자본
현금자산	= ∓ 현금이외 자산 ± 부채 ± 자본거래자본 ± 손익거래자본
현금자산증감	= ∓ 현금이외 자산증감 ± 부채증감 + 출자 − 배당 + 수익 − 비용

위의 증명에서 보여주는 것처럼 일정 기간동안의 현금의 증감은 현금 이외의 발생주의 정보인 비현금자산의 증감과 부채의 증감 그리고 자본의 증감의 분석을 통해서 간접적으로 도출할 수 있게 된다.

현금흐름표는 발생주의 재무제표와 현금주의 재무제표간의 상호 연관관계를 이해하고 접근해야만이 쉽게 이해할 수 있다. 본서가 추구하는 현금흐름표의 작성논리는 단 한가지이다. 현금흐름을 간접적으로 추적함에 있어 비현금자산(차변)의 증가는 현금흐름에 (-)효과이며 부채(대변)의 증가와 자본(대변)의 증가는 현금의 (+)효과라는 것이다. 다음에 제시하는 손익계산서와 현금흐름표의 연관관계를 이용하면 이를 쉽게 이해할 수 있다.

[재무제표의 연관관계를 이용한 현금흐름표의 작성논리]

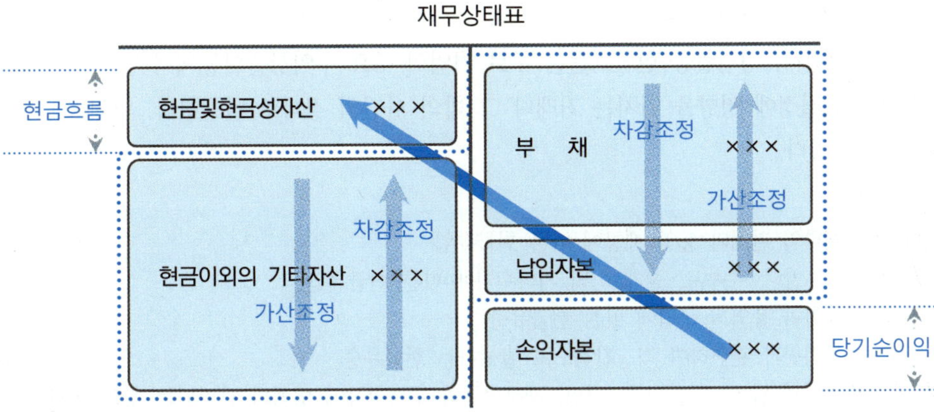

3 현금흐름 유형의 구분

현금흐름표를 통해 더욱 유용한 정보를 제공하기 위하여 기업은 회계기간 동안 발생한 현금흐름을 영업활동과 투자활동 및 재무활동으로 분류하여 표시해야 한다. 따라서 기업은 자신의 사업 특성을 고려하여 가장 적절한 방법으로 기업활동을 영업활동, 투자활동 및 재무활동으로 구분하고, 각각의 활동별로 현금의 유입과 현금의 유출을 구분하여 표시한다.

[기업활동의 구분]

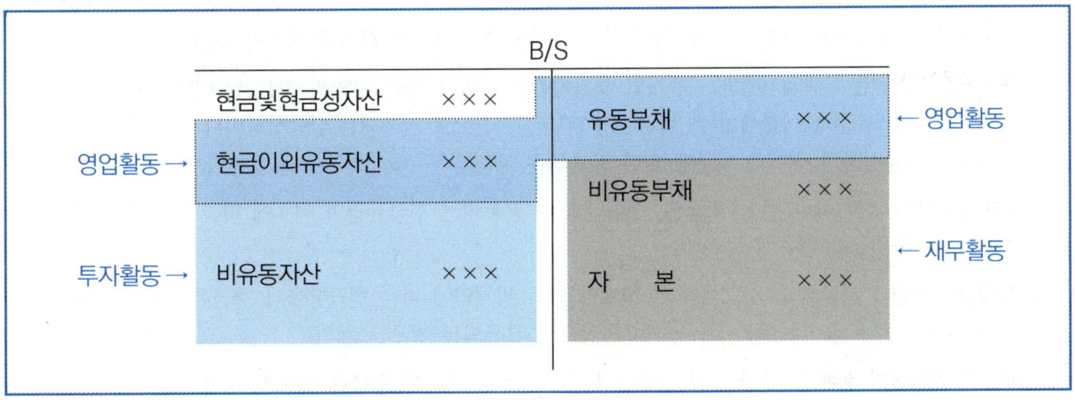

재무상태표에 있는 계정을 중심으로 보면 영업활동의 결과는 대부분 유동자산과 유동부채에 나타난다. 그리고 투자활동은 자금을 운용하는 것과 관련된 것이므로 주로 비유동자산인 투자자산, 유형자산, 무형자산 등에 나타난다. 마지막으로 재무활동은 자금의 조달 및 상환과 관련된 활동으로 비유동부채와 자본계정에 나타나는 것이 일반적이다.

(1) 영업활동

영업활동(operating activities)은 기업의 주요 수익창출활동, 그리고 투자활동이나 재무활동이 아닌 기타의 활동을 말한다. 영업활동 현금흐름은 주로 기업의 주요 수익창출활동에서 발생하고, 일반적으로 당기순손익의 결정에 영향을 미치는 거래나 그 밖의 사건의 결과로 발생한다. 영업활동 현금흐름의 예는 다음과 같다.

⑴ **매출관련** : 재화의 판매와 용역 제공에 따른 현금유입
⑵ **수수료관련** : 로열티, 수수료, 중개료 및 기타수익에 따른 현금유입
⑶ **매입관련** : 재화와 용역의 구입에 따른 현금유출
⑷ **급여관련** : 종업원과 관련하여 직·간접으로 발생하는 현금유출
⑸ **법인세** : 법인세의 납부 또는 환급. 다만, 재무활동과 투자활동에 명백히 관련되는 것은 제외한다.
⑹ **단기매매계약** : 단기매매목적으로 보유하는 계약에서 발생하는 현금유입과 현금유출

(2) 투자활동

투자활동(investing activities)은 장기성 자산 및 현금성자산에 속하지 않는 기타 투자자산의 취득과 처분활동 및 이자와 배당금을 수취하는 활동을 말한다. 투자활동현금흐름은 미래수익과 미래현금흐름을 창출할 자원의 확보를 위하여 지출된 정도를 나타내기 때문에 현금흐름을 별도로 구분 표시하는 것이 중요하다. 투자활동 현금흐름의 예는 다음과 같다.

⑴ **유형자산 등 관련** : 유형자산, 무형자산 및 기타 장기성 자산의 취득에 따른 현금유출과 처분에 따른 현금유입 (현금유출에는 자본화된 개발원가와 자가건설 유형자산에 관련된 지출이 포함)
⑵ **투자금융자산 관련** : 관계기업과 공동기업 투자지분을 포함한 다른 기업의 지분상품이나 채무상품의 취득에 따른 현금유출과 처분에 따른 현금유입 (현금성자산으로 간주되는 금융상품이나 단기매매목적으로 보유하는 금융상품의 취득과 처분에 따른 유출액은 제외)
⑶ **대여금 관련** : 제3자에 대한 선급금 및 대여금의 지급에 따른 현금유출과 회수에 따른 현금유입 (금융회사의 현금 선지급과 대출채권은 제외)
⑷ **파생상품 관련** : 선물계약, 선도계약, 옵션계약 및 스왑계약에 따른 현금유출과 현금유입 (단기매매목적으로 계약을 보유하거나 현금유출이 재무활동으로 분류되는 경우는 제외)
⑸ **이자와 배당금의 수취** : 취득한 지분상품이나 채무상품에 대하여 수령한 배당과 이자

(3) 재무활동 현금흐름

재무활동(financing activities)은 기업의 납입자본과 차입금의 크기 및 구성내용에 변동을 가져오는 모든 활동을 말한다. 재무활동에 대한 현금흐름은 미래현금흐름에 대한 자본 제공자의 청구권을 예측하는 데 유용하기 때문에 현금흐름을 별도로 구분 표시하는 것이 중요하다. 재무활동 현금흐름의 예는 다음과 같다.

(1) **자기지분상품 관련** : 주식이나 기타 지분상품의 발행에 따른 현금유입과 주식의 취득이나 상환에 따른 소유주에 대한 현금유출

(2) **발행사채와 차입금 관련** : 담보부 혹은 무담보부 사채 및 어음의 발행과 기타 장단기차입에 따른 현금유입과 차입금의 상환에 따른 현금유출

(3) **리스이용 관련** : 리스이용자의 리스부채 상환에 따른 현금유출

(4) **이자와 배당 관련** : 발행한 주식이나 채무상품과 관련하여 지급한 배당금과 이자

[경영활동별 현금흐름 사례]

기업의 경영활동		현 금 흐 름	
		현금의 유입	현금의 유출
영업활동	단기매매목적보유계약의 현금흐름 재고자산의 판매 및 용역의 제공 재고자산의 매입 및 생산 투자 및 재무활동에 속하지 아니하는 모든 거래	매출수익 단기매매금융자산의 처분	매입대금과 종업원에 대한 지출 퇴직금의 지급액 보험료, 판매수수료, 운반비 지출 법인세납부 단기매매금융자산의 취득
투자활동	자금의 일시운용 현금의 대여 및 회수 유가증권의 취득 및 처분 유형자산의 취득 및 처분 무형자산의 취득 및 처분	금융상품의 처분 대여금의 회수 유가증권의 처분 유형(무형)자산의 처분 미수금의 감소 이자수취, 배당금수취	금융상품의 취득 대여금의 지급 유가증권의 취득 유형(무형)자산의 취득
재무활동	자금의 조달 조달자금의 상환 배당금의 지급 자기주식의 취득 자기주식의 처분	장 · 단기차입금의 차입 사채의 발행 주식의 발행(유상증자) 자기주식 매각	장 · 단기차입금과 사채의 상환 유상감자와 자기주식 취득 이자지급, 배당금지급 미지급금의 감소 리스부채의 원금상환

(4) 현금흐름표의 양식

현금및현금성자산의 변동은 영업활동, 투자활동, 재무활동으로 구분하여 나타내며, 구체적으로 현금흐름표의 양식은 다음과 같다.

[현금흐름표의 양식]

현금흐름표

A회사 20×1년 1월 1일부터 20×1년 12월 31일

Ⅰ. 영업활동으로 인한 현금흐름		×××
Ⅱ. 투자활동으로 인한 현금흐름		×××
1. 투자활동으로 인한 현금유입액	×××	
2. 투자활동으로 인한 현금유출액	(×××)	
Ⅲ. 재무활동으로 인한 현금흐름		×××
1. 재무활동으로 인한 현금유입액	×××	
2. 재무활동으로 인한 현금유출액	(×××)	
Ⅳ. 현금및현금성자산의 순증가		×××
Ⅴ. 기초 현금및현금성자산		×××
Ⅵ. 기말 현금및현금성자산		×××

4 현금흐름표의 작성논리

현금흐름표는 이미 작성된 발생주의 재무제표를 조정하여 현금주의 재무제표로 전환하는 방법으로 작성된다. 다음의 사례를 통하여 이러한 논리를 설명하고자 한다.

비교 시산표

A회사 20×1년 1월 1일부터 20×1년 12월 31일

계정과목	기 초	증 감	기 말	계정과목	기 초	증 감	기 말
현금및현금성자산	1,000	?	1,500	매입채무	500	1,500	2,000
매출채권	500	2,500	3,000	단기차입금	1,000	(-)500	500
금융자산	1,500	1,000	2,500	자 본 금	1,500	700	2,200
토 지	2,000	(-)1,000	1,000	이익잉여금	2,000	-	2,000
매출원가	-	1,500	1,500	매 출	-	3,000	3,000
토지처분손실	-	500	500	차입금환산이익	-	300	300
합 계	5,000	?	10,000	합 계	5,000	5,000	10,000

(1) 순현금흐름의 계산

상기 A회사의 20×1년 현금흐름은 기말현금 ₩1,500에서 기초현금 ₩1,000을 차감하여 직접적으로 ₩500임을 알 수 있다. 하지만 현금흐름은 현금이외의 계정과목을 증감분석하여 간접적으로 다음과 같이 계산할 수도 있다. 위에서도 언급했지만 본서가 추구하는 현금흐름표의 작성논리는 단 한가지이다. 현금흐름을 간접적으로 추적함에 있어 비현금자산(차변)의 증가는 현금흐름에 (-)효과이며 부채(대변)와 자본(대변)의 증가는 현금의 (+)효과라는 것이다.

① 현금이외 계정의 차변 증가효과	:	1,000 + 2,500 - 1,000 + 1,500 + 500 =	(-)4,500
② 현금이외 계정의 대변 증가효과	:	1,500 - 500 + 1,000 + 3,000 =	5,000
③ 20×1년 순현금흐름	:		500

기업활동의 결과 일정한 기간 동안 유입되거나 유출된 현금및현금성자산의 순금액만을 계산하고자 한다면 현금이외의 계정을 간접적으로 분석하는 것 보다는 현금계정을 직접분석하여 계산하는 것이 편할 수 있다.

(2) 기업활동별 현금흐름의 계산

일반적으로 인정된 회계원칙에 의한 현금흐름표는 현금흐름을 기업의 활동별로 구분하여 표시할 것을 요구하고 있다. 현금계정의 직접분석을 통하여 접근하는 방법은 활동별 현금흐름을 파악하기

위하여 기업의 연중회계처리를 일일이 추적해야한다. 따라서 현실적으로 불가능한 방법이다. 하지만 현금흐름을 현금이외의 계정과목을 증감분석하여 간접적으로 접근하는 방법은 활동별로 현금흐름을 파악하는 것을 가능하게 한다.

① 영업활동 현금흐름

상기 A회사의 시산표에서 영업활동과 관련된 재무상태표 계정과목은 매출채권과 매입채무이다. 또한 이와 관련된 포괄손익계산서 계정과목인 매출과 매출원가도 영업활동 계정과목이므로 이를 증감분석하면 영업활동 현금흐름이 계산된다.

영업활동 발생주의 계정	증감효과		현금흐름		구분현금흐름
매출의 증가	대변증가	:	3,000		
매출채권의 증가	차변증가	:	(-)2,500	➡	500
매출원가의 증가	차변증가	:	(-)1,500		
매입채무의 증가	대변증가	:	1,500	➡	-
영업활동 순현금흐름			500		

한편 영업활동은 다시 매출활동과 매입활동 등으로 세분화가 가능하다. A회사의 경우 매출활동으로 인한 현금유입액은 매출의 증가효과 3,000과 매출채권의 증가효과 (-)2,500의 합계인 ₩500이며, 매입활동으로 인한 현금유출액은 매출원가의 증가효과 (-)1,500과 매입채무의 증가효과 ₩1,500의 합계인 ₩0이 된다.

② 투자활동 현금흐름

상기 A회사의 시산표에서 투자활동과 관련된 재무상태표 계정과목은 금융자산과 토지이다. 또한 이와 관련된 포괄손익계산서 계정과목인 토지처분손실도 투자활동 계정과목이므로 이를 증감분석하면 투자활동 현금흐름이 계산된다.

투자활동 발생주의 계정	증감효과		현금흐름		구분현금흐름
금융자산의 증가	차변증가	:	(-)1,000	➡	(-)1,000
토지의 감소	차변감소	:	1,000		
토지처분손실의 증가	차변증가	:	(-)500	➡	500
투자활동 순현금흐름			(-)500		

한편 투자활동은 투자자산, 유형자산, 무형자산과 관련하여 다시 여러 가지 활동으로 세분화가 가능하다. A회사의 경우 투자활동 중 금융자산 취득으로 인한 현금유출액은 금융자산 증가효과인 ₩1,000이며, 토지의 처분으로 인한 현금유입액은 토지의 감소효과 1,000과 토지처분손실의 증가효과인 (-)500의 합계액인 ₩500이 된다.

③ 재무활동 현금흐름

상기 A회사의 시산표에서 재무활동과 관련된 재무상태표 계정과목은 단기차입금과 자본금, 그리고 이익잉여금이다. 또한 이와 관련된 포괄손익계산서 계정과목인 차입금외화환산이익도 재무활동 계정과목이므로 이를 증감분석하면 재무활동 현금흐름이 계산된다.

재무활동 발생주의 계정	증감효과		현금흐름		구분현금흐름
단기차입금의 감소	대변감소	:	(-)500		
차입금외화환산이익의 증가	대변증가	:	300	➡	(-)200
자본금의 증가	대변증가	:	700	➡	700
이익잉여금의 증가	대변증가	:	-	➡	-
재무활동 순현금흐름			500		

한편 재무활동은 차입금이나 사채, 그리고 자본금과 관련하여 다시 여러 가지 활동으로 세분화가 가능하다. A회사의 경우 재무활동 중 단기차입금의 상환으로 인한 현금유출액은 단기차입금의 감소효과 (-)500과 단기차입금 외화환산이익의 증가효과인 300의 합계액인 ₩(-)200이다. 또한 유상증자로 인한 현금유입액은 자본금의 증가효과인 ₩700이며, 배당으로 인한 현금유출액은 이익잉여금의 감소효과가 없으므로 ₩0이다.

위의 분석효과를 정리하면 다음과 같은 현금흐름표를 작성할 수 있게 된다.

현금흐름표

A회사	20×1년 1월 1일부터 20×1년 12월 31일	
Ⅰ. 영업활동으로 인한 현금흐름		500
(1) 매출로 인한 현금유입	500	
(2) 매입으로 인한 현금유출	-	
Ⅱ. 투자활동으로 인한 현금흐름		(500)
(1) 토지의 처분	500	
(2) 금융자산의 취득	(1,000)	
Ⅲ. 재무활동으로 인한 현금흐름		500
(1) 유상증자	700	
(2) 단기차입금의 상환	(200)	
(3) 현금배당	-	
Ⅳ. 현금및현금성자산의 순증가		500
Ⅴ. 기초 현금및현금성자산		1,000
Ⅵ. 기말 현금및현금성자산		1,500

위의 사례에서 분석한 바와 같이, 활동별 현금흐름은 현금계정이 아닌 발생주의 계정을 활동별로 증감분석하여 계산하면 간단히 해결된다. 여기에 적용되는 단 하나의 논리는 발생주의 계정을 증감분석함에 있어 차변의 증가와 대변의 감소효과는 현금흐름에 (-)효과이며, 차변의 감소와 대변의 증가효과는 현금흐름에 (+)효과라는 것이다.

제 2 절 영업활동으로 인한 현금흐름

영업활동으로 인한 현금흐름은 기업의 주요 수익창출활동, 그리고 투자활동이나 재무활동이 아닌 기타의 활동에서 발생한 현금흐름을 말한다. 이는 일정 기간 영업활동과 관련하여 현금유입이 있는 수익금액에서 현금유출이 있는 비용금액을 차감하면 계산할 수 있지만, 이러한 거래금액을 집계하는 것은 현금주의를 기준으로 결산절차를 다시 수행하는 것이 되며, 이는 현실적인 업무부담으로 인해 어렵다. 따라서 발생주의 기준으로 작성된 포괄손익계산서의 당기순손익에서 현금주의와 발생주의간의 차이를 조정하면 보다 효율적으로 영업활동으로 인한 현금흐름을 구할 수 있다. 따라서 영업활동 현금흐름은 다음과 같이 계산하면 된다.

영업활동 현금흐름 = 영업활동 발생주의 순이익 ∓ 영업활동관련 자산증감 ± 영업활동관련 부채증감

한편, 영업활동 현금흐름은 투자활동과 재무활동 현금흐름과는 달리 직접법과 간접법 중 하나의 방법을 선택하여 보고할 수 있다.

1 직접법

직접법(direct method)은 총현금유입과 총현금유출을 주요 항목별로 구분하여 표시하는 방법을 말한다. 직접법을 적용하여 표시한 현금흐름은 간접법을 적용하여 표시한 현금흐름에서는 파악할 수 없는 정보를 제공하며, 미래현금흐름을 추정하는 데 보다 유용한 정보를 제공한다. 이러한 측면에서 한국채택국제회계 기준서 제1007호 '현금흐름표'에서는 기업이 영업활동 현금흐름을 보고하는 경우에는 직접법을 사용하여 보고할 것을 권장[1]하고 있다. 그러나 직접법에 의한 현금흐름표는 발생주의와 현금주의를 조정하는 작성과정을 표시하지 않으므로 검증가능성은 낮다는 단점이 있다. 다음은 영업활동 현금흐름을 직접법으로 작성한 경우의 사례이다.

1) Entities are encouraged to report cash flows from operating activities using the direct method.

[직접법에 의한 영업활동 현금흐름 양식]

현금흐름표

A회사	20×1년 1월 1일부터 20×1년 12월 31일까지
Ⅰ. 영업활동 현금흐름	
(1) 고객으로부터의 유입된 현금	×××
(2) 공급자와 종업원에 대한 현금유출	(×××)
(3) 단기매매금융자산의 취득과 처분에 대한 현금흐름	×××
법인세차감전 영업활동 현금흐름	**×××**
(4) 법인세의 납부	×××
영업활동 순현금흐름	**×××**
⋮	⋮

영업활동 현금흐름을 직접법으로 보고하는 경우에는 재무상태표와 포괄손익계산서의 영업활동 관련 계정과목을 고객과의 거래활동, 공급자와 종업원과의 거래 활동, 그리고 법인세의 납부 등 활동계정으로 세분화한 후 증감분석하여 다음과 같이 현금흐름을 계산하면 된다.

[직접법에 의한 현금흐름 계산]

발생주의	±	조 정 항 목	=	현금주의
영업활동수익	±	영업활동으로 인한 자산과 부채의 변동	=	영업활동현금유입
영업활동비용	±	영업활동으로 인한 자산과 부채의 변동	=	영업활동현금유출

(1) 고객으로부터의 유입된 현금 : 매출거래

고객으로부터의 유입된 현금은 매출 등 수익 활동으로부터의 현금유입액을 말한다. 이는 포괄손익계산서상 당기손익으로 인식된 매출관련 순손익에서 출발하여 재무상태표상 매출관련 자산과 부채의 증감을 조정하면 산출된다. 매출과 관련된 포괄손익계산서 계정과 재무상태표 계정은 다음과 같다.

[매출 관련계정]

구 분	현금흐름효과	계정과목
포괄손익계산서	(+)효과	매출수익, 대손충당금환입, 외화환산이익과 외환차익(매출채권관련) 등
	(-)효과	대손상각비, 매출채권처분손실, 외화환산손실과 외환차손(매출채권관련) 등
재무상태표	(+)효과	매출채권의 감소, 대손충당금의 증가, 선수금의 증가 등
	(-)효과	매출채권의 증가, 대손충당금의 감소, 선수금의 감소 등

예제 1 매출로 인한 현금유입

A회사가 보고한 20×1년도의 판매활동 관련 자료는 다음과 같다.

(1) 포괄손익계산서의 매출수익은 ₩1,000,000이며, 매출채권의 대손상각비는 ₩15,000이다. 외화환산이익은 ₩45,000이며, 이 중 매출채권과 관련된 부분은 ₩25,000이며, 나머지는 매입채무에 대한 외화환산이익이다.

(2) 재무상태표의 매출관련 기초와 기말의 잔액은 다음과 같다.

계정과목	20×1년 초	20×1년 말	증 감
매출채권	200,000	300,000	100,000
대손충당금	50,000	60,000	10,000
선 수 금	120,000	180,000	60,000

물음

20×1년의 매출활동으로 인한 현금유입액은 얼마인가?

해답

1. 현금이외의 매출관련계정을 분석하되 차변증가와 대변의 감소는 현금(-)효과로 대변증가와 차변의 감소는 현금(+)효과로 분석한다.

매출활동 관련 계정	발생주의 조정	순현금흐름
매출수익	1,000,000	
대손상각비	(15,000)	
외화환산이익(매출채권관련)	25,000	
매출채권 증가	(100,000)	
대손충당금 증가	10,000	
선수금 증가	60,000	
매출로 인한 현금유입	980,000	980,000

2. 위의 증감분석법은 다음과 같은 순액분개로 검증가능하다.

	차변		대변	
20×1년	(차) 현 금	980,000 ⑦	(대) 매 출	1,000,000 ①
	대손상각비	15,000 ②	외화환산이익	25,000 ③
	매출채권	100,000 ④	대손충당금	10,000 ⑤
			선 수 금	60,000 ⑥

해설

1. 다음과 같이 총액분개로 분석하면 좀 더 명쾌하게 현금흐름의 논리를 파악할 수 있다.

20×1년 초의 재무상태

매출채권	200,000	대손충당금	50,000
		선 수 금	120,000

20×1년	(차) 매출채권	1,000,000 ②	(대) 매 출	1,000,000 ①
	대손상각비	15,000 ③	대손충당금	15,000 ④
	매출채권	25,000 ⑥	외화환산이익	25,000 ⑤
	(차) 대손충당금	5,000 ⑦	(대) 매출채권	5,000 ⑧
	(차) 현 금	980,000 ⑪	(대) 매출채권	920,000 ⑨
			선 수 금	60,000 ⑩

20×1년 말의 재무상태

매출채권	300,000	대손충당금	60,000
		선 수 금	180,000

(2) 공급자에 대한 현금유출 : 매입거래

공급자에 대한 현금유출은 매입으로 인한 현금유출액을 말한다. 이는 포괄손익계산서상 당기손익으로 인식된 매입관련 순손익에서 출발하여 재무상태표상 매입관련 자산과 부채의 증감을 조정하면 산출된다. 매입과 관련된 포괄손익계산서 계정과 재무상태표 계정은 다음과 같다.

[매입 관련계정]

구 분	현금흐름효과	계정과목
포괄손익계산서	(+)효과	외화환산이익과 외환차익(매입채무관련) 등
	(-)효과	매출원가, 재고자산감모손실, 외화환산손실과 외환차손(매입채무관련) 등
재무상태표	(+)효과	재고자산 감소, 선급금 감소, 매입채무 증가 등
	(-)효과	재고자산 증가, 선급금 증가, 매입채무 감소 등

예제 2 매입으로 인한 현금유출

A회사가 보고한 20×1년도의 매입활동 관련 자료는 다음과 같다.

(1) 포괄손익계산서의 매출원가는 ₩700,000이며, 재고자산감모손실은 ₩25,000이다. 외화환산이익은 ₩45,000이며, 이 중 매출채권과 관련된 부분은 ₩25,000이며, 나머지는 매입채무에 대한 외화환산이익이다.

(2) 재무상태표의 매입관련 기초와 기말의 잔액은 다음과 같다.

계정과목	20×1년 초	20×1 년 말	증감
재고자산	150,000	220,000	70,000
선 급 금	130,000	50,000	(80,000)
매입채무	180,000	260,000	80,000

물음

20×1년의 매입 활동으로 인한 현금유출액은 얼마인가?

해답

1. 현금이외의 매입관련계정을 분석하되 차변증가와 대변의 감소는 현금(-)효과로 대변증가와 차변의 감소는 현금(+)효과로 분석한다.

매입활동 관련 계정	발생주의 조정	순현금흐름
매출원가	(700,000)	
재고자산감모손실	(25,000)	
외화환산이익(매입채무관련)	20,000	
재고자산 증가	(70,000)	
선급금의 감소	80,000	
매입채무의 증가	80,000	
매입으로 인한 현금유출	(615,000)	(615,000)

2. 위의 증감분석법은 다음과 같은 순액분개로 검증가능하다.

20×1년	(차) 매출원가	700,000 ①	(대) 외화환산이익	20,000 ③
	재고감모손실	25,000 ②	선 급 금	80,000 ⑤
	재고자산	70,000 ④	매입채무	80,000 ⑥
			현 금	615,000 ⑦

해설

1. 다음과 같이 총액분개로 분석하면 좀 더 명쾌하게 현금흐름의 논리를 파악할 수 있다.

20×1년 초의 재무상태

재고자산	150,000	매입채무	180,000
선 급 금	130,000		

20×1년	(차) 매출원가	700,000 ①	(대) 재고자산	700,000 ②
	재고감모손실	25,000 ③	재고자산	25,000 ④
	매입채무	20,000 ⑥	외화환산이익	20,000 ⑤
	(차) 재고자산	795,000 ⑦	(대) 매입채무	795,000 ⑧
	(차) 매입채무	695,000 ⑨	(대) 선 급 금	80,000 ⑩
			현 금	615,000 ⑪

20×1년 말의 재무상태

재고자산	220,000	매입채무	260,000
선 급 금	50,000		

(3) 종업원에 대한 현금유출액

종업원에 대한 현금유출액은 포괄손익계산서상 당기손익으로 인식된 종업원관련 순손익에서 출발하여 재무상태표상 종업원관련 자산과 부채의 증감을 조정하면 산출된다. 종업원관련 포괄손익계산서 계정과 재무상태표 계정은 다음과 같다.

[종업원 관련계정]

구 분	현금흐름효과	계정과목
포괄손익계산서	(-)효과	종업원급여, 퇴직급여, 복리후생비 등의 판매비와 관리비
재무상태표	(+)효과	선급급여의 감소, 미지급급여의 증가, 확정급여부채의 증가 등
	(-)효과	선급급여의 증가, 미지급급여의 감소, 확정급여부채의 감소 등

여기서 주의할 점은 포괄손익계산서의 판매비와 관리비에 감가상각비나 무형자산상각비 등의 투자활동 손익이 포함되어 있는 경우에는 이에 대한 분석을 배제하여야 한다는 것이다. 감가상각비와 무형자산상각비는 각각 유형자산과 무형자산과 관련된 계정이므로 투자활동 현금흐름을 계산하는 경우에 분석하여야 한다.

예제 3 종업원에 대한 현금유출액

A회사가 보고한 20×1년도의 관리활동 관련 자료는 다음과 같다.

(1) 포괄손익계산서의 판매비와 관리비는 ₩250,000이다. 여기에는 매출채권의 대손상각비 ₩15,000과 감가상각비 ₩50,000이 포함되어 있으며, 이를 제외한 금액은 모두 종업원과 관련된 원가이다.

(2) 재무상태표의 급여 관련 기초와 기말의 잔액은 다음과 같다.

계정과목	20×1년 초	20×1년 말	증 감
미지급급여	230,000	270,000	40,000
순확정급여부채	50,000	20,000	(30,000)

물음

20×1년의 종업원에 대한 활동으로 인한 현금유출액은 얼마인가?

해답

1. 현금이외의 종업원 관련계정을 분석하되 차변증가와 대변의 감소는 현금(-)효과로 대변증가와 차변의 감소는 현금(+)효과로 분석한다. 판매비와 관리비에 포함되어 있는 대손상각비는 매출활동에서 이미 분석하였으므로 분석을 배제하고, 감가상각비는 투자활동 관련 손익계정이므로 투자활동에서 분석을 하기위해 배제한다.

종업원 관련 계정	발생주의 조정	순현금흐름
판매비와 관리비	(250,000)	
대손상각비 취소	15,000	
감가상각비 취소	50,000	
미지급급여의 증가	40,000	
확정급여부채의 감소	(30,000)	
종업원관련 현금유출	(175,000)	(175,000)

해설

1. 다음과 같이 총액분개로 분석하면 좀 더 명쾌하게 현금흐름의 논리를 파악할 수 있다.

20×1년 초의 재무상태

	미지급급여	230,000
	순확정급여부채	50,000

20×1년	(차) 급여와 퇴직급여	185,000 ①	(대) 미지급급여	40,000 ②
	순확정급여부채	30,000 ③	현 금	175,000 ④

20×1년 말의 재무상태

	미지급급여	270,000
	순확정급여부채	20,000

(4) 법인세로 인한 현금유출액

법인세로 인한 현금유출액은 포괄손익계산서상 법인세비용에서 출발하여 재무상태표상 법인세관련 자산·부채의 증감을 조정하면 산출된다. 법인세 관련 포괄손익계산서 계정과 재무상태표 계정은 다음과 같다.

[법인세 관련계정]

구 분	현금흐름효과	계정과목
포괄손익계산서	(-)효과	법인세비용
재무상태표	(+)효과	선급법인세의 감소, 당기법인세부채의 증가, 이연법인세자산의 감소 등
	(-)효과	선급법인세의 증가, 당기법인세부채의 감소, 이연법인세자산의 증가 등

예제 4 법인세로 인한 현금유출

A회사가 보고한 20×1년도의 영업활동 중 기타활동 관련 자료는 다음과 같다.

(1) 포괄손익계산서의 법인세비용은 ₩20,000이다.

(2) 재무상태표의 법인세 관련 기초와 기말의 잔액은 다음과 같다.

계정과목	20×1년 초	20×1년 말	증 감
이연법인세자산	20,000	25,000	5,000
당기법인세부채	40,000	30,000	(10,000)

물음

20×1년의 법인세에 따른 현금유출액은 얼마인가?

해답

현금이외의 법인세비용 관련계정을 분석하되 차변증가와 대변의 감소는 현금(-)효과로 대변증가와 차변의 감소는 현금(+)효과로 분석한다.

법인세 관련계정	발생주의 조정	순현금흐름
법인세비용	(20,000)	
이연법인세자산의 증가	(5,000)	
당기법인세부채의 감소	(10,000)	
법인세의 납부	(35,000)	(35,000)

해설

1. 다음과 같이 회계처리에 의해 분석하면 좀 더 명쾌하게 현금흐름의 논리를 파악할 수 있다.

20×1년 초의 재무상태

이연법인세자산	20,000	당기법인세부채	40,000

20×1년	(차) 법인세비용	20,000 ①	(대) 현　　금	35,000 ④
	이연법인세자산	5,000 ②		
	당기법인세부채	10,000 ③		

20×1년 말의 재무상태

이연법인세자산	25,000	당기법인세부채	30,000

2 간접법

간접법(indirect method)은 손익계산서의 영업손익에 일정한 조정사항을 반영하여 영업활동 현금흐름을 표시하는 방법이다. 간접법을 적용하는 경우, 영업활동 순현금흐름은 손익계산서의 영업손익에 다음 항목들의 영향을 조정하여 결정한다.

(1) **비영업손익 제거** : 감가상각비, 충당부채, 외화환산손익 같은 비현금항목, 손익계산서에서 영업 범주로 분류되지만, 관련 현금흐름은 투자활동 현금흐름이나 재무활동 현금흐름으로 분류되는 수익 또는 비용

(2) **영업관련 자산과 부채의 증감** : 회계기간 동안 발생한 재고자산과 영업활동에 관련된 채권 · 채무의 변동

(3) **법인세현금흐름** : 손익계산서에서는 영업 범주로 분류되지 않지만 영업활동으로 분류되는 현금흐름

[간접법에 의한 영업활동 현금흐름]

발생주의	±	조 정 항 목	=	현금주의
당기순이익	+	투자와 재무활동으로 분류되는 비용의 제거	=	영업활동현금흐름
	-	투자와 재무활동으로 분류되는 수익의 제거		
	±	영업활동분류되는 자산과 부채의 변동		
	-	법인세 현금지급액		

[간접법에 의한 영업활동 현금흐름 양식]

현금흐름표

A회사 20×1년 1월 1일부터 20×1년 12월 31일까지

Ⅰ. 영업활동 현금흐름	
(1) 영업이익	×××
(2) 투자활동과 재무활동 비용의 가산	×××
(3) 투자활동과 재무활동 수익의 차감	(×××)
감가상각비 및 기타상각비 차감전 영업이익	**×××**
(4) 영업활동으로 인한 자산과 부채의 변동	×××
법인세차감전 영업활동 현금흐름	**×××**
(5) 법인세의 납부	×××
영업활동 순현금흐름	**×××**
⋮	⋮

예제 5 직접법과 간접법의 비교

A회사의 재무상태표와 포괄손익계산서는 다음과 같으며, 이를 이용하여 영업활동으로 인한 현금흐름을 작성하고자 한다. 외화환산이익 중 매출채권에 대한 외화환산이익은 ₩25,000이며, 나머지는 매입채무에 대한 것이다.

재무상태표

계정과목	기 초	기 말	계정과목	기 초	기 말
현 금	100,000	245,000	매입채무	180,000	260,000
매출채권	200,000	300,000	선 수 금	120,000	180,000
대손충당금	(50,000)	(60,000)	미지급급여	230,000	270,000
선 급 금	130,000	50,000	확정급여부채	50,000	20,000
미수이자	40,000	60,000	당기법인세부채	40,000	30,000
선급이자	70,000	82,000	사 채	150,000	150,000
재고자산	150,000	220,000	사채할인발행차금	(35,000)	(28,000)
상각후원가금융자산	100,000	103,000	자 본 금	340,000	340,000
유형자산	570,000	570,000	이익잉여금	225,000	293,000
감가상각누계액	(30,000)	(80,000)			
이연법인세자산	20,000	25,000			
자산총계	1,300,000	1,515,000	부채와 자본총계	1,300,000	1,515,000

포괄손익계산서

계정과목	금 액
매 출 액	1,000,000
매출원가	(700,000)
매출총이익	**300,000**
급여비용	(185,000)
매출채권의 대손상각비	(15,000)
유형자산의 감가상각비	(50,000)
재고자산감모손실	(25,000)
외화환산이익	45,000
영업이익	**70,000**
이자수익	48,000
재무손익 및 법인세차감전이익	**118,000**
이자비용	(30,000)
법인세차감전이익	**88,000**
법인세비용	(20,000)
당기순이익	**68,000**

물음

1. 직접법으로 현금흐름표를 작성하시오.
2. 국제회계기준의 규정에 의한 간접법현금흐름표를 작성하시오.

해답

매출활동 관련 계정	영업활동순이익	영업자산·부채증감	순현금흐름
매　　출	1,000,000		
대손상각비	(15,000)		
외화환산이익(매출채권 관련)	25,000		
매출채권 증가		(100,000)	
대손충당금 증가		10,000	
선수금 증가		60,000	980,000
매입활동 관련 계정			
매출원가	(700,000)		
재고자산감모손실	(25,000)		
외화환산이익(매입채무 관련)	20,000		
재고자산 증가		(70,000)	
선급금의 감소		80,000	
매입채무의 증가		80,000	(615,000)
종업원 관련 계정			
급　　여	(185,000)		
미지급급여의 증가		40,000	
확정급여부채의 감소		(30,000)	(175,000)
법인세차감전 영업활동현금흐름	120,000	**70,000**	**190,000**
법인세 관련 계정			
법인세비용	(20,000)		
이연법인세자산의 증가		(5,000)	
당기법인세부채의 감소		(10,000)	(35,000)
영업활동 금액의 합계	122,000	**55,000**	**155,000**

1. 직접법 현금흐름표

현금흐름표

A회사　　　　20×1년 1월 1일부터 20×1년 12월 31일까지

Ⅰ. 영업활동 현금흐름	
(1) 고객으로부터의 유입된 현금	980,000
(2) 공급자에 대한 현금유출	(615,000)
(3) 종업원에 대한 현금유출	(175,000)
법인세차감전 영업활동 현금흐름	**190,000**
(4) 법인세의 납부	(35,000)
영업활동 순현금흐름	**155,000**
⋮	⋮

2. 간접법 현금흐름표

현금흐름표

A회사　　　　20×1년 1월 1일부터 20×1년 12월 31일까지

Ⅰ. 영업활동 현금흐름	
(1) 영업이익	70,000
(2) 투자활동과 재무활동 손익의 제거	
① 감가상각비	50,000
감가상각비 및 기타상각비 차감전 영업이익	**120,000**
(3) 영업활동으로 인한 자산과 부채의 변동	
① 매출채권의 증가	(100,000)
② 대손충당금의 증가	10,000
③ 선수금의 증가	60,000
④ 재고자산의 증가	(70,000)
⑤ 선급금의 감소	80,000
⑥ 매입채무의 증가	80,000
⑦ 미지급급여의 증가	40,000
⑧ 확정급여부채의 감소	(30,000)
법인세차감전 영업활동 현금흐름	**190,000**
(4) 법인세의 납부	(35,000)
영업활동 순현금흐름	**155,000**
⋮	⋮

제 3 절 투자활동으로 인한 현금흐름

투자활동으로 인한 현금흐름은 현금의 대여나 대여금의 회수, 투자자산으로 분류되는 금융상품과 유형(무형)자산의 취득과 처분 등에서 발생하는 현금흐름이다. 이러한 현금흐름은 투자활동관련 자산과 부채의 변동을 총액으로 분석하여 파악한다. 여기서 주의할 점은 투자활동에서 발생하는 총현금유입과 총현금유출은 주요 항목별로 구분하여 총액으로 표시한다는 것이다. 따라서 투자활동 관련계정의 증감분석을 통해 순현금흐름을 계산하면, 이를 다시 총현금유입과 총현금유출로 분리하여 현금흐름표에 각각 별도로 표시하여야 한다. 투자활동 현금흐름은 다음과 같이 계산하면 된다.

투자활동 현금흐름 = 투자활동 발생주의 순이익 ∓ 투자활동관련 자산증감 ± 투자활동관련 부채증감

1 유형자산

유형자산을 취득하는 거래와 처분하는 거래에서 현금흐름이 발생하며, 이를 투자활동으로 인한 현금흐름에 표시한다. 유형자산으로 인한 현금흐름은 포괄손익계산서상 유형자산 관련손익계정인 감가상각비, 유형자산처분손익, 유형자산손상차손 등에서 출발하여 재무상태표상 유형자산관련 자산·부채의 증감을 조정하면 산출된다.

예제 6 유형자산으로 인한 현금유출

다음은 A회사의 20×1년도 비교재무상태표의 일부이다.

(1) 회사는 20×1년도 중 취득원가 ₩100,000이고, 이 취득원가의 30%를 상각한 유형자산을 ₩75,000의 현금을 받고 매각 처분하였다.

(2) 재무상태표의 유형자산 관련 기초와 기말의 잔액은 다음과 같다.

계정과목	20×1년 초	20×1년 말	증 감
유형자산	300,000	320,000	20,000
감가상각누계액	55,000	60,000	5,000

물음

1. 20×1년도 포괄손익계산서에 표시될 유형자산처분이익과 감가상각비는 얼마인가?
2. 20×1년도 현금흐름표상에 표시될 투자활동으로 인한 현금흐름은 얼마인가?

해답

1. 관련손익의 계산
   (1) 유형자산처분이익 : 75,000 − 100,000 × (1 − 30%) = 5,000
   (2) 감가상각비 : 60,000 − (55,000 − 100,000 × 30%) = 35,000

2. 투자활동현금흐름

유형자산 관련 계정	발생주의 조정	순현금흐름	
감가상각비	(35,000)*1	처분으로 인한 유입	75,000
유형자산처분이익	5,000*2	취득으로 인한 유출	(120,000)*3
유형자산의 증가	(20,000)		
감가상각누계액의 증가	5,000		
	(45,000)	순유출입	(45,000)

*1 60,000 − (55,000 − 30,000) = 35,000
*2 75,000 − (100,000 − 30,000) = 5,000
*3 역산함 75,000 − X = (−)45,000
∴ X = 120,000

해설

1. 회계처리에 의한 분석

20×1년 초의 재무상태

유형자산	300,000	감가상각누계액	55,000

처 분	(차) 현 금	75,000 ③	(대) 유형자산	100,000 ①
	감가상각누계액	30,000 ②	유형자산처분이익	5,000 ④
감가상각	(차) 감가상각비	35,000 ⑥	(대) 감가상각누계액	35,000 ⑤
취 득	(차) 유형자산	120,000 ⑦	(대) 현 금	120,000 ⑧

20×1년 말의 재무상태

유형자산	320,000	감가상각누계액	60,000

2 상각후원가 측정 금융자산 : 채무상품

상각후원가로 측정하는 채무상품을 취득하는 거래와 처분하는 거래에서 현금흐름이 발생하며, 이를 투자활동으로 인한 현금흐름에 표시한다. 상각후원가금융자산으로 인한 현금흐름은 포괄손익계산서상 당기손익계정인 상각후원가 측정 금융자산의 처분손익과 손상차손, 현재가치할인차금 상각이자수익 등에서 출발하여 재무상태표상 상각후원가금융자산의 증감을 조정하면 산출된다.

예제 7 상각후원가 측정 금융자산 : 채무상품

20×1년 기초 및 기말 유가증권의 내역은 다음과 같다.

(1) 당기의 포괄손익계산서에 인식된 이자수익은 ₩50,000이며, 이 중 상각후원가측정 금융자산의 현재가치할인차금 상각액이 ₩10,000이다. 당기 중 상각후원가측정 금융자산의 처분은 없다.

(2) 상각후원가측정 금융자산과 관련된 계정의 증감은 다음과 같다.

계정과목	20×1년 초	20×1년 말	증 감
상각후원가측정 금융자산	270,000	415,000	145,000

물음

1. 20×1년도 현금흐름표상에 표시될 투자활동으로 인한 현금흐름은 얼마인가?

해답

1. 투자활동 현금흐름

상각후원가측정 금융자산 관련 계정	발생주의 조정	순현금흐름	
상각이자수익	10,000	처분으로 인한 유입	- [*1]
상각후원가금융자산의 증가	(145,000)	취득으로 인한 유출	(135,000) [*2]
합 계	(135,000)	순유출입	(135,000)

[*1] 제시됨

[*2] 차액으로 계산

해설

1. 회계처리에 의한 분석

20×1년 초의 재무상태

상각후원가금융자산	270,000	

상 각	(차) 상각후원가금융자산	10,000 ①	(대) 상각이자수익	10,000 ②
발 행	(차) 상각후원가금융자산	135,000 ③	(대) 현 금	135,000 ④

20×1년 말의 재무상태

상각후원가금융자산	415,000	

3 이자로 인한 현금유입액

이자로 인한 현금유입액은 포괄손익계산서상 표시이자수익에서 출발하여 재무상태표상 이자수익관련 자산·부채의 증감을 조정하면 산출된다. 이자수익 관련 포괄손익계산서 계정과 재무상태표 계정은 다음과 같다.

[이자수익 관련계정]

구 분	현금흐름효과	계정과목
포괄손익계산서	(+)효과	표시이자수익
재무상태표	(+)효과	미수이자의 감소, 선수이자의 증가
	(-)효과	미수이자의 증가, 선수이자의 감소

여기서 주의할 점은 포괄손익계산서의 이자수익에 기타포괄금융자산이나 상각후원가금융자산의 현재가치할인차금 상각에 따른 이자수익이 포함되어 있을 수 있다는 것이다. 상각후원가금융자산의 현재가치할인차금 상각에 따른 이자수익은 상각후원가금융자산과 직접 관련된 손익이므로 이에 대한 분석을 배제하여야 하며, 배제한 금액은 상각후원가금융자산 관련 현금흐름을 계산하는 경우에 포함하여 분석한다. 결론적으로 포괄손익계산서의 유효이자수익 중 표시이자수익은 이자수령활동으로 분석하지만, 상각이자수익은 관련계정의 활동에서 분석해야 한다.

예제 8 이자로 인한 현금유입

A회사가 보고한 20×1년도의 이자수익과 관련 자료는 다음과 같다.

(1) 포괄손익계산서의 이자수익은 ₩48,000이며, 이 금액에는 상각후원가금융자산에 대한 현재가치할인차금 상각이자수익 ₩3,000이 포함되어 있다.

(2) 재무상태표의 이자수익 관련 기초와 기말의 잔액은 다음과 같다.

계정과목	20×1년 초	20×1년 말	증 감
미수이자	40,000	60,000	20,000

물음

20×1년의 이자수익에 따른 현금유입액은 얼마인가?

해답

1. 현금이외의 이자수익 관련계정을 분석하되 차변증가와 대변의 감소는 현금(-)효과로 대변증가와 차변의 감소는 현금(+)효과로 분석한다. 한편, 유효이자수익에 포함되어 있는 상각후원가금융자산 상각이자수익은 관련 계정에서 분석하여야 하므로 이자수령 활동에서는 분석을 배제한다.

이자수익 관련계정	발생주의 조정	순현금흐름
표시이자수익	45,000	
미수이자의 증가	(20,000)	
이자로 인한 현금유입	25,000	25,000

해설

1. 다음과 같이 회계처리에 의해 분석하면 좀 더 명쾌하게 현금흐름의 논리를 파악할 수 있다.

20×1년 초의 재무상태

미수이자	40,000	

20×1년	(차) 상각후원가금융자산	3,000 ②	(대) 상각이자수익	3,000 ①
	미수이자	20,000 ④	표시이자수익	45,000 ③
	현 금	25,000 ⑤		

20×1년 말의 재무상태

미수이자	60,000	

제 4 절 재무활동으로 인한 현금흐름

재무활동으로 인한 현금흐름은 현금의 차입과 차입금의 상환, 신주발행, 배당금의 지급 등과 같이 주로 자금조달 및 상환활동과 관련된 거래로부터 발생한다. 이러한 현금흐름은 재무활동관련 자산과 부채의 변동을 총액으로 분석하여 파악한다. 여기서 주의할 점은 재무활동에서 발생하는 총현금유입과 총현금유출은 주요 항목별로 구분하여 총액으로 표시한다는 것이다. 따라서 재무활동 관련계정의 증감분석을 통해 순현금흐름을 계산하면, 이를 다시 총현금유입과 총현금유출로 분리하여 현금흐름표에 각각 별도로 표시하여야 한다. 재무활동 현금흐름은 다음과 같이 계산하면 된다.

> 재무활동 현금흐름 = 재무활동 발생주의 순이익 ± 재무활동관련 부채증감 ± 재무활동관련 자본증감

1 장기차입금과 유동성장기부채

장기차입금을 조달하는 거래와 중도 상환하는 거래에서 현금흐름이 발생하며, 이를 재무활동으로 인한 현금흐름에 표시한다. 이 때 유동성장기부채는 장기차입금에서 재분류되는 항목이므로 현금흐름을 함께 분석해야 한다. 장기차입금으로 인한 현금흐름은 포괄손익계산서상 차입금관련손익계정인 차입금에 대한 환율변동손익과 현재가치할인차금상각비용 등에서 출발하여 재무상태표상 차입금관련 부채의 증감을 조정하면 산출된다. 여기서 주의할 점은 차입금과 관련하여 발생한 표시이자에 대한 이자비용효과는 이자지급 활동으로 표시하기에 별도로 분석을 할 필요가 없다는 것이다.

예제 9 장기차입거래

다음은 A회사의 20×1년도 비교재무상태표의 일부이다.

(1) 장기차입금에서 외화환산손실 ₩5,000이 발생하였으며, 차입금에 대한 이자비용 ₩15,000이 당기 손익으로 인식되어 있다.

(2) 차입금 관련 부분재무상태표는 다음과 같다.

계정과목	20×1년 초	20×1년 말	증 감
유동성장기차입금	20,000	30,000	10,000
장기차입금(외화차입금 포함)	80,000	100,000	20,000

물음

1. 20×1년도 현금흐름표상에 표시될 재무활동으로 인한 현금흐름은 얼마인가?

해답

1. 재무활동현금흐름

차입금 관련 계정	발생주의 조정	순현금흐름	
외화환산손실	(5,000)	차입으로 인한 유입	45,000 [*2]
유동성장기차입금의 증가	10,000	상환으로 인한 유출	(20,000) [*1]
장기차입금의 증가	20,000		
합 계	25,000	순유출입	25,000

[*1] 기초 유동성장기차입금

[*2] 역산함 X－20,000＝25,000 ➡ X＝45,000

해설

1. 회계처리에 의한 분석

20×1년 초의 재무상태

	유동성장기차입금	20,000
	장기차입금	80,000

구분	차변	금액	대변	금액
상 환	(차) 유동성장기차입금	20,000 ①	(대) 현 금	20,000 ②
대 체	(차) 장기차입금	30,000 ④	(대) 유동성장기차입금	30,000 ③
환 산	(차) 외화환산손실	5,000 ⑤	(대) 장기차입금	5,000 ⑥
차 입	(차) 현 금	45,000 ⑧	(대) 장기차입금	45,000 ⑦

20×1년 말의 재무상태

	유동성장기차입금	30,000
	장기차입금	100,000

2 사 채

사채를 발행하는 거래와 상환하는 거래에서 현금흐름이 발생하며, 이를 재무활동으로 인한 현금흐름으로 표시한다. 이 때 사채발행차금을 함께 분석해야 한다. 사채로 인한 현금흐름은 포괄손익계산서상 사채 관련손익계정인 사채발행차금에 대한 이자비용과 사채상환손익 등에서 출발하여 재무상태표상 사채관련 부채의 증감을 조정하면 산출된다.

예제 10 사채거래

다음은 A회사의 20×1년도 비교재무상태표의 일부이다.

(1) 당기 포괄손익계산서에 사채에 대한 이자비용은 ₩50,000이며, 이 중 사채할인발행차금에 대한 상각이자는 ₩10,000이다.

(2) 사채와 관련한 부분재무상태표는 다음과 같다.

계정과목	20×1년 초	20×1년 말	증감
사 채	300,000	450,000	150,000
사채할인발행차금	(30,000)	(35,000)	(5,000)

물 음

1. 20×1년도 현금흐름표상에 표시될 재무활동으로 인한 현금흐름은 얼마인가?

해 답

1. 재무활동 현금흐름

사채 관련 계정	발생주의 조정	순현금흐름	
상각이자비용	(10,000)	발행으로 인한 유입	135,000
사채의 증가	150,000	상환으로 인한 유출	- *1
사채할인발행차금의 증가	(5,000)		
합 계	135,000	순유출입	135,000

*1 역산함 135,000 - X = 135,000 ➡ X = 0

해설

1. 회계처리에 의한 분석

20×1년 초의 재무상태

사채할인발행차금	30,000	사　　채	300,000

상　각	(차) 이자비용	10,000 ①	(대) 사채할인발행차금	10,000 ②
발　행	(차) 현　　금	135,000 ⑤	(대) 사　　채	150,000 ③
	사채할인발행차금	15,000 ④		

20×1년 말의 재무상태

사채할인발행차금	35,000	사　　채	450,000

3 이자로 인한 현금유출액

이자로 인한 현금유출액은 포괄손익계산서상 표시이자비용에서 출발하여 재무상태표상 이자비용관련 자산·부채의 증감을 조정하면 산출된다. 이자비용 관련 포괄손익계산서 계정과 재무상태표 계정은 다음과 같다.

[이자비용 관련계정]

구　분	현금흐름효과	계정과목
포괄손익계산서	(-)효과	표시이자비용
재무상태표	(+)효과	선급이자의 감소, 미지급이자의 증가
	(-)효과	선급이자의 증가, 미지급이자의 감소

여기서 주의할 점은 포괄손익계산서의 이자비용에 사채의 현재가치할인차금 상각에 따른 이자비용이 포함되어 있을 수 있다는 것이다. 사채발행차금의 상각에 따른 이자비용은 사채와 직접 관련된 손익이므로 이에 대한 분석을 배제하여야 하며, 배제한 금액을 사채관련 현금흐름을 계산하는 경우에 포함하여 분석한다. 결론적으로 포괄손익계산서의 유효이자비용 중 표시이자비용은 이자지급활동으로 분석하지만, 상각이자비용은 관련계정의 활동에서 분석해야 한다.

예제 11 이자로 인한 현금유출

A회사가 보고한 20×1년도의 이자비용과 관련 자료는 다음과 같다.

(1) 포괄손익계산서의 이자비용은 ₩30,000이다. 이 금액에는 사채할인차금 상각이자비용 ₩7,000이 포함되어 있다.

(2) 재무상태표의 이자관련 기초와 기말의 잔액은 다음과 같다.

계정과목	20×1년 초	20×1년 말	증 감
선급이자	70,000	82,000	12,000

물음

20×1년의 이자비용에 따른 현금유출액은 얼마인가?

해답

1. 현금이외의 이자비용 관련계정을 분석하되 차변증가와 대변의 감소는 현금(-)효과로 대변증가와 차변의 감소는 현금(+)효과로 분석한다. 한편, 이자비용에 포함되어 있는 사채할인발행차금 상각이자비용은 사채와 관련된 계정이기에 분석을 배제한다.

이자비용 관련계정	발생주의 조정	순현금흐름
표시이자비용	(23,000)	
선급이자의 증가	(12,000)	
이자로 인한 현금유출	(35,000)	(35,000)

해설

1. 다음과 같이 회계처리에 의해 분석하면 좀 더 명쾌하게 현금흐름의 논리를 파악할 수 있다.

20×1년 초의 재무상태

선급이자	70,000	

20×1년	(차) 상각이자비용	7,000 ①	(대) 사채할인발행차금	7,000 ②
	표시이자비용	23,000 ③	현 금	35,000 ⑤
	선급이자	12,000 ④		

20×1년 말의 재무상태

선급이자	82,000	

4 유상증자와 배당

유상증자와 유상감자를 통해 현금흐름이 발생하며, 이는 재무활동으로 인한 현금흐름으로 표시한다. 그리고 현금배당을 통한 현금유출액도 재무활동에 표시한다. 유상증자와 유상감자 및 배당으로 인한 현금흐름은 재무상태표상 자본거래관련 자본의 증감을 조정하면 직접산출된다. 자본거래로 인한 자본의 변동효과는 포괄손익계산서에 인식되지 않으므로 이로 인한 현금흐름을 산출할 때는 손익효과를 별도로 고려할 필요가 없다. 여기서 주의할 점은 재무상태표상의 이익잉여금을 증감분석하는 경우에는 기말 이익잉여금에서 당기순이익효과를 제거하여야 한다는 것이다. 당기순이익은 다른 활동을 분석할 때 이미 고려하였으므로 이를 다시 분석하면 당기순이익이 이중으로 분석되는 결과를 초래하기 때문이다.

예제 12 유상증자와 배당

다음은 A회사의 20×1년도 비교재무상태표의 일부이다.

(1) 당기 중 주식발행초과금을 이용한 무상증자 ₩20,000과 주식배당 ₩30,000이 실시되었으며, 당기순이익은 ₩100,000을 보고하였다.

(2) 자본과 관련한 부분재무상태표는 다음과 같다.

계정과목	20×1년 초	20×1년 말	증 감
자 본 금	200,000	300,000	100,000
주식발행초과금	100,000	130,000	30,000
이익잉여금	150,000	160,000	10,000

물음

1. 20×1년도 현금흐름표상에 표시될 재무활동으로 인한 현금흐름은 얼마인가?

해답

1. 재무활동 현금흐름

자본 관련 계정	발생주의 조정	순현금흐름	
자본금의 증가	100,000	유상증자로 인한 유입	100,000 [*3]
주식발행초과금의 증가	30,000		
이익잉여금의 증가	10,000	현금배당으로 인한 유출	(60,000) [*2]
당기순이익의 제거	(100,000)[*1]		
합 계	40,000	순유출입	40,000

[*1] 이익잉여금의 증가액에 당기순이익으로 인한 효과가 있으므로 이중분석을 방지하기 위하여 이를 제거함

[*2] 이익잉여금 순감소액(10,000 - 100,000) - 주식배당액30,000 = 현금배당액 (-)60,000

[*3] 역산함 X - 60,000 = 40,000 ➡ X = 100,000

2. 간접법으로 작성하는 영업활동효과
   고려할 사항 없음

해설

1. 회계처리를 이용한 분석

20×1년 초의 재무상태

	자 본 금	200,000
	주식발행초과금	100,000
	이익잉여금	150,000

구분	차변	금액	대변	금액
무상증자	(차) 주식발행초과금	20,000 ②	(대) 자 본 금	20,000 ①
주식배당	(차) 이익잉여금	30,000 ③	(대) 자 본 금	30,000 ④
유상증자	(차) 현 금	100,000 ⑦	(대) 자 본 금	50,000 ⑤
			주식발행초과금	50,000 ⑥
손익마감	(차) 집합손익	100,000 ⑧	(대) 이익잉여금	100,000 ⑨
현금배당	(차) 이익잉여금	60,000 ⑩	(대) 현 금	60,000 ⑪

20×1년 말의 재무상태

	자 본 금	300,000
	주식발행초과금	130,000
	이익잉여금	160,000

객관식 연습문제

01 다음 현금흐름 중 영업활동 현금흐름으로 분류될 수 없는 것은?

① 매출채권의 회수
② 매입채무의 상환
③ 이자비용의 지급
④ 법인세의 지급
⑤ 퇴직금의 지급

02 다음 현금흐름 중 투자활동 현금흐름으로 분류될 수 없는 것은?

① 건물의 취득
② 영업권의 취득
③ 차입금의 상환
④ 대여금의 회수
⑤ 금융상품의 처분

03 다음 현금흐름 중 재무활동 현금흐름으로 분류될 수 없는 것은?

① 사채의 상환
② 배당금의 수령
③ 유상증자
④ 자기주식의 처분
⑤ 단기차입금의 차입

04 현금흐름표는 회계기간 동안 발생한 현금흐름을 영업활동, 투자활동, 재무활동으로 분류하여 보고한다. 다음 중 현금흐름의 분류가 다른 것은?

① 법인세 납부로 인한 현금유출
② 판매목적의 재고자산을 제조하기 위한 현금유출
③ 단기매매목적으로 보유하는 계약에서 발생하는 현금유입
④ 기업이 보유한 특허권을 사용하도록 하고 받은 수수료 관련 현금유입
⑤ 배당금의 지급으로 인한 현금유출

05 A회사는 제조업을 영위하고 있다. 모든 매출은 외상으로 이루어진다. 다음의 자료를 이용하여 20×1년 매출로부터의 현금유입액은 얼마인가? 단, 선수금에 의한 매출, 매출에누리와 환입, 매출할인 등 다른 경우는 없다고 가정한다.

(1) 재무상태표

	20×1년 초	20×1년 말
매출채권	10,000	20,000
대손충당금(매출채권)	300	500

(2) 포괄손익계산서(20×1년 1월 1일 ~ 20×1년 12월 31일)

매 출 액	560,000
대손상각비(매출채권)	600

① ₩589,600
② ₩569,200
③ ₩549,600
④ ₩548,200
⑤ ₩528,200

06 A회사가 보고한 20×1년도의 매입활동 관련 자료는 다음과 같다. 20×1년의 매입 활동으로 인한 현금유출액은 얼마인가?

(1) 비교재무상태표

	20×1. 1. 1	20×1.12.31	증 감
재고자산	170,000	220,000	50,000
선 급 금	130,000	100,000	(30,000)
매입채무	180,000	200,000	20,000

(2) 포괄손익계산서

매출원가	700,000
재고자산감모손실	25,000

① ₩725,000
② ₩735,000
③ ₩745,000
④ ₩755,000
⑤ ₩760,000

07 A회사가 보고한 20×1년도의 관리활동 관련 자료는 다음과 같다. 20×1년의 종업원에 대한 활동으로 인한 현금유출액은 얼마인가?

> (1) 기초 미지급급여는 ₩200,000이고, 기말 미지급급여는 ₩190,000이다.
> (2) 포괄손익계산서상 관리원가는 ₩300,000이고, 이 중에는 대손상각비 ₩15,000과 감가상각비 ₩60,000이 포함되어 있다. 이를 제외한 금액은 모두 종업원과 관련된 원가이다.

① ₩225,000
② ₩235,000
③ ₩245,000
④ ₩255,000
⑤ ₩265,000

08 A회사가 보고한 20×1년도의 영업활동 중 기타활동 관련 자료는 다음과 같다. 20×1년의 이자수익에 따른 현금유입액은 얼마인가?

> (1) 기초 미수이자는 ₩50,000이고 기말 미수이자는 ₩47,000이다.
> (2) 포괄손익계산서의 이자수익은 ₩40,000인데 이 중에는 상각후원가금융자산에 대한 현재가치할인차금 상각이자수익 ₩2,000이 포함되어 있다.

① ₩35,000 ② ₩38,000 ③ ₩41,000 ④ ₩45,000 ⑤ ₩48,000

09 A회사의 당기순이익은 ₩100,000이다. 다음은 당기 현금흐름표 작성에 필요한 자료이다. A회사의 20×1년도 영업활동으로 인한 현금흐름은 얼마인가? 단, 당기순이익을 조정하여 영업이익을 산출하는 방법으로 계산하시오.

기타포괄금융자산처분이익	20,000	감가상각비	50,000
매출채권 순감소	20,000	매입채무 증가	10,000
유형자산 처분이익	25,000	유상증자	150,000
사채상환	100,000	기계장치 취득	20,000
대손상각비*	30,000		

* 이 중 상각후원가측정금융자산의 대손상각비 ₩12,000이 포함되어 있다.

① ₩117,000
② ₩135,000
③ ₩147,000
④ ₩155,000
⑤ ₩165,000

10 다음은 A회사의 20×1년도 비교재무상태표의 일부이다. 회사는 20×1년도 중 취득원가 ₩100,000이고, 감가상각누계액이 ₩20,000인 유형자산을 ₩76,000의 현금을 받고 매각 처분하였다. 투자활동으로 인한 순현금유출액은 얼마인가?

	20×1. 1. 1	20×1.12.31	증 감
유형자산	320,000	350,000	30,000
감가상각누계액	50,000	47,000	(3,000)

① ₩26,000
② ₩34,000
③ ₩46,000
④ ₩54,000
⑤ ₩56,000

11 다음은 A회사의 20×1년도 비교재무상태표의 일부이다. 당기순이익은 ₩100,000이고, 주식배당은 ₩30,000이 실시되었으며, 당기 중 유상증자가 있었다. 재무활동으로 인한 순현금유입액은 얼마인가?

	20×1. 1. 1	20×1.12.31	증 감
자 본 금	200,000	280,000	80,000
주식발행초과금	100,000	140,000	40,000
이익잉여금	150,000	160,000	10,000

① ₩30,000
② ₩40,000
③ ₩50,000
④ ₩60,000
⑤ ₩70,000

12 ㈜한국의 당기순이익은 ₩100,000이고, 장기차입금에서 발생한 이자비용은 ₩5,000이며, 보유하고 있는 유형자산의 감가상각비는 ₩11,000이다. 당기 영업활동과 관련된 자산과 부채의 변동내역은 다음과 같다.

• 재고자산 증가	₩8,000	• 매입채무 감소	₩4,200
• 매출채권(순액) 감소	3,000	• 선수금 증가	2,000

㈜한국의 당기 영업활동 순현금유입액은 얼마인가? 단, 이자의 지급과 수취는 각각 재무활동과 투자활동으로 분류하며, 당기순이익을 조정하여 영업이익을 산출하는 방법으로 계산하시오.

① ₩76,800
② ₩81,800
③ ₩92,800
④ ₩106,000
⑤ ₩108,800

13 다음 자료에 의할 때 20×1년도 현금흐름표에 계상될 영업활동 순현금흐름은 얼마인가? 단, 당기순이익을 조정하여 영업이익을 산출하는 방법으로 계산하시오.

• 당기순이익	₩250,000	• 감가상각비	₩40,000
• 사채상환이익	35,000	• 투자주식처분손실	20,000
• 배당금지급	80,000	• 유상증자	110,000
• 자산계정 일부 증감 내역		• 부채계정 일부 증감 내역	
매출채권(순액)	₩20,000 증가	매입채무	₩10,000 감소
단기대여금	20,000 증가	미지급급여	15,000 증가

① ₩280,000 유입
② ₩275,000 유입
③ ₩270,000 유입
④ ₩265,000 유입
⑤ ₩260,000 유입

객관식 연습문제 해답 및 해설

01. ③	02. ③	03. ②	04. ⑤	05. ③	06. ①	07. ②	08. ③	09. ③	10. ④
11. ①	12. ⑤	13. ⑤							

01 ③

• 이자비용의 지급은 재무활동 현금흐름에 해당한다.

02 ③

차입금의 상환은 재무활동 현금흐름에 해당한다.

03 ②

배당금의 지급은 재무활동에 해당하나 배당금의 수령은 투자활동에 해당한다.

04 ⑤

배당금의 지급은 재무활동 현금흐름에 해당하고, 나머지는 모두 영업활동 현금흐름에 해당한다.

05 ③

매출활동 관련 계정	발생주의 조정		순현금흐름
매　　출	560,000		
대손상각비	(600)		
매출채권 증가	(10,000)		
대손충당금 증가	200		
매출로 인한 현금유입	549,600	➡	549,600

06 ①

매입활동 관련 계정	발생주의 조정		순현금흐름
매출원가	(700,000)		
재고자산감모손실	(25,000)		
재고자산 증가	(50,000)		
선급금의 감소	30,000		
매입채무의 증가	20,000		
매입으로 인한 현금유출	(725,000)	➡	(725,000)

07 ②

종업원 관련 계정	발생주의 조정		순현금흐름
관리원가	(300,000)		
대손상각비	15,000		
감가상각비	60,000		
미지급급여의 감소	(10,000)		
종업원관련 현금유출	(235,000)	➡	(235,000)

해설

관리원가에 포함되어 있는 대손상각비는 매출활동에서 이미 분석하였으므로 분석을 배제하고, 감가상각비는 투자활동 관련 손익계정이므로 투자활동에서 분석을 하기 위해 배제한다.

08 ③

이자수익 관련계정	발생주의 조정		순현금흐름
이자수익	40,000		
상각후원가금융자산 상각이자수익	(2,000)		
미수이자의 감소	3,000		
이자로 인한 현금유입	41,000	➡	41,000

해설

이자수익에 포함되어 있는 상각후원가금융자산 상각이자수익은 투자활동에서 분석하여야 하므로 영업활동에서는 분석을 배제한다.

09 ③

영업활동 관련 계정	발생주의 조정		순현금흐름
당기순이익	100,000		
기타포괄금융자산처분이익	(20,000)		
감가상각비	50,000		
유형자산처분이익	(25,000)		
상각후원가금융자산의 대손상각비	12,000		
매출채권 순감소	20,000		
매입채무 증가	10,000		
영업활동 현금흐름	147,000	➡	147,000

10 ④

유형자산 관련 계정	발생주의 조정		순현금흐름	
감가상각비	(17,000)*1		처분으로 인한 유입	76,000
유형자산처분손실	(4,000)*2		취득으로 인한 유출	(130,000)*3
유형자산의 증가	(30,000)			
감가상각누계액의 감소	(3,000)			
	(54,000)	➡	순유출액	(54,000)

*1 47,000 - (50,000 - 20,000) = 17,000

*2 76,000 - (100,000 - 20,000) = 4,000

*3 역산함 76,000 - X = △54,000 ∴ X = 130,000

11 ①

자본 관련 계정	발생주의 조정		순현금흐름	
자본금의 증가	80,000		유상증자로 인한 유입	120,000*3
주식발행초과금의 증가	40,000			
이익잉여금의 증가	10,000		현금배당으로 인한 유출	(90,000)*2
당기순이익	(100,000)*1			
	30,000	➡	순유입액	30,000

*1 이익잉여금의 증가액에 당기순이익으로 인한 효과가 있으므로 이중분석을 방지하기 위하여 이를 제거함

*2 이익잉여금 순감소액 (10,000 - 100,000) = 현금배당액 (-)90,000

*3 역산함 X - 90,000 = 30,000 ∴ X = 120,000

12 ⑤

당기순이익	₩100,000	
이자비용	+5,000	영업활동이 아닌데 당기순이익 산정시 차감되었으므로
감가상각비	+11,000	영업활동이 아닌데 당기순이익 산정시 차감되었으므로
재고자산 증가	-8,000	영업활동 관련 자산이 증가하였으므로
매출채권 감소	+3,000	영업활동 관련 자산이 감소하였으므로
매입채무 감소	-4,200	영업활동 관련 부채가 감소하였으므로
선수금 증가	+2,000	영업활동 관련 부채가 증가하였으므로
합 계	₩108,800	

13 ⑤

당기순이익	₩250,000	
감가상각비	+40,000	영업활동이 아닌데 당기순이익 산정시 차감되었으므로
사채상환이익	-35,000	영업활동이 아닌데 당기순이익 산정시 가산되었으므로
투자주식처분손실	+20,000	영업활동이 아닌데 당기순이익 산정시 차감되었으므로
매출채권 증가	-20,000	영업활동 관련 자산이 증가하였으므로
매입채무 감소	-10,000	영업활동 관련 부채가 감소하였으므로
미지급급여 증가	+15,000	영업활동 관련 부채가 증가하였으므로
합 계	₩260,000	

해설

배당금 지급과 유상증자는 영업활동이 아니고 당기순이익 산정시 반영되지도 않았으므로 별도 조정할 필요가 없다. 그리고 자료에 제시된 자산과 부채 항목 중 단기대여금은 영업활동 관련 자산이 아니므로 별도 조정할 필요가 없다.

주관식 연습문제

영업활동 순현금흐름 : 간접법

01 다음 자료는 A회사의 20×1년 말 기준의 비교재무상태표와 20×1년의 기타 주요 회계자료이다.

	비교재무상태표	
자산 :	20×1. 12. 31	20×1. 1. 1
현 금	45,500	12,500
매출채권(순장부금액)	21,000	26,000
재고자산	46,000	51,000
비 품	65,000	60,000
비품감가상각누계액	(9,000)	(5,000)
자산합계	168,500	144,500
부채와 자본 :		
매입채무	13,000	14,000
미지급비용	30,000	30,000
보통주자본금(액면 ₩5)	95,000	90,000
이익잉여금	30,500	10,500
부채와 자본합계	168,500	144,500

[추가자료]

(1) 당기순이익은 ₩25,000이다.
(2) ₩5,000의 현금배당을 선언하고 지급하였다.
(3) 비품에 대한 연간 감가상각비는 ₩4,000이다.
(4) 주식 ₩5,000을 액면발행하여 비품을 취득하였다.

요구사항

위의 자료를 이용하여 20×1년의 현금흐름표상의 영업활동으로 인한 현금흐름을 구하시오. 단, 당기순이익을 조정하여 영업이익을 산출하는 방법으로 계산하시오.

영업활동 순현금흐름 : 직접법

02 다음은 A회사의 20×1년과 20×2년의 비교시산표 중 일부이다.

시 산 표

12월 31일 현재

	20×1년	20×2년		20×1년	20×2년
현 금	20,000	25,000	매입채무	16,000	26,500
매출채권	15,000	69,000	미지급이자	7,000	10,000
대손충당금	(3,000)	(4,500)	당기법인세부채	50,000	30,000
미수이자	2,000	3,000	매 출 액		150,000
재고자산	70,000	30,000	이자수익		8,000
매출원가		80,000	환율변동이익		2,000
대손상각비		5,000			
이자비용		6,000			
재고자산감모손실		3,000			
법인세비용		17,000			

A회사는 모든 매출과 매입을 외상으로 하고 있으며, 환율변동이익은 매출채권에서 발생한 것이다.

요구사항

위의 자료에 근거하여 물음에 답하시오.

1. A회사의 고객으로부터 유입된 현금은 얼마인가?
2. A회사가 매입처에 지급한 현금은 얼마인가?
3. A회사의 이자수취액은 얼마인가?
4. A회사의 이자지급액은 얼마인가?
5. A회사의 법인세지급액은 얼마인가?

투자활동과 재무활동 현금흐름

03 다음은 A회사의 재무상태표와 포괄손익계산서의 일부이다.

부분재무상태표			부분포괄손익계산서	
계정과목	20×1년초	20×1년말	계정과목	20×1년
유형자산	245,000	270,000	감가상각비	32,000
감가상각누계액	(167,000)	(178,000)	유형자산처분이익	13,000
미지급배당금	9,000	13,000	당기순이익	28,000
이익잉여금	100,000	115,000		

[추가자료]

(1) 20×1년 3월 1일 취득원가 ₩45,000의 유형자산을 현금을 받고 처분하였다. 또한 20×1년 8월 중 새로운 유형자산의 구입이 있었다.

(2) 이익잉여금의 변동은 당기순이익과 현금배당의 선언에 의해서만 영향을 받았다.

요구사항

20×1년도의 현금흐름표에 보고되어야 할 다음 금액을 구하시오.

1. 투자활동으로부터의 현금유출액과 유입액
2. 재무활동으로부터의 현금유출액

주관식 연습문제 해답 및 해설

01 해답

영업활동으로 인한 현금흐름
= 당기순이익 + 감가상각비 + 매출채권감소 + 재고자산감소 - 매입채무감소
= 25,000 + 4,000 + 5,000 + 5,000 - 1,000
= 38,000

02 해답

1. 고객으로부터 유입된 현금액의 계산

매출활동 관련 계정	발생주의 조정	순현금흐름
매출액	150,000	
대손상각비	(5,000)	
환율변동이익	2,000	
매출채권 증가	(54,000)	
대손충당금 증가	1,500	
매출로 인한 현금유입	94,500	94,500

2. 매입처에 지급한 현금액의 계산

매입활동 관련 계정	발생주의 조정	순현금흐름
매출원가	(80,000)	
재고감모손실	(3,000)	
재고자산 감소	40,000	
매입채무 증가	10,500	
매입으로 인한 현금유출	(32,500)	(32,500)

3. 이자수취액

이자수익 관련 계정	발생주의 조정	순현금흐름
이자수익	8,000	
미수이자의 증가	(1,000)	
이자수익으로 인한 현금유입	7,000	7,000

4. 이자지급액

이자수익 관련 계정	발생주의 조정	순현금흐름
이자비용	(6,000)	
미지급이자의 증가	3,000	
이자비용으로 인한 현금유출	(3,000)	(3,000)

5. 법인세지급액

법인세비용 관련 계정	발생주의 조정	순현금흐름
법인세비용	(17,000)	
당기법인세부채의 감소	(20,000)	
법인세로 인한 현금유출	(37,000)	(37,000)

03 해답

1. 투자활동

투자활동 관련 계정	발생주의 조정		순현금흐름	
감가상각비	(32,000)		총유입	37,000 [*2]
유형자산처분이익	13,000			
유형자산의 증가	(25,000)		총유출	(70,000)[*1]
감가상각누계액의 증가	11,000			
	(33,000)	➡	순유출입	(33,000)

[*1] 유형자산의 당기취득액 270,000 - (245,000 - 45,000) = 70,000

[*2] 역산함 X - 70,000 = △33,000 ∴ X = 37,000

2. 재무활동

재무활동 관련 계정	발생주의 조정		순현금흐름	
미지급배당금의 증가	4,000		총유출	(9,000)[*1]
이익잉여금의 증가	15,000		총유입	-
당기순이익	(28,000)			
	(9,000)	➡	순유출입	(9,000)

[*1] 역산함 X = 9,000

CHAPTER 13

재무제표분석

ACCOUNTING PRINCIPLE

제 1 절 재무제표분석 일반

그 동안 우리는 거래를 식별하는 것을 출발점으로 하여 재무제표를 작성하기까지의 회계순환과정을 공부하였다. 이는 정보제공자 입장에서 거래를 식별하고 측정하여 회계정보를 제공하는 것에 초점을 맞춘 것이다. 이번 장에서는 정보이용자 입장에서 기업에서 공시한 재무제표를 근거로 하여 재무제표에 함축되어 있는 정보를 분석하고 해석하기 위하여 필요한 내용을 설명하고자 한다.

포괄손익계산서에는 매출총이익, 영업이익과 법인세비용차감전순이익 등과 같은 다양한 손익이 나타나는 손익계산서를 다단계 손익계산서라 하는데 이를 분석하는 과정을 통하여 보다 유용한 정보를 얻을 수 있다. 먼저 다단계손익계산서에 대하여 간략히 설명하고 나서 본론으로 들어가고자 한다.

손익계산서

매　　출	×××	
매출원가	(×××)	
매출총이익	×××	➡ 매출활동에서 발생한 이익
판매비와 관리비용	(×××)	
기타영업비용	(×××)	
영업이익	×××	➡ 영업활동에서 발생한 이익
투자범주손익	×××	
재무범주손익	(×××)	
법인세비용차감전순이익	×××	➡ 세금 고려 전 총이익
법인세비용	(×××)	
당기순이익	×××	➡ 세금 고려 후 순이익

손익계산서를 다단계로 작성하는 이유는 주된 영업활동에서 발생한 이익과 주된 영업활동이 아닌 활동에서 발생한 이익을 구분 공시하여 미래 경영성과에 대한 예측가능성을 높이기 위해서이다.

1 재무제표분석의 의의

재무회계의 목적은 정보이용자들의 의사결정에 유용한 정보를 제공하는 것이다. 그런데 정보이용자는 주주, 채권자, 정부기관 등 매우 다양하고 이들이 수행하고자 하는 의사결정의 내용도 다양하다. 기업에서는 모든 정보이용자들의 욕구를 충족하는 재무제표를 각각 작성하여 공시할 수 없으므로 일반목적의 재무제표를 작성하여 공시한다. 일반목적의 재무제표 자체만으로는 정보이용자들이 의사결정을 수행하는데 필요한 정보를 얻을 수 없으므로 정보이용자들은 재무제표분석을 통하여 특정 기업에 대한 정보를 얻고 기업을 평가하게 된다.

예를 들어 주주는 자신이 투자한 자금을 기업이 잘 운용하여 많은 이익을 창출하기를 원한다. 이익에 대한 자료는 재무제표상의 당기순이익만을 보고 얻을 수도 있다. 그러나 재무제표상의 당기순이익 자체는 특정 기업이 당기에 얻은 순이익이 얼마인지만 알려 줄 뿐 그 이상의 정보는 제공하지 못한다. 만약 당기순이익을 과거 순이익과 비교해 보거나, 다른 기업의 당기순이익과 비교해 보거나, 또는 매출액에서 당기순이익이 차지하는 비율을 구해본다면 이익에 대한 더 많은 정보를 얻을 수 있을 것이며 이를 활용하여 의사결정을 한다면 더 좋은 결과를 얻을 수 있을 것이다.

재무제표분석의 목적은 공시된 재무제표와 추가적인 자료(예 주식가격, 경제지표)를 분석하여 이들 자료상의 수치들의 변화와 관계를 밝혀서 정보이용자가 의사결정을 하는 데 필요로 하는 정보를 제공하는 것이다. 재무제표 분석기법에는 추세분석, 구성비율분석과 재무비율분석 등이 있으며 이런 기법을 통하여 밝혀진 정보를 통하여 기업의 과거 및 현재의 재무상태와 경영성과를 보다 잘 평가할 수 있으며 이를 기초로 하여 미래 상황을 보다 잘 예측할 수 있다.

2 재무제표 분석기법

(1) 추세분석

추세분석(trend analysis)은 일정기간 동안의 재무제표 자료의 변화의 방향과 크기를 분석하는 기법이다. 추세분석에서는 여러 기간 동안의 관련 항목의 변화의 방향과 크기를 보여주는 것이 목적이므로 먼저 기준연도를 결정하고, 기준연도의 수치를 100%로 정한 후에 기준연도 이후의 해당 수치를 기준연도의 그 수치에 대한 비율로 표시한다. 이를 지수라 하는데 식으로 나타내면 다음과 같다.

$$지수 = \frac{비교연도의\ 해당\ 항목의\ 수치}{기준연도의\ 해당\ 항목의\ 수치} \times 100$$

그리고 기준연도를 출발점으로 하여 지수의 변화를 파악한다. 이러한 추세분석을 통하여 장기간에 걸친 기업의 변화를 파악하고 미래를 전망할 수 있다. 다음과 같은 자료를 통하여 추세분석에 대하여 설명하고자 한다.

① 재무제표 자료

어느 특정 기업의 연도별 매출액과 순이익은 다음과 같다.

	20×1년	20×2년	20×3년	20×4년	20×5년
매출액 순이익	₩300,000 20,000	₩315,000 20,800	₩324,000 22,000	₩342,000 24,000	₩369,000 25,000

② 기준연도결정과 지수산정

20×1년을 기준연도로 하여 매출액과 순이익에 대한 지수를 산정하면 다음과 같다.

	20×1년	20×2년	20×3년	20×4년	20×5년
매출액 순이익	100% 100%	105%* 104%	108% 110%	114% 120%	123% 125%

* $\frac{315,000}{300,000} \times 100 = 105\%$

③ 해석

매출액과 순이익이 기준연도 이후 계속 증가추세이므로 기업이 성장을 지속적으로 하면서도 순이익이 증가하고 있음을 알 수 있다. 이러한 추세가 유지된다면 미래에는 매출액이 더 증가할 것이고 순이익도 더 증가할 것으로 전망된다. 다만, 순이익의 지수가 20×4년까지는 급격히 상승하다가 20×5년에는 상승률이 다소 감소하였다. 이는 20×5년에 가격하락을 통하여 매출을 급격히 증가(전연도 대비 9%)시키므로 인하여 순이익률이 둔화되었을 가능성이 있다.

(2) 구성비율분석

구성비율분석(component ratio analysis)은 재무제표에서 가장 기본이 되는 항목을 100%로 하고, 이에 대하여 다른 항목의 상대적 비율을 표시하는 재무제표를 작성하여 분석하는 기법이다. 구성비율분석을 수직적 분석(vertical analysis)이라고도 한다. 재무상태표의 경우에는 자산총계를 기본이 되는 항목으로 하여 상대적 비율을 계산하고, 손익계산서의 경우에는 매출액을 기본이 되는 항목으로 하여 상대적 비율을 계산한다. 이렇게 작성된 재무제표를 백분비 재무제표 또는 공통형 재무제표(common size financial statement)라 한다. 구성비율분석은 영업활동에서 각 구성요소들이 차지하는 상대적 중요성을 비교하는데 유용하다. 그리고 백분비 재무제표를 작성하면 기업간 비교 및 기간별 비교가 수월해 진다.

다음과 같은 자료를 통하여 구성비율분석에 대하여 설명하고자 한다.

백분비 손익계산서

	20×1년	20×2년	20×1년	20×2년
매 출 액	80,000	100,000	100%	100%
매 출 원 가	44,800	60,000	56%	60%
매출총이익	35,200	40,000	44%	40%
기타영업비용	10,400	15,000	13%	15%
영 업 이 익	24,800	25,000	31%	25%
이 자 비 용	9,600	10,000	12%	10%
세전순이익	15,200	15,000	19%	15%
법인세비용	3,200	5,000	4%	5%
당기순이익	12,000	10,000	15%	10%

20×1년에 비하여 20×2년의 당기순이익 비율이 낮아졌으며 그 원인은 매출원가 비율의 증가, 판매관리비 비율의 증가 및 법인세비용 비율의 증가에 있다. 즉, 매출액이 증가하였음에도 불구하고 당기순이익이 감소한 이유는 다른 비용의 비율이 상대적으로 더 증가하였기 때문이다. 한편, 이자비용이 매출액에 대하여 차지하는 비율이 감소하였는데 비율만 가지고 판단을 하면 안 된다. 이자비용이 매출액에 대하여 차지하는 비율은 감소하였으나 이자비용 자체는 증가하였다.

(3) 재무비율분석

재무비율분석(ratio analysis)은 재무제표 구성항목들 간의 관련성을 상호비율을 통해서 분석하는 기법이다. 비율분석이 유용하려면 재무제표 구성항목들 간의 의미 있는 관계를 비율로 나타낼 수 있어야 한다. 특정 비율의 의미를 분석하기 위해서는 그 비율과 비교해야 할 기준이 되는 다른 비율이 있어야 한다. 예를 들어 전년도의 비율이나 동종업계의 비율 등이 있어야 당해 기업의 특정 비율이 상대적으로 양호한지를 판단할 수 있다.

한 가지 명심할 것은 비율분석이 재무자료평가의 전부가 될 수 없다는 사실이다. 비율분석은 단지 재무상태나 경영성과를 평가하는데 기본적인 지표이고 보조 자료에 불과한 것이지 그것이 효율적인 재무제표분석을 위하여 폭넓게 요구되고 있는 건전한 사고를 대체할 수 없다. 재무비율분석의 구체적인 내용은 절을 달리하여 설명하겠다.

제 2 절 재무비율분석

재무비율을 이용한 분석을 하려면 먼저 검토하고자 하는 재무제표를 구성요소별로 분류하고, 그 구성요소간의 상관관계를 평가해야 한다. 재무비율을 이용하면 상호 관련 있는 많은 항목들을 더욱 쉽게 이해할 수 있게 된다. 주요 재무비율로는 수익성비율, 활동성비율 및 안전성비율이 있으며, 다음과 같은 기본자료를 바탕으로 설명하겠다.

비교재무상태표

	20×1년	20×2년		20×1년	20×2년
매출채권	20,000	28,000	유동부채	60,000	76,000
기타채권	28,000	24,000	비유동부채	68,000	60,000
재고자산	52,000	44,000			
비유동자산	160,000	184,000	자 본 금	80,000	80,000
			이익잉여금	52,000	64,000
자산총계	260,000	280,000	부채와자본총계	260,000	280,000

비교손익계산서

구 분	20×1년	20×2년
매 출 액	720,000	840,000
매출원가	492,000	580,000
매출총이익	**228,000**	**260,000**
기타영업비용	152,000	168,000
영업이익	76,000	92,000
이자수익	20,000	16,000
재무및법인세차감전이익	**96,000**	**108,000**
이자비용	20,000	24,000
기타재무비용	60,000	64,000
법인세차감전순이익	**16,000**	**20,000**
법인세비용	8,000	8,000
당기순이익	**8,000**	**12,000**

1 수익성비율

수익성비율(profitability ratio)은 기업의 경영성과를 나타내는 재무비율로서, 이 비율의 분자는 일정기간 동안의 수익이고 분모는 투자액이다. 즉, 투자액에 대하여 어느 정도 이익을 얻고 있는 지를 나타내주는 것이 수익성비율이다. 일반적으로 널리 이용되고 있는 수익성비율에는 자기자본이익률, 총자본이익률, 매출액순이익률, 매출총이익률 등이 있는데 분석하고자 하는 목적에 따라 분모(투자액)와 분자(이익)를 다양하게 사용할 수 있다.

(1) 자기자본순이익률

자기자본순이익률(return on equity : ROE)은 주주가 투자한 1원당 어느 정도 이익을 얻었는지를 나타내는 비율이다. 자기자본순이익률은 다음과 같이 산정한다.

$$자기자본순이익률 = \frac{순이익}{자기자본} \times 100$$

이 산식의 분자의 순이익은 손익계산서 자료로서 일정기간 동안(flow)의 이익의 크기를 나타내고 분모의 자기자본은 재무상태표 자료로서 일정시점(stock)의 자본의 크기를 나타낸다. 둘은 적정한 대응이 되지 못한다. 왜냐하면 순이익은 기간개념(flow)이고 자기자본은 시점개념(stock)이므로 기초를 기준으로 산정하느냐 기말을 기준으로 산정하느냐에 따라 비율이 달라지기 때문이다. 그래서 일반적으로 기간개념과 시점개념을 동시에 사용해야 하는 비율에서는 재무상태표항목은 기초와 기말의 평균자료를 사용한다. 기본자료를 이용하여 자기자본순이익률을 산정하면 다음과 같다.

$$20\times2년\ 자기자본순이익률 = \frac{12,000}{(132,000+144,000)/2} \times 100 = 8.7\%$$

위 산식에서 분자에 순이익을 대입하지 않고 영업이익을 대입하여 비율을 산정하기도 하는데 이를 자기자본영업이익률이라 한다.

(2) 총자본순이익률

총자본순이익률(return on assets : ROA)은 총자산이익률이라고도 하는데 이는 기업의 자본조달방법과 관계없이 경영자가 주어진 자산을 얼마나 효율적으로 활용하여 이익을 얻었는가를 나타낸다. 총자본이익률은 다음과 같이 산정한다.

$$총자본순이익률 = \frac{이자비용차감전순이익}{총자본} \times 100 = \frac{순이익 + 이자비용 \times (1 - 법인세율)}{총자본} \times 100$$

위 산식은 앞에서 설명한 자기자본순이익률 산식의 분모에 타인자본(부채)를 가산하고, 분자에 세후 이자비용을 가산한 것이다. 이와 같이 분자에 세후 이자비용을 포함한 이유는 분모의 총자본 속에 채권자가 기업에 제공한 부채도 포함되어 있으므로 분자에도 채권자에게 돌아갈 이자비용이 포함되어야 하기 때문이다. 그리고 주주 몫인 순이익이 세후 금액이므로 동일한 개념이 되도록 하기 위하여 채권자 몫인 이자비용도 세후 금액으로 환산한 것이다. 기본자료를 이용하여 총자본순이익률을 산정하면 다음과 같다. 단, 법인세율은 40%라고 가정한다.

$$20 \times 2년\ 총자본순이익률 = \frac{12,000 + 24,000 \times (1 - 40\%)}{(260,000 + 280,000)/2} \times 100 = 9.8\%$$

(3) 매출액순이익률

매출액순이익률(profit margin ratio)은 매출액 ₩1당 얼마의 당기순이익을 얻고 있는지를 나타내는 비율이다. 이 비율의 분모에는 순매출액이 대입되고, 분자에는 당기순이익이 대입된다. 매출액순이익률이 높다는 것은 매출액 ₩1에 대하여 당기순이익이 많이 발생했다는 것이므로 이는 회사의 수익성이 양호하는 것을 의미한다. 매출액순이익률은 다음과 같이 산정한다.

$$매출액순이익률 = \frac{당기순이익}{순매출액} \times 100$$

이 산식의 분자에는 당기순이익 대신에 매출총이익이나 영업이익이 들어 갈 수도 있는데 이를 각각 매출총이익률, 매출액영업이익률이라 한다. 기본자료를 이용하여 매출액순이익률을 산정하면 다음과 같다.

$$20 \times 1년\ 매출액순이익률 = \frac{8,000}{720,000} \times 100 = 1.1\%$$

$$20 \times 2년\ 매출액순이익률 = \frac{12,000}{840,000} \times 100 = 1.4\%$$

이는 전기에 비하여 수익성이 다소 양호해 졌다는 것을 의미한다.

2 활동성비율

활동성비율(activity ratio)은 기업이 소유하고 있는 자산을 얼마나 효율적으로 운용하였는지를 나타내는 비율이다. 보통 회전율(turnover ratio)이라고 표현하며 매출채권회전율, 재고자산회전율, 총자산회전율 등을 구한다. 회전율을 구할 때 산식의 분자에는 매출액이나 매출원가와 같은 손익계산서항목이 들어가고 분모에는 평균매출채권이나 평균재고자산과 같은 재무상태표항목이 들어간다. 앞에서 설명한 것처럼 시간개념과 시점개념이 산식에 동시에 들어가는 경우에는 재무상태표항목은 평균값을 사용하여야 한다.

(1) 매출채권회전율과 매출채권 평균회수기간

매출채권회전율(receivable turnover ratio)은 매출채권이 현금화되는 속도 또는 매출채권에 대한 투자효율성을 나타낸다. 매출채권회전율은 다음과 같이 산정한다.

$$\text{매출채권회전율} = \frac{\text{매출액}}{\text{평균매출채권}}$$

엄격히 말하면 이 산식의 분자에는 매출액이 아니고 순외상매출액이 들어가야 한다. 왜냐하면 외상매출과 현금매출이 동시에 있는 경우에는 매출채권과 정확히 대응되는 개념은 매출액이 아니고 외상매출액이기 때문이다. 그러나 일반적으로는 위의 산식과 같이 산정하면 된다. 주의 할 점은 매출채권회전율을 산정할 때는 100을 곱하지 않는다는 것이다. 즉, 매출채권회전율은 %로 표시하지 않고 횟수로 표시한다.

예를 들어 매출채권회전율이 10회라는 것은 당기에 매출을 하고 매출채권을 회수하는 거래를 10번 반복했음을 의미한다. 회전수가 높을수록 자산을 효율적으로 운용했다는 의미이며 다른 측면에서는 매출채권을 조기에 회수했다는 의미이다. 매출채권회전율이 10회라는 것은 평균적으로 36.5일 정도면 매출채권을 회수한다는 의미이다. 왜냐하면 365일 동안에 매출과 매출채권 회수를 10번 반복하였기 때문이다. 즉, 365일을 매출채권회전율로 나누면 매출채권이 한 번 회전하는 데 소요된 시간이 측정되는데 이것을 매출채권 평균회수기간(average collection period)이라고 한다. 기본자료를 이용하여 매출채권회전율과 평균회수기간을 산정하면 다음과 같다.

$$\text{20×2년 매출채권회전율} = \frac{840{,}000}{(20{,}000+28{,}000)/2} = \text{35회}$$

$$\text{20×2년 매출채권 평균회수기간} = \frac{\text{365일}}{\text{35회}} = \text{10.4일}$$

전기 또는 동종 산업의 다른 기업의 자료와 비교하여 매출채권회전율과 평균회수기간의 양호 여부를 판단하면 된다.

(2) 재고자산회전율과 재고자산 평균회전기간

재고자산회전율(inventory turnover ratio)은 매출채권회전율과 동일한 방법으로 산정하되 매출액 대신 매출원가를 평균매출채권 대신 평균재고자산을 대입하면 된다. 즉, 재고자산회전율은 매출원가를 평균재고자산으로 나누어 산정한다.

재고자산회전율을 산정할 때 분자에 매출액을 사용하지 않고 매출원가를 산정하는 이유는 분모의 재고자산이 일반적으로 취득원가로 평가되기 때문이다. 재고자산회전율은 다음과 같이 산정한다.

$$\text{재고자산회전율} = \frac{\text{매출원가}}{\text{평균재고자산}}$$

주의 할 점은 재고자산회전율을 산정할 때는 100을 곱하지 않는다는 것이다. 즉, 재고자산회전율은 %로 표시하지 않고 횟수로 표시한다.

예를 들어 재고자산회전율이 10회라는 것은 당기에 재고자산을 매입하고 이를 판매하는 거래를 10번 반복했음을 의미한다. 재고자산회전율이 높다는 것은 매입과 매출활동을 활발히 수행했다는 의미이다. 한편, 365일을 재고자산회전율로 나누면 재고자산 평균회수기간(average turnover period)을 계산할 수 있다. 이는 매입에서 매출까지 소요되는 기간을 의미하다. 즉, 재고자산회전율이 10회인 경우에 재고자산 평균회수기간은 36.5일 인데 이는 매입에서 매출까지 평균 36.5일 소요된다는 의미이다. 왜냐하면 365일 동안 매입과 매출을 10회 하였기 때문이다. 기본자료를 이용하여 재고자산회전율과 재고자산 평균회전기간을 산정하면 다음과 같다.

$$20\times2\text{년 재고자산회전율} = \frac{580{,}000}{(52{,}000+44{,}000)/2} = 12.1\text{회}$$

$$20\times2\text{년 재고자산 평균회전기간} = \frac{365\text{일}}{12.1\text{회}} = 30.2\text{일}$$

전기 또는 동종 산업의 다른 기업의 자료와 비교하여 재고자산회전율과 평균회전기간의 양호 여부를 판단하면 된다.

(3) 총자산회전율

총자산회전율(asset turnover ratio)은 매출액을 평균총자산으로 나누어 산정하며 이는 기업이 보유하고 있는 총자산이 수익을 창출하는 데 얼마나 효율적으로 이용되고 있는가를 나타내는 비율이다. 총자산회전율이 높다는 것은 총자산 ₩1에 대하여 높은 매출액을 달성했다는 뜻이다. 총자산회전율은 다음과 같이 산정한다.

$$\text{총자산회전율} = \frac{\text{매출액}}{\text{평균총자산}}$$

기본자료를 이용하여 총자산회전율을 산정하면 다음과 같다.

$$\text{20×2년 총자산회전율} = \frac{840,000}{(260,000+280,000)/2} = 3.1\text{회}$$

전기 또는 동종 산업의 다른 기업의 자료와 비교하여 총자산회전율의 양호 여부를 판단하면 된다.

3 안전성비율

안전성비율(stability ratio)은 유동성과 장기지급능력을 평가하는 비율이다. 기업은 충분한 현금이 확보되어야만 상품매입대금을 결제하고 이자를 지급하고 부채를 상환할 수 있다. 유동성비율(liquidity ratio)이란 기업이 단기채무를 변제할 능력이 있는지를 나타내는 비율로 이에는 유동비율과 당좌비율이 있다. 한편, 장기지급능력을 나타내는 비율을 레버리지비율(leverage ratio)이라 하는데 레버리지비율은 기업이 장기채무의 원금과 이자를 원만하게 지급할 수 있는지 여부를 평가하는 데 주요 목적이 있다. 레버리지비율에는 부채비율과 이자보상비율이 있다.

(1) 유동비율과 당좌비율

유동비율(current ratio)이란 유동자산을 유동부채로 나누어 측정한다. 이 비율은 기업의 유동성을 평가하는 데 가장 보편적으로 이용되는 재무비율이다. 한편, 당좌비율(quick ratio)은 유동비율의 분자에 포함되어 있는 재고자산 및 선급비용 등은 현실적으로 단기간 내에 현금화가 어려우므로 제외하고 유동성이 매우 높은 당좌자산만을 고려하여 유동성을 평가하는 재무비율이다. 당좌비율의 분자는 당좌자산이고 그 분모는 유동부채이다. 이는 유동비율보다 엄격한 기업유동성의 평가방법이다. 유동비율과 당좌비율은 다음과 같이 산정한다.

$$유동비율 = \frac{유동자산}{유동부채} \times 100$$

$$당좌비율 = \frac{당좌자산}{유동부채} \times 100$$

이 산식의 분자와 분모는 모두 재무상태표항목이므로 기말 유동자산, 기말 유동부채 및 기말 당좌자산을 대입하여 산정하면 된다. 일반적으로 유동비율이나 당좌비율이 100% 이상이면 단기채무 지급에 중대한 위험이 없는 것으로 본다. 기본자료를 이용하여 유동비율과 당좌비율을 산정하면 다음과 같다.

$$20×1년\ 유동비율 = \frac{100,000}{60,000} \times 100 = 166.7\%$$

$$20×2년\ 유동비율 = \frac{96,000}{76,000} \times 100 = 126.3\%$$

$$20×1년\ 당좌비율 = \frac{48,000}{60,000} \times 100 = 80\%$$

$$20×2년\ 당좌비율 = \frac{52,000}{76,000} \times 100 = 68.4\%$$

전기에 비하여 당기의 유동비율과 당좌비율이 낮아졌으나 100% 이상이므로 단기지급 능력에는 문제가 없을 것으로 판단된다. 다만, 당좌비율은 모두 100%에 미달하기 때문에 실질적인 단기지급 능력에는 문제가 있을 수도 있다. 그러나 제시된 자료만으로는 섣불리 판단하지 말고 동종업계의 상황과 비교해 봐야 한다.

유동비율과 관련하여 한 가지 주의할 점은 현재 유동비율 수준에 따라 동일한 사건이 유동비율에 미치는 영향이 다르다는 것이다. 즉, 은행에서 현금을 차입하면 유동자산이 증가하고 동시에 유동부채가 증가하는데 차입이전의 상황에 따라 유동비율이 증가하기도 하고, 변화 없기도 하고, 감소하기도 한다는 것이다. 예를 들어 현금 ₩100을 단기차입한 경우에 유동비율에 미치는 영향은 상황에 따라 다음과 같이 다르다.

차입전 상황	차입후 상황	유동비율
유동자산 ₩100, 유동부채 ₩200 유동비율 = 0.5	유동자산 ₩200, 유동부채 ₩300 유동비율 = 0.67	증 가
유동자산 ₩100, 유동부채 ₩100 유동비율 = 1	유동자산 ₩200, 유동부채 ₩200 유동비율 = 1	불 변
유동자산 ₩200, 유동부채 ₩100 유동비율 = 2	유동자산 ₩300, 유동부채 ₩200 유동비율 = 1.5	감 소

동일한 금액의 유동자산과 유동부채가 증가하는 경우 유동비율이 1보다 작은 상황에서는 유동비율이 증가하고, 유동비율이 1인 상황에서는 유동비율이 불변이고, 유동비율이 1보다 큰 상황에서는 유동비율이 감소한다.

(2) 부채비율과 이자보상비율

부채비율(D/E ratio, debt-to-equity ratio)의 분자는 장·단기의 모든 부채이고 그 분모는 자기자본이다. 즉, 자기자본에 대하여 부채가 차지하는 비율이 부채비율이다. 여기서 자기자본은 재무상태표상의 자본합계 즉, 자산합계에서 부채합계를 차감한 금액을 의미한다. 부채비율이 크다는 것은 자기자본에 비하여 부채가 크다는 것으로 이는 채권자의 위험이 증가한다는 의미이다. 한편, 이자보상비율(interest coverage ratio)은 이자비용 및 법인세비용을 차감하기 전의 순이익(EBIT, earning before interest and tax)을 이자비용으로 나누어 산정한다. 이 비율은 채권자에게 지급해야 할 고정비용인 이자비용이 기업에 어느 정도 부담이 되느냐 하는 것을 나타내는 비율이다. 즉, 이자비용 및 법인세비용을 차감하기 전의 순이익으로 이자비용을 몇 회나 지급할 수 있는지를 나타내는 비율이다. 부채비율과 이자보상비율은 다음과 같이 산정한다.

$$\text{부채비율} = \frac{\text{총부채}}{\text{자기자본}} \times 100$$

$$\text{이자보상비율} = \frac{\text{EBIT}}{\text{이자비용}} \times 100$$

단, EBIT = 당기순이익 + 법인세 + 이자비용

기본자료를 이용하여 부채비율과 이자보상비율을 산정하면 다음과 같다.

$$20\times1\text{년 부채비율} = \frac{128,000}{132,000} \times 100 = 97\%$$

$$20\times2\text{년 부채비율} = \frac{136,000}{144,000} \times 100 = 94.4\%$$

$$20\times1\text{년 이자보상비율} = \frac{8,000+8,000+20,000}{20,000} \times 100 = 180\%$$

$$20\times2\text{년 이자보상비율} = \frac{12,000+8,000+24,000}{24,000} \times 100 = 183.3\%$$

전기에 비하여 당기의 부채비율이 낮아지고 그 비율이 100%를 넘지 않으므로 재무구조가 건실하다고 볼 수 있다. 그리고 전기에 비하여 당기의 이자보상비율이 높아지고 그 비율이 100%를 초과하므로 이자비용을 정상적으로 지급할 수 있는 것으로 판단된다.

4 주당순이익 및 배당과 관련된 비율

(1) 주당순이익

주당순이익(EPS, earning per share)은 보통주 1주에 해당되는 순이익의 크기를 나타내는 지표로서 기업의 경영성과를 평가하는 데 널리 이용되고 있다. 주당순이익의 분자는 보통주이익을 나타내며 분모는 보통주식수를 나타낸다. 따라서 분자의 보통주이익을 산정하기 위하여 당기순이익에서 우선주배당금을 차감하고, 기간개념인 분자의 보통주이익과 대응시키기 위하여 분모의 보통주식수는 유통기간을 기준으로 연평균한 주식수를 사용한다. 주당순이익은 다음과 같이 산정한다.

$$\text{주당순이익} = \frac{\text{당기순이익} - \text{우선주배당금}}{\text{가중평균유통보통주식수}}$$

(2) 주가이익비율

주가이익비율(PER, price-earnings ratio)은 보통주 주당순이익에 대한 주당주가의 비율이다. 즉, 주당주가가 주당순이익의 몇 배인지를 나타내는 비율이다. 주가이익비율의 산식은 다음과 같다.

$$\text{주가이익비율} = \frac{\text{주당주식가격}}{\text{주당순이익}}$$

기업의 이익과 그 기업 주가 사이에는 밀접한 관계가 있다. 일반적으로 기업의 이익이 높은 경우에는 주가가 높게 형성되고, 기업의 이익이 낮은 경우에는 주가가 낮게 형성된다. 주가이익비율은 일반적으로 산업별로 일정한 값을 갖는다. 따라서 주가이익비율을 활용하면 과소평가된 주식이나 과대평가된 주식을 발견할 수 있다. 예를 들어 어느 산업의 주가이익비율이 5인 상황에서 특정 기업의 주당순이익은 ₩100인데 주가가 ₩400이라면 이 주식은 과소평가되어 있다. 왜냐하면 주가이익비율에 기초할 때 적정한 주가는 ₩500이기 때문이다. 따라서 이 주식의 가격은 미래에 상승할 가능성이 높다.

(3) 액면배당률, 배당수익률 및 배당성향

배당과 관련된 몇 가지 비율을 정리해 보자. 액면배당률은 주당액면금액에 대한 주당배당액의 비율을 말하고, 배당수익률(dividend yield)은 주당주식가격에 대한 주당배당액의 비율을 말한다. 그리고 배당성향(payout ratio)은 당기순이익에서 총배당액이 차지하는 비율을 말한다. 배당성향이 높으면 주주가 수령하는 배당금은 높아진다. 그런데 이것은 주의해서 해석해야 한다. 현재 시점에서 배당성향이 높으면 미래에도 이 정도의 배당을 유지할 것으로 기대할 수도 있지만 배당성향이 높다는 것은 사내에 유보되는 잉여금이 적다는 의미이므로 미래에는 주가가 하락하거나, 투자이익이 적을 수 있다는 것이다. 배당과 관련된 비율은 다음과 같이 산정할 수 있다.

$$\text{액면배당률} = \frac{\text{주당배당액}}{\text{주당액면금액}} \times 100$$

$$\text{배당수익률} = \frac{\text{주당배당액}}{\text{주당주식가격}} \times 100$$

$$\text{배당성향} = \frac{\text{총배당액}}{\text{당기순이익}} \times 100$$

5 재무비율분석의 한계

재무제표분석은 기업가치를 분석하거나 신용분석을 할 때 매우 유용한 도구임에는 틀림없으나 다음과 같은 한계점이 있다.

첫째, 재무제표는 정보이용자들이 사용할 수 있는 정보 중 일부분에 불과하다. 재무제표 이외에도 활용할 정보의 원천은 많으므로 재무제표분석이 유일한 도구나 정보원천이 될 수는 없다. 둘째, 오늘날 대부분의 회사들은 하나 이상의 업종에 속하여 있고 각 부분별로 다각화 되어 있다. 이 경우 부분별로 수익성과 위험이 상이함에도 불구하고 재무제표 자료를 평균적으로 활용하는 재무제표분석은 한계가 있다. 셋째, 같은 산업에 속하는 유사한 기업이라고 할지라도 회계처리 방법에 차이가 있을 수 있으며, 통일되지 않은 회계처리 방법으로 작성된 재무제표를 단순 비교하는 경우에는 기업 간의 비율분석 결과가 의미 없을 수 있다. 넷째, 재무제표분석은 과거자료인 재무제표에 기초하여 수행되므로 이를 통하여 미래를 예측하는 데는 한계가 있다.

[비율요약표]

비　율	정　의	해　석
1. 수익성비율		
(1) 자기자본순이익률	$\frac{\text{순이익}}{\text{평균자기자본}}$	주주의 투자에 대한 수익성
(2) 총자본순이익률	$\frac{\text{순이익+이자비용}\times(1-t)}{\text{평균총자산}}$	총자산에 대한 수익성
(3) 매출액순이익률	$\frac{\text{순이익}}{\text{매출액}}$	매출에 의한 창출된 이익의 크기
2. 활동성비율		
(1) 총자산회전율	$\frac{\text{매출액}}{\text{평균총자산}}$	수익을 창출하기 위해 자산을 얼마나 효율적으로 사용했는가를 측정
(2) 매출채권회전율	$\frac{\text{매출액}}{\text{평균매출채권}}$	외상매출금잔액의 상대적 크기와 신용정책 효과의 측정
(3) 매출채권 평균회수기간	$\frac{\text{365일}}{\text{매출채권회전율}}$	매출채권이 회수되는 평균기간의 측정
(4) 재고자산회전율	$\frac{\text{매출원가}}{\text{평균재고자산}}$	재고자산의 상대적 크기의 측정 및 효율적인 매출활동의 측정
(5) 재고자산 평균회전기간	$\frac{\text{365일}}{\text{재고자산회전율}}$	재고자산이 판매되는 평균기간의 측정
3. 안전성비율		
(1) 유동비율	$\frac{\text{유동자산}}{\text{유동부채}}$	유동자산으로 유동부채를 상환할 수 있는 능력의 측정
(2) 당좌비율	$\frac{\text{당좌자산}}{\text{유동부채}}$	보수적인 유동성의 측정
(3) 부채비율	$\frac{\text{총부채}}{\text{자기자본}}$	자기자본에 대한 타인자본의 상대적 크기의 측정
(4) 이자보상비율	$\frac{\text{EBIT}}{\text{이자비용}}$	EBIT로 측정된 이자지급능력

객관식 연습문제

01 다음 중 안전성 분석과 관련된 것만 선택하면?

a. 당좌비율	b. 이자보상비율	c. 매출채권 평균회수기간
d. 총자본순이익률	e. 매출액순이익률	f. 유동비율

① a, b, c
② a, b, f
③ b, c, e
④ b, d, f
⑤ b, e, f

02 ㈜유진의 20×1년 매출액은 ₩800이며, 20×1년과 20×2년의 매출액순이익률은 각각 15%와 20%이다. 20×2년 당기순이익이 전기에 비해 25% 증가하였을 경우, 20×2년 매출액은 얼마인가?

① ₩600 ② ₩750 ③ ₩800 ④ ₩960 ⑤ ₩1,000

03 ㈜유나의 20×1년 말 재무상태표는 다음과 같고, 제시된 자료 외의 항목은 없다. 20×1년 유동비율과 부채비율은 각각 얼마인가?

재무상태표

유동자산	200,000	유동부채	100,000
비유동자산	300,000	비유동부채	200,000
		자본금	?
		이익잉여금	?

	유동비율	부채비율
①	200%	50%
②	150%	50%
③	50%	150%
④	200%	150%
⑤	50%	60%

04 당기에 작성한 손익계산서의 일부 자료가 다음과 같을 때, 이자보상비율은 얼마인가?

이자비용	₩10,000	매출총이익	₩200,000
법인세비용	4,000	당기순이익	36,000

① 360%　② 400%　③ 440%　④ 480%　⑤ 500%

05 유동비율이 높지만 당좌비율은 낮은 경우가 있다. 이런 현상이 발생하는 경우는?

① 외상채권이 거액일 때
② 재고자산이 거액일 때
③ 유동부채가 거액일 때
④ 이자비용이 많은 경우
⑤ 자본이 거액일 때

06 유동자산이 유동부채를 초과하고 있는 상황에서 유동비율을 더욱 증가시키기 위한 방법으로 옳은 것은?

① 외상매출금을 현금으로 회수한다.
② 현금으로 토지를 취득한다.
③ 예금을 인출하여 단기차입금을 상환한다.
④ 당좌차월을 통하여 보유 현금을 늘린다.
⑤ 상품을 외상으로 판매한다.

07 유동비율(유동자산/유동부채)이 200%, 당좌비율(당좌자산/유동부채)이 100%인 기업이 상품 ₩1,000을 구입하면서 현금 ₩500을 지급하고 나머지 ₩500은 3개월 만기 약속어음을 발행하였다. 유동비율과 당좌비율은 어떻게 되는가?

	유동비율	당좌비율
①	변동없다	알수없다
②	변동없다	작아진다
③	작아진다	작아진다
④	커 진 다	작아진다
⑤	커 진 다	커 진 다

08 이익잉여금을 자본금에 전입하여 100% 주식배당이 이루어졌을 경우의 상황은?

① 주당순이익 감소, 유동비율 감소 ② 주당순이익 감소, 부채비율 불변
③ 주당순이익 증가, 부채비율 불변 ④ 주당순이익 불변, 유동비율 불변
⑤ 주당순이익 감소, 부채비율 감소

09 ㈜유현의 20×1년초 재고는 ₩240,000이고 당기 중 매입액은 ₩2,520,000이다. 20×1년의 매출원가는 ₩1,800,000이고 20×1년 말 재고는 ₩360,000이다. 20×1년의 재고자산회전율은?

① 5 ② 6 ③ 7 ④ 8 ⑤ 9

10 재무제표분석에 관련된 다음 내용 중 옳지 않은 것은?

① 매출채권회전율이 높아지면 매출채권 평균회수기간은 짧아진다.
② 배당수익률은 주당주식가격에 대한 주당배당액의 비율을 의미한다.
③ 배당성향은 당기순이익에 대한 총배당액의 비율을 의미한다.
④ 시간의 흐름에 따라 재무제표 자료의 변화의 방향과 크기를 분석하는 재무제표 분석기법을 추세분석이라 한다.
⑤ 재무제표에서 가장 기본이 되는 항목을 100%로 하고, 이에 대해 다른 항목의 상대적 비율을 표시하여 재무제표를 분석하는 기법을 재무비율분석이라 한다.

11 ㈜현희의 20×1년도 재무자료가 다음과 같을 때, 주가이익비율(PER), 배당수익률, 배당성향을 순서대로 나열한 것은?

당기순이익	₩1,000,000	주당현금배당	₩5,000
주당순이익	10,000	주당주식가격	25,000

① 40%, 20%, 50% ② 40%, 20%, 200%
③ 250%, 500%, 200% ④ 250%, 500%, 50%
⑤ 250%, 20%, 50%

객관식 연습문제 해답 및 해설

01. ②	02. ②	03. ④	04. ⑤	05. ②	06. ③	07. ③	08. ②	09. ②	10. ⑤
11. ⑤									

01 ②

- 당좌비율, 이자보상비율, 유동비율은 안전성 비율에 해당한다.
- 매출채권회전율, 매출채권 평균회수기간은 활동성 비율에 해당한다.
- 총자본순이익률, 매출액순이익률은 수익성 비율에 해당한다.

02 ②

$$\text{매출액순이익률} = \frac{\text{당기순이익}}{\text{매출액}}$$

$$20\times1\text{년 매출액순이익률} = \frac{\text{당기순이익}}{800} = 0.15 \quad \therefore\ 20\times1\text{년 당기순이익}=120$$

$$20\times2\text{년 매출액순이익률} = \frac{120\times1.25}{\text{매출액}} = 0.2 \quad \therefore\ 20\times2\text{년 매출액}=750$$

03 ④

$$\text{유동비율} = \frac{\text{유동자산}}{\text{유동부채}}\times100 = \frac{200{,}000}{100{,}000}\times100 = 200\%$$

$$\text{부채비율} = \frac{\text{부채}}{\text{자본}}\times100 = \frac{300{,}000}{500{,}000-300{,}000}\times100 = 150\%$$

04 ⑤

$$\text{이자보상비율} = \frac{\text{EBIT}}{\text{이자비용}}\times100 = \frac{36{,}000+4{,}000+10{,}000}{10{,}000}\times100 = 500\%$$

05 ②

$$유동비율 = \frac{유동자산}{유동부채} \times 100$$

$$당좌비율 = \frac{당좌자산}{유동부채} \times 100 = \frac{유동자산 - 재고자산}{유동부채} \times 100$$

따라서 거액의 재고자산이 있는 경우에는 유동비율은 높으나 당좌비율은 낮을 수 있다.

06 ③

$$유동비율 = \frac{유동자산}{유동부채} \times 100$$

(예) 유동자산이 ₩300이고 유동부채가 ₩200이라면
유동비율은 (300/200)×100=150%이다.

유동비율이 100%를 초과하는 경우에 유동비율을 증가시키는 방법은 다음과 같다.

(1) 분자에 해당하는 유동자산을 증가시킨다.
(예) 현금 ₩100을 받고 토지를 처분하면
유동비율은 (400/200)×100=200%가 된다.

(2) 분모에 해당하는 유동부채를 감소시킨다.
(예) 단기차입금 ₩100을 장기차입금으로 전환하면
유동비율은 (300/100)×100=300%가 된다.

(3) 분자와 분모에서 동일한 금액을 감소시킨다.
(예) 현금 ₩100을 주고 단기차입금을 상환하면
유동비율은 (200/100)×100=200%가 된다.

07 ③

- 상품 ₩1,000 증가, 현금 ₩500 감소, 매입채무 ₩500 증가
  즉, 유동자산 ₩500(1,000 - 500) 증가, 당좌자산 ₩500 감소, 유동부채 ₩500 증가한다.
- 현재 유동비율이 100%를 초과하므로 동일한 금액이 분자와 분모에서 증가하면 유동비율은 감소한다.
- 당좌자산이 감소하고 유동부채가 증가하므로 당좌비율은 감소한다.

08 ②

이익잉여금이 자본전입 되는 것은 자본내에서의 변화이므로 자본은 변화가 없고 대신 주식수만 증가된다. 따라서 주식수가 증가하므로 주당순이익은 감소하고, 유동자산과 유동부채에는 영향이 없으므로 유동비율은 불변이고, 자본총액에도 변화가 없으므로 부채비율도 불변이다.

09 ②

$$재고자산회전율 = \frac{매출원가}{평균재고자산} = \frac{1,800,000}{(240,000 + 360,000)/2} = 6$$

10 ⑤

재무제표에서 가장 기본이 되는 항목을 100%로 하고, 이에 대해 다른 항목의 상대적 비율을 표시하여 재무제표를 분석하는 기법을 구성비율분석이라 한다.

11 ⑤

$$\text{PER} = \frac{\text{주당 주가}}{\text{주당 순이익}} \times 100 = \frac{25,000}{10,000} \times 100 = 250\%$$

$$\text{배당수익률} = \frac{\text{주당 배당액}}{\text{주당 주가}} \times 100 = \frac{5,000}{25,000} \times 100 = 20\%$$

$$\text{배당성향} = \frac{\text{주당 배당액}}{\text{주당 순이익}} \times 100 = \frac{5,000}{10,000} \times 100 = 50\%$$

주관식 연습문제

비율의 계산과 그 평가

01 ㈜유진은 수년 동안 영업활동을 계속해 오고 있으며, 20×2년 12월 31일의 재무상태표는 다음과 같다.

재무상태표

㈜유진 20×2년 12월 31일

차변	금액	대변	금액
현　　금	₩20,000	매입채무	₩80,000
매출채권	60,000	장기차입금	64,000
재고자산	60,000	보통주자본금(액면 : ₩1)	120,000
기계(순액)	184,000	이익잉여금	60,000
합　　계	₩324,000	합　　계	₩324,000

또한 ㈜유진의 20×2년 당기순이익은 ₩40,000이며, 당기 중에 발생한 자본거래는 없다.

요구사항

20×2년의 다음 비율을 계산하시오. 그리고 이 4가지 비율에 의한 평가방법이 재무건전성을 분석하는 도구로서 가지는 중요성을 간략히 쓰시오.

(1) 유동비율

(2) 당좌비율

(3) 부채비율

(4) 자기자본순이익률

재무제표 비율분석(1)

02 다음은 ㈜유나의 비교 재무상태표와 손익계산서의 일부이다.

	20×1년말	20×2년말
유동자산*	₩150,000	₩250,000
유동부채	50,000	100,000
비유동부채	40,000	200,000
자 본	160,000	200,000

20×2. 1. 1 ~ 12. 31	
매 출	₩450,000
이자비용	(10,000)
법인세비용	(4,000)
당기순이익	36,000

* 유동자산 중 매출채권은 20×1년 ₩40,000, 20×2년 ₩60,000 포함되어 있다.

요구사항

1. 20×2년의 다음 비율을 계산하시오.
   (1) 매출액순이익률
   (2) 매출채권회전율
   (3) 부채비율
   (4) 이자보상비율
   (5) 자기자본순이익률
   (6) 유동비율

2. 위에서 구한 비율 중에서 안전성비율에 해당하는 것은?

재무제표 비율분석(2)

03 ㈜유현의 20×2년도 비교 재무상태표와 손익계산서는 다음과 같다.

	20×1.12.31	20×2.12.31
매출채권	70,000	90,000
재고자산	90,000	160,000
비유동자산	140,000	250,000
자산총계	300,000	500,000
유동부채	60,000	100,000
비유동부채	88,000	200,000
자 본	152,000	200,000
부채와자본총계	300,000	500,000

20×2. 1. 1 ~ 20×2. 12. 31	
매 출	480,000
매출원가	(375,000)
매출총이익	105,000
판매관리비	(45,000)
영업이익	60,000
이자비용	(12,000)
세전이익	48,000
법인세비용	(12,000)
당기순이익	36,000

A회사 주식은 모두 보통주이며, 연중 유통주식수는 일정했다. 20×2년의 주당순이익은 ₩80이며, 동종산업의 PER(주가이익비율)는 4로 거의 일정하다. 1년은 360일이라고 가정하고, 이 회사에 적용되는 법인세율은 25%라고 가정한다.

요구사항

위 자료를 근거로 20×2년의 다음을 계산하시오.

1. 당좌비율
2. 유동비율
3. 부채비율
4. 이자보상비율
5. 매출액순이익률
6. 총자본순이익률
7. 매출채권회전률
8. 매출채권 평균회수기간
9. 재고자산회전률
10. 재고자산 평균회전기간
11. ㈜유현의 이론상 적정 주가

주관식 연습문제 해답 및 해설

01 해답

(1) 유동비율

$$\frac{20,000 + 60,000 + 60,000}{80,000} \times 100 = 175\%$$

유동비율은 단기채무지불능력의 측정지표이다.

(2) 당좌비율

$$\frac{20,000 + 60,000}{80,000} \times 100 = 100\%$$

당좌비율은 유동비율보다 더 보수적인 단기 채무지급능력의 측정지표이다.

(3) 부채비율

$$\frac{80,000 + 64,000}{120,000 + 60,000} \times 100 = 80\%$$

부채비율은 자기자본에 대한 타인자본의 상대적 크기를 보여주는 측정지표이다.

(4) 자기자본순이익률

$$\frac{40,000}{\{(180,000 - 40,000)^{*} + 180,000\}/2} \times 100 = 25\%$$

자기자본순이익률은 주주의 투자에 대한 수익성의 측정지표이다.

* 문제에 기초자본이 제시되어 있지 않고 당기에 자본거래가 없다고 하였으므로 기말자본에서 당기순이익을 차감하여 기초자본을 역산하였다.

02 해답

1. 재무비율

(1) 매출액순이익률

$$\frac{36,000}{450,000} \times 100 = 8\%$$

(2) 매출채권회전율

$$\frac{450,000}{\{(40,000+60,000)/2\}} = 9회$$

(3) 부채비율

$$\frac{100,000+200,000}{200,000} \times 100 = 150\%$$

(4) 이자보상비율

$$\frac{36,000+4,000+10,000}{10,000} \times 100 = 500\%$$

(5) 자기자본순이익률

$$\frac{36,000}{\{(160,000+200,000)/2\}} \times 100 = 20\%$$

(6) 유동비율

$$\frac{250,000}{100,000} \times 100 = 250\%$$

2. 안전성비율

부채비율, 이자보상비율, 유동비율

03 해답

1. 당좌비율

$$\frac{90,000}{100,000} \times 100 = 90\%$$

2. 유동비율

$$\frac{250,000}{100,000} \times 100 = 250\%$$

3. 부채비율

$$\frac{300,000}{200,000} \times 100 = 150\%$$

4. 이자보상비율

$$\frac{36,000 + 12,000 + 12,000}{12,000} \times 100 = 500\%$$

5. 매출액순이익률

$$\frac{36,000}{480,000} \times 100 = 7.5\%$$

6. 총자본순이익률

$$\frac{36,000 + 12,000 \times (1 - 0.25)}{(300,000+500,000)/2} \times 100 = 11.25\%$$

7. 매출채권회전률

$$\frac{480,000}{(70,000+90,000)/2} = 6\text{회}$$

8. 매출채권 평균회수기간

$360 \div 6 = 60$일

9. 재고자산회전률

$$\frac{375,000}{(90,000 + 160,000)/2} = 3\text{회}$$

10. 재고자산 평균회전기간

$360 \div 3 = 120$일

11. ㈜유현의 이론상 적정 주가

$80 \times 4 =$ ₩320

부록 화폐의 시간가치 계수표

〈표 1〉 미래가치계수 = 복리이자요소(CVIF)

CVIF = $(1+i)^n$ (n = 기간, i = 기간당 이자율)

	1.0	2.0	3.0	4.0	5.0	6.0	7.0	8.0	9.0	10.0
1	1.01000	1.02000	1.03000	1.04000	1.05000	1.06000	1.07000	1.08000	1.09000	1.10000
2	1.02010	1.04040	1.06090	1.08160	1.10250	1.12360	1.14490	1.16640	1.18810	1.21000
3	1.03030	1.06121	1.09273	1.12486	1.15763	1.19102	1.22504	1.25971	1.29503	1.33100
4	1.04060	1.08243	1.12551	1.16986	1.21551	1.26248	1.31080	1.36049	1.41158	1.46410
5	1.05101	1.10408	1.15927	1.21665	1.27628	1.33823	1.40255	1.46933	1.53862	1.61051
6	1.06152	1.12616	1.19405	1.26532	1.34010	1.41852	1.50073	1.58687	1.67710	1.77156
7	1.07214	1.14869	1.22987	1.31593	1.40710	1.50363	1.60578	1.71382	1.82804	1.94872
8	1.08286	1.17166	1.26677	1.36857	1.47746	1.59385	1.71819	1.85093	1.99256	2.14359
9	1.09369	1.19509	1.30477	1.42331	1.55133	1.68948	1.83846	1.99900	2.17189	2.35795
10	1.10462	1.21899	1.34392	1.48024	1.62889	1.79085	1.96715	2.15892	2.36736	2.59374
11	1.11567	1.24337	1.38423	1.53945	1.71034	1.89830	2.10485	2.33164	2.58043	2.85312
12	1.12683	1.26824	1.42576	1.60103	1.79586	2.01220	2.25219	2.51817	2.81266	3.13843
13	1.13809	1.29361	1.46853	1.66507	1.88565	2.13293	2.40985	2.71962	3.06580	3.45227
14	1.14947	1.31948	1.51259	1.73168	1.97993	2.26090	2.57853	2.93719	3.34173	3.79750
15	1.16097	1.34587	1.55797	1.80094	2.07893	2.39656	2.75903	3.17217	3.64248	4.17725
16	1.17258	1.37279	1.60471	1.87298	2.18287	2.54035	2.95216	3.42594	3.97031	4.59497
17	1.18430	1.40024	1.65285	1.94790	2.29202	2.69277	3.15882	3.70002	4.32763	5.05447
18	1.19615	1.42825	1.70243	2.02582	2.40662	2.85434	3.37993	3.99602	4.71712	5.55992
19	1.20811	1.45681	1.75351	2.10685	2.52695	3.02560	3.61653	4.31570	5.14166	6.11591
20	1.22019	1.48595	1.80611	2.19112	2.65330	3.20714	3.86968	4.66096	5.60441	6.72750

	11.0	12.0	13.0	14.0	15.0	16.0	17.0	18.0	19.0	20.0
1	1.11000	1.12000	1.13000	1.14000	1.15000	1.16000	1.17000	1.18000	1.19000	1.20000
2	1.23210	1.25440	1.27690	1.29960	1.32250	1.34560	1.36890	1.39240	1.41610	1.44000
3	1.36763	1.40493	1.44290	1.48154	1.52088	1.56090	1.60161	1.64303	1.68516	1.72800
4	1.51807	1.57352	1.63047	1.68896	1.74901	1.81064	1.87389	1.93878	2.00534	2.07360
5	1.68506	1.76234	1.84244	1.92541	2.01136	2.10034	2.19245	2.28776	2.38635	2.48832
6	1.87041	1.97382	2.08195	2.19497	2.31306	2.43640	2.56516	2.69955	2.83976	2.98598
7	2.07616	2.21068	2.35261	2.50227	2.66002	2.82622	3.00124	3.18547	3.37932	3.58318
8	2.30454	2.47596	2.65844	2.85259	3.05902	3.27841	3.51145	3.75886	4.02139	4.29982
9	2.55804	2.77308	3.00404	3.25195	3.51788	3.80296	4.10840	4.43545	4.78545	5.15978
10	2.83942	3.10585	3.39457	3.70722	4.04556	4.41144	4.80683	5.23384	5.69468	6.19174
11	3.15176	3.47855	3.83586	4.22623	4.65239	5.11726	5.62399	6.17593	6.77667	7.43008
12	3.49845	3.89598	4.33452	4.81790	5.35025	5.93603	6.58007	7.28759	8.06424	8.91610
13	3.88328	4.36349	4.89801	5.49241	6.15279	6.88579	7.69868	8.59936	9.59645	10.69932
14	4.31044	4.88711	5.53475	6.26135	7.07571	7.98752	9.00745	10.14724	11.41977	12.83918
15	4.78459	5.47357	6.25427	7.13794	8.13706	9.26552	10.53872	11.97375	13.58953	15.40702
16	5.31089	6.13039	7.06733	8.13725	9.35762	10.74800	12.33030	14.12902	16.17154	18.48843
17	5.89509	6.86604	7.98608	9.27646	10.76126	12.46768	14.42646	16.67225	19.24413	22.18611
18	6.54355	7.68997	9.02427	10.57517	12.37545	14.46251	16.87895	19.67325	22.90052	26.62333
19	7.26334	8.61276	10.19742	12.05569	14.23177	16.77652	19.74838	23.21444	27.25162	31.94800
20	8.06231	9.64629	11.52309	13.74349	16.36654	19.46076	23.10560	27.39303	32.42942	38.33760

〈표 2〉 연금 미래가치계수＝연금 복리이자요소(CVIFa)

$$CVIFa=\frac{(1+i)^n-1}{i}$$

	1.0	2.0	3.0	4.0	5.0	6.0	7.0	8.0	9.0	10.0
1	1.00000	1.00000	1.00000	1.00000	1.00000	1.00000	1.00000	1.00000	1.00000	1.00000
2	2.01000	2.02000	2.03000	2.04000	2.05000	2.06000	2.07000	2.08000	2.09000	2.10000
3	3.03010	3.06040	3.09090	3.12160	3.15250	3.18360	3.21490	3.24640	3.27810	3.31000
4	4.06040	4.12161	4.18363	4.24646	4.31013	4.37462	4.43994	4.50611	4.57313	4.64100
5	5.10101	5.20404	5.30914	5.41632	5.52563	5.63709	5.75074	5.86660	5.98471	6.10510
6	6.15202	6.30812	6.46841	6.63298	6.80191	6.97532	7.15329	7.33593	7.52333	7.71561
7	7.21354	7.43428	7.66246	7.89829	8.14201	8.39384	8.65402	8.92280	9.20043	9.48717
8	8.28567	8.58297	8.89234	9.21423	9.54911	9.89747	10.25980	10.63663	11.02847	11.43589
9	9.36853	9.75463	10.15911	10.58280	11.02656	11.49132	11.97799	12.48756	13.02104	13.57948
10	10.46221	10.94972	11.46388	12.00611	12.57789	13.18079	13.81645	14.48656	15.19293	15.93742
11	11.56683	12.16872	12.80780	13.48635	14.20679	14.97164	15.78360	16.64549	17.56029	18.53117
12	12.68250	13.41209	14.19203	15.02581	15.91713	16.86994	17.88845	18.97713	20.14072	21.38428
13	13.80933	14.68033	15.61779	16.62684	17.71298	18.88214	20.14064	21.49530	22.95338	24.52271
14	14.94742	15.97394	17.08632	18.29191	19.59863	21.01507	22.55049	24.21492	26.01919	27.97498
15	16.09690	17.29342	18.59891	20.02359	21.57856	23.27597	25.12902	27.15211	29.36092	31.77248
16	17.25786	18.63929	20.15688	21.82453	23.65749	25.67253	27.88805	30.32428	33.00340	35.94973
17	18.43044	20.01207	21.76159	23.69751	25.84037	28.21288	30.84022	33.75023	36.97370	40.54470
18	19.61475	21.41231	23.41444	25.64541	28.13238	30.90565	33.99903	37.45024	41.30134	45.59917
19	20.81090	22.84056	25.11687	27.67123	30.53900	33.75999	37.37896	41.44626	46.01846	51.15909
20	22.01900	24.29737	26.87037	29.77808	33.06595	36.78559	40.99549	45.76196	51.16012	57.27500

	11.0	12.0	13.0	14.0	15.0	16.0	17.0	18.0	19.0	20.0
1	1.00000	1.00000	1.00000	1.00000	1.00000	1.00000	1.00000	1.00000	1.00000	1.00000
2	2.11000	2.12000	2.13000	2.14000	2.15000	2.16000	2.17000	2.18000	2.19000	2.20000
3	3.34210	3.37440	3.40690	3.43960	3.47250	3.50560	3.53890	3.57240	3.60610	3.64000
4	4.70973	4.77933	4.84980	4.92114	4.99338	5.06650	5.14051	5.21543	5.29126	5.36800
5	6.22780	6.35285	6.48027	6.61010	6.74238	6.87714	7.01440	7.15421	7.29660	7.44160
6	7.91286	8.11519	8.32271	8.53552	8.75374	8.97748	9.20685	9.44197	9.68295	9.92992
7	9.78327	10.08901	10.40466	10.73049	11.06680	11.41387	11.77201	12.14152	12.52271	12.91590
8	11.85943	12.29969	12.75726	13.23276	13.72682	14.24009	14.77325	15.32700	15.90203	16.49908
9	14.16397	14.77566	15.41571	16.08535	16.78584	17.51851	18.28471	19.08585	19.92341	20.79890
10	16.72201	17.54874	18.41975	19.33730	20.30372	21.32147	22.39311	23.52131	24.70886	25.95868
11	19.56143	20.65458	21.81432	23.04452	24.34928	25.73290	27.19994	28.75514	30.40355	32.15042
12	22.71319	24.13313	25.65018	27.27075	29.00167	30.85017	32.82393	34.93107	37.18022	39.58050
13	26.21164	28.02911	29.98470	32.08865	34.35192	36.78620	39.40399	42.21866	45.24446	48.49660
14	30.09492	32.39260	34.88271	37.58107	40.50471	43.67199	47.10267	50.81802	54.84091	59.19592
15	34.40536	37.27971	40.41746	43.84241	47.58041	51.65951	56.11013	60.96527	66.26068	72.03511
16	39.18995	42.75328	46.67173	50.98035	55.71747	60.92503	66.64885	72.93901	79.85021	87.44213
17	44.50084	48.88367	53.73906	59.11760	65.07509	71.67303	78.97915	87.06804	96.02175	105.93056
18	50.39594	55.74971	61.72514	68.39407	75.83636	84.14072	93.40561	103.74028	115.26588	128.11667
19	56.93949	63.43968	70.74941	78.96923	88.21181	98.60323	110.28456	123.41353	138.16640	154.74000
20	64.20283	72.05244	80.94683	91.02493	102.44358	115.37975	130.03294	146.62797	165.41802	186.68800

〈표 3〉 현재가치계수 = 현가이자요소(PVIF)

$$PVIF = \frac{1}{(1+i)^n} \ (n = \text{기간},\ i = \text{기간당 이자율})$$

	1.0	2.0	3.0	4.0	5.0	6.0	7.0	8.0	9.0	10.0
1	0.99010	0.98039	0.97087	0.96154	0.95238	0.94340	0.93458	0.92593	0.91743	0.90909
2	0.98030	0.96117	0.94260	0.92456	0.90703	0.89000	0.87344	0.85734	0.84168	0.82645
3	0.97059	0.94232	0.91514	0.88900	0.86384	0.83962	0.81630	0.79383	0.77218	0.75131
4	0.96098	0.92385	0.88849	0.85480	0.82270	0.79209	0.76290	0.73503	0.70843	0.68301
5	0.95147	0.90573	0.86261	0.82193	0.78353	0.74726	0.71299	0.68058	0.64993	0.62092
6	0.94205	0.88797	0.83748	0.79031	0.74622	0.70496	0.66634	0.63017	0.59627	0.56447
7	0.93272	0.87056	0.81309	0.75992	0.71068	0.66506	0.62275	0.58349	0.54703	0.51316
8	0.92348	0.85349	0.78941	0.73069	0.67684	0.62741	0.58201	0.54027	0.50187	0.46651
9	0.91434	0.83676	0.76642	0.70259	0.64461	0.59190	0.54393	0.50025	0.46043	0.42410
10	0.90529	0.82035	0.74409	0.67556	0.61391	0.55839	0.50835	0.46319	0.42241	0.38554
11	0.89632	0.80426	0.72242	0.64958	0.58468	0.52679	0.47509	0.42888	0.38753	0.35049
12	0.88745	0.78849	0.70138	0.62460	0.55684	0.49697	0.44401	0.39711	0.35553	0.31863
13	0.87866	0.77303	0.68095	0.60057	0.53032	0.46884	0.41496	0.36770	0.32618	0.28966
14	0.86996	0.75788	0.66112	0.57748	0.50507	0.44230	0.38782	0.34046	0.29925	0.26333
15	0.86135	0.74301	0.64186	0.55526	0.48102	0.41727	0.36245	0.31524	0.27454	0.23939
16	0.85282	0.72845	0.62317	0.53391	0.45811	0.39365	0.33873	0.29189	0.25187	0.21763
17	0.84438	0.71416	0.60502	0.51337	0.43630	0.37136	0.31657	0.27027	0.23107	0.19784
18	0.83602	0.70016	0.58739	0.49363	0.41552	0.35034	0.29586	0.25025	0.21199	0.17986
19	0.82774	0.68643	0.57029	0.47464	0.39573	0.33051	0.27651	0.23171	0.19449	0.16351
20	0.81954	0.67297	0.55368	0.45639	0.37689	0.31180	0.25842	0.21455	0.17843	0.14864

	11.0	12.0	13.0	14.0	15.0	16.0	17.0	18.0	19.0	20.0
1	0.90090	0.89286	0.88496	0.87719	0.86957	0.86207	0.85470	0.84746	0.84034	0.83333
2	0.81162	0.79719	0.78315	0.76947	0.75614	0.74316	0.73051	0.71818	0.70616	0.69444
3	0.73119	0.71178	0.69305	0.67497	0.65752	0.64066	0.62437	0.60863	0.59342	0.57870
4	0.65873	0.63552	0.61332	0.59208	0.57175	0.55229	0.53365	0.51579	0.49867	0.48225
5	0.59345	0.56743	0.54276	0.51937	0.49718	0.47611	0.45611	0.43711	0.41905	0.40188
6	0.53464	0.50663	0.48032	0.45559	0.43233	0.41044	0.38984	0.37043	0.35214	0.33490
7	0.48166	0.45235	0.42506	0.39964	0.37594	0.35383	0.33320	0.31393	0.29592	0.27908
8	0.43393	0.40388	0.37616	0.35056	0.32690	0.30503	0.28478	0.26604	0.24867	0.23257
9	0.39092	0.36061	0.33288	0.30751	0.28426	0.26295	0.24340	0.22546	0.20897	0.19381
10	0.35218	0.32197	0.29459	0.26974	0.24718	0.22668	0.20804	0.19106	0.17560	0.16151
11	0.31728	0.28748	0.26070	0.23662	0.21494	0.19542	0.17781	0.16192	0.14757	0.13459
12	0.28584	0.25668	0.23071	0.20756	0.18691	0.16846	0.15197	0.13722	0.12400	0.11216
13	0.25751	0.22917	0.20416	0.18207	0.16253	0.14523	0.12989	0.11629	0.10421	0.09346
14	0.23199	0.20462	0.18068	0.15971	0.14133	0.12520	0.11102	0.09855	0.08757	0.07789
15	0.20900	0.18270	0.15989	0.14010	0.12289	0.10793	0.09489	0.08352	0.07359	0.06491
16	0.18829	0.16312	0.14150	0.12289	0.10686	0.09304	0.08110	0.07078	0.06184	0.05409
17	0.16963	0.14564	0.12522	0.10780	0.09293	0.08021	0.06932	0.05998	0.05196	0.04507
18	0.15282	0.13004	0.11081	0.09456	0.08081	0.06914	0.05925	0.05083	0.04367	0.03756
19	0.13768	0.11611	0.09806	0.08295	0.07027	0.05961	0.05064	0.04308	0.03670	0.03130
20	0.12403	0.10367	0.08678	0.07276	0.06110	0.05139	0.04328	0.03651	0.03084	0.02608

〈표 4〉 연금 현재가치계수 = 연금 현가이자요소(PVIFa)

$$PVIFa = \frac{1 - \frac{1}{(1+i)^n}}{i}$$

	1.0	2.0	3.0	4.0	5.0	6.0	7.0	8.0	9.0	10.0
1	0.99010	0.98039	0.97087	0.96154	0.95238	0.94340	0.93458	0.92593	0.91743	0.90909
2	1.97040	1.94156	1.91347	1.88609	1.85941	1.83339	1.80802	1.78326	1.75911	1.73554
3	2.94099	2.88388	2.82861	2.77509	2.72325	2.67301	2.62432	2.57710	2.53129	2.48685
4	3.90197	3.80773	3.71710	3.62990	3.54595	3.46511	3.38721	3.31213	3.23972	3.16987
5	4.85343	4.71346	4.57971	4.45182	4.32948	4.21236	4.10020	3.99271	3.88965	3.79079
6	5.79548	5.60143	5.41719	5.24214	5.07569	4.91732	4.76654	4.62288	4.48592	4.35526
7	6.72819	6.47199	6.23028	6.00205	5.78637	5.58238	5.38929	5.20637	5.03295	4.86842
8	7.65168	7.32548	7.01969	6.73274	6.46321	6.20979	5.97130	5.74664	5.53482	5.33493
9	8.56602	8.16224	7.78611	7.43533	7.10782	6.80169	6.51523	6.24689	5.99525	5.75902
10	9.47130	8.98259	8.53020	8.11090	7.72173	7.36009	7.02358	6.71008	6.41766	6.14457
11	10.36763	9.78685	9.25262	8.76048	8.30641	7.88687	7.49867	7.13896	6.80519	6.49506
12	11.25508	10.57534	9.95400	9.38507	8.86325	8.38384	7.94269	7.53608	7.16073	6.81369
13	12.13374	11.34837	10.63496	9.98565	9.39357	8.85268	8.35765	7.90378	7.48690	7.10336
14	13.00370	12.10625	11.29607	10.56312	9.89864	9.29498	8.74547	8.24424	7.78615	7.36669
15	13.86505	12.84926	11.93794	11.11839	10.37966	9.71225	9.10791	8.55948	8.06069	7.60608
16	14.71787	13.57771	12.56110	11.65230	10.83777	10.10590	9.44665	8.85137	8.31256	7.82371
17	15.56225	14.29187	13.16612	12.16567	11.27407	10.47726	9.76322	9.12164	8.54363	8.02155
18	16.39827	14.99203	13.75351	12.65930	11.68959	10.82760	10.05909	9.37189	8.75563	8.20141
19	17.22601	15.67846	14.32380	13.13394	12.08532	11.15812	10.33560	9.60360	8.95011	8.36492
20	18.04555	16.35143	14.87747	13.59033	12.46221	11.46992	10.59401	9.81815	9.12855	8.51356

	11.0	12.0	13.0	14.0	15.0	16.0	17.0	18.0	19.0	20.0
1	0.90090	0.89286	0.88496	0.87719	0.86957	0.86207	0.85470	0.84746	0.84034	0.83333
2	1.71252	1.69005	1.66810	1.64666	1.62571	1.60523	1.58521	1.56564	1.54650	1.52778
3	2.44371	2.40183	2.36115	2.32163	2.28323	2.24589	2.20958	2.17427	2.13992	2.10648
4	3.10245	3.03735	2.97447	2.91371	2.85498	2.79818	2.74324	2.69006	2.63859	2.58873
5	3.69590	3.60478	3.51723	3.43308	3.35216	3.27429	3.19935	3.12717	3.05763	2.99061
6	4.23054	4.11141	3.99755	3.88867	3.78448	3.68474	3.58918	3.49760	3.40978	3.32551
7	4.71220	4.56376	4.42261	4.28830	4.16042	4.03857	3.92238	3.81153	3.70570	3.60459
8	5.14612	4.96764	4.79877	4.63886	4.48732	4.34359	4.20716	4.07757	3.95437	3.83716
9	5.53705	5.32825	5.13166	4.94637	4.77158	4.60654	4.45057	4.30302	4.16333	4.03097
10	5.88923	5.65022	5.42624	5.21612	5.01877	4.83323	4.65860	4.49409	4.33893	4.19247
11	6.20652	5.93770	5.68694	5.45273	5.23371	5.02864	4.83641	4.65601	4.48650	4.32706
12	6.49236	6.19437	5.91765	5.66029	5.42062	5.19711	4.98839	4.79322	4.61050	4.43922
13	6.74987	6.42355	6.12181	5.84236	5.58315	5.34233	5.11828	4.90951	4.71471	4.53268
14	6.98187	6.62817	6.30249	6.00207	5.72448	5.46753	5.22930	5.00806	4.80228	4.61057
15	7.19087	6.81086	6.46238	6.14217	5.84737	5.57546	5.32419	5.09158	4.87586	4.67547
16	7.37916	6.97399	6.60388	6.26506	5.95423	5.66850	5.40529	5.16235	4.93770	4.72956
17	7.54879	7.11963	6.72909	6.37286	6.04716	5.74870	5.47461	5.22233	4.98966	4.77463
18	7.70162	7.24967	6.83991	6.46742	6.12797	5.81785	5.53385	5.27316	5.03333	4.81219
19	7.83929	7.36578	6.93797	6.55037	6.19823	5.87746	5.58449	5.31624	5.07003	4.84350
20	7.96333	7.46944	7.02475	6.62313	6.25933	5.92884	5.62777	5.35275	5.10086	4.86958

MEMO

check list

MEMO

check list

김기동

홍성고등학교 졸업
고려대학교 경영대학 경영학과 졸업
공인회계사, 세무사
삼일회계법인 근무
USCPA Becker 강사
국세청 국세공무원교육원 재무회계 강사

현 삼덕회계법인 이사
나무경영아카데미 강사
LG 인화원 강사
한국금융연수원 강사
CFO Academy 강사
국세청 인트라넷 재무회계 강사

저 서 중급회계 Ⅰ·Ⅱ(2008, 지혜의샘)
객관식 재무회계(2008, 지혜의샘)
재무회계연습(2008, 지혜의샘)
기업회계기준 해설(2013, 세학사)
IFRS 회계원리(2026, 샘앤북스)
IFRS 중급회계 Ⅰ·Ⅱ(2025, 샘앤북스)
IFRS 고급회계(2025, 샘앤북스)
IFRS 세무사 고급회계(2023, 샘앤북스)
IFRS 중급회계연습 Ⅰ·Ⅱ(2025, 샘앤북스)
IFRS 고급회계연습(2025, 샘앤북스)
IFRS 세무사 재무회계연습(2025, 샘앤북스)
IFRS 재무회계 워크북(2025, 샘앤북스)
IFRS 객관식 재무회계(2025, 샘앤북스)

홈페이지 : cafe.daum.net/KDianS

임태종

서강대학교 대학원 경영학 박사
임태종 세무회계사무소 대표세무사
국세청 인트라넷 원가관리회계 교수
국세청 국세공무원교육원 재무회계 교수
공무원, 공사, 전문자격사 등 출제위원
LG 인화원 주임교수
기획재정부 장관상 수상

현 한국회계정보학회 부회장
한국회계정책학회 부회장
한국관리회계학회 상임이사
삼육대학교 경영학과 교수
삼육대학교 경영대학원장

저 서 재무회계 Ⅰ·Ⅱ(2007, 한성문화)
회계원리(2008, 한성문화)
원가관리회계 100선(2008, 도서출판 ONE)
재무회계 100선(2009, 도서출판 ONE)
관리통제시스템의 설계와 효과(2021, 샘앤북스)
원가회계(2020, 샘앤북스)
관리회계(2021, 샘앤북스) 외 다수

논 문 대학의 교육원가 : K대학 사례연구(2023)
대학에 부는 ESG 열풍과 대학의 역할(2022)
국내 관리통제시스템 연구의 동향과 제언(2021)
예산시스템의 상호작용적 이용, 환경혁신 그리고 환경성과 간의 관계(2020)
유기적 혁신문화와 예산시스템의 상호작용적 이용이 혁신에 미치는 영향(2019) 외 다수

| 4th Edition |

IFRS 회계원리

발 행 일 | 2014. 1. 13. 초판 발행
2017. 1. 2. 2판 발행
2024. 1. 2. 3판 발행
2026. 1. 2. 4판 1쇄 발행

저 자 | 김기동 · 임태종
발 행 인 | 이 낙 규
발 행 처 | 주식회사 샘앤북스
등록번호 | 신고 제 2013-000086 호
주 소 | 서울특별시 영등포구 양평로22길 21, 선유도코오롱디지털타워 310호
전 화 | 02-323-6763 **팩 스** | 02-323-6764
이 메 일 | wisdom6763@hanmail.net

편집 및 디자인 홍수기 · 김용재 · 김은서 | **도서관리** 김보영

판 권

정가 32,000원

ISBN 979-11-5626-582-5 93320

샘앤북스

▮ 제작과정에서 잘못 만들어진 도서는 교환하여 드립니다.